Zeitschrift für bayerische Landesgeschichte
2018, Band 81 [Heft 3]

Zeitschrift für bayerische Landesgeschichte

2018, Band 81 [Heft 3]

Herausgegeben von der Kommission
für bayerische Landesgeschichte
bei der Bayerischen Akademie der Wissenschaften
in Verbindung mit der
Gesellschaft für fränkische Geschichte und
der Schwäbischen Forschungsgemeinschaft

C. H. Beck

Schriftleitung: Univ.-Prof. Dr. Ferdinand Kramer, München
Geschäftsführung und Redaktion: Dr. Claudia Schwaab
Redaktionelle Mitarbeit: Dr. Susanne Herleth-Krentz
Kommission für bayerische Landesgeschichte
80539 München, Alfons-Goppel-Str. 11, Tel. 089-23031-1174/1333 (Fax)
E-Mail: zblg@kbl.badw.de
Verlag: C.H. Beck, 80801 München, Wilhelmstr. 9
Satz: Dr. Anton Thanner, Weihungszell
Gestaltungskonzept: Gorbach Büro für Gestaltung und Realisierung, Utting
Druck: Memminger MedienCentrum, Memmingen
ISSN 00442364

Die Zeitschrift für bayerische Landesgeschichte erscheint in Jahresbänden zu je 3 Heften.
Sie ist in Einzelheften oder im Abonnement über den Buchhandel zu beziehen.
Im Abonnementpreis sind 20 Prozent Nachlaß enthalten.

Manuskripte sind in druckfertigem Zustand an die Geschäftsstelle der Schriftleitung zu senden. Beiträge aus dem Gebiet der fränkischen Geschichte werden von der fränkischen Redaktionsabteilung (Prof. Dr. Dieter J. Weiß/Gesellschaft für fränkische Geschichte), aus dem Gebiet der schwäbischen Geschichte von der schwäbischen Redaktionsabteilung (Dr. Gerhard Hetzer/Schwäbische Forschungsgemeinschaft) verantwortet.

Inhalt

Humanismus als Habitus
Die Totenrolle des Vornbacher Abtes Angelus Rumpler (gest. 6. März 1513)

Von Gabriela Signori

Weit über fünfzig Totenrollen dürften es gewesen sein, die an der Wende vom 15. zum 16. Jahrhundert quer durch das Heilige Römische Reich zum Teil auf monatelange Reisen geschickt wurden, mit dem erklärten Ziel, befreundete Klöster und Stifte über den Tod eines kürzlich verstorbenen Abtes zu informieren oder sie unspezifisch um Gebete für jüngst verstorbene Gemeinschaftsmitglieder zu bitten[1]. Räumlich verdichtet sich die Praxis in der Salzburger Kirchenprovinz[2], einem historischen Großraum, der sich aus den Bistümern Freising, Regensburg, Passau und den Eigenbistümern Gurk, Chiemsee, Seckau und Lavant zusammensetzte und 1469 um die beiden Diözesen Wien und Wiener Neustadt erweitert wurde. Ideell zusammengehalten wurde dieser Raum durch seine christliche Frühgeschichte, eine Geschichte, die für das Selbstverständnis der darin beheimateten geistlichen Institutionen konstitutiv war.

Einrichtungen wie das Benediktinerkloster Admont in der Obersteiermark hatten dafür gesorgt, dass das ursprünglich hochmittelalterliche Rotelwesen im Spätmittelalter nicht in Vergessenheit geriet[3]. Später griffen andere die Idee auf

---

1 Edgar KRAUSEN, Totenrotel-Sammlungen bayerischer Klöster und Stifte, in: Archivalische Zeitschrift 60 (1964), 11–36; Gabriela SIGNORI, Hochmittelalterliche Memorialpraktiken in spätmittelalterlichen Reformklöstern, in: Deutsches Archiv 60 (2004), 517–547; Recueil des rouleaux des morts (VI-IIᵉ siècle–vers 1536), hg. von Jean FAVIER und Jean DUFOUR, Bd. 4: 1453–vers 1536, Paris 2008; Bruno the Carthusian and his Mortuary Roll: Studies, Text, and Translations, hg. von Hartmut BEYER, Gabriela SIGNORI und Sita STECKEL (Europea Sacra 16), Turnhout 2014.
2 Vgl. Franz ORTNER, Salzburger Kirchengeschichte. Von den Anfängen bis zur Gegenwart, Salzburg 1988, 12–78; Heinz DOPSCH (Hg.), 1200 Jahre Erzbistum Salzburg, die älteste Metropole im deutschen Sprachraum (Salzburger Studien 1), Salzburg 1999.
3 Eine Admonter Todtenrotel des 15. Jahrhunderts [1484/1485], hg. von Jacob WICHNER, in: Studien und Mitteilungen zur Geschichte des Benediktinerordens und seiner Zweige 5/1–4 (1884), 61–82, 314–340, Nr. 28, 56, 313–339; Eine Admonter Rotel vom Jahre 1390. Mit Einleitung und Erklärungen hg. von Gottfried VIELHABER, Bibliothekar des Prämonstratenserstiftes Schlägl in Oberösterreich, in: Studien und Mitteilungen zur Geschichte des Benediktinerordens und seiner Zweige 16 (1895), 592–590; Die Admonter Totenroteln (1442–1496), hg. von Fritz BÜNGER (Beiträge zur Geschichte des alten Mönchtums und des Benediktinerordens 19), Münster in Westf. 1935; Johannes TOMASCHEK, *Lator presencium fuit nobiscum in monasterio nostro*. Admonter Rotelboten in Attel und Rott am Inn, 1442–1495, in: Heimat am Inn 10 (1990), 130–156.

und sandten in genauso regelmäßigen Abständen Boten aus, um über das gemeinsame Totengedenken ihre institutionellen und informellen Kontakte zu pflegen und zu stärken[4]. Von dieser späten Rotel-Generation sind über zwanzig Pergamentrollen von teilweise monumentalen Dimensionen erhalten[5]. Eine Randerscheinung war das Rotelwesen demnach nicht!

Schaubild 1: Schematische Übersicht über die erhaltenen Totenroteln

Admont	1476/1477	19	x	609,5 cm
Seitenstetten/Passau	1477	16	x	273,5 cm
Admont	1484/1485	19	x	903,5 cm
Admont	1488/1489	19	x	616 cm
St. Salvator/Passau	1490	15	x	428 cm
Admont	1494/1496	15/19	x	1081,5 cm
Gleink/Passau	1497 (1945 zerstört)			
Raitenhaslach	1499	18	x	248 cm
St. Lambrecht	1501/1502	15	x	516 cm
St. Peter/Salzburg	1503	17,5	x	299,5 cm
Nonnberg	1508	16,5	x	349 cm
Berchtesgaden	1510	15/16	x	273 cm
St. Nikolaus/Passau	1510	14/16	x	180 cm
Vornbach	**1513**	**18/20**	**x**	**274 cm**
Neustift	1515	14/15	x	202 cm (Fragment)
Neustift	1516/1517	14/15	x	215,5 cm (Fragment)

4 Das St. Lambrechter Todtenrotel von 1501–1502, hg. von Otto Schmid, in: Studien und Mitteilungen zur Geschichte des Benediktinerordens und seiner Zweige 7 (1886), 176–183, 424–434, 164–171, 405–414. Auch Fulda muß regelmäßig Boten ausgeschickt haben, vgl. Josef Leinweber, Zwei unbekannte Fuldaer Totenroteln. Zur Totensorge des Klosters Fulda im Spätmittelalter, in: Jahrbuch für fränkische Landesforschung 52 (1992), 273–281. Darauf kann an dieser Stelle jedoch nicht eingegangen werden.
5 Davon ist rund die Hälfte ediert: Admont, Michaelbeuern, Nonnberg, St. Lambrecht, St. Peter und Seitenstetten. Vgl. Die Nonnbergerrotel von 1508. Ein Beitrag zur Geschichte der klösterlichen Gebetsverbrüderungen und des alten Rotelwesens, hg. von Willibald Hauthaler, in: Mitteilungen der Gesellschaft für Salzburger Landeskunde 29 (1899), 215–229; Roman Baumgartner, Gebetsverbrüderung und Totenrotel aus Michaelbeuern, in: Studien und Mitteilungen zur Geschichte des Benediktinerordens und seiner Zweige 33 (1912), 706–725; Die Seitenstettener Totenrotel aus 1477, veröffentlicht von Martin Riesenhuber, in: Jahrbuch für Landeskunde von Niederösterreich 25 (1932), 128–144; Wilfried Keplinger, Eine Totenrolle von St. Peter aus dem Jahr 1503. Ein Beitrag zum mittelalterlichen Verbrüderungswesen, in: Mitteilungen der Gesellschaft für Salzburger Landeskunde 102 (1962), 77–92.

Gries/Brixen	1517	14	x	418 cm
St. Lambrecht	1520	18,5	x	441 cm (Fragment)
St. Peter/Salzburg	1518–1521	17/18	x	306 cm (Fragment)
Fürstenzell	1522	13/15	x	337 cm
Neustift	1525	15,5	x	129 cm (Fragment)
St. Lambrecht	1526	17/18	x	347,5 cm
Neustift	1527	14/15	x	142,5 cm (Fragment)
Michaelbeuern	1527	14,5	x	239 cm
Eberndorf	1528/1529	17	x	262 cm[6]

Der regelmäßige Gebetsaustausch festigte den Zusammenhalt zwischen den verschiedenen Klöstern und Stiften, sowohl auf regionaler als auch auf überregionaler Ebene. Sicher spielten dieser Tage auch beim Totengedenken Reformfragen eine Rolle[7]; darauf beschränken läßt sich der intensivierte zwischenklösterliche Gebetsaustausch aber nicht, denn er verband ordensübergreifend Mönche und Chorherren und bezog vereinzelt auch Mendikantenkonvente und Kartausen mit ein (Schaubild 2)[8].

In der stupenden Vielzahl der Totenrollen, die an der Wende vom 15. zum 16. Jahrhundert von einem Kloster zum nächsten getragen wurden, sticht der über zweieinhalb Meter lange Pergament-Rotulus hervor, den das oberbayerische Benediktinerkloster Vornbach (Diözese Passau) am 26. April 1513 zu Ehren seines jüngst verstorbenen Abtes Angelus Rumpler (6. März 1513) auf Reisen schickte[9].

Angelus Rumpler hatte über zehn Jahre lang die Geschicke der Abtei Vornbach gelenkt und geleitet und sich in dieser Zeit auch als humanistisch interessierter und versierter Geschichtsschreiber und Gelegenheitsdichter einen bescheidenen Namen gemacht[10]. Das Lob seiner »herausragenden Verdienste« (*excellens quon-*

6 Nach den aktualisierten Maßangaben der Sammlung von Favier und Dufour (wie Anm. 1).
7 Annekathrin Miegel, Kooperation, Vernetzung, Erneuerung. Das benediktinische Verbrüderungs- und Memorialwesen vom 12. bis 15. Jahrhundert (Schriften zur südwestdeutschen Landesgeschichte 74), Ostfildern 2014, 147–196.
8 Vgl. Gerald Hirtner, Netzwerk der Tugendhaften. Neuzeitliche Totenrollen als historische Quelle (Studien und Mitteilungen zur Geschichte des Benediktinerordens und seiner Zweige. 48. Ergänzungsband), St. Ottilien 2014, 52–103.
9 BayHStA, Formbach KL 24. Zum Kloster Vornbach vgl. Silke Goez, Benediktiner und Zisterzienser im Land am unteren Inn, in: Egon Boshof/Max Brunner/Elisabeth Vavra (Hg.), Grenzenlos. Geschichte der Menschen am Inn. Katalog zur ersten Bayerisch-Oberösterreichischen Landesausstellung 2004. Asbach – Passau – Reichersberg – Schärding, Regensburg 2004, 45–50, hier: 46 f.
10 Peter Orth, Art. Rumpler, Angelus, in: Deutscher Humanismus 1480–1529. Verfasserlexikon, Bd. 2: L–Z, Berlin 2013, Sp. 758–776.

dam meritis), das seine Mitbrüder in elegischen Distichen der Totenrolle voranstellten, fällt überschwenglich aus: Gelehrt sei er gewesen »in den (blau)schillernden Künsten Athens« (*glaucę perdoctus Pallados artes*), mit »den griechischen Männern in der Kunst des Leierspiels« auf Augenhöhe (*ęquauit Graios arte chelique*) und »mit den redegewandten Italern beziehungsweise Lateinern« habe er gewetteifert (*facundis Italis lato certauit et ore*). Bewandert sei er auch in den freien Künsten gewesen (*artibus ingenuis*); breit wird über seine Redekunst referiert, knapp auf seine Kenntnisse in Musik (*candida plectra*), Mathematik und Geometrie (*modos, numeris schematibusque*) sowie Sternkunde angespielt (*agnitus est æther. radiantes vicit et ignes / sidera quos ortus: quos obitusque tenent*). Mehrfach hebt das Gedicht seinen besonderen Eifer für das Studium der griechischen Sprache und Literatur hervor: »Dem gelehrten Ratschlag des prophetischen Maro folgend« (*consiliumque sequens doctum vatisque Maronis*) soll er gar »Tag und Nacht mit den Büchern der Griechen« zugebracht haben (*Graiorum triuit nocte dieque libros*). Platon, der »Fürst der Weisheit«, Apoll, die Stoa und die Akademie werden zitiert. Konkreter werden seine Lektürepräferenzen aber einzig beim »großen Aristoteles, dem Schöpfer der Nikomachischen Ethik« (*magnus Aristoteles Nicomachi genitor*), dem Leonardo Brunis (gest. 1444) Übersetzung zu neuen humanistischen Ehren verholfen hatte[11]. »Gelehrt« sei der Abt gewesen, »und nicht überheblich« (*doctus et non tumidus*), »großzügig gegenüber den Armen«, habe er »dem, der ihn um etwas bat, nie ein mildes Wort ausgeschlagen« (*pauperibus largus, rogitanti verba negabat mitia non vlli*). Umrahmt ist der topische Lobpreis Rumplers Gelehrsamkeit von ebenso topischen Gedanken über die Unvermeidbarkeit und die Schonungslosigkeit des Todes[12]. Die Querverweise auf die spätantike und mittelalterliche Dichtkunst sind zahlreich (Martial, Ovid, Tibull, Vergil). Der Gewürdigte selbst aber bleibt vergleichsweise profillos. Das Epigramm schließlich endet mit dem in griechischen Buchstaben gefaßten *telos*.

Im Anschluss an das Gedicht fordert der Schreiber in wohltuender Prosaform die Empfänger auf, auf dem vorliegenden Rotulus Tag und Jahr einzutragen, an denen der Rotelträger in ihrem Kloster erschienen sei. Daran knüpft er die Bitte,

11 Vgl. David A. Lines, Aristotle's Ethics in the Italian Renaissance (ca. 1300–1650). Universities and the Problem of Moral Education (Education and Society in the Middle Ages and the Renaissance 13), Leiden-Boston-Köln 2002, 49–54; Ders., Aristotle's *Ethics* in the Renaissance, in: Jon Miller (Hg.), The Reception of Aristotle's Ethics, Cambridge 2012, 171–193.
12 Richmond Lattimore, Themes in Greek and Latin Epitaphs, Urbana 1962; Peter von Moos, *Consolatio*. Studien zur mittellateinischen Trostliteratur über den Tod und zum Problem der christlichen Trauer (Münstersche Mittelalter-Schriften 3), 4 Bde., München 1971–1972.

den Boten für seinen Aufwand angemessen zu entschädigen[13]. Der Rotelträger wird an dieser Stelle als *tabellarius* angesprochen und der Rotulus als *sc[h]eda* bezeichnet. Die Empfänger verwenden hingegen meist die Begriffe *lator* (Träger) und *rotulus* (Rolle), so auch der Bote selbst, der sich im Titulus des Klosters Auhausen (Nr. 118) als Johannes Rieder vorstellt[14].

Semantisch spielen die Tituli fast alle mit der Figur des Boten als Träger und Überbringer des Rotulus. Einzig die Schreiber aus Kloster Engelszell und Garsten sprechen ihn als *nuncius fraternitatis* an, als »Boten der Bruderschaft« (Nr. 3, 5). Hinweise darauf, dass die Beziehung zwischen Vornbach und den Empfängerklöstern formalisiert war beziehungsweise auf einer vertraglich fixierten Gebetsverbrüderung gründete, sind auf dem Vornbacher Rotulus sonst selten (Nr. 2, 3, 5, 32, 102). Angelus Rumplers Namen aber findet sich in zahlreichen Nekrologien der Diözese Passau wieder, so in den Totenbüchern (ich folge der Reihung des Rotulus) von St. Nikola in Passau (Nr. 1), Göttweig (Nr. 13), Klosterneuenburg und dem Wiener Schottenkloster (Nr. 17–18), Heiligenkreuz und Mariazell (Nr. 20–21), Seligenthal (Nr. 58), Aspach (Nr. 62), Fürstenzell (Nr. 65) und Niederaltaich (Nr. 69)[15]. Die Todestage variieren allerdings erheblich: Bald finden wir Rumplers Namen unter dem 21. Februar, bald unter dem 5., 9., 14. oder dem 23. März eingetragen. Datieren scheint einigen Klosterbrüdern schwerzufallen. Das ›korrekte‹ Datum lautet dem Rotulus entsprechend *pridie nonis Martij*, »der Tag vor den Nonen des Märzes«. Gemeint ist also der 6. März 1513. Umgekehrt vertrauten aber auch viele Empfängerklöster die Namen ihrer eigenen Toten dem Gebet der Vornbacher Mönche an (Nr. 2, 43, 82, 94–95, 100–106, 108–116, 121). Fast alle diese Einrichtungen lagen in den weitentfernten Diözesen Augsburg und Konstanz. Einen formalisierten, kontinuierlichen Gebetsaustausch pflegte Vornbach mit ihnen aber nicht.

Der einleitenden Aufforderung entsprechend, auf dem Rotulus Jahr und Tag zu vermerken, an denen der Bote vor Ort eintreffe, quittierten auf den folgenden 2,74 Pergamentmetern 130 Klöster und Stifte die Ankunft des Rotelträgers (Karte).

---

13 Die Tätigkeit wird als *munus* oder *officium legationis* umschrieben (Nr. 13, 17, 23, 27, 38, 64, 69, 77, 108).

14 *lator* 44mal, *gerulus* 14mal (*cartigerulus, mortigerulus, rotuligerulus*), *nuncius* 13mal, *baiolus/baiulus* 12mal, *ostensor* neunmal, *portitor* viermal, *tabellarius* viermal, *executor* einmal, *exhibitor* einmal. Für die Rolle wird zumeist der Begriffe *rotulus* gebraucht: *rotulus* 17mal, *littera* dreimal, *charta* einmal, *scheda* einmal.

15 Necrologia Germania, Bd. 5: Dioecesis Pataviensis, pars altera: Austria inferior, Berlin 1913, 15, 113, 132, 304, 453; Necrologia Germania, Bd. 4: Dioecesis Pataviensis, pars prior: regio Bavarica, Berlin 1920, 35, 78, 111, 139, 481.

Dafür war der Bote vom 26. April bis zum 2. September 1513, also rund vier Monate unterwegs. Am 20. Mai, *vigesima mensis May anno incarnationis deitatis*, traf er im Dreifaltigkeitskloster in der Wiener Neustadt ein (Nr. 22), in Kremsmünster am 15. Juni, am Tag des heiligen Vitus (Nr. 38), an den 16. Kalenden des Monats September (17. August) im Kloster Anhausen an der Brenz in der Diözese Augsburg (Nr. 113). Wie Kremsmünster datierten die einen die Ankunft des Rotelboten nach Heiligentage, die anderen nach Iden und Kalenden, noch andere nach Monaten. Allein Dürnstein und Stainz wollten es genauer haben und präzisierten, der Bote sei bei ihnen *sole ad occasum declinante*, bei Sonnenuntergang erschienen (Nr. 12, 27). Gewöhnlich wurde nach Herrenjahr gezählt (*anno domini*);

Neukirchen und Seitenstetten rekurrierten hingegen marianisch auf das *anno virginalis* beziehungsweise *anno virginei partus* und setzten den Beginn der Zeitrechnung mit der »Geburt des Herren aus dem Schoß einer Jungfrau« gleich (Nr. 17, 124), während Mondsee und das Dreifaltigkeitskloster in der Wiener Neustadt die im Buchdruck verbreitete Datierung *Anno jncarnate deitatis* wählten (Nr. 22, 40). Stift Neukirchen war hingegen die einzige Institution, die sich bei der Datierung an der Sternkunde orientierte (*in die Saturni*) und den Rotelträger als Merkur, als Götterboten der Moiren (*Atropodis Mercurius*) adressierte (Nr. 124).

Wie Vornbach gehörte die Mehrzahl der besuchten Klöster (47 Prozent) dem Benediktinerorden an. Bemerkenswert hoch ist aber auch der Anteil der Regularkanoniker (28 Prozent) sowie der Zisterzienser und Prämonstratenser (zusammengenommen 23 Prozent). Unter den 130 Empfängern befinden sich aber nur neun Frauengemeinschaften (knapp acht Prozent), darunter die Dominikanerinnen des schwäbischen Klösterchens Habsthal, der einzige Mendikantenkonvent der Vornbacher Totenrotel (Nr. 104). Ähnliche Bilder entwerfen die Totenrollen aus Michaelbeuern, St. Peter, Nonnberg und Seitenstetten[16].

---

16 Das mitten in Salzburg gelegene Kloster Nonnberg war das einzige Frauenkloster, das an der Schwelle zur Neuzeit selbst Totenrollen auf Reisen schickte. Vgl. Gabriela SIGNORI, Totenrotel und andere Medien klösterlicher Memoria im Austausch zwischen spätmittelalterlichen Frauenklöstern und -stiften, in: Helmut FLACHENECKER/Ingrid GARDILL/Eva SCHLOTHEUBER (Hg.), Nonnen, Kanonissen und Mystikerinnen. Religiöse Frauengemeinschaften in Süddeutschland (Veröffentlichungen des Max-Planck-Instituts für Geschichte 235 = Studien zur Germania Sacra 31), Göttingen 2008, 281–296.

Schaubild 2: Empfängerklöster und -stifte im Vergleich

Ort	Jahr	OSB	OSA	Zist	Präm	Total der Stationen
Michaelbeuern	1527	41	31	7	6	88
Vornbach	**1513**	**61**	**37**	**21**	**9**	**130**
St. Peter	1508	37	21	7	3	73
Nonnberg	1503	45	38	8	4	102
Seitenstetten	1477	66	17	13	10	106

In einem Punkt unterscheidet sich der Vornbacher Totenrotel allerdings erheblich von allen anderen Roteln, die an der Wende vom 15. zum 16. Jahrhundert auf Reisen geschickt wurden. Viel häufiger als anderswo geben sich die Schreiber auf der Vornbacher Totenrolle mit kleinen, aber unübersehbaren Gesten als Humanisten zu erkennen. Diese kleinen, überwiegend formalen Gesten sind als Hommage an Angelus Rumpler zu begreifen; sie erlauben es aber auch, Rückschlüsse auf das humanistische Selbstverständnis der Schreiber zu ziehen, wenn sie das hochmittelalterliche e-caudata (ę) oder Ligaturen (æ und œ) benutzen (Nr. 3, 42, 45, 74, 80, 89, 102, 107, 110, 114), wo andere das traditionelle e bevorzugen[17]; wenn sie, wie im Einleitungsepigramm vorgegeben, die Antiqua als Auszeichnungsschrift für ihre Gedichte wählen (Nr. 3, 45[18]) oder wenn sie Johannes Trithemius' (gest. 1516) *Lob des Schreibers* folgen und sich in der Ausgestaltung schmuckvoller Buchschriften gegenseitig zu übertreffen versuchen (Textura-Varianten und Frakturschrift)[19]. Noch andere Schreiber geben dem Leser ihre Überzeugung durch die Verwendung der humanistischen Kursive zu erkennen (Nr. 97, 102, 110 und 124)[20]. Mondsee, Ottobeuren und Ochsenhausen zeigen in ihren Tituli, dass sie auch über akti-

17 Karin SCHNEIDER, Paläographie/Handschriftenkunde. Eine Einführung (Sammlung kurzer Grammatiken germanischer Dialekte B/8), 2. überarbeitete Aufl., Tübingen 2009, 26.
18 Ebd., 39 f.; Heribert STURM, Unsere Schrift. Eine Einführung in die Schriftkunde (Grundwissen Genealogie 1), Nachdruck: Insingen 2015, 62–73.
19 Johannes Trithemius, *De laude scriptorum*. Zum Lobe der Schreiber, hg. und übersetzt von Klaus ARNOLD (Mainfränkische Hefte 60), Würzburg 1973. Vgl. David I. HOWIE, Benedictine Monks, Manuscript Copying and the Renaissance: Johannes Trithemius ›De laude scriptorum‹, in: Revue bénédictine 86 (1976), 129–154; Michael EMBACH, Skriptographie versus Typographie: Johannes Trithemius' Schrift *De laude scriptorum*, in: Gutenberg-Jahrbuch 75 (2000), 132–144.
20 STURM, Unsere Schrift (wie Anm. 18), 74–95; SCHNEIDER, Paläographie/Handschriftenkunde (wie Anm. 17), 81–84; Andreas ZAJIC, »Humanistische« Ambitionen in der Schriftgestaltung zur Zeit Kaiser Friedrichs III. Zwei österreichische Beispiele aus handschriftlicher und inschriftlicher Überlieferung, in: Archiv für Diplomatik 59 (2013), 603–635.

ve Griechischkenntnisse verfügen (Nr. 40, 94, 97)[21]. Ottobeuren verbindet den in griechischer Sprache verfaßten Einleitungsteil und die lateinische Namensliste am Ende des Titulus mit dem hebräischen »betet« (Nr. 94). Den Eintrag dürfte der Gräzistenabt Nikolaus Ellenbogen (gest. 1543) persönlich vorgenommen haben (Abb. 3)[22].

Auch auf inhaltlicher Ebene sind es vorwiegend Kleinigkeiten, mit denen die Schreiber ihren Humanismus zur Schau stellen. Viele verwenden anstelle von *sanctus* das spätrömische *divus* (insgesamt 26 Mal), vorwiegend um ihre Ordensgründer aus der Schar der Heiligen hervorzuheben als »göttlichen Benedikt« (13 Mal) und »göttlichen Aurelius Augustinus« (acht Mal)[23]. Ochsenhausen benutzt dafür griechische Buchstaben (Nr. 97). Zu demselben Auszeichnungszwecken werden von anderen Schreibern die Epitheta *almus* und *almificus* verwendet (Nr. 6, 14, 18, 40, 125). Die Praxis, *sanctus* durch *divus* zu ersetzen, scheint auf den Karmeliter Giovanni Baptista Mantuanus (gest. 1516) zurückzugehen[24], dessen Gedichte auch in Vornbach bekannt waren[25].

Drei Klöster schließlich beantworteten das Vornbacher Elegeion ihrerseits mit elegischen Distichen. Als erstes griff das benachbarte Chorherrenstift St. Nikola in Passau die Herausforderung auf, später folgten Mondsee und St. Zeno (Abb. 2). St. Zeno bestätigt in Versform die Ankunft des Boten an dem Ort, wo der göttliche Zeno verehrt werde (*vbi diuus Zeno colendus*) unweit der Stadt, die darob Reichenhall heiße, *aud procul oppido ab hoc Dives quod Halla vocatur* (Nr. 45)[26]. In den Zeilen der Passauer Chorherren von St. Nikola hallt das Vornbacher Epigramm wider, wenn sie Angelus Rumpler in den Worten von Lukrez als *cultor Pieridum*, als Mu-

---

21 Walter Berschin, Griechisch-lateinisches Mittelalter. Von Hieronymus zu Nikolaus von Kues, Bern u. a. 1981, 308–318.
22 Franz Posset, Renaissance Monks. Monastic Humanism in Six Biographical Sketches (Studies in Medieval and Reformation Tradition 108), Leiden 2005, 155–171.
23 Joël Lefebvre, Le poète, la poésie et la poétique. Éléments pour une définition et pour une datation de l'humanisme allemand, in: Ernesto Grassi und Eckhard Kessler (Hg.): L'humansime allemand (1480–1540) (Humanistische Bibliothek. Abhandlungen 38. De Pétrarque à Descartes 37), München-Paris 1979, 285–301; Peter Stotz, Handbuch zur lateinischen Sprache des Mittelalters, Bd. 1: Einleitung: Lexikologische Praxis, Wörter und Sachen, Lehnwortgut, München 2002, 165, § 67.8; David J. Collins, Latin Hagiography in *Germania* (1450–1550), in: Guy Philippart (Hg.): Hagiographies. Bd. 4: Histoire internationale de la littérature hagiographique latine et vernaculaire en Occident des origines à 1500, Turnhout 2006, 523–583, hier 532 f.
24 Reinhard Düchting, Art. Baptista Mantuanus (1448–1516), in: Lexikon des Mittelalters 1 (1980), Sp. 1424–1425.
25 Orth, Art. Rumpler, Angelus (wie Anm. 10), Sp. 764.
26 Johannes Lang, Das Augustinerchorherrenstift St. Zeno in Reichenhall (Germania Sacra. Dritte Folge 9: Die Bistümer der Kirchenprovinz Salzburg 2), Berlin-Boston 2015, 396–403, hier: 401.

senfreund, besingen (Nr. 1)[27]. Einzig der Schreiber aus Kloster Mondsee läßt etwas persönlichere Töne anklingen, indem er auf Angelus Rumplers Wahl zum Abt von Vornbach anspielt und sich selbst als *Angele Wolfgangi* einbringt (Nr. 40). Gemeint sein dürfte Wolfgang Haberl, der damalige Abt des Klosters Mondsee (1499–1521)[28]. Allemal überrascht es, dass Kloster Aldersbach, dem Wolfgang Marius (gest. 1544) vorstand, vorgeblich Angelus engster Dichterfreund, weder Verse noch andere Zeichen der persönlichen Anerkennung nach Vornbach schickte[29].

Wie dem auch sei, der Rotulus des Angelus Rumpler erweist sich als ein Monument des bayerischen Klosterhumanismus, ein Humanismus, in dem Tradition und Innovation zusammenfließen.[30] Für Tradition steht die Serialität des Rotulus als Gattung und als Praxis, für Innovation die vielen kleinen humanistischen Gesten, mit denen die Schreiber den Verstorbenen würdigen und sich selbst als humanistisch versierte Gelehrte in Szene setzen. Ihre Vielzahl zeugt von einer zunehmend breiten Streuung des Klosterhumanismus — weit über die gemeinhin bekannten Namen und Sodalitäten hinaus. Seinen Niederschlag findet dieser Humanismus indes weniger in den Ideen, als vielmehr in den habitualisierten Formen und Formeln, in denen die Schreiber ihre dem Anlass entsprechend eher konventionellen Ideen zum Ausdruck bringen[31]. Die nachfolgende Edition kann diesen formalen Eigenheiten nicht gebührend Rechnung tragen, aber den Rotulus mit Hilfe von Querverweisen auf andere Totenrollen, die an der Wende vom 15. zum 16. Jahrhundert auf Reisen geschickt wurden, in die Tradition einbetten, aus der er entstammt und zu der er gehört.

---

27 Egon Boshof, Geschichte des Klosters St. Nikola, in: 900 Jahre Stift Reichersberg. Augustiner Chorherren zwischen Passau und Salzburg, Linz 1984, 33–43.
28 Erika S. Dorrer, Angelus Rumpler, Abt von Formbach (1501–1513) als Geschichtsschreiber. Ein Beitrag zur klösterlichen Geschichtsschreibung in Bayern am Ausgang des Mittelalters (Münchener Universitätsschriften 1), Kallmünz 1965, 10 f.
29 Josef Oswald, Bayerische Humanistenfreundschaft. Die Äbte Angelus Rumpler von Formbach und Wolfgang Marius von Aldersbach, in: Dieter Albrecht/Andreas Kraus/Kurt Reindel (Hg.), Festschrift für Max Spindler zum 75. Geburtstag, München 1969, 400–420; Katharina M. Hauschild, Abt Wolfgang Marius von Aldersbach (1514–1544) und sein Regelkommentar, in: Analecta Cisterciensia 55 (2005), 179–268, hier: 188 f.; Posset, Renaissance Monks (wie Anm. 22), 93–107.
30 Zum Klosterhumanismus vgl. David J. Collins, Reforming Saints. Saint's Lives and Their Authors in Germany, 1470–1530 (Oxford Studies in Historical Theology), Oxford 2008.
31 Vgl. Harald Müller, Habit und Habitus: Mönche und Humanisten im Dialog (Spätmittelalter und Reformation, Neue Reihe 32), Tübingen 2006.

Edition

Die Totenrolle des Formbacher Abtes Angelus Rumpler (gest. 6. März 1513)

(BayHStA, Formbach KL 24)

Angeli Rumpler Formpacensis monasterij abbatis et dignissimi et reuerendi epigramma. continens vitam eiusque mores. qui cęnobium defendens. cecidit anno a natali millesimo quingentesimo tredecimo pridie nonis Martij [6. März 1513][32].

> Quidquid terra parit. quodcunque sub ęquore viuit[33]
> > Et quas aerius sustinet axis aues
> Ad finem vitę properato tramite tendunt
> > Et festinato tempore[34] quęque cadunt
> Vt frondes surgunt. verno spiramine siluis
> > Vt flos in tepido germine certat agro
> Quę cito terrifico Boreę pulsata tumultu
> > Defluitant. tonso squalida facta solo
> Sic homines nunquam firma statione manentes
> > Jntereunt. tacito mors ruit atra pede[35]
> Stamina ferratis peragunt fera numina fusis[36]
> > Hęc fati: nulli est: prętereunda via

---

32 Victor Büchele (Konstanz), Steffen Diefenbach (Konstanz), Barbara Feichtinger (Konstanz) und Christian Pietsch (Münster) sei an dieser Stelle herzlich für ihre tatkräftige Mithilfe bei der Übersetzung und der Transkription der Tituli gedankt.

In eckige Klammern gesetzt werden jeweils zu Beginn jeden Eintrags die Ordenszugehörigkeit und Diözese des besuchten Klosters. Die Ordenszugehörigkeit wird an dieser Stelle abgekürzt als OSA = Augustinerchorherren; OSB = Benediktiner; OCart = Karthäuser; OCist = Cistercienser; OPraem = Prämonstratenser; Asterisk, Frauenklöpster und Konvente.

33 Ovid, Fasti IV, Vers 105, in: Ovide, Les fastes, Bd. 2: Livres IV–VI, hg., übers. und kommentiert von Robert Schilling, Paris 1993, S. 5.

34 Ausonius, Epistulae 17, Vers 22, in: Decimi Magni Ausonii Burdigalensis opuscula, hg. von Sextus Prete (Bibliotheca scriptorum Graecorum et Romanorum Teubneriana), Leipzig 1978, 263.

35 Tibull, Elegiae X, 33 f., in: Properz und Tibull: Liebeselegien. Lateinisch und deutsch, hg. von Georg Luck, Zürich-Stuttgart 194, 358.

36 Claudian, De raptu Proserpinae I, Vers 53, in: Claudien, Œuvres, Bd. 1: Le rapt de Proserpine, hg. und übers. von Jean-Louis Charlet, Paris 1991, 11.

Atrocesque furunt humana in uiscera Parcę

    Et rapiunt lato quicquid in oebe[37] viget.

At pater omnipotens rerum cui summa facultas[38]

    Nonnunquam egressum sub pietate[39] ponet

Angelus excellens quondam meritis et abbas

    E viuis cessit sidera celsa[40] tenet.

Prę multis: glaucę perdoctus Pallados artes[41]

    Ęquauit graios. arte chelique[42] viros

Facundis Italis. lato certauit et ore

    Haud vlli cędens: artibus ingenuis[43]

Quottusquisque[44] magis primas hoc caluit[45] artes

    Eloquio nitidus: polluit ore potens[46]

Voce colorata. tunc candida plectra[47] resoluit

    Quando modos: numeris: schematibusque dedit

Agnitus est æther. radiantes vicit et ignes

    Sidera quos ortus. quos obitusque tenent

Consiliumque sequens doctum vatisque Maronis[48]

    Graiorum triuit. nocte dieque libros

Quicquid habet Sophię princeps[49]: ab Appolline d[o]ctus

    Vidit. ad hęc amplis quod tenet illę toris[50]

Quicquid Stoa tenet: necnon Academia: quicquid

    Magnus Aristoteles Nicomachi genitor

---

37 Gemeint ist wohl *orbe*.

38 Vergil, Aeneis X, Vers 100, in: Vergil, Aeneis. Lateinisch-Deutsch, hg. und übers. von Johannes Götte, 6. Verbesserte Aufl., München-Zürich 1984, 410.

39 Cassiodor, Expositio psalmorum 102, Linie 215, in Magni Aurelii Cassiodori opera, hg. von M. Adriaen (CCSL 98), Pars 2,2, Turnhout 1958, 918.

40 Martial, Epigrammata IX, 61, Vers 10, in: M. Valerii Martialis epigrammaton libri, hg. von Ludwig Friedländer, Leipzig 1886, 85.

41 Cora Dietl, Die Dramen Jacob Lochers und die frühe Humanistenbühne im süddeutschen Raum (Quellen und Forschungen zur Literatur- und Kulturgeschichte 37), Berlin-New York 2005, 478 (Iudicium Paridis).

42 Alain de Lille, Anticlaudianus V, Vers 267, hg. und eingeleitet von R. Bossuat (Textes philosophiques du Moyen Age 1), Paris 1955, 131.

43 Ovid, Fasti III, Vers 6, in: Ovide, Les fastes, Bd. 1: Livres I–III, hg., übers. und kommentiert von Robert Schilling, Paris 1992, 63.

44 Quotus quisque.

45 Gemeint ist wohl *coluit*.

46 Martial, Epigrammata IX, 86, Vers 2 (wie Anm.40), 96.

47 Martial, Epigrammata XIV, 167, Vers 1 (wie Anm.40), 333.

48 Maro vates = Vergil.

49 Platon.

50 Wohl in der Bedeutung von Strick, nicht als Lager.

Huius fama nitens: peregrinas venit ad oras
  Vt Livius longe: nomine clarus erat[51]
Pauperibus largus[52]. rogitanti verba negabat
  Mitia[53] non vlli. doctus et non tumidus
Quis neget: hos nitidos cuneos multum cumulatos
  Aurea quem virtus. vexit ad alta poli[54]
Omnes mors iaculo violenta rescindit acuto
  Gaudet et in summos iura tenere viros
Huius martigenam[55] telo cecidisse Quirinum
  Constat. et Hectoreum procubuisse latus
Nec magis inuicto mors æqua pepercit Achilli
  Qui fuit Argolitę gloria milicię
Omnibus est igitur ferali lege cadendum
  Accipiet cunctos cymba seuera semel.
          teloσ

Jnscribant .v.r.p. huic scedę diem et annum quo apud eas [sic] comparuit tabellarius. cui et in impensis subueniant. valeant. sexto Calendas Maias. anno. millesimo quingentesimo tredecimo [26. April 1513].

[1. Sankt Nikolaus in Passau, OSA, 26. April[56]]
   Sub actoris mortis imperio nuncius[57] nobis suam exhibuit presenciam in nostro monasterio diui Nicolaj ordinis sanctj Augustinj Pataviensis dijocesis anno et die quibus supra.

---

51 Martial, Epigrammata IV, 44, Vers 6, 358.
52 Stehende Wendung der mittellateinischen Hagiographie.
53 Sulpicius Severus, Gallus. Dialogues sur les « vertus » de saint Martin, livre 3, cap. 15, par. 3, hg. und übers. von Jacques FONTAINE (Sources chrétiennes 510), 350.
54 Rabani Mauri, In honorem sanctae crucis I, carmen 2, Vers 16, hg. von M. PERRIN (CCCM 100), Tournhout 1997, 35.
55 Ovid, Fasti I, Zeile 199, 8.
56 Admonter Totenroteln (1442–1496), 114, 173; Eine Admonter Todtenrotel des 15. Jahrhunderts, Nr. 9, 67; Die St. Lambrechter Todtenrotel von 1501–1502, Nr. 70, 407; Eine Totenrotel von St. Peter aus dem Jahre 1503, Nr. 39, 86; Die Nonnbergerrotel von 1508, Nr. 62, 225; BAUMGARTNER, Gebetsverbrüderung und Totenrotel aus Michaelbeuern, Nr. 53, 721.
57 Dieselbe Formel verwenden die Brüder aus dem Kloster Sankt Mang bei Regensburg 1503 auf der Rotel von Sankt Peter (Eine Totenrotel von St. Peter aus dem Jahre 1503, Nr. 29, 85).

Limina mors clausit disoluit federa vite[58]
    Contra Parcarum stamina[59] fluxa nimis
Sophie docti et prelature fulgentis
    Cultor Pieridum[60] fulgida dicta singnans[61]
Forte deus voluit celesti munere dignum
    Afficere angelum: sidereoque trono
Ideo qui vixit iuste dapibus supernis
    Letus quidam fruiatur [sic] nostra sorte deo.

[2. Niedernburg, OSB*, Diöz. Passau, o. D.[62]]
Anno millesimo quingentesimotredecimo nunctius huius fraternitatis nobis exhibuit presenciam suam in nostro monasterio sanctimonialium Sancte Crucis in Nydernburg Pataviensis [diocesis], ordinis sancti Benedicti.

In monasterio prenominato obijt venerabilis domina Vrsula de Schonstayn, abbatissa monasterij prenominati, mensis Februarij die vero vicesimosecundo huius mensis. Orate eciam deum pro toto conuentu viuorum atque defunctorum[63].

[3. Engelszell, OCist, Diöz. Passau, 1. Mai[64]]
Anno milesimo quingentesimo tredecimo nuncius fraternitatis huius pręsenciam suam nobis pręsentauit nostro in monasterio Cellę Angelorum. ordinis Cisterciensis. ac Patauiensis diœcęsis. kalendis Maij.

[4. Gleink, OSB, Diöz. Passau, 3. Mai[65]]
Lator presencium nobiscum conparuit monasterio Gleink anno prenotato die sancte Inventionis Crucis.

58 Martial, Epigrammata I, 93, Vers 5, 221.
59 Lukan, Der Bürgerkrieg VI, Vers 777. Lateinisch und Deutsch von Georg Luck (Schriften und Quellen der alten Welt 34), Berlin 1985, 318.
60 Lukrez, Von der Natur I, 926. Lateinisch-deutsch, hg. und übers. von Hermann Diels, 3. Aufl., Berlin 2013, 78.
61 Wohl *signans* gemeint.
62 Eine Totenrotel von St. Peter aus dem Jahre 1503, Nr. 40, 86.
63 Die langjährige Äbtissin Ursula von Schönstein verstarb Ende Februar 1513; die Wahl ihrer Nachfolgerin erfolgte am 3. März 1513.
64 Admonter Totenroteln (1442–1496), 46.
65 Ebd., 30, 34, 113, 173; Eine Admonter Todtenrotel des 15. Jahrhunderts, Nr. 2, 65; Die St. Lambrechter Todtenrotel von 1501–1502, Nr. 65, 405 f.; Eine Totenrotel von St. Peter aus dem Jahre 1503, Nr. 52, 88; Die Nonnbergerrotel von 1508, Nr. 66, 226; Baumgartner, Gebetsverbrüderung und Totenrotel aus Michaelbeuern, Nr. 6, 716.

[5. Garsten, OSB, Diöz. Passau, 4. Mai[66]]
Anno a natali Christiano sesquimilesimo tredecimo huiusce fraternitatis nuntius nobis coram nostro in monasterio Garsten diui Benedicti ordinis Patauiensis diocesis comparuit. quarto nonas Maij.

[6. Seitenstetten, OSB, Diöz. Passau, 4. Mai[67]]
Funesta gerens nuncia se se nostris obtulit obtutibus in monasterio Seytensteten almi ordinis diui Benedicti Patauiensis diocesis die triumphali Ascensionis Domini anno a virginis partu 1513.

[7. Baumgartenberg, OCist, Diöz. Passau, 6. Mai[68]]
Equalium carminum bucinator caducis nymbosis imbribus terrarum nobiscum tunc rigantibus nostro in monasterio Paumgartennperg comparuit anno etc. 1513 in die diui Johannis ante Portam latinam.

[8. Waldhausen, OSA, Diöz. Passau, 6. Mai[69]]
Anno domini quingentesimo tredecimo presencium lator nobiscum comparuit in monasterio sancti Johannis Ewangeliste Walthausen in die diui Johannis ante Portam latinam.

[9. Säusenstein, OCist, Diöz. Passau, 8. Mai[70]]
Lator presencium conparuit in nostro monasterio Vallis Dei alias Seyssenstein ordinis Cisterciensis Pataviensis dyocesis in die Petri episcopi.

[10. Melk, OSB, Diöz. Passau, 9. Mai[71]]
Funifer presencium nostro in cenobio Medelicensi sub apostolorum [sic] Petro et Paulo principibus dedicato Pataviensis diocesis sedi apostolice immediate subiecto nostris sese contulit obtutibus feria secunda post Christi domini Ascensionis diem anno etc. ut supra.

---

66 Admonter Totenroteln (1442–1496), 30, 34, 113, 172; Eine Admonter Todtenrotel des 15. Jahrhunderts, Nr. 1, 65; Die St. Lambrechter Todtenrotel von 1501–1502, Nr. 64, 405; Eine Totenrotel von St. Peter aus dem Jahre 1503, Nr. 51, 87; Die Nonnbergerrotel von 1508, Nr. 67, 226; BAUMGARTNER, Gebetsverbrüderung und Totenrotel aus Michaelbeuern Nr. 7, 716.
67 Admonter Totenroteln (1442–1496), 31, 48, 110, 225; Eine Totenrotel von St. Peter aus dem Jahre 1503, Nr. 53, 88; Die Nonnbergerrotel von 1508, Nr. 68, 226; BAUMGARTNER, Gebetsverbrüderung, Nr. 8, 716.
68 Admonter Totenroteln (1442–1496), 31, 48, 235; Die Nonnbergerrotel von 1508, Nr. 69, 226.
69 Admonter Totenroteln (1442–1496), 31, 235; Die Nonnbergerrotel von 1508, Nr. 70, 226; BAUMGARTNER, Gebetsverbrüderung und Totenrotel aus Michaelbeuern, Nr. 9, 716.
70 Admonter Totenroteln (1442–1496), 48, 111, 226; Eine Totenrotel von St. Peter aus dem Jahre 1503, Nr. 56, 88; BAUMGARTNER, Gebetsverbrüderung und Totenrotel aus Michaelbeuern, Nr. 10, 716.
71 Admonter Totenroteln (1442–1496), 31, 48, 111, 236; Die St. Lambrechter Todtenrotel von 1501–1502, Nr. 41, 434; Eine Totenrotel von St. Peter aus dem Jahre 1503, Nr. 57, 88; Die Nonnbergerrotel von 1508, Nr. 71, 226; BAUMGARTNER, Gebetsverbrüderung und Totenrotel aus Michaelbeuern, Nr. 11, 716.

[11. Aggsbach, OCart, Diöz. Passau, 11. Mai[72]]

Lator present. feria iiij in profesto Pangratij martiris conparuit in nostro monasterio Axpacensi quod dedicatum est in honore beate Marie virginis. ordinis Carthusiensis in Austria. anno domine incarnationis 1513.

[12. Dürnstain, OSA, Diöz. Passau, 11. Mai[73]]

Anno a natali Christiano 1513 5to nonas May presencium lator coram nobis nostro in monasterio gloriosissime virginis Marie in Tiernstain ordinis diui Augustini canonicorum regularium Pataviensis diocesis conparuit sole ad occasum declinante.

[13. Göttweig, OSB, Diöz. Passau, 12. Mai[74]]

Sue legacionis iniuratum expediuit officium presencium bayolus in nostro monasterio Gotwicensi alme virgini Marie dedicato sedi apostolice jnmediate subiecto ordinis s. Benedicti ipso die s. Pangracij martiris anno etc. tredecimo.

[14. St. Andra, OSA, Diöz. Passau, 12. Mai[75]]

Funebrium exhibitor present. appulit ad monasterium .s. Andree apostoli cis flumen Tra/y[76]/sinn canonicorum regularium ordinis almi Augustini Pataviensis diocesis xij° die May anno quo supra.

[15. Herzogenburg, OSA, Diöz. Passau, 13. Mai[77]]

Lator rotule presentis in nostro conparuit monasterio Herczogwiergense ordinis diui Augustini canonicorum regularium anno quo supra jn die vero sancti Servacy episcopi.

[16. St. Pölten, OSA, Diöz. Passau, 14. Mai[78]]

Ostensor huius rotule conparuit in nostro monasterio s. Yppolitj ad sanctum Yppolitum ordinis sancti Augustini canonicorum regularium Pataviensis diocesis in vigilia Penthecostes anno domini etc. tredecimo.

---

72 Admonter Totenroteln (1442–1496), 236.

73 Admonter Totenroteln (1442–1496), 236; Die Nonnbergerrotel von 1508, Nr. 76, 227.

74 Admonter Totenroteln (1442–1496), 31, 48, 111, 233; Die St. Lambrechter Todtenrotel von 1501–1502, Nr. 44, 165; Eine Totenrotel von St. Peter aus dem Jahre 1503, Nr. 58, 88; Die Nonnbergerrotel von 1508, Nr. 75, 227; BAUMGARTNER, Gebetsverbrüderung und Totenrotel aus Michaelbeuern, Nr. 15, 717.

75 Admonter Totenroteln (1442–1496), 31, 111; Die St. Lambrechter Todtenrotel von 1501–1502, Nr. 46, 165; Die Nonnbergerrotel von 1508, Nr. 74, 227; BAUMGARTNER, Gebetsverbrüderung und Totenrotel aus Michaelbeuern, Nr. 14, 717.

76 Über dem Wort ergänzt.

77 Admonter Totenroteln (1442–1496), 31, 111; Die St. Lambrechter Todtenrotel von 1501–1502, Nr. 45, 165; Die Nonnbergerrotel von 1508, Nr. 73, 226 f.; BAUMGARTNER, Gebetsverbrüderung und Totenrotel aus Michaelbeuern, Nr. 13, 716.

78 Admonter Totenroteln (1442–1496), 31, 48; Die St. Lambrechter Todtenrotel von 1501–1502, Nr. 42, 434; Eine Totenrotel von St. Peter aus dem Jahre 1503, Nr. 59, 88; Die Nonnbergerrotel von 1508, Nr.

[17. Klosterneuburg, OSA, Diöz. Passau, 15. Mai[79]]
Horrendi fati nunccius in beatissime virginis Marie cenobio opiduly Newnburge claustralis ordinis canonicorum regularium diui Aurelii Augustini die sancto [sic] Penthecostes sue legationis munus tam accu/r[80]/ate quam fideliter peregit anno virginalis partus 1513.

[18. Schotten in Wien, OSB, Diöz. Wien, 16. Mai[81]]
Anno domini 1513 feria secunda Penthecostes in monasterio sacerrime virginis Marie alias Scotorum Wienne ordinis almifici[82] Benedicti Wiennensis diocesis harum gerulus conparuit.

[19. St. Dorothea in Wien, OSA, Diöz. Wien, 18. Mai[83]]
Sese nostris obtutibus harum gerulus exhibens nostro in monasterio diue Dorothee ordinis s. Augustini canonicarum Wiene feria secunda Penthecostes anno 1513 comparuit.

[20. Heiligenkreuz, OCist, Diöz. Passau, 18. Mai[84]]
Jmperium mortis per quem lucescit atrocis. Carmine monstrantur fataque dura dulci nostris comparuit in edibus monasterio sancte Crucis in Austria ordinis Cisterciensis Pataviensis diocesis quarta feria Penthecostes.

[21. Klein-Mariazell, OSB, Diöz. Passau, 18. Mai[85]]
Lator presencium conparuit nostro in monasterio Celle Marie ordinis s. Benedicti Pataviensis dyocesis feria quarta Penthecostes anno domini 1513.

72, 226; Baumgartner, Gebetsverbrüderung und Totenrotel aus Michaelbeuern, Nr. 12, 716.
79 Admonter Totenroteln (1442–1496), 47, 226; Die St. Lambrechter Todtenrotel von 1501–1502, Nr. 49, 166 f.; Die Nonnbergerrotel von 1508, Nr. 77, 227; BAUMGARTNER, Gebetsverbrüderung und Totenrotel aus Michaelbeuern, Nr. 16, 717.
80 Über dem Wort ergänzt.
81 Admonter Totenroteln (1442–1496), 31, 47, 111, 226; Die St. Lambrechter Todtenrotel von 1501–1502, Nr. 50, 167; Eine Totenrotel von St. Peter aus dem Jahre 1503, Nr. 61, 89; Die Nonnbergerrotel von 1508, Nr. 78, 227; Die Nonnbergerrotel von 1508, Nr. 40, 223; BAUMGARTNER, Gebetsverbrüderung und Totenrotel aus Michaelbeuern, Nr. 17, 717.
82 Decretum magistri Gratiana, pars 2, causa 16, quaestio 1, can. 25, hg. von Emil FRIEDBERG, Leipzig 1879, 767.
83 Admonter Totenroteln (1442–1496), 226; Die St. Lambrechter Todtenrotel von 1501–1502, Nr. 51, 167; Die Nonnbergerrotel von 1508, Nr. 80, 227.
84 Admonter Totenroteln (1442–1496), 31, 47, 226; Die St. Lambrechter Todtenrotel von 1501–1502, Nr. 38, 433; BAUMGARTNER, Gebetsverbrüderung und Totenrotel aus Michaelbeuern, Nr. 18, 717.
85 Admonter Totenroteln (1442–1496), 31, 47, 227; Die St. Lambrechter Todtenrotel von 1501–1502, Nr. 39, 433; BAUMGARTNER, Gebetsverbrüderung und Totenrotel aus Michaelbeuern, Nr. 19, 717.

[22. Wien-Neustadt, OCist, Diöz. Salzburg, 20. Mai[86]]
Harum funebrium portitor literarum diligenter sese prebuit ostentorem in monasterio sancte Trinitatis in Noua Ciuitate ordinis Cisterciensis Salzburgensis dyocesis vigesima mensis May anno incarnationis deitatis 1513.

[23. Wien-Neustadt, OSA, Diöz. Salzburg, 20. Mai[87]]
Anno et die quibus supra present. exhibitor in capitulo canonicorum regularium extra muros Noue Ciuitatis ordinis sancti Augustini diligenter officium executus est.

[24. Vorau, OSA, Diöz. Salzburg, 23. Mai[88]]
Sese nostris presencium gerulus exhibuit obtutibus nostro in monasterio precelse die genitricis Marie sanctique Thome canonicorum regularium in Voraw Salzburgensis diocesis anno quo supra die lune post Trinitatis.

[25. Pöllau, OSA, Diöz. Salzburg, 23. Mai[89]]
Coram nobis Johanne preposito Laurencio decano totoque conuentu ordinis sanctj Augustinj monasterij sancti Vitj martiris in Polan Stirie Salczeburgensis diocesis 23 May present. exhibitor conparuit.

[26. Rein, OCist, Diöz. Salzburg, 26. Mai[90]]
Comparuit presentium funeralium portitor in monasterio nostro beate et intemerate virginis Marie in Runa ordinis Cisterciensis in Saltzburgensis diocesis vicesima sexta mensis Maij anno etc. trydecimo.

[27. Stainz, OSA, o. D.[91]]
Sole ad occasum deuergente apud nos canonicos regulares in Stantz present. lator conparuit atque depromptis litteris sui officii diligenter sese exhibuit.

---

86 Admonter Totenroteln (1442–1496), III, 164, 227; Die St. Lambrechter Todtenrotel von 1501–1502, Nr. 33, 431; Eine Totenrotel von St. Peter aus dem Jahre 1503, Nr. 63, 89; Die Nonnbergerrotel von 1508, Nr. 81, 227.
87 Admonter Totenroteln (1442–1496), 227; Die St. Lambrechter Todtenrotel von 1501–1502, Nr. 35, 432; Die Nonnbergerrotel von 1508, Nr. 82, 227.
88 Admonter Totenroteln (1442–1496), 227; Die St. Lambrechter Todtenrotel von 1501–1502, Nr. 28, 429 f.; Eine Totenrotel von St. Peter aus dem Jahre 1503, Nr. 62, 89; Die Nonnbergerrotel von 1508, Nr. 87, 228; BAUMGARTNER, Gebetsverbrüderung und Totenrotel aus Michaelbeuern, Nr. 21, 717.
89 Die Nonnbergerrotel von 1508, Nr. 88, 228; Die St. Lambrechter Todtenrotel von 1501–1502, Nr. 27, 429; BAUMGARTNER, Gebetsverbrüderung und Totenrotel aus Michaelbeuern, Nr. 22, 717.
90 Admonter Totenroteln (1442–1496), 32, 47, 50, 227; Die St. Lambrechter Todtenrotel von 1501–1502, Nr. 22, 427; Die Nonnbergerrotel von 1508, Nr. 91, 228; BAUMGARTNER, Gebetsverbrüderung und Totenrotel aus Michaelbeuern, Nr. 23, 717 f.
91 Admonter Totenroteln (1442–1496), 50, 227; Die St. Lambrechter Todtenrotel von 1501–1502, Nr. 23, 427 f.

[28. St. Paul im Lavanttal, OSB, Diöz. Salzburg, o. D.[92]]
Gerulus presentis rotule nostro comparuit in cenobio sancti Pauli Vallis Lauentinensis ordinis diui Benedicti. diocesis Saltzburgensis anno quo supra.

[29. St. Andrä im Lavanttal, OSA, Diöz. Salzburg, o. D.[93]]
Ostensor presentis rotule conparuit in nostra ecclesia kathedrali sancti Andree apostoli Vallis Lauentinensis ordinis sancti Augustini canonicorum regularium Saltzburgensis diocesis anno etc. tredecimo.

[30. Griffen(thal), OPraem, Diöz. Salzburg, 30. Mai[94]]
Lator present. conparuit in nostro monasterio Griffentall ordinis Premonstratensis Saltzburgensis diocesis feria secunda post festum Corporis Christi anno etc. tredecimo.

[31. Eberndorf, OSA, Diöz. Aquileja, 1. Juni[95]]
Sese nostris obtutibus harum gerulus exibens nostro in monasterio beate virginis Marie ordinis s. Augustini canonicorum regularium Aquileyensis diocesis prima die mensis Junij anno etc. tredecimo.

[32. Viktring, OCist., Diöz. Salzburg, 2. Juni[96]]
Breue vite uector nostro Victoriȩ in monasterio conparuit beate Marie virginis secunda die Junij anno vt supra caritatiuamque confraternitatem fixam in domino auemus.

[33. Friesach, OSA, Diöz. Salzburg, o. D.[97]]
Lator presencium conparuid [sic] in nostro monasterio sancte Marije Magdalene ordinis s. Augustini episcopi extra muros Frisacij anno supra.

92 Admonter Totenroteln (1442–1496), 47, 111; Die St. Lambrechter Todtenrotel von 1501–1502, Nr. 13, 182 f.; Eine Totenrotel von St. Peter aus dem Jahre 1503, Nr. 67, 89; BAUMGARTNER, Gebetsverbrüderung und Totenrotel aus Michaelbeuern, Nr. 29, 718.
93 Admonter Totenroteln (1442–1496), 50, 227; Die St. Lambrechter Todtenrotel von 1501–1502, Nr. 14, 424; Eine Totenrotel von St. Peter aus dem Jahre 1503, Nr. 66, 89; Die Nonnbergerrotel von 1508, Nr. 90, 228; BAUMGARTNER, Gebetsverbrüderung und Totenrotel aus Michaelbeuern, Nr. 30, 718.
94 Admonter Totenroteln (1442–1496), 32, 47, 50, 236; Die St. Lambrechter Todtenrotel von 1501–1502, Nr. 12, 182; Eine Totenrotel von St. Peter aus dem Jahre 1503, Nr. 68, 89; BAUMGARTNER, Gebetsverbrüderung und Totenrotel aus Michaelbeuern, Nr. 28, 718.
95 Admonter Totenroteln (1442–1496), 32, 47, 50, 236; Die St. Lambrechter Todtenrotel von 1501–1502, Nr. 10, 181; Die Nonnbergerrotel von 1508, Nr. 92, 228; BAUMGARTNER, Gebetsverbrüderung und Totenrotel aus Michaelbeuern, Nr. 27, 718.
96 Admonter Totenroteln (1442–1496), 32, 47, 50, 227; Die St. Lambrechter Todtenrotel von 1501–1502, Nr. 9, 181; Eine Totenrotel von St. Peter aus dem Jahre 1503, Nr. 69, 89; Die Nonnbergerrotel von 1508, Nr. 93, 228.
97 Admonter Totenroteln (1442–1496), 237; Die St. Lambrechter Todtenrotel von 1501–1502, Nr. 1, 177.

[34. St. Lambrecht, OSB, Diöz. Salzburg, 5. Juni[98]]
Js funebris tabellio nostri monasterii sancti Lamberti in Karinthia ordinis diui Benedicti limina adijt. anno etc. tredecimo nonas Junij.

[35. Seckau, Domstift, OSA, 6. Juni[99]]
Lator rotule presentis in nostro conparuit monasterio Seccouiensi <ordinis> celle [?] virginis Marie ordinis diui Augustini episcopi canonicorum regularium anno tredecimo secunda feria sequentj post festum sancti Erasmi episcopi et martiris.

[36. Admont, OSB, Diöz. Salzburg, 9. Juni[100]]
Exhibuit se idem gerulus jn monasterio nostro Admontensis ordinis s. Benedictj Saltzburgensis diocesis ipsa die Primj et Felicianj martirum anno quo supra.

[37. St. Florian bei Enns, OSA, Diöz. Passau, 14. Juni[101]]
Se nostris obtulit aspectibus nostro in monasterio sancti Floriani prope Anesum ordinis sancti Augustini canonicorum regularium Patauiensis diocesis xviij kal. Julij anno quo supra.

[38. Kremsmünster, OSB, Diöz. Passau, 15. Juni[102]]
Gerulus funeralium litterarum munus sue legationis feliciter executus est in nostro monasterio Krembsmunster sancti Agapitj martiris diui Benedicti ordinis Patauiensis diocesis in die sancti Vitj anno domini 1513.

---

98 Admonter Totenroteln (1442–1496), 12, 46, 51, 237; Die Nonnbergerrotel von 1508, Nr. 98, 229; BAUMGARTNER, Gebetsverbrüderung und Totenrotel aus Michaelbeuern, Nr. 24, 718.
99 Admonter Totenroteln (1442–1496), 32, 47, 50, 237; Die St. Lambrechter Todtenrotel von 1501–1502, Nr. 19, 426; Eine Totenrotel von St. Peter aus dem Jahre 1503, Nr. 65, 89; Die Nonnbergerrotel von 1508, Nr. 99, 229; BAUMGARTNER, Gebetsverbrüderung und Totenrotel aus Michaelbeuern, Nr. 25, 718.
100 Die St. Lambrechter Todtenrotel von 1501–1502, Nr. 59, 170; Die St. Lambrechter Todtenrotel von 1501–1502, Nr. 237, 116; Eine Totenrotel von St. Peter aus dem Jahre 1503, Nr. 54, 88; Die Nonnbergerrotel von 1508, Nr. 102, 229.
101 Admonter Totenroteln (1442–1496), 34; Eine Admonter Todtenrotel des 15. Jahrhunderts, Nr. 3, 65 f.; Die St. Lambrechter Todtenrotel von 1501–1502, Nr. 66, 406; Die Nonnbergerrotel von 1508, Nr. 65, 226; BAUMGARTNER, Gebetsverbrüderung und Totenrotel aus Michaelbeuern, Nr. 5, 715.
102 Admonter Totenroteln (1442–1496), 30, 34, 113, 173; Eine Admonter Todtenrotel des 15. Jahrhunderts, Nr. 4, 66; Die St. Lambrechter Todtenrotel von 1501–1502, Nr. 62, 171; Eine Totenrotel von St. Peter aus dem Jahre 1503, Nr. 50, 87; BAUMGARTNER, Gebetsverbrüderung und Totenrotel aus Michaelbeuern, Nr. 4, 715.

[39. Lambach, OSB, Diöz. Passau, 16. Juni[103]]

Se nostris obtulit aspectibus nostro in monasterio /in Lambaco[104]/ sancti Kiliani matriris ordinis sancti Benedicti Patauiensis diocesis anno domini etc. 1513 feria quinta post festum Viti.

[40. Mondsee, OSB, Diöz. Passau, 18. Juni[105]]

Anno jncarnate deitatis. 1513. 14 kalendas Julij mortitabellio presens nostro monasterio Mannsee Patauiensis diœcesis. ordinis almificj Benedicti applicuit. nostramque fieri subscriptorem expetijt. obtinuitque.

Jn venerabilem iam vita functum
Angelum Formpacensem abbatem
ἑξαστιχομ[106]

Angele Volffgangi tu quondam vocibus abbas
Formpacensis: nunc gaudia certa[107] tenes,
Quid tibj cirritus[108] profuisset cernis Apollo:
Almifici patris te tegeret in toga
Ergo Mansensem superis commenda parentem:
Qui Benedictus associat te viris.[109]

[41. Michaelbeuern, OSB, Diöz. Salzburg, 20. Juni[110]]

Funerea deferens hec nunccia nostri monasterij attigit limina. Peyernn vocati. ordinis diui Benedicti Saltzeburgensis diocesis anno ut supra actum in profesto Albani martiris.

103 Admonter Totenroteln (1442–1496), 30, 34, 113, 173; Eine Admonter Todtenrotel des 15. Jahrhunderts, Nr. 5, 66; Die St. Lambrechter Todtenrotel von 1501–1502, Nr. 69, 407; Eine Totenrotel von St. Peter aus dem Jahre 1503, Nr. 49, 87; BAUMGARTNER, Gebetsverbrüderung und Totenrotel aus Michaelbeuern, Nr. 3, 715.
104 Über der Zeile ergänzt.
105 Admonter Totenroteln (1442–1496), 30, 34, 51, 225; Eine Admonter Todtenrotel des 15. Jahrhunderts, Nr. 328, 337; Die St. Lambrechter Todtenrotel von 1501–1502, Nr. 236, 115 f.; Eine Totenrotel von St. Peter aus dem Jahre 1503, Nr. 47, 87; BAUMGARTNER, Gebetsverbrüderung und Totenrotel aus Michaelbeuern, Nr. 2, 715.
106 Lies ἑξαστιχον, Sechszeiler.
107 Ennodius, Carmina II, 146, Vers 4, in: Magni Felicis Ennodii opera, hg. von Wilhelm HARTEL (CSE 6), Wien 1882, 606.
108 Müßte wohl *cirratus* heißen.
109 Die Randnotiz ist unleserlich: Pro oder *post illa ... raptisses.*
110 Admonter Totenroteln (1442–1496), 12, 34, 110; Die Nonnbergerrotel von 1508, Nr. 3, 220.

[42. St. Peter in Salzburg, OSB, 15. Juni[111]]

Funebris baiulus schedę nostri cenobij sancti Petri Salczburge ordinis trabeati Benedicti adijt septa decimo calendarum Juliarum.

[43. Nonnberg in Salzburg, OSB*, 21. Juni[112]]

Presentium lator in nostro monasterio beate Marie virginis ac sancte Erendrudis ordinis sancti Benedicti in Núnberg Saltzburgo sita [sic] comparuit.

Jn quo monasterio morte obierunt domina Agatha Haimspergerin ac Daria Panicherrin abbatisse[113], suas animas vestris deuotis orationibus commendamus die 21 mensis Junij anno etc. ut supra.

[44. Berchtesgaden, OSA, Diöz. Salzburg, 22. Juni[114]]

Lator present. conparuit nostro in monasterio sancti Johannis Ewangeliste et beatorum apostolorum Petri et Pauli in Berchtesgaden ordinis sancti Augustini episcopi canonicorum regularium Saltzburg. dyocesis anno quo supra die sancti Achaell mariliis.

[45. St. Zeno in Reichenhall, OSA, Diöz. Salzburg, 22. Juni[115]]

> Occiduas Phębus radians[116] dum vergit in oras
>> Anno qui supra cernitur atque die
> Nunccius ista ferens ad nostros visere lares
>> Venit vbi diuus Zeno colendus adest
> Haud procul oppido ab hoc Dives quod Halla vocatur
>> Aurely norma quo sacer ordo viget.

---

111 Admonter Totenroteln (1442–1496), 12, 34, 110, 163, 225, 237; Eine Admonter Todtenrotel des 15. Jahrhunderts, Nr. 325, 336 f.; Die Nonnbergerrotel von 1508, Nr. 2, 220; BAUMGARTNER, Gebetsverbrüderung und Totenrotel aus Michaelbeuern, Nr. 46, 720.

112 Admonter Totenroteln (1442–1496), 12, 110, 225; Eine Admonter Todtenrotel des 15. Jahrhunderts, Nr. 327, 337; Eine Totenrotel von St. Peter aus dem Jahre 1503, Nr. 2, 83; BAUMGARTNER, Gebetsverbrüderung und Totenrotel aus Michaelbeuern, Nr. 47, 720.

113 Daria Panicherin (1484–1505).

114 Admonter Totenroteln (1442–1496), 12, 34, 162, 225; Eine Admonter Todtenrotel des 15. Jahrhunderts, Nr. 324, 336; Die St. Lambrechter Todtenrotel von 1501–1502, Nr. 234, 115; Eine Totenrotel von St. Peter aus dem Jahre 1503, Nr. 3, 83; Die Nonnbergerrotel von 1508, Nr. 4, 220; BAUMGARTNER, Gebetsverbrüderung und Totenrotel aus Michaelbeuern, Nr. 45, 720.

115 Admonter Totenrotel (1442–1496), 163, 225; Eine Admonter Todtenrotel des 15. Jahrhunderts, Nr. 323, 336; Eine Totenrotel von St. Peter aus dem Jahre 1503, Nr. 4, 83; Die Nonnbergerrotel von 1508, Nr. 5, 220; BAUMGARTNER, Gebetsverbrüderung und Totenrotel aus Michaelbeuern, Nr. 44, 720.

116 Sedulius Scottus, Liber de rectoribus christianis, hg. von Siegmund HELLMANN (Quellen und Untersuchungen zur lateinischen Philologie des Mittelalters 1), München 1906, 57.

[46. Baumburg, OSA, Diöz. Salzburg, 24. Juni[117]]

Executor presencium comparuit nobiscum nostro jn monasterio Bamburge ordinis sancti Augustini canonicorum regularium Saltzburgensis diocesis ipso die sancti Johannis Baptiste anno etc. dredecimo.

[47. Seeon, OSB, Diöz. Salzburg, 24. Juni[118]]

Lator presencium conparuit in nostro monasterio Seron ordinis sancti Benedicti Salzeburgensis diocesis anno et die quibus supra.

[48. Chiemsee, OSA, Diöz. Salzburg, 25. Juni[119]]

Lator presentium comparuit in nostra kathedrali ecclesia Chiemsee. sanctorum martirum Sixti et Sebastiani ordinis sancti Augustini sabato post Johannis Baptiste.

[49. Frauenchiemsee, OSB, Diöz. Salzburg, 26. Juni[120]]

Presencium gerulus se obtu [sic] obtulit in cenobio benedicte virginis in Chiemsee dominarum ordinis diui Benedictj Saltzburgensis diocesis ipso die sanctorum martirum Iohannis et Pauli anno in etc. tredecimo.

[50. Attel, OSB, Diöz. Freising, o. D.[121]]

Lator presencium comparuit nostro in monasterio sancti Michaelis Atl ordinis diui Benedicti Friß. diocesis anno quo supra.

---

117 Admonter Totenroteln (1442–1496), 13, 35, 170, 235; Eine Admonter Todtenrotel des 15. Jahrhunderts, Nr. 319, 335; Eine Totenrotel von St. Peter aus dem Jahre 1503, Nr. 9, 83; Die Nonnbergerrotel von 1508, Nr. 7, 220; BAUMGARTNER, Gebetsverbrüderung und Totenrotel aus Michaelbeuern, Nr. 42, 719.

118 Admonter Totenroteln (1442–1496), 13, 35, 108, 170, 235; Eine Admonter Todtenrotel des 15. Jahrhunderts, Nr. 320, 335; Die St. Lambrechter Todtenrotel von 1501–1502, Nr. 231, 114; Eine Totenrotel von St. Peter aus dem Jahre 1503, Nr. 8, 83; Die Nonnbergerrotel von 1508, Nr. 10, 221; BAUMGARTNER, Gebetsverbrüderung und Totenrotel aus Michaelbeuern, Nr. 41, 718 f.

119 Admonter Totenroteln (1442–1496), 13, 170, 232; Eine Admonter Todtenrotel des 15. Jahrhunderts, Nr. 321, 335; Die St. Lambrechter Todtenrotel von 1501–1502, Nr. 232, 114 f.; Eine Totenrotel von St. Peter aus dem Jahre 1503, Nr. 7, 83; Die Nonnbergerrotel von 1508, Nr. 9, 221; BAUMGARTNER, Gebetsverbrüderung und Totenrotel aus Michaelbeuern, Nr. 39, 718.

120 Admonter Totenroteln (1442–1496), 13, 170, 235; Eine Admonter Todtenrotel des 15. Jahrhunderts, Nr. 322, 335 f.; Die St. Lambrechter Todtenrotel von 1501–1502, Nr. 233, 115; Eine Totenrotel von St. Peter aus dem Jahre 1503, Nr. 6, 83; Die Nonnbergerrotel von 1508, Nr. 8, 220; BAUMGARTNER, Gebetsverbrüderung und Totenrotel aus Michaelbeuern, Nr. 40, 718.

121 Admonter Totenroteln (1442–1496), 13, 30, 35, 108, 169, 234; Eine Admonter Todtenrotel des 15. Jahrhunderts, Nr. 314, 333; Eine Totenrotel von St. Peter aus dem Jahre 1503, 90; Die Nonnbergerrotel von 1508, Nr. 14, 221; BAUMGARTNER, Gebetsverbrüderung und Totenrotel aus Michaelbeuern, Nr. 38, 718.

[51. Rott, OSB, Diöz. Freising, 28. Juni[122]]
Se nostris obtulit aspectibus nostris in monasterio Rott sanctorum Marini episcopi et martiris Anianj quoque confessoris ordinis diui Benedicti Frisingensis diocesis in vigilia Petri et Pauli.

[52. Ebersberg, OSB, Diöz. Freising, 28. Juni[123]]
Vicesimaoctaua Junij anni currentis present. ostensor executus est ministerium suum in monasterium sancti Sebastiani ordinis s. Benedicti Frisingensis diocesis in Ebersperg.

[53. Beiharting, OSA, Diöz. Freising, 29. Juni[124]]
Nunccius presentis rotule conparuit in nostro monasterio sancti Johannis Baptiste in Beyharting ordinis sancti Augustini canonicorum regularium diocesis Frisingensis anno domini etc. ipsa die sanctorum Petri et Pauli apostolorum.

[54. Weyern, OSA, Diöz. Freising, 30. Juni[125]]
Nostris se in monasterio Weyarn lator presencium ostendit sanctorum Petrj et Paulj apostolorum ordinis sancti Augustinj canonicorum regularium Frisingensis dyocesis ipsa die conmemorationis sancti Pauli anno domini etc. tredecimo.

[55. Tegernsee, OSB, Diöz. Freising, 1. Juli[126]]
Lator presentium comparuit nostro in monasterio s. Quirini regis et martiris in Tegernsee ordinis s. Benedicti Frisingensis diocesis in octaua die s. Johannis Bapiste anno etc. tredecimo.

122 Admonter Totenroteln (1442–1496), 13, 30, 35, 108, 163, 234; Eine Admonter Todtenrotel des 15. Jahrhunderts, Nr. 313, 333; Eine Totenrotel von St. Peter aus dem Jahre 1503, Nr. 14, 84; Die Nonnbergerrotel von 1508, Nr. 15, 221; BAUMGARTNER, Gebetsverbrüderung und Totenrotel aus Michaelbeuern, Nr. 37, 718.
123 Admonter Totenroteln (1442–1496), 13, 35, 101, 163, 234; Eine Admonter Todtenrotel des 15. Jahrhunderts, Nr. 312, 333; Eine Totenrotel von St. Peter aus dem Jahre 1503, 90; Eine Totenrotel von St. Peter aus dem Jahre 1503, Nr. 13, 84; Die Nonnbergerrotel von 1508, Nr. 13, 221; BAUMGARTNER, Gebetsverbrüderung und Totenrotel aus Michaelbeuern, Nr. 59, 721.
124 Admonter Totenroteln (1442–1496), 30; Eine Admonter Todtenrotel des 15. Jahrhunderts, Nr. 311, 333; Die Nonnbergerrotel von 1508, Nr. 16, 221; BAUMGARTNER, Gebetsverbrüderung und Totenrotel aus Michaelbeuern, Nr. 58, 721.
125 Admonter Totenroteln (1442–1496), 233; Eine Admonter Todtenrotel des 15. Jahrhunderts, Nr. 310, 332.
126 Admonter Totenroteln (1442–1496), 29, 35, 162, 233; Eine Admonter Todtenrotel des 15. Jahrhunderts, Nr. 309, 332; Eine Totenrotel von St. Peter aus dem Jahre 1503, Nr. 16, 84; Die Nonnbergerrotel von 1508, Nr. 49, 224:

[56. Weihenstephan, OSB, Diöz. Freising, 3. Juli[127]]
Lator presencium nostro in monasterio comparuit sanctorum Michaelis archangeli ac Steffani protomartiris Weichensteuen ordinis s. Benedicti Frisingensis diocesis dominica ante Vdalricj anno domini etc. xiij^mo.

[57. Neustift, OPraem, Diöz. Freising, 3. Juli[128]]
Ostensor presencium conparuit in nostro cenobio sanctorum apostolorum Petrj et Pauli Nouecelle prope Frisingem ordinis Premonstratensis anno et die quibus supra.
[58. Seligenthal, OCist*, Diöz. Regensburg, 4. Juli[129]]
Lator presencium conparuit in nostro monasterio Selldental ordinis Cisterciensis <anno domini> feria secunda post Visitationis Marie anno domini 1513.

[59. St. Veit, OSB, Diöz. Salzburg, 6. Juli[130]]
Executor present. nostro comparuit in monasterio sanctj Viti cis Rotham ordinis sanctj Benedictj Saltzburgensis diocesis ipso die octaua apostolorum Petrj et Paulj anno etc. 13.

[60. Raitenhaslach, OCist, Diöz. Salzburg, 8. Juli[131]]
Nostris se se obtulit in edibus presencium lator in nostro monasterio Raytenhaslach ordinis Cisterciensis Salzburgensis diocesis feria sexta infra octauas Visitationis Marie anno etc. 13.

[61. Ranshofen, OSA, Diöz. Passau, 8. Juli[132]]
Harum paternitatum vestrarum tabellio nostro sese coram in Rennshouenn monasterio exhibuit Julij idis octauo supra millesimum quingentesimum terciodecimo.

---

127 Admonter Totenroteln (1442–1496), 13, 35, 84, 163, 234; Eine Totenrotel von St. Peter aus dem Jahre 1503, Nr. 17, 84; Die Nonnbergerrotel von 1508, Nr. 42, 224; BAUMGARTNER, Gebetsverbrüderung und Totenrotel aus Michaelbeuern, Nr. 74, 723.
128 Admonter Totenroteln (1442–1496), 13, 35, 234; BAUMGARTNER, Gebetsverbrüderung und Totenrotel aus Michaelbeuern, Nr. 75, 723.
129 Admonter Totenroteln (1442–1496), 110; Eine Admonter Todtenrotel des 15. Jahrhunderts, Nr. 317, 334; BAUMGARTNER, Gebetsverbrüderung und Totenrotel aus Michaelbeuern, Nr. 76, 723.
130 Admonter Totenroteln (1442–1496), 108, 169, 235; Die Nonnbergerrotel von 1508, Nr. 51, 224; BAUMGARTNER, Gebetsverbrüderung und Totenrotel aus Michaelbeuern, Nr. 50, 720.
131 Admonter Totenroteln (1442–1496), 12, 34, 108, 169, 235; Eine Admonter Todtenrotel des 15. Jahrhunderts, Nr. 318, 334; Eine Totenrotel von St. Peter aus dem Jahre 1503, Nr. 10, 83; Die Nonnbergerrotel von 1508, Nr. 52, 225; BAUMGARTNER, Gebetsverbrüderung und Totenrotel aus Michaelbeuern, Nr. 48, 720.
132 Admonter Totenroteln (1442–1496), 12; Eine Totenrotel von St. Peter aus dem Jahre 1503, Nr. 46, 87; Die Nonnbergerrotel von 1508, Nr. 53, 225; BAUMGARTNER, Gebetsverbrüderung und Totenrotel aus Michaelbeuern, Nr. 49, 720.

[62. Aspach, OSB, Diöz. Passau, 8. Juli[133]]
Baiulus presencium nostro monasterio Aspacensis s. Mathei apostoli et ewangeliste ordinis s. Benedicti Pataviensis diocesis comparuit anno et die quibus supra.

[63. Reichersberg, OSA, Diöz. Passau, 10. Juli[134]]
Present. exhibitor nostris sese presentauit obtutibus jn monasterio Reychersperg ordinis s. Augustini canonicorum regularium Pataviensis diocesis decimo die mensis Julij anno etc. tredecimo.

[64. Suben, OSA, Diöz. Passau, 11. Juli[135]]
Huiusce lator charte nostro in monasterio Suben vndecima Julij sue legationis munus exequutus est.

[65. Fürstenzell, OCist, Diöz. Passau, 13. Juli[136]]
Cartigerulus conparuit nostro monasterio alme virginis Marie in Furstenntzell ordinis Cisterciensis Pataviensis diocesis in die s. Hainlici Imperatoris anno etc. terciodecimo.

[66. St. Salvator, OPraem, Diöz. Passau, 13. Juli[137]]
Extinctorum letifere sollicitans memoriam … monastery altissimi Saluatoris ordinis Premonstratensis Pataviensis dyocesis adyt ipso die s. Henrici imperatoris anno salutis 1513. Obnixus … nostros vobis conmendatos habere voletis[138].

---

133 Admonter Totenroteln (1442–1496), 12, 30, 51, 114, 174; Eine Admonter Todtenrotel des 15. Jahrhunderts, Nr. 10, 67; Die St. Lambrechter Todtenrotel von 1501–1502, Nr. 74, 408 f.; Eine Totenrotel von St. Peter aus dem Jahre 1503, Nr. 42, 87; Die Nonnbergerrotel von 1508, Nr. 55, 225; BAUMGARTNER, Gebetsverbrüderung und Totenrotel aus Michaelbeuern, Nr. 56, 721.
134 Admonter Totenrotel (1442–1496), 13, 113, 173; Eine Admonter Todtenrotel des 15. Jahrhunderts, Nr. 6, 66; Die St. Lambrechter Todtenrotel von 1501–1502, Nr. 73, 408; Eine Totenrotel von St. Peter aus dem Jahre 1503, Nr. 45, 87; Die Nonnbergerrotel von 1508, Nr. 54, 225; BAUMGARTNER, Gebetsverbrüderung und Totenrotel aus Michaelbeuern, Nr. 51, 720 f.
135 Admonter Totenrotel (1442–1496), 12, 114, 173; Eine Admonter Todtenrotel des 15. Jahrhunderts, Nr. 7, 66 f.; Die St. Lambrechter Todtenrotel von 1501–1502, Nr. 72, 408; Eine Totenrotel von St. Peter aus dem Jahre 1503, Nr. 44, 87; Die Nonnbergerrotel von 1508, Nr. 64, 226; BAUMGARTNER, Gebetsverbrüderung und Totenrotel aus Michaelbeuern, Nr. 52, 721.
136 Admonter Totenroteln (1442–1496), 12, 46, 51, 114, 173; Eine Admonter Todtenrotel des 15. Jahrhunderts, Nr. 11, 68; Die St. Lambrechter Todtenrotel von 1501–1502, Nr. 76, 409; Eine Totenrotel von St. Peter aus dem Jahre 1503, Nr. 41, 86 f.; BAUMGARTNER, Gebetsverbrüderung und Totenrotel aus Michaelbeuern, Nr. 55, 721.
137 Admonter Totenroteln (1442–1496), 51, 114, 174; Eine Admonter Todtenrotel des 15. Jahrhunderts, Nr. 12, 68; Die St. Lambrechter Todtenrotel von 1501–1502, Nr. 75, 409.
138 Oder *valetis*.

[67. Aldersbach, OCist, Diöz. Passau, 14. Juli[139]]
Lator presencium comparuit in nostro monasterio beate Marie virginis in Alderspach ordinis Cist. Pataviensis diocesis in profesto Diuisionis apostolorum anno quo supra etc. tredecimo[140]).

[68. Osterhofen, OPraem, Diöz. Passau, 14. Juli[141]]
Anno et die quo immediate supra presencium exhibitor nostro in monasterio s. Margarethe prem[142]. in Osterhouen ordinis Premonstratensis Pataviensis dyocesis conparuit. Orate pro nostris et nos pro vestris.

[69. Niederaltaich, OSB, Diöz. Passau, 15. Juli[143]]
Baiolus present. sue legationis iniunctum expediuit officium in monasterio Althae Inferioris ordinis s. Benedicti Pataviensis diocesis in die Diuisionis apostolorum anno etc. terciodecimo.

[70. Metten, OSB, Diöz. Regensburg, 15. Juni[144]]
Lator present. comparuit in nostro monasterio sancti Michaelis archangeli in Meten ordinis sancti Benedicti Ratisponensis dyocesis Diuisionis apostolorum anno vt supra.

[71. Windberg, OPraem, Diöz. Regensburg, 16. Juli[145]]
His attestamur scriptis presencium nostro in monasterio jntemerate semper virginis Marie Bindberg ordinis Premonstratensis dijocesis Ratisponensis sabato ante festum Alexij 1513.

139 Admonter Totenroteln (1442–1496), 46, 52, 114, 174; Eine Admonter Todtenrotel des 15. Jahrhunderts, Nr. 13, 68; Die St. Lambrechter Todtenrotel von 1501–1502, Nr. 77, 409 f.; Die Nonnbergerrotel von 1508, Nr. 56, 225; BAUMGARTNER, Gebetsverbrüderung und Totenrotel aus Michaelbeuern, Nr. 88, 725.
140 Vgl. OSWALD, Bayerische Humanistenfreundschaft, 400–420.
141 Admonter Totenroteln (1442–1496), 46, 52, 114, 174; Eine Admonter Todtenrotel des 15. Jahrhunderts, Nr. 14, 69; Die St. Lambrechter Todtenrotel von 1501–1502, Nr. 78, 410; Eine Totenrotel von St. Peter aus dem Jahre 1503, Nr. 38, 86; Die Nonnbergerrotel von 1508, Nr. 57, 225.
142 Verschreiber, hier sollte virginis stehen, nicht die Abkürzung für den Prämonstratenserorden.
143 Admonter Totenroteln (1442–1496), 46, 52, 114, 174; Die St. Lambrechter Todtenrotel von 1501–1502, Nr. 79, 410; Eine Totenrotel von St. Peter aus dem Jahre 1503, Nr. 37, 86; Die Nonnbergerrotel von 1508, Nr. 61, 225; BAUMGARTNER, Gebetsverbrüderung und Totenrotel aus Michaelbeuern, Nr. 87, 724.
144 Admonter Totenroteln (1442–1496), 46, 52, 114, 174; Eine Admonter Todtenrotel des 15. Jahrhunderts, Nr. 16, 69; Die St. Lambrechter Todtenrotel von 1501–1502, Nr. 80, 410 f.; Eine Totenrotel von St. Peter aus dem Jahre 1503, Nr. 36, 86; Die Nonnbergerrotel von 1508, Nr. 60, 225; BAUMGARTNER, Gebetsverbrüderung und Totenrotel aus Michaelbeuern, Nr. 86, 724.
145 Admonter Totenroteln (1442–1496), 46, 52, 174; Eine Admonter Todtenrotel des 15. Jahrhunderts, Nr. 18, 70; Die St. Lambrechter Todtenrotel von 1501–1502, Nr. 81, 411; Die Nonnbergerrotel von 1508, Nr. 59, 225; BAUMGARTNER, Gebetsverbrüderung und Totenrotel aus Michaelbeuern, Nr. 85, 724.

[72. Oberaltaich, OSB, Diöz. Regensburg, 16. Juli[146]]

Harum scedarum baiulus nostro apparuit in monasterio Altach Superiorj ordinis sancti Benedicti Ratisponensis diocesis anno et die prescriptis.

[73. St. Magnus in Regensburg, OSA, 17. Juli[147]]

Lator presencium comparuit nostro in monasterio sancti Magni confessoris in pede pontis Rat. ordinis sancti Augustini canonicorum regularium feria secunda post Alexij anno quo supra.

[74. Sankt Emmeram in Regensburg, OSB, 18. Juli[148]]

Lator presencium comparuit nobiscum in monasterio s. Emmerami Rat. ordinis s. Benedicti sanctę romanę ecclesię sine medio subiecto xviij Julij anno quo supra.

[75. Prüfening, OSB, Diöz. Regensburg, 19. Juli[149]]

Portitor rotule huius comparuit in nostro monasterio sancti Georgij martiris Brufening ordinis sancti Benedicti Ratisponensis diocesis feria tertia post Alexij confessoris.

[76. Rohr, OSA, Diöz. Regensburg, 20. Juli[150]]

Lator presencium comparuit nostro in monasterio beate Marie virginis jn Ror ordinis s. Augustini canonicorum regularium Ratisponensis dyocesis feria quarta post Alexy confessoris anno vt supra.

146 Admonter Totenroteln (1442–1496), 46, 52, 114, 174; Eine Admonter Todtenrotel des 15. Jahrhunderts, Nr. 17, 69 f.; Die St. Lambrechter Todtenrotel von 1501–1502, Nr. 82, 411; Eine Totenrotel von St. Peter aus dem Jahre 1503, Nr. 35, 86; Die Nonnbergerrotel von 1508, Nr. 58, 225.

147 Admonter Totenroteln (1442–1496), 52, 115, 174; Eine Admonter Todtenrotel des 15. Jahrhunderts, Nr. 25, 72; Die St. Lambrechter Todtenrotel von 1501–1502, Nr. 89, 413 f.; Eine Totenrotel von St. Peter aus dem Jahre 1503, Nr. 29, 85.

148 Admonter Totenrotel (1442–1496), 14, 36, 52, 115, 175; Eine Admonter Todtenrotel des 15. Jahrhunderts, Nr. 23, 71; Die St. Lambrechter Todtenrotel von 1501–1502, Nr. 84, 412; Eine Totenrotel von St. Peter aus dem Jahre 1503, Nr. 31, 86; Die Nonnbergerrotel von 1508, Nr. 33, 223; BAUMGARTNER, Gebetsverbrüderung und Totenrotel aus Michaelbeuern, Nr. 81, 724.

149 Admonter Totenroteln (1442–1496), 36, 52, 115, 174; Eine Admonter Todtenrotel des 15. Jahrhunderts, Nr. 24, 71 f.; Die St. Lambrechter Todtenrotel von 1501–1502, Nr. 90, 414; Eine Totenrotel von St. Peter aus dem Jahre 1503, Nr. 30, 85; Die Nonnbergerrotel von 1508, Nr. 34, 223; BAUMGARTNER, Gebetsverbrüderung und Totenrotel aus Michaelbeuern, Nr. 78, 723 f.

150 Admonter Totenroteln (1442–1496), 115, 175; Eine Admonter Todtenrotel des 15. Jahrhunderts, Nr. 32, 72; Eine Totenrotel von St. Peter aus dem Jahre 1503, Nr. 22, 85; Die Nonnbergerrotel von 1508, Nr. 41, 224.

[77. Biburg, OSB, Diöz. Regensburg, 21. Juli[151]]
Baiulus present. sue legationis sibi iniunctum officium in monasterio in profesto <Piburg> Marie Magdalene Pyburg ordinis sancti Benedicti Ratisponensis dyoc. expediuit anno etc. 13mo.

[78. Münchsmünster, OSB, Diöz. Regensburg, 21. Juli[152]]
Presencium exhibitor conparuit nostro in monasterio Monasteriensi sanctorum Petrj et Paulj apostolorum ordinis diui Benedicti Ratisponensis dyocesis jn profesto Marie Magdalene anno domini etc. xiij^{mo}.

[79. Geisenfeld, OSB*, Diöz. Regensburg, 22. Juli[153]]
Lator presencium conparuit nostro in monasterio jntemerate virginis Marie et sancti Zenonis episcopi in Geisenfeld ordinis sancti Benedictj Ratisponensis dyocesis jn die sancte Marie Magdalene anno quo supra.

[80. Scheyern, OSB, Diöz. Freising, 23. Juli[154]]
Anno quo supra decimo calendas Augusti huius portitor rotulę nostri monasterij Scheyern gloriosę genetrici dei virgini Marię dedicati ordinis s. Benedicti Frisingensis diocesis limina triuit[155] clari in primis viri et qui esset nostri ordinis decus singulare occasum significans. Requiescat in pace.

[81. Indersdorf, OSA, Diöz. Freising, 24. Juni[156]]
Sese nostris obtutibus harum gerulus exhibens nostro in monasterio alme virginis Marie jn Vnndensdorff ordinis diui Augustini canonicorum regularium Frisingensis dyocesis jn vigilia s. Jacobi apostoli etc. 13°.

---

151 Admonter Totenroteln (1442–1496), 13, 36, 53, 115, 175; Eine Admonter Todtenrotel des 15. Jahrhunderts, Nr. 33, 74; Eine Totenrotel von St. Peter aus dem Jahre 1503, Nr. 21, 85; BAUMGARTNER, Gebetsverbrüderung und Totenrotel aus Michaelbeuern, Nr. 77, 723.
152 Admonter Totenroteln (1442–1496), 13, 36, 53, 116, 175; Eine Admonter Todtenrotel des 15. Jahrhunderts, Nr. 35, 75; Eine Totenrotel von St. Peter aus dem Jahre 1503, Nr. 25, 85.
153 Admonter Totenroteln (1442–1496), 13, 36, 116, 176; Eine Totenrotel von St. Peter aus dem Jahre 1503, Nr. 20, 84.
154 Admonter Totenroteln (1442–1496), 13, 36, 101, 116, 176; Eine Admonter Todtenrotel des 15. Jahrhunderts, Nr. 36, 75; Eine Totenrotel von St. Peter aus dem Jahre 1503, Nr. 19, 84; Die Nonnbergerrotel von 1508, Nr. 43, 224; BAUMGARTNER, Gebetsverbrüderung und Totenrotel aus Michaelbeuern, Nr. 72, 723.
155 Den Begriff verwenden 1521 auf der Totenrotel aus Michaelbeuern auch die Brüder aus dem benachbarten Kloster Weihenstephan.
156 Admonter Totenroteln (1442–1496), 163, 233; Eine Admonter Todtenrotel des 15. Jahrhunderts, Nr. 37, 75 f.; Eine Totenrotel von St. Peter aus dem Jahre 1503, Nr. 18, 84; Die Nonnbergerrotel von 1508, Nr. 44, 224.

[82. St. Nikolaus in Augsburg, OSB*, 25. Juli[157]]
Gerulus huius rotule fuit nobiscum circa locutorium nostri monasterij s. Nicolai extra muros ciuitatis Augustensis ordinis s. Benedicti jn dies s. Jacobi apostoli anno domini ut supra jn quo obierunt soror Wallburga Mullerin, monialis, soror Dorothea Heynin, conuersa, quarum animas cum alijs inibi defunctis vestris orationibus perdeuotis nixius in domino conmendari petimus.

[83. St. Ulrich und Afra in Augsburg, OSB, 25. Juli[158]]
Lator presencium comparuit jn nostro monasterio sanctorum Vdalricj et Affre jn Augusta Vindelicorum ordinis sancti Benedicti jn die sancti Jacobj apostoli anno quo supra.

[84. St. Georg in Augsburg, OSA, 25. Juli[159]]
Baiulus presentium nostro comparuit monasterio sancti Georgij Auguste ordinis canonicorum regularium sancti Augustini in die sancti Jacobi apostoli anno quo supra.

[85. Fürstenfeld, OCist, Diöz. Freising, 27. Juli[160]]
Gerulus present. nostris sese presentauit obtutibus in monasterio Campiprincipum beate ac intemerate virginis Marie ordinis Cisterciensis Frisingensis dyocesis 6to kalendas Augusti anno vt supra.

[86. Andechs, OSB, Diöz. Augsburg, 28. Juli[161]]
Lator presentium comparuit in nostro monasterio sanctorum Nicolaj et Elisabet jn monte sancto Andechs ordinis sancti Benedicti dyocesis in die sancti Panthaleonis anno quo supra.

[87. Diessen, OSA, Diöz. Augsburg 28. Juli[162]]
Mortigerulus harum nostros pie memoris conpassionis affectus nostri triuit [limina] monastery beate Marie virginis Diessen ordinis s. Augustini canonicorum regularium August. diocesis anno quo supra in die sancti Panthaleonis.

157 Admonter Totenroteln (1442–1496), 37, 107, 116, 176; Eine Admonter Todtenrotel des 15. Jahrhunderts, Nr. 39, 76.
158 Admonter Totenroteln (1442–1496), 37, 107, 116, 176; Eine Admonter Todtenrotel des 15. Jahrhunderts, Nr. 38, 76; Die Nonnbergerrotel von 1508, Nr. 22, 222.
159 Admonter Totenroteln (1442–1496), 116; Eine Admonter Todtenrotel des 15. Jahrhunderts, Nr. 40, 76.
160 Admonter Totenroteln (1442–1496), 35, 108, 163, 233; Eine Admonter Todtenrotel des 15. Jahrhunderts, Nr. 304, 331; Die Nonnbergerrotel von 1508, Nr. 45, 224.
161 Admonter Totenroteln (1442–1496), 71, 169, 233; Eine Admonter Todtenrotel des 15. Jahrhunderts, Nr. 303, 330 f.; Die Nonnbergerrotel von 1508, Nr. 46, 224; BAUMGARTNER, Gebetsverbrüderung und Totenrotel aus Michaelbeuern, Nr. 64, 722.
162 Admonter Totenroteln (1442–1496), 71, 169, 233; Eine Admonter Todtenrotel des 15. Jahrhunderts, Nr. 302, 330; BAUMGARTNER, Gebetsverbrüderung und Totenrotel aus Michaelbeuern, Nr. 65, 722.

[88. Wessobrunn, OSB, Diöz. Augsburg, 28. Juli[163]]

Subactor mortis imperio nunctius nobis suam exhibuit presenciam jn nostro monasterio sanctorum apostolorum Petri et Pauli in Wesseprunn anno et die vt supra.

[89. Polling, OSA, Diöz. Augsburg, 29. Juli[164]]

Lator presentium comparuit in nostro monasterio s. Saluatoris mundi in Pollingen. ordinis s. Augustini canonicorum regularium August. diocesis jpso die sancte Marthæ virginis anno etc. vt supra.

[90. Rottenbuch, OSA, Diöz. Freising, 30. Juli[165]]

Gelide mortis viator hic tristia nunccia ferens suam presenciam sabatho post festum sancti Jacobi apostoli nostris obtutibus jnzessit jn cuius rei euidenciam hanc presentem fecimus subscripcionem. Datum jn nostro monasterio Raytenpuch ordinis sancti Augustini canonicorum regularium Frisingensis diocesis anno etc. vt supra.

[91. Steingaden, OPraem, Diöz. Augsburg, 31. Juli[166]]

Pestifere fatalis dei iudicia preferens tabellio nostro in monasterio Staingaden sese coram ostendit ob cuius euidentiam istam quibuslibet visendam assignauimus scripture testifationem anno milesimo quingentesimo tercio decimo pridie kalend. Augusti.

[92. Füssen, OSB, Diöz. Augsburg, 31. Juli[167]]

Presencium lator nostro conparuit in monasterio sancti Magni in Faucibus Alpium Juliarum Augustensis diocesis anno et die quibus supra.

[93. Irsee, OSB, Diöz. Augsburg, 2. August[168]]

Lator presencium comparuit in nostro monasterio beate Marie virginis in Vrsino Augustensis diocesis feria tercia post festum sancti Petri ad vinculas anno vbi [sic] supra.

---

163 Admonter Totenroteln (1442–1496), 29, 71, 169, 233; Eine Admonter Todtenrotel des 15. Jahrhunderts, Nr. 301, 330; BAUMGARTNER, Gebetsverbrüderung und Totenrotel aus Michaelbeuern, Nr. 66, 722.

164 Admonter Totenroteln (1442–1496), 29, 169, 233; BAUMGARTNER, Gebetsverbrüderung und Totenrotel aus Michaelbeuern, Nr. 70, 723.

165 Admonter Totenroteln (1442–1496), 29, 71, 169, 232; Eine Admonter Todtenrotel des 15. Jahrhunderts, Nr. 85, 322 f.; BAUMGARTNER, Gebetsverbrüderung und Totenrotel aus Michaelbeuern, Nr. 69, 722 f.

166 Admonter Totenroteln (1442–1496), 29, 70, 169, 232; Eine Admonter Todtenrotel des 15. Jahrhunderts, Nr. 299, 329 f.; BAUMGARTNER, Gebetsverbrüderung und Totenrotel aus Michaelbeuern, Nr. 67, 722.

167 Admonter Totenroteln (1442–1496), 29, 70, 168, 232; Eine Admonter Todtenrotel des 15. Jahrhunderts, Nr. 300, 330; BAUMGARTNER, Gebetsverbrüderung und Totenrotel aus Michaelbeuern, Nr. 68, 722.

168 Admonter Totenroteln (1442–1496), 29, 71, 168.

[94. Ottobeuren, OSB, Diöz. Augsburg, 3. August[169]]

Ottopeuren

Ἤμ ὁ γραμματόφορος ἐν τομαςτηριῶ Ημῶμ ὠττημπουρρα ἐν Ημέρα ἐυρεσιος τοῦ ἁγιοῦ στεφαμω πρωτομαρτυρος[170]. הע ורית[171] pro abbate Matheo Ackerman, fratribus Wolfgango Huser, Johanne Turner, Henrico Breittlin[172].

[95. Kempten, OSB, Diöz. Konstanz, 5. August[173]]

Baiulus presencium ostendit se in monasterio beate Marie virginis Campidon. Constanciensis dyocesis ordinis sancti Benedicti apostolice sedi jnmediate subiecto nonas Augusti anno 1513. Orate pro fratribus Vlrico Gundelßhaimer, Caspar Herttenstainer.

[96. Rot, OPraem, Diöz. Konstanz, 5. August[174]]

Has qui tulit litteras nobiscum aderat nostro monasterio Rotensi ordinis Premonstratensis Constanciensis dyocesis anno quo supra jpso die Oswaldi martiris.

[97. Ochsenhausen, OSB, Diöz. Konstanz, 6. August[175]]

Ωραμον[176] nostrum confratrem dii imperio adijsse και κοσμον reliquisse nobis in cœnobio Ochsenhusensi ordinis διυι βενεδικτι per istam tabellionem detectum est: quod ιστα γραφια firmamus anno 1513 in die Sixti.

[98. Gutenzell, OCist, Diöz. Konstanz, 7. August[177]]

Executor present. nostro comparuit jn monasterio Cella Dei ordinis Cisterciensis Constanciensis diocesis septimo jdus Augusti anno 1513.

---

169 Admonter Totenroteln (1442–1496), 29, 71, 232; Eine Admonter Todtenrotel des 15. Jahrhunderts, Nr. 54, 81.
170 Lies: Ἦν ὁ γραμματόφορος ἐν μοναστηρίῳ ἡμῶν ὠττηνπουρρα ἐν ἡμέρα εὑρέσεως τοῦ ἁγιοῦ στεφάνου πρωτομάρτυρος (Der Rotelträger ist am Tag der Auffindung des heiligen Stefan, Protomartyrer, in unserem Kloster Ottobeuren erschienen).
171 Hebräisch »bittet«, »betet für«.
172 Der Eintrag stammt von der Hand Nikolaus Ellenbogs (gest. 1543), vgl. POSSET, Renaissance Monks, 155–71.
173 Admonter Totenroteln (1442–1496), 29, 70, 168, 232; Eine Admonter Todtenrotel des 15. Jahrhunderts, Nr. 298, 329.
174 Admonter Totenroteln (1442–1496), 29, 71, 162, 232.
175 Admonter Totenroteln (1442–1496), 29, 71, 161, 231; Eine Admonter Todtenrotel des 15. Jahrhunderts, Nr. 55, 81; Die St. Lambrechter Todtenrotel von 1501–1502, Nr. 229, 113.
176 Der erste Buchstabe ist unleserlich.
177 Admonter Totenroteln (1442–1496), 29, 69, 72, 161; Eine Admonter Todtenrotel des 15. Jahrhunderts, Nr. 57, 82.

[99. Heggbach, OCist*, Diöz. Konstanz, 7. August[178]]
Presencium lator conparuit in nostro monasterio Heggbach ordinis Cisterciensis Constanciensis diocesis ipso die sancte Affre etc. anno domini tredecimo.

[100. Weingarten, OSB, Diöz. Konstanz, o. D.[179]]
Presencium lator conparuit nobiscum nostro in monasterio Wingarten ordinis sancti Benedicti Constanciensis dyocesis anno 1513 in quo obierunt Jeorius de Fulach, custos, Gotthardus cellerarius, Johannes Bodmer, prior, Růdolffus Zingg, infirmarius, nec non Růdolffus Sindili, subdiaconus.

[101. Weißenau, OPraem, Diöz. Konstanz, o. D.[180]]
Harum literarum ostensor conparuit nobiscum nostro in monasterio Augia Alba ordinis Premonstratensis dyocesis Constanciensis anno 1513 jn quo obyerunt f. Othmarus Humppis, artium magister, f. Johannis Ernst, f. Michahel Brendlin, f. Nicolaus Molitoris, f. Johannes Huser, f. Conradus Sprel, f. Ůdalricus Rickenbach, f. Jodocus Spannagel, f. Jacobus Schulthais, f. Leonhardus Franz, f. Jeronimus Beck, f. Georius Angamiller, f. Johannes Sayler.

[102. Salem, OCist, Diöz. Konstanz, 13. August[181]]
Cupientes vos e fraternitatis charitate feruidi animarum prodese salutj curastis communes apud nos sollicitarj preces eos qui nature apud vos debitum reddidere orationibus nostris e quibus eis suffragamur & commissos facere. Laudamus hac in parte pietatem in defunctorum animas vestram. volentes summo studio quę votis petitis factis exequi. nec minori confidencia subsequ[i]turos qui nobiscum discessere deuotariis orationibus vestris commissos facimus videlicet reuerendum patrem abbatem nostrum & verum laudatissimum dominum Joannem Scharpfer, abbatem Salemj, fratres Jodocum Ower, Mathiam Muratoris, Nicolaum Pfiffer, Jacobum Schnetzer, Jacobum Petri, Joannem Episcopi, sacerdotes [sic] ordine & fratrem Jodocum Sigli, diaconum, comparuit itaque funebris hic tabellarius in nostro monasterio Salem Cysterciensis ordinis Constanciensis diocesis tercio idus Augusti MDXIII.

---

178 Admonter Totenroteln (1442–1496), 69.
179 Admonter Totenroteln (1442–1496), 28, 162; Eine Admonter Todtenrotel des 15. Jahrhunderts, Nr. 297, 328 f.; Die St. Lambrechter Todtenrotel von 1501–1502, Nr. 226, 113.
180 Admonter Totenroteln (1442–1496), 28, 231; Die St. Lambrechter Todtenrotel von 1501–1502, Nr. 225, 112.
181 Admonter Totenroteln (1442–1496), 28, 110, 231; Eine Admonter Todtenrotel des 15. Jahrhunderts, Nr. 262, 318; Die St. Lambrechter Todtenrotel von 1501–1502, Nr. 224, 112.

[103. Wald, OCist*, Diöz. Konstanz, 11. August[182]]
Lator presencium fuit nobiscum nostro in monasterio Wald altera die Laurencij ordinis Cisterciensis Constanciensis diocesis in quo obierunt sorores Noppurga Sunblini et soror Anna Schmiden, conuersa, quarum animas cum aliis inibi defunctorum vestris orationibus perdeuotis nixius petimus.

[104. Habsthal, OP*, Diöz. Konstanz, o. D.[183]]
Harum literarum baiolus conparuit in nostro monasterio Haupstall ordinis sancti Dominici Constanciensis diocesis jn quo nature debitum soluerunt Anna de Nunbrunnen, Vrsula Melin, Anna Preglin, Elizabet Schertenstain etc.

[105. Heiligkreuzthal, OCist*, Diöz. Konstanz, o. D.[184]]
Obierunt jnn nostro monasterio Valle sancte Crucis ordinis Cysterciensis ac Constanciensis diocesis frater Joannes Zůffenhuser et soror Anna kalenndis Marcij anno domini millesimo quingentesimo tredecimo ac eciam soror Thorotea Hellinn[185] anno vnndecimo.

[106. Zwiefalten, OSB, Diöz. Konstanz, o. D.[186]]
Christiane incarnationis anno jn cenobio Zwyfuldensi pater Bertholdus Lescher et pater Michael Maler, ambo ibi professi, vniversalem humane condicionis agoniam salubriter euaserunt, animas insuper eorundem presentium attestando vestris suffragijs commendatas habere et petimus et par pari pro viribus referremus.

[107. Marchthal, OPraem, Diöz. Konstanz, 14. August[187]]
Tabellarius funebris hic nostro in monasterio Marchtallensi comparuit in vigilia diuę virginis Marię anno supra millesimum et quingentesimum tredecimum nos itaque et nostros vestris sacrate precibus litacionibus pręsentibus commendamus.

[108. Blaubeuren, OSB, Diöz. Konstanz, 15. August[188]]
Funifer presencium sue legationis iniunctum officium executus est anno domini incarnationis supra millesimo quingentesimo terciodecimo nostro in monasterio Plauburen dijocesis Constanciensis ordinis diui Benedicti sanctoque Johannj Baptiste dedicato ipso die as-

182 Admonter Totenroteln (1442–1496), 102.
183 Admonter Totenroteln (1442–1496), 128.
184 Admonter Totenroteln (1442–1496), 109, 161; Eine Admonter Todtenrotel des 15. Jahrhunderts, Nr. 51, 80.
185 *Höllin, Holl.* In den Urkunden des Klosters ist aber keine Dorothea nachweisbar.
186 Admonter Totenroteln (1442–1496), 101.
187 Admonter Totenroteln (1442–1496), 109, 161; Eine Admonter Todtenrotel des 15. Jahrhunderts, Nr. 49, 79.
188 Admonter Totenroteln (1442–1496), 72; Eine Admonter Todtenrotel des 15. Jahrhunderts, Nr. 48, 78 f.

sumptionis gloriossime ac intemerate virginis in quo viam vniverse carnis ingessi sunt[189] pater Johannes Veniger, pater Cůnradus Gunser, frater Jeorius Schenck, quorum animas vestris conmendatas habere … mus suffragijs et deuotionibus.

[109. Wiblingen, OSB, Diöz. Konstanz, 1. September[190]]
Harum literarum exhibitor in nostro monasterio Wiblingen in kalend. Septembris anno a natiuitate domini sesque millesimo tredecimo sese videndum obtulit vestros defunctos nobis insinuans cui et nos vestris commendamus inprimis reuerendissimum dominum et patrem nostrum abbatem Conradum[191], Georgium Biberach, Matheum Setzing, Laurentium Höld et Georgium Jau[e]r patres et presbiteros ac Paulum conversum nostri monasterij nuper defunctos eorumque animas vestris quoque commendamus orationibus.

[110. Wengen in Ulm, OSA, 16. August[192]]
Tabellarius litterarum præsentium.16. Augusti. nostro in monasterio Wengan Ulmæ, in quo obierunt patres sang[uines] Vittus et Mattheus, prepositi[193], Caspar, decanus, Jeorgius Eberhardus, presbiter, Marcus Braun, subdiaconus, quos vicissim vestris sacris in precibus commendatos habetote.
[111. Elchingen, OSB, Diöz. Augsburg, 18. August[194]]
Comparuit presencium funeralium ostensor nostro in monasterio intemerate Marie virginis in Elchingen ordinis sancti Benedicti Augustensis dyocesis 15. kal. septembris, jn quo obierunt pater Vdalricus Hainlin et frater Bartholomeus Hůber, presbiter, quos vna cum reliquis vestris commendamus oracionibus.

[112. Herbrechtingen, OSA, Diöz. Augsburg[195]]
Rotigerulus iste comparuit in monasterio Herbrechtingen ordinis diui Augustini Augustensis diocesis anno saluatoris nostri tredecimo feria quarta post Natiuitatem beate virginis quo eciam anno duo nostro in cenobio decesserunt graciosus prepositus Georgius et frater Jacobus, quos deuotis vestris exequijs commendamus.

---

189 Dieselbe Formel verwenden 1501 die Brüder von Brauweiler und 1503 Kloster Admont.
190 Admonter Totenroteln (1442–1496), 72, 117, 177; Eine Admonter Todtenrotel des 15. Jahrhunderts, Nr. 46, 78; Die St. Lambrechter Todtenrotel von 1501–1502, Nr. 230, 114.
191 Konrad II. Rau/Ruhe (1484–1504).
192 Admonter Totenroteln (1442–1496), 177.
193 Vitus Tösel (1489–1497) und Matthäus Zimmermann (1480–1489).
194 Admonter Totenroteln (1442–1496), 72, 117, 177; Eine Admonter Todtenrotel des 15. Jahrhunderts, Nr. 47, 78.
195 Admonter Totenroteln (1442–1496), 45, 110, 117, 177; Eine Admonter Todtenrotel des 15. Jahrhunderts, Nr. 58, 82.

[113. Anhausen an der Brenz, OSB, Diöz. Augsburg, 17. August[196]]
Comparuit presencium funeralium ostensor nostro in monasterio Brentzahusen ordinis
sancti Benedicti Augustensis diocesis 16 kalendas septembris jn quo obierunt dominus Jacobus, abbas, et frater Hainricus Schel, sacerdos, quos vna cum reliquis vestris commendamus oracionibus.

[114. Königsbrunn, OCist, Diöz. Augsburg, 18. August[197]]
Rotuligeri huiusce presenciam accepimus nostro in Fonte Regis cenobio ordinis Cisterciensis Augustanę diocesis quintodecimo kalendas septembris anno superius premisso. Ex eo
denuntiamus vestris paternitatibus ex dn [?] in Christo patrem dominumque Emeramum,
nostri pretacti monasterij abbatem, fratres Joannem Rauch et Joannem Coci, seniores, defunctos, quos vestris orationum suffragijs commendatos cupimus.

[115. Neresheim, OSB, Diöz. Augsburg, 19. August[198]]
Ad nostrum monasterium Nóreßhain ordinis sancti Benedicti Aug. diocesis presencium
balolus Jn profesto sancti Bernhardi se Instulit in quo carnis debitum soluendo Martin Smit
Jodocus presbyter et dominus Symon[199] abbas. frater Blasius Faysel dyaconus. quorum animas cum reliquis nostri monastery defunctis vestris commendamus oracionibis perdeuotis.

[116. Donauwörth, OSB, Diöz. Augsburg, 22. August[200]]
Lator presencium /conparuit[201]/ nostro in monasterio sancte Crucis jn Werd ordinis Benedicti Aug. diocesis in octava assumptionis Marie virginis jn quo obierunt frater Andreas,
frater Bernhardus et frater Ambrosius sacerdotes et monachos.

[117. Kaisheim, OCist, Diöz. Augsburg, 22. August[202]]
In nostrum sese recepit cenobium Casariense ordinis Cisterciensis Aug. diocesis presencium exequutor vndecimo kalendas septembris anno etc. terciodecimo supra millesimum-
quingentisimum.

---

196 Admonter Totenroteln (1442–1496), 45, 110, 117, 177; Eine Admonter Todtenrotel des 15. Jahrhunderts, Nr. 59, 314.
197 Admonter Totenroteln (1442–1496), 45, 177; Eine Admonter Todtenrotel des 15. Jahrhunderts, Nr.
60, 314.
198 Eine Admonter Todtenrotel des 15. Jahrhunderts, Nr. 61, 314 f.
199 Simon von Bernstatt († 1510).
200 Admonter Totenroteln (1442–1496), 37, 107, 118, 178; Eine Admonter Todtenrotel des 15. Jahrhunderts, Nr. 64, 316; Die Nonnbergerrotel von 1508, Nr. 25, 222.
201 Über der Zeile ergänzt.
202 Admonter Totenroteln (1442–1496), 37, 107, 118, 178; Eine Admonter Todtenrotel des 15. Jahrhunderts, Nr. 65, 316.

[118. Auhausen/Werenzhausen, OSB, Diöz. Eichstätt, 23. August[203]]
Johannes Rieder presencium lator ad nostrum monasterium Zwerintzahausen ordinis sancti Benedicti sese transtulit decimo kalendas septembris Querc[e]ipolensis diocesis.

[119. Heidenheim, OSB, Diöz. Eichstätt, 23. August[204]]
Lator presencium comparuit in nostro monasterio sancti Wunebaldi confessoris atque abbatis in Haydenheym ordinis diui Benedicti Aureatensis dyocesis anno et die quibus supra.

[120. Wülzburg, OSB, Diöz. Eichstätt, 23. August[205]]
Baiolus presentis rotule comparuit in nostro monasterio Wiltzburgk ordinis sancti Benedicti Eysteten. diocesis in vigilia beati Bartholomei apostoli.

[121. Heilsbronn, OCist, Diöz. Eichstätt, 25. August[206]]
Comparuit lator huius rotule nostro in monasterio Fontis Salutis Cisterciensis ordinis Eistettensis diocesis altera die post Bartholomej anno domini 1513 jn quo vita defuncti sunt fratres Fridericus Konlcin et Bartholomeus Planck sacerdotes et monachi quorum animas vestris conmendamus orationibus.

[122. Langenzenn, OSA, Diöz. Würzburg, 26. August[207]]
Funesta gerens nuncia presencium ostensor sese nostro monasterio Aule Marie in Langenzen presentauit ordinis diui Aurelij Augustini canonicorum regularium Herbipolensis diocesis die veneris ante festum sancti Augustini anno domini 1513.

[123. Münchaurach, OSB, Diöz. Würzburg, 26. August[208]]
Baiulus presentis rotule conparuit nostro in monasterio sancti Petri apostoli Monichaurach ordinis sancti Benedicti Herbip. diocesis anno et die quo supra.

203 Admonter Totenroteln (1442–1496), 37, 101, 118, 180; Eine Admonter Todtenrotel des 15. Jahrhunderts, Nr. 67, 317.
204 Admonter Totenroteln (1442–1496), 37, 109, 118, 180; Eine Admonter Todtenrotel des 15. Jahrhunderts, Nr. 68, 317.
205 Admonter Totenroteln (1442–1496), 45, 105, 119, 180; Eine Admonter Todtenrotel des 15. Jahrhunderts, Nr. 69, 317.
206 Admonter Totenroteln (1442–1496), 14, 98, 119, 182; Eine Admonter Todtenrotel des 15. Jahrhunderts, Nr. 81, 321; Die St. Lambrechter Todtenrotel von 1501–1502, Nr. 100, 400.
207 Admonter Totenroteln (1442–1496), 14, 99, 182; Die St. Lambrechter Todtenrotel von 1501–1502, Nr. 101, 400; Die Nonnbergerrotel von 1508, Nr. 31, 223.
208 Admonter Totenroteln (1442–1496), 15, 99, 183; Die St. Lambrechter Todtenrotel von 1501–1502, Nr. 102, 400.

[124. Neukirchen, OSA, Diöz. Bamberg, 27. August[209]]
Invide gelideque Atropodis Mercurius[210] nostro sese ostendit cœnobio in die Saturni quo diui inuictique patris nostri Aurelij Augustini vigilia extitit quum iam radiferis sol sparserat vndique orbem ex Newnkirchinn anno virginei partus immemoris iiiij° terciodecimo Bambergensis diocesis.

[125. St. Ägidius in Nürnberg, OSB, Diöz. Bamberg, 28. August[211]]
Hac e luce subtractorum nunctius horumque baiulus nostro monasterio sancti Egidi jn Nuremberga ordinis almi Benedicti Bambergensis diocesis in die Augustini episcopi etc. conparuit.

[126. Kastl, OSB, Diöz. Eichstätt, 30. August[212]]
Lator presentis rotule comparuit nostro in monasterio sancti Petri apostoli in Castell ordinis s. Benedictj Eyst. dyocesis 3ᵃ feria post Augustini episcopi anno quo supra.

[127. Ensdorf, OSB, Diöz. Regensburg, 31. August[213]]
Lator presentis rotule conparuit jn nostro monasterio sancti Jacobi in Ensdorff ordinis sancti Benedicti Ratisponensis diocesis feria quarta post festum Augustini episcopi anno quo supra.

[128. Walderbach, OCist, Diöz. Regensburg, 1. September[214]]
Comparuit harum lator in nostro cenobio Walderbach ordinis Cisterciensis Ratisponensis dyocesis in dies s. Egidij diui abbate sub anno nostris salutis etc. xiij°.

[129. Reichenbach, OSB, Diöz. Regensburg, 2. September[215]]
Lator presencium conparuit nostro in monasterio sancte Marie virginis in Reichenbach ordinis diui Benedicti Rat. dyocesis feria sexta post festum Egidij abbatis anno domini etc. tercio decimo

209 Admonter Totenroteln (1442–1496), 54, 120, 181; Eine Admonter Todtenrotel des 15. Jahrhunderts, Nr. 78, 320; Die Nonnbergerrotel von 1508, Nr. 32, 223.
210 Merkur, der Bote der Atropos, der ältesten der drei Moiren.
211 Admonter Totenroteln (1442–1496), 14, 45, 53, 120, 182; Eine Admonter Todtenrotel des 15. Jahrhunderts, Nr. 80, 321; Die St. Lambrechter Todtenrotel von 1501–1502, Nr. 98, 399.
212 Admonter Totenroteln (1442–1496), 14, 45, 109, 119, 181; Eine Admonter Todtenrotel des 15. Jahrhunderts, Nr. 73, 319; Die St. Lambrechter Todtenrotel von 1501–1502, Nr. 93, 398.
213 Admonter Totenroteln (1442–1496), 14, 109, 119, 181; Eine Admonter Todtenrotel des 15. Jahrhunderts, Nr. 74, 319; Die St. Lambrechter Todtenrotel von 1501–1502, Nr. 92, 398.
214 Admonter Totenroteln (1442–1496), 14, 46, 108, 181; Eine Admonter Todtenrotel des 15. Jahrhunderts, Nr. 22, 71; Eine Totenrotel von St. Peter aus dem Jahre 1503, Nr. 33, 86; Die Nonnbergerrotel von 1508, Nr. 37, 223.
215 Admonter Totenroteln (1442–1496), 14, 46, 108, 181; Eine Admonter Todtenrotel des 15. Jahrhunderts, Nr. 20, 70; Eine Totenrotel von St. Peter aus dem Jahre 1503, Nr. 32, 86; BAUMGARTNER, Gebets-

[130. Frauenzell, OSB, Diöz. Regensburg, 2. September[216]]
Ostensor presentis rotule comparuit in nostro monasterio Celle sancte Marie virginis ordinis sancti Benedicti Ratisponensis diocesis feria sexta post Egidij anno etc. xiii.

verbrüderung und Totenrotel aus Michaelbeuern, Nr. 84, 724.
216 Admonter Totenroteln (1442–1496), 46, 108; Eine Admonter Todtenrotel des 15. Jahrhunderts, Nr. 21, 71; Eine Totenrotel von St. Peter aus dem Jahre 1503, Nr. 34, 86; Die Nonnbergerrotel von 1508, Nr. 38, 223.

Über das Testierrecht von Pfründnern in der Frühen Neuzeit
Eine rechtshistorische Untersuchung an Würzburger Beispielen

Von Hans-Wolfgang Bergerhausen

1. Forschungsstand und Problemstellungen

In der Würzburger Stadtgeschichtsschreibung herrscht ebenso wie in der deutschen Spitalforschung die Meinung vor, dass die Bewohner von Spitälern und vergleichbaren Einrichtungen wie Armenhäusern nicht das Recht gehabt hätten, ein Testament zu errichten. Mit ihrem Eintritt in ein Spital hätten die Pfründner ihr Testierrecht vielmehr ein für allemal verloren. Als Gegenleistung für ihre Aufnahme hätten sie ihren gesamten Besitz dem Spital übereignen müssen. Aber auch wenn die vollständige Besitzübertragung auf ein Spital nicht unmittelbar beim Eintritt eines Aufnahmewilligen geschehen sei, habe jedes Spital doch ein Anfallrecht besessen, das ihm beim Tod eines Pfründners den Zugriff auf sein Hab und Gut erlaubt habe. Sowohl seine beweglichen als auch seine unbeweglichen Hinterlassenschaften seien einem Spital dann *ipso iure* zugefallen. Dieses Anfallrecht habe sich auf alle Besitztümer eines Verstorbenen erstreckt, und zwar unabhängig davon, ob sie sich innerhalb oder außerhalb des Spitals befanden. Der Anspruch auf den Nachlass eines Spitalinsassen habe seit dem Mittelalter weit über die Grenzen des Reichs hinaus als allgemeines Spitalrecht gegolten. Beim Anfallrecht des Spitals und dem damit einhergehenden Testierverbot für Pfründner habe es sich mithin um eine universelle Norm gehandelt[1].

1 Vgl. aus der neueren Literatur z. B. Rudolf NEUMAIER, Pfründner. Die Klientel des Regensburger St. Katharinenspitals und ihr Alltag (1649 bis 1809) (Studien zum Spital-, Wohlfahrts- und Gesundheitswesens 10), Regensburg 2011, 303–340, bes. 303 u. 305; zu Würzburg dezidiert: Otto MEYER, Das Bürgerspital Würzburg 1319 bis 1994. Ergänzte Neuauflage zum 675. Jubiläum, Regensburg 1994, 20; Albert K. FRANZ, Aus vier Jahrhunderten innerer Geschichte des Bürgerspitals zum Hl. Geist in Würzburg (Mainfränkische Hefte 13), Volkach bei Würzburg 1951, 3 f.; Das Juliusspital in Würzburg, Bd. 2: Rechts- und Vermögensgeschichte, von Friedrich MERZBACHER, Würzburg 1979, 127 f.; Forschungsüberblick, Problemstellungen und Literatur zum Spitalwesen: Martin SCHEUTZ/Alfred Stefan WEISS (Hg.), Spital als Lebensform. Österreichische Spitalordnungen und Spitalinstruktionen der Neuzeit, 2 Teilbände (Quelleneditionen des Instituts für Österreichische Geschichtsforschung 15/1–2), Wien/Köln/Weimar 2015, hier 31–65 die Einleitung der Herausgeber und 320–368 eine umfassende Bibliographie (auch online verfügbar unter http://www.boehlau-verlag.com/978-3-205-79639-8.html); Christina VANJA, Offene Fragen und Perspektiven der Hospitalgeschichte, in: Martin

Begründet wird die Testierunfähigkeit der Spitalbewohner in der Literatur damit, dass Pfründner zu den *pauperes Christi* gezählt hätten, die all ihre liegenden und fahrenden Güter der frommen Stiftung aufgeopfert hätten, um als eigentumslose Menschen zu leben. Erbrechtlich seien Pfründner folglich »wie Mönche« behandelt worden. Mit ihrem Eintritt in ein Spital seien sie aus der bürgerlichen Gemeinschaft ausgeschieden. Dies gelte nicht nur für Spitäler, die sich in kirchlicher Hand befanden; vielmehr seien auch solche Spitäler, die unter bürgerlicher Leitung standen, als »eine Art geistlicher Bruderschaft« anzusehen. Demzufolge sei auch in kommunalen Spitälern vermögens- und erbrechtlich nach dem Muster religiöser Kommunitäten verfahren worden. Testierverbot für Pfründner und Anfallrecht des Spitals seien so in das weltliche Gewohnheitsrecht übergegangen[2]. Soweit man Abweichungen davon feststellte, wurden sie als Entfernung von einer als regelkonform erscheinenden Rechtslage oder gar als blanke Normverstöße eingeschätzt. Doch ohnehin ließen sich lediglich für sogenannte reiche Pfründner, die sich gegen eine erkleckliche Aufnahmegebühr in ein Spital eingekauft hatten, gelegentliche Ausnahmen von dieser Regel aufzeigen[3].

Die hier skizzierte Forschungslage ist nach wie vor in hohem Maße durch die 1932 erschienene magistrale zweibändige Habilitationsschrift von Siegfried Reicke über »Das deutsche Spital und sein Recht im Mittelalter« geprägt. Obwohl Rei-

SCHEUTZ u. a. (Hg.), Europäisches Spitalwesen. Institutionelle Fürsorge in Mittelalter und Früher Neuzeit (Mitteilungen des Instituts für Österreichische Geschichtsforschung, Erg.-Bd. 51), Wien/ München 2008, 19–40.
2 MERZBACHER, Juliusspital (wie Anm. 1), 127 f.; FRANZ, Aus vier Jahrhunderten (wie Anm. 1), 8 f.; Rüdiger BRAUN, Frühe Urkunden des Spitals vor dem Hauger Tor (Bürgerspital) in Würzburg (Schriften des Stadtarchivs Würzburg 14), Würzburg 2000, 25; so auch in allgemeiner stadtgeschichtlicher Literatur vorfindlich: z. B. Hannelore GÖTZ, Würzburg im 16. Jahrhundert. Bürgerliche Vermögen und städtische Führungsschichten zwischen Bauernkrieg und fürstbischöflichem Absolutismus (Veröffentlichungen des Stadtarchivs Würzburg 2), Würzburg 1986, 47; eine Testierpflicht an das Spital sehen auch SCHEUTZ/WEISS, Einleitung, in: DIES. (Hg.), Spital als Lebensform (wie Anm. 1), 73 f.
3 Neuerdings noch Wolfgang J. REDDIG, Hab und Gut der Pfründner – Zur materiellen Sachkultur in bürgerlichen Spitälern des späten Mittelalters und der Frühen Neuzeit, in: Artur DIRMEIER (Hg.), Leben im Spital. Pfründner und ihr Alltag 1500 – 1800 (Studien zum Spital-, Wohlfahrts- und Gesundheitswesens 12), Regensburg 2018, 167–180, bes. 168 f. u. 176; vgl. vorsichtig differenzierend Thomas JUST/Herwig WEIGL, Spitäler im südöstlichen Deutschland und in den österreichischen Ländern im Mittelalter, in: SCHEUTZ u. a. (Hg.), Europäisches Spitalwesen (wie Anm. 1), 166 u. 172; Martin SCHEUTZ/Alfred Stefan WEISS, Spitäler im bayerischen und österreichischen Raum in der Frühen Neuzeit (bis 1800), in: ebd., 185–229, bes. 200, 206, 225 f.; Ludwig OHNGEMACH, Spitäler in Oberdeutschland, Vorderösterreich und der Schweiz in der Frühen Neuzeit, in: ebd., 255–294, bes. 291; Renate SCHINDLER, Das Hospital in Wertheim. Grundzüge seiner Entwicklung von den Anfängen bis zum Ende des Alten Reiches, in: Wertheimer Jahrbuch o. Bd., 2003, 75–110, bes. 79 u. 83.

ckes Aussagen über die Testierunfähigkeit der Spitalbewohner weitgehend auf Quellen des 13. bis 15. Jahrhunderts beruhten, wurden sie auch als Richtschnur für die Beschreibung der Rechtszustände frühneuzeitlicher Spitäler herangezogen. Dabei wurde allerdings nicht ausreichend beachtet, dass Reicke Obersätze formulierte, die er im Gang seiner Darstellung der historischen Entwicklung entsprechend ausdifferenzierte. Er kannte durchaus Fälle, in denen das von ihm konstatierte Testierverbot aufgeweicht war[4]. Die damit aufgeworfene Frage, ob vermeintliche Normabweichungen vielleicht Ergebnis eines Rechtswandels an der Schwelle vom ausgehenden Mittelalter zur beginnenden Neuzeit waren oder gar einer anderen Rechtssphäre als der des klösterlichen bzw. kirchlich-bruderschaftlichen Rechts entstammten, wurde jedoch nicht weiterverfolgt. Verantwortlich dafür ist nicht zuletzt der immer wieder beklagte geringe Grad der Erschließung frühneuzeitlicher Quellen zur Spitalgeschichte.

Dass die Frage nach dem Testierrecht der Pfründner von zentraler Bedeutung für das Verständnis des frühneuzeitlichen Armen- und Spitalwesens ist, liegt auf der Hand. Denn ob Pfründner auch nach ihrem Eintritt in ein Spital frei über ihren Besitz verfügen konnten oder nicht, ist ein wesentlicher Indikator für ihre Stellung in der frühneuzeitlichen Rechts- und Gesellschaftsordnung. Hatten sie im rechtlichen wie auch im tatsächlichen Sinn noch teil an der sie umgebenden Welt oder traten sie über in einen von der Außenwelt strikt abgeschlossenen Lebensbereich? Erlitten sie mit ihrer Aufnahme in ein Spital gar den bürgerlichen Tod? Waren Spitäler, wie zur Zeit lebhaft diskutiert wird, also ein »kasernierter Raum«, deren Insassen sich ihre Subsistenzsicherung durch Abkehr und Isolation von ihrem bisherigen sozialen Umfeld erkauften und sich dafür sogar der Fremdbestimmung und Disziplinierung seitens der Spitalleitung unterwarfen[5]? Oder waren Spitäler ins städtische System integrierte, offene Einrichtungen, deren Bewohner sich durchaus noch eine gewisse Selbstständigkeit bewahren konnten und rechts-

4 Siegfried REICKE, Das deutsche Spital und sein Recht im Mittelalter, Zweiter Teil: Das deutsche Spitalrecht (Kirchenrechtliche Abhandlungen 113/114), Stuttgart 1932, ND Amsterdam 1961, 193–200, 212–224; von hier fast wörtlich übernommen in der Anm. 1 u. 2 genannten Literatur.
5 Vgl. SCHEUTZ/WEISS, Einleitung, in: DIES. (Hg.), Spital als Lebensform (wie Anm. 1), 35 f.; Gerhard AMMERER u. a. (Hg.), Orte der Verwahrung. Die innere Organisation von Gefängnissen, Hospitälern und Klöstern seit dem Spätmittelalter, Leipzig 2010, hieraus bes. die Beiträge von Christina VANJA, Orte der Verwahrung – Metaphern und soziale Wirklichkeit, 31–58, von Alfred Stefan WEISS, Österreichische Spitäler in der Frühen Neuzeit als »kasernierter Raum«? Norm und Praxis, 217–234, und Carlos WATZKA, Totale Institutionen und/oder »Disziplinar-Anstalten« in der Frühen Neuzeit? Das Problem der sozialen Kontrolle in Hospitälern und deren Funktion der »Verwahrung« und Versorgung« am Beispiel des Herzogtums Steiermark, 235–254.

und geschäftsfähig blieben[6]? Hatte die Unterbringung in einem Spital tatsächlich durchweg eine »sozial stigmatisierende Wirkung«[7] oder konnte sie von vielen Bewohnern auch als Privileg empfunden werden?

Vor dem Hintergrund derartiger Problemstellungen wird im Folgenden am Beispiel zweier Fürsorgeeinrichtungen der Stadt Würzburg, nämlich dem Bürgerspital und dem Armenhaus Zum Gabler, nach dem Testierrecht der Pfründner gefragt. Die beiden genannten Anstalten bieten sich für eine solche Untersuchung zum ersten deshalb an, weil sie sich an jeweils unterschiedliche Adressatenkreise wendeten, so dass man verschiedene soziale Schichten der Würzburger Einwohnerschaft erfassen kann[8]; zum zweiten hat sich für jedes dieser Häuser eine reiche Quellenüberlieferung erhalten, die im Stadtarchiv Würzburg aufbewahrt wird; zum dritten ist die Geschichte des Würzburger Bürgerspitals inzwischen durch zwei Quellensammlungen von den Anfängen bis zum Jahr 1650 leicht zugänglich, so dass eine rasche Überprüfung der nachfolgenden Ausführungen gewährleistet ist[9].

2. Das Testierrecht in Pfründbriefen

Die Aufnahme in ein Spital war ein formbedürftiger Rechtsakt. Die Vereinbarungen darüber wurden folglich in einer besiegelten Vertragsurkunde niedergeschrieben[10]. Ein Kernbestandteil eines solchen Pfründbriefes war die Festlegung der Rechte und Pflichten sowohl des aufnehmenden Spitals als auch des Bewerbers

6 Zusammenfassend Neumaier, Pfründner (wie Anm. 1), 433–436.
7 Robert Jütte, »Disziplin zu predigen ist eine Sache, sich ihr zu unterwerfen eine andere« (Cervantes). Prolegomena zu einer Sozialgeschichte der Armenfürsorge diesseits und jenseits des Fortschritts, in: Geschichte und Gesellschaft 17 (1991), 92–101, Zitat 100 f.
8 Vgl. Hans-Wolfgang Bergerhausen, Ein Werk der Barmherzigkeit. Das Bürgerspital Zum Heiligen Geist in Würzburg im Spätmittelalter und in der Frühen Neuzeit, in: Jahrbuch für fränkische Landesforschung 75 (2015), 53–72; Ders., Die Klientel des Bürgerspitals in Würzburg im konfessionellen Zeitalter, in: Bayerisches Jahrbuch für Volkskunde, o. Bd. (2016), 85–99; Ders., Das Armenhaus Zum Gabler (Gabrielspflege) in Würzburg, in: Mainfränkisches Jahrbuch für Geschichte und Kunst 68 (2016), 151–174, jeweils mit der älteren Literatur.
9 Ekhard Schöffler (Bearb.), Urkundenbuch des Bürgerspitals Würzburg 1300 – 1499 (Fontes Herbipolenses VII), Würzburg 1994; Hans-Wolfgang Bergerhausen (Bearb.), Quellen zur Geschichte des Bürgerspitals Würzburg 1500 – 1650 (Fontes Herbipolenses VIII), Würzburg 2014; ferner: Rüdiger Braun, Die älteste Rechnung des Bürgerspitals von 1495 (Schriften des Stadtarchivs Würzburg 15), Würzburg 2005; Ders., Frühe Urkunden (wie Anm. 2); Ders., Ältestes Vermögensverzeichnis 1583. Bürgerspital zum Hl. Geist Würzburg, Würzburg 1998 (Exemplar im Stadtarchiv Würzburg).
10 Reicke, Das deutsche Spital (wie Anm. 4), 205 f.

um eine Pfründe. Nur bei unentgeltlicher Aufnahme konnte auf einen Pfründvertrag ausnahmsweise verzichtet werden. Doch wurden in der Frühen Neuzeit in Würzburg ohnehin nur noch wenige Leute »um Gottes willen« in einem unter städtischer Regie stehenden Haus dauerhaft untergebracht[11]. Die Regel war die kostenpflichtige und vertraglich abgesicherte Verpfründung. Pfründbriefe bilden mithin eine erste wichtige Quellengruppe, die auf vermögens- und erbrechtliche Vorbehalte hin zu untersuchen ist. Tatsächlich wird man hier rasch fündig.

Im August 1519 kaufte sich Claus Walther für 250 rheinische Gulden in das Würzburger Bürgerspital ein. Er sagte zu, dass bei seinem Tod sowohl dieser Geldbetrag als auch ausnahmslos alles, was er sonst noch ins Spital mitbringe und was bei ihm gefunden werde, unwiderruflich und ohne Einspruch durch seine Erben oder sonst jemanden dem Spital verbleiben solle. Er behielt sich jedoch vor, mit seinen zwei Häusern, die er in der Stadt Würzburg besaß, und mit seinen sonstigen liegenden und fahrenden Gütern, die er nicht in das Spital mitbrachte, zu tun, was er wollte. Es wurde ihm garantiert, dass es allein in seinem freien Willen stehe, dem Spital davon noch etwas *zue gebenn, zue schaffenn oder nicht*[12].

Diese Regelungen sind in mehrerlei Hinsicht bemerkenswert. Sie zeigen, dass das Anfallrecht des Bürgerspitals zu dieser Zeit weder allgemein gültig war noch *per se* bestand, sondern individueller Aushandlung unterlag und vertraglicher Regelung bedurfte. Es wurde im vorliegenden Fall auf die innerhalb seiner Mauern vorfindliche Nachlassenschaft des Pfründners beschränkt. Seine außerhalb des Spitals gelegenen Besitzungen erfasste es nicht. Der Pfründner behielt vielmehr die freie Verfügungsgewalt über seine externen Güter; dies beinhaltete notwendigerweise auch das Recht, eine letztwillige Verfügung darüber zu verfassen. Tatsächlich handelt es sich denn auch, wenn im Pfründbrief von *gebenn* und *schaffenn* die Rede ist, um eine stehende Rechtsformel, die ihm diese Verfügungsgewalt sicherte: *gebenn*, das meinte, jemandem etwas noch zu Lebzeiten überlassen; *schaffenn*, das hieß, jemandem etwas testamentarisch vermachen; soweit es Rechtsgeschäfte betraf, war das letztere Verb im älteren Neuhochdeutschen ganz auf die-

---

11 Im konfessionellen Zeitalter wurden von 97 bisher namentlich erfassten Oberpfründnern des Bürgerspitals ausdrücklich 2 gratis aufgenommen, von 385 bisher namentlich erfassten Unterpfründnern ausdrücklich 35; vgl. Bergerhausen, Quellen (wie Anm. 8), Beilage: Tabellen auf CD-ROM, hier die Pfründnerlisten 2–14 u. 14–56; mit Blick auch auf andere Würzburger Armenhäuser Ders., Das Bürgerspital im Kontext des frühneuzeitlichen Fürsorgewesens der Stadt Würzburg, in: Würzburger Diözesangeschichtsblätter 80 (2017), 57–67, bes. 61 ff.
12 Bergerhausen, Quellen (wie Anm. 9), Nr. 3.

sen erbrechtlichen Sinn verengt[13]. Walther besaß also auch als Spitalpfründner ein Testierrecht. Die Vereinbarungen, die der Pfründbrief festlegte, bedeuteten zudem, dass der Pfründner trotz seines Eintritts ins Bürgerspital einen eigenen, vom Spital unabhängigen Handlungs- und Geschäftsbereich jenseits seiner Mauern behielt. Vor diesem Hintergrund gewinnt dann auch eine Bestimmung seines Pfründbriefes an Gewicht, die besagte, dass er frei und ungehindert auf die Straße gehen könne; es wurde lediglich angemahnt, dass er *zue rechter unnd geburlicher zeyt* ausgehen solle, also doch wohl Rücksicht auf die Zeitabläufe im Spital nehmen sollte[14]. Zwar wurde daneben seine Gehorsamspflicht gegenüber der Spitalleitung festgeschrieben; doch war sie insoweit eingeschränkt. Für Claus Walther bedeutete der Eintritt ins Bürgerspital jedenfalls nicht die Aufgabe seiner bürgerlichen Existenz und den Rückzug aus der Welt.

Ohne Zweifel war Claus Walther ein wohlhabender Mann. Zudem verfügte er über persönliche Netzwerke in der Stadt, die er gegebenenfalls auch zu aktivieren wusste. Dies zeigte sich, als er wohl 1523 der armen Pfründnerin Margaretha Winterin (Winderin) die Ehe versprach. Für Bürgermeister und Rat war dies ein Ärgernis, das durchaus mit dem Verweis aus dem Spital geahndet werden konnte. Doch fand er genug Fürsprecher, die sich für ihn verwendeten, so dass sie beide gegen eine Zuzahlung von 100 Gulden als Eheleute in einem besonderen Gemach im Bürgerspital wohnen bleiben konnten. Darüber schlossen Walther und seine Frau einen neuen Pfründvertrag ab, der jedoch, abgesehen von einer auf die Dauer ihrer Ehe beschränkten Aufbesserung der Versorgung für Margaretha, ihre früheren Vereinbarungen unberührt ließ[15].

Das Beispiel des Claus Walther beweist, dass Vermögen und soziale Beziehungen es einem Würzburger Pfründner in der Frühen Neuzeit ermöglichten, sehr individuelle Verträge mit dem Bürgerspital auszuhandeln. Doch war Walther keineswegs ein Einzelfall.

Schon 1408 etwa bedang sich Hermann Peuschel aus Iphofen bei seiner Aufnahme als Pfründner gegen die Zahlung von 235 rheinischen Gulden ein Leibgeding von 29 Gulden und sieben Malter Roggen jährlich aus. Nach seinem Tod aber sollte sein gesamtes Vermögen dem Spital anfallen. Ausgenommen blieben allerdings 100 Pfund Würzburger Währung, die er zu seinen Lebzeiten, *bii [!] lebendi-*

---

13 Jacob und Wilhelm GRIMM, Deutsches Wörterbuch, 33 Bde., Leipzig 1854 ff., ND München 1999, hier Bd. 14, Sp. 2031 u. bes. Sp. 2033 (auch online verfügbar).
14 Wie Anm. 12.
15 BERGERHAUSEN, Quellen (wie Anm. 9), Nr. 4.

gem sinem libe, weitergeben konnte, *wohin oder wem er wil*. Auch er behielt sich also die freie Verfügung über Teile seines Vermögens einschließlich des Rechts, sie zumindest unter Lebenden wegzugeben, vor[16].

1416 reservierten sich die Eheleute Hans und Hetze Hopff bei ihrem Eintritt ins Bürgerspital den Nießbrauch an ihren Wein- und Krautgärten sowie an ihrem Haus. Das Bürgerspital erwarb vorläufig nur eine Anwartschaft darauf. Erst bei ihrem Tod sollten diese Besitzungen vollständig an das Spital übergehen. 40 Gulden und ein Harnisch allerdings blieben davon ausgenommen, *die sie geben und bescheiden mugen ann leben oder an tode wo hin oder wem sie wollen*[17]. Hier ist den Eheleuten somit, anders als noch dem Hermann Peuschel, für festumrissene Besitztümer ausdrücklich auch eine letztwillige Verfügung zugelassen. Zu beachten ist dabei, dass das Verb *bescheiden* in der Rechtssprache den Sinn von *legare* hatte[18]. Auch im Pfründbrief der Eheleute Hopff wurde im übrigen das Anfallrecht des Spitals an Teilen ihres Besitzes ausdrücklich vertraglich vereinbart; es ergab sich nicht von selbst aus einer als verbindlich erachteten gewohnheitsrechtlichen Übung.

Fließen die Quellen zum hier in Rede stehenden Problem für das späte Mittelalter nur spärlich, so wird die Überlieferung seit dem beginnenden 16. Jahrhundert reichlicher. Ein Beispiel aus dem Jahr 1526 verdient dabei besondere Beachtung. Denn es belegt, dass die bischöfliche Regierung in Würzburg in der Nachlassfrage nicht anders verfuhr als der dortige Stadtrat.

Als Folge des sogenannten Bauernkrieges hatte Bischof Konrad von Thüngen dem Würzburger Stadtrat die Leitung des Bürgerspitals entzogen und es unter bischöfliche Verwaltung gestellt. Erst nach seinem Tod 1540 wurde das Bürgerspital dem Rat wieder zurückgegeben[19]. Im April 1526 nun fertigten die bischöflichen Verwalter einen Pfründbrief für Hans Krauser (Kraushaar) aus, der sich für 225 Gulden in das Bürgerspital eingekauft hatte. Auch hier begegnet der Vorbehalt, dass der Pfründner mit all seinen liegenden und fahrenden Gütern, die er nicht ins Spital mitgebracht hatte, nach seinem Gefallen handeln könne, und wieder trifft man auf das Wortpaar *geben* und *schaffenn*, das die Schenkung unter Lebenden einerseits und die testamentarische Verfügung andererseits implizierte[20].

---

16 Schöffler, Urkunden (wie Anm. 9), Nr. 190
17 Ebd., Nr. 209; vgl. a. Nr. 211.
18 Grimm, Wörterbuch (wie Anm. 13), Bd. 1, Sp. 1553 f.
19 Vgl. Bergerhausen, Werk (wie Anm. 8), 69.
20 Bergerhausen, Quellen (wie Anm. 9), Nr. 5.

Selbst das Anfallrecht des Spitals an den innerhalb seiner Mauern vorfindlichen Hinterlassenschaften von Pfründnern galt nicht zwangsläufig und unbeschränkt. Hans Christ und seine Frau Sophia beispielsweise beließen es 1614 bei ihrem Eintritt ins (längst wieder dem Rat der Stadt Würzburg unterstehende) Bürgerspital nicht bei den üblichen Rechtsformeln, die ihnen die Errichtung eines Testaments erlaubten, sondern fügten ihrem Revers sogar ein Inventar bei, in dem sie detailliert festlegten, was von den Sachen, die sie ins Spitalgebäude mitbrachten, diesem nach ihrem Tod zufallen solle und was sie davon frei vererben wollten[21].

Auch Frauen wurde die Verfügung über ihren Nachlass zugestanden. Margaretha Daußackerin beispielsweise konnte laut ihrem Pfründbrief von 1528 über ihre außerhalb des Spitals gelegene Hinterlassenschaft frei verfügen[22].

Die Pfründvereinbarungen, die bisher vorgestellt wurden, bezogen sich allesamt auf sogenannte reiche Pfründner bzw. Oberpfründner. Das waren Leute, die sich gegen einen hohen Geldbetrag in ein Spital eingekauft hatten und im Gegenzug dafür dort eine Vorzugsbehandlung genossen. Bei den Mahlzeiten nahmen sie am Spitalmeistertisch Platz und erhielten eine reichhaltigere Verpflegung als andere Insassen eines Spitals. Zudem wohnten sie in jeweils eigenen, separaten Räumen, bezogen oft zusätzliche Leistungen wie beispielsweise Heizmaterial und waren von Arbeitspflichten befreit. Von ihnen zu unterscheiden sind die armen Pfründner bzw. Unterpfründner. Diese hatten in der Regel eine geringere Aufnahmegebühr als die reichen Pfründner bezahlt. Sie bekamen weniger Speisen, wurden in Gemeinschaftsräumen untergebracht und waren im Rahmen ihrer körperlichen Fähigkeiten arbeitspflichtig[23]. Zu fragen ist nun, ob die Möglichkeit, über Besitztümer auch von Todes wegen zu verfügen, auf die reichen Pfründner beschränkt blieb und mit ihrer Sonderstellung in einem Spital zusammenhing oder ob die armen Pfründner ihnen in dieser Hinsicht gleichgestellt waren. Dass die Quellenlage dafür ungünstiger ist, erklärt sich dadurch, dass die Aufnahmegebühren für ein Spital die Rücklagen weniger begüterter Leute meist ganz aufzehrten. Dennoch können auch hier interessante Beobachtungen gemacht werden, die zu verbreiteten Auffassungen über arme Pfründner quer liegen.

21 Ebd., Nr. 20 u. Nr. 45.
22 StadtA Würzburg, Bürgerspital III/8, fol. 16v-18v.
23 Vgl. zusammenfassend REICKE, Spitalrecht (wie Anm. 4), 207–211; für Würzburg die in Anm. 8 genannte Literatur.

1527 kaufte sich Fritz Bauer aus Thüngersheim für 80 rheinische Gulden in eine arme Pfründe des Würzburger Bürgerspitals ein. In seiner Pfründverschreibung versprach er, dass dem Spital sein gesamter Nachlass zufallen solle, *es wer dann, das er zuvor dasselb gar oder eins theils mit wolbedachtem muthe unnd ordennlichem geschefft oder testamennt anderswohin gekert oder gewandt het, alles ongeverde*[24]. Bauers Testierrecht ging dem Anfallrecht des Bürgerspitals also eindeutig voran. Das Recht, ein Testament zu errichten, wurde ihm sogar namentlich, unter Verwendung auch des entsprechenden römischrechtlichen Terminus, den man hier erstmals antrifft, eingeräumt. Dieser wurde bemerkenswerterweise mit dem deutschrechtlichen Begriff *geschefft* kombiniert, der in der Rechtsprache ja auch nichts anderes als eine letztwillige Verfügung bezeichnete[25]. Durch die Hinzufügung des Adjektivs »ordennlich« wurde unterstrichen, dass es ein rechtsförmliches Testament zu sein hatte.

Der Pfründbrief des Fritz Bauer gehörte in die kurze Phase der bischöflichen Verwaltung des Bürgerspitals. Doch auch unter der Leitung des Stadtrates begegnen Pfründverschreibungen für arme Pfründner, die ähnliche Klauseln enthielten. So bestätigten 1593 Veit Schreck und seine Frau Dorothea zwar, dass ihr Nachlass dem Bürgerspital zukommen solle, aber nur insoweit, als *etwas, so wir gebürlicher weiß nit vermacht, ubrig pleiben* sollte. Auch für ihnen eventuell noch zufallende Erbschaften sollte das Anfallrecht des Spitals nur gelten, soweit sie diese *nicht nach ordnung der rechten jemandt verschaffen würden.* Diese Regelungen fanden Eingang in ihre Pfründverschreibung, obwohl sie zum Zeitpunkt ihrer Aufnahme ins Spital verschuldet waren und obwohl sie keine noch lebenden Leibserben hatten[26]. Ferner zeigt das Beispiel der Schrecks, dass arme Pfründner auch persönlich erbberechtigt waren und mit ihrem Eintritt in eine Pfründe das Spital nicht automatisch in ihre Rechte einrückte.

Auch die armen Pfründner des Bürgerspitals waren mithin testierfähig und ließen dies, soweit sie nach dem Erwerb einer Pfründe überhaupt noch über Vermögenswerte verfügten, gegebenenfalls in ihrem jeweiligen Pfründvertrag vermerken. Wenn Pfründner nicht testierfähig waren, so lag das daran, dass sie einen förmlichen Verzicht eingegangen waren. So gab die arme Pfründnerin Dorothea Gugelweydin ihr Testierrecht 1529 auf; da sie nur 10 Gulden als Eingabegeld zahlen

24 BERGERHAUSEN, Quellen (wie Anm. 9), Nr. 6.
25 Vgl. GRIMM, Wörterbuch (wie Anm. 13), Bd. 5, bes. Sp. 3817.
26 BERGERHAUSEN, Quellen (wie Anm. 9), Nr. 14.

konnte, liegt die Vermutung nahe, dass es für sie ohnehin wertlos war und sie anderenfalls nicht ins Bürgerspital aufgenommen worden wäre[27].

Schon bei der Prüfung von Aufnahmegesuchen seitens des Rates der Stadt Würzburg spielten erbrechtliche Fragen eine wichtige Rolle. Neben der wirtschaftlichen Lage der Kandidaten wurden auch ihre familiären Verhältnisse untersucht[28]. Wenn ein Bewerber einen Ehepartner, Kinder oder sonstige Verwandte hatte, verlangte der Rat oft, dass vor Abschluss eines Verpfründungsvertrages eine Erbauseinandersetzung stattfand, egal, ob jemand um eine reiche oder eine arme Pfründe nachsuchte. Soweit es potentielle Erbberechtigte gab, hatte der Bewerber auf Wunsch der Spitalleitung nachzuweisen, dass er sich von ihnen *abgethailt* oder sie *abgeschafft* habe, dass also ein gemeinsames Gut oder Erbe vorab rechtsverbindlich geteilt oder ein Erbverzicht ausgesprochen worden war[29]. Eine solche Forderung hatte nur Sinn, wenn Angehörige berechtigt waren, Erbansprüche auf den Nachlass eines verstorbenen Pfründners geltend zu machen. Mit dem Testierrecht der Pfründner korrespondierte die Erbberechtigung ihrer Angehörigen. Auch unter diesem Gesichtspunkt gerät die Vorstellung von einem Anfallrecht des Spitals, das jedem anderen Anspruch voranging, in Zweifel.

Die hier vorgestellten Pfründbriefe belegen, dass Spitalinsassen Vereinbarungen treffen konnten, die ihnen ein Testierrecht zusicherten, wie auch umgekehrt das Spital Klauseln durchsetzen konnte, die es den Pfründnern entzog. Entscheidend war offenbar die jeweilige Verhandlungsposition der Bewerber um eine Pfründe, die vom Grad ihrer Bedürftigkeit, von ihrer Finanzkraft und von ihren aktivierbaren sozialen Netzwerken abhängig war. Einen prinzipiellen, rechtsgegründeten Unterschied in der Behandlung reicher und armer Pfründner gab es nicht. Zu fragen ist nun weiter, welchen Gebrauch Pfründner denn tatsächlich von ihrem Testierrecht machten und ob vielleicht auch ihre Angehörigen selbst Erbansprüche gegenüber einem Spital erhoben.

---

27 StadtA Würzburg, Bürgerspital III/8, fol. 26r-27v.
28 BERGERHAUSEN, Quellen (wie Anm. 9), Nr. 15 f.; weitere Beispiele für reiche Pfründner: Stadtarchiv Würzburg, Ratsprotokoll 13, fol. 109v-110r, und Ratsprotokoll 13/2, fol. 48r, 157v, 160v; für arme Pfründner: ebd., Ratsprotokoll 11, fol. 502r, 529r, Ratsprotokoll 13, fol. 110v und Ratsprotokoll 13/2, fol. 55r, 135v, 161r, 203r
29 Beispiele für Erbauseinandersetzungen bei Bewerbern um eine reiche Pfründe: StadtA Würzburg, Ratsprotokoll 13/2, fol. 143v, 150v, 155v; für arme Pfründner: Ebd., Ratsprotokoll 11, fol. 257r, 422r; Ratsprotokoll 13, fol. 88r; Ratsprotokoll 13/2, fol. 70v, 115v, 119v; dazu BERGERHAUSEN, Klientel (wie Anm. 8), 93; DERS., Gabler (wie Anm. 8), 171; zu »abteilen« als Teilung eines gemeinsamen Gutes oder Erbes und zu »abschaffen« als Aufhebung eines bestehenden Rechts siehe DRW-online, jeweils unter dem genannten Stichwort.

3. Testamente und sonstige letztwillige Verfügungen von Pfründnern

Ob Pfründner Testamente[30] errichteten, war verständlicherweise in hohem Maße abhängig von ihrer wirtschaftlichen Lage. Da die Masse der Pfründner nach Aufbringung der Eingabegelder nichts Nennenswertes mehr besaß und meist auch nichts mehr zu erwarten hatte, nimmt es nicht wunder, dass man kaum Testamente in den Pfründakten findet. Gegeben hat es sie aber doch.

Am 6. September 1595 verfasste der Oberpfründner Georg Weysel im Würzburger Bürgerspital in Gegenwart von sieben Zeugen ein eigenhändiges Testament. Es enthielt insgesamt 61 Legate, aus denen sich seine weitgespannten verwandtschaftlichen und freundschaftlichen Beziehungen in die Stadt Würzburg und ihr Umland und seine persönlichen Verbindungen innerhalb des Bürgerspitals selbst ebenso rekonstruieren lassen wie seine religiöse und sozial-karitative Gesinnung. Allein an Bargeld verteilte er umgerechnet ca. 1500 Gulden, dazu Kleidungsstücke und sonstige Wertsachen. Dem Bürgerspital selbst vermachte er davon lediglich 100 Gulden zur freien Verfügung und einen silbernen Becher sowie 20 Gulden, die zweckgebunden angelegt werden sollten. Als seine Testamentsvollstrecker setzte er neben seinen beiden Schwägern auch die beiden Spitalpfleger ein, die zum Zeitpunkt seines Todes amtieren würden. Von einem Anfallrecht des Spitals kann in diesem Fall also überhaupt keine Rede sein. Im Gegenteil: Die Spitalpfleger selbst wurden von Weysel berufen, um seinen Letzten Willen umzusetzen. Ein Konflikt zwischen Anfallrecht des Spitals und Testierrecht des Pfründners war für die Beteiligten offenbar gar kein Thema[31].

Eine andere Form wählte der bürgerspitälische Oberpfründner Thomas Kremer aus Erlabrunn im Jahre 1610. Er bestellte neben sieben Zeugen einen Notar ins Bürgerspital und errichtete ein notarielles Testament. Er suchte mithin größtmögliche Rechtssicherheit zu erlangen. Alle Legate, die er vorsah, dienten ausschließlich frommen Zwecken. Insgesamt vermachte er 400 Gulden. Das Bürgerspital selbst wurde dabei nicht bedacht. Als Testamentsvollstrecker bestimmte er den Pfarrer der Hauger Pfarrkirche und einen Würzburger Bürger. Das Spital war in diesen Fall also in keiner Weise involviert[32].

Höchst aufschlussreich ist der Letzte Wille des Oberpfründners Kilian Hoffman, der 1617 für 650 Gulden ins Bürgerspital aufgenommen worden war. Offenbar

---

30 Vgl. allg. Werner Ogris, Testament, in: HRG 5, 1998, Sp. 152–165.
31 Bergerhausen, Quellen (wie Anm. 8), Nr. 50.
32 Ebd., Nr. 51.

bereits totkrank, wollte er seine gesamte Verwandtschaft 1635 enterben: den Bruder, den er 50 [!] Jahre nicht mehr gesehen habe; den Stiefsohn, der sein Haus *verkaufft undt gar eingehen laßen* habe und der ihm sogar gedroht habe, ihn *zu entleiben;* die Kinder seiner Schwester, deren Schulden er übernommen habe. Stattdessen wollte er all seine Hinterlassenschaft an Bargeld, Schuldforderungen und liegenden wie fahrenden Gütern dem Bürgerspital *verschafft,* also vererbt haben. Als er dies vor sieben Zeugen mündlich erklärte, fehlte indes ein Notar, und es wurde auch kein Protokoll angefertigt. Er verstarb jedoch am 26. März 1635, so dass dieser Mangel nicht mehr behoben werden konnte und die Sache gerichtshängig wurde[33]. Dass Kilian Hoffman testierfähig war, stand außer Frage. Was Hoffman im Angesicht des Todes testamentarisch verhindern wollte, war offensichtlich, dass eine gesetzliche Erbfolge greifen würde, die seiner ungeliebten Verwandtschaft zugute kommen würde. Der Vorgang lehrt, dass es ein vorrangiges Anfallrecht des Spitals am Besitz eines Pfründners auch in Ermangelung eines ordnungsgemäßen Testamentes nicht gab. Ein besonderes Spitalrecht wird hier nicht greifbar. Sowohl der Pfründner als auch das Spital glaubten sich vielmehr an ein allgemein gültiges Erbrecht gebunden. Dazu später mehr.

Auch Frauen nahmen ihr Testierrecht wahr. 1571 errichtete die reiche Pfründnerin Veronica Rödin, die im Jahr zuvor gemeinsam mit ihrem inzwischen verstorbenen Mann ins Bürgerspital gekommen war, vor einem Notar und sieben Zeugen ihr Testament. Zu diesem Zeitpunkt besaß sie noch ein Haus in der Würzburger Hörleingasse, das sie selbst später verkaufte, um von einem Teil des Erlöses noch ausstehende Reste an ihrem Eingabegeld, das sich auf insgesamt 530 Gulden belief, zu bezahlen. Drei Mal änderte sie ihr Testament, weil Verschiebungen in ihrem Besitzstand und Todesfälle im Kreis der potentiellen Erben und der vorgesehenen Testamentsvollstrecker dies nötig machten. Jedesmal zog sie dazu Notare und Zeugen hinzu. Begünstigte waren Verwandte und Mitpfründner sowie einzelne Bedienstete des Spitals. Dem Spital selbst vermachte sie lediglich 10 Gulden[34].

Während Veronica Rödin notariell beglaubigte Testamente bevorzugte, trug die ehemalige Spitalmeisterin und nunmehrige Oberpfründnerin Agatha Fränzin im Jahr 1600 ihren Letzten Willen mündlich lediglich den beiden amtierenden Spitalpflegern vor, die, und dies ist hier wichtig, zugleich Ratsherren waren. Diese

---

33 Ebd., Nr. 52; siehe auch ebd., Nr. 185 [6.], bes. 233.
34 Ebd., Nr. 47–49, jeweils mit den beigegebenen Erläuterungen; die dritte Änderung erwähnt bei Nr. 49, S. 57; siehe auch Nr. 43; die gesamte Testamentsabwicklung dokumentiert in StadtA Würzburg, Bürgerspital II/41, unfol.

versprachen ihr, danach zu verfahren. Damit begnügte sich Agatha Fränzin; wie die Marginalnotizen am Protokolleintrag über diesen Vorgang verraten, wohl zu Recht[35]. Tatsächlich war es Erblassern gestattet, unter gewissen Umständen Legate vor zwei Zeugen zu errichten, die Funktionsträger waren[36]. Ein solches Legat hat man in der Erklärung der Agatha Fränzin zu sehen. Dass sich die Pfleger in einem Konflikt zwischen Spitalinteressen und dem Wunsch der Erblasserin gesehen hätten, ist einmal mehr nicht erkennbar. Allerdings ging es nur um kleine Beträge, und das Bürgerspital war der Hauptbegünstigte.

Dass nicht nur sogenannte reiche Pfründner über ihren Besitz erbrechtliche Verfügungen trafen, zeigen einige Vorgänge, die sich im Armenhaus Zum Gabler in Würzburg zutrugen. Auch dieses Armenhaus unterstand dem Würzburger Stadtrat. Es schied die Bewohner anders als das Bürgerspital nicht in die zwei Kategorien der reichen und der armen Pfründner. Während das Bürgerspital vornehmlich Bürger im Rechtssinne aufnahm, wurden ins Armenhaus Zum Gabler überwiegend Eingesessene eingewiesen. Auch sie hatten ein Pfründgeld zu zahlen, das, bei starken Schwankungen im Einzelnen, im Durchschnitt in etwa auf dem Niveau des Eingabegeldes für arme Pfründner des Bürgerspitals lag. Tendenziell kamen im Armenhaus Zum Gabler eher kleine Handwerker, Dienstboten und Häcker unter, mithin eher Angehörige der Würzburger Unterschichten, während im Bürgerspital auch Angehörige der unteren Mittelschichten anzutreffen sind. Vertreter von Randgruppen fanden weder zum Bürgerspital noch zum Armenhaus Zum Gabler Zugang[37].

Wie man im Armenhaus Zum Gabler mit Nachlässen von Pfründnern umging, zeigt der Fall des Hans Husler. Als dieser 1580 starb, hinterließ er einige Tisch- und Betttücher, Kissenbezüge, einen Hut, Werkzeuge, die er noch aus seinem früheren Beruf als Büttner übrigbehalten hatte, einen Damengürtel mit Silberbeschlag, einen Degen, eine Pirschbüchse und ein wenig Bargeld. Wie es der Verstorbene

---

35 BERGERHAUSEN, Quellen (wie Anm. 8), Nr. 108.
36 Vgl. weiter unten; siehe auch Friedrich MERZBACHER, Ordinatio Judicii Provincialis Franconica. Die fränkische Landgerichtsordnung von 1618. Ein Meilenstein in der würzburgischen Prozeßgesetzgebung, in: Würzburger Diözesangeschichtsblätter 32 (1970), 83–105, bes. 104.
37 Hierzu und zum Folgenden vgl. BERGERHAUSEN, Gabler (wie Anm. 8); zur ökonomischen Struktur der Würzburger Einwohnerschaft ausführlich GÖTZ, Würzburg im 16. Jahrhundert (wie Anm. 2), 77–166; Hans-Peter BAUM, Sozialgeschichte, in: Ulrich WAGNER (Hg.), Geschichte der Stadt Würzburg, Bd. I: Von den Anfängen bis zum Ausbruch des Bauernkriegs, Stuttgart 2001, 361–385, bes. 375 ff.; Erik SODER VON GÜLDENSTUBBE, Sozialgeschichte der Stadt Würzburg 1500 – 1815, in: Ulrich WAGNER (Hg.), Geschichte der Stadt Würzburg, Bd. II: Vom Bauernkrieg bis zum Übergang an das Königreich Bayern 1814, Stuttgart 2004, 464–488, bes. 466 f.

gewünscht hatte, wurden diese Sachen völlig anstandslos seinem Freund Paul Schuman, der in Lichtenfels/Oberfranken lebte, und seinem Schwager Egidius Weiß, der in Mistelfeld (heute ein Ortsteil von Lichtenfels) wohnte, zugestellt. Der Armenpfleger, der dies abwickelte, war wohlgemerkt der Ratsherr und mehrmalige Bürgermeister Heinrich Wilhelm, der in diesen Funktionen besonders verpflichtet war, die Rechte und Interessen der Stadt zu wahren. Doch sah er diese im vorliegenden Fall offenkundig überhaupt nicht tangiert[38].

Der Pfründner Jacob Röderer setzte 1641 zur Vollziehung seines Letzten Willens neben einem Mitglied der Societas Jesu sogar ausgerechnet Jörg Hartman ein, den früheren Pfleger des Armenhauses und derzeitigen Pfleger des Bürgerspitals, einen der bedeutendsten Würzburger Ratsherren und Bürgermeister der Zeit. Doch auch er übernahm diese Aufgabe ohne weiteres[39]. Heinrich Bauckert, ein anderer Pflegling des Armenhauses, errichtete 1662 ein förmliches Testament vor Notar und Zeugen[40].

Auch weibliche Bewohnerinnen des Armenhauses Zum Gabler beanspruchten ein Testierrecht. Im Dezember 1595 fertigte die Pfründnerin Walburg Beurin eine letztwillige Disposition aus, in der sie insgesamt 110 Gulden an verschiedene Begünstigte legierte. Ob diese Verfügung rechtskräftig sei, geriet in Zweifel, jedoch nicht, weil man ihr ein Testierrecht absprach, sondern nur, weil sie ihr Pfründgeld noch nicht völlig bezahlt hatte und ihre Willensbekundung anscheinend auch Formfehler aufwies[41].

Im Fall der ohne Testament verstorbenen Katharina Holacherin meldeten 1596 vermittels des Rates der Stadt Eichstätt überraschend Kuratoren minderjähriger Seitenverwandter Ansprüche auf den Nachlass an. Auch hier kam den Würzburger Ratsherren gar nicht in den Sinn, ein Anfallrecht geltend zu machen. Sie verlangten jedoch, dass zuvor das Pfründgeld und alle ausstehenden Forderungen an die Holacherin vom Nachlass abgezogen werden müssten, und verwiesen die Petenten, sollte eine gütliche Einigung nicht zustande kommen, auf den Rechtsweg[42].

Es erweist sich also, dass Pfründner jeder Kategorie ein Testierrecht auch tatsächlich ausübten, sofern sie keinen Verzicht in ihrem Pfründbrief ausgesprochen hatten und überhaupt Eigentum besaßen. Zudem kann gezeigt werden, dass die

38 StadtA Würzburg, Ratsakten 2343, unfol.
39 Ebd., Ratsakten 2311, unfol.
40 Ebd., Ratsakten 2317, unfol.
41 Ebd., Ratsakten 2339, unfol.
42 Ebd., Ratsakten 2340, unfol.

Vorstände des Bürgerspitals und des Armenhauses Zum Gabler dies selbstverständlich akzeptierten, ja, gegebenenfalls sogar bei der Umsetzung eines Testamentes halfen. Über den Nachlass von Pfründnern eigenmächtig zu verfügen, stand ihnen nicht zu. Dies lässt sich noch einmal an einem ganz singulären Fall aus dem Bürgerspital zeigen: Die arme Pfründnerin Rosina Römerin hatte in einer *burgerlicher behausung* außerhalb des Bürgerspitals Wertsachen in einer Truhe deponiert. Nach ihrem Tod am 14. Januar 1607 ließ der Spitalpfleger Neidhart Mayer diese Truhe in das Spital bringen, sie öffnen und die darin befindlichen Sachen aufschreiben. Fürstbischof Julius Echter ließ ihm dies untersagen und ihn anweisen, alles wie inventarisiert in die Truhe zurückzulegen, diese wieder zu verschließen und sich für sein Vorgehen zu rechtfertigen[43].

Dass die Spitalmeister oder der Stadtrat über die Hinterlassenschaften von Pfründnern intern, gar durch Machtspruch wie gegenüber Gewaltunterworfenen, entscheiden konnten, davon kann keine Rede sein. Wo es Unklarheiten gab, wurde eine rechtliche Entscheidung außerhalb des Spitals gesucht. So war es bei Kilian Hoffman und bei Walburg Beurin. Im Fall der Katharina Holacherin wurden die Intestaterben sogar ausdrücklich an das Landgericht im Herzogtum Franken verwiesen. Fritz Beyhel ließ seinen Pfründbrief 1491 seinen *kindern und freünden nach recht, sitt und herekomen des lanndtgerichts des herzogthumbs zu Francken proclamirn und verkundigen und nach ordenung desselbenn landgerichts wie recht ist confirmiren und bestettigenn*, um seinen Einkauf ins Bürgerspital auch gegenüber Erbansprüchen seiner Verwandten rechtsfest zu machen[44]. Veit Schreck reservierte sich 1593, wie gezeigt, über seinen Nachlass *nach ordnung der rechten* zu verfügen[45]. All dies verweist abermals darauf, dass in Nachlassangelegenheiten kein besonderes Spitalrecht galt, sondern sowohl die Spitalleitung als auch die Pfründner an das ordentliche Recht gebunden waren. Dieses war in der Landgerichtsordnung für das Herzogtum Franken niedergelegt.

4. Das Erbrecht in der Landgerichtsordnung des Herzogtums Franken

Die Landgerichtsordnung für das Herzogtum Franken stellt eine Sammlung des herkömmlichen fürstlich würzburgischen Gewohnheitsrechts dar. 1528 unter Fürstbischof Konrad von Thüngen erstmals vollständig zusammengetragen, wurde sie in

43 Ebd., Bürgerspital II/42, unfol., 1607 Jan. 25 u. Febr. 1.
44 Schöffler, Urkunden (wie Anm. 9), Nr. 353.
45 Bergerhausen, Quellen (wie Anm. 9), Nr. 14.

der Folgezeit mehrfach revidiert. 1580 legte Fürstbischof Julius Echter eine erneuerte Fassung vor, die, von Kaiser Rudolf II. bestätigt, 1618 im Druck erschien. Sie schuf kein neues Recht, sondern gab das altüberlieferte Recht wieder und systematisierte es. Sie blieb bis zum Ende der Frühen Neuzeit maßgeblich gerade auch für das Erbrecht und wirkte diesbezüglich sogar noch ins 19. Jahrhundert hinein fort[46].

Die Landgerichtsordnung bestätigte das Landgericht in Franken als das zuständige ordentliche Gericht in Testamentssachen[47]. In ihrem dritten Teil beinhaltete sie das materielle Privatrecht. Darin nahm das Erbrecht einen bevorzugten Platz ein[48]. Als Grundregel wurde bekräftigt, dass es jedem frei stehe, Testamente und Letzte Willen aufzurichten, sofern ihm dies nicht ausdrücklich von Rechts wegen verboten sei. Das Testierrecht wurde sogar als besonders schützenswertes Gut hervorgehoben, weil *dem Menschlichen wesen nichts mehr eignet, den das jedermenniglich seinem Willen und Wollgefallen nach seine Güter zu verschaffen habe*[49]. Es erstreckte sich auf männliche wie weibliche Personen. Der Personenkreis, dem das Testierrecht genommen war, wurde detailliert aufgeführt[50]. Die Bewohner von Spitälern und Armenhäusern findet man in dieser Auflistung nicht. Von allen, die in dieser Aufzählung nicht eigens genannt waren, galt indes der Grundsatz, dass sie über ihr Vermögen testamentarisch verfügen konnten[51]. Dies konnten sie in mehrerlei Weise tun: durch ein notarielles bzw. gerichtliches Testament, durch ein eigenhändig verfasstes Testament oder durch eine mündliche Erklärung vor mindestens zwei Funktionsträgern, namentlich auch Ratsherren, die protokolliert wur-

---

46 Text der Landgerichtsordnung: Deß hochlöblichen Stiffts Wirtzburgs unnd Hertzogthumbs Francken Keyserlichen Landtgerichts Ordnung [...], Würzburg 1619 [künftig: LGO]; auch online verfügbar unter http://reader.digitale-sammlungen.de/resolve/display/bsb10144844.html (letzter Zugriff 03.03.2018); zur Textgeschichte vgl. Friedrich MERZBACHER, Judicium Provinciale Ducatus Franconicae. Das kaiserliche Landgericht des Herzogtums Franken-Würzburg im Spätmittelalter (Schriftenreihe zur bayerischen Landesgeschichte 54), München 1956, 14–28; für die hier interessierenden Fragen nach wie vor unverzichtbar [Georg Michael von WEBER], Das Erbrecht, wie es noch jetzt in Gemäßheit der kaiserl. Landgerichtsordnung des Herzogthums Franken und der nachgefolgten gesetzlichen Bestimmungen in Unterfranken besteht, Würzburg 1847, IIIf.; zu beachten ist, dass Weber eine eigene Zählung nach Kapiteln, Paragraphen etc. verwendet!
47 MERZBACHER, Landgericht (wie Anm. 46), 56 f.
48 Zusammenfassend zum Erbrecht MERZBACHER, Landgericht (wie Anm. 46), 183–188, jedoch ohne Behandlung der spitalrechtlichen Aspekte.
49 LGO (wie Anm. 46), Teil III, Tit. XXXVIII, § 1 (S. 182).
50 Ebd., Teil III, Tit. XXXIX (S. 183–188); vgl. [WEBER], Erbrecht (wie Anm. 46), 14 f.
51 Vgl. [WEBER], Erbrecht (wie Anm. 46), 15, § 63.

de. Für die Testamentserrichtung waren sieben Zeugen erforderlich[52]. Lag kein Testament vor, so griff die Intestaterbfolge[53].

Nur an einer Stelle der Landgerichtsordnung wurde ausdrücklich über Pfründner gehandelt, nämlich dort, wo es um die Pflichtteile der Kinder oder sonstiger Erbberechtigter ging. Hier wurde festgelegt, dass Eltern, die eine Pfründe in einem Spital oder sonstwo kaufen wollten, zuvor den Kindern den Pflichtteil zu geben schuldig seien. Reichte der ihnen verbliebene Besitz dann nicht mehr aus, um eine Pfründe zu erwerben, und fanden die Parteien nicht zu einer Einigung, dann hatte das Landgericht den Fall nach billigem Ermessen zu entscheiden *und in alle wege dahin zusehen, damit die Eltern in disen fällen, was zu underhaltung ihres Leibs von nöthen ist, von sich zugeben nicht gemüssiget noch getrungen werden*[54]. Der Pflichtteilsanspruch der Kinder konnte durch den elterlichen Wunsch zum Kauf einer Pfründe folglich geschmälert werden. Dieser Pflichtteil war abweichend vom kaiserlichen Recht in der fränkischen Landgerichtsordnung mit zwei Dritteln des elterlichen Besitzes festgelegt[55]. Er war also außerordentlich hoch angesetzt. Deshalb blieben den meisten Pfründnern nach Übergabe des Pflichtteils an die Kinder und Bezahlung des Eingabegeldes an ein Spital schlichtweg keine vererbbaren Güter mehr übrig. Die Frage, warum es nur wenige Testamente von Pfründnern gibt, findet hier ihre eigentliche Erklärung.

Über Spitäler bestimmte die Landgerichtsordnung im Rahmen des Erbrechts nur, dass sie als Erben benannt und instituiert werden könnten[56].

Die Landgerichtsordnung im Herzogtum Franken traf also durchaus spezifische Regelungen für Pfründner und erwähnte auch kurz die Spitäler. Doch weder kannte sie ein Anfallrecht des Spitals, noch sprach sie Pfründnern das Testierrecht ab. In ihrem Rahmen hatten sich sowohl Spitalleitungen als auch Pfründner zu bewegen. Denn alle Amtspersonen einschließlich der Bürgermeister und städtischen Ratsherren sowie alle Untertanen waren auf das Landrecht verpflichtet[57].

---

52 LGO (wie Anm. 46), Teil III, Tit. XL (S. 188 ff.); vgl. MERZBACHER, Landgerichtsordnung (wie Anm. 36), 101 u. 103 f.; hiermit findet der oben vorgestellte Fall der gewesenen Spitalmeisterin Agatha Fränzin seine Erklärung.
53 [WEBER], Erbrecht (wie Anm. 46), 55 ff.
54 LGO (wie Anm. 46), Teil III, Tit. XXXI, bes. § 11–13 (S. 171; Zitat aus § 13); vgl. [WEBER], Erbrecht (wie Anm. 46), 4 f.
55 LGO (wie Anm. 46), Teil III, Tit. XXIX (S. 167 f.); vgl. [WEBER], Erbrecht (wie Anm. 46).
56 LGO (wie Anm. 46), Teil III, Tit. XLIII, § 3 (S. 197).
57 MERZBACHER, Landgerichtsordnung (wie Anm. 36), 103 f.

Die hier vorgetragene Deutung, dass Pfründner wie jedermann den erbrechtlichen Regelungen der fränkischen Landesordnung unterlagen, wird durch eine Verordnung des Würzburger Fürstbischofs Johann Gottfried von Guttenberg aus dem Jahr 1690 bestätigt. Damals hatten sich *verschiedene Inconvenientien* wegen des Nachlasses von Pfründnern und armen Leuten, die sich in Spitälern befanden, dermaßen gehäuft, dass Johann Gottfried von Guttenberg sich veranlasst sah, in die bestehende Rechtslage klärend einzugreifen. Er verfügte erstens, dass diejenigen Personen, die gegen Zahlung eines gewissen Geldbetrages in eine Pfründe aufgenommen wurden, über dasjenige, was ihnen noch übrig geblieben sei oder ihnen zukünftig zuwachse, »nach ihrem Gefallen sowohl ad causas pias als profanas disponiren« könnten. Damit war im Grundsatz das Testierrecht aller Pfründner, und zwar sowohl der reichen als auch der armen, bestätigt, soweit sie ein Eingabegeld an ein Spital bezahlt hatten. Anders gesagt: Wer sich in eine Pfründe eingekauft hatte, der hatte auch ein Testierrecht. Von diesem Grundsatz wurden im Folgenden einige Ausnahmen gemacht, die sich ausschließlich auf Leute bezogen, die gratis einen Platz in einem Spital bekommen hatten. Denn zweitens wurde allen Spitalbewohnern, *welche allein in Ansehung ihrer Armuth oder sonst miserablen Zustands* und demnach *pur aus Gnaden* aufgenommen worden waren, aber Vermögen zurückgehalten hatten, *die Licenz, darüber zu testiren gänzlich benommen*. Ihr Besitz sollte dem Spital verfallen, in dem sie lebten. Diese Bestimmung zielte folglich auf Leute, die unter Vorspiegelung falscher Tatsachen eine Pfründe erschlichen und so wirklich Bedürftige geschädigt hatten. Sie verfielen »in Poenam Doli«, waren als Betrüger somit nicht mehr testierfähig. Die weiteren Dispositionen galten Personen, die, nachdem sie kostenlos in ein Spital eingenommen worden waren, noch unerwartet durch Geschenk oder Erbschaft zu Besitz kamen. Über sie wurde in einem dritten Abschnitt verfügt, dass sie ihren Platz für *mehr Bedürftigere* räumen müssten, wenn sie dadurch in die Lage versetzt würden, ihren Unterhalt außerhalb eines Spitals selbst zu bestreiten. Wenn aber viertens ein solcher Zugewinn nicht ausreiche, um sich außerhalb eines Spitals zu ernähren, so sollte der Begünstigte zwar seine Pfründe behalten, durfte aber über die ihm zugefallenen Vermögenswerte nicht testamentarisch verfügen, auch nicht *ad pias causas*. Sie gehörten dem Spital[58].

58 Franz Philipp HEFFNER (Hg.), Sammlung der hochfürstlich-wirzburgischen Landesverordnungen, Wirzburg 1776, Nr. CLXXXI, S. 383 f., online zugänglich unter URL https://www.deutsche-digitale-bibliothek.de/item/2G2GT5TCN75XGKHQFMPFW2PRZALJYCWJ (zuletzt aufgerufen am 03.03.2018); die Darstellung bei MERZBACHER, Juliusspital (wie Anm. 1), 127, zeigt beispielhaft,

5. Schlussfolgerungen

Alle Formen des Testamentes und alle sonstigen erbrechtlichen Regelungen, die die fränkische Landgerichtsordnung verbindlich vorgab, fanden in den Akten der Würzburger Spitäler und Armenhäuser ihren Niederschlag. Die Insassen von Spitälern und Armenhäusern unterlagen in erb- und besitzrechtlicher Hinsicht im Geltungsbereich der fränkischen Landgerichtsordnung ein und demselben Recht wie alle anderen Landesbewohner auch. Sie waren testierfähig. Ein besonderes Spitalrecht gab es im Jurisdiktionsbezirk des Fürstbischofs von Würzburg als Herzog von Franken insofern nicht. Wenn Georg Weysel, Thomas Kremer, Veronica Rödin oder Agatha Fränzin über ihren Nachlass bestimmten, dann taten sie dies exakt nach den in der Landgerichtsordnung vorgesehenen, gesetzlich zugelassenen Möglichkeiten. Die Pfründner waren sich ihrer Rechte bewusst, und sie nutzten sie auch. Und auch die Spitalleitungen verhielten sich schlichtweg gesetzeskonform, wenn sie den letzten Willen von Pfründnern umsetzten, wenn sie sich vertraglich ein Anfallrecht zu sichern versuchten oder wenn sie sich bemühten, sich vorab vor Ansprüchen von potentiellen Erben zu schützen. Wo ein Spitalpfleger wie Neithardt Mayer die rechtlichen Vorgaben missachtete, wurde er sofort in die Schranken gewiesen.

Welchen Gebrauch Pfründner tatsächlich von ihrem Testierrecht machen konnten, richtete sich nach ihrem sozialen Status und nach ihren wirtschaftlichen Möglichkeiten. Wenn viele Verpfründungsverträge ein Anfallrecht des Spitals enthielten, so besagt dies vielleicht etwas über die ökonomische Situation, in der sich ein angehender Pfründner befand, aber nichts über seine persönliche Rechtsstellung und über die allgemeine Rechtslage. Aus Pfründbriefen und anderen spital-

wie der Blick auf die Quellen durch REICKE, Das deutsche Spital (wie Anm. 4), vorgeprägt ist und sogar zu fehlerhaften Textparaphrasen führen kann; ebenso bei FRANZ, Aus vier Jahrhunderten (wie Anm. 1), 9; auch in der neuesten Deutung der Guttenberg'schen Verordnung ist die Abfolge von Regel und Ausnahme verdreht: Hans-Georg HERMANN, Die Spitalpfründe – Geistliche Wurzeln und bürgerliche Ausprägung, in: DIRMEIER (Hg.), Leben im Spital (wie Anm. 3), 11–35, bes. 30 f. (mit Abdruck der Quelle hier in Anm. 77); noch einmal sei in diesem Zusammenhang daran erinnert, dass die Masse der Pfründner für ihre Aufnahme in ein Spital oder Armenhaus in Würzburg eben bezahlen musste und folglich von der Guttenberg'schen Verordnung gerade nicht in ihrem Testierrecht eingeschränkt wurde: vgl. oben Anm. 11; auch im zum Hochstift Würzburg gehörenden Haßfurter Spital war der Anteil der Pfründner, die ein Eingabegeld bezahlt hatten, hoch: Volker GRUMBACH, Das Bürgerspital zum Heiligen Geist in Haßfurt. 400 Jahre Spitalordnung Julius Echters (Schriftenreihe des Historischen Vereins Landkreis Haßberge e. V. 15), Haßfurt 2016, 180 ff.; in der Reichsstadt Regensburg wurden von den meisten Pfründnern Eingabegelder erhoben: NEUMAIER, Pfründner (wie Anm. 1), 130 f.

internen Schriftstücken ein allgemeines Spitalrecht rekonstruieren zu wollen, führt in die Irre. Es verkennt, dass Pfründbriefe aushandelbare Verträge waren. Ihr Inhalt war gewiss abhängig von der Stärke der jeweiligen Verhandlungspartner. Aber sie konnten sich nur innerhalb einer vorgegebenen, allgemein verbindlichen Rechtsordnung bewegen.

Was sich am Beispiel des Testierrechts zeigen ließ, wäre auch für andere Rechtsbereiche zu untersuchen. Immer wieder findet man etwa in den Spitalakten Beispiele dafür, dass die Spitalleitungen eine Disziplinar- und Strafgewalt über die Pfründner ausübten. Aber auch hier gilt es, näher hinzusehen. Bestraft wurden Sachbeschädigungen, den Hausfrieden störende Streitsucht, ruhestörender Lärm und Randale, ehrverletzendes Verhalten, üble Nachrede, vertragswidrige hartnäckige Arbeitsverweigerung, folgenreiche Unzucht und sexueller Missbrauch Minderjähriger – das Spektrum reicht von Ordnungswidrigkeiten bis zu schwersten Straftaten[59]. Wenn die Spitalleitungen solche Handlungen ahndeten, so geschah dies im Einklang mit der allgemeinen Rechtsordnung und in Absprache mit dem Stadtrat sowie letztlich mit Blick auf die zuständigen landesherrlichen Instanzen. Ihre Disziplinar- und Strafgewalt erstreckte sich auf klare Rechtsbrüche, nicht weiter. Sie machte die Spitalbewohner nicht zu entmündigten Gewaltunterworfenen der Spitalleitungen und die Spitäler nicht zu einem abgesonderten Rechtsbezirk.

Das Leben im Spital spielte sich nicht in einem geschlossenen Kosmos ab, sondern blieb sowohl rechtlich als auch tatsächlich an die umgebende Welt zurückgebunden. Dies lag in der Konsequenz der »Verbürgerlichung« der Spitäler[60]. Denn Verbürgerlichung bedeutete nicht nur, dass die Spitäler unter kommunale Leitung kamen, sondern auch, dass sie sich neben den bedürftigen Armen eine neue zahlungsbereite Klientel erschlossen und sich so partiell zu Wohn- und Altenheimen wandelten. Sie umfassten ein breites soziales Spektrum von Bewohnern, das von Habenichtsen bis zu wohlhabenden Leuten reichte, die sich die freie Verfügung über ihre Häuser oder ihre sonstigen Wertsachen vorbehielten und sie vom Spital aus selbstverantwortlich verwalteten. Dieser aus der Würzburger Überlieferung erhobene Befund passt nicht zum in der Spitalforschung verbreiteten Bild der weltabgeschiedenen, recht- und besitzlosen, von ihren Zeitgenossen mit einem

---

59 BERGERHAUSEN, Quellen (wie Anm. 9), Nr. 73–75, 77, 190, 194, 198, 204, 207; ein besonders krasser Fall von sexuellem Missbrauch im Bürgerspital: StadtA Würzburg, Ratsprotokoll 13/2, fol. 133v u. 135r.
60 Dieser von REICKE geprägte Begriff wird hier nur noch mit den Einschränkungen benutzt, wie sie formuliert wurden von JUST/WEIGL, Spitäler im südöstlichen Deutschland (wie Anm. 3), bes. 157 f.

Stigma versehenen Spitalbewohner. Es sollte auch für andere Orte und Regionen dringend einer Überprüfung unterzogen werden.

Johannes Eck: Luthers Gegenspieler als Pfarrer in Ingolstadt

Bayerische Pfarrbücher als liturgiehistorische Quellen

Von Marco Benini

Durch das 500jährige Reformationsgedenken wurde der Reformation mit ihren Entwicklungen neue Aufmerksamkeit geschenkt. Dabei stand die Person Martin Luthers (1483–1546) verständlicherweise besonders im Fokus. Doch agierte er keineswegs nur als Einzelperson. Er war eingebunden in ein ganzes Netzwerk von Freunden und Förderern, aber auch von Gegenspielern und Kontrahenten. Auf katholischer Seite ist besonders Johannes Eck (1486–1543) zu nennen, der unmittelbar zu Beginn der Reformation nach einer anfänglichen Brieffreundschaft zu seinem theologischen Widerpart wurde und zeit seines Lebens blieb. Durch das Reformationsgedenken ist neues Interesse auch an Eck erwacht. In diesem Beitrag sollen allerdings weniger die theologischen und kirchenpolitischen Auseinandersetzungen mit Luther im Fokus stehen als vor allem Ecks 15jährige Tätigkeit als Pfarrer in Ingolstadt. Wenn diese Aufgabe Ecks auch weniger im allgemeinen Bewusstsein steht, gehört sie doch nicht unwesentlich zu seiner Biographie und Persönlichkeit. Außerdem ist dafür die Quellenlage ausgezeichnet, da er für sich und seine Nachfolger als Pfarrer zu Unserer Lieben Frau, dem heutigen Münster, ein Pfarrbuch mit sämtlichen praxisrelevanten Informationen verfasst hat[1]. Daher wird nach einem biographischen Überblick (1.) sein Pfarrbuch näher vorgestellt, aus dem Ecks Amtsführung als Pfarrer, Prediger und Liturge gut nachgezeichnet werden kann (2.). Da Eck zwar der wohl prominenteste, keineswegs aber der einzige Pfarrer war, der solche Aufzeichnungen angelegt hat, weitet sich der Blick auf die Gattung der Pfarrbücher als historische Quellen, wobei insbesondere ein Überblick über die erhaltenen bayerischen Pfarrbücher gegeben werden soll (3.). Eine Zusammenfassung rundet den Aufsatz ab (4.).

---

1 Vgl. die Edition, Übersetzung und Kommentierung des Pfarrbuches: Marco Benini, Die Feier des Osterfestkreises im Ingolstädter Pfarrbuch des Johannes Eck (Liturgiewissenschaftliche Quellen und Forschungen 105), Münster 2016 (vgl. zum Text ebd. 453–618).

1. Biographischer Überblick

Erwin Iserloh hat Johannes Eck als »Scholastiker – Humanist – Kontroverstheologe« umschrieben und seine Vita ausführlich dargestellt[2]. Hier mögen daher nur einige Streiflichter seines Lebens erinnert werden. 1486 im schwäbischen Egg an der Günz geboren, kam Johannes Eck mit acht Jahren zu seinem Onkel Martin Maier (Eck latinisierte seinen Namen Maier nach seinem Heimatort), wo er bereits die ganze Heilige Schrift und viele Kirchenväter auf Latein las. Nach verschiedenen Studienaufenthalten wurde er 1508 in Straßburg zum Priester geweiht und 1510 in Freiburg promoviert.

Im selben Jahr, mit nur 23 Jahren, wurde Eck als Professor an die bayerische Landesuniversität Ingolstadt berufen[3], wo er bereits zwei Jahre später zum Rektor

2 Vgl. Erwin Iserloh, Johannes Eck (1486–1543). Scholastiker, Humanist, Kontroverstheologe (Katholisches Leben und Kirchenreform im Zeitalter der Glaubensspaltung 41), Münster 1981. Vgl. auch die Kurzfassung dieses Buches: Erwin Iserloh, Eck, Johannes (1486–1543), in: Theologische Realenzyklopädie 9. 1982, 249–258. Eine populärwissenschaftliche Lebensbeschreibung bietet Max Ziegelbauer, Johannes Eck. Mann der Kirche im Zeitalter der Glaubensspaltung, St. Ottilien 1987 (mit Zeittafel). Vgl. auch Marco Benini, Johannes Eck – Kontroverstheologe und Pfarrer. Sein Pfarrbuch als Quelle für Liturgie und Frömmigkeit in der Reformationszeit (Schriften der Katholischen Erwachsenenbildung in der Diözese Eichstätt), St. Ottilien 2017; Marco Benini, Johannes Eck. Kontroverstheologe – Pfarrer – Liturge, in: Ludwig Brandl/Anne Müller/Peter Stockmann (Hg.), Zwischen altem Glauben und neuer Lehre. Die Reformation im Bistum Eichstätt – 30 Lebensbilder, Regensburg 2017, 67–78. Vgl. die Sammelbände, die interessante Aspekte zu Eck (und Luther) zusammentragen: Franz Xaver Bischof/Harry Oelke (Hg.), Luther und Eck. Opponenten der Reformationsgeschichte im Vergleich, München 2017; Erwin Iserloh (Hg.), Johannes Eck (1486–1543) im Streit der Jahrhunderte. Internationales Symposion der Gesellschaft zur Herausgabe des Corpus Catholicorum aus Anlaß des 500. Geburtstages des Johannes Eck vom 13. bis 16. November 1986 in Ingolstadt und Eichstätt (Reformationsgeschichtliche Studien und Texte [künftig: RGST] 127), Münster 1988; Jürgen Bärsch/Konstantin Maier (Hg.), Johannes Eck (1486–1543). Scholastiker – Humanist – Kontroverstheologe (Eichstätter Studien 70), Regensburg 2014; vgl. zur Biographie darin bes. Konstantin Maier, Johannes Eck (1486–1543) und der Eichstätter Fürstbischof Gabriel von Eyb (1496–1535) im Spannungsfeld von Universität und Reformation, in: ebd., 10–26, bes. 13–23. Vgl. mit Schwerpunkt auf der Theologie Heribert Smolinsky, Johannes Eck. Scholastiker, Humanist, Kontroverstheologe, in: Martin H. Jung (Hg.), Theologen des 16. Jahrhunderts. Humanismus – Reformation – Katholische Erneuerung. Eine Einführung, Darmstadt 2002, 102–115; vgl. mit Akzent auf Ingolstadt: Dr. Johannes Eck. Seelsorger – Gelehrter – Gegner Luthers. Hg. vom Stadtarchiv Ingolstadt, Ingolstadt 1986; Siegfried Hofmann, Geschichte der Stadt Ingolstadt, 2 Bde., Ingolstadt 2000–2006, 2, 665–693; Siegfried Hofmann, Johannes Eck (1486–1543). Seelsorger und Theologe, Kämpfer für Reform und Gegner Luthers, in: Barbara Bagorski/Ludwig Brandl/ Michael Heberling (Hg.), Zwölf Männerprofile aus dem Bistum Eichstätt, Regensburg 2010, 86–107.
3 Vgl. mit Schwerpunkt auf Eck Dieter J. Weiss, Die Bedeutung der bayerischen Landesuniversität Ingolstadt in den Anfangsjahren der Reformation, in: Zur Debatte 47/2 (2017), 33–35. – Im Stadtmuseum Ingolstadt ist neben zahlreichen Publikationen und Abbildungen Ecks auch eine Nachbildung des Lehrstuhls Ecks zu sehen, dessen Original allerdings 1945 verbrannte.

gewählt wurde und sich für eine Hochschulreform einsetzte. In Ingolstadt scheint es dem jungen Gelehrten gut gefallen zu haben, wie aus dem Widmungsbrief an die bayerischen Herzöge hervorgeht, den er seinem ersten theologischen Werk über Gnade und Prädestination, dem Chrysopassus (1514), voranstellte[4]: »Und damit dem Herzogtum Bayern nicht irgendetwas fehle, meinten die erlauchten Herzöge in kluger Voraussicht, einem jeden guten Fürsten gereiche es zum Ruhm, eine Universität zu haben, und zwar in der blühenden Stadt Ingolstadt mit ihrer milden Luft, ihrer lieblichen Lage, die alles im Überfluss besaß, was zum Studieren nötig ist: und so errichteten sie an den Ufern der fischreichen Donau eine Hochschule, wohin aus allen Teilen Deutschlands die Studenten zum Studium der Artes und der guten Sitten und um die Schätze des Wissens in sich aufzunehmen, begierig strömen sollten. Und da es ein Merkmal eines blühenden Gemeinwesens ist, wie SYMMACHUS sagt, die Lehrer der Wissenschaften mit üppigem Gehalt auszustatten, haben die freigebigen Fürsten für die Doktoren der himmlischen und der irdischen Weisheit durch sehr reiche Dotationen aus ihrem Grundbesitz für äußerst großzügige Entlohnung überreich und freigiebig gesorgt. So entstand unsere so blühende und ruhmvolle Hochschule mit der vielseitigen Gelehrsamkeit ihrer in allen Wissenschaften beschlagenen Professoren, um mit allen übrigen Hochschulen in Deutschland um den Vorrang zu streiten und hinter keiner zurückzustehen«[5].

Ab dem Jahr 1517/18 wurde Eck immer mehr zum Kontroverstheologen, nachdem er vom Nürnberger Ratsherrn Christoph Scheurl (1481–1542) Luthers Ablassthesen erhielt. Für den Privatgebrauch des Eichstätter Bischofs Gabriel von Eyb (1455–1535)[6] verfasste er kritische »Adnotationes« (Anmerkungen) zu 18 von Luthers Thesen. Doch gelangten diese durch Indiskretionen mittels des Domherrn Bernhard Adelmann von Adelmannsfelden (1457/59–1523)[7] zu Luther, der sie als

---

4 Vgl. dazu Joseph GREVING, Johann Eck als junger Gelehrter. Eine literar- und dogmengeschichtliche Untersuchung über seinen Chrysopassus praedestinationis aus dem Jahre 1514 (RGST 1), Münster 1906; Manfred GERWING, Gnade uns Gott. Zur Theologie des Johannes Eck, in: BÄRSCH/MAIER, Johannes Eck (wie Anm. 2) 84–105, bes. 89–96.
5 Zitiert nach WEISS, Bedeutung (wie Anm. 3), 33.
6 Vgl. Claudia GRUND, Gabriel von Eyb (1455–1535). Bischof und Humanist, in: BRANDL/MÜLLER/STOCKMANN, Reformation im Bistum Eichstätt (wie Anm. 2), 88–103; Theodor NEUHOFER, Gabriel von Eyb, Fürstbischof von Eichstätt 1455–1535. Ein Lebensbild aus der Wende vom Mittelalter zur Neuzeit, Eichstätt 1934.
7 Vgl. Peter STOCKMANN, Bernhard Adelmann von Adelmannsfelden (1457/59–1523). Domherr und Parteigänger Luthers, in: BRANDL/MÜLLER/STOCKMANN, Reformation im Bistum Eichstätt (wie Anm. 2), 36–42.

»Obelisci« (Spießchen) titulierte und seinerseits mit »Asterisci« (Sternchen) beantwortete. Der Konflikt führte 1519 zu den Leipziger Disputationen, in denen Eck und Luther vor allem über das Papstamt debattierten[8]. Eck argumentierte, dass das Papstamt nach Mt 16,18 von Christus dem Petrus übertragen wurde, und verwies auf den Konsens der Kirche, da bereits die Kirchenväter und Konzilien diese Stelle so ausgelegt hätten. Wer dies ablehne, stelle sich außerhalb des »consensus ecclesiae« in die »singularitas« (Subjektivismus). Luther hielt hingegen daran fest: »Auch wenn Augustin und alle Väter in Petrus den Felsen der Kirche erblicken sollten, so werde ich ihnen – selbst als einzelner – dennoch widerstehen, gestützt auf des Apostels Autorität [vgl. 1 Kor 3,22f.], gestützt also auf göttliches Recht«[9]. Der Streit basiert letztlich auf unterschiedlichen bibelhermeneutischen Grundprinzipien: »Schrift und Tradition« versus »sola scriptura«[10]. Eck kam – so urteilt Erwin Iserloh – das Verdienst zu, als erster »angesichts der dogmatischen Unklarheit seiner Zeit deutlich gemacht zu haben, daß Luther nicht Reform, sondern Angriff auf die Struktur der Kirche bedeutete«[11]. Daher engagierte sich Eck für die Bannandrohungsbulle in Rom (1520) und suchte sie in Deutschland umzusetzen[12].

Erinnert sei außerdem an den Augsburger Reichstag 1530[13], auf dem Eck eine wichtige Rolle spielte. Als Antwort auf die *Confessio Augustana* erarbeiteten katho-

8 Vgl. hierzu Marco BENINI, Braucht es eine Kirche und wenn ja, welche? – Eck und Luther kontrovers, in: Zur Debatte 47/2 (2017), 39–42, hier 39 f. – Wiederabdruck (hier mit Fußnoten) in: Klerusblatt 97 (2017), 246–250, hier 246 f.; Johann Peter WURM, Johannes Eck und die Disputation von Leipzig 1519. Vorgeschichte und unmittelbare Folgen, in: Markus HEIN/Armin KOHNLE (Hg.), Die Leipziger Disputation 1519. 1. Leipziger Arbeitsgespräch zur Reformation (Herbergen der Christenheit / Sonderband 18), Leipzig 2011, 95–106; Manfred SCHULZE, Johannes Eck im Kampf gegen Martin Luther. Mit der Schrift wider das Buch der Ketzer, in: Lutherjahrbuch 63 (1996), 39–67. Vgl. zum Text der Leipziger Disputation zwischen Eck und Luther: D. Martin Luthers Werke. Kritische Gesamtausgabe [künftig: WA], Bd. 59, Weimar 1983, 427–605.
9 SCHULZE, Eck (wie Anm. 8), 50; WA 59, 465.
10 Das »sola scriptura«-Prinzip wurde also de facto schon in Leipzig aufgestellt, wenn es auch erst später von Philipp Melanchthon ausdrücklich hervorgehoben wurde. Vgl. dazu Erwin ISERLOH, Geschichte und Theologie der Reformation im Grundriß, Paderborn ⁴1998, 37; Volker LEPPIN, Luther und Eck – Streit ohne Ende?, in: BÄRSCH/MAIER, Eck (wie Anm. 2), 131–160, hier 151 f.
11 ISERLOH, Eck (wie Anm. 2), 46.
12 Wie sehr Luther die Bannandrohungsbulle mit Eck identifizierte, wird daran deutlich, dass Luther neben der Bulle und kanonistischen Büchern auch Ecks Chrysopassus am 10. Dezember 1520 in Wittenberg öffentlich dem Feuer übergab. Vgl. BENINI, Eck und Luther kontrovers (wie Anm. 8), 247; ISERLOH, Eck (wie Anm. 2), 52.
13 Vgl. dazu ISERLOH, Eck (wie Anm. 2), 66–71; Klaus RISCHAR, Johann Eck auf dem Reichstag zu Augsburg 1530 (Reformationsgeschichtliche Studien und Texte 97), Münster 1968; Herbert IMMENKÖTTER/Gunter WENZ (Hg.), Im Schatten der Confessio Augustana. Die Religionsverhandlungen des Augsburger Reichstages 1530 im historischen Kontext (Reformationsgeschichtliche Studien und Texte 136), Münster 1997.

lische Theologen unter maßgeblichem Anteil Ecks die *Catholica Responsio*, die allerdings so umfangreich und polemisch ausfiel, dass Eck und andere Theologen im Auftrag Kaiser Karls V. (1500–1558) unter hohem Zeitdruck die prägnantere *Confutatio*[14] zusammenstellten. Da nun beide Seiten die Einheit der Kirche erhalten wollten, stellte die *Confutatio* zuerst die Übereinstimmungen heraus und in einem zweiten Schritt die Differenzen. Hier wie bei den Ausschussverhandlungen zeigte Eck eine »bei ihm an sich nicht gewohnte Kompromissbereitschaft«[15]. Obwohl man sich bei den Lehrartikeln bis auf Restdifferenzen zügig einigen konnte, scheiterte man an den praktischen Fragen. Auch bei den Religionsgesprächen in Worms (1540/41) und Regensburg (1541) nahm Eck teil, lehnte aber schließlich entsprechend der bayerischen Linie in der Erwartung eines Konzils[16] eine Einigung ab[17]. Aufgezehrt von seinem Mühen um die Einheit der Kirche verstarb Eck im Alter von 56 Jahren am 10. Februar 1543 in Ingolstadt und wurde im dortigen Münster beigesetzt. Ein bescheidenes Epitaph in der Sakramentskapelle erinnert noch heute an den bekannten Kontroverstheologen und einstigen Pfarrer derselben Kirche.

2. Eck als Pfarrer im Ingolstädter Münster: Sein Pfarrbuch

Nachdem Ecks Auseinandersetzungen mit der Reformation in wenigen Strichen nachgezeichnet wurden, soll nun schwerpunktmäßig eine andere Seite Ecks in den Blick genommen werden: Eck als Pfarrer. Als der junge Gelehrte nach Ingolstadt kam, dürfte er zunächst im Benefiziatenhaus der St. Katharinen-Kapelle gewohnt haben. Im Jahr 1519 trat er die Pfarrstelle St. Moritz, der ältesten Pfarrei Ingolstadts, an und übte diese Tätigkeit sechs Jahre lang aus. In dieser Funktion wurde er auch auf dem Altarbild von Melchior Feselen (1522), das noch heute in der letzten nördlichen Seitenkapelle des Münsters »Zur Schönen Unserer Lieben Frau«[18]

---

14 Vgl. die Textedition: Herbert IMMENKÖTTER (Hg.), Die Confutatio der Confessio Augustana vom 3. August 1530 (Corpus Catholicorum. Werke katholischer Schriftsteller im Zeitalter der Glaubensspaltung 33), Münster [2]1981.

15 ISERLOH, Eck (wie Anm. 2), 70.

16 Vgl. zur Konzilserwartung bei Eck besonders seinen Brief vom 13. März 1540 an Kardinal Contarini (http://ivv7srv15.uni-muenster.de/mnkg/pfnuer/Eckbriefe/N362.html; Zugriff 24.10. 2017); vgl. dazu BENINI, Eck und Luther kontrovers (wie Anm. 8), 249.

17 Vgl. dazu ISERLOH, Eck (wie Anm. 2), 74–78; Albrecht Pius LUTTENBERGER, Johann Eck und die Religionsgespräche, in: ISERLOH, Johannes Eck im Streit der Jahrhunderte (wie Anm. 2), 192–222; Vinzenz PFNÜR, Johannes Ecks Verständnis der Religionsgespräche, sein theologischer Beitrag in ihnen und seine Sicht der Konfessionsgegensätze, in: ebd., 223–249.

18 Vgl. dazu Ludwig BRANDL/Isidor VOLLNHALS (Hg.), Liebfrauenmünster Ingolstadt, Regensburg 2007.

zu sehen ist, neben seinem Amtskollegen an Unser Lieben Frau, Professor Georg Hauer (um 1484–1536)[19], dargestellt. Mit Hauer tauschte Eck im Jahr 1525 die Pfarreien – möglicherweise wollte er sich nicht mit der Renovierung des Pfarrhauses von St. Moritz belasten oder zog die eben fertiggestellte, deutlich größere Kirche vor, obwohl diese Pfarrei finanziell weniger einbrachte[20]. Sieben Jahre lang stand er der Pfarrei vor (1525–1532), bis er wohl aufgrund der hohen Beanspruchung durch die Universität, die Publikationen und die Kirchenpolitik dieses Amt wieder aufgab. Da Herzog Wilhelm IV. von Bayern (1493–1550) mit seinem Nachfolger Vitus Tuchsenhauser unzufrieden war, bat er ihn, die Pfarrei wieder zu übernehmen. So hatte Eck von 1538 bis 1540 erneut die Leitung der Pfarrei inne[21].

Die spätgotische Staffelhallenkirche hatte zu Ecks Zeiten eine dreifache Funktion: Sie fungierte als Pfarrkirche, weil die Pfarrei St. Moritz und ihr Friedhof angesichts gestiegener Einwohnerzahlen zu klein geworden war. Zugleich war die Kirche als herzogliche Grabstätte für das Wittelsbachische Teilherzogtum Bayern-Ingolstadt auserkoren, was die imposante Größe und auch die Übereckstellung der Türme bedingt, sollte sie doch genug Platz für ein großes »Gebetsprojekt« zugunsten des Herzogs bieten. Den Psalteristen, die im Chor bei der Herzogsgrablege Psalmen vortrugen, sollte im Westchor eine große Schar Armer (eine geplante Stiftung von 1441 für 1000 Arme wurde nicht ausgeführt) respondieren, die, vom Herzog mit Kost und Logis versorgt, für sein Seelenheil beteten[22]. Schließlich diente die Kirche außerdem für die Gottesdienste der 1472 gegründeten ersten bay-

19 Ludwig Brandl, Georg Hauer (um 1484–1536). Kontroverstheologe – Philologe – Pfarrer, in: Brandl/Müller/Stockmann, Reformation im Bistum Eichstätt (wie Anm. 2), 161–167.
20 Joseph Greving, der auch eine (nicht ganz vollständige) Edition des Pfarrbuches vornahm, rechnete die Einkünfte Ecks nach. Vgl. ders., Johann Ecks Pfarrbuch für U. L. Frau in Ingolstadt. Ein Beitrag zur Kenntnis der pfarrkirchlichen Verhältnisse im sechzehnten Jahrhundert (Refomrationsgeschichtliche Studien und Texte 4/5), Münster 1908, 53–60.
21 Auf einer Steintafel in der Josefskapelle des Ingolstädter Münsters sind sämtliche bisherigen Pfarrer aufgeführt; Johannes Eck logischerweise zwei Mal.
22 Vgl. zu den Stiftungen Ludwig des Gebarteten: Franz Xaver Buchner, Die Ingolstädter Schatzurkunden Ludwig des Gebarteten, in: ders., Archivinventare der katholischen Pfarreien in der Diözese Eichstätt (Veröffentlichungen der Gesellschaft für Fränkische Geschichte 5/2), München [u.a.] 1918, 655–836 (Texte), hier 761–784; Siegfried Hofmann, Die liturgischen Stiftungen Herzog Ludwigs des Gebarteten für die Kirche Zur Schönen Unserer Lieben Frau in Ingolstadt. Ein Beitrag zum Verhältnis von Liturgie und Kirche, in: Sammelblatt des Historischen Vereins Ingolstadt 87 (1978), 145–266; Isidor Vollnhals, »Pomp ist nicht zum Nutzen für die Seele«. Zum Verhältnis von Kirchenraum und Liturgie in der Ingolstädter Begräbnisstiftung, in: Brandl/Vollnhals, Liebfrauenmünster (wie Anm. 18), 249–258, bes. 249–255. Vgl. außerdem Helga Czerny, Der Tod der bayerischen Herzöge im Spätmittelalter und in der frühen Neuzeit: 1347–1579. Vorbereitungen, Sterben, Trauerfeierlichkeiten, Grablegen, Memoria (Schriftenreihe zur bayerischen Landesgeschichte 146), München 2005.

erischen Landesuniversität, ja die Pfarrei wurde wie auch St. Moritz auf Betreiben Ecks hin in die Universität inkorporiert[23].

Die äußeren Daten lassen die Frage entstehen, wie denn der gelehrte Professor als Pfarrer war: Wie ließen sich die Aufgaben an Universität und Pfarrei verbinden? Worauf legte er besonderen Wert? Wie feierte er Gottesdienst? Auf diese Fragen gibt Eck gleichsam selbst die Antwort – in seinem Pfarrbuch.

Abfassungsmotivation und Inhalt des Pfarrbuchs
Gleich ein Monat nach Amtsantritt an Allerheiligen 1525 griff Eck zur Feder, um mit dem neuen Kirchenjahr auch sein Pfarrbuch zu beginnen[24]. Dieses lateinisch abgefasste Werk besteht aus 181 Klein-Folio-Blättern (ca. 30,3 cm x 19 cm) und wird im Archiv der Münsterpfarrei Ingolstadt als besondere Kostbarkeit aufbewahrt. Auf den Buchdeckeln ist jeweils auf der Innenseite das Wappen Ecks (Dreieck) farbig dargestellt. Nachträglich wurde auf dem vorderen Buchdeckel ein weißes Etikett mit dem Titel »Pfarrbuch ab anno 1525 von H. Doctor Ekh beschrieben« angebracht.

Das Buch war offensichtlich nicht als rein private Aufzeichnung angelegt, sondern hatte als eine Art amtliches Buch eine längere Wirkung im Blick. Dies zeigt die (meist) saubere Handschrift Ecks, was ein Vergleich mit seinen sonstigen Schriftstücken schnell erkennen lässt, und geht vor allem aus der Einleitung des Pfarrbuches hervor, wenn Eck gleich nach der für ihn üblichen Formel »In nomine tuo, dulcis Ihesu. Amen.« über seine Abfassungsmotivation Auskunft gibt: »Weil durch die mangelnde Sorgfalt vorausgegangener Pfarrer die Nachfolger sich entweder irren oder zweifeln <könnten> oder ängstlich nachforschen <müssten>, habe ich, Johannes Eck, [...] dieses Buch für die Pfarrei dieser Kirche Zu Unserer Lieben Frau in Ingolstadt im Dezember 1525 angelegt«[25]. Wahrscheinlich haben Eck neben den hier angedeuteten Startschwierigkeiten auch die Verunsicherungen durch die Reformation, die er durch die kirchenpolitischen Aktivitäten besonders intensiv erlebte, zur Abfassung bewogen. So schuf er beiläufig eine hochinteressan-

---

23 Vgl. Ecks Angaben im Pfb. 402.406; Benini, Osterfestkreis (wie Anm. 1), 553 f. Die Abkürzung »Pfb.« (Pfarrbuch) bezieht sich auf die Nummerierung in der Edition ebd.
24 Vgl. zu diesem Abschnitt ausführlicher ebd., 47–58.
25 Pfb 5: »Quia per incuriam precedentium plebanorum successores vel errant vel dubitant aut anxie querunt, ideo ego Ioh<annes> Eckius, protonotarius apostolicus, canonicus Eistetten<sis> ac ecclesiarum B. Marie Ingolstadij ac s. Martinj Gintzburgj plebanus, hunc librum ordinavj pro parochia eiusdem ecclesie B. Marie Ingolstadij 1525 Decembrj.« (Benini, Osterfestkreis [wie Anm. 1], 456).

te Quelle für Liturgie und Frömmigkeit in der Reformationszeit, die einen selten präzisen Einblick in das pfarrliche Leben gibt.

Eck beschreibt in einem ersten sehr ausführlichen Teil den Verlauf des Kirchenjahres, indem er erst auf das Temporale und anschließend auf das Sanctorale eingeht. Seine Ausführungen sind dabei so detailliert, das man mit Hilfe der damaligen liturgischen Bücher die damalige Feiergestalt ziemlich exakt rekonstruieren kann[26]. Da er mit dem ersten Adventssonntag bzw. mit dem hl. Andreas (30. November) beginnt, liegt es nahe, dass Eck im ersten Jahr seines Dienstes den Grundstock für das Pfarrbuch angelegt hat. Dabei ließ er aber stets genug Platz, um in späteren Jahren Nachträge bzw. Randanmerkungen anzubringen. Weil sämtliche Hauptüberschriften mit derselben Tinte geschrieben wurden und einige Seiten außer dem Titel keinen weiteren Text aufweisen, hat Eck wohl – wie es auch seinem strukturierten Vorgehen entsprach – zu Beginn eine Grobgliederung vorgenommen und diese anschließend ausgeführt.

Nach der Schilderung des Kirchenjahres folgt eine Pfarrerliste von der Pfarreigründung 1408 bis zum Jahr 1590 mit knappen Einträgen zu den Nachfolgern Ecks. Eck hatte die Liste eigentlich dafür angelegt, um die Abgaben an den Bischof zu dokumentieren und dann die Nachfolger unmittelbar anzusprechen: »Hüte dich, Nachfolger, dass du nicht mehr als 12 fl. gibst«[27]. Die meisten Nachfolger haben sich selbst in diese Liste eingetragen, sodass man aufgrund der Handschriften auch die Nachträge an den anderen Stellen des Buches zuordnen kann. Der Intention Ecks entsprechend wurde das Pfarrbuch also mindestens bis zum Ende des 16. Jahrhunderts intensiv benutzt (ein Nachtrag ist mit 1599 datiert)[28].

Einen größeren Raum nimmt der Abschnitt über die 15 Kapläne und die drei Kooperatoren ein. Ihre Aufgaben und ihre Bezahlung waren (von Eck) genau geregelt, sodass hieraus die Pfarrorganisation abgeleitet werden kann. Ferner sind knapp finanzielle Angelegenheiten wie die Kosten für eine Beerdigung (in unterschiedlicher Feierlichkeit) oder besondere liturgische Leistungen sowie die Einkünfte aus den Anniversarien verzeichnet. Dem Pfarrbuch kann man auf den letzten Seiten sogar entnehmen, welches siebengängige Menü im Pfarrhaus an Festtagen serviert wurde.

26 Vgl. für die Kommentierung des Osterfestkreis ebd., 89–436.
27 Pfb. 385; ebd., 549.
28 Johann Michael Frieß, der von 1831 bis 1833 Prediger am Ingolstädter Münster war, hat im Pfarrbuch unleserliche Partien (besonders von Tuchsenhauser) nochmals ins Reine geschrieben und vor allem einen Grundriss des Münsters mit den 17 Altären, wie sie zur Zeit Ecks waren, eingezeichnet (vgl. den Abdruck ebd., 36).

Das Pfarrbuch gibt selbstverständlich auch Auskunft über Eck als Pfarrer und sein Amtsverständnis. Dies soll in drei Schritten näher in den Blick genommen werden, indem zunächst Pfarrorganisation und Personal anhand der Informationen des Pfarrbuches beschrieben und dann zwei offensichtliche Anliegen Ecks eigens beleuchtet werden, nämlich die Predigt und die Liturgie.

Pfarrorganisation und Personal
Zu Ecks Zeiten waren in der Pfarrei 15 Kapläne tätig, deren Aufgaben und Verdienst durch diverse Stiftungen genau geregelt war. Im Pfarrbuch wurde neben Ecks Aufzeichnungen später auch eine deutsche Abschrift der Verpflichtungen aufgenommen[29]. Die eigentliche Seelsorge hatte Eck an seine drei Kooperatoren delegiert. Die gewissenhafte Ausübung der seelsorglichen und gottesdienstlichen Verpflichtungen (bei Messe und Stundengebet) war aber Eck selbst ein Anliegen, wie aus dem Pfarrbuch leicht geschlossen werden kann. Die Kooperatoren mussten ihm bei Amtsantritt unter anderem versprechen, den Menschen wohlwollend zu begegnen, sich um die Gesunden wie die Kranken zu sorgen und keinerlei Nachlässigkeit bei der Spendung der Sakramente aufkommen zu lassen[30]. Auch sollten sie die Länge des Beichtzuspruchs nicht nach den Beichtpfennigen, sondern nach dem Bedarf richten, um den Armen die nötige Unterweisung nicht vorzuenthalten[31]. Er verlangte Anstand bei Sitten, Worten, Gebärden und Kleidung; stets sollten sie auf die Ehre Gottes und das Heil der Seelen bedacht sein. Eck legte auf ein gutes Verhältnis zu den Kooperatoren Wert und war bei den Oblationen für sie großzügig, verlangte von ihnen aber – wohl wegen der Diffamierungen durch seine Gegner – ausdrücklich Diskretion und Loyalität zu seiner Person[32].

Hier zeigen sich Ecks Vorstellungen zum Dienst der Priester. Interessanterweise hatte er dieselben Verpflichtungen bereits während seines dritten Romaufenthalts im Jahr 1523 in seinen zwölf Denkschriften artikuliert, die eine Verschriftlichung der Gespräche mit Papst Hadrian VI. (1522–1523) bzw. Clemens VII. (1523–

---

29 Vgl. Pfb. 437–569; ebd. 564–583.
30 Vgl. Pfb. 590; ebd. 589.
31 Vgl. Pfb. 608; ebd. 592. Dass diese Mahnung nicht ohne Grund ausgesprochen wurde, zeigt Hans Bernhard Meyer, Luther und die Messe. Eine liturgiewissenschaftliche Untersuchung über das Verhältnis Luthers zum Meßwesen des späten Mittelalters (Konfessionskundliche und kontroverstheologische Studien 11), Paderborn 1965, 307 f.
32 Vgl. Benini, Osterfestkreis (wie Anm. 1), 27 f.,58,588–596.

1534) sein dürften[33]. Darin kritisierte er freimütig die Missstände der Kurie und des Ablasswesens und skizzierte seine Ideen zur Kirchenreform, die vor allem durch die Wiederbelebung der Provinzial- und Diözesansynoden durchgeführt werden sollte[34]. Hier fällt eine Parallele zu seiner lokalen Praxis auf: Was Eck in den Denkschriften allgemein für die Priester formulierte[35], das verlangte er in ähnlichen Worten von seinen drei Kooperatoren und den 15 Kaplänen vor Ort.

Predigt – als Anliegen Ecks

Als Pfarrer war Eck vor allem die Predigt ein wichtiges Anliegen; in ihr sah er eine seiner Hauptaufgaben. Dafür legt nicht nur das Pfarrbuch Zeugnis ab, wenn er immer wieder darauf hinweist und an bestimmten Tagen unterstreicht, dass die Predigt im Gegensatz zu früheren Zeiten nicht entfallen dürfe. Interessanterweise haben sich in der Bibliothek der Ludwig-Maximilians-Universität in München vor allem Ecks handgeschriebenen Predigtskizzen erhalten, die er während seiner Zeit als Pfarrer am Ingolstädter Münster verwendet hat[36]. Bereits 1914 haben sie wissenschaftliche Aufmerksamkeit erfahren[37]. Gemeinsam mit dem Pfarrbuch bezeugen sie Ecks Eifer für die Verkündigung des Wortes Gottes: er predigte an allen Sonn- und Feiertagen, manchen Vigiltagen und vermehrt in der Fastenzeit und den Kartagen; im Jahr 1529 ganze 82 Mal[38]. Trotz zahlreicher sonstiger Verpflichtungen predigte Eck in der Pfarrkirche stets selbst und überließ diese Aufgabe nur im Falle seiner Abwesenheit einem der Kooperatoren.

33 Vgl. Benedikt Peter, Der Streit um das kirchliche Amt. Die theologischen Positionen der Gegner Martin Luthers (Veröffentlichungen des Instituts für Europäische Geschichte Mainz / Abteilung abendländische Religionsgeschichte 170), Mainz 1997, 104. Mindestens eine Denkschrift gibt das Gespräch mit dem Nachfolger Clemens VII. wieder. Vgl. zum Text: Georg Pfeilschifter (Hg.), Acta reformationis catholicae ecclesiam Germaniae concernentia saeculi XVI. Die Reformverhandlungen des deutschen Episkopats von 1520 bis 1570. 1: 1520 bis 1532, Regensburg 1959, 109–150. – Für innerkirchliche Reformen schien 1523 die Zeit günstig geworden zu sein, zumal Papst Hadrian VI. im selben Jahr auch eine Mitschuld für das Entstehen der Reformation auf dem Nürnberger Reichstag durch seinen Legaten eingestehen ließ (vgl. Iserloh, Geschichte und Theologie der Reformation [wie Anm. 10], 50).
34 Vgl. zur Kirchenreform als Anliegen Ecks Benini, Eck und Luther kontrovers (wie Anm. 8), 248 f.; Heribert Smolinsky, Die Reform der Kirche in der Sicht des Johannes Eck, in: Iserloh, Eck im Streit der Jahrhunderte (wie Anm. 2), 155–173.
35 Vgl. Peter, Amt (wie Anm. 33), 107 f.
36 Signatur: 2° Cod. ms. 125.
37 Vgl. dazu August Brandt, Johann Ecks Predigttätigkeit an U. L. Frau zu Ingolstadt 1525–1542 (RGST 27/28), Münster 1914.
38 Vgl. Greving, Eck (wie Anm. 20), 71–74, bes. 73; vgl. Brandt, Predigttätigkeit (wie Anm. 37), passim, hier bes. 11 f.

An den Predigtskizzen selbst fällt schon bei einem oberflächlichen Blick auf, dass sie zu Beginn seiner Pfarrtätigkeit an Unserer Lieben Frau im Jahr 1525 noch sehr ausführlich ausfielen, aber im Laufe der Jahre immer knapper und meist auch unleserlicher wurden. In seinem Predigtstil folgte Eck dabei stets seinem Vorbild Johann Geiler von Kaysersberg (1445–1510). Auch wenn die Predigt selbstverständlich auf Deutsch gehalten wurde, hatte Eck seine Aufzeichnungen auf Latein geschrieben; nur vereinzelt finden sich deutsche Ausdrücke wie etwa am ersten Fastensonntag 1526: Von den 2000 Menschen, die um Ostern herum die (jährliche) Kommunion empfingen, würden keine 100 zum Aschenkreuz gehen: »Ist zu erbarmen«[39]. Der Kontext der Predigt spricht dafür, dass Eck hier reformatorische Einflüsse vermutete.

Gewöhnlich dauerten Ecks Predigten, wie man aus dem Pfarrbuch schließen kann, zwischen einer halben und einer dreiviertel Stunde – ein damals durchaus übliches Maß. Die Passionspredigt am Karfreitag, oft Höhepunkt einer Predigtreihe zum Leiden Jesu, konnte sogar bis zu zwei Stunden in Anspruch nehmen. Ecks Predigten fanden freilich nach damaliger Praxis oftmals nicht in der Messe statt, sondern waren in einem eigenen Predigtgottesdienst[40] integriert, der etliche zusätzliche Elemente vorsah. Nach einer Themenangabe durch einen meist biblischen Vorspruch, einleitenden Gebeten und einem volkssprachlichen, zum Kirchenjahr passenden Lied wurde das Evangelium auf Deutsch verkündet. Dann erst kam die Predigt im eigentlichen Sinn. Zahlreiche Annexe wie die Vermeldungen für die kommende Woche, das Allgemeine Gebet (Fürbitten), katechetische Lehrstücke und die Offene Schuld (Schuldbekenntnis)[41] schlossen sich an.

Mag Eck bei der Predigt auch besonderen Eifer gezeigt haben, steht er doch in einer langen Tradition[42]. Die Bedeutung der Predigt hatte bereits das IV. Lateran-

---

39 Ebd., 204.
40 Vgl. dazu MEYER, Luther und die Messe (wie Anm. 31), 90–134; Jürgen BÄRSCH, Predigtstühle und Kanzeln im Gottesdienst des Mittelalters. Zur Raumgestalt von Verkündigung und Liturgie vor allem in Kirchen der Sächsischen Franziskanerprovinz (Saxonia), in: Wissenschaft und Weisheit. Franziskanische Studien zu Theologie, Philosophie und Geschichte 72 (2009), 55–87.
41 Eck hat im Pfarrbuch die deutsche Fassung der Offenen Schuld aufgeschrieben (vgl. BENINI, Osterfestkreis (wie Anm. 1), 144–146,519 f.).
42 Vgl. zu diesem Absatz: Konstantin MAIER, Predigt und Prediger unter der Autorität des Bischofs. Zur Geschichte der Eichstätter Domprediger vom Spätmittelalter bis in das 17. Jahrhundert, in: Klaus KREITMEIR – Konstantin MAIER (Hg.), Verwurzelt in Glaube und Heimat (FS Ernst REITER; Eichstätter Studien 58), Regensburg 2010, 97–121, hier 99–101; Gabriela SIGNORI, Räume, Gesten, Andachtsformen. Geschlecht, Konflikt und religiöse Kultur im europäischen Mittelalter, Ostfildern 2005, 18–23; Bernhard NEIDIGER, Wortgottesdienst vor der Reformation. Die Stiftung eigener Predigtpfründen für Weltkleriker im späten Mittelalter, in: Rheinische Vierteljahrsblätter 66 (2002),

konzil 1215[43] unterstrichen; das Konzil von Basel verschärfte 1438 dessen Vorschriften dahingehend, dass jede Metropolitankirche einen akademisch gebildeten Weltgeistlichen für das Predigtamt anzustellen habe. Folge waren zahlreiche Domprädikaturen, die vom Bischof oder den Domkapiteln eingesetzt wurden[44]. Doch auch in Pfarr- und Stiftskirchen wurden besonders in Städten ab dem ausgehenden 14. Jahrhundert Prädikaturstiftungen eingerichtet, um die regelmäßige Predigt zu gewährleisten[45]. Dazu wurden oftmals alte Kaplanei- und Messstiftungen in Prädikaturpfründe umgewandelt[46]. Die Eichstätter Synodalstatuten von 1447 schrieben die Predigt an allen Sonn- und Feiertagen vor[47].

142–189, zur Pfarrpredigt im 15. Jahrhundert bes. 158–165; Alois Schmid, Die Anfänge der Domprädikaturen in den deutschsprachigen Diözesen, in: RQ 89 (1994), 78–110. Einen guten geschichtlichen Durchgang bietet Michael Menzel, Predigt und Predigtorganisation im Mittelalter, in: Historisches Jahrbuch der Görres-Gesellschaft 111 (1991), 337–384, zu Spätmittelalter und Neuzeit bes. 369–384. Vgl. die Studie aus evangelischer Perspektive, die auch die spätmittelalterliche Predigtpraxis ausführlich behandelt: Matthias Figel, Der reformatorische Predigtgottesdienst. Eine liturgiegeschichtliche Untersuchung zu den Ursprüngen und Anfängen des evangelischen Gottesdienstes in Württemberg (Quellen und Forschungen zur württembergischen Kirchengeschichte 24), Epfendorf/Neckar 2013, 54–185 (mit wiederholter Nennung des Ingolstädter Pfarrbuchs). Vgl. auch Hans Würdinger, Die Bedeutung der Predigt und der Predigtgottesdienste für das religiöse Leben des Volkes im Spätmittelalter, in: Heiliger Dienst 38 (1984), 173–182; Marco Benini, Paul Phrygio (1483–1543). Domprediger in Eichstätt, in: Brandl/Müller/Stockmann, Reformation im Bistum Eichstätt (wie Anm. 2), 240–245.
43 Vgl. Josef Wohlmuth (Hg.), Dekrete der ökumenischen Konzilien. 3 Bde. Paderborn [u.a.] 1: ³1998; 2: 2000; 3: 2002, hier 2: Konzilien des Mittelalters. Vom ersten Laterankonzil (1123) bis zum fünften Laterankonzil (1512–1517), 239 f.
44 Vgl. Maier, Predigt (wie Anm. 42), 103–121; Benini, Phrygio (wie Anm. 42).
45 Vgl. zur Stadtpredigt im Spätmittelalter (14. und 15. Jahrhundert) mit Angaben zu einzelnen Städten: Johann Baptist Schneyer, Geschichte der katholischen Predigt, Freiburg/Br. 1969, 189–230.
46 Vgl. Signori, Räume (wie Anm. 42), 23.
47 Der Text ist abgedruckt bei Joseph Georg Suttner, Versuch einer Conciliengeschichte des Bisthums Eichstätt, in: Pastoralblatt des Bisthums Eichstätt (künftig: PblEi) 1 (1854), 15–224, hier 110–123, bes. 111 f. und Joseph Georg Suttner, Nachträge zur Conciliengeschichte des Bisthums, in: PblEi 4 (1857), 193–208, hier 198–200. Vgl. auch Franz Xaver Buchner, Die mittelalterliche Pfarrpredigt im Bistum Eichstätt. Literarische Jubiläumsgabe zum 50. Priesterjubiläum S. Bischöfl. Gnaden des Hochw. Herrn Dr. Leo v. Mergel, in: Enno Bünz/Klaus Walter Littger (Hg.), Klerus, Kirche und Frömmigkeit im spätmittelalterlichen Bistum Eichstätt. Ausgewählte Aufsätze von Franz Xaver Buchner (Schriften der Universitätsbibliothek Eichstätt 36), St. Ottilien 1997, 213–244 [Erstveröffentlichung 1923], hier 221 f. – Vgl. allgemein zu den Partikularsynoden Nathalie Kruppa/Leszek Zygner (Hg.), Partikularsynoden im späten Mittelalter (Veröffentlichungen des Max-Planck-Instituts für Geschichte 219; Studien zur Germania Sacra 29), Göttingen 2006. Vgl. zum Bistum Eichstätt darin den Beitrag Helmut Flachenecker, Das beständige Bemühen um Reform. Zu Synoden und Synodalstatuten in den fränkischen Bistümern des 14. / 15. Jahrhunderts, in: ebd., 55–75, bes. 63.

Ecks Predigttätigkeit als Pfarrer wurde bald auch literarisch fruchtbar. Die bayerischen Herzöge Wilhelm IV. (1493–1550) und Ludwig X. (1495–1545)[48] erteilten der theologischen Fakultät Ingolstadt den Auftrag, eine deutschsprachige Predigthilfe für Gemeindepriester zu erstellen, um die auch unter den katholischen Geistlichen kursierenden reformatorischen Predigten zurückzudrängen. Aufgrund seiner eigenen Predigterfahrung nahm Eck den Auftrag selbst in die Hand und gab von 1530 bis 1539 ein fünfbändiges Predigtwerk mit Predigtanregungen für die Sonn- und Feiertage, zu den Sakramenten und zu den Zehn Geboten heraus. Gelegentlich kann man feststellen, dass Ecks Predigtskizzen Grundlage für die gedruckten Predigten waren. Aufgrund herzoglicher Anordnung mussten alle bayerischen Pfarrer und Klöster die ersten beiden Bände kaufen. Über seine Predigthilfen, die lehrhaft, dogmatisch und teilweise auch abgrenzend formuliert waren, suchte er über den Klerus auf das Volk einzuwirken[49].

Neben den Predigtwerken arbeitete Eck im Auftrag Herzog Wilhelms IV. auch an einer deutschen Bibelübersetzung, die im Jahr 1537 in Ingolstadt gedruckt wurde und ein ähnliches Ziel wie die Predigthilfen verfolgte, nämlich Luthers drei Jahre zuvor erschienenen Bibel eine »katholische« entgegenzusetzen. Sie hob sich vor allem sprachlich durch die oberdeutschen Ausdrücke von der in Ostmitteldeutsch gehaltenen Lutherbibel ab. Für das Neue Testament benutzte er die deutsche Ausgabe des Hieronymus Emser (1478–1527) aus dem Jahr 1527 (mit wenigen Änderungen); das Alte Testament ist eine Übersetzung der lateinischen Vulgata[50]. Obwohl Eck auch des Hebräischen mächtig war[51], orientierte er sich im Gegensatz zu Luther und seinen gelehrten Gehilfen nicht am Original, sondern an dem auch sonst in der Kirche verwendeten lateinischen Text, wie auch der Titel der Bibel anzeigt:

---

48 Vgl. Manfred WEITLAUFF, Die bayerischen Herzöge Wilhelm IV. und Ludwig X. und ihre Stellung zur Reformation Martin Luthers, in: Beiträge zur altbayerischen Kirchengeschichte 45 (2000), 59–110; vgl. auch Beatrix SCHÖNEWALD, Wilhelm IV., Herzog von Bayern (1493–1550). Ein katholischer Fürst zur Zeitenwende, in: BRANDL/MÜLLER/STOCKMANN, Reformation im Bistum Eichstätt (wie Anm. 2), 307–317.
49 Vgl. SMOLINSKY, Reform der Kirche (wie Anm. 34), 170 f.
50 In der Widmung an den Erzbischof von Salzburg, Kardinal Matthäus Lang, geht er auf seine Übersetzung ein. Von Emsers Bibel änderte er die erasmianischen Hinzufügungen, die der Tradition der Kirche fremd sind, wieder ab. Eck orientierte sich an der Kanzleisprache des Kanzlers Maximilians I., Nicolas Ziegler. Vgl. Uwe KÖSTER, Studien zu den katholischen deutschen Bibelübersetzungen im 16., 17. und 18. Jahrhundert (RGST 134), Münster 1996, 286–289, hier 288. Der Text ist auch zugänglich unter: http://ivv7srv15.uni-muenster.de/mnkg/pfnuer/Eckbriefe/N321.html (Zugriff 28.10.2017). Vgl. jüngst Peter WALTER, Johannes Eck und die Bibel, in: BISCHOF/OELKE, Luther und Eck (wie Anm. 2), 127–142, hier 132–135.
51 Vgl. HOFMANN, Dr. Johannes Eck (wie Anm. 2), 90.

»Alt und new Testament, nach dem Text in der hailigen kirchen gebraucht, durch doctor Johan. Ecken, mit fleiß, auf hohteutsch verdolmetscht«. Ecks Bibel erlebte sieben Auflagen bis 1630 und war vor allem in Süddeutschland und Österreich verbreitet, bis die stark oberdeutschen Begriffe aufgrund des Wandels der Sprache nicht mehr verständlich waren[52].

Ecks Predigtpraxis als Pfarrer, seine Herausgabe der Predigtwerke und die Bibelübersetzung unterstreichen die Bedeutung, die er der Heiligen Schrift und ihrer Verkündigung zumaß.

Liturgie – Kern des Pfarrbuches

Die dreifache Funktion als Pfarr-, Herzogs- und Universitätskirche spiegelte sich auch in den Gottesdiensten wieder. Zehn Messen wurden täglich in der Kirche gefeiert: Die täglichen Pfarrgottesdienste fanden am Hochaltar (Hochamt) und am Apostelaltar vor dem Chorraum (Seel- und Frühmesse) statt, wobei noch bürgerliche Messstiftungen und jene Gottesdienste zum Gedächtnis der Verstorbenen am ersten, siebten und dreißigsten Tag hinzutraten. Die herzoglichen Messstiftungen wurden vornehmlich in den Chorkapellen gefeiert. Der spätmittelalterlichen Eucharistieverehrung entsprechend, war am Donnerstag, dem Tag der Einsetzung der Eucharistie, das Heilig-Geist-Amt mit einer Sakramentsprozession und einem besonderen Gebet für die lebenden und verstorbenen Mitglieder der Herzogsfamilie verbunden. Diese Tradition lebt übrigens verändert fort, wenn noch heute die Donnerstagsmesse im Ingolstädter Münster immer mit einer eucharistischen Prozession begangen wird. Außerdem fanden in der Kirche die Messen der Universität statt, sowohl zu Ehren der Patrone der vier Fakultäten als auch zum Totengedenken. Darüber hinaus beteten Pfarrer, Kooperatoren und Kapläne Teile des Stundengebetes gemeinsam. Im Spätmittelalter, einer äußerst prozessionsfreudigen Zeit, etablierten sich zahlreiche Stationen an Heiligengedenktagen, die auch im Pfarrbuch für die diversen Seitenaltäre dokumentiert sind. Eine solche Vielzahl an verschiedenen Gottesdiensten macht deutlich, wie hilfreich das Pfarrbuch Ecks gewesen sein musste.

Eck legte den Schwerpunkt in seinem Pfarrbuch eindeutig auf die Feier der Liturgie. Denn mindestens 58% beschreiben dezidiert liturgische Handlungen[53].

---

52 Vgl. https://de.wikipedia.org/wiki/Eck-Bibel (Zugriff: 20.01.17). Vgl. zur Eck-Bibel Köster, Katholische deutsche Bibelübersetzungen (wie Anm. 50), 11–13, 32–47; vgl. zur Überarbeitung der Eckbibel durch Tobias Henschel im Jahr 1602 ebd., 90–103.
53 Vgl. Benini, Osterfestkreis (wie Anm. 1), 438.

Die Aussagen sind dabei auch liturgiehistorisch sehr informativ, da Eck besonders die Gottesdienste an den hohen Feiertagen, vor allem in der Karwoche und Ostern, mit hoher Präzision dargestellt hat. Nimmt man zum Pfarrbuch noch die damaligen liturgischen Bücher des Bistums Eichstätt, also Missale, Brevier und Obsequiale (= Rituale für alle anderen liturgischen Aufgaben des Priesters neben Messe und Stundengebet), und weitere (pfarrliche) Vergleichsquellen hinzu, lässt sich die Gestalt der Gottesdienste erstaunlich exakt ermitteln[54]. Vor allem zeigt sich darin, wie die präskriptiven Liturgiebücher tatsächlich vor Ort angewandt wurden (oder wo Eck beispielsweise bewusst abgewichen ist[55]). Genau gab Eck etwa an, wann und wo am Karfreitag die Kniebeugen zur Kreuzverehrung zu machen sind, wie in der Osternacht die Prozession verläuft, was vom Chor zu singen ist und vieles mehr. Auf eine feierliche Gestaltung legte Eck besonderen Wert – über 50 Mal notierte er »sollemnis« im Pfarrbuch. Szenischen Liturgieformen[56] schien Eck besonders zugeneigt gewesen zu sein, da er sie sehr ausführlich beschrieb. So wurde am Karfreitag das verehrte Kreuz und die Hostien im Heiligen Grab bestattet und in der Osternacht wieder erhoben, um so die Auferstehung Christi anzudeuten[57]. Er schuf dafür sogar einen eigenen Zeigeritus mit der aus dem Grab erhobenen Hostie, der die Erscheinung des Auferstandenen inmitten seiner Jünger darstellen sollte[58]. An Christi Himmelfahrt wurde eine Figur des Auferstandenen durch das (heute noch sichtbare) »Himmelloch« im Gewölbe gezogen, aus dem an Pfingsten eine Heilig-Geist-Taube herabgelassen wurde. Eck vermerkt dabei, dass dabei keine Missbräuche (wie das Herabschütten von Wasser!) betrieben werden dürften, um die liturgische Handlung nicht in Gelächter aufzulösen[59]. Insgesamt hatte Eck bei der Feier des Gottesdienstes also die Beteiligung des Volkes im Blick; auch

---

54 Vgl. ebd., 89–436.
55 Beispielsweise änderte Eck die Abfolge des Gottesdienstes am Aschermittwoch: Die Aschenaus-
teilung sollte erst nach der Prozession erfolgen, damit die Leute auch an der Prozession teilnehmen
(vgl. ebd., 102.473).
56 Vgl. Marco Benini, Johannes Eck als achtsamer Liturge. Sein Ingolstädter Pfarrbuch als liturgiehistorische Quelle unter besonderer Berücksichtigung der szenischen Liturgie des Osterfestkreises,
in: Archiv für Liturgiewissenschaft 57 (2015), 72–95.
57 Anschließend vollzog er in der Osternacht den Attollite-Portas-Ritus, bei dem der Pfarrer mit
dem aus dem Heiligen Grab erhobenen Kreuz gegen die Kirchentüren klopfte, um die Höllenfahrt
Christi (descensus) anzudeuten und durch die Öffnung der Türe die Befreiung der Seelen aus der
Unterwelt in einem liturgischen Geschehen zu vergegenwärtigen. Vgl. ebd., 83–85; Benini, Osterfestkreis (wie Anm. 1), 320–324.
58 Vgl. ebd., 338–345.
59 Vgl. ebd., 405–413, 428–432, hier bes. 409.

etliche volkssprachige Lieder werden im Pfarrbuch erwähnt. Eine würdige Feier des Gottesdienstes war für Eck ein wichtiger Teil der Seelsorge[60].

3. Pfarrbücher als historische Quellen

Obwohl hier nur einige Hinweise aus dem Ingolstädter Pfarrbuch erwähnt wurden, dürften sie den Wert dieser anschaulichen Quelle bereits verdeutlicht haben. Wenn sich auch Ecks Pfarrbuch durch die Person des Autors, durch den Umfang und durch den (liturgie-) historischen Informationswert besonders auszeichnet, war Eck freilich nicht der einzige Pfarrer, der solche Aufzeichnungen anlegte. So soll die »Gattung« der Pfarrbücher[61] insgesamt vorgestellt werden, deren Bedeutung in den letzten Jahren immer wieder gewürdigt wurde[62], und in einem zweiten Schritt kurz auf die bayerischen Pfarrbücher aufmerksam gemacht werden.

Zur Gattung der Pfarrbücher
Ab dem beginnenden 15. Jahrhundert ist eine Vielzahl von Pfarrbüchern überliefert. Etwa 40 sind bekannt, teilweise auch ediert oder anderweitig oft in lokalgeschichtlichem Kontext ausgewertet;[63] die größere Zahl liegt sicher noch unbeachtet in Archiven oder ist verloren gegangen.

---

60 Vgl. zusammenfassend ebd., 437–448; BENINI, Eck als achtsamer Liturge (wie Anm. 56); Vgl. außerdem zur hier nicht erwähnten Feier von Weihnachten Marco BENINI, Pfarrbücher aus dem Bistum Eichstätt – Historische Einblicke in den pfarrlichen Alltag, in: Eichstätter Diözesangeschichtsblätter 2 (2014/15), 7–32, hier 13–16.
61 Vgl. hierzu BENINI, Osterfestkreis (wie Anm. 1), 60–69.
62 Vgl. Franz FUCHS, Spätmittelalterliche Pfarrbücher als Quelle für die dörfliche Alltagsgeschichte, in: Enno BÜNZ – Gerhard FOUQUET (Hg.), Die Pfarrei im späten Mittelalter (Vorträge und Forschungen. Konstanzer Arbeitskreis für Mittelalterliche Geschichte 77), Ostfildern 2013, 213–232. – Beispielsweise fließen Erkenntnisse aus Pfarrbüchern ein bei Enno BÜNZ, Memoria auf dem Dorf. Pfarrkirche, Friedhof und Beinhaus als Stätten bäuerlicher Erinnerungskultur im Spätmittelalter, in: Werner RÖSENER (Hg.), Tradition und Erinnerung in Adelsherrschaft und bäuerlicher Gesellschaft (Formen der Erinnerung 17), Göttingen 2003, 261–305, hier 277–281.284). Vgl. ebenso Wolfgang PETKE, Oblationen, Stolgebühren und Pfarreinkünfte vom Mittelalter bis ins Zeitalter der Reformation, in: Hartmut BOOCKMANN (Hg.), Kirche und Gesellschaft im Heiligen Römischen Reich des 15. und 16. Jahrhunderts (Abhandlungen der Akademie der Wissenschaften in Göttingen. Philologisch-Historische Klasse, Dritte Folge 206), Göttingen 1994, 26–58, hier 32 f., 49 f. (Pfarrbücher aus Ingolstadt, Hilpoltstein, Pappenheim und Münster).
63 Vgl. BENINI, Osterfestkreis (wie Anm. 1), 60–81 und die Liste mit Literaturangaben in Anhang II (ebd., 619–623).

In Pfarrbüchern schrieben Pfarrer all das auf, was sie für sich und ihre Nachfolger als wichtig und praxisrelevant erachteten. Sie sind oft wie bei Eck im Zusammenhang mit Pfarrerswechseln (meist zu Beginn, manchmal auch zum Ende der Amtszeit[64]) und mit Blick auf nachfolgende Pfarrer aufgeschrieben worden, da bei Wechseln Unklarheiten auftreten konnten und schriftliche Aufzeichnungen zugleich zu einer Fixierung des Status quo beitrugen[65]. Man kann sich leicht vorstellen, dass die einzelnen Pfarrbücher je nach Interessenslage der schreibenden Pfarrer sehr unterschiedlich ausfielen. Daher ist es schwer, von einer genau definierten »Gattung« zu sprechen, zumal die Quellen verständlicherweise auch keinen einheitlichen Titel (Pfarrbuch, Gotzhausbuch, Registrum etc.) tragen.

Inhaltlich decken Pfarrbücher ein weites Spektrum ab. Oft sind Grundinformationen über die Pfarrkirche und andere (Filial-) Kirchen im Pfarrgebiet enthalten wie beispielsweise zu den Patronen, Kirchweihen und Altarpatrozinien; gelegentlich finden sich Angaben zu Geschichte und Struktur der Pfarrei. Häufig sind finanzielle Belange wie der Besitzstand der Pfarrei, die Einkünfte und Ausgaben des Pfarrers, Kosten für bestimmte liturgische Leistungen oder die Verteilung der Oblationen aufgelistet. Die Aufgaben des Personals, also etwa der Kooperatoren und Kapläne, des Schulmeisters und des Organisten, des Mesner und weiterer Hilfskräfte wurden in Pfarrbüchern teils beiläufig, teils explizit geklärt. Ebenso wurden Anniversarien und Stiftungen erwähnt oder Verträge und Urkunden abgeschrieben. Selbstverständlich können aus diesen Informationen Rückschlüsse auf die Feier der Gottesdienste und die seelsorglichen Aufgaben gezogen werden. Wie man an Ecks Pfarrbuch exemplarisch sehen kann, wurde vielfach gerade das Kirchenjahr eigens beschrieben, sodass man sich ein Bild über die ortseigenen Traditionen, die Prozessionen und Wallfahrten, die verehrte Reliquien und Heiltümer, die Gottesdienste der Bruderschaften, die Gebete und Gesänge, die musikalische

---

64 So hat der Buxheimer Pfarrer Fidelis Boller sein Pfarrbuch 1825 ein Jahr vor seinem Tod geschrieben; vgl. Jürgen BÄRSCH, Wenn sich Gottes Volk versammelt… Ein Streifzug durch die Geschichte des Pfarrgottesdienstes in St. Michael, Buxheim, in: Jürgen BÄRSCH/Johannes TROLLMANN (Hg.), Gottesiob und Menschenwerk. Bilder aus Vergangenheit und Gegenwart einer Pfarrgemeinde, Buxheim 2012, 99–177, hier 139. Auch im 16. Jahrhundert finden sich solche Beispiele, so etwa das Pfarrbuch der Jakobipfarrei in Münster von Pfarrer Bernard Dreygerwolt (1508–1522/23); vgl. Adolf Joseph Cornelius TIBUS, Die Jakobipfarre in Münster von 1508–1523. Ein Beitrag zur Sittengeschichte Münsters, Münster 1885, IV.
65 So hat etwa Stephan Purfinger, Pfarrer von Burghausen, 1401 explizit auch an seine Nachfolger gedacht (Vorwort: »notum facio universis meis successoribus«; Franz FUCHS, Spätmittelalterliche Pfarrbücher (wie Anm. 62), 213). Vgl. auch Franz FALK (Hg.), Die pfarramtlichen Aufzeichnungen (Liber consuetudinum) des Florentius Diel zu St. Christoph in Mainz (1491–1518) (Erläuterungen und Ergänzungen zu Janssens Geschichte des deutschen Volkes 4,3), Freiburg/Br. 1904, V (Vorwort).

Gestaltung einer Feier und teilweise sogar über ihren genauen Ablauf machen kann. Manchmal haben Pfarrer auch das Inventar ihrer Kirche aufgelistet oder Hinweise zu den Ornaten, den liturgischen Büchern und Geräten oder zu Orgel, Lichtern und Glocken aufgeschrieben. So sind Pfarrbücher interessante Quelle für den pfarrlichen Alltag, für Liturgie[66] und Frömmigkeit der jeweiligen Zeit[67].

Mit der Gattung der Pfarrbücher sind auch die Mesnerpflichtbücher verwandt. Zu nennen wären hier jene aus Nürnberg für St. Sebald (1482)[68] und St. Lorenz (1493)[69], aus dem Münchner Liebfrauendom (1532)[70] sowie das besonders ausführliche Dommesnerbuch des Veit Feichter aus Brixen (1550)[71]. Für den monastischen Bereich ist außerdem ein Buch für die beiden Mesnerschwestern der Nürnberger Dominikanerinnenkirche überliefert (1436)[72]. In diesen Büchern wurden die Aufgaben des Mesners im Laufe des Kirchenjahres entweder vom Mesner selbst[73],

66 Vgl. hierzu auch Andreas ODENTHAL, Pfarrlicher Gottesdienst vom Mittelalter zur Frühen Neuzeit. Eine Problemskizze aus liturgiewissenschaftlicher Perspektive, in: DERS., Liturgie vom frühen Mittelalter zum Zeitalter der Konfessionalisierung. Studien zur Geschichte des Gottesdienstes. Tübingen 2011 (Spätmittelalter, Humanismus, Reformation. Studies in the Late Middle Ages, Humanism and the Reformation 61), 159–206.

67 Vgl. zur allgemeinen Beschreibung von Pfarrbüchern: Jürgen Bärsch, Das Pfarrbuch des Johannes Eck als Quelle für den spätmittelalterlichen Gottesdienst, in: BÄRSCH/MAIER, Johannes Eck (wie Anm. 2), 70–72; Franz MACHILEK, Fränkische «Gotteshausbücher" des 15. und 16. Jahrhunderts, in: Karl BORCHARDT/Enno BÜNZ (Hg.), Forschungen zur bayerischen und fränkischen Geschichte (FS Peter HERDE; Quellen und Forschungen zur Geschichte des Bistums und Hochstifts Würzburg 52), Würzburg 1998, 249–255, bes. 249–251; Franz MACHILEK, »Gotteshausbücher aus Franken«. Wichtige Quellen zur Geschichte der Pfarreien im Spätmittelalter, in: Rolf BERGMANN (Hg.), Mittelalterforschung Bamberg. Beiträge aus dem Zentrum für Mittelalterforschung (Forschungsforum. Berichte aus der Otto-Friedrich-Universität Bamberg 10), Bamberg 2001, 28 f.

68 Vgl. Albert GÜMBEL, Das Mesnerpflichtbuch von St. Sebald in Nürnberg vom Jahre 1482, München 1929 (Einzelarbeiten aus der Kirchengeschichte Bayerns [künftig: EKGB] 11); im Anhang (41–48) ist auch eine knappere Mesnerordnung aus dem Jahr 1450 abgedruckt.

69 Vgl. Albert GÜMBEL, Das Mesnerpflichtbuch von St. Lorenz in Nürnberg vom Jahre 1493, München 1928 (EKGB 8); zur Datierung vgl. ebd., 9.

70 Vgl. Alois HESS [u.a.] (Hg.), Das Mesnerbuch der Pfarr- und Stiftskirche Zu Unserer Lieben Frau in München aus dem Jahre 1532 (Fontes 28), Heidelberg 2009 [Online-Ressource: http://nbn-resolving.de/urn/resolver.pl?urn=urn:nbn:de:bsz:16-artdok-6887; Zugriff: 25.1.2013].

71 Vgl. Andrea HOFMEISTER-WINTER, Die Schriften des Brixner Dommesners Veit Feichter (ca. 1510–1560). 1: Das Brixner Dommesnerbuch. Mit elektronischer Rohtextversion und digitalem Vollfaksimile auf CD-ROM. (Innsbrucker Beiträge zur Kulturwissenschaft, Germanistische Reihe 63), Innsbruck 2001.

72 Vgl. Gerhard WEILANDT, Alltag einer Küsterin. Die Ausstattung und liturgische Nutzung von Chor und Nonnenempore der Nürnberger Dominikanerinnenkirche nach dem unbekannten »Notel der Küsterin« (1436), in: Anna MORATH-FROMM (Hg.), Kunst und Liturgie. Choranlagen des Spätmittelalters – ihre Architektur, Ausstattung und Nutzung, Ostfildern 2003, 159–187.

73 Vgl. HOFMEISTER-WINTER, Dommesnerbuch (wie Anm. 71), 15–20, hier 16.

vom zuständigen Kirchenmeister gemeinsam mit dem Mesner[74] oder einer anderen beteiligten Person[75] detailliert erklärt. Außerdem können Hinweise auch aus den Organistenordnungen, Kirchenrechnungen und ähnlichen Quellen erhoben werden[76]. Was allgemein zur Gattung der Pfarrbücher ausgeführt wurde, soll nun konkret an bayerischen Pfarrbüchern in chronologischer Anordnung exemplifiziert werden, wobei keine Vollständigkeit erstrebt wird.

Überblick zu den bayerischen Pfarrbüchern

Das älteste bisher bekannte Pfarrbuch wurde 1401 von Pfarrer Stephan Purfinger verfasst. Es informiert über Besitz und Einkünfte der Pfarrei Burghausen und Mehring sowie deren Verteilung auf Pfarrer, Pfarrgesellen und Mesner und verzeichnet Anniversarien, Messstiftungen, Ablässe und Altarweihtituli[77].

Franz Fuchs hat das Pfarrbuch des Paul Gössel aus der Pfarrei Gebenbach bei Amberg vorgestellt, das etwa 1419 verfasst wurde. Es enthält eine Namensliste aller Hofbesitzer, die Brot und Kerzengeld abzugeben hatten, und sonstige Einnahmen aus Opferstockleerungen, Stolgebühren und Stiftungen. Recht ausführlich werden außerdem die Pflichten des Kaplans und des Mesners[78] sowie »die liturgischen Pflichten des Pfarrers, Gottesdienste und Prozessionen, Totenbegängnisse, Wettersegen, Speisenweihen und anderes mehr«[79] behandelt. Dem Pfarrbuch kann man entnehmen, welche deutschsprachigen Kirchenlieder gesungen wurden[80]. Ein Inventar verzeichnet außerdem Hab und Gut im Pfarrhaus. Interessanterweise hat

74 So verfasste St. Sebalds Kirchenmeister Sebald Schreyer das Mesnerpflichtbuch für seine Kirche in Absprache mit dem erfahrenen Mesner Hans Ulrich (vgl. GÜMBEL, St. Sebald (wie Anm. 68), 1–3). Ähnlich dürfte das auch in St. Lorenz gewesen sein (vgl. GÜMBEL, St. Lorenz (wie Anm. 69), 2–9, bes. 9).
75 Vgl. WEILANDT, Küsterin (wie Anm. 72), 165.
76 Vgl. weitere Quellen bei BENINI, Osterfestkreis (wie Anm. 1), 66–68.
77 Vgl. FUCHS, Pfarrbücher (wie Anm. 62), 213–215.
78 Vgl. Franz FUCHS, Dörflicher Alltag in der Hussitenzeit. Aus den Aufzeichnungen eines Oberpfälzer Landpfarrers, in: Hans-Jürgen BECKER (Hg.), Der Pfälzer Löwe in Bayern. Zur Geschichte der Oberpfalz in der kurpfälzischen Epoche (Schriftenreihe der Universität Regensburg 24), Regensburg 1997, 37–55, hier 48 f.; vgl. auch FUCHS, Pfarrbücher (wie Anm. 62), 225–227.
79 FUCHS, Alltag (wie Anm. 78), 41.
80 Zwischen Lichtmess und Palmsonntag wurden *Nu bitten wir den heiligen Geist* nach dem Credo und *Sancta Maria muter reyne meid* nach der Communio gesungen, nach den Hinweisen auf die kommenden Feste (der Woche) und den allgemeinen Vermeldungen *Des helff uns sancta Maria*. Von Ostern bis Pfingsten wurden das bekannte *Christ ist erstanden*, von Pfingsten an wieder *Nu bitten wir den heiligen Geist* und zu Weihnachten *Uns ist geborn ein kind* angestimmt. Bei festlichen Prozessionen erklang *Also herr ist diser tag, das den nyemand mit lobe erfullen mag* (vgl. FUCHS, Pfarrbücher (wie Anm. 62), 230 f.).

der lutherische und dann kalvinistische Nachfolger in der zweiten Hälfte des 16. Jahrhunderts Nachträge eingefügt.

Für Hersbruck ist ein Pfarrbuch von Christian Groß (1417–1422) überliefert, das aber seit dem Zweiten Weltkrieg vermisst wird[81]. Ein Pfarrbuch aus Westheim bei Windsheim von Pfarrer Jakob Prauscher[82] (1437) beinhaltete einen Kalender, die Jahrtage sowie Finanzielles[83]. Hauptsächlich Rechtliches begegnet in der Kirchenordnung von Kraftshof bei Nürnberg aus der ersten Hälfte des 15. Jahrhunderts, die der Pfarrer von St. Sebald in Nürnberg als Lehensherr verfasst hat[84]. Aus dem nicht weit entfernten Cadolzburg, einer bevorzugten Residenz der fränkischen Zollern, ist ebenfalls ein vor 1440 entstandenes Pfarrbuch erhalten, das enge Beziehungen zwischen Pfarrei und Hof aufweist[85].

Ein ab 1460 begonnenes und bis 1608 fortgeführtes »Gotteshausbuch« für die Pfarrei Stadtschwarzach wurde von Friedrich Merzbacher ausgewertet[86]. Es berichtet in deutscher Sprache über die zahlreich in Altären und Reliquiaren verwahrten Heiltümer der Kirche ebenso wie über die rechtliche Stellung als Lehen des nahegelegenen Klosters Münsterschwarzach. Außerdem werden Einkünfte und Verpflichtungen von Pfarrer, Mesner und Schulmeisters erwähnt, aus denen man leicht Rückschlüsse auf das gottesdienstliche Leben ziehen kann.

Ähnlich aufschlussreich ist Johann Lindners »Registrum sive directorium rerum agendarum parochialis ecclesiae sancti Laurentii in Hof« (1479), das nach kurzen Angaben zu den allgemeinen Aufgaben des Personals (Pfarrer, Prediger, drei Kapläne, Schulmeister, Mesner) das Kirchenjahr, mit dem Aschermittwoch beginnend, recht ausführlich beschreibt. Den Text hat Christian Meyer ohne Kommen-

---

81 Vgl. Karl Schornbaum – Wilhelm Kraft, Pappenheim am Ausgang des Mittelalters in kirchlicher Hinsicht auf Grund des Pfarrbuches des Pfarrers Stefan Aigner, in: Zeitschrift für bayerische Kirchengeschichte 7 (1932), 129–160, 193–220, hier 129. Es befand sich einst im Nürnberger Staatsarchiv. Vgl. Fuchs, Pfarrbücher (wie Anm. 62), 216.
82 Vgl. zur Person Machilek, Gotteshausbücher (wie Anm. 67), 252, bes. Anm. 17.
83 Vgl. Theodor Lauter, Ein altes Pfarr- und Gotteshausbuch, in: Beiträge zur bayerischen Kirchengeschichte (künftig: BByKG) 7 (1901), 83–93.
84 Vgl. von Kress, Die Kirchenordnung für eine Landgemeinde aus der ersten Hälfte des 15. Jahrhunderts, in: BByKG 12 (1906), 258–270, bes. 268 f. Zum Teil haben die rechtlichen Bestimmungen auch einen Bezug zur Liturgie (Predigtpflicht, Prozession am Samstag nach Fronleichnam, Verpflichtungen am Gedenktag des Hl. Georg).
85 Vgl. den Hinweis bei Fuchs, Pfarrbücher (wie Anm. 62), 216 f.
86 Vgl. Friedrich Merzbacher, Die spätmittelalterliche Pfarrei Stadtschwarzach, in: Würzburger Diözesangeschichtsblätter (künftig: WDGB) 13 (1951), 82–102, hier 83.

tierung oder Einleitung ediert[87]; diese hat Adam Winter angefertigt und der Edition vorangestellt[88].

Etwa aus derselben Zeit ist aus Crailsheim ein Pfarrbuch mit dem Titel »Liber presenciarum per me magistrum Johannem Satler [=Pfarrer] editus« überliefert (um 1480), dessen erster Teil allerdings verloren gegangen ist[89]. Wilhelm Crecelius edierte in seinem Aufsatz »Das Pfarrbuch von Crailsheim« aus dem Kalender (mit Hinweisen auf Kirchweihen sowie Patrozinien der Kirchen und Altäre) einen Auszug der »interessantesten Anniversarien und was sonst localgeschichtlichen Werth haben dürfte«[90]. Davon unabhängig edierte Crecelius kommentarlos auch die »Crailsheimer Schulordnung« aus derselben Quelle[91]. Weil diese aber wenig beachtet wurde, stellte Johannes Janota auch den Rest der Quelle summarisch vor und machte edierend erneut auf die Schulordnung (fol. 62v–64v) aufmerksam. Diese gibt nicht nur die Incipits, sondern die gesamten im Gottesdienst verwendeten Liedtexte (allerdings ohne Melodie) wieder, wobei Hinweise zum Gesang und zur Beteiligung des Volkes einfließen[92].

87 Vgl. Christian MEYER (Hg.), Johann Lindner's Kirchenordnung von St. Lorenz zu Hof, in: Quellen zur alten Geschichte des Fürstenthums Bayreuth 1 (1895), 209–240; Christian MEYER (Hg.), Johann Lindner's Kirchenordnung von St. Lorenz zu Hof, in: Hohenzollerische Forschungen 4 (1896), 289–320. Beide Ausgaben sind genau identisch. Eine Neuausgabe des Textes durch Enno Bünz ist in Vorbereitung (vgl. ODENTHAL, Pfarrlicher Gottesdienst (wie Anm. 66), 162 Anm. 30).
88 Vgl. Adam WINTER, Katholische Gottesdienstordnung der Großpfarre Hof an der Saale vom Jahr 1479, verfaßt von Johann Linthner (alias Lindner), Magister und Pfarrverweser an der St.-Lorenzkirche (1479–1494) daselbst, samt anderen Nachrichten über die christlichen Kapellen in und bei der Stadt Hof und Urkunden der Pfarre Asch und Adorf, Thonbrunn 1915.
89 Vgl. Wilhelm CRECELIUS, Das Pfarrbuch von Crailsheim, in: Zeitschrift des historischen Vereins für das württembergische Franken 10/1 (1875), 37–47; 10/2 (1877), 119–129. Nach dem erhaltenen Inhaltsverzeichnis enthielt es liturgische Texte zu Heiligen: Historien, Messoffizium, Orationen und Suffragien sowie ein »miraculum« (vgl. ebd., 37).
90 Ebd., 38.
91 Vgl. Wilhelm CRECELIUS, Crailsheimer Schulordnung von 1480 mit deutschen geistlichen Liedern, in: Alemannia 3 (1875), 247–262.
92 Vgl. Johannes JANOTA, Schola cantorum und Gemeindelied im Spätmittelalter. Erneuter Hinweis auf die Bedeutung der ,Crailsheimer Schulordnung' für die hymnologische Forschung, in: Jahrbuch für Liturgik und Hymnologie 24 (1980), 37–52. Es sind folgende Gesänge enthalten: »Mittel unseres leben czeit« (Fastenzeit und Bittprozessionen: Media vita in morte sumus), »Sancta Maria ste uns bei«, »Sandt Michel im hymel thron«, »Christ ist erstanden« in Verbindung mit der Ostersequenz »Victimae paschali laudes« oder »Erstanden ist der heilig Crist« mit »Surrexit Christus hodie«, »Chist fuer gen himel« mit der Himmelfahrtssequenz »Summi triumphum«, »Kum heiliger geist, herre got« mit der Pfingstsequenz »Veni, Sancte spiritus«, »Got sey gelobet und gebenedeyet« zur Fronleichnamssequenz »Lauda Sion salvatorem«, »O got Vater, ewigs lieht« zu »Ave, vivens hostia«.

Aus den Pfarrbüchern von Lehrberg bei Ansbach (1498) und aus der dazugehörigen Filiale Häslabronn[93] wird ebenso zitiert wie aus jenem von Staffelstein (1504)[94], ohne dass sie bisher als solche näher in den Blick genommen wurden.

Eine interessante Quelle stellt das Pfarrbuch von Herzogenaurach dar, das Pfarrer Johannes Wydhössel (1503–22) zu Beginn seiner Amtszeit zusammengestellt hat. Otto Meyer hat in einem erhellenden Beitrag das Pfarrbuch vorgestellt und ist dabei auch auf die Feier der Gottesdienste eingegangen[95]. Aus der Einleitung Wydhössels sprechen die Entrüstung über die fehlenden Aufzeichnungen zum Pfarreibesitz und sein Eifer, diesem sogleich abhelfen zu wollen[96]. Enthalten sind die Einkünfte und Ausgaben, Hinweise zu den Patrozinien der sieben Kirchen, Abschriften von Urkunden (etwa zu Stiftungen) und eine Dienst- und Hausordnung mit Regeln für den Klerus[97]. Zudem werden auch die Gottesdienste im Kirchenjahr beschrieben. Wenn auch das Herzogenauracher Pfarrbuch knapper als das von Eck gehalten ist, lassen sich unschwer gewisse Parallelen erkennen

---

93 MACHILEK, Gotteshausbücher (wie Anm. 67), 253 Anm. 23 nennt Literatur, die auf dieses Pfarrbuch als Quelle zurückgreift. Ebd., 254 Anm. 30 verweist er auf Paul SCHÖFFEL, Der Archidiakonat Rangau am Ausgang des Mittelalters, in: Jahrbuch für fränkische Landesforschung 5 (1939), 132–175, hier 137, wo aus dem Pfarrbuch die Prozession von der Pfarrei Lehrberg sowie von deren Filiale Häslabronn nach Ansbach am Bittmittwoch und am Pfingstmontag belegt wird. – Auch aus der Filiale Häslabronn ist ein Pfarrbuch überliefert (vgl. ebd., 137 f.).

94 Vgl. Günter DIPPOLD, Staffelstein zur Zeit von Adam Ries, Staffelstein 1992 [Sonderdruck aus: Adam Ries von Staffelstein. Hg. von der Stadt Staffelstein, Staffelstein 1992, 39–86] bes. 62–79. Aus den Zitaten kann man darauf schließen, dass zumindest Angaben zu folgenden Bereichen vorhanden sind: zur Geschichte der Kirche (vgl. ebd., 63; fol. 1), zu einem sonntäglichen Votivamt zu Ehren Mariens (vgl. ebd., 74; fol. 12r), zu den Altären und ihren Reliquien (vgl. ebd., fol. 13r-14r), zu 36 Jahrtagen (vgl. ebd., 71; fol. 15r-23v) und Stiftungen (vgl. ebd., 72, 75 f., 78 f.; fol. 22v.29v), zu Pfarrer und Kaplan (vgl. ebd., 70; öfter), zu einer Zahlung an den Mesner sowie an den Schulmeister (vgl. ebd., 76,81; fol. 29v, 15v, 17r).

95 Vgl. Otto MEYER, Uraha sacra. Vom Geist der Frömmigkeit im spätmittelalterlichen Herzogenaurach, in: DERS., Varia Franconiae historica. Aufsätze – Studien – Vorträge zur Geschichte Frankens. Hg. von Dieter WEBER – Gerd ZIMMERMANN. 3 Bde. Würzburg 1981–1986 (Mainfränkische Studien 24; Historischer Verein für die Pflege der Geschichte des Ehemaligen Fürstbistums Bamberg: Beiheft 14), 2, 532–558, bes. 537–546. Leider fehlen hier gerade die Angaben zu Gründonnerstag und Karfreitag völlig. Vgl. den Auszug zu Christi Himmelfahrt bei Hans-Joachim KRAUSE, »Imago ascensionis” und »Himmelloch”. Zum Bildgebrauch in der mittelalterlichen Liturgie, in: Friedrich MÖBIUS – Ernst SCHUBERT (Hg.), Skulptur des Mittelalters. Funktion und Gestalt, Weimar 1987, 281–353, hier 310 Anm. 116 und 353.

96 Vgl. MEYER, Herzogenaurach (wie Anm. 95), 535.

97 Vgl. Otto MEYER, Eine Herzogenauracher Pfarrhausordnung, in: DERS., Varia (wie Anm. 95), 2, 532–561 (vgl. dazu auch die Anordnungen Ecks für die Kapläne und Kooperatoren). Die Angaben zur Essenseinladung (vgl. MEYER, Herzogenaurach (wie Anm. 95), 546 f.) sind eine weitere Gemeinsamkeit zwischen den Pfarrbüchern von Eck und Wydhössel.

Durch eine Edition wären noch mehr (liturgisch) interessante Informationen zu gewinnen.

Nur wenige Jahre später hat in Hilpoltstein Stephan May ein Pfarrbuch verfasst (1511), das Johann Baptist Götz 1926 in Teilen ediert und eingeleitet hat[98]. Wenn auch »die finanzielle Seite das Hauptmotiv für die Abfassung war«[99], lassen sich aus den 114 Klein-Quart-Blättern (22 x 16 cm) etliche Informationen zum pfarrlichen Alltag (mit der Filiale Jahrsdorf) gewinnen. So erfährt man einiges zu den regelmäßigen Gottesdiensten, zu den verschiedenen Seelengottesdiensten für Verstorbene und insbesondere zur »Engelmesse« am Donnerstag mit vorausgehender eucharistischer Prozession[100]; zum Kirchenjahr selbst scheint hingegen weniger enthalten zu sein. Auch die Einkünfte, Rechte und Pflichten des Personals, also von Pfarrer, Kooperator, Schulmeister und Mesner, werden genau verzeichnet. Dabei werden auch interessante Details überliefert: Unter anderem konnte der Pfarrer bei der Bewerbung eines neuen Kooperators ihn nicht nur auf Wissen und moralischen Stand hin befragen, sondern ihn auch vorsingen oder vorzelebrieren lassen[101]. May hatte außerdem seinen Aufzeichnungen einen Heiligenkalender vorangestellt.

Aus demselben Jahr und ebenfalls aus dem Bistum Eichstätt[102] stammt das Pfarrbuch von Pappenheim (1511), das Dekan und Pfarrer Stefan Aigner unter dem Titel »Registrum censuum et reddituum omniumque aliarum consuetudinum parochialis ecclesiae in Bappenham«[103] zusammengestellt hat. Der Titel des 23 Folio-Blätter umfassenden, lateinisch und deutsch geschriebenen Werks trifft den Inhalt gut: Nach einer kurzen Selbstvorstellung Aigners (1500 Primiz in Weißenburg, 1502 Benefiziat in Pappenheim; 1508 Dekan des Dekanats Weißenburg; 1511 Pfarrer in Pappenheim) werden finanzielle Angelegenheiten (Steuern, Einkünfte aus den verschiedenen Zehnten und Kollekten), die Anniversarien und das Personal (knap-

98 Vgl. Johann Baptist Götz, Das Pfarrbuch des Stephan May in Hilpoltstein vom Jahre 1511. Ein Beitrag zum Verständnis der kirchlichen Verhältnisse Deutschlands am Vorabend der Reformation (RGST 47/48), Münster 1926. Das Hilpoltsteiner Pfarrbuch trägt – wie ursprünglich auch das Ingolstädter Pfarrbuch – keinen Titel und nennt außen den Verfasser nicht. Dieser führte sich aber innen selbst als Schreiber ein (vgl. ebd., 17).
99 Ebd., 18.
100 Vgl. ebd., 37–39, 143 f. Die Bezeichnung »Engelmesse« leitet sich von der Strophe »Ecce panis angelorum« (Seht das Brot der Engel) aus der Fronleichnamssequenz Lauda Sion ab. Vgl. auch BENINI, Pfarrbücher aus dem Bistum Eichstätt (wie Anm. 60), 18–20 (mit Lit.).
101 Vgl. ebd., 20–22; GÖTZ, Hilpoltstein (wie Anm. 98), 120–126,177.
102 Vgl. dazu BENINI, Pfarrbücher aus dem Bistum Eichstätt (wie Anm. 60).
103 SCHORNBAUM/KRAFT, Pappenheim (wie Anm. 81), 130.

per als in Hilpoltstein) behandelt. Ein zweiter größerer Teil widmet sich dem Kirchenjahr, wobei Temporale und Heiligenkalender gemeinsam beschrieben werden. Die Aufzeichnungen beginnen mit Lichtmess (2. Februar), an dem auch das kirchliche Personal zu wechseln pflegte. Zweimal hat dieses Pfarrbuch besondere Aufmerksamkeit erfahren: Von Karl Schornbaum und Wilhelm Kraft stammen eine einleitende Vorstellung und die Edition des Pfarrbuches (1932)[104], von Johann Baptist Götz eine Untersuchung zu den liturgischen Vollzügen (1934)[105].

Franz Fuchs verweist außerdem auf »das Register des in Steinheim am Main tätigen Pfarrers Johannes Indagine (1488–1533)«[106]. Genauer zu prüfen wäre auch der »Liber ceremoniarum ecclesie Elwacensis« von 1574, das in der Pfarrregistratur Ellwangen liegt[107] und von dem nur der Gebrauch der liturgischen Farben bekannt ist – doch lässt dieser vermuten, wie interessant die Quelle selbst wäre[108]. Eine knappe Zusammenstellung der Aufgaben des Pfarrers von Zeil am Main an wichtigen Festen hat Franz-Josef Bendel aus dem »Catastrum censuale parochiae in Zeill« (1580) ediert[109]. Eine ähnliche Auflistung liegt auch für die Pfarrei St. Burkhard in Würzburg vor (1593)[110].

---

104 Vgl. ebd., passim.
105 Vgl. Johann Baptist Götz, Die kirchliche Festfeier in der Eichstätter Diözese am Ausgang des Mittelalters. Nach dem Pappenheimer Pfarrbuch des Jahre 1511, in: Zeitschrift für bayerische Kirchengeschichte 9 (1934), 129–149, 193–236. In diesem Artikel werden leider manchmal die Quellen nicht sauber getrennt, sodass liturgische Informationen von einem Ort unkritisch auf einen anderen übertragen werden. Vgl. zu den Bitttagen und Christi Himmelfahrt Benini, Pfarrbücher aus dem Bistum Eichstätt (wie Anm. 60), 22–24.
106 Fuchs, Pfarrbücher (wie Anm. 62), 216; Dietrich Kurze, Der niedere Klerus in den sozialen Welt des späteren Mittelalters, in: Knut Schulz (Hg.), Beiträge zur Wirtschafts- und Sozialgeschichte des Mittelalters (FS Herbert Helbig), Köln [u.a.] 1976, 273–305, hier 290 f. Anm. 55.
107 Vgl. Ordnung des Gottesdienstes in Lorch 1508, in: Gebhard Mehring (Hg.), Stift Lorch. Quellen zur Geschichte einer Pfarrkirche (Württembergische Geschichtsquellen 12), Stuttgart 1911, 131–146, hier 131 Anm. 1.
108 Vgl. Georg Dengler, Eigene Gebräuche der Stiftskirche zu Ellwangen, in: Georg Dengler (Hg.), Kirchenschmuck. Sammlung von Vorlagen für kirchliche Stickereien, Holz- & Metallarbeiten & Glasmalereien 25, Regensburg-Amberg 1869, 23–26. Es ist auch ausgewertet worden von Joseph Braun, Die liturgische Gewandung im Occident und Orient nach Ursprung und Entwicklung, Verwendung und Symbolik, Darmstadt 1964 [Nachdruck von 1907], 735 f.
109 Vgl. Franz-Josef Bendel, Wie sich ein pfarrherr [zu Zeil] an hohen undt andteren festen durch das ganze jahr verhalten soll (1580), in: WDGB 6 (1938), 125–127.
110 Vgl. Erik Soder von Güldenstubbe, Quellentexte zur frühneuzeitlichen Liturgie im Chorherrenstift und in der Pfarrei St. Burkhard in Würzburg, in: WDGB 48 (1986), 271–322, hier 282 f., 310–312. Es ist zwar kein Pfarrbuch im strengen Sinn, aber erfüllte wohl ähnliche Funktionen. Der Beitrag zeichnet sich zudem durch eine Zusammenstellung der Literatur für die Liturgie im Bistum Würzburg aus (vgl. ebd., 271 f.).

Auch aus späterer Zeit haben sich Pfarrbücher erhalten. Aus dem Bistum Eichstätt sind drei weitere Pfarrbücher bekannt, davon zwei aus der Pfarrei Buxheim, die Jürgen Bärsch ausführlich beschrieben hat. Das erste stammt vom späteren Eichstätter Weihbischof Johann Adam Nieberlein, der von 1687 bis 1693 Pfarrer in Buxheim war und es bei Amtsantritt anlegte; zahlreiche Nachfolger haben ihre Ergänzungen bis zum Beginn des 19. Jahrhunderts eingetragen, sodass üppige Barockfrömmigkeit und aufklärerische Reduktionen im Pfarrbuch zu beobachten sind[111]. Zeitlich schließt sich fast unmittelbar die Agende des Pfarrers Fidelis Boller (1808–1826) von 1825 an, die über eine Abschrift etwa aus dem Jahr 1880 erhalten ist und die gewöhnlichen Gottesdienste und das Kirchenjahr detailliert schildert[112]. Auch aus dem nahe gelegenen Eitensheim hat sich ein Pfarrbuch aus dem Jahr 1700 von Pfarrer Andreas Kyrmayer in einer ergänzenden Abschrift des Nachfolgers Johann Baptist Meyer (1772) erhalten, zu dem Josef Auer eine unveröffentlichte, aber im Eichstätter Diözesanarchiv einsehbare Transkription angefertigt hat. Dieses 145 Blatt umfassende Pfarrbuch enthält einen eigenen Abschnitt über das Kirchenjahr, das anschaulich zeigt, wie spätmittelalterliche Frömmigkeitsformen in barockem Gewand weiterlebten[113].

Eine reich fließende Quelle besonders für die Liturgie des Kirchenjahres bilden die Aufzeichnungen des Pfarrers Johann Franz Eberspacher aus Dinkelsbühl (1769), die er in das Tauf- und Trauungsbuch eingetragen hat. Dionys Stiefenhofer stellte sie 1925 ausführlich vor[114]. Fritz Markmiller hat das Martinsbucher »Funktionarium« von Pfarrer Franz Xaver Prechtl von 1791 (Niederbayern) vorgestellt und, nach Monaten geordnet, Liturgie und Brauchtum dieser Pfarrei erläutert[115].

---

111 Vgl. BÄRSCH, Buxheim (wie Anm. 64), bes. 104, 126–134.
112 Vgl. ebd., 135–151.
113 Zum Kirchenjahr vgl. fol. 110–140. Vgl. aus liturgiewissenschaftlicher Perspektive BENINI, Pfarrbücher aus dem Bistum Eichstätt (wie Anm. 60), 24–29.
114 Vgl. Dionys STIEFENHOFER, Eine alte reichständische Liturgie, in: Bonner Zeitschrift für Theologie und Seelsorge 2 (1925), 293–321.
115 Vgl. Fritz MARKMILLER, Kirchenordnung und Brauchtum im Martinsbucher Funktionarium Pfarrer Prechtls von 1791, in: Beiträge zur Heimatkunde von Niederbayern 2 (1970), 439–493. – Dies ist nur eines von 19 erhaltenen Büchern desselben Pfarrers. – Weitere Literaturhinweise ebd., 445 Anm. 29. – Zu Palmsonntag und Ostertriduum vgl. auch Benedikt KRANEMANN, Anmerkungen zur Hermeneutik der Liturgie, in: Archiv für Liturgiewissenschaft 50 (2008), 128–161, 145–147.

Tabellarische Übersicht über die untersuchten Pfarrbücher

Ort, Abfassungszeit	Pfarrer	Literatur
Burghausen (und Mehring; 1401)	Stephan Purfinger	Hinweis bei: FUCHS, Pfarrbücher (wie Anm. 62).
Gebenbach bei Amberg (ca. 1419)	Paul Gössel	FUCHS, Alltag (wie Anm. 78).
Hersbruck (ca. 1417–1422)	Christian Groß	Hinweis bei SCHORNBAUM/KRAFT, Pappenheim (wie Anm. 81), 129.
Westheim bei Windsheim (1437)	Jakob Prauscher	LAUTER, Altes Pfarr- und Gotteshausbuch (wie Anm. 83).
Kraftshof (1. Hälfte des 15. Jhd.)		v. KRESS, Kirchenordnung (wie Anm. 84).
Cadolzburg (vor 1440)		Hinweis bei FUCHS, Pfarrbücher (wie Anm. 62), 216f.
Stadtschwarzach (ab 1460)		MERZBACHER, Stadtschwarzach (wie Anm. 86).
Hof (1479)	Johann Lindner	MEYER, Johann Lindner's Kirchenordnung von St. Lorenz zu Hof (wie Anm. 87) WINTER, Gottesdienstordnung Hof (wie Anm. 88).
Crailsheim (ca. 1480)	Johannes Sattler	CRECELIUS, Pfarrbuch von Crailsheim (wie Anm. 89). JANOTA, Crailsheimer Schulordnung' (wie Anm. 92), mit weiterer Literatur ebd. 39.
Lehrberg bei Ansbach (1498) und Häslabronn		Hinweise bei MACHILEK, Fränkische »Gotteshausbücher« (wie Anm. 67), 253 Anm. 23. 254 Anm. 30 (Literatur).
Herzogenaurach (ca. 1503)	Johannes Wydhössel	MEYER, Herzogenaurach (wie Anm. 95).

Staffelstein (1504)		Zitate bei DIPPOLD, Staffel-stein (wie Anm. 94).
Hilpoltstein (1511)	Stephan May	GÖTZ, Hilpoltstein (wie Anm. 98).
Pappenheim (1511)	Stefan Aigner	GÖTZ, Die kirchliche Festfeier (wie Anm. 105). SCHORNBAUM/KRAFT, Pappenheim (wie Anm. 81).
Ingolstadt, Zur Schönen Unserer Lieben Frau (1525)	Johannes Eck	BENINI, Osterfestkreis (wie Anm. 1).
Steinheim am Main	Johannes Indagine (1488–1533)	Hinweis bei FUCHS, Pfarrbücher (wie Anm. 62), 216.
Ellwangen (1574)		Nur bezüglich der liturgischen Farben ausgewertet: DENGLER, Stiftskirche zu Ellwangen (wie Anm. 108).
Zeil am Main (1580)		BENDEL, Pfarherr [zu Zeil] (wie Anm. 109).
St. Burkhard in Würzburg (1593)		SODER VON GÜLDENSTUBBE, St. Burkhard in Würzburg (wie Anm. 110).
Buxheim (1687)	Johann Adam Nieberlein	BÄRSCH, Buxheim (wie Anm. 64), 126-134.
Eitensheim (1700 / 1772)	Andreas Kyrmayer	Unveröffentlichte Transkription von Josef AUER; zugänglich im Diözesanarchiv Eichstätt. BENINI, Pfarrbücher im Bistum Eichstätt (wie Anm. 60), 24-29.
Dinkelsbühl (1769)	Johann Franz Eberspacher	STIEFENHOFER, Eine alte reichständische Liturgie (wie Anm. 114).

Martinsbuch (Nieder-bayern; 1791)	Franz Xaver Prechtel	MARKMILLER, Martinsbucher Funktionarium (wie Anm. 115).
Buxheim (1825)	Fidelis Boller	BÄRSCH, Buxheim (wie Anm. 64), 135-151.

4. Zusammenfassung

Vom Reformationsgedenken und der Person Ecks her angeregt wurden die bayeri-schen Pfarrbücher in den Blick genommen. Geschichtsschreibung beschränkt sich nicht allein auf herausragende (Herrscher-) Figuren oder die zeitgeschichtlichen und (kirchen-) politischen Zusammenhänge. So unerlässlich diese Fragen sind, hat sie auch nach dem Leben der Menschen zu fragen und davon nach Möglichkeit ein Bild zu zeichnen. Hier eröffnen die Pfarrbücher einen wertvollen Einblick in den Alltag der Pfarreien, also in jene Orte, an denen die allermeisten Menschen ihren Glauben in Gottesdienst und Brauchtum pflegten.

Innerhalb der bayerischen Pfarrbücher, von denen einige hier kurz erwähnt wurden – freilich mit dem Bewusstsein, dass wohl noch viele weitere in den Archi-ven liegen und durch weitere Forschung erst ans Licht kommen werden –, ist jenes Pfarrbuch des Johannes Eck sicher das bekannteste[116]. Es ergänzt das Bild von Eck als theologischen Gegenspieler Luthers, der sich um die Bewahrung der Einheit der Kirche bemüht hat, um weitere Facetten: Es stellt ihn als engagierten Pfarrer vor, der sich um die Organisation der Seelsorge kümmerte und dem die Erschlie-ßung des Wortes Gottes in der Predigt ein wichtiges Anliegen war. Zudem macht sein Pfarrbuch auf einen bisher eher wenig beachteten Aspekt in der Eckforschung aufmerksam: auf sein Interesse und Gespür für die Liturgie, die er nicht nur detail-liert beschrieben hat, sondern auch Tag für Tag selbst gefeiert hat[117].

116 Vgl. mit derselben Einschätzung Enno BÜNZ, »Die Kirche im Dorf lassen«. Formen der Kom-munikation im spätmittelalterlichen Niederkirchenwesen, in: Werner RÖSENER (Hg.), Kommunika-tion in der ländlichen Gesellschaft vom Mittelalter bis zur Moderne (Veröffentlichungen des Max-Planck-Instituts für Geschichte 156), Göttingen 2000, 77–167, hier 140.
117 Ecks Hingabe für den Gottesdienst der Kirche geht nicht nur aus dem Pfarrbuch hervor, son-dern wurde auch in seiner ersten Leichenrede ausdrücklich hervorgehoben: Eck »war so eifrig in der christlichen Frömmigkeit und dem Gottesdienst so hingegeben, dass er bei manchen nicht vom Verdacht des Aberglaubens [superstitio] frei blieb.« Vgl. Johannes METZLER (Hg.), Tres orationes funebres in exequiis Ioannis Eckii habitae (Corpus Catholicorum 16), Münster 1930, 21 f.

Der Giro d'Italia des bayerischen Kurprinzen Karl Albrecht (1715/16)

Selbsterfahrung und Selbstmodellierung im Kontext der frühneuzeitlichen Prinzenreise

Von Eva-Maria Schreiner

Am 3. Dezember 1715 nahm ein von langer Hand sorgfältig geplantes, großangelegtes Reiseunternehmen in München seinen Ausgang. Eine über 70-köpfige Reisesuite sollte den bayerischen Kurprinzen Karl Albrecht über die Alpen begleiten[1]. Das Ziel: Italien – Land der antiken Kunstschätze und der Renaissance mit seinen Metropolen als kulturellen wie merkantilen Kristallisationspunkten und mit Rom als Zentrum der katholischen Christenheit. Die Reise sollte neun Monate dauern und führte über Altötting, Salzburg und Trient zu solch prominenten Destinationen wie Venedig, Loreto, Rom und Neapel. Sinn und Zweck dieser Unternehmung waren jedoch nicht nur Zerstreuung und Kunstgenuss, die Reise des bayerischen Kurprinzen war von Anfang an dezidiert mit repräsentativen, kirchen- und hauspolitischen Zielsetzungen verknüpft. Darüber hinaus sollte sich der präsumtive Nachfolger des bayerischen Kurfürsten im Anschluss an seine höfische Erziehung erstmals eigenverantwortlich der europäischen Adelswelt präsentieren und sich mit seinen Fertigkeiten auf dem Parkett der machthabenden Eliten üben und beweisen.

Natürlich war Karl Albrecht nicht der einzige Adelssprössling, der sich in diesen Jahren auf den Weg über die Alpen machte, diese Art des Reisens lag gerade im Zeitraum zwischen 1675 und 1720 besonders schwer im Trend[2]. Jedoch lassen

---

1 Vgl. Andrea ZEDLER/Jörg ZEDLER, Prinzenrollen. Wittelsbachische Hoffnungsträger in Rom und Regensburg, in: DIES. (Hg.), Prinzenrollen 1715/16. Wittelsbacher in Rom und Regensburg, München 2016, 9–32 u. 323–330, hier 14–15.
2 Eva BENDER, Die Prinzenreise. Bildungsaufenthalt und Kavalierstour im höfischen Kontext gegen Ende des 17. Jahrhunderts (Schriften zur Residenzkultur 6) [zugl. Diss. Univ. Marburg 2009], Berlin 2011 u. mit Fokus auf die wittelsbachischen Prinzen die grundlegende Monographie von Sabine KOLCK, Bayerische und pfalz-neuburgische Prinzen auf Reisen. Kavalierstouren weltlicher und geistlicher katholischer Prinzen vom Ende des 16. bis zur Mitte des 18. Jahrhunderts im Vergleich, Diss. masch. Münster 2010, 10.

schon allein einige der Programmpunkte, wie mehrere Papstaudienzen, eine Schiffstaufe oder eine eigens ausgerichtete Regatta in Venedig, vermuten, dass es sich hier um eine sehr exklusive Fahrt handelte, die sich in ihrem Grad an Aufwand und Ausstattung, aber auch gemessen an ihren inhaltlichen Zielsetzungen, nicht mit der gewöhnlichen Kavalierstour[3] gleichsetzen lässt, sondern als »Prinzenreise«[4] einen Sonderstatus innehat. In diesem Sinne hebt sie sich nicht nur in quantitativer und qualitativer Dimension von den Bildungsreisen junger Adeliger ab, sondern auch in ihrer Überlieferungssituation. Denn gleich fünf Diarien[5] von unterschiedlichen Verfassern liegen zur Dokumentation des Giro d'Italia vor. Sie berichten jedoch nicht ausschließlich von Ehrenbezeugungen, Audienzen und Feierlichkeiten, sondern auch vom Besuch des Kurprinzen auf dem Vesuv, dem venezianischen Karneval, in mehreren Museen, auf dem Forum Romanum, von Spazierfahrten, Spielen und anderen Vergnügungen. War Karl Albrecht also nicht nur ›Prinz‹ auf dieser Reise, war er ganz schlicht auch ein Tourist?

Schon die historischen Vorstellungen darüber, was ein Tourist sei und was genau ihm für Handlungsspielräume zur Verfügung stünden, klafften weit auseinander[6]. Doch auch im gegenwärtigen Diskurs erscheint trotz der Definitionsversuche von Tourismus- und Kulturwissenschaft sowie der Herausbildung einflussreicher

---

3 Zum Phänomen der Kavalierstour sind besonders die Arbeiten von Mathis LEIBETSEDER, Die Kavalierstour. Adlige Erziehungsreisen im 17. und 18. Jahrhundert (Beihefte zum Archiv für Kulturgeschichte 56), Köln/Weimar/Wien 2004 und daneben auch von Antje STANNEK, Telemachs Brüder. Die höfische Bildungsreise des 17. Jahrhunderts (Geschichte und Geschlechter 33), Frankfurt a.M./ New York 2001, hervorzuheben.
4 BENDER, Prinzenreise (wie Anm. 2), 11.
5 Diese konnten bereits vereinzelt durch die Beiträge von Hartmann (Peter Claus HARTMANN, Kurfürst Karl Albrecht und Italien. Seine Bildungsreise und Kavalierstour 1715–1716, in: Alois SCHMID (Hg.), Von Bayern nach Italien. Transalpiner Transfer in der Frühen Neuzeit (ZBLG Beiheft 38),2010, 259–276), Freller (Thomas FRELLER, Adlige auf Tour. Die Erfindung der Bildungsreise, Ostfildern 2007, Kap. ›Der Graf von Traunsitz in Italien‹, 151–160) und Bekh (Wolfgang Johannes BEKH, Ein Wittelsbacher in Italien. Das unbekannte Tagebuch Kaiser Karls VII. Mit zeitgenössischen Kupferstichen, Vignetten, Gemälden und Faksimiledrucken, München 1971) – hier mit großen interpretatorischen Freiheiten – einer oberflächlichen Betrachtung unterzogen werden. Die ausführliche Edition aller Diarien (Andrea ZEDLER/Jörg ZEDLER (Hg.), Giro d'Italia. Die Reiseberichte des bayerischen Kurprinzen Karl Albrecht (1715/16). Eine historisch-kritische Edition, Wien/Köln/Weimar 2019 (Beihefte zum Archiv für Kulturgeschichte 90) widmet sich mit begleitenden Publikationen einer tiefgreifenden Erschließung der Reise. – Vgl. beispielsweise auch: Andrea ZEDLER/Jörg ZEDLER (Hg.), Prinzen auf Reisen. Die Italienreise von Kurprinz Karl Albrecht 1715/16 im politisch-kulturellen Kontext (Beihefte zum Archiv für Kulturgeschichte 86), Köln/Weimar/Wien 2017.
6 Vgl. beispielsweise Jacob GRIMM, Wilhelm GRIMM, Deutsches Wörterbuch, 16 Bde., I. Abt., Bd. 11, I. Teil, T – Treftig, bearb. von Matthias LEXER, Dietrich KRALIK, Leipzig 1935, Sp. 922; Daniel SANDERS, Fremdwörterbuch, 2 Bde., Bd. 2, Leipzig ²1891, 563; Joseph MEYER (Hg.), Das große Conversations-Lexicon für die gebildeten Stände. In Verbindung mit Staatsmännern, Gelehrten, Künstlern und

Theorien[7], ebenfalls vor allem aus kulturwissenschaftlicher Perspektive, das Problem eines integralen Gegenstandsbereiches des Tourismus keineswegs gelöst, vielmehr kann festgestellt werden, dass sich diverse Disziplinen beständig einen neuen Gegenstand des Tourismus konstruieren, je nach Fokus und Fragestellung[8]. Die Geschichtswissenschaft jedenfalls hat bislang sowohl Kavalierstour als auch damit einhergehend Prinzenreise von der historischen Tourismusforschung ausgeschlossen[9].

Von einem integralen Gegenstandbereich der Tourismuswissenschaft, in welchem sich substantielle sowie funktionalistische Auffassungen vernetzen lassen, kann somit bis dato zwar nicht ausgegangen werden, jedoch hat man sich ihm unter den Leitkategorien »Kontingenz und Alterität«[10] weitgehend angenähert. Kontingenz meint, dass durch die rein physische Präsenz in einem vom Alltag separierten Raum die Möglichkeit eines Zutritts in einen anderen, diese Alltagswelt transzendierenden Raum eröffnet wird und hierdurch Alterität erfahrbar und sichtbar gemacht werden kann. Das heißt, der ansonsten durch den Alltag gebundene Mensch könnte dort ganz andere Eigenschaften entfalten, als es in seiner gewohnten Umgebung den Anschein hat[11]. Der Tourismus erschafft somit das »Bild eines Möglichkeitsraumes«[12]. Gerade die Vorstellung von einem solchen Möglichkeitsraum erscheint jedoch für die Prinzenreise Karl Albrechts, speziell gekoppelt an die Quellenlage von fünf größtenteils parallel berichtenden Diarien,

---

Technikern. Original-Ausgabe, 46 Bde., Abt. II, Bd. 12, Toskanische Bogen – Ungarisch-Neustadt, Hildburghausen u.a. 1853, 24.

7 Vgl. Hans Magnus ENZENSBERGER, Eine Theorie des Tourismus (1958), in: DERS., Einzelheiten, 2 Bde., Bd. 1. Bewußtseins-Industrie, 179–206, bes.: 191 u. 196; vgl. Ueli GYR, Touristenkultur und Reisealltag. Volkskundlicher Nachholbedarf in der Tourismusforschung, in: Zeitschrift für Volkskunde 84 (1988) 1, 224–239, bes.: 234; vgl. John URRY, Jonas LARSEN, The Tourist Gaze 3.0 (Theory, Culture & Society), London u.a. 2011, 14–15; vgl. auch John URRY, The ›Consumption‹ of Tourism, in: Sociology 23 (1990) 1, 23–35, hier: 33; vgl. Cord PAGENSTECHER, Der bundesdeutsche Tourismus. Ansätze zu einer Visual History. Urlaubsprospekte, Reiseführer, Fotoalben 1950–1990 (Studien zur Zeitgeschichte 86), 2., korr. und aktual. Aufl. Hamburg 2012, 48; vgl. Hasso SPODE, Zur Geschichte des Tourismus. Eine Skizze der Entwicklung der touristischen Reisen in der Moderne, Starnberg 1987, 37. Vgl. auch ebd., 37–40; vgl. Dean MACCANNELL, The Tourist. A New Theory of the Leisure Class, London/Basingstoke 1976, 137.

8 Vgl. Wolfgang FUCHS/Jörn W. MUNDT/Hans-Dieter ZOLLONDZ (Hg.), Lexikon Tourismus. Destinationen, Gastronomie, Hotellerie, Reisemittler, Reiseveranstalter, Verkehrsträger, München 2008, 710.

9 Vgl. Rüdiger HACHTMANN, Tourismus-Geschichte (Grundkurs Neue Geschichte), Göttingen 2007, 12.

10 Ebd., 711; vgl. auch 710.

11 Vgl. ebd., 711.

12 Ebd.

überaus passend und für ein Untersuchungsvorhaben von besonderem Reiz. Denn es ist stark davon auszugehen, dass im Zuge einer Reise mit derartig gesteigertem Repräsentationsfaktor auch ein bestimmtes Image des Kurprinzen transportiert werden sollte, welches in der Konsequenz vor allem auch in der Überlieferung gefestigt worden sein müsste und damit immer noch fassbar ist. Aus diesem Grunde sollen diese eigentlich »touristischen Leitcodes«[13] hier für eine frühneuzeitliche Fragestellung entlehnt werden, um nach den Möglichkeiten additiver Persönlichkeitsentwürfe im Kontext der Italienreise des bayerischen Kurprinzen zu fragen.

Kontingenz und Alterität

Der Perspektive von Kontingenz und Alterität haben sich die Historiker bisher kaum angenommen, sie wurde bis dato lediglich von der Kulturwissenschaft mit einem Seitenblick auf geschichtliche Zusammenhänge vereinzelt herangezogen[14].

Den Begriff der Kontingenz prägte vor allem Niklas Luhmann für die Soziologie. Luhmann zufolge liegen ihm die »Ausschließung von Notwendigkeit und Unmöglichkeit« zugrunde, »er bezeichnet Gegenstände im Horizont möglicher Abwandlungen [... und] setzt die gegebene Welt voraus, bezeichnet also nicht das Mögliche überhaupt, sondern das, was von der Realität aus gesehen anders möglich ist«[15]. Übertragen auf die tourismuswissenschaftliche Perspektive lässt sich dies wie folgt konkretisieren: In einem alltäglichen Umfeld nimmt das Individuum zwangsläufig jene Daseinsform an, welche es ihm ermöglicht, sich mit den es umgebenden Voraussetzungen und Konditionen zu arrangieren[16]. Für den Lebensunterhalt muss beispielsweise einer Arbeit nachgegangen werden. Das soziale Umfeld verlangt nach bestimmten Handlungen, Umgangsformen und einem angepassten Erscheinungsbild. Ob sich diese alltägliche Daseinsform ganz im Sinne oder gegen den Willen des Individuums einstellt, bleibt dabei unerheblich. Von Bedeutung ist die habitualisierte Routine des Seins, die sich langfristig auf eine von vielen Optionen einpendelt. Diese umweltbedingte Determination beinhaltet aber zugleich auch die Aussicht auf Optionen eines Andersseins mit transzendenten

---

13 Ebd.
14 Vgl. Karlheinz Wöhler, Touristifizierung von Räumen. Kulturwissenschaftliche und soziologische Studien zur Konstruktion von Räumen, Wiesbaden 2011, 237.
15 Niklas Luhmann, Soziale Systeme. Grundriß einer allgemeinen Theorie (Suhrkamp Taschenbuch Wissenschaft 666), Frankfurt a.M. [15]2012, 152.
16 Vgl. Wöhler, Touristifizierung (wie Anm. 14), 178.

Handlungsspielräumen bei einer Abänderung des Kontextes[17]. Da Gesellschaftssysteme sich nur schwer umwälzen lassen und auch an den ökonomischen Gegebenheiten nicht leicht zu rütteln ist, war und ist der Übertritt in einen alltagsabgewandten Raum immer noch das profanste Mittel zur Erfahrbarkeit dieser Art von Transzendenz[18]: Wer sich aber vom alltäglichen Raum abwendet, muss reisen; wer sich in einem alltagsabgewandten Raum aufhält, ist ein Tourist. Ganz im Sinne von Luhmanns Kontingenzbegriff stellen Tourismusräume jedoch keine Utopien dar, sie sind schließlich immanenter Bestandteil der wirklichen Welt[19]. Wenn also ein Büroangestellter auf Safari seine abenteuerliche Seite entdeckt und ein Workaholic im indischen Ashram tiefenentspannt zu seinem anderen Selbst findet, sind dies keine unmöglichen Metamorphosen, sondern »Gegenstände im Horizont möglicher Abwandlungen« und erfüllen damit Kontingenz. Dies führt zurück zu der einschlägigen Definition des Tourismus als dem Produzenten vom »Bild eines Möglichkeitsraumes«[20]. Die Option auf bewusste Veränderungen nach der Rückkehr in den Alltagsraum oder eine Integration von touristischen Identitätsbausteinen in das alltägliche Sein bleibt dabei offen[21] – und ist im Hinblick auf eine Bildungs- und Erziehungsreise mit Sicherheit das ausdrücklich anvisierte Ziel. In jener Erfahrung von Möglichkeiten eines subjektiven Andersseins erschöpft sich schließlich der Begriff ›Alterität‹ in diesem Kontext, er bleibt also an die Kontingenz gekoppelt und bedingt sie gleichzeitig[22]. Damit wird eine Verwendung des Alteritätsbegriffes nach philosophisch-psychologischem Verständnis vorausgesetzt, obwohl die Prinzenreise für Karl Albrecht natürlich auch unzählige Möglichkeiten der Alteritätserfahrung im Sinne eines Kontaktes mit Andersartigkeit – Andersartigkeit von Kulturen und Landschaften, politischen Systemen, sozialen Gruppierungen und vielem mehr – bot. Welche Erkenntnisse kann man sich demnach von den Diarien einer Prinzenreise um 1700 versprechen, indem man die »touristischen Leitcodes«[23] als Analysekriterien heranzieht? In erster Linie ist natürlich zu fragen, ob die Reise Karl Albrechts solche Möglichkeitsräume eröffnet

---

17 Vgl. Karlheinz WÖHLER, Touristsein als temporäres Sein in alltagsabgewandten Räumen, in: Burkhart LAUTERBACH (Hg.), Auf den Spuren der Touristen. Perspektiven auf ein bedeutsames Handlungsfeld (Kulturtransfer, Bd. 6), Würzburg 2010, 175–198, hier: 175.
18 Vgl. WÖHLER, Touristifizierung (wie Anm. 14), 21.
19 Vgl. WÖHLER, Touristsein (wie Anm. 17), 175.
20 FUCHS/ MUNDT/ZOLLONDZ (Hg.), Lexikon Tourismus (wie Anm. 8), 711.
21 Vgl. WÖHLER, Touristifizierung (wie Anm. 14), 24.
22 Vgl. WÖHLER, Touristsein (wie Anm. 17), 179.
23 Ebd.

und inwieweit sie das tut. Konkret muss untersucht werden, ob sich bei Karl Albrecht eine Art von Anderssein feststellen lässt, wobei sicherlich kritisch zu prüfen ist, ob die Diarien hierzu überhaupt geeignet sind und wie sie gegebenenfalls dieses ›Image‹ tradieren beziehungsweise inszenieren. Die sich aufwerfenden Fragen verweisen dabei in zwei völlig konträre Richtungen: Bietet die Reise dem Kurprinzen Freiheiten, die er sonst nicht genießen kann? Bietet sie darüber hinaus Inszenierungsmöglichkeiten, die sich im alltäglichen Umfeld nicht bieten? Ist der Prinz demnach ›anders‹ als Privatperson oder als öffentliche Person? Reist er als ein gelehrsamer Schüler, als ein ›kleiner‹ Fürst oder verändert sich seine Rolle als Kurprinz während der Reise überhaupt nicht? Und was trägt das Inkognito[24] zur Etablierung eines Möglichkeitsraumes bei?

Endlich frei? – Die Reise als Erfahrungsraum

> *Zu […] Bienseance zu gelangen, hat man sonderlich auf Reisen die schönste Gelegenheit, auf welchen man mehr conversiren als studieren oder Exercitia treiben muß. Denn ich setze zum Voraus: Daß einer zum Reisen genugsam præpariret ist, seine Studia, Sprachen und Exercitia auf Schulen und Universitäten, albereits zulänglich getrieben, und biß zur Politur absolviret habe.*[25]

Offensichtlich möchte Wolff Bernhard von Tschirnhauß an dieser Stelle bei seinem *Getreuen Hofmeister* ein Bewusstsein dafür generieren, dass sich der Raum der höfisch-heimischen Erziehung und der Raum während einer Kavalierstour hinsichtlich ihres Erfahrungspotenzials für den jungen Adeligen signifikant voneinander unterscheiden. Tatsächlich bot ja allein schon der Ortswechsel auch für Karl Albrecht unweigerlich ein Angebot an vorher unbekannten Möglichkeiten des Zeitvertreibs und Attraktionen, an denen eine Partizipation bis dahin durch die räumliche Trennung grundsätzlich nicht möglich war.

Man könnte nun einwenden, dass dem Prinzen gewidmete Bälle und Festivitäten einerseits als Ehrbezeugungen der Gastgeber oder als Versuch der eigenen

---

24 Wie allgemein bei solchen Fahrten üblich reiste Karl Albrecht offiziell nicht als bayerischer Kurprinz, sondern als Graf von Trausnitz.
25 Wolff Bernhard von Tschirnhauss auf Hackenau, Getreuer Hofmeister auf Academien und Reisen, welcher Hn. Ehrenfr. Walthers von Tschirnhauß auf Kißlingswaldau etc. Für Studierende und Reisende, sonderlich Standes-Personen und deroselben Hofmeister, zu einer sichern Anleitung zur anständigen Conduite auf Universitäten und Reisen […], Hannover 1727; online abrufbar: urn:nbn:de:gbv:3:1-309162 (14.03.17), 86.

Prestigeerhöhung durch die Anwesenheit Karl Albrechts als obligatorisch angesehen wurden, andererseits auf diese Weise seitens des Kurprinzen vor dem europäischen Adel mehr als noch andernorts der Repräsentationspflicht gegenüber dem wittelsbachischen Haus nachgekommen werden musste. Feiern als gegenseitige Pflichterfüllung also? Daneben wäre anzuführen, dass Kunst- und Kulturgenuss im Hinblick auf den Bildungsanspruch der Reise unweigerlich zu absolvieren waren. Ausgehend von dieser pragmatischen Sicht auf die Prinzenreise wäre wohl Grosser vorbehaltlos zuzustimmen, dass die Fremde während der Kavalierstour als ein Erfahrungsraum sozial vorstrukturiert blieb und dass sich dieser Erfahrungsraum, in dem auch der ›Spaß‹ vorgegeben war, nicht beliebig erweitern ließ[26]. In diesem Abschnitt soll aufbauend auf den Leitkategorien Kontingenz und Alterität jedoch versucht werden, die Sicht auf das durch multiple Faktoren – konfessionelle, politische, dynastische – stark vorstrukturierte Programm der Prinzenreise Karl Albrechts um eine affektive Dimension zu erweitern.

Als Ausgangspunkt hierfür dienen zunächst einige ganz grundsätzliche Beobachtungen zur freien Verfügbarkeit von Zeit und Geld während der Reise, welche Spode auch aus Sicht der historischen Tourismusforschung als zwei der Prämissen touristischen Reisens formuliert hat[27]. Die Vergnügungen, wie sie Karl Albrecht besonders dicht gedrängt in Venedig geboten wurden, bildeten zwar mit Sicherheit einen festen Bestandteil von Symbol- und Prestigepolitik – innerhalb derer der Prinz sich nicht ›gehenlassen‹ konnte, sondern seine Rolle als Repräsentant des Hauses Wittelsbach zu erfüllen hatte –, standen aber dennoch in drastischem Kontrast zum minutiös durchgeplanten Tagesablauf der Erziehung im Klagenfurter beziehungsweise im Grazer Exil, wo dem Kurprinzen, wenn überhaupt, an einem gewöhnlichen Tag nur eine Stunde zur freien Verfügung gewährt worden war[28]. Dass die Besuche der musikalischen Darbietungen nicht als leidige Erfüllung des Pflichtprogrammes empfunden wurden, sondern dass, ganz im Gegenteil,

26 Vgl. Thomas GROSSER, Reisen und soziale Eliten. Kavalierstour – Patrizierreise – bürgerliche Bildungsreise, in: Michael MAURER (Hg.), Neue Impulse der Reiseforschung (Aufklärung und Europa. Beitr. zum 18. Jh.), Berlin 1999, 135–176, hier 142–143.
27 Hasso SPODE, Historische Tourismusforschung, in: Heinz HAHN, H. Jürgen KAGELMANN (Hg.), Tourismuspsychologie und Tourismussoziologie. Ein Handbuch zur Tourismuswissenschaft (Quintessenz Tourismuswissenschaft), München 1993, 27–29, hier 28.
28 Vgl. Friedrich SCHMIDT, Geschichte der Erziehung der Bayerischen Wittelsbacher von den frühesten Zeiten bis 1750. Urkunden nebst geschichtlichem Überblick und Register (Monumenta Germaniae Paedagogica, Bd. 14), Berlin 1892, 389. – Der Tag der bayerischen Prinzen begann um acht Uhr morgens, endete um zehn Uhr abends und beinhaltete neben einer täglichen Messe u.a. historische, geographische und philosophische Studien sowie auch Tanz- und Musikunterricht.

explizit darauf hingefiebert wurde, beweist auch die eindringliche Bitte des sächsischen Kurprinzen Friedrich August – der sich just zur gleichen Zeit wie Karl Albrecht auf Prinzenreise in Venedig aufhielt – an seinen Vater, den Karneval um der Musik willen in der Serenissima verbringen zu dürfen[29]. Aus den Diarien Karl Albrechts allein lässt sich trotz der ausführlichen Schilderungen von Opernbesuchen freilich kein wirklich subjektiver Enthusiasmus des Kurprinzen ableiten, zumal eine Berichterstattung über die musikalischen Ereignisse in Venedig von Seiten Max Emanuels ausdrücklich gefordert wurde[30]. Durch die persönliche Korrespondenz Karl Albrechts werden seine Begeisterung und auch seine Erwartungshaltung in Bezug auf die Reise angesichts geäußerter Enttäuschung über einige Darbietungen jedoch ersichtlich. Zumindest ein gewisses Maß an Introspektion kann so erreicht werden[31]. Auch die wenig schmeichelhafte Bezeichnung der Quarantäne in Chievo als *grueben Lazari*[32] weist darauf hin, dass man sich hier eindeutig in einer Freiheit beschnitten fühlte, die man eigentlich gedachte mit Attraktionen des venezianischen Karnevals anzufüllen. In dieser Hinsicht liefern die Diarien sehr wohl einen Anhaltspunkt über die Spielräume bei der Ausgestaltung der Reise Karl Albrechts, wurden doch die Möglichkeiten des Karnevals nach Beendigung der Quarantäne in der verbleibenden Zeit bewusst voll ausgeschöpft, anstatt die bildungsbezogenen, gesellschaftlichen und politischen Inhalte der Destination gleichmäßig mit den übergeordneten Zielen der Prinzenreise zu koppeln[33]. Gerade der venezianische Karneval bietet bei der Frage nach Kontingenz und Alterität während der Prinzenreise insgesamt eine ideale Untersuchungsgrundlage, denn die Vorstellung von Freizügigkeit, Ungebundenheit und einem Aussetzen ständischer Tabus während dieser Wochen in der Serenissima war europaweit verbreitet[34]. Doch Karl Albrecht stand während seiner Reise stets unter der Aufsicht des vom Kaiser abgesandten Oberhofmeisters Gotthard Hellfried von Wels, weshalb

---

29 Vgl. Andrea ZEDLER, Trausnitz versus Lausitz. Venezianische Karnevalsveranstaltungen für die Kurprinzen von Bayern und Sachsen (1716), in: Sabine MEINE/Nicole K. STROHMANN/Tobias C. WEISSMANN (Hg.), Musik und Vergnügen am Hohen Ufer. Fest- und Kulturtransfer zwischen Hannover und Venedig in der Frühen Neuzeit (Studi, NF, Bd. 15), Regensburg 2016, 187–197, hier 188.
30 Vgl. Andrea ZEDLER, Reiselust und Reisefrust. Kurprinz Karl Albrechts Aufenthalt in Venetien, in: DIES., Jörg ZEDLER (Hg.), Prinzenrollen 1715/16 (wie Anm. 1), 63–92 u. 337–345, hier 88–89.
31 Vgl. ebd., 85 u. 91.
32 ZEDLER/ZEDLER (Hg.), Giro d'Italia (wie Anm. 5), Anhang B. Abschidts-gedanckhen an das contumacien-hauß zu Chievo, S. 597. – Zur Verhütung der Pest mussten Reisende auch aus Bayern eine vierzigtätige Quarantänezeit auf sich nehmen, bevor sie venezianisches Gebiet betreten durften. Für den Kurprinzen wurde trotz mehrmaligen Ersuchens keine Ausnahme gemacht.
33 Vgl. ZEDLER, Reiselust (wie Anm. 30), 82–83.
34 Vgl. Katrin KELLER, Zwischen Zeremoniell und »desbauche«. Die adlige Kavalierstour um 1700,

zunächst allgemeiner betrachtet werden soll, wieviel Freiheit ein Prinz auf Reisen überhaupt genießen konnte.

Tschirnhauß vertritt hierzu eine recht pragmatische Einstellung, denn er empfiehlt dem Hofmeister, die *Cavaliers, nach eigenem Gefallen, Reit-, Fahr-, Spiel, Frauen-Zimmer und andere Lust-Partien machen* [zu lassen]; *an statt daß sie zur Gemüths-Ergötzung dieselben, nachdem es die Umstände leiden wollen, selbst vorschlagen und dirigiren sollten*[35]. Dieser sozusagen präventive Zugang zum Vergnügen sei von Vorteil, da der Hofmeister in der so geschaffenen Freizeit *selbst ein Tobacks-Collegium oder eine Dulcimene*[36] zu seinen eigenen Voraussetzungen aufsuchen könne. Ob der gewissenhafte von Wels, der überdies gleich zwei Potentaten – dem Kaiser und Max Emanuel – Rechenschaft ablegen musste, sich auf diese Weise selbst Freiraum zu verschaffen beabsichtigte, kann allerdings stark bezweifelt werden. Überdies hatte sich der Hofmeister der väterlichen Instruktion zur Ausgestaltung der Prinzenreise verpflichtet[37]. Neben ganz konkreten inhaltlichen Zielen der Tour wurde von Wels dort auch dazu aufgefordert, darauf zu achten, dass *wehrender rays die auffierung* [Karl Albrechts] *solchergestalten gescheche, als es seinem hohen herkomen und fürstlicher hohheit gemess ist*[38]. Aber auch in Bezug auf solche Instruktionen vertritt Tschirnhauß jedenfalls eine gemäßigte Auffassung: *Ich habe noch keinen redlichen Hofmeister gesehen, der nicht allen möglichen Fleiß angewendet hätte, seiner Instruction gebührend nach zu leben; aber auch keinen gefunden, der mit Wahrheit versichern können: Daß alle Puncta der Instruction von seinen Anvertrauten vollkommen erfüllet, und niemahl dawider gehandelt worden wäre*[39]. Die Kunst des Hofmeisters bestand demnach darin, sich der besonderen Lebenssituation seines Schützlings bewusst zu sein und dennoch nicht die *Debauche*[40] Überhand gewinnen zu lassen, vor der auch die Reiseliteratur so inständig warnt[41]. Denn mit dem Übertritt vom alltäglichen in den touristischen Raum sahen sich die Prinzen tatsächlich

in: Wolfgang SCHMALE/Reinhard STAUBER (Hg.), Menschen und Grenzen in der Frühen Neuzeit, Berlin 1998, 259–282, hier 281.

35 TSCHIRNHAUSS, Getreuer Hofmeister (wie Anm. 25), 31.

36 Ebd.

37 Vgl. KOLCK, Prinzen auf Reisen (wie Anm. 1), 84.

38 BayHStA Geheimes Hausarchiv (künftig: GHM), Korr. Akt. Nr. 718, Instruktion für den Oberhofmeister Karl Albrechts, o.O. u. o.D., zitiert nach KOLCK, Prinzen auf Reisen (wie Anm. 1), 189.

39 TSCHIRNHAUSS, Getreuer Hofmeister (wie Anm. 25), 35.

40 Johann Heinrich ZEDLER, Grosses vollständiges Universal-Lexicon aller Wissenschafften und Künste, welche bishero durch menschlichen Verstand und Witz erfunden und verbessert worden, 64 Bde., Leipzig/Halle 1731–1754, Bd. 7, Sp. 293 beschreibt »Debauche« wie folgt: »Unmäßigkeit, vornemlich in Essen und Trincken, unordentliches Leben.«

41 Vgl. beispielsweise [Peter Ambrosius LEHMANN], Die vornehmsten europäischen Reisen […],

mit einem völlig neuen Selbstkonzept, einer bis jetzt unerprobten Daseinsform, konfrontiert.

Wie bereits dargelegt, war während der Erziehungsphase eine selbstständige Disposition über die eigene Person und damit Zeit- und Finanzaufteilung für Karl Albrecht wie auch für andere junge Prinzen seines Standes praktisch unmöglich. Ein Wegfallen der minutiös durchgeplanten Tagesabläufe, die räumliche Distanz zur elterlichen Bevormundung und die plötzliche Erwartungshaltung des Umfeldes von selbstständigem, weltmännischem Auftreten eröffneten da ganz neue Spielräume, um nicht zu sagen neue Welten[42]. Keller führt an, dass dieses unvermittelte Freiheitsgefühl gerade in Verbindung mit dem jahrelang eingeimpften Bewusstsein einer herausgehobenen ständischen Exklusivität für einen jungen Mann um die 20 eine äußerst verführerische Mischung abgegeben haben dürfte, die jugendlichen Kräfte im Feldversuch zu erproben[43]. Sicherlich stellte auch das Inkognito – neben seinen vielfältigen anderen, vor allem zeremoniellen, Funktionen[44] – einen gewissen Sicherheitsfaktor dar, um sich erstmals auf gesellschaftlicher Ebene auszuprobieren, hatte man doch nicht beim kleinsten Fehltritt sofort eine Ehrschädigung des ganzen Hauses zu befürchten[45]. Dass auch Kur- und fürstliche Prinzen nicht vor der ›Debauche‹ gefeit waren, belegen zahlreiche Beispiele verzweifelter Hofmeister[46], unter anderem auch das von Karl Albrechts Bruder, Philipp Moritz, der während seines Romaufenthaltes die *drey hauptschädlichen W*[47] – *Wein, Weiber und Würffel* – nicht verachtete, wegen seiner *yblen auf fiehrung*[48] seinen Hofmeister bis zur Weißglut reizte und daher in scharfen Konflikt mit dem Kurfürsten geriet. Somit konnte eine Überschreitung der im Alltag geforderten Schranken während der Prinzenreise im Desaster enden, dies musste jedoch nicht zwingend der Fall sein. Wie bereits aus Tschirnhaußens Überlegungen zu den elterlichen Instruktionen hervorgeht, existierte zwischen einer strikten Einhaltung

---

Hamburg ⁵1713; online abrufbar: http://gdz.sub.uni-goettingen.de/dms/load/img/?PID=PPN 663303222 (20.3.17), XXXII; vgl. auch KELLER, Zeremoniell (wie Anm. 34), 276.

42 Vgl. KELLER, Zeremoniell (wie Anm. 34), 278.

43 Vgl. ebd.

44 Zur Funktion des Inkognitos während der Reise Karl Albrechts vgl. ausführlich Volker BARTH, Wittelsbach inkognito. Reisepraktiken bayerischer Prinzen vom 16. bis zum 18. Jahrhundert, in: zur debatte 47 (2017), Sonderheft zur Ausg. 3/2017, 5–8.

45 Vgl. KOLCK, Prinzen auf Reisen (wie Anm. 1), 249.

46 Vgl. diverse Beispiele bei KELLER, Zeremoniell (wie Anm. 34), 276–277.

47 TSCHIRNHAUSS, Getreuer Hofmeister (wie Anm. 25), 130.

48 GHM Korr. Akt. Nr. 725, Max Emanuel an Philipp Moritz, Nymphenburg, den 17.9.1717, zitiert nach KOLCK, Prinzen auf Reisen (wie Anm. 1), 216.

und der Auslebung des jugendlichen Freiheitsdranges in der Fremde eine gewisse »Grauzone«[49], die oftmals nicht nur von Hofmeistern und Eltern schweigend gebilligt, sondern von vornherein in die Reiseplanung einkalkuliert war[50]. So war es unmöglich, sich von Damengesellschaft und Spieltischen fernzuhalten, wollte man eine gewisse Weltgewandtheit des Prinzen als Ziel der Reise nicht hintanstellen[51]. Karl Albrecht bekam daher die stolze Summe von 1000 Gulden als Spielgeld bewilligt, wobei der Graf von Wels sicherzustellen hatte, dass niemals zu hohe Summen gesetzt wurden[52].

Sowohl um mit Damen Bekanntschaft zu schließen als auch um sich am Kartentisch zu beweisen, bot der venezianische Karneval natürlich eine ideale Spielwiese. In der zweiten Strophe des Abschiedsgedichts an Chievo, die im Gegensatz zu dessen Unannehmlichkeiten die Vorzüge der Serenissima preist, heißt es: *Venedig, wo die ehr bleibt alzeit unbefleckhet, / weill unnter masquen sich die unehr hier verdeckhet, / wo kleidung, zeit und orth der wollust macht die bahn, / das ihrem fahlstrickh man schier nicht entgehen kan*[53]. Im Gegensatz zu der glorifizierenden Intention der Venedig-Verse im Wett-Streitt-Gedicht[54], und der daher eher züchtigen Worte[55], könnte man besonders angesichts der letzten Zeile glatt munkeln, dass Karl Albrechts Suite in der Lagunenstadt durchaus auf ihre Kosten gekommen sei. Ermöglicht hätte dies das Zusammenspiel von drei Faktoren: Der Ort – Venedig –, die Zeit – Karneval – und schließlich die venezianische Maske.

Das Maskentragen stellte in Venedig – nicht nur zur Karnevalszeit – eine Institution dar. In den berühmten Spielcasinos, den sogenannten Ridotti, hatte sich der Besuch in der traditionellen *bauta*, die auch als *maschera nobile* bezeichnet wurde[56], ab dem 16. Jahrhundert eingebürgert und wurde im 18. Jahrhundert sogar Vor-

---

49 KELLER, Zeremoniell (wie Anm. 34), 279.
50 Vgl. ebd.
51 Vgl. ebd., 280.
52 Vgl. KOLCK, Prinzen auf Reisen (wie Anm. 1), 212. Anhang B. [Venedig], S. 597.
53 ZEDLER/ZEDLER (Hg.), Giro d'Italia (wie Anm. 5), Anhang. Wett-Streitt. Abschidts-gedanckhen.
54 Dem Diarium angehängt wurde ein lyrischer Wettstreit der bereisten Städte, in welchem diese nochmals alle ihre jeweiligen Vorzüge, Attraktionen und Ehrbezeugungen resümieren.
55 Im Sinne eines gewissen ›Understatements‹ schweigt das Gedicht: »Ich will von mascaren, unnd operen hier schweigen, / ich lass die fest, unnd bäll, ridotto unberührt, / die hier im carneval der gantzen welt sich zeugen, / das selbe weitt unnd breitt, daher die anmuth führt.« Ebd., Anhang B. Weitt-Streitt, S. 582.
56 Vgl. Ignazio TOSCANI, Die venezianische Gesellschaftsmaske. Ein Versuch zur Deutung ihrer Ausformung, ihrer Entstehungsgründe und ihrer Funktion, Saarbrücken 1972 [zugl. Diss. Univ. d. Saarlandes 1970], 55. – Die ›bauta‹ bestand traditionell aus einer weißen Larve, einer schwarzen Kapuze und einem radmantelartigen Überwurf, dem sogenannten ›tabarro‹ (vgl. ebd., 53–54).

schrift[57]. In seiner populären, unter anderem auch auf Deutsch übersetzten Reise-
beschreibung von Italien gibt der französische Protestant Misson eine ausführliche
Beschreibung dieser *spiel-schulen*[58] ab: *Es sind allda 10 biß 12 freye zimmer, in welchen
über 60 spiel-tischgen stehen, und ist bißweilen alles so voll vock, daß man sich kaum
umwenden kann […]. Es darf aber niemand ohne Masque dahin kommen; so läufft auch
das frauen-zimmer in so großer menge hinzu daß es nicht auszusprechen, und können sie
zwar die freyheit des carnevals auch geniessen, es sind aber auch schon leute bestellt, die
heimlich auf die achtung geben*[59].

Von Karl Albrecht berichten die Diarien, dass er den Ridotto fast täglich besuchte. Dass er dort in Maske auftrat, Frauen begegnete und spielte, deutet aber
nicht auf eine ungebührliche Zügellosigkeit hin, im Gegenteil. Um diesen Sachverhalt zu klären, bedarf es jedoch einer Unterscheidung zwischen der tatsächlichen Kostümierung und der *bauta* als venezianischer Gesellschaftsmaske. Während anderweitige Maskierungen strikt in den Kosmos des Karnevals verwiesen
blieben, bot das Tragen der *bauta* den Venezianern die Möglichkeit, sich der be-
ständigen gesellschaftlichen Selbst- und Fremdkontrolle im verdichteten Raum
der Lagunenstadt zu entziehen und gleichzeitig zu den eigenen, individuellen Bedingungen an einem gesellschaftlichen Leben teilzuhaben, das trotzdem die Voraussetzungen der Standesgemäßheit erfüllte[60]. Dieser Identitätenwechsel, der zugleich die Möglichkeit einer Offenlegung, eines Durch-die-Maske-Zeigens der
wahren Identität ermöglichte, ohne die ständischen Grenzen auf eine undenkbare
Art und Weise zu sprengen, fügt sich ideal in das touristische Verständnis von
Kontingenz und Alterität.

Der Besuch der Glückspiel-Etablissements in Maske besaß demnach einen
Doppeleffekt: Einerseits entgingen die Gäste der Unmoral des Glücksspiels, da sie
ja nicht als individuelle Persönlichkeiten spielten[61], andererseits eröffnete das Annehmen einer anderen Identität Kontaktmöglichkeiten, beispielsweise zwischen
den Geschlechtern, gerade aber auch zwischen Venezianern und Fremden[62]. Denn
von ›offizieller‹ Seite her hatten die Venezianer sich ausgesprochen fremdenkri-

---

57 Vgl. Toscani, Gesellschaftsmaske (wie Anm. 56), 207.
58 François Maximilien Misson, Herrn Maximilian Missons Reisen Aus Holland durch Deutschland in Italien, Leipzig 1701; online abrufbar: urn:nbn:de:bvb:12-bsb10467552-5 (20.3.17), 229.
59 Ebd.
60 Vgl. Toscani, Gesellschaftsmaske (wie Anm. 56), 125–129, 170–171 u. 182.
61 Vgl. ebd., 207.
62 Vgl. Toscani, Gesellschaftsmaske (wie Anm. 56), 201.

tisch zu verhalten[63]. Diese Einschränkungen kompensierten sie mit ihrer Vorliebe für das Spiel, das Halbseidene, die Verschleierung und das Theater. Eben jene Mentalität kann gut am Raum des venezianischen Theaters selbst abgelesen werden, in dem die soziale und die dramatische Ebene regelmäßig verschwammen[64]. So wird in den Diarien mehrmals berichtet, dass der Theaterraum des Opernhauses St. Chrisostomo scheinbar fließend in einen Bankett- und Ballsaal umfunktioniert wurde[65].

Maskentragen und Ridottobesuch können aufgrund ihrer ständisch-exklusiven Komponente[66] demnach nur ein Bestandteil des Übertrittes in einen touristischen Erfahrungsraum sein. Ein anderer Sachverhalt scheint jedoch vorzuliegen, wenn berichtet wird, dass Karl Albrecht *in frauen mascara*[67] und dazu in Damenbegleitung ein Kaffeehaus besuchte. Nicht nur die Tatsache, dass dieses Detail in den übrigen Diarien ausgespart wurde, auch der Umstand, dass ein solcher Auftritt im Damenkostüm für Karl Albrechts Bruder Philipp Moritz erhebliche Konsequenzen nach sich zog[68], zeigt an, dass es sich hierbei nicht um eine gesellschaftliche, standesgemäße Konvention, sondern um einen ausgelasseneren Karnevalsbrauch zu handeln schien.

Dass Karl Albrecht also, soviel die Diarien preisgeben, zumindest von Zeit zu Zeit seinen Willen durch- und seine Vorstellungen der Freizeitgestaltung während der Reise umsetzen konnte, belegt auch noch ein anderes Beispiel. Für den 6. Februar berichten die Diarien, dass der Kurprinz den Besuch einer Komödie vorzeitig abgebrochen habe, um sich in den Ridotto zu begeben, *wobey sich die ganze suite des zeichens einer weißen cocarde auf den hut bedienen muste*[69]. Was die Kennzeichnung der Gruppe anbelangt, erscheint die Episode nicht weiter interessant,

---

63 Um die Weitergabe von Staatsgeheimnissen an Ausländer zu unterbinden, gab es in der Lagunenstadt zahlreiche Kontrollinstanzen. So herrschte für Ausländer eine Anmeldepflicht, die Unterbringung fremder Würdenträger wurde vom Senat ausgesucht und der Gastgeber gleichzeitig ausführlichen Verhaltensregeln verpflichtet; zudem durften Feste, Regatten und Bälle für ausländische Fürsten nicht von Privatleuten ausgerichtet werden (vgl. ebd., 198–199). Auch die Abstellung der vier Nobili für die beiden Kurprinzen und die von ihrer Lage her als unerfreulich empfundene Unterbringung Karl Albrechts abseits des Markusplatzes (vgl. ZEDLER, Reiselust (wie Anm. 30), 80) verweisen eindeutig auf die Kontrollabsicht des Staates.
64 Vgl. TOSCANI, Gesellschaftsmaske (wie Anm. 56), 194.
65 Vgl. ZEDLER/ZEDLER (Hg.), Giro d'Italia (wie Anm. 5), 73A, 20. Februar 1716 u. 78A, 25. Februar 1716, S. 174 u. S. 182–183.
66 Vgl. TOSCANI, Gesellschaftsmaske (wie Anm. 56), 55.
67 ZEDLER/ZEDLER (Hg.), Giro d'Italia (wie Anm. 5), 78A, 25. Februar 1716, S. 182.
68 Vgl. KOLCK, Prinzen auf Reisen (wie Anm. 1), 207.
69 ZEDLER/ZEDLER (Hg.), Giro d'Italia (wie Anm. 5), 59B, 6. Februar 1716, S. 158.

jedoch lässt die Parallele zu einer in Rom stattgefundenen Begebenheit die Vermutung zu, dass Karl Albrecht hier als Initiator der Tagesplanung nach seinen individuellen Wünschen auftreten konnte. Denn für den 28. Mai wird berichtet, dass der Kurprinz *eine plötzlich angeordnete sedien-fahrt mit dero cavagliren und etlichen romanischen damen in der villa Pamphili gehalten* [habe][70]. Die spielerischen Umstände dieser Ausfahrt waren von Karl Albrecht genauestens festgelegt worden und entsprachen offenbar einer persönlichen Vorliebe. So wurden Nummern auf die teilnehmenden Kutschen verteilt und den mitfahrenden Herren der Suite je eine Dame zugelost, wobei wiederum ein jeder sich mit *einer cocarde auf den hut versehen*[71] musste.

Die hier angeführten Exempla könnten noch um Spiele während der Quarantänezeit erweitert werden[72], zeigen aber bereits deutlich, dass der Zeitvertreib während der Prinzenreise in keinem Verhältnis zum strengen Erziehungsalltag der Kindheit Karl Albrechts stand und ihm somit neue Erfahrungsräume eröffnete. Um das subjektive Empfinden des Kurprinzen während dieser Zeit nachzuvollziehen, sind die Diarien freilich ungeeignet, da sie nicht die Intention verfolgen, individuelle Eindrücke des Prinzen aufzuzeichnen. Dennoch lässt sich aus ihrem Inhalt extrahieren, dass der Prinz sich Freiräumen gegenübersah, die er auch nutzte und aus denen er sowohl Vergnügen als auch Selbstbestimmung schöpfen konnte. Besonders der Aufenthalt in Venedig während der Karnevalszeit eröffnete darüber hinaus Chancen der Unterhaltung und der Kontakte, die in einem alltäglichen Raum nicht möglich und auch nicht denkbar gewesen wären. Mit Keller könnte an dieser Stelle also von Formen einer »›kalkulierte[n]‹ Grenzüberschreitung«[73] und somit von subjektiver Alteritätserfahrung gesprochen werden. Insofern bleibt festzuhalten, dass die Reise als Erfahrungsraum bezeichnet werden kann, innerhalb dessen für Karl Albrecht eine Selbst-Begegnung mit neuen beziehungsweise anderen, weil außeralltäglichen, Persönlichkeitsfacetten möglich wurde.

---

70 Ebd., 170A, 28. Mai 1716, S. 420.
71 Ebd., 170B, S. 421.
72 Vgl. ebd., 36A, 5. Januar 1716 (Dreikönigsspiel), S. 131 oder 42A, 16.–19. Januar 1716 (Erfindung eines eigenen Kartenspiels), S. 134.
73 KELLER, Zeremoniell (wie Anm. 34), 276.

Der Prinz als Mensch/Hofmann/Herrscher? – Die Reise als Kommunikationsraum

Der folgende Abschnitt soll den Raum des Giro d'Italia als Multiplikator möglicher Persönlichkeitsentwürfe Karl Albrechts vorstellen, die nur durch den Kontext der Prinzenreise in dieser Form in verschiedene, durch die Diarien spezifisch anvisierte Kommunikationssituationen eingebunden werden konnten. Insofern lässt sich hier die Eingangsthese formulieren, dass die Prinzenreise unter anderem den Endzweck verfolgte, unterschiedliche, zukunftsbezogen instrumentalisierbare Identitäten des Kurprinzen verschiedenen (Teil-)Öffentlichkeiten zugänglich zu machen. In den Blick genommen werden müssen demnach Adressatenbezug und Gebrauchsfunktion des Quellenkorpus. Dabei kommunizieren die Diarien Alterität, indem sie sich der besonderen Situation eines alltagsabgewandten Raumes bedienen. Diese vorgestellten Identitäten sind aufgrund des »referentiellen Paktes«[74] zwischen dem Verfasser und dem Leser eines adeligen Bildungsberichtes auch kontingent. Gemeint sind mit diesem Pakt der Verfasseranspruch und die Lesererwartung auf Wirklichkeitsreferenz. Man verpflichtet sich – zumindest offiziell –, keine Phantasieerlebnisse zu beschreiben und die Leser erwarten von einem Reisebericht das tatsächlich Geschehene und Beobachtete. Damit sind auch die im Bildungsbericht vorgestellten Identitäten an die Realität gebunden, aufeinander bezogen und wechselseitig voneinander abhängig. Somit würde diese kommunikative Zielsetzung der Diarien auch den Status der Prinzenreise als touristisches Unternehmen bekräftigen. Um jedoch derartige Kommunikationsstrategien innerhalb der Diarien sichtbar machen zu können, gilt es zunächst, kurz die Charakteristika und Funktionalität des adeligen Bildungsreiseberichtes in der Frühen Neuzeit zu skizzieren.

Die handschriftlichen Manuskripte dieser Textgattung waren weder als persönlicher Besitz des schreibenden oder des beschriebenen Subjektes gedacht, noch für ein beliebiges Publikum bestimmt[75]. Sie adressierten gezielt einen eng begrenzten Kreis innerhalb von Hof und Familie und dienten vordergründig der Rechenschaftsablage über den Erfolg der Tour vor dem Familienoberhaupt wie auch, als beispielhafte Referenzwerke im Familienarchiv, der »dynastischen Selbstdarstel-

---

74 Andrea Voss, Reisen erzählen. Erzählrhetorik, Intertextualität und Gebrauchsfunktionen des adligen Bildungsreiseberichts in der Frühen Neuzeit, Heidelberg 2016, 24.
75 Vgl. ebd., 25.

lung und -vergewisserung«[76] und damit langfristig der Memoria des ganzen Hauses[77]. Insofern handelt es sich bei dem Diarium einer Prinzenreise eben nicht um ein privates Tagebuch, es ist vom ersten Buchstaben an Bestandteil einer intendierten Kommunikationssituation zwischen Verfasser und Adressat[78]. Als problematisch erweist sich innerhalb dieser Konstellation allerdings, dass die Diarientexte die Adressatenseite niemals ansprechen, sie kann somit allein durch die inhaltliche Gewichtung und Anordnung der beschriebenen Objekte, die Argumentationsstruktur und die Wahl des Sprachgestus erschlossen werden[79]. Voß beschreibt im Zuge dessen, dass sich durchaus »variable ›Teilöffentlichkeiten‹«[80] als Leserkreise ausmachen lassen, was angesichts der fünf vorliegenden Diarien mit je spezifischen textlichen Abweichungen – und damit vermutlich unterschiedlichen Textintentionen – mehr als wahrscheinlich erscheint.

Für diese Textintentionen hat Steigerwald zwei Vorschläge vorgebracht: Das Diarium A bezeichnet er als »Interdependenznarrativ«[81], dessen Fokus auf der Verortung der Person Karl Albrechts innerhalb des europäischen Adelsnetzwerkes liege, wobei der Bildungsreisebericht hierbei nicht nur als Momentaufnahme, sondern als zukunftsweisende Fixierung der Position fungiere[82]. Die Tatsache, dass der Verfasser des Diariums A, der Reisesekretär Ehrenfried von Scholberg, gleichzeitig mit der schriftlichen Information des Kurfürsten über den Verlauf der Reise betraut war[83], weist stark in diese Richtung, und somit wäre vor allem die Repräsentations- und Memorialfunktion[84] für das Diarium A auszumachen. Steigerwalds These lässt sich dennoch um den Aspekt der Rechenschaftsablage erweitern, im Zuge derer das Diarium A die Befolgung der Instruktion sowie den grundsätzlichen Nutzen und Erfolg der Reise für Max Emanuel dokumentieren sollte, weshalb mit diesem Diarium auch das ausführlichste, die gesamte Reise umspannende Manuskript vorliegt. Es kann also davon ausgegangen werden, dass das Diarium A für

76 Ebd., 57.
77 Vgl. ebd., 25.
78 Vgl. Jörn STEIGERWALD, Karl Albrechts Diarien oder: Was ist ein Reisetagebuch?, in: zur debatte 47 (2017), Sonderheft zur Ausg. 3/2017, 38–40, hier: 38.
79 Vgl. VOSS, Reisen erzählen (wie Anm. 74), 57.
80 Ebd., 25.
81 STEIGERWALD, Reisetagebuch (wie Anm. 78), 38.
82 Vgl. ebd.
83 Vgl. Andrea ZEDLER, Nunc viator – Demum victor. Panegyrik und Krieg in den römischen Kantaten für Kurprinz Karl Albrecht von Bayern (1716), in: Berthold OVER (Hg.), La Fortuna di Roma. Italienische Kantaten und römische Aristokratie um 1700 (MARS, Bd. 3), Kassel 2016, 327–360, hier 330.
84 Vgl. VOSS, Reisen erzählen (wie Anm. 74), 57–58.

den engsten Kreis, eventuell ausschließlich den Kurfürsten, bestimmt war und als exemplarisches Nachschlagewerk im Hausarchiv aufbewahrt wurde, wo es sich bis heute befindet. Das weitaus kürzer gehaltene, ebenfalls den gesamten Reiseverlauf dokumentierende Diarium B wurde vom Sekretär des Oberhofmeisters, Franz March, niedergeschrieben und gelangte schließlich auch über von Wels an seinen letzten Aufbewahrungsort[85], weshalb der Adressatenkreis hier vor allem im Umfeld des Hofmeisters, möglicherweise auch der Wiener Hofburg zu suchen wäre und nicht in erster Linie die Modellierung einer spezifischen Identität Karl Albrechts zum Ziel gehabt haben dürfte. Das Münchner Diarium C scheint vor allem der pragmatischen Seite des Reiseunternehmens verpflichtet gewesen zu sein[86], daher gilt das besondere Augenmerk in diesem Fall dem in französischer Sprache abgefassten Diarium D.

Hierzu ist es nötig, die Aufmerksamkeit zuerst einmal auf die äußere Beschaffenheit dieser Quelle zu richten. Das französische Diarium liegt in grünem Samt gebunden vor[87]. Schon ein einfaches Reisejournal ohne jede Ausschmückung wäre im Zuge seiner Funktion im Familienarchiv Teil einer adeligen Repräsentationskultur, ein mit entsprechendem Aufwand veredeltes Diarium bringt jedoch zusätzlich das »soziale Distinktionsbestreben«[88] des Reisenden und seines ganzen Hauses nicht nur inhaltlich, sondern auch sinnlich erfahrbar zum Ausdruck[89]. Außerdem wurde dieses Diarium mit neun Tuschzeichnungen versehen[90], die besondere

---

85 Vgl. ZEDLER, Nunc viator (wie Anm. 83), 329, Anm. 9 u. 330. Aus der Hand von Franz March liegen zwei Diarien vor, welche allerdings fast deckungsgleich im Wortlaut sind und daher in der Edition zusammenfassend behandelt werden. Womöglich war eines der Diarien für von Wels persönlich und eines zur Rechenschaftsablage für den Kaiser bestimmt.
86 Die Schilderung von Reiseweg und Reiseverlauf gestaltet sich dort besonders ausführlich, endet aber in Mailand (vgl. hierzu beispielsweise ZEDLER/ZEDLER (Hg.), Giro d'Italia (wie Anm. 5), 226C, 23. und 24. Juli 1716, S. 525); außerdem ist diesem Diarium eine Aufstellung über die passierten Posten angefügt (vgl. ebd., Anm. xxii u. Anhang). Diarium C lässt als einziges Diarium den Autor durchscheinen, was dafür spricht, dass es nicht für einen höfischen Leserkreis bestimmt war: »Den 12. dito biß mittag auf Stürzing, allwo Seine Durchlaucht im posthaus ein kleines mittag mahl eingenohmen (diser postmaister sagte zu mir, sie häten geglaubt, die bayrn förchteten die tyroller, er seche aber das contrarius dan sie seindt keck wie der donner) und des abents gegen 5 uhr zu Brixen eingetroffen« (ZEDLER/ZEDLER (Hg.), Giro d'Italia (wie Anm. 5), 15C, 17. Dezember 1715, S. 99. – »Nb. Mann hat zwar sagen wollen, das es [der Vorfall mit Dionisi in Chievo, d.V.] eine anstüfftung von einem amanten dess marquis frauen gewesen, damit der guette freindt ein wenig auf die seiten und der ander füeglicher zu der dam hat kommen und sein glück machen können« (Ebd., 46C, 24. Januar 1716, S. 137).
87 Vgl. ZEDLER, Nunc viator (wie Anm. 83), 329.
88 Vgl. VOSS, Reisen erzählen (wie Anm. 74), 58.
89 Vgl. ebd., 57–58.
90 Vgl. ZEDLER, Nunc viator (wie Anm. 83), 329.

Höhepunkte der Reise – beispielsweise die Regatta in Venedig[91] – oder die Position des Kurprinzen bei sozio-politisch bedeutsamen Ereignissen – wie der Papstaudienz[92] – zusätzlich visualisieren. Neben dem so bildlich verdeutlichten Prestigefaktor der Reise besitzen diese Zeichnungen zweifellos auch Unterhaltungswert. Weiterhin bemerkenswert ist, dass das Diarium das einzige ist, welches in französischer Sprache abgefasst wurde und weiterhin das einzige, an dem Karl Albrecht im letzten Reiseabschnitt eigenhändig mitgewirkt hat[93]. Außerdem setzt das Diarium erst in Chievo ein, wobei es die ersten Etappen in wenigen Sätzen äußerst knapp zusammenfasst[94], schweigt allerdings anschließend wieder für beinahe die gesamte Dauer der Quarantänezeit. Das französische Diarium ist demnach – ganz im Gegensatz zu Diarium A – nicht auf Vollständigkeit, und damit nicht auf Dokumentation oder Rechenschaftsablage, angelegt, sondern auf Inhalt und Ausdruck, wobei es vermeintlich langweilige Passagen zu überspringen scheint. All diese Indizien deuten darauf hin, dass das Diarium D nicht zur bloßen Aufbewahrung bestimmt war, mit großer Wahrscheinlichkeit wurde es benutzt, herumgezeigt, wurde aus ihm vorgelesen und zwar – darauf deutet die Abfassung in Französisch hin – in einem exklusiven, höfischen Rahmen. Welche Konsequenzen sind nun allerdings aus dieser Annahme zu ziehen? Für Karl Albrecht bedeutete die Reise einen Initiationsprozess. Kehrte er nach vollständigem Abschluss seiner Ausbildung und damit seiner Jugendjahre wieder in die Heimat zurück, hatte er sich dem adeligen Umfeld als vollendeter Hofmann zu präsentieren. Das Thema ›Reise‹ bot natürlich eine ideale Plattform für die höfische Konversation und damit die Modellierung eines höfischen ›Ich‹: Wo sonst als im Ausland konnte man derart mit seinen Sprachkenntnissen brillieren, sich in den verschiedensten Gesellschaften beweisen, ›Abenteuer‹ erleben; und wo sonst bestand der regelmäßige Anlass, jedes Detail postwendend festzuhalten? Der Raum der Reise – respektive der touristische Raum – stellte also die beste Grundlage dar, ein glänzendes Bild von sich selbst zu entwerfen und natürlich anschließend auch zu verkaufen[95]. Steigerwald nennt diese Erschreibung eines höfischen Subjektes ein »Fabrikations-

---

91 Vgl. ZEDLER/ZEDLER (Hg.), Giro d'Italia (wie Anm. 5), Ad. 91, 9. März 1716, Abbildung 6, S. 227.
92 Vgl. ebd., Ad. 119, 6. April 1716, Abbildung 7, S. 290.
93 Vgl. ZEDLER, Nunc viator (wie Anm. 83), 329.
94 Vgl. ZEDLER/ZEDLER (Hg.), Giro d'Italia (wie Anm. 5), 28D, 3.–29. Dezember 1715, S. 121–123 u. 29D, 30. Dezember 1715, S. 124–127.
95 Die Parallelen zu der Selbststilisierung innerhalb des touristischen Raumes in heutigen sozialen Netzwerken sind hierbei nicht von der Hand zu weisen.

narrativ«[96]. Im Anschluss soll nun versucht werden, anhand zeitgenössischer Hofmannstraktate Steigerwalds These zu festigen, indem innerhalb frühneuzeitlich klar definierter Kategorien nachgewiesen wird, dass das Diarium D schrittweise eine Identität Karl Albrechts als vollendetem ›honnête homme‹ modelliert.

Das Idealbild des ›honnête homme‹ wurde an den italienischen Höfen im Zeitalter des Humanismus entwickelt und erlangte gleich der italienischen Hofkultur bald Vorbildcharakter in ganz Europa[97]. Das Modell wurzelt bereits im Mittelalter und zeichnet sich dadurch aus, dass es die ritterliche Lebensform mit humanistischen Bildungsidealen zu verschmelzen sucht[98]. Insofern bot sich auch Italien – neben Frankreich – als Vermittlungsterrain dieser Normen an und wird eine Integration in die höfische Welt als eines der Ziele einer Prinzenreise plausibel[99]. Unter den einflussreichsten Hofmannstraktaten der Frühen Neuzeit befanden sich unter anderem das »Libro del cortegiano« von Baldassare Castiglione, welches schon 1528 publiziert bis zu Beginn des 18. Jahrhunderts seine Bedeutung besaß, Giovanni della Casas »Galateo«, das von Nathan Chytraeus 1597 ins Deutsche übertragen wurde, sowie auch das 1680 in Frankreich erschienene Werk »L'honneste homme ou l'art de plaire à la cour« von Nicolas Faret[100]. Farets Schrift erscheint durch die Kombination der ritterlichen Tugenden vorausgegangener Hofmannstraktate mit Hinweisen zur höfischen Lebensart und Bildung als besonders praxistauglich[101] und fand vor allem in der Übersetzung des flämischen Emigranten Caspar Bierling auch an deutschen Höfen Verbreitung[102].

Weltgewandtheit, Witz und Ritterlichkeit allein reichten für den Hofmann allerdings nicht aus. Als zentral galt die adelige Herkunft, denn laut Faret sollte *derjenige/ welcher in diese grosse Handthierung und Gewerb der Welt sich begeben will/ ein geborner Edelmann und von einem wolberuffenen Geschlechte sey*[n][103]. Dies wird nicht nur damit begründet, dass die, *so aus einem hohen Stamm geboren sind*[104], von Natur aus gute Anlagen besäßen, sondern auch mit deren Ehrgeiz, in die Fußstap-

---

96 STEIGERWALD, Reisetagebuch (wie Anm. 78), 39.
97 Vgl. KOLCK, Prinzen auf Reisen (wie Anm. 1), 184.
98 Vgl. ebd., 185.
99 Vgl. STANNEK, Telemachs Brüder (wie Anm. 3), 63.
100 Eine Aufstellung der wichtigsten Traktate findet sich bei KOLCK, Prinzen auf Reisen (wie Anm. 1), 185–187 und bei STANNEK, Telemachs Brüder (wie Anm. 3), 57–59.
101 Vgl. KOLCK, Prinzen auf Reisen (wie Anm. 1), 186.
102 Vgl. STANNEK, Telemachs Brüder (wie Anm. 3), 59.
103 Nicolas FARET, Ehrliebender Hof=Mann 1648, hg. v. Patricia BOHRN und Alfred NOE (Translatio, Bd. 3), Berlin 2007, 25.
104 Ebd.

fen berühmter Ahnen zu treten, die als *Haus=Exempel*[105] einerseits zur Tugend anregten und andererseits aus Angst vor übler Nachrede das Laster verhindern sollten. Insofern findet Max II. Emanuel, vor allem in seiner Rolle als siegreicher Feldherr und Verteidiger des Glaubens, im Diarium D besonders häufig Erwähnung, so beispielsweise in den Einträgen 116D, 141D, 163D, 169D, 175D oder 185D[106], wobei keine entsprechende Nennung in einem der anderen Tagebücher existiert. Diese Häufung ist doch bezeichnend, geht man davon aus, dass vor allem Diarium A für den Kurfürsten selbst bestimmt war. Besonders gut kann der Eintrag vom 2. Juni (175D) daher genau diese Kategorie von höfischen Kontinuitätsvorstellungen verdeutlichen. Im dort notierten italienischen Text der an diesem Tag auf dem Kapitol gegebenen Kantate »Roma e la Fede« wird der Kurfürst als *sublime eroe*[107] glorifiziert und Karl Albrecht als sein Nachfolger beschworen[108].

Auch eine solche Vermengung verschiedener Sprachen im Diarium D überrascht nicht, wurde doch die Sprache als eine *hochnützlich*[e] Wissenschaft verstanden, geeignet, *die Freundschafft eines Fürsten oder ausländischen Volcks zu erlangen/ Verträge zwischen Königen und Potentaten aufzurichten*[109] und dergleichen mehr, weshalb also *ein Hofmann mit besonderm höchsten Fleiß dahin trachten soll/ wie er die Wissenschaft der Sprachen erlangen möge*[110]. Da es derer jedoch so viele gebe, präzisiert Faret die Auswahl der für einen ›honnête homme‹ notwendigen Fremdsprachen auf *nebst der Lateinischen/ zum wenigsten die Frantzösische und Jtaliänische Sprachen/ als welche nunmehr in ganz Europa sehr bräuchlich sind*[111]. Es ist daher kein Zufall, dass das Diarium auf Französisch verfasst wurde, stellenweise aber auch lateinische Passagen – vornehmlich mit künstlerisch-lyrischem Duktus[112] – enthält. Noch greifbarer soll das sprachliche Können Karl Albrechts in der vereinzelten Wiedergabe italienischer Redeanteile, und damit dem expliziten Hinweis, dass der Kurprinz in der Landessprache auf höchstem politischen Niveau zu konversie-

---

105 Ebd.
106 Vgl. ZEDLER/ZEDLER (Hg.), Giro d'Italia (wie Anm. 5), 116D, 3. April 1716; 141D, 28. April 1716; 163D, 21. Mai 1716; 169D, 27. Mai 1716; 175D, 2. Juni 1716; 185D, 12. Juni 1716. 116D: S. 267–269; 141D: S. 353–355; 169D: S. 416–420; 175D: S. 430–432; 185D: S. 450–451.
107 Ebd., 175D, 2. Juni 1716, S. 431.
108 Vgl. zur Panegyrik in den römischen Kantaten ausführlich ZEDLER, Nunc viator (wie Anm. 83), zur Kantate *Roma e la Fede* bes. 343–344.
109 FARET, Hof=Mann (wie Anm. 103), 37.
110 Ebd., 42.
111 Ebd.
112 Vgl. das Epigramm auf Max Emanuel als Kriegsheld (ZEDLER/ZEDLER, Giro d'Italia (wie Anm. 5), 141D, 28. April 1716, S. 354) oder das Gedicht zu Ehren von Karl Albrechts Triumph über den Vesuv (ebd., 152D, 9. Mai 1716, S. 383).

ren wusste, werden[113]. So wird in 119D die Rede des Papstes im italienischen Originalton verschriftlicht, während der Bericht über das Zusammentreffen insgesamt jedoch auf Französisch abgefasst wurde[114].

Solche stilisierenden Vertextungsstrategien in Bezug auf Karl Albrechts höfische Qualitäten gelten jedoch nicht nur seinen Fähigkeiten als Polyglott. Nebst dem indirekten Hinweis auf seine literarische Versiertheit findet sich in der Episode über den Zeitvertreib während der Kontumanz zu Chievo mittels der Performation französischer Tragödien auch einer der im Fließtext seltenen direkten Bewertungen des Prinzen, der *parfaittement bien de cette fonction*[115] die Hauptrolle verkörpert habe. Somit sollte nicht einmal das Vertreiben der Langeweile dem Zufall überlassen bleiben. Jagen, Tanzen, sportliche Übungen und auch das Glücksspiel zählten zu den adäquaten Beschäftigungen[116].

Die Königsdisziplin jedoch bildete für den Hofmann der perfekte Auftritt in vornehmer Gesellschaft. Wer den Balanceakt würdevoller Lässigkeit meistern konnte, sich als galant im Umgang mit den Damen und geistreich in der Konversation erwies, ohne dabei den Eindruck eines Aufschneiders oder Langweilers zu erwecken, der überzeugte auf höfischem Parkett. Faret widmet die Hälfte seines gesamten Traktates der Konversationskunst und immerhin einen beachtlichen Teil davon speziell dem gesellschaftlichen Umgang mit Damen. Dabei gelte es *gewisse Haupt=regeln in acht zu nehmen*, um nicht *Schiffbruch*[117] zu erleiden. Eine herausragende dieser Maximen sei die allgemeine Affektkontrolle, besonders *Sauerhafftigkeit* und *Vngedult*[118] würden einen schlechten Eindruck vermitteln, des Weiteren solle man sich in Empathie üben, Geschwätzigkeit vermeiden und selbstverständlich darauf achten, keine Geheimnisse auszuplaudern[119]. Karl Albrecht bekam reichlich Gelegenheit, seine Fähigkeiten diesbezüglich zu trainieren. In den acht Tagen nach seiner Ankunft in Rom berichten die Diarien allein viermal von abendlichen Gesellschaften, häufig mit dem Vermerk, dass dort auch gespielt wurde[120]. Die Rolle der Gastgeberin kam dabei meistens der Baronessa Scarlatti oder

---

113 Vgl. STEIGERWALD, Reisetagebuch (wie Anm. 78), 40.
114 Dies ist auch in Diarium A der Fall. Vgl. ZEDLER/ZEDLER (Hg), Giro d'Italia (wie Anm. 5), 119A u. D, 6. April 1716, S. 283–284 u. S. 288–289.
115 Ebd., 28D, 3.–29. Dezember 1715, S. 123.
116 Vgl. FARET, Hof=Mann (wie Anm. 103), 31.
117 Ebd., 71.
118 Ebd., 72.
119 Vgl. ebd., 74–77.
120 Vgl. ZEDLER/ZEDLER (Hg.), Giro d'Italia (wie Anm. 5), 118A, 5. April 1716; 119A, 6. April 1716; 120A, 7. April 1716, S. 291; 125A, 12. April 1716, S. 310.

aber der Contessa Bolognetti zu, die auch die nachgeborenen Prinzen Clemens August und Philipp Moritz während ihres Romaufenthaltes des Öfteren empfangen sollten[121]. Eine solche Konstellation war nicht ungewöhnlich oder gar anstößig, galten doch adelige Damen als erfahrene Vermittlerinnen von Sprachkenntnissen und höfischer Galanterie[122]. Dass solche Gesellschaften jedoch nicht primär als ständische Selbstverständlichkeit betrachtet wurden, sondern mit dem Fokus auf das Diarium D von den Lesern auch als eindeutige Kategorie innerhalb eines höfischen Modellierungskonzeptes verstanden wurden, lassen zwei voneinander unabhängige Tatsachen vermuten. Zum einen verbot Papst Clemens XI. den für den geistlichen Stand bestimmten Brüdern Karl Albrechts bald den Besuch jeglicher Gesellschaften in Rom[123], offensichtlich waren sie also Bestandteil eines Identitätsentwurfes, der für Karl Albrecht als adäquat angesehen, sogar forciert, für Clemens August und Philipp Moritz jedoch als unpassend empfunden wurde. Zum anderen scheint es, als wolle das französische Diarium den Umgang des Kurprinzen vor allem mit adeligen Damen nochmals besonders unterstreichen. So wird in 158D, 161D und 170D explizit eine Gesellschaft bei der Contessa Bolognetti erwähnt[124], während diese Information eines Treffens in 158 ansonsten gänzlich fehlt, in 161B und C nur von der *ordinari geselschafft*[125] gesprochen wird und auch die anderen Diarien in 170 keine Entsprechung liefern. Es zeigt sich, dass die im französischen Diarium bereitgestellten Zusatzinformationen sich passgenau in den zeitgenössischen Entwurf des adeligen Hofmannes einfügen und somit mittels des Diariums D ein solches Bild des Kurprinzen nach der Rückkehr in den Alltagsraum einem größeren höfischen Rahmen kommuniziert werden konnte – wobei die Italienfahrt selbst ganz grundsätzlich die Zusatzfunktion einer Anlassgeberin für diese Kommunikationssituation erfüllte.

Immer deutlicher wird an dieser Stelle jedoch auch, dass eine Formung des eigenen Images als ›honnête homme‹ ohne die Referenzmöglichkeit auf ein Erlebnis, das mit der Prinzenreise vergleichbar wäre, kaum denkbar erscheint, wollte man dem Typus des »im Leben stehenden und durch vielfältige Erfahrungen besonnen und weise gewordenen Weltmannes«[126] entsprechen.

121 Vgl. KOLCK, Prinzen auf Reisen (wie Anm. 1), 205–206.
122 Vgl. ebd., 192; vgl. auch FARET, Hof=Mann (wie Anm. 103), 96.
123 Vgl. KOLCK, Prinzen auf Reisen (wie Anm. 1), 206.
124 ZEDLER/ZEDLER (Hg.), Giro d'Italia (wie Anm. 5), 158D, 15. u. 16. Mai 1716, S. 393; 161D, 19. Mai 1716, S. 400; 170D, 28. Mai 1716, S. 422.
125 Ebd., 161B u. 161C, 19. Mai 1716, S. 398. In B: »geselschafft«; in C: »geschöllschafft«.
126 Vgl. KOLCK, Prinzen auf Reisen (wie Anm. 1), 185.

Wie gezeigt wurde, lässt sich also eine propagierte, durch Karl Albrechts eigene Hand zu Ende geführte Identität des Kurprinzen als ›honnête homme‹ anhand des äußerst wahrscheinlich zur Rezeption einer höfischen Teilöffentlichkeit bestimmten Diariums D eindeutig belegen. Mit dieser Erkenntnis bleibt jedoch zu vermuten, dass der touristische Charakter der Prinzenreise als ein Raum, der dazu in der Lage ist, das Bild einer zusätzlichen Identität zu kreieren, sogar imstande wäre eine solche Kommunikationssituation noch über die Leserschaft der Diarien hinaus zu erweitern. Der Prinz präsentierte sich schließlich nicht nur den Diarienschreibern, sondern wirbelte ordentlich glitzernden Staub auf. Und so geben nicht nur die Diarien einem größeren Rezeptionskreis des Alltagsraumes Gelegenheit, Informationen über den Reiseverlauf zu beziehen, sondern auch die Berichterstattung in überregionalen, europäischen Zeitungen, welche den jungen Kurprinzen einer weitaus breiteren Öffentlichkeit zugänglich machten. Dem europäischen Interesse konnte man sich bei der Italienfahrt eines zukünftigen Kurfürsten gewiss sein und so bot sich auch hier eine attraktive Plattform der Selbstmodellierung. Dass hier nicht das Ideal des Hofmannes, sondern die Demonstration, Dokumentation und Kommunikation von Herrschertugenden als persönlichen Eigenschaften im Kontext der Reise im Vordergrund stehen, wird ein Vergleich der Berichterstattung bedeutender europäischer Zeitungen zeigen. Dass das Herrscherideal neben dem Hofmannsideal natürlich auch in den Diarien seinen Niederschlag findet, insofern ja auch die Zeitungen nur auf stattgefundene Begebenheiten innerhalb der Reise zurückgreifen können, versteht sich dabei von selbst. Doch was ist unter frühneuzeitlichen Herrschertugenden zu verstehen? Auch hierfür lag innerhalb der Kommunikationssituation sowohl der Sprecher- wie der Adressatenseite ein eindeutig lesbares Strukturmuster vor. Eine fürstliche Identität Karl Albrechts also im Zuge der Prinzenreise über das breitenwirksame Medium Zeitung zu modellieren, ist insofern naheliegend, als sich »im Herrscherideal […] die öffentliche Meinung [offenbart], mit ihm wird die Herrschaft legitimiert und eine Ordnung gerechtfertigt«[127].

Im Zuge seiner Ausbildung dürfte Karl Albrecht auch in Österreich ein vergleichbarer Kanon an Herrschertugenden wie dem späteren Kaiser Karl VI. vermittelt worden sein, dessen Studienaufzeichnungen Kalmár[128] ausführlich unter-

127 Eberhard STRAUB, Zum Herrscherideal im 17. Jahrhundert vornehmlich nach dem »Mundus Christiano Bavaro Politicus«, in: ZBLG 32 (1969), 193–221, hier 195.
128 János KALMÁR, Ahnen als Vorbilder: Der vom späteren Kaiser Karl VI. in seinen Jugendjahren verfasste Kanon der Herrschertugenden, in: Gabriele HAUG-MORITZ/Hans Peter HYE/Marlies RAFF-

sucht hat. Diese decken sich zudem größtenteils auch mit dem Tugendkatalog des Professors Nicolaus Vernulaeus[129], der unter anderem als Lehrwerk in der wittelsbachischen Prinzenerziehung Anwendung fand[130]. Hierbei stechen zunächst jene Episoden hervor, welche Karl Albrecht als christlichen, genauer: katholischen, Fürsten modellieren sollen[131]. Die aus den Zeitungen ausgewählten Passagen besitzen exemplarischen Charakter und finden sich in der Regel in allen hier untersuchten Blättern wieder. Unter den Tugenden rangieren demnach auf den prominenten ersten Rängen die »Religiosität«, die »Frömmigkeit« sowie auch der »Kult der Religion und die Andacht«[132]. Gerade diese Attribute werden im Hinblick auf das Selbstverständnis des wittelsbachischen Hauses als Verteidiger des Katholizismus und auf die kirchenpolitischen Ambitionen Max Emanuels besonders öffentlichkeitswirksam inszeniert[133]. Ausführlich informieren die Zeitungen über Karl Albrechts Teilnahme an Messen und religiösen Handlungen aller Art sowie auch über seine besondere Bindung an die katholische Kirche. Das »Wienerische Diarium« berichtet, der Kurprinz habe *der Andacht in der Charwoche [...] mit grosser Ausserbäulichkeit jedesmalen beygewohnet*[134]. Die in Frankreich einflussreiche »Gazette« weiß von der Anwesenheit des Prinzen bei diversen Zeremonien, unter anderem bei der Segnung des römischen Volkes am Ostersonntag *incognito, dans une tribune qui luy avoit esté preparée*[135]. Auch besondere Distinktionszeichen seitens des Papstes, wie die Übersendung des von ihm in der Prozession am Palmsonntag getragenen Palmzweiges an Karl Albrecht[136] oder die Episode, als der den Vatikan

LER, Adel im ›langen‹ 18. Jahrhundert (Zentraleuropa-Studien, Bd. 14), Wien 2009, 43–60.

129 Nicolaus VERNULAEUS, Virtutum Augustissimae Gentis Austriacae. Libri Tres. [...], Löwen 1640; online abrufbar: http://reader.digitale-sammlungen.de/resolve/display/bsb10005155.html (20.3.17).

130 Vgl. ebd., 59.

131 Vgl. auch die Überlegungen Steigerwalds zu den Diarien A und D unter diesem Aspekt: STEIGERWALD, Reisetagebuch (wie Anm. 78), 39.

132 KALMÁR, Vorbilder (wie Anm. 128), 44 u. 45. Um diese Überschneidungen zu verdeutlichen: Bei VERNULAEUS, Virtutum (wie Anm. 129) finden sich »De Zelo fidei & Religionis Chatholica«, S. 1; »De Pietate & fiducia in Deum«, S. 12; »De Cultu Sacrosanctæ Eucharistiæ«, S. 22; »De Fidacia in Christi crucem«, S. 32; »De Reverentia in Ecclesiam & Ecclesiasticos viros«, S. 37; jew. Bd. 1.

133 Vgl. Tobias APPL, Die bayerische Reichskirchenpolitik in der Frühen Neuzeit, in: ZEDLER/ZEDLER (Hg.), Prinzenrollen (wie Anm. 1), 117–147 u. 347–350, hier bes. 125 und 138–139.

134 Wienerisches Diarium, Nr. 1329 (25.–28.4.1716), Aus Rom / von dem 11. April. [Im Folgenden zitiert als WD].

135 La Gazette, Nr. 20 (16.5.1716), De Rome, le 21 Avril 1716. Vgl. auch ebd., Nr. 19 (9.5.1716), De Rome, le 14. Avril 1716; Jahrgang 1716 komplett abrufbar unter: http://gallica.bnf.fr/ark:/12148/bpt6k6441959v/f7.image (19.03.17).

136 Vgl. WD, Nr. 1329 (25.–28. 4. 1716), Aus Rom / von dem 11. April; vgl. auch Gazetta di Mantova, Nr. 17 (24.4.1716), Roma 11. Aprile. [Im Folgenden zitiert als GM].

verlassende Clemens XI. im Vorbeiziehen speziell *de zegen aen den Ceur-Prinz van Beyeren, die aen een Venster stond, gegeven [heest]*[137], werden von namhaften europäischen Blättern wie der *Gazetta di Mantova* und der *Oprechte Haerlemsche Courant* registriert. Die von Vernulaeus zusätzlich betonte *Reverentia in Ecclesiam & Ecclesiasticos viros*[138] scheint beispielsweise bei der Abreise Karl Albrechts nach Neapel auf, da er Rom nicht einfach verlässt, sondern *van den Paus affcheyd*[139] nimmt.

Eine weitere Kategorie der Herrschertugenden umfasst den Bereich der Familie und der Erzieher, denn die Eltern sollen geachtet und den Lehrern muss Gehorsam und Respekt entgegengebracht werden[140]. Zusammen mit der Tugend des Maßhaltens und der Affektkontrolle[141] in jeglicher Hinsicht kann man wohl davon ausgehen, dass bezogen auf die Diarien und die öffentliche Berichterstattung hier keine Nachrichten gute Nachrichten bedeuteten. Dennoch wird an einigen Stellen betont, dass Karl Albrecht seinen Vorfahren die Ehre erweist, zum Beispiel, dass er *l'Imagine della Madonna della Vittoria ritrovata nella Guerra di Boemia dalla Seren. Casa Elletorale di Baviera*[142] besichtigt und auch seine Verbindung zum Haus Habsburg unterstreicht, indem er an den Feierlichkeiten zur Geburt des neuen Erzherzoges teilnimmt[143].

Schließlich verschweigen die Zeitungen jedoch auch nicht Karl Albrechts persönliche herrscherliche Fähigkeiten und Charaktereigenschaften. Seine ritterlich-militärische Ausbildung[144] bewies er nicht nur der exklusiven Gesellschaft in der Villa Borghese, sondern auch den Lesern der *Gazette*, die berichtet: *Ensuite le Prince Electoral monta à cheval, & les Seigneurs & Dames dans des caleches decouvertes, pour se promener dans toute l'estenduë du Parc, où il chassa*[145]. Die militärische Schlagkraft, die auch die persönliche Tapferkeit des Prinzen implizierte[146], kam aber natürlich am besten in der Berichterstattung über den Arsenalbesuch mit der Schiffstaufe der »Leone trionfante« durch den Kurprinzen zur Geltung, die auch auf eine

---

137 Oprechte Haerlemsche Courant, Nr. 19 (9.5.1716), Roma den 18. April; zahlreiche Nummern abrufbar unter: http://www.delpher.nl/nl/kranten (19.03.17). [Im Folgenden zitiert als OH].
138 Vernulaeus, Virtutum (wie Anm. 129), Bd. 1, 37.
139 OH, Nr. 21 (23.5.1716), Roma den 2. Mey.
140 Vgl. Kalmár, Vorbilder (wie Anm. 128), 46.
141 Vgl. ebd., 48f.
142 Il Corriere Ordinario, (29.4.1716), Roma 11. Aprile. [Im Folgenden zitiert als CO].
143 Vgl. Gazette, Nr. 23 (6.6.1716), De Naples, le 5 May 1716.
144 Vgl. Kalmár, Vorbilder (wie Anm. 128), 47.
145 Gazette, Nr. 26 (27.6.1716), De Rome, le 2 Juin 1716.
146 Vgl. Kalmár, Vorbilder (wie Anm. 128), 50.

Teilnahme Karl Albrechts im Türkenkrieg vorausdeutete[147]. Neben kriegerischer Potenz wurde vom Fürsten jedoch auch eine »Zuneigung für die Wissenschaften« sowie die »Liebe der freien Künste«[148] erwartet. Dass Karl Albrecht nicht nur Feste feierte, bestätigt der *Corriere Ordinario* für den 25. April, denn der Kurprinz *fù a vedere nel Collegio Romano quel celebre Museo, e successivamente si portò à vedere la famosa Libraria de‹ PP. Domenicani alla Minerva*[149], und zahlreiche Nachrichten über Besichtigungen und Opernbesuche brechen eine Lanze für seine Kunstsinnigkeit[150]. Wie die Kommunikation von Herrschertugenden nach außen und die Realität während der Reise auch auseinanderklaffen konnten, zeigt hingegen eine wohlwollende Notiz über die »Geduld«[151] des Kurprinzen während der doch tatsächlich als Zumutung und Qual empfundenen Quarantäne, *dove si tratta con molta generosità, e splendidezza*[152]. Solche »Freigiebigkeit und Prunkhaftigkeit«[153] sind darüber hinaus zwei weitere ganz entscheidende Stichworte. Sie mit der geforderten »Bescheidenheit«[154] in Einklang zu bringen erscheint nicht einfach, kann aber dennoch gelingen. So ist es bezeichnend, wenn der Kurprinz *est allé loger au Monastere du Mont Olivet; quoy que le Viceroy luy eut offert un appartement au Palais*[155]. Das eigene Prestige äußert sich hingegen in nichts besser als in Geschenken, welche man erhält, und besonders in denjenigen, die man selbst übermittelt. Von den Karl Albrecht zuteilwerdenden, materiellen wie immateriellen Ehrenbezeugungen seiner Gastgeber, die der Prinz laut *Gazette* auch mit *grandes liberalitez à ceux qui les luy porterent*[156] quittiere, berichten die Zeitungen zuhauf, jedoch nehmen sie besonders Bezug auf ein einzigartiges Geschenk, welches Karl Albrecht *nebst andern grosmühtigen Freygebigkeiten*[157] den vier Nobili[158] bei seiner Abreise aus Venedig

---

147 Vgl. Gazette, Nr. 13, (28.3.1716), De Venice, le 7 Fevrier 1716; vgl. GM, Nr. 11 (13.3.1716), Venezia 7. Marzo; vgl. zusätzlich weitere Berichte über das Kriegsschiff: OH, Nr. 20 (16.5.1716), Venetien den 1. Mey.
148 KALMÁR, Vorbilder (wie Anm. 128), 47f.
149 CO, (13.5.1716), Roma, 25.4.
150 Vgl. unter vielen möglichen Beispielen Gazette, Nr. 12 (21.3.1716), De Venise, le 19 Fevrier 1716; WD, Nr. 1319 (21.3.–24.3.1716), Aus Venedig / von dem 14. März; WD, Nr. 1334 (13.5.–15.5.1716), Aus Rom / von dem 25. April; WD, Nr. 1339 (27.5.–29.5.1716), Aus Neapel / von dem 12. May.
151 KALMÁR, Vorbilder (wie Anm. 128), 51.
152 GM, Nr. 2 (10.1.1716), Venezia 28. Dicembre.
153 KALMÁR, Vorbilder (wie Anm. 128), 50.
154 Ebd., 49.
155 Gazette, Nr. 23 (6.6.1716), De Naples, le 5 May 1716.
156 Ebd., Nr. 11 (14.3.1716), De Venise, le 22 Fevrier 1716.
157 WD, Nr. 1319 (21.3.–24.3.1716), Aus Venedig / von dem 14. März.
158 Im Zuge des bereits erwähnten Kontrollsystems stellte die Republik für derartige Auslandsbesuche vier Edelleute ab, die deren Aufenthalt in der Serenissima maßgeblich organisierten und die

überreichte: *De Ceur-Prins van Beyeren [...] hebbende aen yder der 4 Edele die hem opgewagt hebben, sijn Portrait met Diamanten omset ter waerde van 1400 Ducaten, ereert*[159]. Kein Symbol war wohl besser geeignet, um das Selbstbewusstsein des Kurprinzen in dieser Hinsicht zu visualisieren. Diese Art der fürstlichen ›Freigiebigkeit‹ ist noch um die Tugend der »Wohltätigkeit«[160] zu erweitern, die Karl Albrecht auf der Reise zum Ausdruck bringen konnte, indem er beispielsweise *a fait de grandes charitez aux Hospitaux & aux Eglises*[161]. Von besonderer Bedeutung war jedoch selbstverständlich bei der Modellierung eines fürstlichen Ich die Demonstration von »Würde und Größe in der Öffentlichkeit«[162]. Nirgendwo wurde diese Tugend sichtbarer als bei der Papstaudienz, denn dass diese nicht im privaten Rahmen stattfand, sondern an sich schon eine politische Kommunikationssituation auf einer Metaebene eröffnete, zeigt die Nachricht der *Haerlemsche Courant*, nämlich dass *sihoewel sijn Hoogheyt [Karl Albrecht, d.V.] geen Ceremonie begeerde, 100 heest men nochtans geremarkeert, dat de Paus hem by d'Audientie met de Hoed en de Degen ontfangen en tedere expressien gebruyckt heest, noemende hem Soon*[163].

Die Berichte der Zeitungen sind mit zahlreichen weiteren Nachrichten über die Karl Albrecht entgegengebrachten Ehren, seine Stellung innerhalb des kurialen Zeremoniells und seine Zusammenkunft mit Kardinälen, der italienischen Nobilität oder auch anderen Größen des Reiches wie dem Kurprinz von Sachsen angereichert. Auch die von Vernulaeus zusätzlich angeführten Tugenden des gesellschaftlichen Umgangs[164] werden anhand der Fülle an Notizen über festliche Anlässe und *grandios*[e] *Conversatione*[165] für Karl Albrecht impliziert. Es wird somit klar, dass sich für das europäische Publikum im Zuge der Reise ein Bild von Karl Albrecht als (zukünftigem) Fürst und Herrscher mit jeder neuen Nachricht zu einem vollständigeren Gesamtbild zusammenfügte.

Diese Analyse zielt jedoch nicht auf den Nachweis einer Propagandaabsicht seitens der Suite, des Kurfürsten in München oder dergleichen ab. Es sollte lediglich gezeigt werden, wie auch durch die Kommunikation mit einer breiteren Öf-

Gäste offiziell betreuten.
159 OH, Nr. 13 (28.3.1716), Venetien den 14 Maerti; vgl. auch Gazette, Nr. 14 (4.4.1716), De Venise, 14 Mazi 1716.
160 KALMÁR, Vorbilder (wie Anm. 128), 50.
161 Gazette, Nr. 19 (9.5.1716), De Rome, le 14 Avril 1716.
162 KALMÁR, Vorbilder (wie Anm. 128), 50.
163 OH, Nr. 18 (2.5.1716), Roma den 11 April.
164 Vgl. VERNULAEUS, Virtutum (wie Anm. 129), 57, 63, 149, 155, 173, 187.
165 CO, (6.5.1716), Roma, 18. Aprile.

fentlichkeit von einem touristischen in einen alltäglichen Raum Identitätsentwürfe tradiert werden können.

Zusammenfassend lässt sich also sagen, dass sich die touristischen Leitkategorien von Kontingenz und Alterität über einen individuellen Erfahrungsraum innerhalb der Prinzenreise hinausgreifend auch auf mögliche Kommunikationsräume, und damit möglicherweise lediglich objektiv, nicht subjektiv empfundene Identitäten anwenden lassen, die aufgrund des ihnen zugrundeliegenden Mediums und der Verschriftlichungsstrategie verschiedene (Teil-)Öffentlichkeiten adressieren können. Darüber hinaus konnte ein Anstoß gegeben werden, die Frühe Neuzeit nicht rigoros aus der historischen Tourismusforschung auszuschließen, sondern den Versuch zu wagen, alternative Konzepte und Fragestellungen, welche von der Tourismusgeschichte bis jetzt unbeachtet geblieben sind, auch auf frühneuzeitliche Kontexte zu übertragen. In erster Linie aber ist die multidimensionale Überlieferung des Giro d'Italia Karl Albrechts in der Lage, Self-Fashioning- und Kommunikationsstrategien des bayerischen Kurfürstenhauses – unter Aufbietung aller der um 1700 zur Verfügung stehenden Mittel medialer Inszenierung – zwischen Individuum, Hof und Öffentlichkeit sichtbar zu machen.

GEORG WILHELM FRIEDRICH HEGELS BAMBERGER NETZWERK

Von Mark Häberlein und Michaela Schmölz-Häberlein

1. Von Jena nach Bamberg

Die Schlacht bei Jena und Auerstedt, in der die Truppen des Kaisers der Franzosen, Napoleon I., der preußischen Armee eine verheerende Niederlage zufügten, sowie die damit einhergehenden Zerstörungen und Plünderungen veränderten das Leben in der thüringischen Universitätsstadt von Grund auf. Der Lehrbetrieb war zeitweilig unterbrochen, die Zahl der Studenten ging dramatisch zurück, und viele Professoren kehrten der Stadt auf der Suche nach einer neuen Wirkungsstätte den Rücken. Auch der Philosoph Georg Wilhelm Friedrich Hegel (1770–1831), der seit Anfang 1801 in Jena lebte und dort seit 1805 zuerst unbesoldeter, dann mäßig honorierter außerordentlicher Professor war, verließ die Stadt – zunächst vorübergehend von Anfang November bis Mitte Dezember 1806, um in Bamberg den Druck seiner »Phänomenologie des Geistes« im dortigen Verlag Göbhardt zu überwachen. Nach seiner Rückkehr stellte sich nicht nur seine berufliche, sondern auch seine private Situation ausgesprochen problematisch dar: Am 8. Februar 1807 brachte seine ehemalige Hauswirtin Christiane Charlotte Burckhardt, eine geborene Fischer, ihren gemeinsamen Sohn Georg Ludwig Friedrich Fischer zur Welt. Hegel dachte indessen nicht daran, die Mutter des Kindes zu heiraten, und Mutter und Kind blieben in Jena, als er Anfang März 1807 zum zweiten Mal nach Bamberg ging[1].

Obwohl Hegel bereits Ende 1800 darüber nachgedacht hatte, sich in Bamberg niederzulassen[2], war die Entscheidung für die fränkische Bischofsstadt in erster

---

1 Vgl. Karl ROSENKRANZ, Georg Wilhelm Friedrich Hegel's Leben, Berlin 1844, 227–231; Kuno FISCHER, Hegels Leben, Werke und Lehre, Bd. 1, Heidelberg 1901, 69–74; Terry PINKARD, Hegel: A Biography, Cambridge 2000, 221–233; Walter JAESCHKE, Hegel-Handbuch: Leben – Werk – Schule, 3. Aufl. Stuttgart 2016, 22–24; Hans Friedrich FULDA, Georg Wilhelm Friedrich Hegel, München 2003, 272 f. – Zu Hegels Bamberger Verleger Göbhardt vgl. Karl Klaus WALTHER, Buch und Leser in Bamberg 1750–1850. Zur Geschichte der Verlage, Buchhandlungen, Druckereien, Lesegesellschaften und Leihbibliotheken (Beiträge zum Buch- und Bibliothekswesen, Bd. 39), Wiesbaden 1999, 122–157 (speziell zum Druck der »Phänomenologie des Geistes« 154).
2 Vgl. ROSENKRANZ, Hegel's Leben (wie Anm. 1), 142 f.; PINKARD, Hegel (wie Anm. 1), 85.

Linie durch seine schwierige Lebenssituation bedingt. Sein Biograph Terry Pinkard schreibt: »When, out of the blue, Niethammer offered him a position as editor of a newspaper in Bamberg, Hegel jumped at the chance, although it is clear that he did it with some regret"[3]. Der Philosoph habe die ihm angebotene Redakteursstelle der »Bamberger Zeitung« zwar aus Mangel an Alternativen angenommen, sie aber lediglich als Zwischenlösung angesehen – »something to which he was not completely averse but which was clearly second-best for him«[4]. Indessen hoffte er weiterhin auf eine Universitätskarriere[5] und schrieb im Juni 1808 an den Jenenser Verleger Carl Friedrich Ernst Frommann: *ohne ordentliche Besoldung kann ich nicht hin, mit einer solchen aber würde ich herzlich gern, und wenn ich es recht bedenke, nirgend lieber hingehen; zu einer honetten Arbeit zurückzukommen, verzweifle ich fast ausser Jena.*[6]

Während Hegels Redakteurstätigkeit in Bamberg einige Aufmerksamkeit gefunden hat[7], fallen die Abschnitte über sein soziales Leben in der fränkischen Bischofsstadt in Hegel-Biographien meist recht knapp aus und erschöpfen sich in der Aufzählung geselliger Aktivitäten sowie seiner dortigen Freunde und Bekannten[8]. Bei den Personen, mit denen Georg Wilhelm Friedrich Hegel ausweislich der Korrespondenz während seiner Bamberger Zeit zwischen März 1807 und November 1808 in Kontakt stand, handelte sich zumeist um Ärzte, Geistliche, Beamte und Offiziere. Während einige von ihnen bekannte Persönlichkeiten der Bamberger Lokalgeschichte, in manchen Fällen sogar namhafte Protagonist(inn)en der Geistes-, Literatur- und Bildungsgeschichte ihrer Zeit waren, sind andere über die Erwähnungen in Hegels Briefwechsel hinaus biographisch kaum greifbar. Vor diesem Hintergrund ist es das Ziel dieses Beitrags, die biographischen Profile und Netzwerke von Hegels Bamberger Bekannten schärfer herauszuarbeiten und sie in ihrem zeithistorischen Kontext zu verorten. Damit möchten wir sowohl dazu beitragen, das soziale Umfeld des Philosophen während seiner Bamberger Zeit genauer auszuleuchten, als dies bislang der Fall war, als auch die geistes- und sozial-

---

3 PINKARD, Hegel (wie Anm. 1), 233.
4 Ebd., 236. Vgl. JAESCHKE, Hegel-Handbuch (wie Anm. 1), 24.
5 PINKARD, Hegel (wie Anm. 1), 233–236.
6 Zitiert nach Georg LASSON (Hg.), Hegels handschriftliche Zusätze zu seiner Rechtsphilosophie, Leipzig 1914, 50.
7 Vgl. Wilhelm Raimund BEYER, Zwischen Phänomenologie und Logik. Hegel als Redakteur der Bamberger Zeitung, Frankfurt am Main 1955; WALTHER, Buch und Leser in Bamberg (wie Anm. 1), 103–106; PINKARD, Hegel (wie Anm. 1), 243–247; Manfred RÜHL, Journalistik und Journalismen im Wandel. Eine kommunikationswissenschaftliche Perspektive, Wiesbaden 2011, 101–107.
8 Vgl. PINKARD, Hegel (wie Anm. 1), 247 f.; JAESCHKE, Hegel-Handbuch (wie Anm. 1), 25.

geschichtlichen Veränderungen in der fränkischen Bischofsstadt an der Wende vom 18. zum 19. Jahrhundert weiter zu erhellen.

2. Rahmenbedingungen

Der Kontext, in dem sich Hegels Tätigkeit in Bamberg zwischen Frühjahr 1807 und Herbst 1808 entfaltete, erscheint vor allem durch vier Faktoren geprägt. Der erste und wohl wichtigste war die durch bayerische Besatzungstruppen im Herbst 1802 eingeleitete Säkularisation des Hochstifts Bamberg. Damit endete die jahrhundertelange Geschichte Bambergs als unabhängiges geistliches Territorium, und aus der fürstbischöflichen Residenzstadt, die im Jahre 1804 18 388 Einwohner zählte[9], wurde eine bayerische Provinzstadt. Während diese Zäsur für Teile der Bamberger Bevölkerung zweifellos einen Verlust bedeutete – Domkapitel und Universität wurden aufgehoben, der fürstbischöfliche Behördenapparat und die meisten Klöster aufgelöst – eröffnete sie in anderer Hinsicht neue Chancen. So wurde aus der katholischen Bischofsstadt, in der Protestanten bis 1802 die öffentliche Ausübung ihrer Religion verwehrt blieb, im Zuge der Eingliederung nach Bayern eine mehrkonfessionelle Stadt. Die evangelische Gemeinde erhielt die ehemalige Stiftskirche St. Stephan zugeteilt und konnte seit 1806 eigene Gottesdienste feiern[10]. Eine grundlegende Umgestaltung erfuhr auch das Bamberger Gesundheits- und Sozialwesen: Der vormalige fürstbischöfliche Leibarzt Adalbert Friedrich Marcus (1753–1816)[11], der 1789 Gründungsdirektor des damals hochmodernen Allgemeinen Bamberger Krankenhauses geworden war, dessen Karriere aber unter dem letzten Fürstbischof Christoph Franz von Buseck (reg. 1795–1802) ins Stocken geraten war, nutzte die Gelegenheit des Machtwechsels, um sich den Posten eines Medizinaldirektors in Franken zu sichern und in dieser neuen Position weitreichende Reformpläne umzusetzen: Ende April 1803 schrieb Marcus an

9 Vgl. Andreas SCHENKER, Die Bevölkerungsentwicklung in Bamberg 1758–1804. Quellen, Verfahren und Daten, in: Bericht des Historischen Vereins Bamberg 151 (2015), 185–210, hier 201.
10 Günter DIPPOLD, Der Umbruch von 1802/04 im Fürstentum Bamberg, in: Renate BAUMGÄRTEL-FLEISCHMANN (Hg.), Bamberg wird bayerisch. Die Säkularisation des Hochstifts Bamberg 1802/03, Bamberg 2003, 21–69; Winfried THEURER/Robert ZINK, Bambergs Wandel von der fürstbischöflichen Residenzstadt zur bayerischen Provinzialstadt, in: ebd., 325–366.
11 Vgl. zu ihm zuletzt Mark HÄBERLEIN/Michaela SCHMÖLZ-HÄBERLEIN, Adalbert Friedrich Marcus (1753–1816) – Ein Bamberger Arzt zwischen aufgeklärten Reformen und Romantischer Medizin (Stadt und Region in der Vormoderne Bd. 5), Würzburg 2016; Gerhard AUMÜLLER, Adalbert Friedrich Marcus. Der waldeckische Reformer des fränkischen Medizinalwesens und seine Familie, Bad Arolsen 2016.

Friedrich Wilhelm Joseph Schelling, er wolle *die Medicinalanstalten in Franken auf den Punct bringen, wo sie in Deutschland noch nicht waren*[12]. In schier atemberaubendem Tempo wurden 1803 ein Medizinalkollegium eingerichtet, eine Anstalt für unheilbare Kranke, ein Entbindungshaus, Ausbildungsstätten für Hebammen und Krankenwärterinnen, eine medizinisch-chirurgische Schule und eine Nervenklinik gegründet. Damit verfügte Bamberg über ein für die damalige Zeit ausgesprochen fortschrittliches Medizinalwesen. In einem Brief Schellings konnte Hegel im Mai 1803 lesen: *Marcus regiert Land u. Leute u. hat sich sein zu einer Medicinalschule erhobenes Hospital wieder vortrefflich eingerichtet*[13].

Damit ist zugleich ein zweiter für unser Thema wichtiger Kontext angesprochen: An der Wende vom 18. zum 19. Jahrhundert war Bamberg gebildeten Mitteleuropäern vor allem als medizinisches Zentrum bekannt. Neben dem modernen Krankenhausbau war dafür maßgeblich der Umstand verantwortlich, dass sich Adalbert Friedrich Marcus und sein zeitweiliger Stellvertreter Andreas Röschlaub (1768–1835) seit Mitte der 1790er Jahre einer damals heftig diskutierten neuen medizinischen Lehre, dem Brownianismus, verschrieben hatten und diese in Bamberg praktisch erprobten. Die Reformen und Experimente der dortigen Ärzte lockten in den Jahren um 1800 Scharen junger Mediziner in die fränkische Bischofsstadt, und der Bamberg-Besuch des Philosophen Friedrich Wilhelm Joseph Schelling initiierte eine Phase der Kooperation mit Marcus und Röschlaub, die in einer gemeinsamen Publikation von Schelling und Marcus, den »Jahrbüchern der Medicin als Wissenschaft« (1805–1808) kulminierte[14].

Marcus' Hinwendung zu Schellings Naturphilosophie führte jedoch auch zum Bruch zwischen ihm und seinem Mitstreiter Andreas Röschlaub, der den Brownianismus zu einer eigenständigen Erregungstheorie weiterentwickelt hatte[15] und sich über Marcus‹ Geltungsdrang und intellektuelle Sprunghaftigkeit verbittert zeigte. Nachdem Röschlaub 1802 einen Ruf nach Landshut angenommen hatte,

12 Johann Leopold PLITT, Aus Schellings Leben. In Briefen, 3 Bde., Leipzig 1869/70, hier Bd. 1, 457; Horst FUHRMANS (Hg.), Schelling. Briefe und Dokumente, 3 Bde., Bonn 1962–1975, hier Bd. 2, 499.
13 FUHRMANS, Schelling (wie Anm. 12), 284 f.; auch zitiert in Wolfgang GRÜNBECK, Der Bamberger Arzt Dr. Adalbert Friedrich Marcus, Diss. med. Universität Erlangen-Nürnberg 1971, 48 f.; Werner E. GERABEK, Friedrich Wilhelm Joseph Schelling und die Medizin der Romantik. Studien zu Schellings Würzburger Periode, Frankfurt am Main 1995, 56; Katharina BRAUNER, Bamberg als Zentrum der romantischen Medizin, Diss. med. Universität Würzburg 2006, 57.
14 Vgl. HÄBERLEIN/SCHMÖLZ-HÄBERLEIN, Adalbert Friedrich Marcus (wie Anm. 11), bes. 71–160, 201–207, 213–217, 241–267.
15 Vgl. dazu insbesondere Nelly TSOUYOPOULOS, Andreas Röschlaub und die romantische Medizin. Die philosophischen Grundlagen der modernen Medizin, Stuttgart 1982.

holte Marcus den jungen Arzt Conrad Joseph Kilian (1771–1811), der sich ganz der Naturphilosophie verschrieben hatte, aus Jena als seinen Stellvertreter nach Bamberg[16]. Eine fragwürdige Aktion von Marcus, der einen kritischen Zeitungsartikel über die Universität Würzburg und das dortige Juliusspital unter Kilians Namen lanciert hatte, führte jedoch dazu, dass sich auch Marcus und Kilian bereits 1804 entzweiten. Kilian, der sich durch Marcus verleumdet und gemobbt fühlte, überzog diesen mit Klagen und veröffentlichte 1805 eine umfangreiche polemische Schrift gegen ihn[17].

Mit diesen Vorgängen war auch Hegel, der Kilian während dessen Jenenser Zeit begegnet sein dürfte, vertraut. *Gestern*, schrieb er im Dezember 1804 an seinen Freund, den wie er selbst aus Württemberg stammenden Philosophen und Theologen Friedrich Immanuel Niethammer (1766–1848)[18], *hörte ich Marcus' Triumph über Killian und bedaure diesen, daß er in seinem eigentlichen juristischen Siege doch der geschlagene Teil ist*[19]. Und im März 1805 äußerte Hegel gegenüber Niethammer: *Von Kilian und Marcus hat man ohne Zweifel noch schöne Aufklärung zu erwarten; ersterer scheint wenigstens gegen den zweiten nicht [so] ganz zu Boden zu liegen, als es scheint, und wenigstens diesen noch darnieder strecken zu vermögen*[20]. Im November 1805 erhielt Hegel von seinem Briefpartner Karl Wilhelm Gottlob Kastner (1783–1857)

---

16 Der gebürtige Würzburger Kilian studierte zunächst in seiner Heimatstadt Theologie. Kurz nach seiner Priesterweihe ging er nach Jena, konvertierte dort zum evangelischen Glauben und begann ein Medizinstudium. 1806/07 erschien die von ihm herausgegebene Zeitschrift »Georgia oder der Mensch im Leben und im Staate«. Vgl. zu seiner Biographie Paul BÖHMER, Die medizinischen Schulen Bambergs in der ersten Hälfte des 19. Jahrhunderts, Diss. med. Universität Erlangen-Nürnberg 1970, 103–105.
17 Conrad J. KILIAN, Meine Zurückberufung nach Franken und Wiederaufnahme daselbst durch Direktor Marcus in Bamberg, München 1805. Vgl. dazu HÄBERLEIN/SCHMÖLZ-HÄBERLEIN, Adalbert Friedrich Marcus (wie Anm. 11), 230–238, 267–281.
18 Vgl. zu ihm Wilhelm G. JACOBS, Niethammer, Friedrich Immanuel, in: Neue Deutsche Biographie 19 (1999), 247, Online-Version: https://www.deutsche-biographie.de/pnd118734865.html#ndb-content (abgerufen am 29.12.2017); Gunther WENZ (Hg.), Friedrich Immanuel Niethammer (1766–1848). Beiträge zu Biographie und Werkgeschichte (Abhandlungen der Bayerischen Akademie der Wissenschaften. Philosophisch-historische Klasse, N.F., Heft 133), München 2009; WALTHER, Buch und Leser in Bamberg (wie Anm. 1), 31, 53, 104 f., 154, 192; und die Kurzbiographie bei Reinhardt WENDT, Die Bayerische Konkursprüfung der Montgelas-Zeit. Einführung, historische Wurzeln und Funktion eines wettbewerbsorientierten, leistungsvergleichenden Staatsexamens (Miscellanea Bavarica Monacensia, Bd. 131), München 1984, 178.
19 Hegel an Niethammer, Jena, 10.12.1804, in: Johannes HOFFMEISTER (Hg.), Briefe von und an Hegel, Band I: 1785–1812, Hamburg 1952, 88–90 (Zitat 89).
20 Hegel an Niethammer, Jena, 4.3.1805, in: HOFFMEISTER (Hg.), Briefe von und an Hegel (wie Anm. 19), 92–95 (Zitat S. 93). Zur »Affäre Kilian« vgl. HÄBERLEIN/SCHMÖLZ-HÄBERLEIN, Adalbert Friedrich Marcus (wie Anm. 11), 267–280.

einen ausgesprochen kritischen Bericht über Andreas Röschlaub, der angeblich die Dissertation von Karl Eberhard Schelling, dem Bruder des Philosophen, plagiiert hatte[21]. Bamberg war Hegel also bereits vor 1807 als medizinisches Zentrum sowie aufgrund der Kontroversen der führenden Mediziner ein Begriff.

Eine dritte Rahmenbedingung, die den zeithistorischen Kontext von Hegels Bamberg-Aufenthalt prägte, waren die Koalitionskriege gegen das revolutionäre bzw. napoleonische Frankreich, die die Stadt zwischen 1796 und 1815 wiederholt in Mitleidenschaft zogen. 1796 war Bamberg erstmals von französischen Truppen besetzt worden, und von Dezember 1800 bis April 1801 war sie sogar zwischen französischen und österreichischen Besatzungstruppen geteilt. Im Sommer 1806 waren erneut französische Truppen in Bamberg einquartiert, und Anfang Oktober hatte Napoleon hier die Kriegserklärung an Preußen unterzeichnet[22]. Den abziehenden französischen Truppen hatte sich zu diesem Zeitpunkt auch der aus dem Elsass stammende Priester Gérard Gley (1761–1830) angeschlossen, der Frankreich 1791 aufgrund der Zivilkonstitution des Klerus verlassen hatte und nach Zwischenstationen als Hauslehrer bei adeligen Familien in Köln und Mainz 1794 nach Bamberg gekommen war. Dort hatte Gley in der Dombibliothek die mittelalterliche Heliand-Handschrift entdeckt, sich als Sprachlehrer betätigt und 1795 die Redaktion der »Bamberger Zeitung«, der ersten von der fürstbischöflichen Hofdruckerei unabhängigen Zeitung vor Ort, übernommen[23]. Der publizistische Erfolg dieser

21 Kastner an Hegel, Heidelberg, 15.11.1805, in: Hoffmeister (Hg.), Briefe von und an Hegel (wie Anm. 19), 102 f.: *Schellings Bruder ist jetzt in Wien prakt. Arzt; Röschlaub hat an ihm eine Art Plagiat begangen, in dem er seine medizin[ische] Dissertation inauguralis verbatim übersetzt und als erstes Kapitel seiner ›Jaterie‹ aufgesteckt hat, ohne jene Dissertation zu erwähnen. Das Lustigste hiebei ist, daß Röschlaub selbst die ›Jaterie‹ an Schelling in Würzburg sandte und seine Prüfung sich erbat.*
22 Matthias Winkler, *Noth, Thränen und Excesse aller Art.* Bamberg in der Epoche der Koalitionskriege, 1792–1815, in: Mark Häberlein (Hg.), Bamberg im Zeitalter der Aufklärung und der Koalitionskriege (Bamberger Historische Studien 12 / Veröffentlichungen des Stadtarchivs Bamberg 19), Bamberg 2014, 217–270.
23 Vgl. zu ihm Georg Seiderer, Formen der Aufklärung in fränkischen Städten. Ansbach, Bamberg und Nürnberg im Vergleich (Schriftenreihe zur bayerischen Landesgeschichte 114), München 1997, 64, 479–483; Walther, Buch und Leser in Bamberg (wie Anm. 1), 28–30, 66, 103, 191; Bernhard Spörlein, Die ältere Universität Bamberg (1648–1803). Studien zur Institutionen- und Sozialgeschichte, 2 Bde., Berlin 2004, Bd. 2, 879, 882 f., 1318–1320; Matthias Winkler, Die Emigranten der Französischen Revolution in Hochstift und Diözese Bamberg (Bamberger Historische Studien, Bd. 5 / Veröffentlichungen des Stadtarchivs Bamberg, Bd. 13), Bamberg 2010, 121–129; Ders., Das Exil als Aktions- und Erfahrungsraum. Regionalhistorische Perspektiven auf die französischen Revolutionsemigranten im östlichen Mitteleuropa nach 1789, in: Jahrbuch für Regionalgeschichte 33 (2015), 47–72; Mark Häberlein, *eine schöne, klingende und heute zu Tag unentbehrliche Sprache.* Fremdsprachen und Kulturtransfer in Bamberg im Zeitalter der Aufklärung, in: Ders. (Hg.), Bamberg im Zeitalter der Aufklärung (wie Anm. 22), 71–130, bes. 104–107, 120–126.

Zeitung, die Gley bis 1801 und erneut von 1804 bis 1806 im Rückgebäude des Hauses von Adalbert Friedrich Marcus redigierte[24], sowie der politischen Beilage »Charon« zeigt Matthias Winkler zufolge »die Innovationsfähigkeit des Emigranten Gley, der kurz nach seiner Ankunft in Bamberg bestehende Angebotslücken auf publizistischem Gebiet identifizieren und die offenbar vorhandenen Nachfragepotenziale abschöpfen konnte«[25]. Darüber hinaus beschäftigte sich Gley mit Kants Philosophie und traf 1800 – wohl auf Vermittlung von Adalbert Friedrich Marcus – in Bamberg mit Schelling und August Wilhelm Schlegel zusammen. 1805 reiste er eigens nach Erlangen, um die Antrittsvorlesung Johann Gottfried Fichtes zu hören[26]. Nachdem Gley im Herbst 1806 die von Marschall d'Avoût[27] angeführten Truppen als Dolmetscher nach Preußen und Polen begleitet hatte, trug Niethammer die durch seinen Wegzug vakant gewordene Redakteursstelle Hegel an. Niethammer führte dazu aus: *Der Eigentümer der hiesigen Zeitung hat seinen Redakteur, einen französischen Emigrierten, beim letzten Durchzug der Franzosen an den Marschall Devoust als Begleiter abgegeben und in Hoffnung, daß er zurückkehren werde, die Redaktion einstweilen einem hiesigen Professor Täuber übertragen, der denn dieses Geschäft so brillant führt, daß er der Zeitung beinah schon die Todesfackel angezündet hatte. Dieser Umstand, in Verbindung mit dem andern, daß der vorige Redakteur nicht zurückkömmt, hat den Herrn Schneidewind oder Schneidewang[28] oder wie sonst der wunderlich prononcierte Name des Zeitungsinhabers heißt, – bewogen, sich schleunigst um Hülfe umzusehen.*[29]

Niethammer, dem die Stelle zunächst selbst angeboten worden war, lehnte diese aufgrund seiner vielfältigen Belastungen ab und vermittelte sie stattdessen sei-

24 Siehe dazu ausführlich HÄBERLEIN/SCHMÖLZ-HÄBERLEIN, Adalbert Friedrich Marcus (wie Anm. 11), 174–180.
25 WINKLER, Das Exil als Aktions- und Erfahrungsraum (wie Anm. 23), 55.
26 WINKLER, Das Exil als Aktions- und Erfahrungsraum (wie Anm. 23), 57.
27 Louis-Nicolas d'Avoût (bzw. Davoust oder Davoust) (1770–1823) war einer der fähigsten Generäle Napoleons und spielte eine zentrale Rolle in der Schlacht bei Jena und Auerstedt im Oktober 1806. Vgl. zu ihm John G. GALLAHER, The Iron Marshal. A Biography of Louis N. Davoût, London 2000; Pierre CHARRIER, Le maréchal Davoût, Paris 2005.
28 Es handelt sich hierbei um den Hofkastner Konrad Schneiderbanger: WALTHER, Buch und Leser in Bamberg (wie Anm. 1), 103–106. Vermutlich verwechselte Niethammer den Namen mit demjenigen des Juristen und Hofkammerrats Franz Joseph Adolph Schneidawind (1766–1808), der 1797 einen zweibändigen »Versuch einer statistischen Beschreibung des kaiserlichen Hochstifts Bamberg« veröffentlicht hatte. Vgl. zu ihm SEIDERER, Formen der Aufklärung (wie Anm. 23), 292–301 und passim (s. Register).
29 Niethammer an Hegel, Bamberg, 16.2.1807, in: HOFFMEISTER (Hg.), Briefe von und an Hegel (wie Anm. 19), 143 f. (Zitat 143); vgl. auch WALTHER, Buch und Leser in Bamberg (wie Anm. 1), 192; PINKARD, Hegel (wie Anm. 1), 240 f.

nem Freund Hegel[30]. Dieser verdankte den mit den Koalitionskriegen verbundenen biographischen Wechselfällen aber nicht nur seine Stelle als Zeitungsredakteur in Bamberg, er konnte auch den Einfluss der Kriege auf die Stadt miterleben, in der spätestens im August 1808 wieder eine größere Zahl verwundeter französischer Soldaten untergebracht war[31]. Im selben Monat teilte Hegel Niethammer mit, dass demnächst das bayerische Militär Bamberg verlassen und eine 10 000 Mann starke französische Division in der Stadt stationiert werde[32].

Eine vierte wichtige Rahmenbedingung ist darin zu sehen, dass sich in der traditionell vom fürstbischöflichen Hof und der hochstiftischen Verwaltung geprägten Residenzstadt seit dem letzten Jahrzehnt des 18. Jahrhunderts Formen bürgerlicher Vergesellschaftung herausgebildet hatten, die auch für Hegel bedeutsame soziale und kulturelle Ressourcen darstellten. Die Gründung der »Bamberger Zeitung« im Jahre 1795 ist dafür nur eines von mehreren markanten Beispielen. Aus informellen wöchentlichen Treffen einer Gruppe lokaler Honoratioren – Juristen, Ärzte, Kaufleute, wohlhabende Gewerbetreibende – war 1792 ein »Club« hervorgegangen, der sich feste Statuten gab und in dem einmal mehr der Arzt Adalbert Friedrich Marcus eine zentrale Rolle spielte[33]. Daraus waren 1796 eine »Gesellschaft der Honoratioren« und 1808 schließlich die »Harmonie«-Gesellschaft als geselliger Treffpunkt des Adels und des Bildungsbürgertums in Bamberg hervorgegangen. Die Gesellschaft, die *alle Personen vom Range, Künstler, Kaufleute, jeden angesehenen Bürger von edlem, moralischem Karakter* und sogar *Frauenzimmer* aufnahm, hatte in der Zeit von Hegels Aufenthalt rund 200 Mitglieder[34]. In der Neujahrsnacht 1808 nahm der Philosoph verkleidet an einem Fest teil, das Adalbert

---

30 Vgl. ROSENKRANZ, Hegel's Leben (wie Anm. 1), 231; FISCHER, Hegels Leben (wie Anm. 1), 73; PINKARD, Hegel (wie Anm. 1), 241.
31 WINKLER, Bamberg in der Epoche der Koalitionskriege (wie Anm. 22), 331 f.
32 Hegel an Niethammer, Bamberg 20.8.1808, in: HOFFMEISTER (Hg.), Briefe von und an Hegel (wie Anm. 19), 238.
33 Joachim Heinrich JÄCK, Adalbert Friedrich Marcus, nach dem Leben und Charakter geschildert, Erlangen 1813, Sp. 721; Friedrich SPEYER/Karl Moritz MARC, Dr. A. F. Marcus nach seinem Leben und Wirken geschildert. Nebst Krankheits-Geschichte, Leichenöffnung, neun Beilagen und dem vollkommen ähnlichen Bildnisse des Verstorbenen, Bamberg 1817, 137 f.; Bernhard SCHEMMEL, Bamberg und die »Harmonie« zwischen Aufklärung und Biedermeier, in: Jahrbuch für fränkische Landesforschung 53 (1992), 321–333; SEIDERER, Formen der Aufklärung (wie Anm. 23), 215; Karin DENGLER-SCHREIBER, So ein Theater. Geschichten aus 200 und einem Jahr Bamberger Stadttheater, Bamberg 2003, 24, 136.
34 Vgl. SCHEMMEL, Bamberg und die »Harmonie« (wie Anm. 33), 329 f.; DENGLER-SCHREIBER, Theater (wie Anm. 33), 53–55 (Zitat 54).

Friedrich Marcus zu Ehren des Generallandeskommissärs Graf Friedrich Karl von Thürheim (1762–1832) veranstaltete[35].

Ein weiterer Markstein bürgerlicher (bzw. bürgerlich-adeliger) Vergemeinschaftung war die Gründung des Bamberger Theaters. Nachdem Mitglieder der »Gesellschaft der Honoratioren« 1797 ein Amateurtheater ins Leben gerufen hatten, erhielt der Leipziger Daniel Gottlob Quandt (1762–1815) drei Jahre später ein fürstbischöfliches Privileg, nach dem Ende des laufenden Koalitionskriegs in Bamberg ein professionelles Ensemble zu etablieren. Nachdem Quandts Truppe in finanzielle Schwierigkeiten geraten war, übernahm es im Frühjahr 1802 der selbst als Schriftsteller hervorgetretene Julius Graf von Soden (1754–1831), der mit Gérard Gley und Adalbert Friedrich Marcus bei der Redaktion der »Bamberger Zeitung« und deren Beilage »Charon« zusammengearbeitet hatte. Soden kaufte ein Anwesen am Zinkenwörth (dem heutigen Schillerplatz), das er zu einem Schauspielhaus umbauen ließ. Neben eigenen Stücken Sodens kamen Dramen der damals populären Autoren Iffland und Kotzebue, aber auch Schillers »Räuber«, Lessings »Emilia Galotti« und Mozart-Opern zur Aufführung[36]. Der laufende Betrieb überstieg allerdings die Mittel Sodens, der das Anwesen im Februar 1808, also während Hegels Anwesenheit in Bamberg, an die Wirtin Anna Maria (Nanette) Kauer verkaufen musste. Kauer ließ daraufhin Theater und Gesellschaftshaus neu errichten, doch der Theaterbetrieb blieb defizitär, und die Direktoren wechselten in rascher Folge[37].

3. Montgelas' Mann in Bamberg: Joseph du Terrail Bayard (1765–1815)

Während Friedrich Immanuel Niethammer, der 1806 protestantischer Oberschulkommissar für Franken geworden war, zweifellos die zentrale Rolle bei der Vermittlung der Redakteursstelle an Hegel spielte, kam offensichtlich auch viel auf die Zustimmung Joseph du Terrail Bayards an, der damals der »starke Mann« der bayerischen Verwaltung im ehemaligen Hochstift Bamberg war. Das Stellenangebot hatte Niethammer seinem Freund *nach einer neuen Erinnerung, die* [ich] *bei dem*

---

35 Vgl. GRÜNBECK, Adalbert Friedrich Marcus (wie Anm. 13), 44 f.; SCHEMMEL, Bamberg und die »Harmonie« (wie Anm. 33), 332; PINKARD, Hegel (wie Anm. 1), 248; HÄBERLEIN/SCHMÖLZ-HÄBERLEIN, Adalbert Friedrich Marcus (wie Anm. 11), 340.
36 Friedrich LEIST, Ein Beitrag zur Geschichte des Theaters in Bamberg, Bamberg 1862, 7 f.; Peter HANKE, Ein Bürger von Adel. Leben und Werk des Julius von Soden 1754–1831, Würzburg 1988, 145–147; DENGLER-SCHREIBER, Theater (wie Anm. 33), 35–41, 146.
37 DENGLER-SCHREIBER, Theater (wie Anm. 33), 46–48, 55.

Geh[eimen] *R*[at] *von Bayard gestern machte*, übermittelt. Bayard, der die Stelle zunächst Niethammer angetragen hatte, übernahm die Redakteursstelle bis zu Hegels Ankunft selbst[38]. In seiner Antwort an Niethammer signalisierte Hegel grundsätzliches Interesse und fügte hinzu: *Ein sehr vorteilhafter Umstand dabei wird sein, daß ich mit Herrn Geh*[eimen] *R*[at] *v*[on] *Bayard zu tun haben werde*[39]. In Bamberg standen der Philosoph und der bayerische Beamte regelmäßig miteinander in Kontakt. So ließ Hegel im Juli 1807 seinen Freund Niethammer wissen, dass sich Bayard nach ihm erkundigt habe[40]. Im folgenden Monat, als die politische Situation in Bamberg offenbar angespannt war – *Patrouillen haben mehrere Nächte und Tage in der Stadt grassiert*, wie Hegel an Niethammer schrieb – scheint allerdings auch der Kontakt mit Bayard schwieriger geworden zu sein: *Herr von Bayard habe ich in solcher Zeit nicht zwischen die Beine laufen mögen;* […] *ich vermute, daß er von jenem Regieren sich zurückzog. Wer damals gegen die Bamberger – Sie wissen, wie diese Leute sind – behauptet hätte, die Landesdirektion habe viel Verstand in diesen Operationen bewiesen, die sich jede Stunde widersprachen und aufhoben, der wäre bei diesen Leuten in den Ruf gekommen, daß er die Sucht zu Paradoxien habe*[41].

Im Januar 1808 bezeichnete Hegel Bayard in einem Brief an Niethammer als *helle*[n] *Kopf*, doch sei er *so durch und durch ein praktischer Geschäftsmann, daß er mir schon oft erklärt hat, er halte nichts aufs Theoretische, wenn es nicht einen sogenannten praktischen Nutzen habe, und lebt sonst so in den gewöhnlichen bayerischen Vorstellungen, daß die Bayern eine vortreffliche Natur haben, nicht leicht andere Bauern so viel Mutterwitz u.s.f.* […] *Ich sagte bei Gelegenheit zu ihm, daß Bayern ein wahrer Dintenklecks in dem Lichttableau von Deutschland gewesen; er meinte, dies sei nur Eigendünkel der Sachsen oder Protestanten, die den Lamey*[42] *u.s.f., die Stifter der Akademie, nicht kennen wollen; es seien vortreffliche Abhandlungen in den Memoiren der Akademie*

38 Niethammer an Hegel, Bamberg, 16.2.1807, in: HOFFMEISTER (Hg.), Briefe von und an Hegel (wie Anm. 19), 143.
39 Hegel an Niethammer, Jena 20.2.1807, in: HOFFMEISTER (Hg.), Briefe von und an Hegel (wie Anm. 19), 145.
40 Hegel an Niethammer, Bamberg, 8.7.1807, in: HOFFMEISTER (Hg.), Briefe von und an Hegel (wie Anm. 19), 175.
41 Hegel an Niethammer, Bamberg, 8.8.1807, in: HOFFMEISTER (Hg.), Briefe von und an Hegel (wie Anm. 19), 182.
42 Hierbei handelt es sich um den Historiker und Bibliothekar Andreas Lamey (1726–1802), der 1763 durch Kurfürst Karl Theodor von der Pfalz an die neugegründete Kurpfälzische Akademie der Wissenschaften in Mannheim berufen wurde. Er war seit 1767 Herausgeber der »Mannheimer Zeitung«. Vgl. Peter FUCHS, Lamey, Andreas, in: Neue Deutsche Biographie 13 (1982), 444 f.; Online-Version: https://www.deutsche-biographie.de/pnd116653582.html#ndbcontent (aufgerufen am 29.12.2017).

u.s.f.[43] Noch 1810, als er bereits in Nürnberg lebte, erwähnte Hegel Bayard in einem Brief an Niethammer[44].

Eine biographische Spurensuche zu diesem Mann, über den bislang keine Literatur vorliegt, zeigt vor allem seine enge Beziehung zu der prägenden Gestalt der damaligen bayerischen Politik, Maximilian Graf von Montgelas (1759–1838). Der aus der Grafschaft Artois stammende Bayard soll einen Teil seiner Ausbildung in Paris absolviert haben und war 1783 bis 1785 als Student der Logik an der Landesuniversität Ingolstadt immatrikuliert[45]. Anschließend stand er laut Joachim Heinrich Jäck in den Diensten des Herzogs Karl II. August Christian von Pfalz-Zweibrücken (1746–1795), des Bruders des späteren bayerischen Kurfürsten Maximilian IV. Joseph[46]. Seit Anfang der 1790er Jahre arbeitete Bayard als Legationssekretär der pfalz-bayerischen Gesandtschaft beim Fränkischen Kreis in Nürnberg und fungierte 1792 auch als Herausgeber der in der fränkischen Reichsstadt erscheinenden »Teutsche[n] Ministerialzeitung« (ab 1793 »Deutsche Staats und Ministerialzeitung«), die sich gegen die Französische Revolution positionierte[47]. 1794 erhielt du Terrail Bayard vom pfalz-bayerischen Kurfürsten die Erlaubnis, die Uniform eines Leutnants à la Suite zu tragen[48]. Zu seinen Aufgaben in Nürnberg

---

43 Hegel an Niethammer, Bamberg, 22.1.1808, in: Hoffmeister (Hg.), Briefe von und an Hegel (wie Anm. 19), 210.
44 Hermann Glockner, Ein bisher unbekannter Brief Hegels an Niethammer, in: Archiv für Geschichte der Philosophie 40/3 (1931), 398–402, hier 399.
45 Rainer A. Müller (Bearb.), Die Matrikel der Ludwig-Maximilians-Universität: Ingolstadt, Landshut, München, Teil 1: Ingolstadt. Bd. 3: 1700–1800. Halbband 2: 1750–1800, München 1979, 201; Franz Xaver Freninger (Hg.), Das Matrikelbuch der Universitaet Ingolstadt-Landshut-München: Rectoren, Professoren, Doctoren 1472–1872. Candidaten 1772–1872, München 1872, 95.
46 Joachim Heinrich Jäck, Joseph du Terrail Bayard, in: Ders., Wichtigste Lebensmomente aller königl. baierischen Civil- und Militär-Bediensteten dieses Jahrhunderts, Heft 2, Augsburg 1819, 34 f.; Esteban Mauerer (Bearb.), Die Protokolle des Bayerischen Staatsrats 1799 bis 1817. Band 3: 1808 bis 1810, München 2010, 160 Anm. 279 (Onlinefassung: http://www.bayerischer-staatsrat.de). – Ein Problem der biographischen Rekonstruktion besteht darin, dass sich bei Jäck wiederholt Ungereimtheiten finden.
47 Johann Christoph Siebenkees (Hg.), Materialien zur Nürnbergischen Geschichte, Bd. 2, Nürnberg 1792, 657; Oscar Gross, Zeitschriftenwesen Nürnbergs und der Markgrafschaft Ansbach und Bayreuth, Augsburg 1928, 76 f.
48 Bayerisches Hauptstaatsarchiv (im Folgenden BayHStA), Offizierspersonalakten, Nr. 77104, Personalakte Du Terrail Bayard, München, 7.7.1794. Im Hof- und Staatskalender des Jahres 1794 ist Bayard unter der Rubrik »Wirkl. aber nicht statusmässige Sekretarien« aufgeführt. Seiner Churfürstlichen Durchleucht zu Pfalzbaiern [...] Hof- und Staatskalender für das Jahr [...] 1794, München 1794, 335. Weitere Erwähnungen bei Michael Puchta, Mediatisierung »mit Haut und Haar, Leib und Leben«. Die Unterwerfung der Reichsritter durch Ansbach-Bayreuth (1792–1798) (Schriftenreihe der Historischen Kommission bei der Bayerischen Akademie der Wissenschaften 85), Göttingen 2012, 300 Anm. 62; 346 Anm. 9; 536 Anm. 42 und 44; 603 Anm. 318.

gehörte es unter anderem, *auf die fremde Werbungen, wegen den daselbst sich engagie-ren lassen wollenden Churfürstlichen Deserteurs, und Landeskindern gute Absicht zu tragen, und die von selbigen vertragenen Armaturs, und sonstige Stücke rückzukaufen.* Für das elfte pfalz-bayerische Füsilierregiment hatte er *eine stille Werbung zu halten*, also insgeheim Rekrutierungen durchzuführen[49].

Zwischen 1794 und 1798 versorgte Bayard Montgelas, der sich damals als Sekre-tär des exilierten Zweibrücker Herzogs Max IV. Joseph in Ansbach aufhielt und an einer Reform der bayerischen Verwaltung arbeitete[50], regelmäßig mit Informatio-nen über Angelegenheiten des Fränkischen Kreises sowie über die Postverhältnisse in Nürnberg und das Eintreffen von Nachrichten aus Paris und Wien. Im März 1795 erstattete er beispielsweise über die zugunsten Georg Karl Ignaz Freiherr von Fechenbach zu Laudenbach (reg. 1795–1808) ausgegangene Würzburger Bischofs-wahl Bericht. Außerdem schickte er Montgelas Auszüge aus französischen Zei-tungen[51].

Offensichtlich wurde der starke Mann der damaligen preußischen Politik in Franken, Karl August Freiherr von Hardenberg (1750–1822), auf Bayards Fähigkei-ten aufmerksam, denn er nahm ihn in preußische Dienste und schickte ihn sogar in diplomatischer Mission nach Paris[52]. Nachdem er seinen eigenen Angaben zu-folge [u]*nter drei königlichen Ministern* [...] *in Preußen gedient* hatte, trat er 1800 wieder in bayerische Dienste ein[53]. Dort erhielt er den Posten eines Referendärs im Ministerialdepartement des Äußeren; zu seinem Dienstantritt wurde ihm im Fe-bruar 1800 eine Sondervergütung von 300 Gulden gewährt[54]. In seiner neuen Funktion nahm Bayard auch an den Sitzungen des 1799 gebildeten Bayerischen Staatsrats teil, wo er zu ganz unterschiedlichen Fragen Stellung nahm und diverse

---

49 BayHStA, Offizierspersonalakten, Nr. 77104, Personalakte Du Terrail Bayard, München, 10.10.1794.
50 Vgl. dazu Eberhard WEIS, Montgelas' innenpolitisches Reformprogramm: Das Ansbacher Mémoire für den Herzog vom 30.9.1796, in: ZBLG 33 (1970), 219–256; Michael HENKER u.a. (Hg.), Bayern entsteht. Montgelas und sein Ansbacher Mémoire von 1796 (Veröffentlichungen zur Bayeri-schen Geschichte und Kultur, Nr. 32), Augsburg 1996, 22–36.
51 BayHStA, Nachlass Montgelas, Fasz. 63.
52 Er sollte dort dem Gesandten des preußischen Königs, David Alphonse de Sandoz-Rollin (1740–1809), Informationen übermitteln. Karl SÜSSHEIM, Preußens Politik in Ansbach-Bayreuth 1791–1806, Berlin 1902, 193.
53 MAURER (Bearb.), Protokolle des Bayerischen Staatsrats 1799 bis 1817, Band 3 (wie Anm. 46), 160 Anm. 279.
54 Ebd.; vgl. Reinhard STAUBER/Esteban MAURER (Bearb.), Protokolle des Bayerischen Staatsrats 1799 bis 1817. Band 1: 1799 bis 1801, München 2006, Nr. 55, 236–238 (Onlinefassung: http://www.baye-rischer-staatsrat.de).

Reskripte einbrachte[55]. Im Hinblick auf Bayards früheres Engagement bei der »Teutschen Ministerialzeitung« in Nürnberg und die spätere Berufung Hegels nach Bamberg ist interessant, dass Bayard am 10. März 1802 im Staatsrat über eine Presseangelegenheit referierte. Demnach sollte dem bergischen Geheimrat Johann Anton Mannes unter bestimmten Bedingungen gestattet werden, *sein bisheriges Adressblatt in Düsseldorf in einen herzoglich bergischen Anzeiger umzuändern*[56].

Nachdem er im Oktober 1802 letztmals an einer Staatsratssitzung teilgenommen hatte[57], trat Bayard im folgenden Jahr die Stelle des Direktors der Ersten Deputation der Landesdirektion Würzburg an; damit wurde er der ranghöchste bayerische Beamte in dem ehemaligen fränkischen Hochstift nach dem Generallandeskommissär der fränkischen Fürstentümer, Graf Friedrich Karl von Thür-

55 Am 13. Mai 1801 referierte Bayard, dass sich die *in den diesseitigen Gerichtsbezirken entlegenen königlich preusischen Untertanen* weigerten, die Kriegskostenumlage zu zahlen. STAUBER/MAUERER, Protokolle des Bayerischen Staatsrates, Band 1 (wie Anm. 42), 310. Im Monat darauf wies er die zuständige Kommission darauf hin, dass die Kriegskostenumlage nicht von den Eigengütern des Kurhauses Brandenburg-Preußen eingezogen werden sollte. Ebd., 377. Am 10. Juni 1801 äußerte er sich zur anstehenden Neubesetzung der Stelle eines Rats bei der Landesregierung der Oberpfalz. Vorgeschlagen wurde Jakob Duras, Legationssekretär bei der bayerischen Gesandtschaft in Wien. Ebd., 348. Im Juli desselben Jahres sprach Bayard sich gemeinsam mit dem Sekretär des Finanzministeriums Steiner dafür aus, die vier Kanzleien der Ministerialdepartments mit den zugehörigen Registraturen im ehemaligen Klostergebäude der Theatiner unterzubringen. Ebd., 385. Vier Monate später wurden die entsprechenden Pläne ausführlich von Bayard vorgestellt. Ebd., 468–471. Im August 1801 schlug er eine Modifikation der Kabinettsordre vor, die die Auswanderung aus Bayern hinsichtlich der Dienstverpflichtung beim Militär stärker kontrollieren sollte. Ebd., 411. Im darauffolgenden November ging es erneut um das Thema Auswanderung: Bayard referierte über die vor allem in der Pfalz stattfindenden Werbungen für Gebiete, die im Zuge der Teilungen Polens an Preußen gefallen waren. Auch im Fränkischen Kreis sollte das Thema angesprochen werden und ein generelles Auswanderungsverbot erlassen werden. Ebd., 465. Im Januar 1802 berichtete Bayard im Staatsrat über einen Streit zwischen Magistrat und Kommandantur in Landshut *wegen Aufbewahrung der Stadtthorschlüßel*. Esteban MAUERER (Bearb.), Protokolle des Bayerischen Staatsrats 1799 bis 1817. Band 2: 1802 bis 1807, München 2008, 80 (Onlinefassung: http://www.bayerischer-staatsrat.de). Anfang März desselben Jahres findet sich sein Name auf einer Liste der *bei der französischen Occupation der hiesigen Hauptstadt gebrauchten Quartiers- und Vorspanns-Kommissarien*. Ebd., 137 f. Im April 1802 genehmigte der Staatsrat ein von Bayard entworfenes Reskript zur Organisation einer Schützenkompanie in Heidelberg (ebd., 195). Im Juni 1802 referierte Bayard über die Frage, ob das im Ausland angelegte Vermögen einer im Lande ansässigen Person der Nachsteuer unterlag (ebd., 253), und Anfang Juli äußerte er sich zur Frage der Militärdienstpflicht (ebd., 260 f.).
56 MAUERER (Bearb.), Protokolle des Bayerischen Staatsrats, Band 2 (wie Anm. 55), 153. Mannes gab zwischen 1789 und 1792 die »Churfürstlich privilegirte Bergische Provinzialzeitung« sowie die »Elberfelder Address-Comtoir-Nachrichten« heraus. Vgl. Holger BÖNING, Pressewesen und Aufklärung – Intelligenzblätter und Volksaufklärer, in: Sabine DOERING-MANTEUFEL u.a. (Hg.), Pressewesen der Aufklärung: Periodische Schriften im Alten Reich (Colloquia Augustana, Bd. 15), Berlin 2001, 69–119, hier 115.
57 MAUERER (Bearb.), Protokolle des Bayerischen Staatsrats, Band 2 (wie Anm. 55), 20, 345.

heim[58]. Im Juni 1803 wurde Bayard von Kurfürst Max IV. Joseph *zum Zeichen der besondern Höchsten Zufriedenheit mit seinen geleisteten Diensten* in den Rang eines wirklichen Geheimen Rats erhoben[59]. Anfang Oktober 1805 handelte er als Vertreter Bayerns in Würzburg mit den Oberkriegskommissaren des ersten und zweiten französischen Armeekorps die Modalitäten der Versorgung französischer Truppen in Mainfranken aus[60]. Im selben Jahr soll er im Rahmen seiner administrativen Tätigkeit in Ansbach seine Ehefrau kennengelernt haben[61].

Während Bayards Würzburger Zeit suchten Künstler wie der Maler Johann Martin von Wagner (1771–1858) seine Patronage[62], und er pflegte gesellschaftlichen Umgang mit Friedrich Wilhelm Joseph Schelling (der von 1803 bis 1806 Professor in Würzburg war), seiner Ehefrau Caroline und Meta Forkel-Liebeskind, die alle auch zum Bekanntenkreis Hegels zählten. Im Mai 1806 beispielsweise schrieb Caroline an Schelling, Bayard habe ihr *von einem Briefe der Liebeskind an Dich* erzählt, der *an ihn adressiert* gewesen sei und *durch halb Deutschland gewandert ist, ehe er endlich an Dich gelangte*[63].

Im Jahre 1808 wurde Bayard mit einem Jahresgehalt von 2600 Gulden zum Kanzleidirektor des Mainkreises in Bamberg ernannt; damit war er der zweithöchste Vertreter des bayerischen Staates im Mainkreis nach dem Generallandeskom-

58 MAUERER (Bearb.), Protokolle des Bayerischen Staatsrats, Band 2 (wie Anm. 55), 494; Regierungsblatt für die Churbayerischen Fürstenthümer in Franken. Erster Jahrgang, 20. Stück, 14.5.1803, 94; Wolfgang WEISS, Kirche im Umbruch der Säkularisation. Die Diözese Würzburg in der ersten bayerischen Zeit (1802/03–1806), Würzburg 1993, 111; Ute FEUERBACH, Konflikt und Prozess. Bäuerliche Interessenpolitik für Freiheit und Eigentum in Mainfranken 1802–1848, Neustadt an der Aisch 2003, 284.
59 Regierungsblatt für die Churbayerischen Fürstenthümer in Franken. Erster Jahrgang, 24. Stück, 20.6.1803, 116.
60 Churpfalzbaiersches Regierungsblatt, XLIII. Stück, 23.10.1808, 1071–1078.
61 JÄCK, Joseph du Terail Bayard (wie Anm. 46), 35. Seine Frau soll die Tochter eines verstorbenen Beamten des Ritterkantons Odenwald in Kochendorf namens Lämmert und eine Schwester des Spitalverwalters Heinrich Lämmert im zum Hochstift Bamberg gehörenden Ort Scheßlitz gewesen sein. Sie war nach Jäck in erster Ehe verheiratet mit einem Hofkomponisten des Hauses Oettingen-Wallerstein. Aus der Ehe sind mehrere Kinder hervorgegangen, die nach dem Tode des Vaters mit ihrer Mutter in Regensburg lebten.
62 Clemens TANGERDING, Der Drang zum Staat. Lebenswelten in Würzburg zwischen 1795 und 1815, Köln u.a. 2011, 190.
63 Erich SCHMIDT, Caroline. Briefe aus der Frühromantik. Nach Georg Waitz vermehrt herausgegeben, 2 Bde., Leipzig 1913, hier Bd. 2, 450. Vgl. auch Monika SIEGEL, *Ich hatte einen Hang zur Schwärmerey ... Das Leben der Schriftstellerin und Übersetzerin Meta Forkel-Liebeskind im Spiegel ihrer Zeit*, Diss. Universität Darmstadt 2000 (Onlinefassung: tuprints.ulb.tu-darmstadt.de/epda/000222/Meta.pdf), 149 f.

missär Stephan Freiherr von Stengel, der 6000 Gulden verdiente[64]. Im Herbst 1810 wechselte Bayard als Kanzleidirektor des Rezatkreises nach Ansbach[65], doch 1814 – ein Jahr vor seinem Tod – wird er erneut als »Canzlei-Director in Bamberg« genannt. Er starb im Alter von 50 Jahren in Ansbach[66].

Zusammenfassend lässt sich Joseph du Terrail Bayard somit als Verwaltungsfachmann charakterisieren, der offenbar das Vertrauen von Montgelas genoss und nach einer mehrjährigen Tätigkeit im Staatsrat seit 1803 zu den führenden Repräsentanten des bayerischen Staates in den neuen fränkischen Landesteilen gehörte. Darüber hinaus zeigte er ein ausgeprägtes Interesse an Pressefragen und war wiederholt selbst als Zeitungsredakteur aktiv. Und obwohl Hegel ihn als pragmatischen »Geschäftsmann« beschrieb, scheint er sowohl in Würzburg als auch in Bamberg vertrauten Umgang mit Künstlern und Intellektuellen gepflegt zu haben.

4. Adelige, Akademiker und Offiziere

In einem Brief an Friedrich Immanuel Niethammers Gattin Rosine Eleonore skizzierte Hegel Ende Mai 1807 in knappen Strichen ihren gemeinsamen Bamberger Bekanntenkreis: *Fuchs rekontriere ich zuweilen. Bengels[67] sehe ich zuweilen auf dem Spaziergang; Sommers ist der Teezirkel nicht so organisiert, öfters bin ich bei Ritter und Frau von Jolli; auch mit Dirufs gehe ich um. […] In die Bekanntschaft der Frau Gräfin Rotenhan[68] bin ich gleichfalls gebracht worden; dies ist eine besonders achtungs-*

---

64 Mauerer (Bearb.), Protokolle des Bayerischen Staatsrats, Band 3 (wie Anm. 46), 160. 1810 erscheint Bayard als »geheime[r] Referendär und Mitglied des fränkischen Generalcommissariats«. Ansichten der vorzüglichsten Gegenden des Fürstenthums Bamberg […], Bamberg 1810, 176. Im Addreß-Handbuch für den königlich-baierischen Mainkreis, auf das Jahr 1810, Bamberg 1810, 5 wird er als Kreiskanzleidirektor bezeichnet.

65 Baierische National-Zeitung, Nr. 247, 22.10.1810, 1007; Staats- und Address-Handbuch der Staaten des Rheinischen Bundes für das Jahr 1811, 293.

66 Jahrbuch der General-Administration der Stiftungen im Königreiche Bayern, Bd. 1, Sulzbach/München 1814, 143. Aus den Todesanzeigen lässt sich das Geburtsjahr Bayards rekonstruieren. Intelligenzblatt des Rezatkreises, Ansbach 26.7.1815, Sp. 1111 f., 1146.

67 Hier war keine genauere Identifizierung möglich; für den Tübinger Theologen Ernst Gottlieb Bengel (1769–1826) ist jedenfalls bislang kein Aufenthalt in Bamberg belegt.

68 Es handelt sich hierbei um Dorette Henriette von Rotenhan, geb. von Lichtenstein. Sie hatte 1801 zwei ihrer Kinder von Adalbert Friedrich Marcus gegen Pocken impfen lassen. Häberlein/Schmölz-Häberlein, Adalbert Friedrich Marcus (wie Anm. 11), 239. Ihr verstorbener Mann Friedrich Christoph Philipp von Rotenhan (1749–1798) hatte geschäftliche Kontakte mit Verwandten des Bamberger Arztes. Vgl. Mark Häberlein/Michaela Schmölz-Häberlein, Revolutionäre Aussichten – die transatlantischen Aktivitäten der Gebrüder Mark im Zeitalter der Amerikanischen Revolution, in: Jahrbuch für europäische Überseegeschichte 15 (2015), 29–89, hier 71 f., 74, 82 f.

würdige Frau, und ihre Töchter ebenso natürlich und gutartig als auch gebildet und voller Talente[69].

Verfolgt man die in dieser Briefpassage gelegten Fährten biographisch weiter, so zeigt sich, dass es sich hier überwiegend um Akademiker und Offiziere bzw. deren Gattinnen handelte, die sich wie Hegel selbst noch nicht lange in Bamberg aufhielten. Der evangelische Theologe Karl Heinrich Fuchs (1773–1847), der aus einer in Heidelberg ansässigen Hugenottenfamilie stammte, hatte nach dem Schul- und Universitätsbesuch in seiner Heimatstadt 1796 eine Pfarrstelle im pfälzischen Wachenheim an der Haardt angenommen und war drei Jahre später reformierter Feldprediger in der kurpfalz-baierischen Brigade Carl Philipp Joseph von Wredes (1767–1838) geworden. Im Zuge der Säkularisation des Hochstifts Würzburg kam er 1803 mit der Armee des Generalleutnants von Isenburg in die mainfränkische Bischofsstadt, wo er als evangelischer Pfarrer – zunächst nur für Militärangehörige, dann für alle protestantischen Einwohner – und Konsistorialrat wirkte. Außerdem wurde er 1804 an der dortigen Universität promoviert und übernahm zeitweilig eine Professur für Theologie. Wie Joseph du Terrail Bayard wechselte Fuchs 1806 von Würzburg nach Bamberg, nachdem die mainfränkische Bischofsstadt zum Regierungssitz des neugebildeten Großherzogtums Franken geworden war. Im Jahre 1807 heiratete er Friederike Vogel, die Tochter eines Kammerrechnungsrats[70] in Bayreuth. Nachdem er bis 1810 in Bamberg als Pfarrer der neugegründeten evangelischen Gemeinde St. Stephan und Konsistorialrat fungiert hatte, ging er als Generaldekan nach Regensburg. Nach einer weiteren Zwischenstation in Ansbach (1817–1835) beendete er seine Karriere als Oberkonsistorialrat und zweiter Hauptprediger in München. Eine nach Fuchs' Tod im Jahre 1847 im Druck erschienene Grabrede hob hervor, er habe sich der *mit besondern Schwierigkeiten verbundenen* Aufgabe, in Bamberg einen evangelischen Gottesdienst einzuführen, *mit ebenso viel Umsicht und Klugheit, als edler Würde und fester Haltung* gewidmet[71].

69 Hegel an Frau Niethammer, Bamberg, 30.5.1807, in: HOFFMEISTER (Hg.), Briefe von und an Hegel (wie Anm. 19), 170 f. Vgl. auch Horst ALTHAUS, Hegel und die heroischen Jahre der Philosophie, Wien 1992, 225.
70 Vermutlich handelt es sich hierbei um den Rechnungsrat Georg Friedrich Vogel. Addresshandbuch für die fränkischen Fürstenthümer Ansbach und Bayreuth 1801, Bayreuth 1801, 233.
71 Christian Friedrich BOECKH, Grabrede bei der Beerdigung des am 2. April 1847 in München gestorbenen Herrn Dr. Karl Heinrich Fuchs […], München 1847, 6. Vgl. Neuer Nekrolog der Deutschen, 25. Jahrgang 1847, 1. Teil, Weimar 1849, 265–269; Johannes HUND, Das Augustana-Jubiläum von 1830 im Kontext von Kirchenpolitik, Theologie und kirchlichem Leben, Göttingen 2016, 247 Anm. 293.

Karl Heinrich Fuchs lässt sich demnach wie Joseph du Terrail Bayard als ein Mann charakterisieren, dessen Karriere durch die Umbrüche der Revolutionskriege und der napoleonischen Zeit mehrfach unvorhergesehene Wendungen nahm, und wie Bayard trug er dazu bei, die säkularisierten fränkischen Bistümer in den bayerischen Staat zu integrieren. In Hegels Korrespondenz findet er wiederholt Erwähnung[72]. Im Juli 1807 äußerte der Philosoph über die Frau des Pfarrers: *der jungen Fuchs ihr Vater hat in Bayreuth einen vortrefflichen Garten und Treibhaus, und ihr gewächshauswarmes Gefühl findet vielleicht in Bamberg nicht immerdar bei den andern den gleich heißen Echokuß.*[73] Und im Januar 1808 schrieb er an seinen Freund Niethammer: *In acht Tagen wird die hiesige protestantische Kirche eröffnet; Fuchs läßt eine Einladungsschrift drucken, ich habe soeben die Korrektur gelesen.*[74] Auch eine schwere Erkrankung des ersten Kindes des Pfarrerehepaars findet in Hegels Korrespondenz Erwähnung[75].

Die in Hegels Briefen mehrfach genannte *Frau von Jolli,* an der der Philosoph offenbar großen Gefallen fand[76], hieß mit Mädchennamen Marie Eleonore Alt. Sie stammte zwar aus Bamberg, hatte jedoch einen auswärtigen Offizier geheiratet und verließ mit diesem einige Jahre später ihre Heimatstadt. Ihr Gatte Ludwig (Louis) Jolly (1780–1853), der wie Karl Heinrich Fuchs aus einer pfälzischen Hugenottenfamilie stammte, war der Sohn eines Pfarrers der wallonischen Kirchengemeinde in Mannheim. Im Alter von 15 Jahren trat er in ein kurpfalz-bayerisches Füsilierregiment ein und begann eine Militärlaufbahn. 1803 wurde er in die Garnison nach Bamberg verlegt, lernte dort die damals siebzehnjährige katholische Marie Eleonore, die Tochter eines Archivars, kennen und heiratete sie im Oktober des folgenden Jahres. Jolly zog 1805 erneut in den Krieg und kehrte 1806 im Rang eines Hauptmanns aus dem Vierten Koalitionskrieg zurück. Nachdem seine Frau 1808 eine erste Tochter entbunden hatte und sie sich ein halbes Jahr in Nürnberg nie-

---

72 Hegel an Niethammer, Bamberg, 2.5.1807, in: HOFFMEISTER (Hg.), Briefe von und an Hegel (wie Anm. 19), 163; Paulus an Hegel, [Nürnberg], 28.11.08, in: ebd., 264 f.

73 Hegel an Niethammer, Bamberg, 8.8.1807, in: HOFFMEISTER (Hg.), Briefe von und an Hegel (wie Anm. 19), 181.

74 Hegel an Niethammer, Bamberg, 22.1.1808, in: HOFFMEISTER (Hg.), Briefe von und an Hegel (wie Anm. 19), 210.

75 Hegel an Niethammer, Bamberg 20.8.1808, in: HOFFMEISTER (Hg.), Briefe von und an Hegel (wie Anm. 19), 239.

76 Vgl. Hegel an Niethammer, Bamberg, 2.5.1807, in: HOFFMEISTER (Hg.), Briefe von und an Hegel (wie Anm. 19), 163; Ders. an dens., Bamberg, 8.7.1807, in: ebd., 177. In letzterem Brief heißt es: *Die Frau von Jolli war sehr erfreut, von Ihnen, und um Ihnen nicht zu sehr zu schmeicheln, fast noch erfreuter einen Brief von Madame Nieth[ammer] zu erhalten. Die Stadt sagt, und wie die Leute hier sind, mir ins Gesicht, ich mache der Frau von J[olli] die Cour!*

dergelassen hatten, nahm er im folgenden Jahr seinen Abschied von der Armee und ging mit seiner erneut schwangeren Frau in seine Heimatstadt Mannheim, wo er später als Kaufmann und Bürgermeister reüssierte[77].

Bei Karl Jakob Diruf (1774–1869), mit dessen Familie Hegel geselligen Umgang pflegte, handelte es sich ebenfalls um einen gebürtigen Kurpfälzer, und auch in seinem Fall lässt der Name auf eine hugenottische Herkunft schließen. Diruf hatte in seiner Heimatstadt Heidelberg Philosophie und Medizin studiert, anschließend in Heilbronn praktiziert, zeitweilig als österreichischer Feldarzt gedient und war Prosektor[78] an der Veterinärschule in München geworden. Dort hatte er auch als Lehrer an der medizinischen Schule gewirkt und die Krankenwärter im Herzog-Josephs-Spital unterrichtet. Anschließend begleitete er den bayerischen Kronprinzen Ludwig (den späteren König Ludwig I.) auf Reisen nach Landshut, Göttingen, Italien und Frankreich. Ende 1805 war er als Medizinalrat und Sekundärarzt der Kranken- und Versorgungsanstalten nach Bamberg versetzt worden[79]. Er übernahm dort als Nachfolger Conrad Joseph Kilians die Funktion des Stellvertreters des bereits mehrfach erwähnten Adalbert Friedrich Marcus[80]. Bereits nach kurzer Zeit war das Verhältnis zwischen Diruf und seinem Vorgesetzten allerdings deutlich abgekühlt. Im Januar 1807 kam es zu einem Streit mit Marcus und der Kommission, die die Oberaufsicht über das Bamberger Krankenhaus innehatte, weil Diruf sich weigerte, monatliche statistische Tabellen über die Patienten zu führen[81]. In der Folgezeit protegierte Marcus massiv seinen Neffen Karl Moritz Marc (1784–1855) und versuchte, ihn als Nachfolger Dirufs in Stellung zu bringen. In einer Supplik an das bayerische Innenministerium wies Marcus im September 1807 darauf hin, dass *der Medizinalrath Diruf dem Vernehmen nach selbst anders wo-*

---

77 Hermann Baumgarten/Ludwig Jolly, Staatsminister Jolly: Ein Lebensbild, Tübingen 1897, 1–3. Vgl. auch den Artikel zu Julius Jolly in: Friedrich von Weech, Badische Biographien, Bd. 5, Karlsruhe 1906, 327 f.
78 Als Prosektor (»Vorschneider«, bzw. »Zergliederer«) bezeichnete man einen Mitarbeiter einer anatomischen Anstalt, der für die Entnahme von Organen bzw. Körperteilen aus Leichen zuständig war.
79 Jäck, Wichtigste Lebensmomente (wie Anm. 46), 28 f.; Adolphe Peter Calisen, Medicinisches Schriftsteller-Lexicon der jetzt lebenden Aerzte […], Band 5, Kopenhagen 1831, 225; Böhmer, Die medizinischen Schulen (wie Anm. 16), 92 f.
80 Böhmer, Die medizinischen Schulen (wie Anm. 16), 92; Michael Renner, Bamberg als medizinisches Zentrum Oberfrankens und Bayerns im frühen 19. Jahrhundert. Medizinisch-chirurgische Schule – Irrenhaus – Kranken- und Versorgungshäuser, in: Bayerisches Ärzteblatt 24/3 (1969), 250–267, hier 259.
81 Vgl. Häberlein/Schmölz-Häberlein, Adalbert Friedrich Marcus (wie Anm. 11), 310 f.

hin versetzt zu werden verlangt[82]. Diruf blieb jedoch einstweilen auf seinem Posten; um weiteren Konflikten mit Marcus aus dem Wege zu gehen, arbeitete er offenbar vorrangig im Irrenhaus und in der Anstalt für unheilbare Kranke. Außerdem lehrte er an der medizinisch-chirurgischen Schule in Bamberg. Als diese im Herbst 1809 als Schule für Landärzte reorganisiert wurde, wurde ihm der Unterricht in den Fächern Anthropologie, Zoologie, Physik und »Staatsarzneywissenschaft« (medizinische Policey) übertragen[83]. Im Januar 1810 wechselte Diruf ins Großherzogtum Würzburg, wo er als praktischer Arzt, Medizinalrat und Badearzt in Bocklet wirkte[84]. Im vorliegenden Zusammenhang ist zudem von Interesse, dass Diruf 1805 in Göttingen »Ideen zur Naturerklärung der Meteor- oder Luftsteine« publiziert hatte – ein Thema, das Hegel später in seinen Vorlesungen zur Philosophie der Natur aufgriff[85].

Zu dieser Gruppe meist akademisch gebildeter »Zugvögel«, deren Lebenswege in der Umbruchszeit zwischen 1802/03 und 1819 durch Bamberg führten, gehörte auch ein Ehepaar, das Hegel Ende 1807 als *neue Akquisition* für die Stadt bezeichnete: der Jurist und Flötenvirtuose Johann Heinrich Liebeskind (1768–1847) und seine Frau Sophia Margarethe Dorothea, genannt Meta (1765–1853). Die Tochter des Göttinger Theologen Rudolph Wedekind hatte zu diesem Zeitpunkt bereits ein bewegtes Leben hinter sich. Von ihrem ersten Ehemann, dem Musikwissenschaftler Johann Nicolaus Forkel, hatte sie sich nach kurzer Ehe getrennt; der Dichter Gottfried August Bürger, dessen Geliebte sie ungefähr ein Jahr lang gewesen war, hatte sie in Briefen und Gedichten als *Furciferaria* verspottet. Seit Ende der 1780er Jahre hatte sie zahlreiche Werke aus dem Englischen und Französischen übersetzt, darunter Constantin François Volneys »Die Ruinen oder Betrachtungen über die Revolutionen der Reiche« (1791), Thomas Paines politischen Traktat »Die Rechte des Menschen« (1792) und William Godwins Roman »Caleb Williams« (1795). Zur Zeit der Mainzer Republik (1792/93) bewegte sie sich im Umfeld der führenden Jakobiner, zu denen neben Georg Forster auch ihr Bruder Georg Wedekind gehörte. Aufgrund dieser persönlichen Verstrickungen befand sie sich nach dem Fall der Mainzer Republik zeitweilig in Festungshaft. 1794 hatte sie Johann Heinrich Liebeskind geheiratet, von dem sie bereits zwei Jahre zuvor ein Kind in dem Dorf

---

82 Zitiert bei HÄBERLEIN/SCHMÖLZ-HÄBERLEIN, Adalbert Friedrich Marcus (wie Anm. 11), 307. Vgl. auch JÄCK, Wichtigste Lebensmomente (wie Anm. 46), 29.
83 BÖHMER, Die medizinischen Schulen (wie Anm. 16), 38; HÄBERLEIN/SCHMÖLZ-HÄBERLEIN, Adalbert Friedrich Marcus (wie Anm. 11), 328.
84 JÄCK, Wichtigste Lebensmomente (wie Anm. 46), 28 f.
85 Michel John PETRY (Hg.), Hegel's Philosophy of Nature, Bd. 2, London 1970 (ND 2002), 278.

Vorra unweit von Bamberg, das zur Pfarrei Frensdorf gehörte, zur Welt gebracht hatte. Dieses Kind, das auf den Namen Adalbert Joseph Anton getauft wurde, hatte als Taufpaten den Bamberger Arzt Adalbert Friedrich Marcus und den dortigen Stadtapotheker und Ratsverwandten Joseph Sippel, der auch die Professur für Naturlehre an der Universität Bamberg innehatte[86]. Nach Stationen in Riga, Königsberg (1794) und Ansbach (1797) kam die Familie Liebeskind im Frühjahr 1807 nach Bamberg, wo Johann Heinrich Liebeskind eine Stelle als Oberjustizrat antrat[87].

Hegel ging davon aus, dass die freigeistige Schriftstellerin und Übersetzerin seinem Freund Niethammer *nicht unbekannt* war, und fügte hinzu: *Ihre Freundschaft mit der Schelling konnte etwa, je nachdem man von der letzteren urteilt, in die Neugierde, sie kennen zu lernen, etwas Schüchternheit bringen. Sie hat mir gutartig erschienen; und er ist in der Tat ein ganz scharmanter Mann; die übrige Bamberger Manier und Bildung ist vielleicht nicht ganz für diese Familie, ist vielleicht etwas gegen sie; so denke ich um so mehr, daß ich hier einen ungenierten und interessanten Umgang finde.*[88]

Tatsächlich kannte Meta Forkel-Liebeskind Caroline Böhmer-Schlegel-Schelling, die Tochter des Göttinger Orientalisten Johann David Michaelis, bereits aus ihrer Jugendzeit. Sie hatte in den Tagen der Mainzer Republik bei ihr gewohnt, sie 1797 auf dem Weg von Königsberg nach Ansbach in Jena besucht und war 1804 in Würzburg bei ihr zu Gast. Anlässlich dieses letzteren Besuchs ist auch ihre Bekanntschaft mit Joseph du Terrail Bayard dokumentiert[89].

Zwischen dem Juristen Liebeskind, seiner Frau und dem Zeitungsredakteur und Philosophen Hegel entwickelte sich zeitweilig eine enge persönliche Beziehung. *Liebeskinds sind für mich eine große Akquisition*, schrieb Hegel am 8. Juli 1807

---

86 Archiv des Erzbistums Bamberg, Pfarrmatrikel Frensdorf, Bd. 7/8, Geburten 1788–1793 (Fiche 87), Eintrag vom 2.10.1792, pag. 143. Teile des Eintrags wurden durchgestrichen, so dass sie nicht mehr entziffert werden können. Beide Taufpaten waren Gründungsmitglieder des »Clubs«, der ersten geselligen Vereinigung Bambergs. Vgl. HÄBERLEIN/SCHMÖLZ-HÄBERLEIN, Adalbert Friedrich Marcus (wie Anm. 11), 144, 243.

87 Zur Biographie von Meta Forkel-Liebeskind vgl. SIEGEL, *Ich hatte einen Hang zur Schwärmerey* … (wie Anm. 63). Speziell zu ihrer Zeit in Bamberg vgl. ebd., 157 f. Ein zeitgenössisches Porträt ihres Gatten findet sich bei Joachim Heinrich JÄCK, Pantheon der Literaten und Künstler Bambergs, 3. und 4. Heft, Erlangen 1813, Sp. 647–649.

88 Hegel an Frau Niethammer, Bamberg, 30.5.1807, in: HOFFMEISTER (Hg.), Briefe von und an Hegel (wie Anm. 19), 171. Auch zitiert in SIEGEL, *Ich hatte einen Hang zur Schwärmerey* … (wie Anm. 63), 158.

89 SIEGEL, *Ich hatte einen Hang zur Schwärmerey* … (wie Anm. 52), 22 f., 83, 86, 108 f., 116–118, 123, 130, 141 f., 148–150; vgl. SCHMIDT, Caroline. Briefe, Band II (wie Anm. 63), 450.

an Niethammer, *ich gehe fast nur in dieses Haus*[90]. Und im folgenden Monat ließ der Philosoph seinen Freund wissen: *Bei der Liebeskind habe ich vor ein paar Tagen mit der Gräfin von Soden ein L'hombre gemacht.*[91] Johann Heinrich Liebeskind wurde jedoch bereits Ende 1807 nach München versetzt, so dass der persönliche Kontakt mit Hegel nur wenige Monate währte[92].

Zu den wenigen katholischen Familien, mit denen Hegel zeitweilig engere Kontakte unterhielt, gehörten Georg Franz Pflaum (1778–1807) und seine Gattin. Pflaum und sein Vater, der in den 1790er Jahren als Strafrechtsreformer im Hochstift Bamberg hervorgetretene Hofrat und Justizreferendär Matthäus Pflaum (1748–1821)[93], waren auch mit Niethammer befreundet. Die Karriere von Georg Franz Pflaum hatte unter dem letzten Bamberger Fürstbischof Christoph Franz von Buseck begonnen: 1796 ist er im Hofkalender als Domicellar aufgeführt[94]. Im folgenden Jahr wurde er promoviert und später zum Hofrat und zweiten Kammerkonsulenten befördert. Am 2. September 1802 wurde er vom Fürstbischof persönlich im Dom mit Barbara, einer Tochter des Hof- und Regierungsrats Johann Georg Albert Schlehlein, getraut[95]. Nach der Säkularisation wurde der aufstrebende junge Jurist von der bayerischen Regierung zum Hofgerichtsrat ernannt[96]. Hegels Bekanntschaft mit ihm währte allerdings nur kurz, denn bereits zwei Monate nach seiner Ankunft in Bamberg starb dieser am 2. Mai 1807. Sein Sterbeeintrag in der Matrikel der Pfarrei St. Martin gibt als Todesursache *Gicht und Entzündungsfieber*

90 Hegel an Niethammer, Bamberg, 8.7.1807, in: HOFFMEISTER (Hg.), Briefe von und an Hegel (wie Anm. 19), 174–176. Auch zitiert in SIEGEL, *Ich hatte einen Hang zur Schwärmerey …* (wie Anm. 63), 158.
91 Hegel an Niethammer, Bamberg, 8.8.1807, in: HOFFMEISTER (Hg.), Briefe von und an Hegel (wie Anm. 19), 178–182 (Zitat 181).
92 SIEGEL, *Ich hatte einen Hang zur Schwärmerey …* (wie Anm. 63), 158.
93 Matthäus PFLAUM, Entwurf zur neuen Bambergischen peinlichen Gesetzgebung, Bamberg 1792; vgl. dazu Alfred SAGSTETTER, Der Pflaumsche Entwurf zur neuen Bambergischen peinlichen Gesetzgebung von 1792, in: Bericht des Historischen Vereins Bamberg 90 (1950), 1–91; Heinrich LANG, Das Fürstbistum Bamberg zwischen Katholischer Aufklärung und aufgeklärten Reformen, in: HÄBERLEIN (Hg.), Bamberg im Zeitalter der Aufklärung (wie Anm. 22), 11–70, bes. 36–39.
94 Bamberger Hofkalender: für das Jahr […] 1796, 18; Bamberger Hofkalender: für das Jahr […] 1798, 18.
95 Archiv des Erzbistums Bamberg, Dom Bamberg, Bd. 4/3, Eheschließungen 1800–1805, 2.9.1802 (Fiche 64).
96 Joachim Heinrich JÄCK, Pantheon der Literaten und Künstler Bambergs: Von Mahr bis Stiebar, Bamberg und Erlangen 1814, Sp. 861 f.; Friedrich WACHTER, General-Personal-Schematismus der Erzdiözese Bamberg 1007–1907. Eine Beigabe zum Jubeljahre der Bistumsgründung, Bamberg 1908, Nr. 7467; Euchar-Franz SCHULER, Die Bamberger Kirche im Ringen um eine freie Kirche in einem freien Staat. Das Werden und Wirken des Bamberger Kirchenrechtlers und Kirchenpolitikers Franz Andreas Frey (1763–1820) in den Auseinandersetzungen mit dem josephinistischen Staatskirchentum, Diss. theol., Universität Freiburg i.Br. 1979, 248 mit 31.

an[97]. Die Todesnachricht sandte Hegel umgehend an Niethammer: *Vor zwei Stunden ist Pflaum gestorben! Diese Nachricht, die ich nicht aufschieben wollte, Ihnen, hochgeschätzter Freund, zu geben, weil ich weiß, wie sehr sie diese Familie interessiert, – wird Sie zugleich ebenso überraschen, als dieser Tod allen unerwartet gewesen ist. Vorgestern wird Ihnen sein Vater, wie dieser sagte, mit der Ueberzeugung, die er, sowie Pflaum selbst, die Aerzte und wir Bekannte hatten, geschrieben haben, daß sich Pflaum besser befinde. Die Krankheit war eine schmerzhafte Gicht, die in den Gliedern umherzog und wobei er sehr litt und seine Frau nicht weniger.*[98]

In einem vier Wochen später verfassten Brief an Niethammers Frau ging Hegel ebenfalls auf diesen unerwarteten Todesfall ein und schilderte ausführlich das Leid der jungen Witwe[99]. Behandelt worden war Pflaum von den Ärzten Adalbert Friedrich Marcus und Johann Philipp Ritter (gest. 1813), die beide auch mit Hegel persönlich bekannt waren. Ritter soll in jungen Jahren dem 1781 vom jüdischen zum katholischen Glauben konvertierten Arzt Marcus Zugang zur Bamberger Gesellschaft verschafft haben und blieb ihm bis zu seinem Tode freundschaftlich verbunden[100]. Mit dem *ehrlichen Hofrat Ritter* traf sich der Philosoph, wie er Niet-

97 Archiv des Erzbistums Bamberg, Pfarrei St. Martin Bamberg, Bd. 23/26, Sterbefälle 1807 (Fiche 895), 2.5.1807 (551). Hier wird als Vorname Franciscus genannt.
98 Hegel an Niethammer, Bamberg, 2. Mai [1807], in: Hoffmeister (Hg.), Briefe von und an Hegel (wie Anm. 19), 162 f. (Zitat 162).
99 *Ich kann Sie versichern, daß ich nie etwas Rührenderes sah, als diese Frau. Ich sah sie etwa zehn Tage nach ihres Mannes Tode das erste Mal; sie war sehr heftig krank gewesen und war es noch, als ich bei ihr war; ihr[e] physische Krankheit war rein aus dem Innern, dem Gewaltsamen und Plötzlichen dieses Schmerzens oder dieses Stichs gekommen und lag ganz in den Nerven; sie hatte nicht die Kraft eines schreienden oder zürnenden oder schluchzenden oder auch nur weinenden Schmerzens, sondern, wie Sie ihre Weichheit kennen, war sie ganz aufgelöst, eine weiche, zitternde Gallerte ohne allen Halt. Sie war noch unfähig, an irgend etwas ihre Vorstellung auch nur auf einen Augenblick zu heften als an die letzten Stunden und Szenen des Lebens ihres Mannes; sie fühlte sich erleichtert, die Erzählung davon und die Ueberlegung, daß sie versäumt, daß überhaupt alles Mögliche getan worden, durch Gespräche zu wiederholen; wenn sie dann auf die Nennung der letzten Katastrophe und die Unmöglichkeit, daß es anders ist, kam, so holte sie einen tiefen Seufzer aus der innersten Brust und richtete ihre schönen blauen Augen aufwärts. Sie war das rührendste Bild der ergebensten, nämlich hoffnungslosen Schmerzensmutter. – Als sie eben anfing, aus dem Bette sein zu können, wurde sie von einem Magenkrampf befallen, der fünf Tage anhielt; in den ersten Tagen desselben sah ich sie wieder und hielt sie für sehr gefährlich krank, und die Aerzte kamen in große Verlegenheit; sie konnte mir nachher die Schmerzen, die sie ausstand, nicht heftig genug beschreiben. Aber damit scheint das Härteste seinen Abzug genommen zu haben; seitdem ist sie besser geworden und die vorige Woche fuhr sie und ging sie öfters aus; ich habe sie nicht gesehen, aber ich hörte, daß sie jetzt sich sehr wohl befindet. Sie ist jetzt meine Nachbarin.* Hegel an Frau Niethammer, Bamberg 30.5.1807, in: Hoffmeister (Hg.), Briefe von und an Hegel (wie Anm. 19), 169 f.
100 Jäck, Adalbert Friedrich Marcus (wie Anm. 33), Sp. 707 f.; Häberlein/Schmölz-Häberlein, Adalbert Friedrich Marcus (wie Anm. 11), 62 f., 362 f.

hammer im August 1807 mitteilte, um *nach dem Abendessen zuweilen ein Glas Wein zu trinken*[101].

5. Komplizierte Beziehungen: Hegel, das Ehepaar Paulus und Adalbert Friedrich Marcus

Den Befund, dass die meisten Bamberger Bekannten Hegels wie er selbst Orts-fremde waren, für die der Aufenthalt in der fränkischen Bischofsstadt nur eine Karrierestation von mehreren Monaten oder wenigen Jahren war, bestätigt auch das Beispiel des evangelischen Theologen Heinrich Eberhard Gottlob Paulus (1761–1851) und seiner Frau Karoline. Aus zwei Gründen verdient dieser Fall jedoch etwas eingehendere Beachtung: Zum einen kannten sich Hegel und das Ehepaar Paulus, das wie er selbst aus Württemberg stammte, bereits aus Jena[102], und sie trafen sich später auch in Nürnberg und Ansbach wieder[103]. Zum anderen hatte sich Karoline Paulus im Sommer 1801 im Badeort Bocklet auf eine Affäre mit Adalbert Friedrich Marcus eingelassen, aus der ein Sohn hervorgegangen war. Ob-wohl der im Frühjahr 1802 geborene August Wilhelm im Haushalt der Familie Paulus aufwuchs, war nicht nur der Mutter, sondern auch dem Vater wohl bewusst, dass es sich um das Kind von Marcus handelte[104]. Von daher war es durchaus hei-kel, dass Paulus, der 1803 eine (maßgeblich durch Adalbert Friedrich Marcus ver-mittelte) Stelle als Theologieprofessor an der nunmehr bayerischen Universität Würzburg angetreten hatte[105], ausgerechnet nach Bamberg versetzt wurde, nach-dem Würzburg vorübergehend wieder von Bayern abgetrennt und zu einem eige-nen Großherzogtum erhoben worden war. Er sollte ursprünglich zwar einen Ruf an die Universität Altdorf erhalten, doch wurde dies von dem Generallandeskom-missär von Thürheim verhindert, der von Paulus' Leistungen in Würzburg nicht

---

101 Hegel an Niethammer, Bamberg, 8.8.1807, in: HOFFMEISTER (Hg.), Briefe von und an Hegel (wie Anm. 19), 181.
102 Hegel an Hufnagel, Jena, 30.12.1801, in: HOFFMEISTER (Hg.), Briefe von und an Hegel (wie Anm. 19), 65; Schelling an Hegel, Cannstadt 11.7.1803, in: ebd., 70; PINKARD, Hegel (wie Anm. 1), 113, 222.
103 Vgl. Rebekka HABERMAS, Frauen und Männer des Bürgertums. Eine Familiengeschichte (1750–1850) (Bürgertum, Bd. 14), Göttingen 2000, 186 f., 191.
104 Vgl. dazu HÄBERLEIN/SCHMÖLZ-HÄBERLEIN, Adalbert Friedrich Marcus (wie Anm. 11), 220–227.
105 Vgl. HÄBERLEIN/SCHMÖLZ-HÄBERLEIN, Adalbert Friedrich Marcus (wie Anm. 11), 270–272.

überzeugt war. »Statt der Professur erhielt Paulus das Amt eines Konsistorialrats und Oberschul- und Studienkommissär[s] in Bamberg«[106].

Dort zog die Familie Paulus tatsächlich in das Haus von Adalbert Friedrich Marcus ein[107] – was angesichts der Tatsache, dass nicht nur Marcus' Frau, sondern auch deren Cousine darin wohnte, mit der Marcus ebenfalls seit 1802 einen unehelichen Sohn hatte, eine so prekäre Konstellation darstellte, dass sich Marcus im Herbst 1807 sogar um eine Zweitwohnung bemühte[108]. Aus der Logis bei Adalbert Friedrich Marcus in der Langen Straße im Zentrum Bambergs ergaben sich für Paulus offenbar vielversprechende Optionen im Hinblick auf seine weitere Karriereplanung, denn im August 1807 schrieb Hegel an Niethammer: *Paulussens hängen durch Marcus und die Frau Kommerzienrätin mit einer Seite des Präsident'schen Hauses zusammen.*[109] Bei der *Frau Kommerzienrätin* handelte es sich um Juliana (Esther) Stieglitz (1765–1834), die Witwe des 1801 in Bamberg verstorbenen russischen Kommerzienrats Nathan Marc[110], der ein Bruder von Adalbert Friedrich Marcus war. In zweiter Ehe heiratete sie 1810 den verwitweten Generallandeskommissär Stephan Freiherr von Stengel (1750–1822), mit dem sie dieser Briefstelle zufolge bereits 1807 eng befreundet war[111]. Stengel war neben Joseph du Terrail Bayard der einflussreichste Vertreter des bayerischen Staates im Mainkreis[112]. Zu seinen Ehren richtete Marcus 1808 das Neujahrsfest auf dem Bamberger Michaelsfest aus, an dem auch Hegel teilnahm[113].

106 TANGERDING, Der Drang zum Staat (wie Anm. 62), 101; vgl. WENDT, Die Bayerische Konkurssprüfung (wie Anm. 18), 178.
107 Carl Alexander Freiherr VON REICHLIN-MELDEGG, Heinrich Eberhard Gottlob Paulus und seine Zeit, 2 Bde., Heidelberg 1853, Bd. I, 408; SIEGEL, *Ich hatte einen Hang zur Schwärmerey …* (wie Anm. 63), 149.
108 HÄBERLEIN/SCHMÖLZ-HÄBERLEIN, Adalbert Friedrich Marcus (wie Anm. 11), 312 f.
109 Hegel an Niethammer, Bamberg, 8.8.1807, in: HOFFMEISTER (Hg.), Briefe von und an Hegel (wie Anm. 19), 181.
110 StA Bamberg, Hochstift Bamberg, Geheime Kanzlei, Nr. 1190, Prod. 96, Supplik des Nathan Marc, Bamberg, 28.4.1788; HÄBERLEIN/SCHMÖLZ-HÄBERLEIN, Adalbert Friedrich Marcus (wie Anm. 11), 47.
111 Wahrscheinlich bestanden bereits zuvor Beziehungen zwischen den Familien, denn Friedrich Speyer, ein Neffe von Adalbert Friedrich Marcus, widmete 1805 ein Werk dem Freiherrn von Stengel. Friedrich SPEYER, Ideen über die Natur und Anwendungsart natürlicher und künstlicher Bäder. Nebst einer Vorrede von Adalbert Friedrich Marcus, Jena 1805.
112 Zu seinem Wirken in Bamberg vgl. JÄCK, Pantheon der Literaten und Künstler Bambergs (wie Anm. 96), Sp. 1094; Lothar BRAUN, Stephan Freiherr von Stengel (1750–1822). Erster Generalkommissar des Mainkreises in Bamberg, in: BAUMGÄRTEL-FLEISCHMANN (Hg.), Bamberg wird bayerisch (wie Anm. 10), 419–426.
113 Am 22. Januar 1808 berichtete Hegel in einem Brief an Niethammer über diese Neujahrsnachfeier, die Marcus *Zur Namensehre des Herr[n] Präsidenten* gegeben habe: *Der größte Teil der Gesellschaft*

Von seiner Bekanntschaft mit Heinrich Eberhard Gottlob Paulus erhoffte sich Hegel offenbar auch finanzielle Vorteile. Ende August 1807 schrieb er Niethammer, er habe vernommen, dass der König 300 000 Gulden für das Studienwesen bereitgestellt habe, von denen 45 000 Gulden für die Provinz Bamberg bestimmt seien. Er *habe Paulus empfohlen, mir auch ein Stück davon zu Handen zu kriegen, da ich ja auch zu den Studien gehöre.* In einem Nachsatz ließ Hegel allerdings erkennen, dass er den evangelischen Theologen eher für einen theoretischen Kopf hielt als für einen Organisator: *[E]s ist die Frage, ob er der Empirie mächtig genug ist, um dies zu Stande zu bringen.*[114]

Spätestens nach dem Wegzug der Liebeskinds scheint das Ehepaar Paulus zu den wichtigsten Stützen von Hegels Bamberger Netzwerk gehört zu haben. Unter Bezugnahme auf ihre gemeinsame württembergische Herkunft und ihre Zeit in Jena äußerte er im November 1807 gegenüber Niethammer: *[E]s ist doch mit allen andern Leuten nicht als mit Jenensern, und am besten schwäbischen Jenensern. Vororganisieren Sie nur nicht auch den Paulus von hier weg.*[115] Auf die freundschaftliche Beziehung der beiden schwäbischen Gelehrten, die es nach Bamberg verschlagen hatte, kam auch Dorothea Schlegel (1764–1839) in einem Brief an den Kunstsammler und Hegel-Freund Johann Sulpiz [Melchior Dominikus] Boisserée (1783–1854) im August 1808 zu sprechen:

Hegel lebt in Bamberg und schreibt dort die Zeitung; er ist alle Abend bei Paulus und da ich in der Gesellschaft geschwiegen hatte, man mir aber den Widerspruch sehr wohl an der Nase mochte angesehen haben, so brachten mich Paulus und Hegel im engern Ausschuß doch noch so weit, daß ich über allerlei mit ihnen disputieren und mich bloßgeben mußt.[116]

(von 70 Personen) war maskiert; keins wußte die Maske des andern; es erschienen Züge von Göttinnen, Dr. Luther und seine Käthe, der h[l.] Stephanus, Doktor und Apotheker, Bären und Bärenführer u.s.f., und die meisten sagten dem Herrn Präsidenten, der nichts von der Sache wußte, einen Versuch. Nachher war ein äußerst splendides Nachtessen, Ball u.s.f. Ich setzte jener Idealität die Wirklichkeit entgegen und zog einen Kammerdienerrock des Hofkastners nebst Perücke an und unterhielt mich in diesem Aufzuge während des dreistündigen soupers mit meiner Nachbarin, der Cypris, die die ganze Welt und also auch ich dafür erkannte und die ich Ihnen – ob sie schon ohne Maske und Cypris daher um so besser war, – zu erraten überlasse. Hegel an Niethammer, Bamberg, 22.1.1808, in: HOFFMEISTER (Hg.), Briefe von und an Hegel (wie Anm. 19), 208. Vgl. HÄBERLEIN/SCHMÖLZ-HÄBERLEIN, Adalbert Friedrich Marcus (wie Anm. 11), 313.
114 Hegel an Niethammer, Bamberg, 29.8.1807, in: HOFFMEISTER (Hg.), Briefe von und an Hegel (wie Anm. 19), 184.
115 Hegel an Niethammer, [Bamberg, Nov. 1807], in: HOFFMEISTER (Hg.), Briefe von und an Hegel (wie Anm. 19), 198.
116 Dorothea Schlegel an Sulpiz Boisserée, Lobenstein, 20.8.1808, in: Günther NICOLIN (Hg.), He-

Im September 1808 schien sich allerdings Paulus' Weggang aus Bamberg anzukündigen. *Paulus ist neulich auf Schul- und Studienreise gewesen*, schrieb Hegel an Niethammer; *es zeigt sich dabei wohl, was ein gutes Beispiel alles wirken kann. Er hat mit seiner Frau Gelegenheit auch Nürnberg anzusehen und harrt der Dinge, die da kommen sollen.* Es sei *ein wahres Erdbeben hier; niemand steht fest auf seiner Stelle; was nicht neuerdings verwendet ist, ist aufbrüchig oder aufbruchs-lustig oder -furchtsam*[117].

Im folgenden Monat äußerte der Philosoph in einem Brief an den in Weimar lebenden Lyriker und Übersetzer Karl Ludwig von Knebel (1744–1834)[118] bedauernd: *Was ich hier von Bekannten hatte, besonders Paulus, wird wiederum verorganisiert, – Paulus kommt als Schulrat nach Nürnberg; – andre anders*[119]. Am 26. Oktober 1808 wurde Hegel allerdings von Niethammer – dessen Reformen das bayerische Schulsystem bis heute prägen – informiert, dass er zum Rektor des Gymnasiums in Nürnberg ernannt worden sei und sich dort spätestens in der kommenden Woche einzufinden habe, *um unter Anleitung des Herrn Kreisschulrates Paulus die neue Studienorganisation, soweit sie das Gymnasium betrifft, in Vollzug zu setzen*[120]. Dadurch blieb Hegel zumindest dieser Kontakt erhalten, der für ihn auch aufgrund seiner möglicherweise intimeren, aber letztlich aufgrund der Quellenlage nicht präziser zu fassenden Beziehung zu Karoline Paulus von besonderem Interesse war[121].

---

gel in Berichten seiner Zeitgenossen, Hamburg 1970, 89. Zu Boisserée vgl. Paul Arthur Loos, Boisserée, Johann Sulpice Melchior Dominikus, in: Neue Deutsche Biographie 2 (1955), 426 f.; Online-Version: https://www.deutsche-biographie.de/pnd118513OIX.html#ndbcontent (abgerufen am 29.12.2017).

117 Hegel an Niethammer, Bamberg, 15.9.1808, in: Hoffmeister (Hg.), Briefe von und an Hegel (wie Anm. 19), 242.

118 Adalbert Elschenbroich, Knebel, Karl Ludwig von, in: Neue Deutsche Biographie 12 (1979), 169–171. Online-Version: https://www.deutsche-biographie.de/gnd118777505.html#ndbcontent.

119 Hegel an Knebel, Bamberg, 14.10.1808, in: Hoffmeister (Hg.), Briefe von und an Hegel (wie Anm. 19), 248.

120 Niethammer an Hegel, München, 26.10.1808, in: Hoffmeister (Hg.), Briefe von und an Hegel (wie Anm. 19), 250. Zur Schulorganisation vgl. Wendt, Die Bayerische Konkursprüfung (wie Anm. 18).

121 Ende Oktober 1808 schrieb Karoline Paulus an Hegel, dass ihr Vermieter in Nürnberg sie *gezwungen hat, die Rolle einer soliden Frau zu spielen, die mir in der Länge nicht etwa beschwerlich werden dürfte.* Sie wünschte, fuhr sie fort, *daß Sie nur halb so sehr das Heimweh nach mir hätten, das ich nach Ihnen, dann kämen Sie gewiß hieher, und dies wer das Gescheiteste, was Sie tun könnten. [...] Man führt hier ein wahres Studentenleben. Keiner kümmert sich um den andern, und jeder tut, was er mag. Wir beide z.B. könnten einander so treu sein als möglich, ohne daß jemand etwas Arges darüber denken würde.* Karoline Paulus an Hegel [Nürnberg, Ende Okt. 1808], Abends 7 [Uhr], in: Hoffmeister (Hg.), Briefe von und an Hegel (wie Anm. 19), 250 f.

6. Beobachtungen zum Charakter von Hegels Bamberger Netzwerk

In einem grundlegenden Aufsatz über städtische Führungsgruppen konstatierte Wolfgang Reinhard 1979, diese würden »nicht in erster Linie durch gleiche soziale Daten ihrer Mitglieder konstituiert, sondern durch die soziale Verflechtung dieser Mitglieder, weil dadurch Interaktion ermöglicht, begünstigt, kanalisiert« werde[122]. Reinhard identifizierte »vier Gattungen persönlicher Beziehungen, die als potentielle Träger von Interaktion eine besonders hervorragende Rolle spielen, weil ›networks‹ derartiger Beziehungen nachweislich nicht nur Einzeltransaktionen, sondern sogar Gruppenbildung ermöglicht haben.« Dabei handelte es sich um Verwandtschaft, Landsmannschaft, Freundschaft und Patronage[123].

Legt man diese Kategorien der Analyse von Hegels Bamberger Netzwerk zugrunde, so spielte Verwandtschaft dort offenkundig keine Rolle – im Gegensatz zu seiner nächsten Lebensstation Nürnberg, wo der Philosoph mit Marie Helena Susanna von Tucher eine Frau aus einer der führenden Familien des städtischen Patriziat heiratete[124] –, aber Landsmannschaft, Freundschaft und Patronage waren durchaus bedeutsam. Landsmannschaft, hier verstanden als die gemeinsame Herkunft aus dem protestantischen Württemberg, verband Hegel mit seinem wichtigsten Korrespondenzpartner Friedrich Immanuel Niethammer und mit dem Ehepaar Paulus. Darüber hinaus fällt auf, dass die meisten von Hegels wichtigeren Kontaktpersonen in Bamberg Protestanten waren und mehrere von ihnen (Karl Heinrich Fuchs, Louis Jolly, Karl Jakob Diruf) aus der Kurpfalz stammten – einer südwestdeutschen Region, der sich der Schwabe Hegel näher gefühlt haben dürfte

---

122 Wolfgang REINHARD, Freunde und Kreaturen. »Verflechtung« als Konzept zur Erforschung historischer Führungsgruppen. Römische Oligarchie um 1600. München 1979. Hier zitiert nach Wolfgang REINHARD, Ausgewählte Abhandlungen (Historische Forschungen, Bd. 60), Berlin 1997, 289–310 (Zitat 290). – Der Begriff des Netzwerks findet mittlerweile auch in Forschungen zur Gelehrtenkultur der Frühen Neuzeit und der Sattelzeit breite Anwendung. Vgl. etwa Franz MAUELSHAGEN, Netzwerke des Vertrauens. Gelehrtenkorrespondenzen und wissenschaftlicher Austausch in der Frühen Neuzeit, in: Ute FREVERT (Hg.), Vertrauen. Historische Annäherungen, Göttingen 2003, 119–151; Regina DAUSER u.a. (Hg.), Wissen im Netz. Botanik und Pflanzentransfer im 18. Jahrhundert (Colloquia Augustana, Bd. 24), Berlin 2006; Anne BAILLOT (Hg.), Netzwerke des Wissens. Das intellektuelle Berlin um 1800, Berlin 2011; Anna BUSCH/Nana HENGELHAUPT/Alix WINTER (Hg.), Französisch-deutsche Kulturräume um 1800. Bildungsnetzwerke, Vermittlerpersönlichkeiten, Wissenstransfer, Berlin 2012; Maria STUIBER, Zwischen Rom und dem Erdkreis. Die gelehrte Korrespondenz des Kardinals Stefano Borgia (1731–1804) (Colloquia Augustana, Bd. 31), Berlin 2012.
123 REINHARD, Freunde und Kreaturen (wie Anm. 122), 305–309 (Zitat 305).
124 PINKARD, Hegel (wie Anm. 1), 296 f.

als dem katholischen Franken. Immerhin hoffte Hegel Anfang 1807, als er das Angebot aus Bamberg erhielt, noch auf einen Ruf an die Universität Heidelberg[125].

Freundschaft war zweifellos eine Kategorie, die Hegels Bamberger Netzwerk in besonderer Weise prägte. Er pflegte sie sowohl brieflich – vor allem mit Niethammer – als auch im geselligen Umgang, wobei die gemeinsame Geselligkeit von Frauen und Männern hervorsticht[126]. Anhand der Korrespondenz Würzburger Professoren um 1800 hat Clemens Tangerding festgestellt, dass die Pflege freundschaftlicher Beziehungen keineswegs zweckfrei war, sondern stets auch einen instrumentellen und strategischen Charakter hatte. »Freundschaft erscheint […] im Briefverkehr der Gelehrten als Appell zur Aufnahme oder Fortführung gegenseitiger Hilfestellung. Freundschaft zum Kollegen beschwören die Professoren auffällig häufig, wenn sie den Adressaten um etwas bitten oder die Bitte des anderen erfüllen«[127]. Nicht nur bei Hegel lässt sich beobachten, dass er seine Kontakte pflegte, um seine weitere Karriere zu befördern; bei Heinrich Eberhard Gottlob Paulus beispielsweise lässt sich ein ganz ähnliches Verhaltensmuster beobachten.

Patronage schließlich, die in der ständischen Gesellschaft der Frühen Neuzeit eine grundlegende Form sozialer Beziehungen darstellte[128], spielte in der politischen Umbruchzeit um 1800 nach wie vor eine zentrale Rolle. Es waren politisch einflussreiche Männer wie die Generallandeskommissäre von Thürheim und von Stengel oder der oben näher vorgestellte Joseph du Terrail Bayard, die über Beförderungen und Versetzungen mitentschieden und dadurch Karrieren maßgeblich prägten. Auch in dieser Hinsicht scheint Hegel mit den richtigen Leuten korrespondiert und geselligen Umgang gepflegt zu haben.

Auffällig ist indessen der transitorische Charakter von Hegels Netzwerk, bei dem es sich keineswegs um einen festgefügten Personenkreis handelte. Vielmehr

125 Hegel an Niethammer, Jena, 20.2.1807, in: HOFFMEISTER (Hg.), Briefe von und an Hegel (wie Anm. 19), 146. – Vgl. auch WALTHER, Buch und Leser in Bamberg (wie Anm. 1), 31, der zur Gelehrtenmigration von Jena nach Franken um 1800 schreibt: »Zu den bemerkenswerten Zügen der Migrationsbewegung gehört, daß ihre wichtigen Vertreter miteinander durch ihre Herkunft aus dem südwestdeutschen Raum und teilweise auch gemeinsame Bildungswege verbunden waren«.
126 Vgl. zu diesem Aspekt HABERMAS, Frauen und Männer (wie Anm. 103).
127 TANGERDING, Der Drang zum Staat (wie Anm. 62), 74–76 (Zitat 74).
128 Vgl. Heiko DROSTE, Patronage in der Frühen Neuzeit – Institution und Kulturform, in: Zeitschrift für Historische Forschung 30 (2003), 555–590; Birgit EMICH u.a., Stand und Perspektiven der Patronageforschung. Zugleich eine Antwort auf Heiko Droste, in: Zeitschrift für Historische Forschung 32 (2005), 233–265; Birgit EMICH, Staatsbildung und Klientel: Politische Integration und Patronage in der Frühen Neuzeit, in: Ronald G. Asch/Dies./Jens Ivo Engels (Hg.), Integration, Legitimation, Korruption. Politische Patronage in Früher Neuzeit und Moderne, Frankfurt am Main u.a. 2011, 33–48.

gewinnt man bei der Lektüre des Bamberger Briefwechsels des Philosophen den Eindruck eines ständigen Kommens und Gehens. Beamte wurden im Zuge mehrfacher Neustrukturierungen der bayerischen Verwaltung nach der Säkularisation und Mediatisierung häufig versetzt, während Geistliche wie Fuchs und Ärzte wie Diruf nach wenigen Jahren wieder ihre Zelte abbrachen, um lukrativere Posten anzutreten. Auch Hegel betrachtete Bamberg von Anfang an nur als Zwischenstation: Die dortige Redakteursstelle anzunehmen, diente ihm nach eigenem Bekunden dazu, *einstweilen wenigstens auf Bayerischen Grund und Boden zu kommen, und die Schuhe drin zu haben, wenn auch noch nicht den Fuß. Da dieses Engagement mich nicht auf bestimmte Zeit bindet, so kann ich wohl vor der Hand in Bamberg privatisieren und es dabei besorgen*[129].

Briefe waren vor diesem Hintergrund ein zentrales Medium der translokalen Beziehungspflege in einer Zeit hoher geographischer Mobilität[130]. Diese Mobilität war zugleich ein wesentlicher Grund dafür, dass die Akademiker und Beamten, die im Zentrum dieses Beitrags standen, keine längerfristige Bindung an die Stadt Bamberg und zur dort ansässigen Bevölkerung entwickelten[131]; Letztlich war die fränkische Bischofsstadt, die 1802/03 zur bayerischen Provinzstadt geworden war, für sie lediglich eine Zwischenstation, an der sie ausharrten, bis sich eine lukrativere und/oder interessantere berufliche Perspektive für sie eröffnete.

129 Hegel an Schelling, Jena, 23.2.1807, in: HOFFMEISTER (Hg.), Briefe von und an Hegel (wie Anm. 19), 148.
130 Vgl. dazu Martin STUBER, Brief und Mobilität bei Albrecht von Haller. Zur Geographie einer europäischen Gelehrtenkorrespondenz, in: Johannes BURKHARDT/Christine WERKSTETTER (Hg.), Kommunikation und Medien in der Frühen Neuzeit (Historische Zeitschrift, Beiheft 41), 2005, 313–334.
131 Vgl. auch WALTHER, Buch und Leser in Bamberg (wie Anm. 1), der etwas überspitzt formuliert: »Auch Hegel hatte zu Bamberg ein ambivalentes Verhältnis. In seinen Briefen wird außer Marcus keine der damals tonangebenden Persönlichkeiten Bambergs erwähnt, eigentlich sind es außer der Gräfin Rotenhan nur Landsleute, die es nach Bamberg verschlagen hatte und mit denen er verkehrte.« Ebd., 33.

Überfallartig ins Werk gesetzt und gründlich besorgt

Die Gleichschaltung Bayerns und der Untergang der Bayerischen Volkspartei im März-April 1933

Von Winfried Becker

Der Untergang der Weimarer Republik gehört zu den heiß und beständig diskutierten Themen der Zeitgeschichte. Eine Vielfalt ineinander greifender, langfristig wirkender, struktureller Faktoren ist ermittelt worden, die den Untergang, die »Auflösung« oder »Selbstpreisgabe« der ersten deutschen Demokratie herbeigeführt haben. Das bahnbrechende Buch Karl Dietrich Brachers über den Machtverfall der zu spät ins Leben getretenen Republik[1] behandelte das Thema im umgreifenden Horizont der europäischen Zwischenkriegszeit, die von allgemeiner Krisenanfälligkeit und dem Siegeszug rechts- und linksradikaler Ideologien gekennzeichnet war. Die Faktoren der Destabilisierung durchdrangen die Verfassungsordnung, die Parteien und Parlamente, das Militär und die Beamtenschaft, die Gesellschaft, die Wirtschaft, das politische Denken und die Kultur. Das innere Gleichgewicht der Demokratie wurde zerstört. Ihr staatlich-gesellschaftlicher Konsens war von vornherein brüchig. Das Funktionsgefüge ihrer legitimen politischen Kräfte erlahmte in der Blockade von Gesetzgebung und Regierung (»deadlock«). Die Republik verlor ihre von Anfang an umstrittene Autorität. Ein »Machtvakuum« (»stalemate situation«) entstand, das der Eroberung des Staates durch den politischen Radikalismus Tür und Tor öffnete[2]. Führungspersönlichkeiten,

---

* Eine wesentlich kürzere englischsprachige Fassung dieses Beitrags erschien unter dem Titel: The Nazi Seizure of Power in Bavaria and the Demise of the Bavarian People's Party, in: From Weimar to Hitler. Studies in the Dissolution of the Weimar Republic and the Establishment of the Third Reich, 1932–1934, ed. by Hermann BECK and Larry Eugene JONES, New York-Oxford: Berghahn Books, 2019, 111–140.

1 Karl Dietrich BRACHER, Die Auflösung der Weimarer Republik. Eine Studie zum Problem des Machtverfalls in der Demokratie, 2. Aufl. Stuttgart-Düsseldorf 1957, 2. Nachdruck der 5. Aufl. 1971, Düsseldorf 1984.

2 Karl Dietrich BRACHER, Demokratie und Machtvakuum. Zum Problem des Parteienstaats in der Auflösung der Weimarer Republik, in: Weimar. Selbstpreisgabe einer Demokratie. Eine Bilanz heute, hg. v. Karl Dietrich ERDMANN, Hagen SCHULZE, Düsseldorf 1984, 109–134, 110 f. Bracher nimmt Bezug auf: The Breakdown of Democratic Regimes. Crisis, breakdown and reequilibration, hg. v. Juan J. LINZ und Alfred STEPAN, Baltimore, The Johns Hopkins University Press, 1978, 2. Aufl. 1994. Vgl.

Parteien und Verbände, denen eine Fülle biographischer oder monographischer Darstellungen gewidmet wurde, leisteten vielfach achtbare Arbeit, ihr politisches Handeln oder Unterlassen vermochte aber die nationalsozialistische Machteroberung nicht abzuwehren.

Dass die Weimarer Republik ein Bundesstaat war, ist in der Diskussion um die Voraussetzungen der Machtergreifung überraschend selten thematisiert worden, vergleichsweise gut untersucht ist die politische Verfolgung missliebiger Mandatsträger im Reichstag und in den Landtagen. Neben dem durch Papens Staatsstreich vom 20. Juli 1932 ausgeschalteten Preußen existierten mit Bayern, Baden, Württemberg und Sachsen am 30. Januar 1933 funktionsfähige, mit eigenen Parlamenten und Regierungen ausgestattete Länder mittlerer Größe und Kleinstaaten wie die Freistaaten Lippe, Anhalt und Oldenburg sowie die Hansestädte. Ende Januar 1933 umfasste das Reich 17 Länder, deren Parlamenten bzw. Bürgerschaften rund 1 500 Abgeordnete angehörten[3]. In den Debatten um die Verfassungsreform des Reiches übernahm die Bayerische Regierung häufig die Sprecherrolle. Bayern, seit 1918 »Freistaat« oder »Volksstaat«, war vom Königreich und »Bundesstaat« zu einem Land des »dezentralisierten Einheitsstaats« herabgedrückt geworden. Die Weimarer Republik war gemäß ihrer die Grundrechte aufnehmenden Verfassung auf dem Gesamtwillen des souveränen Volkes erbaut, nicht mehr wie das Bismarckreich auf den Bundesverträgen regierender Dynasten mit Reichsverfassung und gemeinsamer Volksvertretung[4]. Bayern hatte auf seine Reservatrechte verzichten müssen: die Hoheit über die Verkehrswege (Eisenbahn und Wasserstraßen), über die Post und Telegraphie und über die Wehrhoheit. Es verblieben noch bayerische Sonderbehörden bei Post und Bahn. In München residierten noch die Päpstliche Nuntiatur und eine Französische Gesandtschaft, Bayern behielt seine Gesandtschaft am

Hagen SCHULZE, Das Scheitern der Weimarer Republik als Problem der Forschung, in: Weimar. Selbstpreisgabe einer Demokratie, 23–41; Der Weg in den Nationalsozialismus 1933/34, hg. v. Michael KISSENER, Darmstadt 2009, enthält den Nachdruck »prominenter Beiträge« zum »Transformationsprozess 1933/34«.
3 Vgl. M.d.R. Die Reichstagsabgeordneten der Weimarer Republik in der Zeit des Nationalsozialismus. Politische Verfolgung, Emigration und Ausbürgerung 1933–1945. Eine biographische Dokumentation, hg. v. Martin SCHUMACHER, 3. erweiterte Aufl. Düsseldorf 1994, 60*; M.d.L. Das Ende der Parlamente 1933 und die Abgeordneten der Landtage und Bürgerschaften der Weimarer Republik in der Zeit des Nationalsozialismus. Politische Verfolgung, Emigration und Ausbürgerung 1933–1945. Ein biographischer Index, hg. v. Martin SCHUMACHER, Düsseldorf 1995, 16*–59*; Gerhard KÖBLER, Historisches Lexikon der deutschen Länder. Die deutschen Territorien vom Mittelalter bis zur Gegenwart, 7. Aufl. München 2007.
4 Vgl. Markus LOTZENBURGER, Die Grundrechte in den deutschen Verfassungen des 19. Jahrhunderts, Düsseldorf 2015, 225–229.

Vatikan. Die den Ländern verbliebene Polizeihoheit war durch viele Ausnahmen zugunsten der Reichsgewalt durchlöchert, der Reichspräsident erhielt ein missbräuchlich ausnutzbares Notverordnungsrecht. Der Reichsrat, die Vertretung der deutschen Länder bei der Gesetzgebung und Verwaltung, rührte her aus der Beteiligung der früheren »Bundesstaaten« an der Erarbeitung der Weimarer Verfassung. Ernst Rudolf Hubers problematische, zentralistisch-konservative Verfassungsinterpretation sah in ihm neben dem Reichstag »ein zweites Organ des Reichs, das nicht zur Vertretung der Vielheit der Länderinteressen, sondern zur Repräsentation der Länder als einer in das Reich integrierten Gesamtheit berufen war«[5]. Obwohl ein »Organ der Reichswillensbildung«, das die Länder als Glieder des Ganzen zur Mitwirkung heranzog, war der Reichsrat nur mit einem suspensiven Veto ausgestattet.

Als Verfechterin der Eigenständigkeit Bayerns, der Länderinteressen und der bundesstaatlichen Komponente der Weimarer Republik verstand sich die Bayerische Volkspartei (BVP). Der ehemals bayerische Zweig der Deutschen Zentrumspartei verselbständigte sich in den Revolutionsmonaten November und Dezember 1918 aus Erbitterung über den unitarischen Kurs der Zentrumspartei und den Zentralismus der Reichsleitung im Weltkrieg. Die Gründung der BVP richtete sich 1918 vor allem gegen die Räterevolution. Sie sollte eine Kompensation sein für die Schwächung der Eigenständigkeit Bayerns, die durch den Verlust der Monarchie vor aller Augen stand[6]. Die BVP fußte »auf dem Boden der christlichen Weltanschauung« und bekannte sich zur gleichmäßigen Förderung der Interessen aller großen Berufsgruppen, der Bauern, der Arbeiter, der Angestellten, der Beamten, des Handwerks, des Gewerbes, des Handels und der Industrie. Die Trennung der Reichstagsfraktion der BVP vom Zentrum seit 1920 schwächte die Einheit des politischen Katholizismus. Sie wurde aber durch die auf übergeordnete Gesichts-

5 Ernst Rudolf Huber, Deutsche Verfassungsgeschichte seit 1789, Bd. VI, Die Weimarer Reichsverfassung, Stuttgart 1981, 374, 377.
6 Vgl. Winfried Becker, Ein bayerischer Sonderweg? Die Bayerische Volkspartei und die Republik von Weimar, in: Die Herausforderung der Diktaturen. Katholizismus in Deutschland und Italien 1918–1943/45, hg. v. Wolfram Pyta, Carsten Kretschmann, Giuseppe Ignesti, Tübingen 2009, 39–63; Claudia Friemberger, Sebastian Schlittenbauer und die Anfänge der Bayerischen Volkspartei, St. Ottilien 1998, 48–64; Florian Breitling, Georg Wohlmuth. Geistlicher, bayerischer Politiker und Kirchenkämpfer aus Eichstätt zwischen Königreich und Republik, Phil. Diss. Passau 1987, 187–191. Eine die Arbeit der BVP würdigende Gesamtdarstellung (nach den Forschungen von Karl Schwend und Klaus Schönhoven, Die Bayerische Volkspartei 1924–1932, Düsseldorf 1972) fehlt.

punkte ausgerichtete Haltung des Fraktionsvorsitzenden Johann Leicht über-
brückt[7].

Die BVP war die stärkste politische Kraft in Bayern, konstant mit durchschnittlich über einer Million (ca. 35 %) der Stimmen in der Wählerschaft verankert und
zwischen 1919 und 1933 mit durchschnittlich 53–54 Mandaten im Landtag vertreten. Von ca. 2,3 Millionen Gesamtauflage der Zeitungen in Bayern entfielen 1932
ca. 640 000 auf die der BVP nahestehende Presse. Auflagen von ca. 160 000 konnte die NSDAP, von 150 000 der liberale Bauernbund, von 130 000 die SPD verbu-
chen[8]. Die der BVP zugewandte Presse bestand um 1920 aus etwa 120 Zeitungen
und Zeitschriften, zumeist kleineren, privat oder von Verlegerkonsortien finanzierten (Heimat-)Blättern in Stadt und Land[9]; dazu kamen die großen Zeitungen
»Bayerischer Kurier« (München), »Fränkisches Volksblatt« (Würzburg), »Augsburger Postzeitung«, »Regensburger Anzeiger« und »Donauzeitung« (Passau). Die
offiziöse »Bayerische Volkspartei-Correspondenz« diente der politischen Information und Einflussnahme auf Wähler und Mitglieder. Solange die BVP Regie-
rungspartei war, stand ihr die 1912 von Georg von Hertling ins Leben gerufene
»Bayerische Staatszeitung« zur Seite. In dem 1901 gegründeten Katholischen Pres-
verein waren Anhänger der BVP zahlreich vertreten. Das katholische Milieu der
Partei hatte sich in der Auseinandersetzung mit dem Liberalismus des 19. Jahrhunderts herausgebildet. Die liberal eingestellte Regierungsbürokratie hatte den Kurs
der konstitutionellen Monarchie bis zum Regierungswechsel 1912 im Wesentlichen
bestimmt und dem vom Bayerischen Zentrum dominierten Landtag wenig Einfluss auf die Regierung gestattet. Die von 1920 bis 1924 installierten »Beamtenka-
binette« spiegelten noch die fortdauernde Hochschätzung der politisch neutralen,
doch meist liberal gesinnten Verwaltungselite des Landes. Erst die Kabinette des
Ministerpräsidenten Heinrich Held (BVP) 1924 bis 1930 waren von Mehrheitsko-
alitionen getragen. Nach dem Austritt des Bayerischen Bauernbunds im Juli 1930

---

7 Christian MAGA, Prälat Johann Leicht (1868–1940). Konservativer Demokrat in der Krise der
Zwischenkriegszeit. Eine politische Biographie des Vorsitzenden der Reichstagsfraktion der Bayerischen Volkspartei in Berlin, Phil. Diss. Würzburg 1990, 64–68.
8 Stefan PRIMBS, Bayerische Volkspartei-Correspondenz (BVC), in: www.historisches-lexikon-bay-
erns.de/Lexikon/Bayerische Volkspartei-Correspondenz (BVC) (29. 6. 2018); Paul HOSER, Bayerische Staatszeitung (BSZ), in: www.historisches-lexikon-bayerns.de/Lexikon/Bayerische_Staatszei-
tung_(BSZ) (29. 6. 2018).
9 Vgl. Paul HOSER, Die politischen, wirtschaftlichen und sozialen Hintergründe der Münchner
Tagespresse zwischen 1914 und 1934. Methoden der Pressebeeinflussung, Teil 1–2, Frankfurt am Main
1990, Teil 2, 591–593, Teil 1, 101–106. Diese materialreiche Arbeit ist in der Anlage unübersichtlich;
eine Gliederung der Presse nach politischen Richtungen wird dem Leser vorenthalten.

führte Held seine Regierung »geschäftsführend« weiter. Ihre volle Kompetenz blieb erhalten, doch ihre Stellung im Reich war geschwächt Von 1930 bis 1932 bestanden auch in Sachsen, Hessen, Württemberg, Hamburg und Lübeck nur mehr geschäftsführende Regierungen. Der Föderalismus war dadurch strukturell geschädigt.

Die hochgemuten Forderungen der Bamberger Programme der BVP (1920, 1922) nach einem bundesstaatlichen Umbau der Reichsverfassung erwiesen sich rasch als undurchführbar. Held trat in fundierten Denkschriften, Wahl- und Parlamentsreden, Gesprächen mit führenden Persönlichkeiten, im Reichsrat und auf den Länderkonferenzen als Vorkämpfer der Länderrechte auf, geriet aber rasch in eine Verteidigungsposition. Er forderte die Verringerung der Reichsaufsicht in Fragen der Kultur, der Finanz, der Justiz und Polizei, eine Reform der Reichsverfassung, die die norddeutschen Länder dem Zugriff des Reiches und Preußens entziehen würde, und finanzielle Abfindungen für die Aufhebung der Reservatrechte. Die Länder sollten zur Bewahrung ihrer historisch gewachsenen Eigenständigkeit gemäß dem Prinzip der Subsidiarität Stärkung erfahren. Angesichts der Widerstände, die wegen der außenpolitischen Bedrängnisse gerade die Straffung der Reichseinheit für notwendig erklärten, rekurrierte Held schließlich auf den Status quo des Bismarckschen Modells, das Bayern und den Mittelstaaten ein gleiches Existenzrecht wie Preußen zugestanden hatte[10].

In Bayern machte sich als Folge der Gegenrevolution ein starker Nationalismus geltend. Der Generalstaatskommissar Gustav von Kahr setzte das 1923 von Reichspräsident Friedrich Ebert erlassene Republikschutzgesetz außer Kraft. Von Justizminister Franz Gürtner (DNVP) zu wenig kontrollierte nationalistische Kräfte wollten Bayern zur Bastion gegen den angeblich von Berlin ausgehenden Bolschewismus ausbauen. Das sonst von nationalistischen Kreisen gern als partikularistisch verschriene Bayern sollte dazu auserkoren sein, die im Reich drohende »Linksdiktatur« durch eine »nationale Diktatur« (»Ordnungszelle«) zu beseitigen[11]. In der Konsequenz dieser Agitation lagen der Hitler-Putsch (1923) und die Propagierung des Marsches auf Berlin nach faschistischem Muster. Die nationale Einstellung der BVP trübte ihr die Einsicht, dass dem Föderalismus die größere

---

10 Vgl. Winfried BECKER, »Föderalismus – Stärke oder Schwäche der Demokratie?« in: Die fragile Demokratie – The Fragility of Democracy, hg. v. Anton RAUSCHER, Berlin 2007, 199–220, 207–210.
11 Vgl. Heinz HÜRTEN, Revolution und Zeit der Weimarer Republik, in: Max SPINDLER (Begr.), Handbuch der bayerischen Geschichte, Bd. IV.: Das neue Bayern. Von 1800 bis zur Gegenwart, I. Teilband: Staat und Politik, neu hg. v. Alois SCHMID, München 2003, 439–498, 483–487.

Gefahr nicht vom Kommunismus, sondern von einem radikalen, revisionssüchtigen Nationalismus drohte. Doch waren die Fronten nicht so klar. So schlug der prominente Sozialdemokrat Wilhelm Sollmann vor, die Länder durch Volksentscheide aufzulösen[12]; 1928 bekannte sich die NSDAP gemeinsam mit der BVP, der DNVP und dem Bayerischen Bauernbund für den Erhalt Bayerns und »gegen den roten Einheitsstaat«[13].

Die BVP war auf ihr Land und die dort meist katholische Bevölkerung beschränkt, sprach aber mit ihrem Programm alle großen Bevölkerungsschichten an und erfreute sich einer treuen Stammwählerschaft. Die NSDAP hingegen bestritt nach chaotischen Anfängen mit simplen und hasserfüllten Parolen ihre deutschlandweiten Propaganda-Feldzüge gegen das angeblich verrottete »Weimarer System«, nahm sich als Sammlungspartei aller angeblich »deutschen« Interessen an und gewann als Nutznießerin der Wirtschaftskrise eine unvorhergesehene Dynamik. Die NS-Mandate stiegen von 12 bei den Reichstagswahlen von 1928 auf 107 bei den Reichstagswahlen von 1930 und 230 bei den Reichstagswahlen vom 31. Juli 1932 an. Die Landtagswahlen gerieten in den Sog der Reichstagswahlen – eine unitarische Entwicklung im Parteiwesen. In Braunschweig wuchs die NSDAP 1930 auf 22,2 % (vorher 3,7 %). Ähnliche Anstiege verzeichneten 1930/31 Bremen, Schaumburg-Lippe, Oldenburg, Hamburg und Hessen. Im April 1932 rückte die NSDAP in Preußen und Anhalt zur stärksten Partei auf, während sie in Bayern 1932 mit 32,5 % nur knapp hinter der BVP (32,6 %) mit 43 zu 45 Sitzen im Landtag zurückblieb[14].

Diese Wahlgewinne waren eine unabdingbare Voraussetzung für die Machteroberung 1933. Sie gelten als Ergebnisse einer erfolgreichen Legalitätstaktik. Weniger beachtet wird, dass 1932 fünf Wahlen innerhalb kurzer Zeitspannen aufeinanderfolgten, dass sie von der Gewalt radikaler Gruppen beeinflusst und von bürgerkriegsähnlichen Zuständen begleitet waren und dass sie eine anhaltende politische Unruhe inmitten der wirtschaftlichen Not hervorriefen. In Preußen zählte man in den acht ersten Monaten 155 Todesopfer politischer Ausschreitungen, »da-

---

12 Leicht im Reichstag am 8. Juni 1929. MAGA, Prälat Johann Leicht (wie Anm. 7), 213.
13 Gemeinsame Entschließung vom 6. Dezember 1928. Robert PROBST, Die NSDAP im Bayerischen Landtag 1924–1933, Frankfurt a.M. 1998, 171.
14 HÜRTEN, Revolution (wie Anm. 11), 497 f.; Everhard HOLTMANN, Die Krise des Föderalismus und der kommunalen Selbstverwaltung, in: Die Weimarer Republik, Bd. 3, Das Ende der Demokratie 1929–1933, hg. von der Bayerischen Landeszentrale für politische Bildungsarbeit, München 1995, 171–218, 186–188.

von 100 in den sechs Wochen vom 20. Juni bis 31. Juli«[15], dem Tag der Reichstagswahl. Lärmende Aufmärsche, wüste Reden und Beschimpfungen, mobile »Alarmbereitschaften« der SA, die Störung und Sprengung der Wahlveranstaltungen anderer Parteien, Schlägereien und handfeste Drohungen bis an den Eingang der Wahllokale gehörten zum Repertoire nationalsozialistischer Wahlagitation. Regionale Pressestimmen und die Polizeiakten der Länder, die darüber berichtet haben, harren noch einer systematischen Auswertung.

Auf die seit 1930 zunehmende Verrohung des politischen Klimas reagierte der bayerische Innenminister Karl Stützel mit harter Hand. Seine gegen den Missbrauch der Versammlungs- und Redefreiheit erlassenen Verbote richteten sich zunächst gegen die Kommunisten, dann so nachdrücklich gegen die verfassungsfeindlichen Auftritte der NSDAP, dass Wilhelm Frick im Reichstag die Appellation einbrachte, das Vorgehen Bayerns gegen die NSDAP als rechtswidrig zu brandmarken[16]. Die Notverordnung Hindenburgs vom 28. März 1931 zur Bekämpfung politischer Ausschreitungen ergänzte Stützel durch eigene Anordnungen, durch die eine freie Meinungsäußerung gewährleistet und polizeiliche Maßnahmen zum Schutz politischer Versammlungen ergriffen werden sollten. Aufgrund der Einflussnahme Stützels und der Innenminister der Länder auf den widerstrebenden Reichsinnenminister Wilhelm Groener, der die »guten Elemente« unter den Nationalsozialisten schonen wollte, kam es zu der Notverordnung des Reichspräsidenten vom 13. April 1932. Sie verfügte die Auflösung der SA, der SS und ihrer Untergliederungen, weil sie als »ein Privatheer« oder »Parteiheer«, befehlsgebunden, militärisch organisiert und teilweise kaserniert, »schwere Beeinträchtigungen« der »Staatsautorität« darstellten[17].

Verheerend für die innere Sicherheit wirkte der Übergang zu den Kabinetten Papen ab 1. Juni und Schleicher ab 3. Dezember. Die Notverordnung Hindenburgs vom 16. Juni 1932 erlaubte, obzwar »nicht ohne Bedenken«, wieder das Tragen von Uniformen, das Auftreten politischer Verbände »in geschlossener Ordnung« und damit die Entfaltung der SA und SS[18]. Die »zweite Verordnung des Reichspräsi-

15 Cuno HORKENBACH (Hg.), Das Deutsche Reich von 1918 bis heute, Berlin 1932, 338.
16 14. Oktober 1931. Thomas FÜRST, Karl Stützel. Ein Lebensweg in Umbrüchen. Vom Königlichen Beamten zum Bayerischen Innenminister der Weimarer Zeit (1924–1933), Frankfurt a.M. 2007, 359 f., 340–410.
17 Druck: HORKENBACH, Deutsches Reich (wie Anm. 15), 110 f. und im Reichsgesetzblatt; gegengezeichnet vom Reichskanzler, Reichsinnen- und Reichsjustizminister.
18 Druck: HORKENBACH, Deutsches Reich (wie Anm. 15), 195–197. Die Bayerische Regierung verlautbarte darauf, dass in Bayern »Aufzüge und Propagandafahrten, gleichviel, ob uniformiert oder

denten gegen politische Ausschreitungen« vom 28. Juni 1932 setzte das bisher gel-
tende allgemeine Uniformverbot für erlaubte politische Vereinigungen außer Kraft.
Gayl wollte zum Erstaunen Stützels die Nationalsozialisten nicht mehr als Staatsbürger zweiter Klasse behandelt wissen. Der Reichsminister des Innern erhielt das
Recht zur Aufhebung der von einer »obersten Landesbehörde« verfügten Verbote
von Versammlungen und Aufzügen unter freiem Himmel. Er erließ am 28. Juni
selbst eine Ausführungsverordnung zur Notverordnung vom 14. Juni über die Mel-
depflicht und das Verbot öffentlicher politischer Versammlungen sowie aller Versammlungen unter freiem Himmel und beeinträchtigte durch diese Erweiterung
seiner Zuständigkeit die Polizeigewalt der Länder. In Reaktion auf den »Altonaer
Blutsonntag« (17. Juli 1932) mit schweren Zusammenstößen zwischen einem nationalsozialistischen Aufmarsch und den Kommunisten[19] erließ Reichsinnenminister
Gayl »bis auf weiteres« ein Versammlungsverbot außerhalb festumfriedeter Anlagen[20]. Die Verordnung des Reichspräsidenten vom 19. Dezember 1932 »zur Erhaltung des inneren Friedens« nahm wichtige Regelungen der Notverordnung vom
16. Juni zurück, darunter die Befugnis zur Auflösung von politischen Versammlungen, die Strafen für die Aufreizung zur Gewalt gegen Personen und Sachen, für
Körperverletzungen sowie für das Führen und den Gebrauch von Schusswaffen,
für das Beschimpfen oder Verächtlichmachen von Personen und Organen des
Staates. Die in den früheren Verordnungen vorgesehenen Strafen wurden gemildert
oder ausgesetzt, was auf Amnestie hinauslief[21]. Gayl begründete die Lockerungen
damit, dass die Versammlungs- und Pressefreiheit wiederhergestellt werden müsse[22]. In Wirklichkeit stellte er den radikal-nationalistischen Kräften einen Freibrief
aus und kam Schleichers Absicht entgegen, ein quer zum Parteiensystem stehen-
des Präsidialregime zu errichten, das auf sog. Volksbewegungen, von den Freien
Gewerkschaften bis zu den Nationalsozialisten, gestützt sein sollte.

Der bayerische Ministerrat wertete es als Eingriff in die Polizeihoheit der Länder, dass der Reichsinnenminister sich als »Aufsichtsorgan« über die Polizei eta-

nicht, durch die Notverordnung des Reichspräsidenten unberührt« und verboten blieben. EBD. (wie
Anm. 15), 198.
19 14 Tote; die Polizei musste Panzerwagen und Maschinengewehre einsetzen. HORKENBACH,
Deutsches Reich (wie Anm. 15), 246 f.
20 HORKENBACH, Deutsches Reich (wie Anm. 15), 215.
21 Vgl. Reichsgesetzblatt I, 1932, 297–299 (14./16. Juni), 339–340 (28. Juni) und 548–550 (19. Dezember); vgl. Karl SCHWEND, Bayern zwischen Monarchie und Diktatur. Beiträge zur bayerischen Frage
von 1918 bis 1933, München 1954, 435–450.
22 17. Dezember 1932. Akten der Reichskanzlei. Weimarer Republik. Das Kabinett von Schleicher.
3. Dezember 1932 bis 30. Januar 1933, hg. v. Anton GOLECKI, Boppard am Rhein 1986, 119.

blierte[23]. Zu einer Klage am Reichsgericht gegen diese tief in die Länderrechte eingreifende »Diktaturgewalt des Reichspräsidenten« vermochte er sich jedoch nicht aufzuraffen. Die Reichsgewalt saß längst am längeren Hebel. Sie hatte schon mit dem Staatsstreich vom 20. Juli 1932 gegen die rechtmäßige preußische Regierung die Axt an die Wurzel des Verfassungsstaats gelegt. Die geschäftsführende Regierung Otto Braun (SPD) war wegen des Anwachsens der republikfeindlichen Parteien NSDAP und KPD ohne parlamentarische Mehrheit. Dies diente dem Kabinett Papen zum Vorwand. Die Diktaturgewalt des Reichspräsidenten legalisierte vordergründig die Einsetzung des Reichskanzlers von Papen zum Reichskommissar in Preußen. Der Staatsgerichtshof in Leipzig verteidigte die Länderrechte nur halbherzig und erkannte in seinem Urteil vom 25. Oktober 1932 ein vorübergehendes Recht des Reichskommissars auf die Übernahme der Amtsbefugnisse der preußischen Minister an. Daraus ergab sich, dass die Hoheitsgewalt in Preußen zwischen dem Reichskommissar und der bisherigen Regierung Otto Braun geteilt blieb, bis die legitime preußische Regierung völlig beseitigt wurde.

Bayern schloss sich der Klage Preußens beim Staatsgerichtshof gegen den Preußenputsch an. Doch sprach der BVP-Vorsitzende (seit 1929) Fritz Schäffer mit Papen über eine Verfassungsreform. Unter anderem forderte er eine Stärkung des Reichsrats. So sollte der (Diktatur-)§ 48 vom Reichspräsidenten nur noch im Einvernehmen mit dem Reichsrat ausgeübt werden[24]. Im Gegenzug war Schäffer bereit, einer engeren Verschmelzung Preußens mit dem Reich bei Wahrung der Länderrechte und der Verfassungsordnung zuzustimmen. Schäffer beharrte gegenüber den Tendenzen zu autoritären, präsidialen, ständischen oder »organischen« Reformen auf der Erhaltung der Rechte der Volksvertretung. Heinrich Brüning und einige BVP-Vertreter erwogen nicht ernsthaft verfolgte Pläne, in den Ländern parlamentarische Regierungen auf der Grundlage von Koalitionen zwischen dem Zentrum bzw. der BVP und der NSDAP zu bilden, um gegen Aktionen wie den Preußenschlag gefeit zu sein[25].

Die BVP und die Zentrumspartei befanden sich seit dem Ende der Kanzlerschaft Brünings auf dem ›Fluss ohne Wiederkehr‹. Obwohl erprobte Koalitionspartner, waren sie aus der Regierungsbeteiligung in Berlin ausgeschieden. Held

---

23 30. Juni 1932. Die Protokolle des Bayerischen Ministerrats 1919–1945. Das Kabinett Held IV. Mai 1932 – März 1933, hg. v. Walter ZIEGLER, München 2010, 62–66.
24 Otto ALTENDORFER, Fritz Schäffer als Politiker der Bayerischen Volkspartei (1888–1945), Bd. 2, München 1993, 632–641.
25 Christiane REUTER, »Graue Eminenz der bayerischen Politik«. Eine politische Biographie Anton Pfeiffers (1888–1957), München 1987, 56 f.

befürchtete von dem autoritären Kurs Papens erneut Gefahr für Bayerns Eigenständigkeit und tendierte zu der diesem »Zentrumsrenegaten« ganz abgeneigten Haltung der Schwesterpartei. Dagegen wünschten nationalkonservative, autoritär oder monarchisch gesinnte Wirtschaftskreise um Franz Freiherrn von Gebsattel und Paul Reusch, die sich berufen fühlten, der BVP den richtigen Kurs zu suggerieren, die Annäherung an Papen und die Distanzierung der BVP von dem ihnen zu gewerkschaftsfreundlichen Zentrum. Rheinisch-westfälische Industriellenkreise begleiteten Papens Regiment und seinen »Preußenschlag« mit Sympathie, wie Papen in Rheinland-Westfalens Wirtschaft, Verwaltung und Militär (Rundstedt) Rückversicherung suchte[26]. Gebsattel verbuchte den BVP-Reichstagsabgeordneten Eugen Graf von Quadt zu Wykradt und Isny als Gleichgesinnten und rechnete auf Sympathien bei Georg Heim und den Christlichen Bauernvereinen[27]. Er tat Helds rechtsstaatlichen Protestkurs gegen die Übergriffe des Reichs als »unfruchtbares juristisches Gezeter« ab. Auch die Einzelstimme eines dem Zentrum nahestehenden Pfarrers in Münster, des Grafen Clemens August von Galen, empfahl, eine autoritäre Lösung mit dem Katholiken Papen in Kauf zu nehmen. Statt des Hangs zu autoritären Alternativen der Parteipolitik trieb ihn allerdings die Ablehnung von Hitlers Verhalten und Weltanschauung, die ihm größeres Unheil versprachen als die Herrschaft eines aus Westfalen stammenden autoritären Reichskanzlers Papen[28].

Vom 28. bis 30. Januar 1933 suchte Schäffer in Gesprächen mit Papen und Hitler der Ausgrenzung der katholischen Parteien zuvorzukommen und die Regierungs-

26 Joachim PETZOLD, Franz von Papen. Ein deutsches Verhängnis, München-Berlin 1995, 91 f. Zit. nach: Ein Staatsstreich? Die Reichsexekution gegen Preußen. (›Preußenschlag‹) vom 20. Juli 1932 und die Folgen. Darstellungen und Dokumente, Redaktion Gerhard WEIDUSCHAT, Berlin 2007, 103 f., Dokument 24.
27 Gebsattel an Reusch, 7. März 1933, vgl. ders. an dens., 30. November 1932. Rheinisch-Westfälisches Wirtschaftsarchiv Köln (RWWA), NL Paul Reusch (Sammlung L. E. Jones; ich danke Larry E. Jones, Canisius College, Buffalo, für die Kopien aus Gebsattels Korrespondenz). – Franz von Gebsattel (1889–1945) stammte aus altem, am Main und in der Rhön begütertem Adelsgeschlecht, das hohe kirchliche Stellen (Bistum Würzburg) und im bayerischen Militärdienst besetzt hatte. Er war Leiter des Familienbesitzes und Geschäftsführer des von ihm 1922 mitgegründeten Ausschusses der »Notgemeinschaft für nationale Arbeit (Gäa)«, eines politischen Sprachrohrs des Großgrundbesitzerverbandes und der rheinischen Schwerindustrie. Der nationalkonservative Propagandist wurde nach dem Machtantritt der NSDAP 1933 verhaftet, 1937 Hofmarschall des Herzogs von Württemberg, Oberst im 2. Weltkrieg; er starb in sowjetischer Gefangenschaft. Dieter J. WEISS, Kronprinz Rupprecht von Bayern (1869–1955). Eine politische Biografie, Regensburg 2007, 248, 253, 282.
28 Galen an seinen Bruder Franz von Galen zwischen dem 15. September und 6. November 1932. Joachim KUROPKA, » ›Etwas Teuflisches‹. Clemens August Graf von Galen und der Nationalsozialismus," in: Streitfall Galen. Studien und Dokumente, hg. v. Joachim KUROPKA, Münster 2007, 117–123.

beteiligung wiederzugewinnen[29]. Als junger Konkurrent Helds vom alten Zentrum weniger geprägt, zeigte er sich gegenüber Hitler, dem gemäßigten, aber das parlamentarische System ablehnenden NS-Fraktionsführer Rudolf Buttmann und dem katholischen NS-Juristen Hans Frank für eine Koalitionsbildung mit der NSDAP aufgeschlossen[30]. Die NSDAP lockte Schäffer mit der Aussicht, bei Lösung der preußischen Frage den bayerischen Wünschen entgegenzukommen. Schäffer ließ durchblicken, dass der Ministerpräsident Held, anders als er, keine Koalition mit der NSDAP wünschte. Bei den letzten Verhandlungen über die Regierungsbildung Ende Januar setzte sich Hitler über die BVP und das Zentrum hinweg, ohne deren Ausschluss zunächst offen zuzugeben. Hans Frank schob im Gespräch mit seinem guten Bekannten Josef Müller die Schuld an der Übergehung auf den Reichspräsidenten und den ehrgeizbesessenen Vorsitzenden der Deutschnationalen Volkspartei, Alfred Hugenberg. Er suchte diesen Vertreter der BVP zu ködern, indem er neue »Koalitionsverhandlungen mit dem Zentrum« in Aussicht stellte, falls der bald zu erwartende »Bruch mit den Deutschnationalen« eintreten werde[31]. Beim Reichspräsidenten nicht vorgelassen, beschwerte sich Schäffer bei Papen, dass der Reichspräsident das Zentrum und die BVP nicht mehr als verhandlungsfähig anerkenne und folglich beide Parteien mit dem dauernden Ausschluss aus dem Kreis der »nationalen Parteien« zu rechnen hätten[32]. Er bat Papen, seine Beschwerde dem Reichspräsidenten vorzutragen, was der Vizekanzler versprach. Held begegnete Vorbehalten gegenüber den »katholischen Parteien« auch bei Hitler, mit dem er über die Fernhaltung der Katholiken aus Staatsämtern seit dem Kaiserreich stritt[33]. Die nach Berlin reisenden oder dort anwesenden Vertreter der BVP befürchteten weitere Übergehung, hegten aber noch eine vage Hoffnung auf den Wiedereintritt des Zentrums in die Reichsregie-

29 Vgl. ALTENDORFER, Fritz Schäffer (wie Anm. 24), 686–691, 696 f.; vgl. Rudolf MORSEY, Der Untergang des politischen Katholizismus. Die Zentrumspartei zwischen christlichem Selbstverständnis und »Nationaler Erhebung« 1932/33, Stuttgart 1977.
30 [Josef MÜLLER], Aufzeichnung über die Koalitionsverhandlungen, 2–4, hier 2. Archiv für Christlich-Soziale Politik München (ACSP), NL Josef Müller, V 11. Vgl. PROBST, NSDAP (wie Anm. 13), 81, 178 f., 186–191.
31 [Josef MÜLLER], Aufzeichnung über die Koalitionsverhandlungen, 2. ACSP, NL Josef Müller, V 11.
32 Aussprache zwischen Schäffer und Papen, 5. Februar 1933. ACSP, NL Josef Müller, V 11.
33 Besprechung zwischen Held und Hitler, 1. März 1933. ACSP, NL Josef Müller, V 11. Vgl. Falk WIESEMANN, Die Vorgeschichte der nationalsozialistischen Machtübernahme in Bayern 1932/1933, Berlin 1975, 294–303, 301 f.

rung. Davon könne eine stabilisierende Wirkung ausgehen, sonst stünde das Abgleiten in »eine nationalsozialistische Alleinherrschaft oder das Chaos« bevor[34].

Wie 1932 dem Zentrum in Preußen, so drohte der BVP nach dem 30. Januar 1933 der Verlust der Macht in Bayern. Das Hitler-Kabinett setzte sie unter Druck. Nachrichten, dass die Reichsregierung die Entsendung von Reichskommissaren nach Baden und Hessen plane, riefen in München Besorgnis hervor. Einmal mehr glaubte man, sich gegen »polizeiliche Massnahmen« der Reichsregierung in den Ländern wappnen zu müssen[35]. Am 7. Februar legte Frick dem bayerischen Gesandten Franz Sperr in Berlin nahe, in München eine auf parlamentarischer Mehrheit beruhende Regierungskoalition zu bilden. Hatte die NSDAP-Fraktion im Landtag bisher alle Register der Obstruktionspolitik gezogen, Tumulte veranstaltet und die Regierung vor dem Staatsgerichtshof verklagt, so schien sie nun seriöse Verhandlungen mit der hart bekämpften Gegnerin von gestern führen zu wollen.

Der Anspruch der NSDAP auf (Mit-)Regierung in Bayern kreuzte sich mit ganz anders motivierten Bemühungen aus dem bayerischen Landtag, den Reformbedarf im Lande zu stillen und die Regierung auf eine breitere Grundlage zu stellen. Im Dezember 1932 und Januar 1933 rief der Antrag des Bauern- und Mittelstandsbunds auf Wahl eines Ministerpräsidenten Geschäftsordnungsdebatten und Unruhe im Landtag hervor. Bei den Überlegungen, eine neue Koalition zu bilden, entweder mit der SPD und dem Bauernbund oder mit der NSDAP, erschien der BVP die letztere Variante als bedenklicher, den Interessen Bayerns eher zuwiderlaufend[36]. Überfällig erschien der Partei und dem Kabinett Held eine Regierung und Staat festigende Verfassungsreform. Der Ministerpräsident fungierte bisher nur als Vorsitzender eines Kollegialorgans, nämlich des Ministerrats, er war primus inter pares, benötigte aber dringend mehr Rechte: z. B. die Richtlinienkompetenz, das Recht, Minister zu entlassen oder bis zu einem konstruktiven Misstrauensvotum im Amt zu bleiben. Erste Überlegungen der BVP gingen dahin, der NSDAP das Justiz- und Finanzministerium anzubieten. Die BVP wollte allerdings auch von den Partnern einer zukünftigen Parteienkoalition die »christliche Weltanschauung« respektiert wissen. Die NSDAP bekannte sich zwar zum »positiven Christentum«, doch wurde aus den Reihen der BVP festgestellt, dass die Kirchen-

---

34 Bericht über Gespräche, die bei einem von Fritz Schäffer gegebenen Abendessen geführt wurden. Gebsattel an Reusch, 12. Februar 1933, RWWA, NL Paul Reusch (Sammlung L. E. Jones).
35 Gebsattel an Reusch, 12. Februar 1933. RWWA, NL Reusch (Sammlung L. E. Jones).
36 Vgl. Ministerrat, Held IV (wie Anm. 23), Einleitung von Walter ZIEGLER, 58*–60*.

feindschaft, die Rassenlehre, der verhüllte Sozialismus und offene Unitarismus der Nationalsozialisten mit dem eigenen Standpunkt unvereinbar seien[37].

Gebsattel erhoffte auch nach dem 30. Januar 1933 eine Symbiose von bayerisch und »schwarz-weiß-rot« unter dem Dach der wiederhergestellten Wittelsbacher Monarchie. Erwein und Karl Otmar von Aretin haben Beifall für ihre These gefunden, dass die Ausrufung des Kronprinzen Rupprecht zum Generalstaatskommissar oder zum König die Herrschaft des Nationalsozialismus in Bayern hätte verhindern können[38]. Kein Geringerer als Winston Churchill vertrat rückblickend die Ansicht, die Wiedergewinnung der Monarchie in Deutschland habe die Rettung vor dem Nationalsozialismus bedeutet; nur war es gerade die Entente gewesen, die 1918 die Monarchien in Deutschland untergraben hatte. Was Bayern betraf, so waren die abgesetzten Wittelsbacher weit über katholische Adelskreise hinaus populär. Alle Parteien einschließlich der bayerischen Sozialdemokraten waren für die Idee einer Restitution empfänglich. Eine riesige Menschenmenge demonstrierte durch ihre Teilnahme an der Beerdigung des Prinzen Alfons von Bayern am 13. Januar 1933 ihre Anhänglichkeit an das Haus Wittelsbach. Das sog. Charisma der Präsidentschaftskandidaten von 1932, Hindenburg und Hitler, das die Wertschätzung der republikanischen Institutionen unterlief[39], brach sich in Bayern an einem konkurrierenden Bezugsobjekt.

Auf die Wiederherstellung der Monarchie richteten sich jedoch unterschiedliche, ja gegensätzliche Erwartungen. Nationalistisch-autoritär gesinnte Kreise wünschten sie herbei, um dem »Parteihader« und der »egoistischen Parteienherrschaft ein Ende zu bereiten«[40]. Für sie durfte die bayerische Monarchie keine Spitze gegen das Reich und die Reichsregierung haben, fiel monarchistisch-partikularer Patriotismus mit Nationalismus zusammen. Der Ministerrat hingegen dürfte in der eventuellen Betrauung des Kronprinzen mit königlichen Funktionen

37 Die staatsbürgerlichen Vorträge von Alois Hundhammer aus den Jahren 1930 und 1931, hg. v. Oliver Braun, München 2005, 149–175.
38 Erwein von Aretin, Krone und Ketten. Erinnerungen eines bayerischen Edelmannes, hg. v. Karl Buchheim und Karl Otmar von Aretin, München 1955; Karl Otmar von Aretin, Die bayerische Regierung und die Politik der bayerischen Monarchisten in der Krise der Weimarer Republik 1930–1933, in: Ders., Nation, Staat und Demokratie in Deutschland. Ausgewählte Beiträge zur Zeitgeschichte, Mainz 1993, 65–93; Christina M. Förster, Der Harnier-Kreis. Widerstand gegen den Nationalsozialismus in Bayern, Paderborn, 101–121; Weiss, Kronprinz Rupprecht (wie Anm. 27), 266–272.
39 Larry Eugene Jones, Hitler versus Hindenburg. The 1932 Presidential Elections and the End of the Weimar Republic, Cambridge University Press 2016, 357–361.
40 Gebsattel an Reusch, 7. März 1932. RWWA, NL Paul Reusch (Sammlung L. E. Jones).

ein letztes Abwehrmittel gegen Übergriffe der Reichsregierung gesehen haben, die ihn schon vor dem 30. Januar 1933 umtrieben, als er über die gerichtliche Überprüfung des »Preußenschlags«, die wiederholten Berliner Eingriffe in die Polizeigewalt, das neue Notverordnungsrecht und die drohende Entsendung von Reichskommissaren diskutierte. Gebsattel vermerkte aus seiner Sicht kritisch einen Beschluss des bayerischen Ministerrats vom 21. Februar 1933, die staatliche Gewalt dem Kronprinzen erst dann zu übergeben, wenn eine schwere Krise dazu Anlass geben würde, eine Monarchie nicht aus sich heraus zu erstreben, sondern nur als Bollwerk gegen eine übergriffige Reichsregierung aufzubauen und so zu instrumentalisieren[41]. Die hektographierten, der kritischen Edition zugrunde gelegten Protokoll-Überlieferungen der Sitzungen vom Februar-März 1933 erwähnen weder eine Besprechung am 21. Februar noch überhaupt Erörterungen einer monarchischen Restitution[42]. Dies besagt nicht, dass sie nicht stattgefunden hätten, denn für die Zeit nach 1928 sind keine stenographischen Mitschriften überliefert, die den hektographierten und gekürzten Protokollen zugrunde lagen. Auch wurden von einzelnen Ministerbesprechungen, die »brisante Themen« behandelten, keine Protokolle aufgenommen. Nach Mitteilung Otmar von Aretins war das Protokoll einer Sitzung vom 21. Februar ursprünglich vorhanden, es konnte aber nicht aufgefunden werden[43].

Immerhin erwog die BVP-Führung Anfang Februar 1933, ein verfassungswidriges Verhalten Hitlers mit der Aufhebung der eigenen Verfassungsbindung zu beantworten. Bei Held und im Ministerrat überwogen jedoch die Bedenken gegen eine Restauration der Wittelsbacher. Held sah keine legalen Möglichkeiten, diesen Wandel herbeizuführen, weil die Weimarer Verfassung für alle Länder die republikanische Staatsform vorschrieb. Es war für ihn schwer vorstellbar, wie er den Kronprinzen Rupprecht als Generalstaatskommissar oder König auf die Verfassung und die Grundrechte hätte verpflichten sollen. Im Februar 1933 kühlte sein Verhältnis zu den führenden Mitgliedern des Bayerischen Heimat- und Königsbunds, Erwein von Aretin und Enoch von Guttenberg, fühlbar ab[44]. Rupprecht selbst hatte monarchische Ambitionen, scheute aber den offenen Bruch mit Berlin, der nicht

---

41 Gebsattel an Reusch, 7. März 1932. RWWA, NL Paul Reusch (Sammlung L. E. Jones); siehe Anhang.
42 Vgl. die Sitzungen vom 1., 7., 11., 20., 28. Februar, 7. und 10. März 1933. Ministerrat, Held IV (wie Anm. 23), 243–284.
43 Vgl. Ministerrat, Held IV (wie Anm. 23), Einleitung von Walter ZIEGLER, XI, 36*–37*, 50*–56*.
44 Gebsattel an Reusch, 12. Februar 1932. RWWA, NL Paul Reusch (Sammlung L. E. Jones).

der Preis für seine Amtsübernahme sein sollte[45]. Auch ihm konnte nicht verborgen bleiben, dass aus Berlin heftiger Gegenwind wehte. Eugen Fürst von Öttingen-Wallerstein und Alfons Baron von Redwitz holten sich bei Hindenburg eine satte Abfuhr, als sie bei ihm das Terrain für die Wiedereinführung der Monarchie in Bayern erkundeten. Der bayerische Gesandte Sperr hörte bei einer Unterredung mit den Reichsministern Konstantin von Neurath, Lutz Schwerin von Krosigk und Franz Gürtner, dass sie zwar meinten, die Entwicklung dränge, zumal auch in Preußen, zum Königtum, sich jedoch über Zeitpunkt und Modus einer monarchischen Restitution sehr im Unklaren waren[46]. Neurath warnte »vor einem verfrühten Losschlagen«. Der Gesandte Sperr teilte diese Auffassungen »in keiner Weise«. Er »trat klar und deutlich auf die Seite der Warner vor derartigen Versuchen«[47].

Der politischen Operationalisierung des monarchischen Gedankens standen dessen Widersprüchlichkeit, was Ideen oder Agenten betraf, und die republikanische Staatsform entgegen. Die Vertreter der Idee waren politisch inkohärent. Neben katholisch-konservativen bayerischen (Adels-)Kreisen um Erwein von Aretin standen politisch weniger interessierte Bevölkerungskreise, auch bayerische Nationalsozialisten, die an Versammlungen des Heimat- und Königsbunds teilnahmen, und Deutschnationale im überwiegend protestantischen Nordbayern; sie verbanden das nationale Einheitsstreben mit der Rückkehr zur Monarchie oder einer autoritären Staatsform. Die Bestrebungen zur Restitution der Wittelsbacher bestärkten wiederum die liberalen und nationalen Kräfte außerhalb Bayerns und die norddeutschen Nationalsozialisten in ihrer Abneigung gegen den Freistaat im Süden, der anscheinend erneut zum Partikularismus aufbrach. Die BVP und der bayerische Ministerrat rückten dem Monarchismus nur situationsbedingt näher, um ihn als Panier gegen den Zentralismus des Reiches und den aus Berlin drohenden offenen Ausbruch einer großen Krise zu nutzen. Das unstimmige Sehnen nach dem monarchischen Übervater schwächte das schon angeschlagene Vertrauen in Parteien und parlamentarische Regierung. Es dürfte dazu beigetragen haben, den mit Rückhalt der eigenen Partei ohne absolute Mehrheit regierenden Ministerpräsidenten weiter ›anzuzählen‹. In dieser bedrängten Lage war es Helds und des Gesandten Sperr Dienst an der Demokratie, den Versuchen zum national-autori-

45 Kronprinz Rupprecht und die Nationalregierung, Regensburger Anzeiger, Nr. 88 v. 29. März 1933.
46 Aussprache mit Hindenburg am 24. Februar 1933, Gespräch Sperrs mit Neurath, Krosigk und Gürtner am 23. und 24. Februar. [Josef MÜLLER], Monarchistische Bestrebungen, 1–2. ACSP, NL Müller, V 11; vgl. Sperr an Held, 24. Februar 1933. EBD.; vgl. WIESEMANN, Vorgeschichte (wie Anm. 33), 231–236.
47 [Josef MÜLLER], Monarchistische Bestrebungen, 1. ACSP, NL Müller, V 11.

tären, zentralistischen Umbau der Republik verfassungstreu zu widerstehen, die hochreputierliche Akteure wie Papen mit Unterstützung des weit über Gebühr geschätzten Ex-Feldmarschall-Reichspräsidenten betrieben[48]. Die tragische Paradoxie bestand darin, dass man der parlamentarischen Verantwortlichkeit schadete, wenn man sie durch eine autoritäre Staatsleitung ersetzen wollte, dem Parlamentarismus aber auch dann einen Bärendienst erwies, wenn man sich von der Hetze gegen den »Parteihader« nicht vereinnahmen ließ, sondern zu einer von den Parteien parlamentarisch getragenen Regierung bekannte, weil dann im Prinzip die stärkste, antiparlamentarisch gesinnte Partei einzuschließen war[49]. Angesichts des Problems für die Erhaltung der Einheit, das bei Wiedererstehung konkurrierender Monarchien in Deutschland entstanden wäre, hätte am ehesten noch die zurückhaltende Variante der Schaffung eines auf Bayern beschränkten Generalstaatskommissariats für Kronprinz Rupprecht Realisierungschancen haben können. Aber wie sollte angesichts der Mehrheitsverhältnisse im 1932 gewählten Preußischen Landtag eine Restitution der Hohenzollernmonarchie zustande kommen?

Held sah sein verfassungspolitisches Credo durch die Umstände von Hitlers Regierungsantritt schwer herausgefordert. In einem Aide mémoire vom 28. Januar an Hindenburg, das Sperr in seinem Auftrag dem Chef des Büros des Reichspräsidenten, Otto Meissner, übergab, warnte der Ministerpräsident geradezu aus Gewissensgründen davor, den sogenannten Staatsnotstand für »verfassungswidrige Experimente« auszunutzen und ein »Spiel mit den Grundlagen unseres Verfassungslebens« zu treiben[50]. Held rief Hindenburg dazu auf, »die verfassungsmäßi-

---

48 Papen forderte in seiner Rede vom 12. Oktober vor Vertretern der bayerischen Wirtschaft: »Wir wollen eine machtvolle und überparteiliche Staatsgewalt schaffen, die nicht als Spielball von den politischen und gesellschaftlichen Kräften hin und her getrieben wird, sondern über ihnen unerschütterlich steht«. Zugleich wollte er aber »an den großen Grundgesetzen, die der Teil II der Weimarer Verfassung enthält, [...] nicht rütteln«. Zit. nach HORKENBACH, Deutsches Reich (wie Anm. 15), 342.
49 Dieses Dilemma wird verkannt, wenn man der BVP »die strukturelle Einbindung in das parlamentarische System«, damit zugleich eine schwere Verantwortlichkeit für den Niedergang der Weimarer Republik 1933 anlastet. Martina STEBER, »... dass der Partei nicht nur äußere, sondern auch innere Gefahren drohen«. Die Bayerische Volkspartei im Jahr 1933, in: Das Jahr 1933. Die nationalsozialistische Machteroberung und die deutsche Gesellschaft, hg. v. Andreas WIRSCHING, Göttingen 2009, 70–91, 83. Das Zitat im Titel des Aufsatzes gibt die Äußerung Wohlmuths unvollständig wieder. Wohlmuth sprach zugleich die Hoffnung und Ermutigung aus, dass die BVP auch in Zukunft für den Staat noch gebraucht werde. Von wem die Gefahr von außen drohte, konnte in der Lage, in der der Fraktionsvorsitzende sprach, nicht zweifelhaft sein, sodass eine Anbiederung an den Nationalsozialismus kaum gemeint sein konnte.
50 Nr. 13 der Dokumentensammlung im ACSP, NL Müller, V 11; vgl. FRÖHLICH, Tagebücher (wie Anm. 64), 70 f. Gewissensgründe gegen eine Zustimmung zum Ermächtigungsgesetz seitens der

gen Rechte der Länder zu wahren«. Im Gegenzug seien die Länder bereit, an der dringend gebotenen Überwindung der Zeitnöte vorbehaltlos mitzuarbeiten.

Nach dem 30. Januar 1933 wählten Personen, Parteien und Gruppen, die sich plötzlich der Verfolgung ausgesetzt sahen, Bayern als Rückzugsbastion. Da Stützel alle den Staat gefährdenden Aktionen möglichst unterbunden, seine Dienstaufsicht unnachsichtig gehandhabt und dem Nationalsozialismus zuneigende Beamte gemaßregelt hatte, war Bayern von den sonst im Reich zu beobachtenden politischen Unruhen verschont geblieben. Man könnte fast von einer gewendeten »Ordnungszelle Bayern« sprechen. Bei aller weiter betonten Abwehr des Kommunismus hatte sich die Bekämpfung von Hetze und Gewalt seit 1930 mehr und mehr gegen die immer brutaler auftretenden NS-Organisationen gerichtet – ein Faktum, das die neueste Forschung trotz des in der Biographie über Karl Stützel ausgebreiteten Materials anscheinend nur widerstrebend zur Kenntnis nimmt. Kurz nachdem Hitler das Reichskanzleramt übernommen hatte, suchten liberale Intellektuelle, führende Sozialdemokraten und Mitglieder des Centralvereins deutscher Staatsbürger jüdischen Glaubens Zuflucht in Bayern, dessen staatlicher Ordnung sie noch vertrauten[51].

Inzwischen konnten sich die Länder nicht mehr dazu aufraffen, eine gemeinsame Abwehrfront zu beziehen. Das Land Hessen nahm willenlos die Eröffnung Papens und des früheren Diplomaten Kurt von Lersner hin, man werde einen Reichskommissar schicken oder verlange wenigstens die Ablösung des sozialdemokratischen Innenministers Wilhelm Leuschner[52]. Die Ministerpräsidenten von Bayern, Baden, Württemberg, Hessen, Sachsen und Thüringen reagierten auf den verfassungswidrigen Einzug von Bevollmächtigten der preußischen Reichskommissare in den Reichsrat zur Enttäuschung des bayerischen Gesandten Sperr am 15. Februar 1933 nur mit einer matten Rechtsverwahrung, um jede Provokation der Berliner Regierung zu vermeiden. Sperr sagte den Ministern Neurath, Gürtner und Schwerin von Krosigk auf den Kopf zu, die Länder seien zutiefst beunruhigt, der Reichskanzler steuere auf »das faschistische, das Dritte Reich« zu und habe in Preußen »die faschistische Alleinherrschaft zum Teil schon erreicht«[53]. Er berief

BVP brachte auch Josef Müller im Gespräch mit Hans Frank im bayerischen Justizministerium am 20. März 1933 vor, siehe unten.
51 Fürst, Stützel (wie Anm. 16), 439–442; vgl. Markus SCHMALZL, Erhard Auer. Wegbereiter der parlamentarischen Demokratie in Bayern, Kallmünz 2013, 513–518.
52 Vormerkung Sperrs, 7. Februar 1933. ACSP, NL Müller, V 11.
53 Sperr an Held, 24. Februar 1933, Nr. 475 (mit Anlage: Rede Görings vor den Ober- und Regierungspräsidenten Preußens am 15. Februar 1933). ACSP, NL Müller, V 11.

sich auf die letzten Reden Hitlers, Fricks und Hermann Görings. Gerade hatte Innenminister Göring die preußischen Beamten angewiesen, ab sofort seine den geltenden Gesetzen zuwider laufenden Anordnungen zu befolgen, die SA und SS von der Strafverfolgung auszunehmen und als Ersatzpolizei anzuerkennen – eine skandalöse Pervertierung des Rechtstaats. Fricks Beschwichtigung, Hitler kämpfe nicht gegen das Zentrum und die BVP, sondern gegen den Marxismus, beeindruckte Sperr wenig[54]. Als die drei Reichsminister seine Sorgen teilten, bat er sie, den Reichspräsidenten über die bedrohlichen Vorgänge auf dem Laufenden zu halten und ihm den Rat zu geben, er möge rechtzeitig »mit Hilfe der Wehrmacht gegen die Nationalsozialisten« vorgehen[55]. Sperrs Demarche bei den Ministern dürfte schwerlich zum Reichspräsidenten durchgedrungen sein und erwies sich als völlig vergeblich. Hindenburg willigte vier Tage später in eine verhängnisvolle Schwächung bzw. Teilung seiner Macht ein. Am 28. Februar 1933 beschloss das Reichskabinett die »Verordnung zum Schutze von Volk und Staat«, die sog. Reichstagsbrandverordnung. Hindenburg erließ sie noch am gleichen Tag[56]. Sie erlaubte der Reichsregierung, zur Wiederherstellung der öffentlichen Sicherheit und Ordnung in einem Lande vorübergehend die Befugnisse einer obersten Landesbehörde zu übernehmen (§ 2). Damit gab der Reichspräsident seine alleinige Zuständigkeit für Notverordnungen preis. Die Reichsregierung wurde mit der Diktaturgewalt ausgestattet, die bisher dem Reichspräsidenten in (allerdings oft zu Normalfällen degenerierten) Ausnahmefällen vorbehalten war. Es war »die direkte Eingriffsmöglichkeit der Reichsregierung selbst« in die Rechte der Länder eingeführt »und zwar ohne Kontrolle durch ein Gericht«, die noch beim Preußenschlag zugelassen war[57].

Den Auftakt zur Gleichschaltung der Länder bildeten die Reichstagswahlen vom 5. März 1933. Die NSDAP blieb mit 43,1 % der Stimmen in Bayern zwar noch etwas unter dem Reichsdurchschnitt, übertraf aber unerwartet die BVP, die nur mehr 27,2 % der Stimmen erhielt. Die Mehrheit für die NSDAP folgte einem durchschlagenden reichsweiten Trend. Sie resultierte aus den hohen Zulauf von

---

54 Vormerkung Sperrs über ein Gespräch mit Frick, Berlin 7. Februar 1933. ACSP, NL Müller, V 11.
55 Sperr an Held, 24. Februar 1933, Nr. 475. ACSP, NL Müller, V 11.
56 Akten der Reichskanzlei. Die Regierung Hitler. Teil 1: 1933/34, Bd. 1, 30. Januar bis 31. August 1933, hg. v. Karl-Heinz MINUTH, Boppard am Rhein 1983, 132 f.
57 Vgl. Irene STRENGE, Machtübernahme 1933 – Alles auf legalem Weg?, Berlin 2002, 161, 159–164, 212. Am 20. Juli 1932 bestellte der Reichspräsident den Reichskanzler zum Reichskommissar für das Land Preußen mit der Ermächtigung, für die Dauer der Verordnung das Preußische Staatsministerium seines Amtes zu entheben.

Nichtwählern, von Gewinnen in protestantischen und bisher immun gebliebenen katholischen Gebieten, in der Arbeiterschaft, in den Städten und auf dem Land[58]. Krisenphänomene in der Milch-und Holzwirtschaft begünstigten den Zulauf zur NSDAP[59]. Wegen der beginnenden Unterdrückung der Meinungs-, Rundfunk- und Pressefreiheit aufgrund der »Verordnung zum Schutz des deutschen Volkes« vom 4. Februar und der Notverordnung vom 28. Februar waren die Märzwahlen nur noch »halbfrei«. Frühere Subventionen der Wirtschaft an die BVP blieben offenbar aus, weil dort Unzufriedenheit mit dem demokratischen Kurs Helds herrschte. Gebsattel, der Informant Reuschs, nach eigenem Bekunden kein BVP-Mitglied, begrüßte den Ausgang der Märzwahlen blauäugig als »Anfang der Gesundung«, Beginn von »sachlichem Handeln« in »freier Feldschlacht«; immerhin warnte er die neuen Männer vor »Gewaltexperimenten«[60].

Nach dem niederschmetternden Ausgang der Märzwahlen trafen Alarmmeldungen Sperrs aus Berlin ein. Bei seinen Antrittsbesuchen als bayerischer Gesandter hatte sich Papen bei ihm nach der Möglichkeit der Auflösung des bayerischen Landtags erkundigt. Hindenburg hatte ihm nahegelegt, in Bayern die Konsequenzen aus der Reichstagswahl für den Landtag zu ziehen und an Neuwahlen gar nicht erst zu denken. Zugleich versicherte er aber Sperr fast gekränkt, Bayern habe nichts zu befürchten. Er forderte Vertrauen in seine Zusicherungen, verwies Sperr mit seiner Anfrage bezüglich Bayerns trotzdem auf die Zuständigkeit des Reichskanzlers. Hitler erging sich gegenüber Sperr in zweideutigen Aussagen und Drohungen. Er schwadronierte über die Riesengefahr des Marxismus, den er rücksichtslos erledigen werde. Seine »gewaltige Revolution« werde alle Geister Deutschlands auf ein Ziel ausrichten. Die BVP erkenne die Zeitenwende nicht, wenn sie der SPD ihr Programm mitgeteilt habe. Er wolle während der Koalitionsverhandlungen keine »Reichsangriffe« starten, doch könne der »Druck von unten« so zunehmen, dass ein Eingreifen wie in Hamburg, Baden und Württemberg

58 Vgl. Dietrich THRÄNHARDT, Wahlen und politische Strukturen in Bayern 1848–1953. Historisch-soziologische Untersuchungen zum Entstehen und zur Neuerrichtung eines Parteiensystems, Düsseldorf 1973, 133, 144 f. u. ö.; Mathias RÖSCH, Die Münchner NSDAP 1925–1933. Eine Untersuchung zur inneren Struktur der NSDAP in der Weimarer Republik, München 2002, 375–379; Martin HILLE, Zur Sozial- und Mitgliederstruktur der Passauer NSDAP in den zwanziger und dreißiger Jahren, in: Passau in der Zeit des Nationalsozialismus. Ausgewählte Fallstudien, hg. v. Winfried BECKER, Passau 1999, 9–42.
59 Vgl. dazu Martin HILLE, Der Aufstieg der NSDAP im Bezirksamt Tölz bis zur Machtergreifung, in: ZBLG 66 (2003), 891–935.
60 Gebsattel an Reusch, 7. März 1933. RWWA, NL Reusch (Sammlung L. E. Jones).

notwendig werde[61]. Auf die Bayern nach dem Urteil über den Preußenputsch sehr interessierende Frage, wie sich die Exekutive gegenüber dem Reichsgericht verhalten werde, antwortete Hitler ausweichend und unbefriedigend, wie schon Papen auf die Anfrage Schäffers.

Vor dieser Drohkulisse erschien der BVP die Aufnahme von Koalitionsverhandlungen mit der NSDAP als letzter rettender Ausweg, verbunden mit der Hoffnung, bei den gemäßigten Unterhändlern dieser Partei noch einigermaßen tragbare Ergebnisse erzielen zu können. Nach einer anonymen, sehr wahrscheinlich von Josef Müller stammenden Aufzeichnung hatte die NSDAP auf einen am 1. März schriftlich geäußerten Wunsch der BVP-Fraktion hin den NS-Fraktionsführer Buttmann und den Stadtschulrat Josef Bauer zu Unterhändlern bestimmt und der Reichstagsabgeordnete Hans Ritter von Lex am 6. März mit Buttmann in München vereinbart, eine Verteilung der bayerischen Ministerien zwischen BVP und NSDAP im Verhältnis von 2 zu 3 vorzunehmen; Hitler habe dieser Abmachung tags darauf in Berlin zugestimmt[62]. Am 7. März beschloss der bayerische Ministerrat, den Landtagspräsidenten Georg Stang (BVP) um die Beschleunigung der bereits unternommenen Schritte zu einer Neubildung der Regierung zu bitten. Die BVP-Fraktion bestimmte am 8. März für Verhandlungen mit der NSDAP den Parteivorsitzenden Schäffer, den Vorsitzenden der Landtagsfraktion Wohlmuth, den Domdekan Anton Scharnagl und Alois Hundhammer vom Bayerischen Christlichen Bauernverein. Mit Mehrheitsbeschluss wurde ihnen der Auftrag erteilt, ernsthafte Koalitionsverhandlungen zu führen, die mit den Grundsätzen der Partei zu vereinbarenden Opfer zu bringen und beim Scheitern einer Koalition Neuwahlen anzustreben[63]. Dies entsprach dem am Anfang der 34. Sitzung der Fraktion am 8. März abgegebenen Plädoyer Helds. Der Ministerpräsident teilte zugleich mit, er werde sein Amt »in eine andere Hand« abgeben müssen. Die Fraktion sah die BVP in ihrer Substanz erhalten und hoffte auf ein besseres Abschneiden bei Neuwahlen. Schon die nächste Zeit werde an den Tag bringen, dass die

61 Sperr an Held, 8. März 1933 (Besuche am 7. März bei Papen, am 8. März bei Hindenburg und Hitler). ACSP, NL Müller, V 11.
62 [Josef Müller], Aufzeichnung über die Koalitionsverhandlungen. ACSP, NL Müller, V 11; die knappen Niederschriften (Protokolle) der Fraktionssitzungen berichten nicht über diese Abmachung.
63 8. März 1933. Niederschriften der Fraktionssitzungen der BVP im Bayerischen Landtag, Bd. 4, 1930–1933, 154–157, ACSP, NL Müller, V 11. Vgl. zum Führungspersonal der BVP und des Zentrums die Einleitung v. Walter ZIEGLER, Ministerrat, Held IV (wie Anm. 23); Lexikon der Christlichen Demokratie in Deutschland, hg. v. Winfried BECKER, Günter BUCHSTAB, Anselm DOERING-MANTEUFFEL, Rudolf MORSEY, Paderborn 2002.

neue Berliner Regierung die Erwartungen der Bevölkerung enttäuschen werde. Die Fraktion bekundete auch ihre Absicht, den Nationalsozialisten nicht alles zu überlassen.

Am 8. März teilte der Generalsekretär der BVP, Dr. Anton Pfeiffer, in der Landtagsfraktion mit, dass die NSDAP sich in den nächsten Tagen darüber schlüssig werde, »wie das süddeutsche Problem behandelt werden solle«; sie würden wohl die Innenministerien der süddeutschen Länder übernehmen. Doch schon am Abend desselben Tages fasste Hitler in einer Runde seiner Vertrauten den Entschluss zur gesetz- und verfassungswidrigen Überwältigung des Landes Bayern. Joseph Goebbels notierte in sein Tagebuch: »Es wird beschlossen, dass morgen Bayern an die Reihe kommt.« Ernsthafter Widerstand sei von der BVP oder von Held nicht zu befürchten und ohnehin aussichtslos. Der Führer werde jetzt rücksichtslos die »kalte«, die »nationale Revolution« durchführen. »Das Schicksal Bayerns hängt nun an einem seidenen Faden. Keine andere Regierung wäre in der Lage, ein Gleiches zu tun, was der Führer zu tun beabsichtigt. Er kann sich das leisten, weil das bayerische Volk an seiner Seite steht«[64]. Er war beflügelt von der Aussicht auf den Aufbau des ihm von Hitler versprochenen Propagandaministeriums. Mit dem »Führer«, zu dem er aufblickte, hatte er schon Monate vorher, in der Nacht vom 9. auf 10. August 1932, »Probleme der Machtergreifung durchgesprochen«[65].

Über die Abläufe des 9. März in München und Berlin unterrichten am besten ein Dokumentarbericht Helds[66], Franz Sperrs »Vormerkung für den 8. und 9. März 1933«[67], Sperrs »Aufzeichnung der Vorgänge vom 8.-10. März 1933«[68] und die Nie-

64 8. März 1933. WIESEMANN, Vorgeschichte (wie Anm. 33), 275; Die Tagebücher von Joseph Goebbels. Sämtliche Fragmente, hg. v. Elke FRÖHLICH, Teil I, Aufzeichnungen 1923–1941, Bd. 2, 1931–1936, München 1987, 389; Elke FRÖHLICH, Sperr als Offizier und Gesandter, in: Franz Sperr und der Widerstand gegen den Nationalsozialismus in Bayern, hg. v. Hermann RUMSCHÖTTEL, Walter ZIEGLER, München 2001, 51–82, 77 f.; vgl. auch: Die Tagebücher von Joseph Goebbels. Aufzeichnungen 1923–1941, Teil I, Bd. 2/III, Oktober 1932-März 1934, bearb. v. Angela HERMANN, Berlin 2006, 142 f.
65 Zit. nach Magnus BRECHTKEN, Ein überflüssiges Experiment? Joseph Goebbels und die Propaganda im Gefüge des Nationalsozialismus, in: »Diener des Staates« oder »Widerstand zwischen den Zeilen«? Die Rolle der Presse im »Dritten Reich«, hg. v. Christoph STUDT, Berlin 2007, 49–74, 60.
66 Druck: Winfried BECKER, Die nationalsozialistische Machtergreifung in Bayern. Ein Dokumentarbericht Heinrich Helds aus dem Jahr 1933, in: Historisches Jahrbuch 112 (1992), 412–435.
67 Vormerkungen Nr. 5 und 11. ACSP, NL Müller, V 11; FRÖHLICH, Tagebücher (wie Anm. 64), 78–80.
68 ACSP, NL Müller, V 11. Gedruckt bei: Gerhard HETZER, Archivalische Quellen zu Franz Sperr, in: Franz Sperr und der Widerstand gegen den Nationalsozialismus in Bayern (wie Anm. 64), 175–221, 208–214, und in: Ministerrat, Held IV (wie Anm. 23), 310–314; vgl. SCHWEND, Bayern (wie Anm. 21), 532–543.

derschrift »Entwicklungsstufen des Terrors«[69]. Die maßgeblichen Akteure bei der Exekution der Reichstagsbrandverordnung gegen Bayern waren in Berlin Reichskanzler Adolf Hitler und Reichsinnenminister Wilhelm Frick, in München SA-Stabschef Ernst Röhm und der NS-Gauleiter für München-Oberbayern, Adolf Wagner.

Papen, Hindenburg und Hitler hatten wiederholt das Misstrauen der bayerischen Politiker als gänzlich unangebracht zurückgewiesen und beteuert, die Eigenständigkeit Bayerns nicht antasten zu wollen. Die trügerische Ruhe wurde am 8. März gestört, als die Regierung im Lauf des Tages von bevorstehenden Maßnahmen der Reichsregierung erfuhr. Abends um 22.30 Uhr wurde Sperr telefonisch von Stützel informiert, der Gauleiter Wagner werde am 9. März um 9.37 Uhr mit dem Fernschnellzug von Berlin nach München fahren. Dort sei ein Marsch der SA zu den Ministerien des Äußern, des Innern und zur Polizeidirektion geplant, um die bayerische Regierung zum Rücktritt zu zwingen. Die Reichsregierung möge dies unterbinden, damit es nicht zum Blutvergießen komme. Sperr verständigte sofort Staatssekretär Meissner. Der erklärte sich für unzuständig, wollte Hindenburg nicht mehr wecken und verwies Sperr an Hitler. Der Reichskanzler erklärte, er werde durch seinen persönlichen Adjutanten den Gauleiter Wagner veranlassen, von seinem Vorhaben abzulassen. Hitlers Adjutant Wilhelm Brückner wusste bei einem Anruf Sperrs am 9. März um 8.30 Uhr morgens von nichts, wollte Wagner am Bahnhof noch benachrichtigen, teilte aber später mit, er habe ihn nicht mehr erreicht.

Um 10 oder 11 Uhr konnte Sperr Frick sprechen. Auf seine Bitte, beruhigend auf die SA in München einzuwirken, sagte Frick zu, sich sofort an den Reichskanzler zu wenden und diesem auch Sperrs zweites Anliegen zu überbringen, er möge möglichst bald Unterhändler der NSDAP für Koalitionsverhandlungen in Bayern bestimmen. Frick teilte Sperr mit, die NSDAP fordere den Ministerpräsidenten, das Innen- und Finanzministerium, gestehe indes der BVP das Kultusministerium zu. Nach den Kommunalwahlen am 12. März in Preußen stattfindende Neuwahlen schloss er aus. Vielmehr würden die Landtage aufgrund eines Ermächtigungsgesetzes gemäß den Ergebnissen der letzten Reichstagswahl neu zusam-

---

69 Ein vierseitiges undatiertes, anonymes, sehr wahrscheinlich von Dr. Josef Müller stammendes Dossier, das auch auf die weiteren Vorgänge bis Mai 1933 kurz eingeht. ACSP, NL Müller, V 11. Heranzuziehen sind auch die 22 (teils nachgedruckten) Dokumente: Briefe, Pressestimmen und Polizeiberichte sowie (desinformierende) Äußerungen Röhms, Buttmanns und Epps, in: Ministerrat, Held IV (wie Anm. 23), 287–346.

mengesetzt. Sperr erhielt um 11.45 Uhr von Joseph Bleyer, Staatsrat im bayerischen Ministerium des Äußeren, per Telefon die Erlaubnis zu erklären, die BVP sei zur Überlassung der drei Ministerien bereit und bitte um rasche Benennung eines NS-Unterhändlers. Frick versprach darauf Sperr nochmals, er werde Zwischenfälle in München unterbinden. Angeblich war aber der geeignete Verhandlungspartner, der Fraktionsführer der NSDAP im bayerischen Landtag, Rudolf Buttmann, weder in Berlin noch in München greifbar, weil er auf Anordnung Hitlers auf Wahlkampfreise in Norddeutschland weile. Doch war Buttmann am 7., 9.-11. März 1933 in Berlin und traf sich zu Gesprächen mit Hitler, in denen auch das Vorgehen gegen Bayern ausgeheckt wurde[70].

Inzwischen hatte Held am Vormittag in München mit Innenminister Stützel, Polizeipräsident Julius Koch, Staatsrat Bleyer und Ministerialrat Karl Sommer die Lage erörtert. Man kam überein, der SA-Aktion mit allem verfügbaren Polizeiaufgebot Widerstand zu leisten, aber Blutvergießen zu vermeiden und Schießbefehl nicht zu geben. Kurz vor 12.30 Uhr erschienen bei Held Gauleiter Wagner, Stabschef Röhm und SS-Führer Heinrich Himmler in Begleitung einiger Uniformierter. Sie forderten ultimativ vom Ministerpräsidenten, den General a.D. Franz Xaver Ritter von Epp, der in national und katholisch eingestellten Bevölkerungskreisen Bayerns Ansehen genoss[71], sofort als Generalstaatskommissar einzusetzen und ihm die gesamte Staatsgewalt zu übertragen. Dabei legte Wagner, Hitlers Gehabe nachahmend, seine Reitpeitsche auf den Tisch. Held wies das Ansinnen scharf zurück. Von den Bewaffneten, die sich am Hauptbahnhof, auf der Nymphenburger Straße und vor dem »Braunen Haus« versammelt hätten, lasse er sich nicht unter Druck setzen. Einem Staatskommissar könne er auch keineswegs die gesamte Regierungsgewalt mit allen Regierungsfunktionen übertragen. Röhm leugnete, dass Druck ausgeübt werde: Er handle im Auftrag Hitlers und Fricks. Vom Reichsinnenminister wisse er, dass die Reichsregierung Epp zum Reichskommissar für Bayern bestellen werde, falls dieser nicht bis 15 Uhr zum Generalstaatskommissar ernannt sei.

Um 13 Uhr wurde Sperr aus München ein Telegramm mitgeteilt, das Held an den Reichskanzler und den Reichspräsidenten gerichtet hatte. Held meldete, dass in München bewaffnete SA zur Übernahme der Gewalt bereitstehe, bat, diese Ak-

---

70 Ministerrat, Held IV (wie Anm. 23), 303–307.
71 Bernhard GRAU, Die Reichsstatthalter in Bayern. Schnittstelle zwischen Reich und Land, in: Staat und Gaue in der NS-Zeit. Bayern 1933–1945, hg. v. Hermann RUMSCHÖTTEL, Walter ZIEGLER, München 2004, 130–169, 139; FÜRST, Stützel (wie Anm. 16), 458.

tion zu untersagen, und bot im Namen seiner Regierung und der BVP an, eine Neubildung der Regierung unter nationalsozialistischer Führung zu ermöglichen, doch sei Buttmann abwesend. Der Eingang dieses Telegramms an Hindenburg und Hitler wurde Sperr von Meissner sehr verspätet, vom Chef der Reichskanzlei Hans Lammers gar nicht bestätigt. Kurz nach 13 Uhr informierte Stützel aus München Sperr über Röhms und Wagners Auftritt. Sperr fragte sofort bei Frick und beim Reichskanzler nach, ob Röhm tatsächlich den Auftrag zur Einsetzung Epps von der Reichsregierung erhalten habe. Frick stellte durch seinen persönlichen Referenten Franz Ludwig Metzner in Abrede, dass die SA zu diesem Vorgehen ermächtigt sei. Ein Eingreifen in Bayern sei nur beabsichtigt, wenn »ein guter Wille« fehlen würde. Eine Hilfskraft in der Reichskanzlei speiste Sperr mit dem Bescheid ab, man wisse von nichts.

Sperr fasste diese Antworten als Desavouierung Röhms auf und teilte sie Held umgehend mit. Danach beschlossen Held und der seit 14.30 Uhr nachmittags tagende bayerische Ministerrat, es sei der Regierung nicht zuzumuten, Epp zum Staatskommissar zu ernennen, doch könne der Landtag schon am 11. März Epp zum Ministerpräsidenten wählen. Zur unblutigen Niederhaltung der SA wollte der Ministerrat neben der Polizei die Reichswehr heranziehen und bestellte den amtierenden Kommandeur, Oberst Alfred von Wäger, ins Ministerium des Äußern. Laut dem Wehrgesetz von 1921 (§ 17) konnten die Landesregierungen bei öffentlichen Notständen oder bei Bedrohung der öffentlichen Ordnung die Reichswehr zur Hilfe anfordern. Dies schien Wäger plausibel, doch wollte er zuerst beim Reichswehrministerium telefonisch um Erlaubnis fragen. Er erhielt Anweisung, die Reichswehr aus diesen rein innerpolitischen Angelegenheiten herauszuhalten und keinesfalls etwas gegen SA und SS zu unternehmen[72]. Bei einem scharfen Vorgehen der vom Ministerrat gegen die SA und SS zusammengezogenen Landespolizei hätte nun eventuell auch ein Zusammenstoß mit der Reichswehr gedroht. Dafür gibt es einige Indizien. Buttmann lobte Epp als »richtigen Mann« für den Reichskommissar, weil sich kein Reichswehroffizier ihm entgegenstellen würde[73]. Die Loyalität des von Hitler am 14. März hoch belobigten bayerischen Polizeiobersten Christian Pirner gegenüber der Staatsregierung war zweifelhaft[74]. Hans Ritter von Seißer, 1930 in Ruhestand gegangener Chef der auf 17 500 Mann

72 Schäffer vermutete, dass die Auskunft aus Berlin für Bayern noch ungünstiger lautete. Ergänzung Schäffers aus seinen persönlichen Erinnerungen, 17. Februar 1933. ACSP, NL Müller, V 11.
73 So Buttmann am 7. März an seine Ehefrau Karolina. Ministerrat, Held IV (wie Anm. 23), 304.
74 Ministerrat, Held IV (wie Anm. 23), 306 f. mit Anm. 90.

aufgestockten Bayerischen Landespolizei, posierte 1935 in Reichswehruniform[75]. Held wollte unterhalb des militärischen Vorgehens bleiben. Um 15.40 Uhr lehnte er das Ansinnen Epps, der nach Ablauf von Röhms Ultimatum erneut im Ministerium des Äußern auftauchte, mit der Begründung ab, er erwarte eine Antwort auf sein Telegramm vom Mittag an den Reichskanzler und den Reichspräsidenten.

Nun kam es zum retardierenden Moment in der Tragödie. Lammers gab Sperr um 17 Uhr telefonisch aus der Reichskanzlei die widersprüchliche Auskunft, er nehme an, dass Epp bereits Generalstaatskommissar sei, wisse aber nicht, ob Epp im Auftrag irgendeiner Stelle handele. Nach einer Besprechung zwischen Hitler und Hindenburg um 17 Uhr und vor einem anscheinend erneut geplanten Gespräch zwischen beiden erhielt Sperr von Meissner um 18 Uhr oder 18.30 Uhr telefonisch den Bescheid, der Reichspräsident und die Reichsregierung wollten ohne Not in Bayern nicht eingreifen, keinen Reichskommissar entsenden, keine Reichswehr einsetzen und auch nicht den militärischen Ausnahmezustand erklären. Meissner äußerte aber Zweifel, ob die bayerische Regierung in ihrem Land noch Herr der Lage sei, und beanstandete, dass sie nicht sogleich entschlossen zugegriffen habe. Ein solches Vorgehen hätte der Reichsregierung aber gerade den Vorwand für die Entsendung eines Reichskommissars liefern können. Sperr wandte denn auch richtig ein, ein scharfes Zugreifen der bayerischen Regierung hätte unweigerlich zu Blutvergießen geführt; sie habe auch ohne das die Lage im Griff. Sperr gab Meissners Auskunft sofort dem Staatsrat Bleyer weiter. Dabei erfuhr Sperr von Bleyer, dass der Beschluss des Ministerrats vom Nachmittag, am 11. März einen NS-Ministerpräsidenten wählen zu lassen, Hitler und Hindenburg sogleich telegraphisch übermittelt worden sei. Die Regierung Held schien aufatmen zu können.

Über den Bescheid Meissners informierte Held umgehend Röhm im »Braunen Haus«. Der erwiderte, Epp sei inzwischen zum Reichskommissar in Bayern bestellt. Held konterte, davon sei ihm nichts bekannt. Erst später kam ihm zur Kenntnis, dass das Telegramm Fricks mit der Bestellung Epps im Reichsinnenministerium schon um 12 Uhr mittags, sogar zur sofortigen Publikation, bereit gelegen hatte für den Fall, dass Held der Forderung Epps nicht nachgeben würde. Frick gab Epps Einsetzung abends in einer Rede in Frankfurt bekannt und richtete Drohungen gegen die anderen Länder. Laut späterer Mitteilung Röhms an Hit-

---

75 Gerhard Fürmetz, Bayerische Landespolizei, 1920–1935, in: http://www.historisches-lexikon-bayerns.de (11. Juli 2018).

ler und Hans von Lex hatte Frick am 9. März schon morgens um 9 Uhr Röhm in München angerufen und erklärt, er beabsichtige, in Bayern einen Reichskommissar einzusetzen, worauf Röhm Zeit für eine eigene Aktion verlangt hatte[76] – Konkurrenz zwischen der aufbegehrenden SA und der regierenden NSDAP als Beginn der NS-Polykratie?

Um 18.45 Uhr wurde die bayerische Gesandtschaft in Berlin zur Pressekonferenz geladen, weil »etwas Besonderes« mitzuteilen sei. Um 19.10 Uhr erfuhr Sperr von dort die Bestellung Epps zum Reichskommissar. Auf seine Rückfrage bestätigte die Presseabteilung der Reichsregierung die Nachricht und gab ihm zunächst nur den Inhalt, nicht den Wortlaut von Fricks Telegramm an Held bekannt. Darin bestellte Frick Epp, unter Berufung auf die Verordnung vom 28. Februar, zum Reichskommissar, weil wegen der »Beunruhigung der Bevölkerung«, hervorgerufen durch die »Umgestaltung der politischen Verhältnisse in Deutschland«, »die öffentliche Sicherheit und Ordnung in Bayern nicht mehr gewährleistet« erscheine[77]. Die Begründung war verlogen, das Procedere ein offener Verfassungsbruch. Meissner sagte Sperr, er habe selbst gerade erst von Epps Einsetzung erfahren, seine frühere Mitteilung sei damit überholt. Frick sei der Auffassung, handeln zu müssen, nachdem Held seinen Platz nicht freiwillig geräumt habe. Aus dem Reichsinnenministerium wurde Sperr um 20.50 Uhr mitgeteilt, das Telegramm Fricks an Held sei aus Versehen noch nicht ausgelaufen: Versehen oder Zermürbungstaktik? Es traf um 20.45 Uhr bei Held ein. Um 21 Uhr erschien Epp wieder mit Gefolge am Münchner Promenadeplatz, legte Held, Stützel und Schäffer das Telegramm Fricks vor und forderte die Übergabe der Regierungsgeschäfte.

Jetzt übertrug der Jurist Held Epp nicht die gesamte Staatsgewalt, sondern nur die in der Verordnung Fricks genannten, zur Erhaltung der öffentlichen Sicherheit und Ordnung notwendigen Befugnisse, d.h. nur die Polizeigewalt, nicht alle Regierungsfunktionen[78]. Laut einer Notiz Goebbels‹ vom 9. März waren zunächst

---

76 14. März 1933. Wolfgang Dierker, »Ich will keine Nullen, sondern Bullen«. Hitlers Koalitionsverhandlungen mit der Bayerischen Volkspartei im März 1933, in: Vierteljahrshefte für Zeitgeschichte 50 (2002), 111–148, 143.
77 Der Reichsminister des Innern, Frick an Held, 9. März 1933, I A 2030/9.3. (Abschrift für Sperr). ACSP, NL Müller, V 11. Druck des Telegramms Fricks und der Protesttelegramme Helds: Ministerrat, Held IV (wie Anm. 23), 299–302.
78 So war mit der Ernennung durch Frick auf Epp keineswegs schon »die Verfügungsgewalt über alle bayerisch staatlichen Machtmittel übergegangen«. Friedrich Hermann Hettler, Josef Müller (»Ochsensepp«). Mann des Widerstandes und erster CSU-Vorsitzender, München 1991, 28; siehe auch Epps folgende Aktionen und die staatsrechtlichen Erwägungen von W. Ziegler in der Einleitung zu: Ministerrat, Held IV (wie Anm. 23).

auch nur »nationalsozialistische Polizeikommissare« (für Baden, Sachsen und Württemberg) vorgesehen. Zwischen 22 und 24 Uhr richtete Held Protesttelegramme an Frick, Hitler und Hindenburg. Er verwahrte sich gegen die Rechtmäßigkeit und die Begründung der Verordnung, weil Ruhe und Ordnung in Bayern gesichert seien. Er appellierte an Hindenburg, die Maßnahme rückgängig zu machen, stehe sie doch im Widerspruch zu der ihm, Held, gegenüber ausgesprochenen Willensbekundung des Reichspräsidenten, Bayern könne ohne Sorge sein; Sperr hatte noch am Vortag von seinem geradezu herzlich aufgenommenen Antrittsbesuch bei Hindenburg berichtet[79]. Held wies außerdem Sperr an, er möge am nächsten Morgen vor 10 Uhr beim Reichspräsidenten vorstellig werden. Meissner indes schlug Sperr die erbetene Audienz ab und ließ mitteilen, die Einsetzung des Reichskommissars sei in der Zuständigkeit der Reichsregierung erfolgt; doch wolle der Reichspräsident einen baldigen Empfang Sperrs beim Reichskanzler vermitteln. Am Nachmittag des 10. März stellte sich Sperr dem Staatssekretär Lammers für eine Rücksprache mit Hitler zur Verfügung, erhielt aber keinen Gesprächstermin mehr, von dem er sich auch nichts mehr erhoffte. Georg Enoch Freiherr von und zu Guttenberg, Leiter des Bayerischen Heimat- und Königsbundes, teilte Sperr noch mit, dass Papen (der Hitler hatte »an die Wand drücken« wollen) sich bei der ganzen Aktion übergangen fühlte.

Bei der Übernahme der Polizeibefugnisse hatte sich Epp bei Held für die Sicherheit der Person, die Unverletzlichkeit des Eigentums und den Schutz der Wohnungen der noch amtierenden Minister verbürgt. Doch schon in den Abendstunden des 9. März brach der Terror der SA und SS gegen missliebige Minister und Mitglieder der BVP, gegen Journalisten, Zeitungsredaktionen und SPD-Abgeordnete los. Glück im Unglück hatten die Politiker, die ihre Wohnungen sogleich verließen. Der Sozialdemokrat Erhard Auer tauchte mit Wilhelm Hoegner in Salzburg unter. Held fand zunächst Aufnahme in der Wohnung eines Vertrauten, des Rechtsanwalts Dr. Josef Müller, der selbst bei seinem Freund Dr. Otto Pretzl, Münchner Universitätsprofessor für Orientalistik, in der Morawitzkystraße wohnte. Auf die Nachricht, dass die SA in Helds Wohnung eingedrungen war, suchte der Ministerpräsident in Begleitung seiner Söhne Heinrich und Philipp, des Regierungsrats Otto Graf und Josef Müllers um vier Uhr früh Zuflucht im Zimmer von Müllers Verlobter Maria Lochner. Sie wohnte in der Destouchesstra-

79 Sperr, Bayerische Gesandtschaft Nr. 589, an Held, Berlin 8. März 1933. ACSP, NL Müller, V 11, Nr. 9.

ße bei der Familie eines Sozialdemokraten namens Günther. Auch in den folgenden Nächten gelang es Held, mit Hilfe seiner Freunde und Söhne dem Zugriff der SA zu entkommen. Von den in der Nacht verübten Misshandlungen erhielt er sogleich Kenntnis und gab darüber Maria, die auch Sekretärin ihres Verlobten war, ein Diktat zu Protokoll. Diese Quelle über die bei der Machtergreifung in Bayern geübte Brachialgewalt ist erhalten[80].

Schäffer wurde von SA-Leuten unter Hausfriedensbruch aus seiner Wohnung ins »Braune Haus« gebracht und dort rüde verhört. SA-Leute holten Stützel aus dem Bett, schleiften ihn im Nachthemd aus seiner Wohnung, hauten ihn mit einer Stahlrute über den Kopf, bedrohten ihn mit Erschießen und beschimpften ihn im »Braunen Haus«, weil er die Panzerwagen gegen die SA habe ausfahren wollen. Stützel war, wie Held in seinem Protokoll nicht zu erwähnen vergaß, Kriegsteilnehmer, Major der Landwehr und Inhaber des Eisernen Kreuzes Erster Klasse. Der BVP-Stadtrat Josef Ostermaier wurde in seinem Schlafzimmer von der SA verprügelt, im Nachthemd durch die Stadt gefahren, höhnisch seinen Taxifahrer-Kollegen vorgeführt, ins »Braune Haus« geschleppt, schwer ausgepeitscht und danach bewusstlos auf die Straße geworfen. Ein Beobachter der Szene brachte ihn ins Krankenhaus. Den Generalsekretär des Bayerischen Christlichen Bauernvereins, Sebastian Schlittenbauer, holten 12 SA-Leute ebenfalls aus seiner Wohnung, bedrohten ihn mit Erschießen, nannten ihn einen »Bauernbetrüger« und setzten ihn nachts auf offener Straße südlich von München aus. Der katholische Publizist Fritz Gerlich wurde in der Redaktion seiner Zeitschrift »Der Gerade Weg«, die nachdrücklich vor Hitlers Diktatur gewarnt hatte, überfallen, verhaftet und mit Reitpeitschen zweimal schwer misshandelt, Ende August aus dem Staatsdienst (als Staatsarchivrat I. Klasse) entlassen und 1934 ermordet[81]. Auch die Redaktionsräume der sozialdemokratischen Tageszeitung »Münchener Post«, von Hitler »Münchener Pest« genannt, wurden verwüstet, die Druckmaschinen zerstört, die Redakteure eine Woche in Schutzhaft genommen. Die Redaktionen des BVP-nahen »Bayerischen Kuriers« und der konservativen »Münchner Neuesten Nachrichten« entgingen nur knapp der Verwüstung. Fritz Büchner und Erwein von Aretin, Re-

---

80 Protokoll vom 10. März 1933 über die Vorfälle in der Nacht vom 9./10. März 1933, diktiert vom damaligen Bayerischen Ministerpräsidenten Dr. Held. ACSP, NL Müller, V 11; Druck: Josef MÜLLER, Bis zur letzten Konsequenz. Ein Leben für Frieden und Freiheit, München 1975, 373–378, 40–46, obwohl schon hier zugänglich, nicht abgedruckt in: Ministerrat, Held IV (wie Anm. 23), 287–346.
81 Fritz Gerlich – ein Publizist gegen Hitler. Briefe und Akten 1930–1934, hg. v. Rudolf MORSEY, Paderborn 2010, 268–279.

dakteure des vielgelesenen Hauptstadtblattes, wurden verhaftet[82]. Den Rabbiner Leo Bärwald, einen renommierten Wissenschaftler, brachte die SA ins »Braune Haus« und von dort in ein Wäldchen im Norden Münchens (Oberwiesenfeld). Sie stellte ihn an einen Baum und probte mehrmals seine ihm im »Braunen Haus« angekündigte standrechtliche Erschießung. Nachts um 24 Uhr befreiten größere SA-Trupps 14 Nationalsozialisten aus zwei Münchner Gefängnissen, die wegen Verstoßes gegen das Sprengstoffgesetz, Brandstiftung mit Handgranaten, einsaßen[83]. Für den NS-Rechtsanwalt Hans Frank bedurften die gesetzlosen Aktionen keiner Entschuldigung, waren Ausdruck der »großen Erregung« und »gerechten Erbitterung der Massen«. Mit dieser »hausgemachten Begründung« rechtfertigten Frick und Robert Wagner auch ihren Putsch in Baden[84].

Noch in der Nacht vom 9. auf den 10. März ernannte Epp Staatskommissare: Dr. Hans Frank für das Justizministerium, Adolf Wagner für das Innenministerium, Dr. Ludwig Siebert für das Finanzministerium, Röhm und Hermann Esser zur besonderen Verwendung. Heinrich Himmler wurde zum kommissarischen Polizeipräsidenten von München befördert. Epp rief die neuen Amtsträger schon am nächsten Morgen zu ihrer ersten Sitzung im bayerischen Ministerium des Äußern zusammen. Held berief seinerseits den legitimen Ministerrat zu seiner letzten Sitzung am 10. März ein. Dort gab er seine nachts nach Berlin gesandten Telegramme bekannt, berichtete von der Misshandlung des Innenministers Stützel und rügte die Anwesenheit des Staatskommissars Esser als illegitim.

Held fand am Morgen des 10. März seine Amtsräume besetzt. Er musste noch am gleichen Tag seine Dienstwohnung räumen. Herzleidend und zuckerkrank, doch nicht amtsunfähig, tief enttäuscht, aber nicht gebrochen, hatte er keine sichere Bleibe mehr. Er konnte sich noch bei der Polizeidirektion einen Reisepass besorgen und reiste am 15. März mit einem Wagen, den sein Sohn Heinrich besorgt hatte, nach Lugano ab, wo sein ältester Sohn Joseph sich zur Kur in einer Lungenheilstätte aufhielt. Heinrich Held jun. wurde nach seiner Rückkehr sofort vernommen, obwohl er bisher politisch nicht hervorgetreten war. Da er den Aufenthaltsort seines Vaters nicht verriet, wurde er ins KZ Dachau eingeliefert. Dort musste er

---

82 Beide blieben bis mindestens 17. März in Haft. Gebsattel an Reusch, 17. März 1933. RWWA (Sammlung L. Jones). Vgl. die Kurzbiographien bei HOSER, Münchner Tagespresse (wie Anm. 9), Teil 2, 1094–1109.
83 Dies wurde in der letzten Ministerratssitzung am 10. März bekanntgegeben. Ministerrat, Held IV (wie Anm. 23), 284.
84 Jürgen SCHMIESING, 1933 – die Gleichschaltung des politischen Katholizismus in Baden. Ein Beitrag zur Geschichte der nationalsozialistischen Machtübernahme, Karlsruhe 2013, 10.

mit dem BVP-Abgeordneten Alois Hundhammer die große Walze ziehen, eine der vom NS-Regime als »Handarbeit« gepriesenen, »besonders stupiden, schweren, oft völlig sinnlosen Verrichtungen«[85].

Am Tag vor seiner Abreise hinterließ Held einen Brief an seinen engen Mitarbeiter, Staatsrat Bleyer, verfasst oder unterschrieben am 14. März nachmittags, datiert auf den 15. März. Darin erklärte Held lapidar, dass er als Ministerpräsident mit dem 15. März seine Amtsgeschäfte niedergelegt habe und aus dem Amt ausgeschieden sei[86]. Als Helds nächste Parteifreunde davon erfuhren, rieten sie Held dringend davon ab, mit diesem Brief den Nationalsozialisten den willkommenen Vorwand einer legalen Regierungsübernahme zu liefern. In der Nacht vom 14. zum 15. März wurde auf Drängen der BVP-Abgeordneten Dr. Alfons Maria Probst[87], Dr. Josef Müller, Dr. Otto Graf, des Innenministers Stützel und des Regierungsrats Hans Martini ein weiterer Brief an Bleyer verfasst und um 2 Uhr nachts von Held unterschrieben[88]. Darin hieß es, Held müsse sich aufgrund ärztlichen Rats eine Erholungszeit nehmen. Währenddessen ersuche er Bleyer, einstweilen die Geschäfte seines Ministeriums weiterzuführen. Die Stellvertretung im Amt des Ministerpräsidenten obliege wie üblich dem dienstältesten bzw. nächstältesten am Ort anwesenden Staatsminister[89].

85 M.d.R. Die Reichstagsabgeordneten der Weimarer Republik (wie Anm. 3), 34*. Müller, Konsequenz (wie Anm. 80), 48 f., schreibt, er habe das Foto von Heinrich Held und Alois Hundhammer an der Walze dem Ministerpräsidenten Ludwig Siebert vorgelegt und dadurch nach drei Wochen die Befreiung der beiden erwirkt.
86 Druck: Ministerrat, Held IV (wie Anm. 23), 326 f. Der Brief liegt nur in Abschrift vor. Vgl. Winfried Becker, Heinrich Held (1868–1938). Aufstieg und Sturz des bayerischen Parlamentariers und Ministerpräsidenten, in: ZBLG 72 (2009), 807–891, 860–865.
87 Gegen Angriffe der NSDAP auf die angeblich nicht dem Volkswillen entsprechende geschäftsführende Regierung im November 1931 hatte Probst (1886–1945), Jurist an der Regierung von Unterfranken, 1919–1933 BVP-Landtagsabgeordneter, das Notverordnungsrecht der bestehenden Bayerischen Regierung unterstrichen. Im Juni 1933 wurde er in Schutzhaft genommen, im November 1933 an das Finanzamt Frankfurt (Oder) strafversetzt, er fiel 1945 in Danzig. Ministerrat, Held IV (wie Anm. 23), 20*.
88 Aufzeichnung über die Vorgänge beim Rücktritt des Bayerischen Ministerpräsidenten Dr. Held, o. O., o. D., ohne Verfasser. ACSP, NL Müller, V 11; Druck: Ministerrat, Held IV (wie Anm. 23), 343–345. Diese Vorgänge sind auch in einer Beilage zu dem Brief Josef Helds an Hans Dürrmeier (»Süddeutsche Zeitung«), [Dezember 1958] geschildert. Vgl. Becker, Held (wie Anm. 86), 864 Anm. 156.
89 Held an Bleyer, 14. März 1933 (Kopie). ACSP, NL Müller, V 11; Druck der Briefwechsel: Ministerrat, Held IV (wie Anm. 23), 326–328, 331–335; vgl. Becker, Held (wie Anm. 86), 807–891, 860–874; Barbara Pöhlmann, Heinrich Held als Bayerischer Ministerpräsident (1924–1933). Eine Studie zu 9 Jahren bayerischer Staatspolitik, Diss. phil. München 1996, 235–240.

Dieser Brief war nach dem Brief, der die kurze Mitteilung über die Amtsniederlegung enthielt, verfasst, aber auf den 14. März, einen Tag früher, datiert. Held gab gegenüber Josef Müller, Otto Graf, Alban Haas und Otto Pix in der Nacht vom 14. zum 15. März noch eine mit dem Brief gleich oder ähnlich lautende Erklärung ab. Dieser Brief Helds vom 14. März wurde Bleyer am 15. März morgens um 9.30 Uhr von dem Reichstagsabgeordneten Otto Graf überbracht und dahingehend erläutert, dass Held den Entschluss, sein Amt niederzulegen, geändert habe und sein Rücktrittsschreiben vom 15. März damit gegenstandslos geworden sei. Graf verlangte von Bleyer die Aushändigung des auf dessen Schreibtisch liegenden Rücktrittschreibens und bestritt auch, dass Helds Geschäftsniederlegung Wirkung für die übrigen Staatsminister habe, eine bei der kollegialen Organisation des Ministerrats naheliegende Erwägung. Bleyer verweigerte die Herausgabe und verlangte seinerseits bis zum Nachmittag eine direkte Beglaubigung des ihm soeben übergebenen Briefs durch eine Nachricht des Ministerpräsidenten; die aber konnte Held nicht geben, weil er am 15. März früh abgereist und am 16. März bereits in Lugano-Bissone war. Eine Amtsniederlegung konnte formgerecht auch nur vor dem Gesamtministerium, nicht gegenüber einem Regierungsbeamten wie Bleyer ausgesprochen werden. Die letzte, Bleyer überbrachte Willensbekundung Helds stand der faktischen Regierungsübernahme durch Epp diametral entgegen; die Rechtslage war ungeklärt. Der Beamte Dr. Alban Haas mutmaßte, wie sein 1947 geschriebener Bericht über die Vorgänge in der Nacht vom 14. auf 15. März überliefert, dass Helds Abdankungsbrief vom 15. März von Bleyer verfasst, in die Maschine diktiert und auf Bleyers Drängen von Held unterschrieben worden sei[90]. Otto Graf argwöhnte, dass der Ministerpräsident die von Bleyer vorformulierte kurze Abdankung vom 15. März nur unter dem Druck der Umstände unterschrieben habe oder dass Bleyer den Text über eine Blanko-Unterschrift Helds gesetzt habe[91]. Er ging rückblickend nur von einer »mündlichen Weisung« aus, die Held Bleyer am 14. März bezüglich seines Rücktritts erteilt habe, und vermutete in dem Schreiben, dessen Aushändigung er am Morgen des 15. März von Bleyer verlangt hatte, bereits Bleyers fertiggestellten amtlichen Brief an Reichskommissar Epp

90 Aufzeichnung über die Vorgänge beim Rücktritt des Bayerischen Ministerpräsidenten Dr. Held, I. ACSP, NL Müller, V 11. Diese Aufzeichnung war die Anlage zu einem Schreiben des Dr. Alban Haas v. 13. Mai 1947, die Otto Graf als »im wesentlichen richtig« bezeichnete. Stellungnahme Dr. Grafs zu der Aktennotiz Dr. Haas, 1.
91 Stellungnahme Dr. Grafs zu der Aktennotiz Dr. Haas. BayHStA, NL Held, Nr. 1651; erstmals gedruckt bei BECKER, Held (wie Anm. 86), 889–891; Teildruck: Ministerrat, Held IV (wie Anm. 23), 345 f.

über Helds Amtsniederlegung. Helds Abdankungsbrief liegt nicht im Original, sondern nur abschriftlich vor. Die von Haas und Graf geäußerten Zweifel an der inhaltlichen Authentizität des unter schwerer Belastung zustande gekommener oder gar manipulierten Bleyer-Heldschen Abdankungsbriefs, dass der Wille des Ministerpräsidenten darin nicht eindeutig wiedergegeben sei, erscheinen auch unter Heranziehung weiterer Äußerungen Helds als plausibel.

Nach der Ausschaltung Helds trieben Bleyer und Epp die Dinge in München voran. Schon am 15. März abends gegen 19 Uhr überreichte er dem Reichskommissar Epp persönlich seinen oben erwähnten, vom gleichen Tag datierten amtlichen Brief. Darin teilte er mit, dass Held heute wegen langdauernder Krankheit und »stärkster Erschöpfung seiner Kräfte« sein Amt als Ministerpräsident und Staatsminister (Held hatte auch das Ministerium für Wirtschaft und Arbeit inne) niedergelegt habe und dass er die Geschäftsführung dem Reichskommissar und seinen (Helds) »verfassungsmäßigen Vertretern« überlasse[92]. Damit ignorierte Bleyer Helds Brief und Willensbekundung vom 14. März, übernahm aber Helds Vorschlag der Stellvertretung. Im Gespräch mit Epp wurde noch erörtert, welche bisherigen Kabinettsmitglieder als »nächstälteste Staatsminister« und somit als Vertreter Helds in Frage kommen könnten; das waren der Kultusminister Franz Xaver Goldenberger (BVP) und der Innenminister Karl Stützel (BVP), den aber Epp und Bleyer für untragbar hielten. Epp benutzte Bleyers Mitteilung schon am nächsten Tag, dem 16. März, zum Erlass einer Verordnung, durch die er sich die gesamten Regierungsgeschäfte zuschrieb[93]. Er übertrug nun auch die ministeriellen Amtsbefugnisse ohne Einschränkung den Staatskommissaren Wagner, Siebert und Frank, ernannte sie zu »kommissarischen Ministern« und den NS-Gauleiter Hans Schemm zum bayerischen Kultusminister. Er bestätigte Esser, Röhm und Georg Luber als Staatskommissare. Zur Begründung dienten Helds angeblicher Amtsverzicht, Fricks Verordnung vom 9. März und die Bayerische Verfassungsurkunde von 1919. Diese gestattete einem »Gesamtministerium«, das sich Epp durch diese Verordnung aber erst schuf, bei drohender oder aktueller Gefahr (§ 64) Ruhe und Ordnung sichernde Maßnahmen zu treffen. Am 17. März tagten die »kommis-

---

92 Ministerrat, Held IV (wie Anm. 23), 328. Rechtfertigung Bleyers in Form einer Vormerkung v. 22. März 1933. Ebd. (wie Anm. 23), 339–341.
93 Beglaubigt von dem neu eingesetzten Staatskommissar Esser. BayHStA, Staatskanzlei 5255, 92–93. Epp bezog sich dabei nicht auf ein Rücktrittsschreiben Helds, sondern nur auf den ihm von Bleyer am Abend des 15. März übergebenen Brief.

sarischen Staatsminister« erstmals als neues »Gesamtministerium« und erklärten die Minister des Kabinetts Held für abgesetzt[94].

Drei Briefe, die Held aus Lugano an Hindenburg, Epp und Bleyer sandte, entsprachen seinen Protesttelegrammen vom 9. März und seinem auf den 14. März datierten Schreiben. Dem Reichspräsidenten hielt er vor, gegenüber Bayern sein Wort gebrochen zu haben. An Epp schrieb er, seine unwürdige Lage in München habe ihn gezwungen, Urlaub zu nehmen und währenddessen seine Amtsgeschäfte seinem »gesetzlichen Stellvertreter« zu übertragen. Der »Regensburger Anzeiger« veröffentlichte diesen Brief. Die Zeitung aus Helds Verlag hatte schon zehn Tage zuvor die Absetzung des Ministerpräsidenten bestritten und die Rückkehr Bayerns zu normalen, verfassungsmäßigen Regierungsverhältnissen gefordert[95]. In dem Brief an Bleyer vom 16. März widerrief Held seinen auf den 15. März datierten Amtsverzicht, den Bleyer Epp vorgetragen hatte. Er bezog sich auf die Verfassungsbestimmung (§ 66), dass die Bayerische Regierung auch nach ihrem Rücktritt die Geschäfte weiterführen müsse, bis eine neue Regierung durch den Bayerischen Landtag auf verfassungsmäßigem Wege gebildet sei[96]. Er mutete dem Staatsrat Bleyer nochmals zu, stellvertretend für ihn die Führung seiner Amtsgeschäfte zu übernehmen, um den ordentlichen Geschäftsgang zu wahren. Außerdem hatte Fritz Stützel, der Sohn des Innenministers, am Nachmittag des 15. März im Auftrag Helds den Staatsrat Dr. Ottmar Kollmann aufgesucht, um diesem für die Zeit seiner Krankheit und Erholungszeit die Führung der Amtsgeschäfte des Ministerpräsidenten zu übertragen[97]. Man erkennt hier bei Held das Festhalten an Prinzipien, denn um seine Person konnte es ihm nicht mehr gehen, nachdem er in seiner Fraktion schon am 8. März geäußert hatte, er werde wegen der in Aussicht genommenen Koalition mit der NSDAP sein Amt zurücklegen müssen.

Hätte Bleyer die Stellvertretung übernommen, wäre er in die gefährliche Lage geraten, den neuen Machthabern die soeben usurpierte Staatsgewalt streitig zu machen. Davon konnte natürlich in seiner Antwort keine Rede sein. Er schrieb Held sogleich zurück, dass keine zwei Regierungsgewalten nebeneinander beste-

---

94 Teilprotokoll (III.) der Ministerratssitzung vom 17. März: Ministerrat, Held IV (wie Anm. 23), 336 f.
95 Regierung Held nicht abgesetzt, Regensburger Anzeiger, Nr. 70 v. 11. März 1932; Ein Brief Dr. Helds an General v. Epp, Regensburger Anzeiger, Nr. 80 v. 21. März 1932.
96 Held an Bleyer, 16. März 1933. BayHStA, Staatskanzlei 5255, 89. Druck: Ministerrat, Held IV (wie Anm. 23), 331 f.
97 Aufzeichnung über die Vorgänge beim Rücktritt des Bayerischen Ministerpräsidenten Dr. Held, Ministerrat, Held IV (wie Anm. 23), 345.

hen könnten. Außerdem habe er dem Ministerpräsidenten bei der gegebenen Lage einen »würdigen Abgang« verschafft. In einem familiär gehaltenen Handschreiben vom 27. März aus Lugano billigte Held schließlich schweren Herzens Bleyers Handeln[98]. Er sah sich gezwungen, den kostspieligen Aufenthalt in der Schweiz abzubrechen und kehrte zu seiner Familie nach Regensburg zurück. Seine Frau Maria litt unter den Folgen eines schweren Schlaganfalls, den sie bei einer nächtlichen Hausdurchsuchung erlitten hatte und von dem sie sich nicht mehr erholte[99]. Das NS-Regime und die örtliche NSDAP überzogen Helds Verlag mit Schikanen und wirtschaftlichen Schädigungen. Das Unternehmen wurde aus der Reichspressekammer ausgeschlossen und die Herausgabe des »Regensburger Anzeigers« verboten. Held lehnte ein im Auftrag des Präsidenten Franklin D. Roosevelt an ihn ergehendes Angebot, ihm politisches Asyl in den USA zu gewähren, ab. 1938 erlag er in Regensburg einem Krebsleiden.

Der Einzug der NS-Herrschaft in Bayern nach dem 9. März ging einher mit Desinformation und Einschüchterung. Der Geheimrat Dr. Walther A. Heide verbreitete auf einer Pressekonferenz in Berlin vom 10. März die Falschmeldung, die Bayerische Regierung habe die Reichsregierung zwecks Aufrechterhaltung der Ruhe und Ordnung um Schutz gebeten, nachher aber den Vorschlag, Epp als Generalstaatskommissar einzusetzen, abgelehnt[100]. Röhm und Hitler logen, Held habe der Bestellung Epps zum Reichskommissar freiwillig zugestimmt und auch den Ministerrat um Zustimmung ersucht[101]. Sie hielten hartnäckig die falsche Behauptung aufrecht, Stützel habe Schießbefehl gegen die SA gegeben. So suchten sie die schon geschehenen Vergeltungsaktionen zu rechtfertigen und konnten mit neuen drohen. Auch wurde das Gerücht in Umlauf gesetzt, dass Dr. Held ein Hochverratsprozess bevorstehe.

Die Fraktion und die teilweise mit ihr zusammen tagenden Reichstagsabgeordneten der BVP müssen mit einem Gefühl der Ohnmacht die Berichte über die Proteste Helds, über das Vorgehen der Reichskanzlei und Fricks, über das Fehlschlagen ihres Koalitionsangebots und die Misshandlungen entgegengenom-

98 Ministerrat, Held IV (wie Anm. 23), 342 f.; BECKER, Held (wie Anm. 86), 875.
99 Dies nach Johann BERGER, Politiker aus christlicher Verantwortung. Dr. Heinrich Held – der Mitgestalter des modernen Bayerns, in: Akademische Monatsblätter. Zeitschrift des Kartellverbandes des katholischer deutscher Studentenvereine 130 (2018), 156–158, 158.
100 Pressekonferenz am 10. März mittags. ACSP, NL Müller, V 11, Nr. 8.
101 Am 14. März gegenüber Lex. DIERKER, Hitlers Koalitionsverhandlungen (wie Anm. 76), 145.

men haben[102]. Aus dem Land hörte die Parteiführung, dass Bürgermeister und Abgeordnete der BVP abgesetzt oder festgenommen wurden. Denunziationen, Racheakte und »Übergriffe in Schulen« waren an der Tagesordnung. Die Parteiführung fürchtete, den Einfluss auf »lokale Aktionen« zu verlieren. Beschwerden beim neuen Innenminister Wagner waren fruchtlos. Die Führung empfahl der eigenen Presse, standfest zu bleiben, sich jedoch mit Kritik zurückzuhalten, um keine Verbote zu riskieren. Die Wehr- und Jugendorganisation der BVP, die Bayernwacht, hatte nach tätlichen Auseinandersetzungen mit den Nationalsozialisten Tote und Schwerverletzte zu beklagen[103]. Der Versuch, sie Hitler als nationale Erziehungsorganisation anzudienen und dadurch zu erhalten, scheiterte, sodass sie gleich aufgelöst wurde.

In der Bedrängnis empfahl Schäffer, mit der Geistlichkeit verstärkt Fühlung aufzunehmen[104]. Die katholische Kirche war noch eine gesellschaftliche Macht in Bayern. Der größte Teil der bekenntnistreuen Katholiken wählte Zentrum bzw. BVP. Die Führung der BVP war gewöhnt, die Haltung der Bischöfe zu beachten[105]. Doch im inneren Zirkel der Partei entstand nun der Eindruck, dass sich die Kirche aus der Politik zurückzog und nur noch »versuchte, die weltanschauliche Basis zu sichern«[106]. Sie schien der Partei die Mitarbeit an der NS-Regierung, ausgenommen die christliche Kulturpolitik, freizugeben. Diese Einstellung spiegelte das Dilemma, in das der deutsche Episkopat sich nach Hitlers Machtergreifung versetzt fühlte. Er hielt seine früheren Verurteilungen der nationalsozialistischen Weltanschauung und der Einmärsche uniformierter NS-Kolonnen in Gottesdienste nicht mehr in voller Schärfe aufrecht. Seine Kundgebung vom 28. März 1933 setzte unter dem Eindruck der veränderten Lage Zuversicht in die »feierlichen Erklärungen« Hitlers, »durch die der Unverletzlichkeit der katholischen Glaubenslehre und den unveränderlichen Aufgaben und Rechten der Kirche Rechnung

102 Vgl. die Niederschriften der Fraktionssitzungen (wie Anm. 63), 158–168, zum 13.-15., 23., 24., 29., 30. März 1933.
103 Aufzeichnung von Hans v. Lex, 6. April 1933. »Das Ermächtigungsgesetz« vom 24. März 1933. Quellen zur Geschichte und Interpretation des »Gesetzes zur Behebung der Not von Volk und Reich«, hg. v. Rudolf Morsey, Düsseldorf 2010, 147.
104 Sitzung vom 23. März 1933. Niederschriften der Fraktionssitzungen (wie Anm. 63), 159.
105 Morsey, Untergang (wie Anm. 29), 28, geht dagegen für Zentrum und BVP davon aus, dass ein »regelmäßiger« oder »enger Kontakt« zwischen diesen beiden Parteien und der kirchlichen Hierarchie nicht bestand.
106 Entwicklungsstufen des Terrors, 3. ACSP, NL Müller, V 11.

getragen würden«[107]. Die deutschen Bischöfe wiederholten weder die Verwerfung der völkischen Weltanschauung als »Hauptirrlehre«, die die München-Freisinger Diözesansynode vom November 1930 und die katholische Presse ausgesprochen hatten, noch nahmen sie diese Verurteilung zurück. Der ausführliche Hirtenbrief der in Fulda versammelten deutschen Bischöfe vom 3. Juni 1933 hielt eine Zusammenarbeit zwischen den Katholiken und dem NS-Staat unter der Voraussetzung für möglich, dass die Grenzen eingehalten würden, die die sittliche Ordnung dem Staatseingriff in Eigentum, Ehre, Freiheit und besonders auf dem Gebiet der Religionsausübung im privaten und öffentliche Leben setze. Sie forderten »Gerechtigkeit und Nächstenliebe« für die zahlreichen willkürlich inhaftierten Menschen, ob es sich um Gewerkschaftsmitglieder, Sozialdemokraten, katholische Abgeordnete oder sonst politisch Missliebige handelte[108].

Gab die BVP aber das allgemein-politische Feld preis, dann wurde die eigene Geschichte revidiert, war man auf die Anfänge zurückgeworfen, als die katholischen Parteien aufgebrochen waren, um aus der Verteidigung der kirchlichen Freiheit und religiösen Gewissensbindung eine allgemein politische und soziale Bereiche aufschließende, Religion und Weltanschauung einbeziehende Politik mitzugestalten. Dann blieb nur der Rückzug in die Sakristei. Doch zeichnete sich schon ab, dass die Politik des nationalrevolutionären Terrors vor dem engeren kirchlichen Leben und der vertraglich gesicherten Stellung der Kirche in Bayern nicht Halt machen würde. Der neue NS-Justizminister Frank drohte, als ihm Josef Müller die Weltanschauung als die eigentliche Stärke der Partei entgegenhielt, mit der Aufhebung der Konkordate, falls die katholische Kirche nicht die Wende vollziehen, ein vernünftiges Verhältnis zur »nationalen Bewegung« suchen werde. Er fügte den ironischen Schlenker hinzu, die Kirche könne ja auf ihre »glänzend geschulte Diplomatie« zurückgreifen[109]. Im Wechselspiel von Drohung und Lockung koket-

---

107 Birgitta KLEMENZ, Positionen gegenüber Kommunismus und Nationalsozialismus, in: Kardinal Michael von Faulhaber 1869–1952. Eine Ausstellung des Archivs des Erzbistums München und Freising, des Bayerischen Hauptstaatsarchivs und des Stadtarchivs München zum 50. Todestag, München 2002, 263–276, 273–276; vgl. Karl-Joseph HUMMEL, Die deutschen Bischöfe. Seelsorge und Politik, in: Die Katholiken und das Dritte Reich. Kontroversen und Debatten, hg. v. Karl-Joseph HUMMEL, Michael KISSENER, Paderborn 2009, 101–124, 109. Ein Beitrag über das Zentrum bzw. die BVP, immerhin die politischen Organisationen der deutschen Katholiken, fehlt in diesem Band.
108 Maria Anna ZUMHOLZ, Die Fuldaer Plenarkonferenz 1933–1945 im Spannungsfeld von Gesinnungsethik und Verantwortungsethik, von Seelsorge und Politik, in: Zwischen Seelsorge und Politik. Katholische Bischöfe in der NS-Zeit, hg. v. Maria Anna ZUMHOLZ, Michael HIRSCHFELD, Münster 2018, 725–764, 735 f.
109 [Josef Müller], Niederschrift zum 20. März 1933 (Besprechung im Justizministerium), o.D., 5. ACSP, NL Müller, V 11.

tierte Frank mit seiner angeblich religiösen Einstellung und erbat namens seiner Frau Brigitte von Müller den Freundschaftsdienst, ihm ein »geweihtes Kruzifix« für sein Wochenendhaus in Herrsching zu besorgen. In den Gesprächen, die der BVP-Reichstagsabgeordnete Hans von Lex mit Hitler, Frick und Röhm am 13. und 14. März führte, wies der Reichskanzler den Kernanspruch der BVP auf das Kultusministerium zurück unter dem Vorwand, er wolle seine Partei nicht einem wiedererwachenden »Furor Protestantikus« aussetzen[110].

Während dieser folgenlosen Treffen der NS-Elite mit Lex, die eigentlich ein Hohn auf das Koalitionsangebot der BVP waren und den Namen »Koalitionsverhandlungen« nicht verdienen, ließ Hitler seiner Verachtung für die »alten« Parteien, für Parlamente und Parlamentarier freien Lauf und positionierte sich erneut außerhalb der »parlamentarischen Kultur«[111] der Weimarer Republik. Anstatt mit der sog. Frontkämpfergeneration der BVP ernsthaft über Ministersitze zu verhandeln, warf er Nebelkerzen und brach die Gespräche kurzerhand ab. Opportunistisch stellte Lex im Namen der »christlichen Kultur« die Unterstützung der BVP bei der Anwendung »strengster Methoden« gegen die »Verseuchung« des Kommunismus in Aussicht. Die Ausübung von Terror hielt er zwar mit »unserem christlichen Gewissen« nicht für vereinbar, wohl aber eine etwaige Aktion, vorbeugend 1 000 sozialdemokratische Funktionäre »unter menschenwürdiger Behandlung« in Schutzhaft zu nehmen. Die Fraktionsprotokolle der BVP erwähnen wohl das Eintreten von Lex für die Bayernwacht, melden aber nur pauschal, dass die Fraktion Mitte März »Mitteilungen über den Stand der Verhandlungen bezüglich der Regierungsbildung« erhielt[112]; große Bedeutung hat sie offenbar diesen »Koalitionsverhandlungen« nicht beigemessen. Dass Lex überhaupt angehört wurde, war wohl noch der Strategie Buttmanns zu verdanken. Dieser empfahl in seiner Denkschrift vom März 1933 hintersinnig, die »jungen Frondeure«, den seit 5. März emporgeschossenen »Spaltpilz« in der BVP, an der Regierung zu beteiligen und der Partei so das Rückgrat zu brechen[113].

---

110 DIERKER, Hitlers Koalitionsverhandlungen (wie Anm. 76), 142, 146, 139, 120.
111 Vgl. Thomas MERGEL, Parlamentarische Kultur in der Weimarer Republik. Politische Kommunikation, symbolische Politik und Öffentlichkeit im Reichstag, Düsseldorf 2002, 412, 430–432.
112 Sitzungen vom 14. und 15. März 1933. Niederschriften der Fraktionssitzungen (wie Anm. 63), 158 f.
113 Vgl. Susanne WANNINGER, Nationalsozialistische Pläne zur Regierungsbildung in Bayern. Eine Denkschrift Buttmanns vom März 1933, in: Das Jahr 1933. Die nationalsozialistische Machteroberung (wie Anm. 49), 92–109.

In der schweren Krisensituation drängten in der BVP Gegensätze und konkurrierende Gruppen an die Oberfläche. Beobachter konstatierten, dass schon seit längerem »grosse Meinungsverschiedenheiten« zwischen den mehr wirtschaftsorientierten Kräften und der Papen ablehnenden, zum Zentrum tendierenden »gewerkschaftlichen Richtung« schwelten. Sie sahen Ende 1932 den BVP-Mitgründer Georg Heim »in schroffer Opposition« zur Partei stehen und Fritz Schäffer »erheblich bemüht, ihn wieder hereinzubekommen«[114]. Ein Brief jüngerer Parteimitglieder (»Tatkreis«) an den Vorsitzenden Schäffer kritisierte die Politik der letzten Jahre und führte am 15. März zu einer »längeren Aussprache« in der Fraktion. Am 10. März berief Franz August Schmidt eine »Versammlung der Jungen« ein, »bei der weitgehendste Kritik an der Partei geübt wurde«; eine weitere, für den 20. März vorgesehene Versammlung des Kreises unterblieb, weil die NSDAP ein Protokoll des ersten Treffens besaß[115] und keine Vertraulichkeit mehr gewährleistet schien.

Auf der anderen Seite traten das »katholische Jungvolk« und »katholische Jungwähler« hervor. Die Betonung der eigenen Weltanschauung war herkömmlich und musste sich inmitten der ideologischen Aufladung der politischen Auseinandersetzung verstärken. Sie richtete sich zunächst gegen die Säkularisierungstendenzen der eigenen Partei. Dies lässt sich in Parallele setzen zu einer im Sozialkatholizismus aufbrechenden »Sehnsucht nach Gemeinschaft«[116] oder zur Tendenz nach »einer streng kirchlichen Lebenshaltung« und zur »Entsäkularisierung des geistigen, wirtschaftlichen und sozialen Lebens wie des zeitigen Wissenschaftsbetriebes«[117], die sich im Katholischen Akademikerverband ausbildete. Ein dort aufbrechendes liturgisch-reformkatholisches Gemeinschaftsdenken geriet gerade in gefährliche Nachbarschaft zum autoritär-faschistischen Führerstaat[118]. Die betont katholischen »Jungen« in der BVP wandten sich gegen den Führungsanspruch der liberalen und kapitalistischen Kräfte, den sie innerhalb ihrer Partei zu bemerken glaubten. Da kämen Konjunkturritter zum Zuge, die taktische Gesichtspunkte zum Maßstab erhöben und der Kirche fernstünden. Sie nannten den Wirtschafts-

114 Gebsattel an Reusch, 30. November 1932, RWWA, NL Reusch (Sammlung L. E. Jones).
115 [Josef Müller], Niederschrift zum 18. März 1933, o. D., 1. ACSP, NL Müller, V 11.
116 Vgl. die Untersuchung von Alois BAUMGARTNER, Sehnsucht nach Gemeinschaft. Ideen und Strömungen im Sozialkatholizismus der Weimarer Republik, Paderborn 1977.
117 So der Generalsekretär des Katholischen Akademikerverbands, Prälat Franz Xaver Münch 1928. Zitiert nach Rudolf MORSEY, Görres-Gesellschaft und NS-Diktatur. Die Geschichte der Görres-Gesellschaft 1932/33 bis zum Verbot 1941, Paderborn 2002, 16.
118 Vgl. Wieland VOGEL, Katholische Kirche und nationale Kampfverbände in der Weimarer Republik, Mainz 1989, 286 f.

beirat mit seinem Syndikus Franz August Schmitt, den Führer der Bayernwacht, von Lex, den Parteivorsitzenden Schäffer und Graf Quadt[119]. Die »jungen Katholiken« forderten eine Wiederbelebung der katholischen Grundsätze in den Führungsriegen der Partei, einschließlich einer »Orientierung an den ganz Alten, die früher noch die Zentrumsaera in Bayern erlebt haben und die Sinn für die Politik aus dem Grundsätzlichen, aus dem Glauben haben«. Gemeint war der Führungskreis um Leicht, Held und Wohlmuth, dem die Fraktion am 3. April 1933 zum 68. Geburtstag gratulierte. Wohlmuth erhob zwar seine warnende Stimme vor den äußeren und inneren Gefahren, die der Partei drohten, doch an der Notwendigkeit ihrer Erhaltung hielt er fest, wenn er ausführte, die Kräfte der BVP würden auch zukünftig für den Staat gebraucht[120]. Die Fraktion versammelte zuletzt zu ihren Sitzungen regelmäßig 30-40 Personen. Am 10. März einigte sie sich noch auf ein Protesttelegramm gegen die Einsetzung des Reichskommissars Epp[121], Ende März musste Schäffer »Geschlossenheit« anmahnen[122].

Ein Bekannter Helds sah nun »keinen festen Pol« in der Partei mehr und erteilte dem entmachteten Ministerpräsidenten den Rat, anstelle der BVP eine »katholische Bewegung« ins Leben zu rufen und der Partei den »Charakter einer Bewegung« zu geben[123]. Der alte Streit um den konfessionellen Charakter der politischen Parteien Zentrum und BVP schien erneut angefacht. Innerhalb der BVP erhoben sich Stimmen gegen die Führungspositionen der Geistlichen, gegen die Wiederwahl Leichts zum Vorsitzenden der Reichstagsfraktion und gegen die Beibehaltung von Wohlmuths Vorsitz in der Landtagsfraktion[124]. Dem entsprach die bei Kardinal Faulhaber zutage tretende Tendenz, den »Katholizismus«, was immer er darunter verstand, vom »politischen Katholizismus«, der der Vergangenheit angehöre, abzusondern[125]. Um Schutz für die unpolitischen Gesellenvereine, die katholischen Beamten und den Glaubensvollzug im kirchlichen Rahmen zu erlan-

119 Bayerische Jugend hab acht, Junge Front/Michael, Nr. 14 v. 2. April 1933. Vgl. Klaus GOTTO, Die Wochenzeitung Junge Front/Michael. Eine Studie zum katholischen Selbstverständnis und zum Verhalten der jungen Kirche gegenüber dem Nationalsozialismus, Mainz 1970, 39, 209.
120 Sitzungen vom 24. März und 3. April 1933. Niederschriften der Fraktionssitzungen (wie Anm. 63), 160 f., 167 f.
121 Sitzung vom 13. März 1933. Niederschriften der Fraktionssitzungen (wie Anm. 63), 158.
122 Sitzung vom 23. März 1933. Niederschriften der Fraktionssitzungen (wie Anm. 63), 159.
123 Ein Bekannter Josef Müllers (nicht ermittelt) an Held, München 28. März 1933. ACSP, NL Müller, V 11.
124 So Gebsattel an Reusch, 17. März 1933. RWWA, NL Paul Reusch (Sammlung L. E. Jones). Josef Müller berichtet darüber allerdings nichts.
125 Faulhaber an die Staatsminister von Bayern, München 5. Juli 1933. Akten deutscher Bischöfe über die Lage der Kirche 1933–1945, Bd. 1, 1933–1934, bearb. v. Bernhard STASIEWSKI, Mainz 1968, 259.

gen, verstieg er sich gegenüber der NS-Elite zu einer sein mangelndes politisches Verständnis andeutenden Abwertung der Partei des Katholizismus in Bayern: »Die BVP hat niemals eine Weltberühmtheit besessen und heute spricht außer Ihnen kein Mensch mehr davon«[126]. Obwohl aus grundsätzlicher Sicht zu konzedieren ist, dass die Teilnahme von Priestern an pragmatischen und umstrittenen politischen Entscheidungen mit ihren seelsorgliche Aufgaben leicht in Konflikt geraten konnte, so verkannte Faulhaber das geschichtliche Vermächtnis christlicher Parteibildung. Hitler schätzte es höher ein, wenn er im Reichskonkordat den Ausschluss der katholischen Priester von parteipolitischer Betätigung erstrebte und erreichte[127].

Keinen Monat nach der Entmachtung der bayerischen Regierung richtete sich ein zweiter zentralstaatlicher Akt der Reichsregierung gegen das bayerische Parlament, raubte ihm Freiheit und selbständige Existenz. Aufgrund des »Vorläufigen Gesetzes zur Gleichschaltung der Länder mit dem Reich« vom 31. März 1933 wurden die gewählten Landtage aller Länder, Preußen ausgenommen, aufgelöst. Hitler realisierte sein bereits früher gefasstes Vorhaben, die Landtage nach den bei den Reichstagswahlen vom 5. März erhaltenen Stimmanteilen der Parteien neu zusammenzusetzen. Die Kandidaten der BVP für den neuen Landtag wurden von dem Vorsitzenden Schäffer aufgestellt – ein Zugeständnis an den »Führergedanken«, dem das offiziöse Parteiblatt, die »Bayerische Volkspartei-Correspondenz«, gemäß den neuen Zeitverhältnissen nun mehr Geltung verschaffen wollte[128]. Von den 103 neuen Abgeordneten entfielen auf die NSDAP 51, die BVP 30, die SPD 17 und die Deutschnationale Front 5[129]. Die KPD war im Landtag nicht mehr vertreten. Ihre Mandate wurden nach § 10 des Vorläufigen Gleichschaltungsgesetzes vom 31. März annulliert, während die 81 KPD-Abgeordneten des am 5. März gewählten Reichstags durch Inschutzhaftnahme ausgeschaltet worden waren[130]. Erst dadurch war der NSDAP die absolute Mehrheit im Reichstag gesichert worden, von der sie

126 Faulhaber an Wagner, Hitler, Siebert und Röhm, München 12. Juni 1933. Akten deutscher Bischöfe (wie Anm. 125), Bd. 1, 251.
127 Vgl. Winfried Becker, Das Reichskonkordat von 1933 und die Entpolitisierung der deutschen Katholiken. Verhandlungen, Motive, Interpretationen, in: Archiv für katholisches Kirchenrecht 177 (2008), 365–368, 384–389; vgl. Das Reichskonkordat 1933. Forschungsstand, Kontroversen, Dokumente, hg. v. Thomas Brechenmacher, Paderborn 2007.
128 Vgl. Regensburger Anzeiger, Nr. 79 v. 20. März 1933, 1.
129 Vgl. Der Bayerische Landtag 1918/19 bis 1933. Wahlvorschläge – Zusammensetzung – Biographien, hg. v. Joachim Lilla, München 2008, XXXV f.; vgl. M.d.L. Das Ende der Parlamente 1933 und die Abgeordneten der Landtage und Bürgerschaften der Weimarer Republik (wie Anm. 3), 21*.
130 Dies ermittelt Konrad Repgen, Das KPD-Verbot von 1933 – ein Phantasieprodukt, in: Neue Zürcher Zeitung, Nr. 283 v. 3./4. Dezember 1983, 69f; ausführliche Fassung: Ders., Ein KPD-Verbot im Jahre 1933?, in: Der Weg in den Nationalsozialismus 1933/34 (wie Anm. 2), 152–182.

in den Märzwahlen mit 43,9 % der abgegebenen gültigen Stimmen deutlich entfernt geblieben war.

Auch jetzt verfügten NSDAP und Deutschnationale zusammen nur über die knappe Mehrheit von 56 Stimmen. Spätestens nach dieser von der BVP als »kolossales Opfer« empfundenen Umformung der bayerischen Legislative hatte die NSDAP Koalitionsgespräche mit der BVP nicht mehr nötig. Auch war die Aussicht auf Wahlen entschwunden, bei denen die BVP von dem Stimmungsumschwung hätte profitieren können, der wegen der unpopulären ersten Regierungshandlungen und der Verfolgung Andersdenkender in der Bevölkerung beobachtet wurde[131]. Aus München wurde gemeldet: »Die Diktatur setzt sich folgerichtig durch, aber auch die geballten Fäuste werden sich mehren«[132]. Ein Schlaglicht auf die Verunsicherung der Partei warf ein Artikel im »Regensburger Anzeiger«. Er erinnerte an »die schwersten Bedenken, die wir immer gegen jede Art von Diktatur in Deutschland gehabt haben« und verlangte für die Zukunft jene »innere Freiheit«, ohne die das deutsche Volk nicht leben könne. Doch wolle man der »neuen Zeit« nicht den »Geist der Verneinung« entgegenbringen, habe doch die gescheiterte Weimarer Demokratie sich kein »festes Staats- und Verfassungsbewußtsein« schaffen können[133]. Anfang April gab Justizminister Frank die Zahl von 6 000–7 000 Schutzhäftlingen bekannt. Der Landtag wurde im März mehrmals von SA und SS besetzt. Viele Abgeordnete erhoben erfolglos Beschwerden über Verhaftungen und Hausdurchsuchungen. Das »Zweite Gesetz zur Gleichschaltung der Länder mit dem Reich« vom 7. April diente der weiteren Festigung der bayerischen NS-Regierung. Es führte Reichsstatthalter ein, die für die Einhaltung der vom Reichskanzler aufgestellten Richtlinien der Politik zu sorgen hatten. Mit Wirkung vom 10. April wurde Epp zum Reichsstatthalter ernannt. Schon am 12. April bestellte er den bisherigen Oberbürgermeister von Lindau, Dr. Ludwig Siebert, zum Bayerischen Ministerpräsidenten. Hitler wollte keine unbedeutenden oder unbekannten Figuren, die sich nur als Parteigenossen hervorgetan hatten, mit bayerischen Ministerämtern versehen.

Der dritte Coup nach der Absetzung Helds und den beiden Gleichschaltungsgesetzen war das bayerische Ermächtigungsgesetz vom 29. April 1933 (»Gesetz zur Behebung der Not des bayerischen Volkes und des Staates«). Es folgte auf das

---

131 [Josef Müller], Niederschrift zum 20. März 1933 (Besprechung im Justizministerium), 4. ACSP, NL Müller, V II.
132 Gebsattel an Reusch, 24. u. 17. März 1933. RWWA, NL Paul Reusch (Sammlung L. E. Jones).
133 Gedanken zum Ermächtigungsgesetz, Regensburger Anzeiger, Nr. 82 v. 23. März 1933.

Reichsgesetz »zur Behebung der Not von Volk und Reich« vom 24. März, hat aber anders als dieses wenig Beachtung gefunden. Schon um die Verabschiedung des Ermächtigungsgesetzes im Reichstag zu sichern, suchte Justizminister Frank im Auftrag Hitlers über Zwischenträger Pression auf den Führungskreis um Wohlmuth und Held auszuüben. Von Josef Müller, den er ansprach, erhielt er zur Antwort, die Zustimmung bereite große Gewissensprobleme: »Es würde einem zugemutet, den Kopf auf die Dauer von vier Jahren unter ein Schafott zu legen«[134]. Die Gründe für und wider ein Ermächtigungsgesetz wurden in der Landtagsfraktion diskutiert[135]. Lex versah das Ja seiner Partei, das er anstelle des Fraktionsvorsitzenden Leicht am 23. März im Reichstag vortrug, mit dem Vorbehalt, dass keine Regierung und keine Einzelperson von den Schranken des christlichen Sittengesetzes befreit werden könnten. Hitler fuhr sofort erregt auf und musste von Papen beruhigt werden. Als der BVP-Agrarfunktionär Michael Horlacher nach der Abstimmung aus Berlin nach München zurückgekehrt war, trank er sich aus Kummer über diese »bittere Stunde des deutschen Volkes« als erstes einen tüchtigen Rausch an[136].

Am 28. April wurde der Landtag nach einem von Erzbischof Michael Faulhaber zelebrierten Gottesdienst pompös wiedereröffnet. Esser feierte das Ereignis als den Abschluss der letzten »schweren Wochen« und der ersten Etappe des 1919 mit Adolf Hitler begonnenen Kampfes[137]. Die triumphierende Aussage bestätigte Goebbels' Notiz vom 11. März, dass mit Bayern nun »das ganze Reich« gewonnen sei. Rein rechtlich gesehen ging der Inhalt des bayerischen Ermächtigungsgesetzes nicht wesentlich über die schon im Vorläufigen Gleichschaltungsgesetz vom 31. März enthaltenen Befugnisse hinaus. Die Landesregierung wurde ermächtigt, Gesetze zu erlassen, die, wie im vorangegangenen Gleichschaltungsgesetz festgelegt, von Bestimmungen der Verfassungsurkunde abwichen; das Ermächtigungsgesetz trat mit dem Tag seiner Verkündung in Kraft und am 1. April 1937 außer Kraft[138]. Auch hatte schon § 64 der Bayerischen Verfassungsurkunde der Regierung die

---

134 D. h. für die Geltungsdauer des Gesetzes bis 1937. [Josef Müller], Niederschrift zum 20. März 1933 (Besprechung im Justizministerium), 4. ACSP, NL Müller, V 11.
135 Sitzung vom 24. März 1933. Niederschriften der Fraktionssitzungen (wie Anm. 63), 160 f.; vgl. Morsey, Untergang (wie Anm. 29), 142–147, und die Dokumente in: »Das Ermächtigungsgesetz« vom 24. März 1933. Quellen zur Geschichte und Interpretation (wie Anm. 103).
136 Johann Kirchinger, Michael Horlacher. Ein Agrarfunktionär in der Weimarer Republik, Düsseldorf 2011, 449 f.
137 Die feierliche Eröffnung des Bayerischen Landtags, Bayerische Staatszeitung, Nr. 99 v. 29. April 1933; vgl. Probst, NSDAP (wie Anm. 13), 198–200.
138 Das Ermächtigungsgesetz in Bayern, Bayerische Staatszeitung, Nr. 99 v. 29. April 1933.

Befugnis gegeben, bei dringender Gefahr der Ruhe und Ordnung dienende Maßnahmen zu ergreifen und dabei Grundrechte ganz oder teilweise außer Kraft zu
setzen. Erheblich war jedoch die politische Bedeutung des bayerischen Ermächtigungsgesetzes. Wie Josef Müller im Rückblick meinte, konnte es den Abgeordneten nach dem Vorgefallenen kaum zweifelhaft sein, dass die NSDAP von dieser
Ermächtigung Gebrauch machen würde, um ungehindert von der gesetzlichen
Volksvertretung ihr Programm durchzuziehen und die Diktatur einzuführen[139]. In
der Reichstags- und Landtagsfraktion der BVP bestanden jedoch immer noch erhebliche verfassungsrechtliche Vorbehalte, die Josef Müller Hans Frank unver-
blümt vorhielt. Wenn sie sich schließlich zu leicht beruhigen ließen, so ist doch zu
bedenken, welcher Druck von den Abstimmungsarrangements in Berlin und
München, von der Furcht vor einem »Bürgerkrieg« oder einer alles überrollenden
»propagandistischen Welle der Nazis« bei einer erneuten Auflösung des Reichstages ausging[140]. Fakt war, dass BVP, NSDAP und Deutschnationale Front zusammen die Selbstentmachtung des Landtags beschlossen. Nur die SPD, ihr Sprecher
war Albert Rosshaupter, lehnte das Gesetz ab. Es »sei überflüssig, weil die Regierung
über eine ausreichende Mehrheit im Landtag verfüge. Ausserdem könne die SPD
aus ihrer grundsätzlichen Einstellung heraus nicht zustimmen«[141].

Die Mehrheit billigte die Ausschaltung der bayerischen Volksvertretung und
beendete die parlamentarisch fundierte Eigenstaatlichkeit Bayerns, die von der
BVP stets energisch verteidigt worden war. Seit der Landtagsneubildung bzw. der
Sitzung vom 27. April berichten die inhaltlich auffällig ausgedünnten Sitzungspro-
tokolle der BVP-Landtagsfraktion kaum mehr über politische Inhalte[142]. Doch
glaubten anscheinend führende Abgeordnete der BVP noch, der Landtag werde
weiter in gewohnter Weise, obgleich unter neuer Führung, zusammentreten, denn
sie ließen sich zum Schriftführer (Dr. Alois Schlögl), in den Ältestenrat (Hans
Müller, Anton Pfeiffer, Fritz Schäffer), in den Verfassungsausschuss und den Haus-
haltsausschuss wählen[143]. Fritz Schäffer und der interimistische neue Fraktions-

139 Zum Bayerischen Ermächtigungsgesetz, o.D. [April 1947], 1–17, 8. ACSP, NL Müller, V 11. Im
NL Müller sind zwei (wohl von Josef Müller stammende) undatierte, sehr wahrscheinlich im April
1947 geschriebene hektographierte Aufzeichnungen »Zum Bayerischen Ermächtigungsgesetz« erhalten, die eine mit zwei, die andere mit 17 Seiten.
140 So Michael HORLACHER in zwei Artikeln für die »Süddeutsche Zeitung« v. 9. August und 6.
September 1946. »Das Ermächtigungsgesetz« vom 24. März 1933. Quellen zur Geschichte und Interpretation (wie Anm. 103), 149 f.
141 Zum Bayerischen Ermächtigungsgesetz (wie Anm. 139), 1–2.
142 Niederschriften der Fraktionssitzungen (wie Anm. 63), 170 ff.
143 Zum Bayerischen Ermächtigungsgesetz (wie Anm. 139), 8 f.

vorsitzende, der Gymnasialprofessor Hans Müller, bekundeten ihre Bereitschaft zur aufrichtigen und vollen Mitwirkung ihres Landes an der nationalen Aufbauarbeit des deutschen Volkes. Hans Müller nahm in seiner Erklärung zur Neueröffnung des Landtags den neuen Ministerpräsidenten beim Wort, nachdem dieser in seiner Rede auf die »christliche Sittenlehre« zurückgekommen war. Die BVP verstehe diese Äußerung im Sinne der Erhaltung der Bekenntnisschule sowie der »Freiheit der religiösen Überzeugung« und der Ermöglichung von Selbstverwaltungseinrichtungen »im Geiste der päpstlichen Enzykliken«[144]. In der letzten protokollierten Sitzung der Landtagsfraktion am 31. Mai richtete der Vorsitzende Hans Müller zudem noch den Appell an die in München wohnenden Mitglieder der Fraktion, an der Fronleichnamsprozession teilzunehmen. Doch der alte Geist hielt der überwältigenden nationalistischen Welle nicht mehr durchgehend stand. Der Generalsekretär des Bayerischen Christlichen Bauernvereins, Alois Hundhammer, strich die nationale Einstellung des Vereins heraus und sicherte »der Reichsregierung und ihrem Führer Adolf Hitler« Unterstützung »in dem schweren Kampf um die äußere und innere Befreiung des deutschen Vaterlandes« zu[145]. Helds Sohn Joseph empfand dies als mangelnde Solidarität, nachdem sein Vater auf unehrenhafte und gesetzwidrige Weise ausgeschaltet worden war.

Die Hoffnung auf ein Überleben durch Anpassung oder Mitwirkung trog. Im Mai setzte sich die Verhaftungswelle fort. Sie erfasste BVP-Mandatsträger von den Landtagsabgeordneten bis zu den Gemeinderäten. »Die anderen bürgerlichen Parteien ermangelten jeder Resistenzkraft unter dem Einfluss Papens und der Deutschnationalen«[146]. Ende Juni wurden 1 917 Führungspersonen der BVP in Schutzhaft genommen[147]. Am 1. Juli 1933 lösten sich die Bayerischen Christlichen Bauernvereine auf. Am 4. Juli 1933 unterzeichnete der von der NS-Regierung ernannte BVP-Wirtschaftsminister Quadt, der tags zuvor (erfolgreich) beantragt hatte, Mitglied der NSDAP und Hospitant der NSDAP-Reichstagsfraktion zu werden, die Erklärung über die Auflösung der BVP. Die »Schutzhäftlinge« Fritz Schäffer, Alfons Maria Probst, Anton Pfeiffer und Georg Stang hatten die Erklärung kurz zuvor im Gefängnis Stadelheim beschlossen, um die Freilassung der im

144 Zum Bayerischen Ermächtigungsgesetz (wie Anm. 139), 1 f.
145 Zum Bayerischen Ermächtigungsgesetz (wie Anm. 139), 6 f. (nach dem Bericht des Bamberger Volksblatts v. 24. April 1933). Vgl. Oliver BRAUN, Konservative Existenz in der Moderne. Das politische Weltbild Alois Hundhammers (1900–1974), München 2006, 221–227.
146 [Josef Müller], Entwicklungsstufen des Terrors, 3. ACSP, NL Müller, V 11.
147 Namenslisten in: Verfolgung und Widerstand 1933–1945. Christliche Demokraten gegen Hitler, hg. v. Günter BUCHSTAB, Brigitte KAFF, Hans-Otto KLEINMANN, Düsseldorf 1986, 29–33.

Zuge einer Polizeiaktion gegen den politischen Katholizismus verhafteten Amts- und Mandatsträger der BVP zu erlangen, was sie erreichten. Die meisten dieser Inhaftierten wurden am 5. Juli 1933 entlassen. Das »Gesetz über den Neuaufbau des Reiches« vom 31. Januar 1934 löste die Volksvertretungen aller Länder auf[148].

Resümee

Die Parteileitung der NSDAP lag in München und blieb noch im 2. Weltkrieg mit wichtigen Ämtern dort. Hitler musste es stören, dass in München auch die Führung der BVP saß, die ihre Fundamente aus der Tradition und christlichen Kultur des Landes bezog, die das Bewusstsein landsmannschaftlicher Identität mit dem Anspruch auf föderalistische Gewaltenteilung für ganz Deutschland verband. Dass sie regierende Partei war, wird ihm als Machtmenschen ein besonderes Ärgernis gewesen sein. Er stand der gewachsenen Kultur der deutschen Parteien zutiefst feindselig gegenüber, wie auch sein Verhältnis zu Bayern überwiegend folkloristisch, sentimental, oberflächlich und eigentlich geschichtslos war[149]. Für Hitler gehörte auch der Föderalismus zu der allgemein von ihm verachteten »Rationalität des vorhandenen Staatsapparats«[150]. Die Gleichschaltung Bayerns schlug eine breite Bresche in die föderalistische Struktur Deutschlands. Fricks und Hitlers Überrumpelungstaktik bei der blitzartigen Absetzung des Kabinetts Held nutzte das Instrument des gerade erst dem Reichskabinett verliehenen Notverordnungsrechts. Die Eroberung und Konsolidierung der Macht in Bayern erfolgte durch die Usurpation der neu eingesetzten NS-Länderregierung und die rechtswidrige Neubildung des Landtags gemäß den am 5. März auf die Parteien im Reichsdurchschnitt entfallenen Stimmanteilen. So dankten die demokratischen Parteien – außer der SPD – schon vor ihrer Auflösung ab. Durch ihr mutiges Abstimmungsverhalten machte sie ihre frühere fehlende Koalitionswilligkeit gegenüber dem seinerseits ablehnend eingestellten Kabinett Held allerdings nicht wett. Die Machteroberung der NSDAP war nicht auf weiter zurückliegende historische Veränderungen, etwa auf den Verlust der Reservatrechte oder auf die Abdankung der Monarchie, sondern auf den Bruch der Weimarer Verfassung durch gewissenlose

---

148 Vgl. zur Abfolge der Gesetze Christoph STUDT, Das Dritte Reich in Daten, München 2002.
149 Walter ZIEGLER, Hitler und Bayern. Beobachtungen zu ihrem Verhältnis, München 2004, 41, 72–94; vgl. RÖSCH (wie Anm. 58), 79–138.
150 Manfred RAUH, Anti-Modernismus im nationalsozialistischen Staat, in: Historisches Jahrbuch 107 (1987), 94–121, 109.

Machthaber zurückzuführen. Die Verfassung von 1919 war zwar kein idealer Wächter des Föderalismus, aber wenn sie respektiert worden wäre, hätte dies ausgereicht, um die Eigenstaatlichkeit Bayerns im gegebenen Umfang zu sichern. Hier fand kein normaler Kabinettswechsel statt, der sich nahtlos der Unstetigkeit der »Instabilitätsrepublik« von Weimar eingereiht hätte. Die nach dem 30. Januar und den Märzwahlen neu auftretenden Machtfaktoren, die von ihnen ausgelösten und gesteuerten Ereignisse waren es, die primär die historische Kausalität der NS-Machtergreifung in Bayern begründeten. Mit der Vertreibung Helds aus dem Amt und der Installierung Epps kam, mit einer gewissen Hilfe aus der hohen Ministerialbürokratie (Bleyer), eine von der NS-Zentrale und den Schlägern vor Ort aufgezwungene neue Regierung ans Ruder, obwohl sie aus juristischer Sicht und auch der des Regimes als vorläufig galt. Held hat sich länger gewehrt als die Ministerpräsidenten anderer Länder, das war bemerkenswert. Ob man nachweisen kann, dass seine Regierung noch bis zu seinem am 27. März dem Staatsrat Bleyer gegenüber definitiv ausgesprochenen Verzicht formell im Amt blieb, mag dahingestellt sein. Historisch war von Belang, dass Bayern, wie bei Revolutionen üblich, durch die normative Kraft des Faktischen gleichgeschaltet wurde.

Gewisse strukturelle Konditionierungen sollen nicht geleugnet werden: die Anfälligkeit für Autorität als vorherrschende Kategorie des Politischen nach dem Wegfall der Monarchie, das Verhältniswahlrecht, das, trotz ihm zugeschriebener genauer Widergabe des Wählerwillens, das parlamentarisches Regieren in Reich und Ländern erschwerte, das Dauerfeuer der Medisance gegen die junge Republik, die wirtschaftlichen Nöte, das höchst reformbedürftige Verhältnis zwischen dem Reich, Preußen und den Ländern, die anormalen und gewalttätigen Formen der politischen Auseinandersetzung. Die schleichende Gefährdung der bayerischen Eigenständigkeit und der Missbrauch des Diktaturparagraphen 48 hatten bei der Bayerischen Regierung keinen Gewöhnungseffekt hervorgerufen. Sie war durch die fortschreitende Untergrabung des Föderalismus, den Preußenputsch und die Übernahme von Polizeirechten durch das Reich sehr beunruhigt. In anderen Ländern, so im benachbarten Württemberg, erhoben sich ebenfalls warnende Stimmen[151], doch praktizierte Solidarität blieb von dort aus. Die wachsame Troika

151 Vgl. die Rede des Staatspräsidenten von Württemberg, Eugen Bolz, am 23. Februar 1933 in Feuerbach. Verfolgung und Widerstand 1933–1945 (wie Anm. 147), 34 f. Gemäß dem Abdruck im »Schwäbischen Volksboten« v. 24. Februar richtete Bolz »ernste Warnungen nach Berlin«. Er erwartete von der Reichsregierung, dass sie gegenüber »Süddeutschland« beruhigende Worte anstelle von Drohungen aussprechen würde, und von Bayern, dass es »einen gewaltigen Widerspruch« gegen den Versuch erheben würde, dort »eine Diktatur Hitler« oder einen Reichskommissar einzuführen.

Held, Stützel und Sperr reagierte vernehmlich auf die mit dem Regierungsantritt Hitlers gestiegenen Bedrohungen des Föderalismus. Sie setzte sich energisch für die Erhaltung des Rechtsstaats ein und vertrat jene wahren Staatsinteressen, über die Hitler und Frick im trauten Verein mit der illegalen Hilfspolizei von SA, SS und Stahlhelm zwecks Durchsetzung der »nationalen Revolution« hinwegschritten. Die führenden BVP-Politiker hatten nicht nur abstrakte juristische Gründe auf ihrer Seite, sondern stützten sich auf ein wohlgeordnetes eigenes Staatsgebilde.

Held behielt in der Krise den Überblick, zeigte sich standhaft gegenüber den autoritären Anmutungen, auf die angeblich Wohlmeinende die BVP einschwören wollten, aber auch gegenüber einer Einbeziehung der ihm höchst suspekten NSDAP in parlamentarische Koalitionen. Hier hätte Hindenburg viel von ihm lernen können. Mag das Handeln des Ministerrats ein staatspolitisches, kein parteipolitisches Selbstverständnis der Institution widerspiegeln[152], so lebte Helds Politik doch maßgeblich auch aus der Bindung an seine Partei, deren Wohl und Wehe 1933 schicksalhaft mit dem des Freistaats verbunden war. Der Selbstbehauptungsdiskurs mit den Reichstagsparteien und der Berliner Regierung machte einen wesentlichen Teil von Helds Agenda aus. Das Ringen um die Positionierung der BVP, ihr Verhältnis zum Zentrum, zum nationalistischen Autoritarismus und zur NSDAP war keineswegs nur von bayerisch-staatspolitischen Erwägungen bestimmt, sondern auch von den ideellen Grundlagen der von den Diktatur-Tendenzen herausgeforderten Parteiprogrammatik, die den Rechtsstaat, die Gewaltenteilung und die Mitwirkung der Glieder am Staatsganzen auf den Schild gehoben hatte. Das Beharren auf Recht und Ordnung bezeugte nicht eine notorische Anfälligkeit für »autoritäres Denken« im katholischen Lager[153], sondern wurde in seiner Geltung dem Autoritarismus des »Herrenreiters« Papen und der völkischen Einheitsideologie entgegengehalten. Die ideelle Fundierung war es, die Helds und Schäffers[154] Urteils- und Führungsvermögen Richtung vorgaben und ihre Stellung in der BVP und bei den Verhandlungen mit den Parteien und Regierungsorganen

---

152 Ministerrat, Held IV (wie Anm. 23), Einleitung von Walter ZIEGLER, 50*.
153 So gegen das angebliche, nicht näher benannte »apologetisch-katholische Geschichtsnarrativ« Andreas PÜTTMANN, Anfällig für modische Strömungen von rechts. Katholische Republikverderber, in: Akademische Monatsblätter 129 (2017), 86–88. Den politisch profilierten Katholizismus in Gestalt des Zentrums und der BVP und deren Dienst an der Republik lässt dieser Autor außer Betracht, ebenso, dass die von ihm angeprangerten »rechten« Politiker Martin Spahn und Franz von Papen sich von diesen Parteien gerade lossagten.
154 Vgl. Winfried BECKER, Fritz Schäffer und der Föderalismus, in: Föderalismus und Finanzpolitik. Gedenkschrift für Fritz Schäffer, hg. v. Wolfgang J. MÜCKL, Paderborn 1990, 9–36, 14–27.

des Reichs legitimierten. Ja, die Erhaltung (und in Aussicht genommene Weiterentwicklung und Straffung) der bayerischen Staatlichkeit und der durch die Landtagswahl von 1932 immer noch demokratisch legitimierten, obwohl infolge des Koalitionsproblems nur geschäftsführenden Regierung wurde von 1930 bis 1933 selbst zu einem sich der autoritären oder totalitären Gleichschaltungstendenz entgegenstemmenden, auf die Wahrung des innerstaatlichen Pluralismus bedachten Politikum[155]. Der Staat Bayern, die Staatlichkeit Bayerns, galt bei den Reichsorganen mehr als die nach Staat und Volk benannte Partei. Doch zielte die Strategie des überraschend schnell etablierten NS-Regimes nicht auf die Eroberung bloß eines Staats und einer Staatsregierung nach Analogie des fernen absolutistischen Zeitalters, sondern auch auf die argumentative und faktische Aus- und Gleichschaltung der demokratischen Legitimation des noch unangepassten Freistaats.

Als stärkste Partei in Bayern hätte die BVP ein näheres Verhältnis zur parlamentarischen Fundierung des Föderalismus wohl entwickeln können und sollen. Diese Kritik muss aber, will sie berechtigt sein, von der Voraussetzung ausgehen, dass der Föderalismus ein tragendes Prinzip der Gewaltenteilung der deutschen Geschichte ausmacht und seine Beseitigung in die Erörterung der staatsrechtlichen Kontinuität der »Präsidialkabinette« von Papen und Schleicher zu Hitler einzubeziehen ist. Diese Kontinuität[156] war eben nicht gegeben, wenn die Länderverfassungen gebrochen wurden, wenn der Innenminister Frick als Gewaltträger des »Präsidialkabinetts« den offensichtlichen Vorwand heranzog, in den Ländern seien Recht und Ordnung außer Kraft gesetzt, um den der Reichsregierung von Hindenburg missbräuchlich übertragenen Diktaturparagraphen selbst zu missbrauchen. Dies war nicht legal, denn auch die Begründung eines noch so hoch angesiedelten juristischen Vorgehens kann der Überprüfung an Realität, Legalität und Legitimität nicht entzogen werden. Der Machtwille der Nationalsozialisten richtete sich aufs Ganze, brachte auch gegenüber den Ländern das Instrumentarium

---

155 Einen bloß »negativen« Föderalismus entdeckt hingegen Christian Rank, Föderalismus und Republikkritik. Bayerische Volkspartei, Politik der Eigenstaatlichkeit und der Umgang mit der Weimarer Demokratie in der Ära Held (1924–1933), Regensburg 2016, 93–99. Diese Arbeit beachtet zu wenig die weit vor das Bismarck-Reich zurückreichende föderale Struktur Deutschlands. Vermisst wird auch eine überzeugende, mit der nötigen Literatur ausgestattete Begründung der Abwertung des Naturrechts, das, angeblich Religion und Politik vermengend und das »Naturprodukt« des organischen Staats biologisch auffassend, die Staatstheorie der BVP gebildet habe (ebd., 44–48). Die Argumentation dreht sich im Kreis, wenn Helds Forderungen nach stärkerer Berücksichtigung der Länder mit dem Argument (von Hans Ehard) kritisiert werden, die Länder seien zwischen 1918 und 1933 ausgehöhlt und zu »Kostgängern des Reiches« herabgesunken (ebd., 96).
156 Behauptet u.a. von Strenge, Machtübernahme (wie Anm. 57), 206, 17f.

der »Vermengung von Terror und Täuschung« zum Einsatz[157]. Die Anführer der BVP gehörten nicht zu jenen konservativen Eliten, die die Macht den NS-Konventikeln übertrugen (Heinrich August Winkler), diesen zur Übernahme bereitstellten oder freigaben (Magnus Brechtken)[158], sondern sie gerieten in die Fänge der nationalsozialistischen »Machteroberung« oder »Machtergreifung«, die auch am Gleichschaltungsprozess der Länder der Weimarer Republik exemplifiziert werden kann.

Hat Held sich zu legitimistisch verhalten? Obwohl er die Polizei zurückhielt, handelte er wehrhafter als der preußische Innenminister beim »Preußenschlag«. Carl Severing (SPD) weigerte sich, dem Rat des Berliner Polizeipräsidenten Albert Grzesinski (SPD) und des Kommandeurs der Berliner Schutzpolizei, Magnus Heimannsberg (Zentrum), zu folgen und Papens Vorgehen durch den Einsatz der Berliner Polizei zu durchkreuzen, weil er die aus diesem Widerstand zu erwartenden Opfer nicht verantworten wollte. Die Berliner Polizei war zahlenmäßig stärker und schlagkräftiger als das in der Hauptstadt stationierte Wachbataillon der Reichswehr. Die Berliner Polizeiführung hielt darum ein Eingreifen, das durch eine Intervention der Preußischen Regierung beim Reichspräsidenten unterstützt worden wäre, für aussichtsreich und wunderte sich über die Passivität des Innenministers sowie des gänzlich resigniert wirkenden Preußischen Ministerpräsidenten Otto Braun (SPD)[159]. Wenig überzeugend ist, Heimannsbergs Handlungsbereitschaft als »unrealistische Handlungsalternative« auszugeben[160], weil sich der

---

157 Peter STEINBACH, Die Gleichschaltung. Zerstörung der Weimarer Republik – Konsolidierung der nationalsozialistischen Diktatur, in: Der Weg in den Nationalsozialismus 1933/34 (wie Anm. 2), 66–90, 78.
158 Andeutung der Semantik der Begriffe: Michael KISSENER, Der Weg in den Nationalsozialismus – eine »Revolution«. Zur Einführung, in: Der Weg in den Nationalsozialismus 1933/34 (wie Anm. 2), 7–13, 8.
159 Vgl. über die Vorgänge am 20. Juli 1932: Magnus Heimannsberg an Leo Schwering, 26. September 1957, Historisches Archiv der Stadt Köln, NL Leo Schwering, 176,2 (Anlage). Heimannsberg (Zentrum) war von 1927 bis 1932 Kommandeur der Berliner Schutzpolizei. Vgl. über ihn Henri SCHMIDT, Ein Nevigeser in Berlin. Die außergewöhnliche Polizeikarriere des Magnus Heimannsberg, 2. Aufl. Velbert 2013. Die Zurückhaltung Severings wurde nach 1945 Anlass zu einer brieflich ausgetragenen Kontroverse zwischen ihm und Johannes Gronowski (1874–1958). Dieser, ehemals preußischer Landtagsabgeordneter des Zentrums (1921–1933) und Oberpräsident der Provinz Westfalen (1922–1933), nach 1945 Mitgründer der CDU, betonte die auch ihm bekannte Bereitschaft der Berliner Polizei zur Gegenwehr. Vgl. Rudolf MORSEY, Papens »Sprung nach Preußen« am 20. Juli 1932 – eine folgenreiche Reichsexekution, in: Ein Staatsstreich? Die Reichsexekution gegen Preußen (wie Anm. 26), 29–48, 41–44; vgl. über Brauns Zurückhaltung und die Kontroversen darüber Hagen SCHULZE, Otto Braun oder Preußens demokratische Sendung. Eine Biographie, Berlin 1977, 745–747.
160 So in der bei Hans Mommsen entstandenen Bochumer Dissertation von Peter LESSMANN,

republikanisch gesinnte Polizei-Kommandeur seiner Isolierung im preußischen Polizei-Offizierskorps nicht bewusst gewesen sei und laut einer späteren Äußerung Grzesinskis (1939) »die Schutzpolizei« einem von der Preußischen Regierung gegen die Reichsregierung befohlenen Einsatz nicht gehorcht hätte. Doch unternahm Grzesinski gemeinsam mit dem Berliner Polizei-Kommandeur den Versuch der Einwirkung auf den Zauderer Severing; warum hätte dann die Schutzpolizei den unter sich einigen beiden obersten Polizeiführern den Gehorsam verweigern sollen? Heimannsberg jedenfalls hielt seine Stellung nicht für untergraben, und es wird von Solidaritätsbekundungen berichtet, die die potentiellen Befehlsverweigerer bei den Verhaftungen Grzesinskis und Heimannsbergs am 20. Juli zeigten. Auch missbilligten zwei Minister des siebenköpfigen Kabinetts Papen, Justizminister Franz Gürtner und Reichsinnenminister Wilhelm von Gayl, den Preußenputsch. Sie konnten vom Reichskanzler und vom Reichswehrminister Kurt von Schleicher zum Einschwenken gezwungen werden, da Widerstand von anderer Seite ausblieb[161]. Die Polizeiführer hätten gegenüber Papen und der Reichswehr eventuell auf die Parteien der Weimarer Koalition, das Reichsbanner und die Gewerkschaften als Verbündete rechnen können[162].

Zu kritisieren ist weniger Helds Zurückschrecken vor dem Einsatz der bewaffneten Macht, als die erstaunliche Lethargie, mit der die Zeitgenossen den handstreichartig erzwungenen Rücktritt des Ministerpräsidenten und des Kabinetts, die Misshandlung von Amtspersonen und unbescholtenen Staatsbürgern, die Besetzung des Landtags und die Gewalttaten der SA und SS hinnahmen, nicht zu vergessen die finstere Borniertheit, mit der eine große Volksmenge am 9. März dem Hissen der Hakenkreuzfahnen auf dem Landtagsgebäude zusah[163]. Doch wurden die mit der »nationalen Revolution« einhergehenden Verfolgungen und Misshandlungen nicht sogleich und allgemein bekannt. Wurden sie bewusst verbreitet, sollten sie der Einschüchterung dienen. Als Berlin den von Held gewünschten Einsatz der Reichswehr verbot, fehlten die Machtmittel, dem Umsturz

Die preußische Schutzpolizei in der Weimarer Republik. Streifendienst und Straßenkampf, Düsseldorf 1989, 367–370, 211–214.
161 So Schleicher gegenüber dem Staatssekretär in der Reichskanzlei, Hermann Pünder, am 8. Oktober 1932. Ein Staatsstreich? Die Reichsexekution gegen Preußen (wie Anm. 26), 115 f., Dokument 30.
162 BRACHER, Auflösung (wie Anm. 1), 2. Aufl. 1957, 592 f.
163 Eine zunehmende »Akzeptanz« der politischen Kampfmethoden der NSDAP in der »bürgerlichen Öffentlichkeit« seit 1930 konstatiert Dirk SCHUMANN, Gewalt als Methode der nationalsozialistischen Machteroberung, in: Das Jahr 1933. Die nationalsozialistische Machteroberung (wie Anm. 49), 135–155, 141–143.

zu wehren. Den militärischen Einsatz der bayerischen Landespolizei hätte Frick zum Vorwand genommen, die Ablösung der legalen Regierung noch propaganda-wirksamer zu betreiben und die Befehlsgeber später an die Wand stellen zu lassen. Dennoch fragt sich im Nachhinein, ob nicht das Risiko, durch den Einsatz der Polizei militärische Gewalt einzusetzen oder gegen die Entmachtung der demo-kratischen Organe sichtbare Obstruktion zu treiben, sich gelohnt hätte, um der Bevölkerung über den wahren Charakter des Nationalsozialismus die Augen zu öffnen und das viel schlimmere Unheil einer Okkupation des gesamten Staatsap-parats durch die Nationalsozialisten zu verhüten. Die gleiche Überlegung hat schon Karl Dietrich Bracher im Blick auf den Preußenschlag angestellt, der der Republik der »an entscheidender Stelle das Rückgrat gebrochen hat«: Die »grund-sätzliche Feststellung«, dass man mit einer frühen Widerstandsaktion trotz der damit verbundenen Risiken die Opfer der 12 Jahre hätte verhindern oder ein-schränken können, sei vorrangig gegenüber der Diskussion über die Erfolgsaus-sichten einer solchen Aktion[164].

Josef Müller stellte im Rückblick auf die nachgiebige Haltung seiner Partei-freunde gegenüber den Ermächtigungsgesetzen fest: »Der Kompromiss über die ersten Grundsätze der natürlichen Rechte des Volkes hat sich bitter am ganzen Volk gerächt«[165]. In der Tat bedeutete es nicht nur die Vernichtung des Parlamen-tarismus, sondern auch jeder auf Differenzierung beruhenden staatlichen Ord-nung, wenn ein undefinierbares, nur auf staatliche Macht abhebendes Ineinander von hierarchischem Führerstaat und Volksherrschaft proklamiert wurde, das die Institutionen, auch wenn sie belassen wurden, in der Substanz vernichtete[166]. Ein Kompromiss hergebrachter Staatsauffassung mit dieser völkischen, rassischen und führer-diktatorischen Politik, beruhend auf dem faschistischen Mythos einer ver-schworenen Gemeinschaft, war unmöglich.

164 Bracher, Auflösung (wie Anm. 1), 2. Nachdruck der 5. Aufl. 1984, 525.
165 Zum Bayerischen Ermächtigungsgesetz (wie Anm. 139), 17; fragwürdig die Behauptung von Steber, Volkspartei (wie Anm. 49), 78, das naturrechtliche katholische Denken habe »eine Akzep-tanz des gesellschaftlichen Pluralismus und Individualismus sowie des liberalen Freiheitsgrundsatzes verhindert«. Das »Volk« ist hier auch nicht semantisch in die Nähe zum NS-Sprachgebrauch gerückt (ebd., 81) oder organisch-biologisch verstanden, sondern als Träger und Hüter natürlicher Rechte, zu denen gemäß der Tradition des katholischen Denkens seit dem 19. Jahrhundert die kirchlichen und bürgerlichen Freiheitsrechte gehörten.
166 Siehe Hermann Görings Äußerung über den Preußischen Staatsrat am 9. Juli 1933, allerdings erst Monate nach der Machtergreifung in Bayern. Der Preußische Staatsrat 1921–1933. Ein biographi-sches Handbuch. Mit einer Dokumentation der im »Dritten Reich« berufenen Staatsräte, bearb. v. Joachim Lilla, Düsseldorf 2005, 24*.

Der Gesandte Sperr steuerte keinen »Illusionskurs« (E. Fröhlich), wenn er mutig vom Reichspräsidenten den Einsatz der Reichswehr forderte, um die nationalsozialistische Revolution in letzter Minute aufzuhalten. Selbst aus der militärischen Laufbahn kommend, hat er allerdings die politische Einsicht des greisen Generalfeldmarschalls a. D. weit überschätzt[167]. Ging Sperr davon aus, dass nur mehr militärische Gewalt, legal eingesetzt, helfen könne, so hat er bald darauf den Widerstand gegen das NS-Regime in Bayern auch nur dann für erfolgversprechend gehalten, wenn Wehrmacht und Münchner Polizei mittaten[168]. Auch die SA betrachtete Hindenburg noch als Unsicherheitsfaktor, obwohl er sich am 9. März überspielen und aus Abneigung gegen den »Partikularismus« Hitler und Frick freie Hand ließ. Sie forderte seinen Rücktritt sowie die Ausschaltung der Deutschnationalen aus der Regierung, um dem »Führer« die ihm zukommende »cäsarische Stellung« zu verschaffen[169].

Die Haltung der BVP muss differenziert im zeitlichen Ablauf und vergleichenden Kontext betrachtet werden. Struktur- und Ereignisgeschichte sind in ihrer Verwobenheit zu beachten und nicht hermetisch voneinander getrennt zu schildern. Die vielberufene Strukturschwäche der BVP hat nicht zum Untergang der Partei und zur Machteroberung in Bayern geführt, dazu war die Ausübung des Notverordnungsrechts durch Frick notwendig. Die der BVP zugeschriebene, quellenmäßig nicht überzeugend belegte »programmatische Ablehnung« der Weimarer Republik, die angebliche »Uneindeutigkeit« ihres Standpunkts und das der NSDAP von Schäffer entgegengebrachte Zähmungskonzept werden in ihren Auswirkungen erheblich überschätzt[170]. Die spärlichen Verhandlungen Schäffers mit Papen und NSDAP-Unterhändlern vor und nach dem 30. Januar über eine mögliche Koalitionsbildung blieben wegen unterschiedlicher Ausgangspunkte und Ziele folgenlos. Die BVP-Fraktion sah sich in der beklemmenden Lage nach den Märzwahlen gezwungen, vier hochrangige Unterhändler für ernstgemeinte Koalitionsverhandlungen zu benennen, auch um weiterem schwerem »Druck« Hitlers und Fricks zuvorzukommen. Durch die Inszenierung des Münchner Putschs blockten die NS-Dirigenten des Hitler-Papen-Hugenberg-Kabinetts und ihre

---

167 Auf die Frage Buttmanns am 10. März abends, ob der Reichspräsident sich mit den jüngsten Geschehnissen abfinde, antwortete Hitler »in prächtiger Laune«: »Innerlich freut er sich, daß sie Stützel verprügelt haben; er bleibt jedenfalls bei der Stange.« Ministerrat, Held IV (wie Anm. 23), 307.
168 Winfried Becker, Franz Sperr und sein Widerstandskreis, in: Franz Sperr und der Widerstand gegen den Nationalsozialismus in Bayern (wie Anm. 64), 83–173, 108–114.
169 Wie J. Müller erfuhr. [Josef Müller], Niederschrift zum 18. März 1933, 1. ACSP, NL Müller, V 11.
170 Sie hätten gar in die »Agonie der Republik« geführt. Steber, Volkspartei (wie Anm. 49), 81.

Helfershelfer vor Ort Koalitionsverhandlungen mit der BVP ab. Das musste Lex Mitte März erfahren, als Hitler, Frick und Röhm der BVP selbst das Kultusministerium verweigerten und die Gespräche abbrachen. Die in der Forschung über Gebühr hochgespielten »Koalitionsverhandlungen« zwischen BVP und NSDAP waren überflüssig geworden, bevor sie wirklich begonnen hatten. Die BVP musste sie am Ende selbst in Erwägung ziehen, um dem Drängen nach einer NS-konformen Zusammensetzung ihrer Regierung entgegenzukommen und um, wie schon länger geplant, einen Ausweg aus der Lage einer nur geschäftsführenden Regierung zu finden und deren Stellung, etwa auch durch Einführung eines Staatspräsidenten, zu stärken. Dies waren zwei inkohärente Motivstränge. Wahrscheinlich hätten Bayern und Baden mit der Entsendung eines Polizei- oder Reichskommissars auch dann rechnen müssen, wenn sie parlamentarisch besser unterbaut gewesen wären[171]. Den verfassungswidrigen Eingriff der zentralen Staatsgewalt in die Länderrechte hatte der Reichskanzler Papen in Preußen vorexerziert. Die Gleichschaltungsgesetze vom 31. März und 7. April 1933 entmachteten die Landtage und offenbarten die ganze Verachtung der NS-Regierung für den Föderalismus, die Parlamente und Parteien des Weimarer Staates.

Hitler wollte auch in Bayern die ganze Macht. Zwar bekundete Schäffer im April 1933 eine zu große Bereitschaft, mit der NSDAP zusammen nationale Aufbauarbeit zu leisten[172]. Doch sprach er in einer Lage, in der die politische Freiheit schon sehr eingeschränkt war. Ob er dabei die gesamte Führungsgruppe der BVP hinter sich brachte, ist nicht erwiesen. Der Kreis um Wohlmuth und Held genoss noch viel Vertrauen in der Partei; Frank und Hitler rechneten mit ihm. Unter den Jüngeren bewies Josef Müller, der aus dem 1. Weltkrieg als »überzeugter Republikaner« zurückgekehrt war[173], politischen Instinkt und Verstand bei der frühen Abgrenzung vom Nationalsozialismus. Er hielt seine politische und religiöse Überzeugung höher als die Bekanntschaft mit dem irregeleiteten Studienkollegen Hans Frank[174]. Die Meinungsunterschiede innerhalb der BVP hatten zugenommen. Sie waren sicherlich auch der gesteigerten Bedrängnis geschuldet, in die man sich von

171 Michael Braun, Der Badische Landtag 1918–1933, Düsseldorf 2009, 498.
172 Klaus Schönhoven, Der politische Katholizismus in Bayern unter der NS-Herrschaft 1933–1945, in: Bayern in der NS-Zeit, Bd. 5, hg. v. Martin Broszat, Hartmut Mehringer, München 1983, 541–646, 550.
173 Hettler, Josef Müller (wie Anm. 78), 12.
174 Ungenauigkeiten in seiner Biographie und die vom NS-Regime angeblich erfahrene »Gunst« (Hettler, Josef Müller (wie Anm. 78), 30–36) fallen demgegenüber nicht ins Gewicht. Steber, Volkspartei (wie Anm.49), 70–91, lässt Müller unerwähnt.

außen versetzt sah und gegen die man die Heimatliebe mobilisiert hatte. Waren die Differenzen schon zu einem »inneren Zerfallsprozess«[175] gediehen, wenn das Regime die Selbstlähmung der BVP weder abwarten noch nach der Methode Buttmann befördern wollte, sondern den BVP-Ministerpräsidenten unter Bruch von Recht und Gesetz entfernte und danach umgehend zur Entmachtung des bayerischen Parlaments und seiner größten Fraktion schritt? Die Landtagsfraktion hegte, obwohl resigniert und eingeschüchtert, noch Hoffnung auf zukünftige Erholung und neue Wahlerfolge. Die BVP stellte eine maßgebliche und selbstbewusste Kraft des politischen Katholizismus dar. Sie regierte seit einem Jahrzehnt das zweitgrößte Land der Weimarer Republik mit Erfolg und ruhte auf einer langen Vorgeschichte, der publizistischen und parlamentarischen Präsenz der Bayerischen Zentrumspartei im Kaiserreich. Nicht zuletzt daraus erklärt sich der Furor, mit dem sich der Reichskanzler und sein Polizeiminister im Verein mit der revolutionär agierenden SA zum Zangengriff auf das schwarze München zusammenschlossen.

Vor allem zwei Faktoren hatten die BVP in der Vergangenheit stark gemacht. Erstens war sie mit ihrem katholischen sozialmoralischen Milieu[176] eine übergreifend in tragenden Schichten der Gesellschaft verankerte Formation. Die soziale Komponente ihrer Existenz und das politische Bewusstsein ihrer Mitglieder bildeten die Basis des passiven Widerstands vieler früherer BVP-Angehöriger im Dritten Reich. Dieser sozialstrukturelle, konfessionell, politisch oder beruflich (Militär, Klerus) unterfütterte Widerstand Einzelner oder verbotener Organisationen bzw. »desaggregierter Einheiten«, der sich in Non-Konformität, Dissens, Verweigerung oder Distanz gegenüber den Zumutungen des NS-Regimes äußerte, ist erst ziemlich spät von der Forschung entdeckt und analysiert worden[177]. Er mag sich dem

175 So PROBST, NSDAP (wie Anm. 13), 193 (WIESEMANN, Vorgeschichte [wie Anm. 33] folgend). Die Behauptung, dass eine nicht an »inneren Widersprüchen« zutiefst krankende BVP, der gleichwohl eine »Machtposition« zugeschrieben wird, »dem politischen Druck seitens des Reichs und der Regionen« (1933 welcher?) hätte widerstehen können (STEBER, Volkspartei [wie Anm. 49], 81–83), bleibt unbewiesen.
176 Vgl. die Beiträge in: Grenzen des katholischen Milieus. Stabilität und Gefährdung katholischer Milieus in der Endphase der Weimarer Republik und der NS-Zeit, hg. v. Joachim KUROPKA, Münster 2013; Antonius LIEDHEGENER, Christentum und Urbanisierung. Katholiken und Protestanten in Münster und Bochum 1830–1933, Paderborn 1997; vgl. dazu die Rezension von Heinz HÜRTEN in: Rheinische Vierteljahrsblätter 62 (1998), 366–368.
177 Vgl. Winfried BECKER, Begriffe und Erscheinungsformen des Widerstands gegen den Nationalsozialismus, in: Jahrbuch für Volkskunde, NF 12 (1989), 11–42; DERS., Der Widerstand in Bayern gegen das NS-Regime, in: Res publica semper reformanda. Wissenschaft und politische Bildung im Dienste des Gemeinwohls. Festschrift für Heinrich Oberreuter zum 65. Geburtstag, hg. v. Werner J.

Gesichtskreis Josef Müllers noch entzogen haben, wenn dieser nach 1945 aus bitterer Erfahrung manchen seiner früheren politischen Weggefährten ihre Zustimmung zum Ermächtigungsgesetz und ihre Bereitschaft zur Mitarbeit im gleichgeschalteten Bayerischen Landtag verübelte[178] und dabei übersah, dass unter ihnen einige dem Konformitätsdruck des Regimes widerstanden hatten. So fand der ehemalige Reichslandwirtschaftsminister Dr. Anton Fehr zu dem Widerstandskreis um Franz Sperr. Das gesellschaftliche Phänomen des »Abstands« vom Regime kennzeichnete über Bayern hinaus die Haltung des glaubenstreuen »Kirchenvolkes, des Klerus wie der Laien«[179]. Zweitens fühlte sich die BVP mit dem Staat Bayern eng verbunden. Sie lebte aus dem Selbstverständnis, eine staatserhaltende und staatspolitische Kraft zu sein. Dagegen hatte das ebenfalls in einem politischen und sozialmoralischen Milieu wurzelnde preußische Zentrum sich eher als konfessionelle Minderheitspartei empfunden und mit dem Staate Preußen nicht identifizieren können.

PATZELT, Martin SEBALDT, Uwe KRANENPOHL, Wiesbaden 2007, 455–473; bahnbrechend zu diesem Komplex die aus dem Forschungsprojekt »Widerstand und Verfolgung in Bayern« des Instituts für Zeitgeschichte (ab 1973) hervorgegangenen Studien, die den nach Situation und Gesellschaftsgefüge abgeschatteten »strukturgeschichtlichen Begriff der ›Resistenz‹« ermittelten. Bayern in der NS-Zeit. Soziale Lage und politisches Verhalten der Bevölkerung im Spiegel vertraulicher Berichte, hg. v. Martin BROSZAT, Elke FRÖHLICH, Falk WIESEMANN, München-Wien 1977, 11–19 (Vorwort von Martin BROSZAT).
178 Zum Bayerischen Ermächtigungsgesetz (wie Anm. 139), 16–17.
179 Konrad REPGEN, Hitlers »Machtergreifung«, die christlichen Kirchen, die Judenfrage und Edith Steins Eingabe an Pius XI. vom [9.] April 1933, in: Edith Stein Jahrbuch (2004), 31–68, 47; vgl. Bernhard HÖPFL, Katholische Laien im nationalsozialistischen Bayern. Verweigerung und Widerstand zwischen 1933 und 1945, Paderborn 1997.

Anhang

I

Wiesbaden, 26. September 1957

*Tatsachenbericht des ehemaligen Kommandeurs der Polizei in [Berlin],
der mitten in den Ereignissen des 20. Juli 1932 stand*[180]

*Historisches Archiv der Stadt Köln, NL Leo Schwering, 176,2. Masch. Original, von
Heimannsberg*[181] *unterschrieben.*

Am 22. 7. 1932 [!][182] wurde ich vormittags, die Zeit kann ich nicht mehr genau an-

---

180 Überschrift von Leo Schwering, der hinzusetzte: »Heimannsberg war mir seit 1925 gut bekannt.
Tatsachenbericht.« Nach Schwerings Angabe ging ihm der Bericht am 23. Sept. 1957 zu, ist aber von
Heimannsberg erst auf den 26. September 1957 datiert. Geplant war auch eine Besprechung Heimannsbergs mit Schwering in Wiesbaden. Daran teilnehmen sollte auf Wunsch Heimannsbergs »der
jetzige Polizeipräsident von Wiesbaden, Herbert Becker, der in der damaligen Zeit bei mir I A-Be-
arbeiter war und die ganzen Vorgänge miterlebt hat.« Heimannsberg an Schwering, Wiesbaden 26.
September 1957. Historisches Archiv der Stadt Köln, NL Leo Schwering, 1193, A 176,2–3. Unvollständiger, unkommentierter Abdruck des »Tatsachenberichts«, den Leo Schwering Bracher direkt übergab, bei BRACHER, Auflösung (wie Anm. 1), 2. Nachdruck der 5. Aufl. 1984, Anhang II, 641–643.
Leo Schwering (1883–1971), aus Coesfeld (Westfalen), Studium der Klassischen Philologie, Geschichte und Erdkunde in Bonn, Dr. phil., 1912 Studienrat in Köln, 1921–1932 Mitglied des Preußischen Landtags, 1934 zwangspensioniert, 1944 in Haft, 1945 Bibliotheksdirektor, Mitgründer und erster Vorsitzender der Christlich-Demokratischen Partei in Köln, 1946–1958 Mitglied des Landtags
von Nordrhein-Westfalen (CDU). Vgl. über ihn Hugo STEHKÄMPER, in: Lexikon der Christlichen
Demokratie (wie Anm. 63), 364. Eine vergleichende Untersuchung über die Eingriffe der Berliner
NS-Regierung in die Länderregierungen 1933 steht aus. – Die im Quellenanhang genannten Personen sind kommentiert, wenn sie erstmals oder vorher im Text nur kursorisch erwähnt sind; sonst sei
auf die genannten Lexika und die Angaben in: Ministerrat, Held IV (wie Anm. 23), verwiesen.
181 Magnus Heimannsberg (1881–1962), Sohn eines Bäckers aus Neviges, Bäckerlehre, 1899 Militärdienst beim 1. Garde-Ulanen-Regiment in Potsdam, nach Sturz vom Pferd 1909 Eintritt in den Polizeidienst der Stadt Mülheim an der Ruhr, dort 1911 Polizei-Kommissar, 1921 Polizei-Major, Versetzung in das Preußische Innenministerium, Übernahme von Schutzpolizei-Kommandos in Potsdam,
Dortmund, Berlin und Recklinghausen, 1925 Polizei-Oberst in Berlin, 1927 Kommandeur der Berliner Schutzpolizei, republiktreuer und demokratischer Offizier, gefördert von Carl Severing (SPD);
als Mitglied der Deutschen Zentrumspartei und rasch beförderter Außenseiter von der DNVP an-
gefeindet, wegen seines Eingreifens in den Berliner Straßenkämpfen 1929 von der KPD angegriffen,
am 20. Juli 1932 verhaftet, am Abend entlassen, weil ein Aufstand der Berliner Polizei aus Solidarität
mit ihm drohte, Rücktritt im März 1933; 1933 und 1944 in Haft, zeitweise lebte er unter falschem
Namen, 1945–1948 von der Besatzungsmacht eingesetzter Chef der Landespolizei in Groß-Hessen,
danach Polizeipräsident in Wiesbaden. http://www. gdp.de/gdp/gdp.nsf/id/DE_Magnus-Hei-
mannsberg (7. Juli 2018); SCHMIDT, Nevigeser (wie Anm. 159).
182 Es muss 20. 7. heißen.

geben – es war aber zwischen 9 und 10 Uhr –, von dem damaligen Polizeipräsidenten Grzesinski[183] zu einer Besprechung nach dem Polizeipräsidium am Alexanderplatz gebeten. Schon am Telefon sagte mir der Polizeipräsident, dass die Absicht bestünde, die jetzige Preussische Regierung zu stürzen und durch eine neue Regierung von Papens zu ersetzen. Ich fuhr von meinem Kommando, Weidendamm 3, zum Polizeipräsidium, wo ich auch einige Abteilungsleiter und Regierungsräte traf.

Gegen 10 Uhr erschien der Polizeipräsident Dr. Melcher[184] von Essen als Beauftragter des Staatskommissars für Preußen, des ehemaligen Oberbürgermeisters Bracht[185], mit einem Schreiben, in dem dem Polizeipräsident, dem Polizeivizeprä-

---

183 Albert Grzesinski (1879–1947), geb. in Treptow, 1893–1906 nach Lehre Metalldrücker, 1906–1919 Angestellter des Metallarbeiterverbands in Offenbach am Main und in Kassel, 1913–1919 Vorstandsmitglied der SPD, 1918–1919 Vorsitzender des Arbeiter- und Soldatenrats in Kassel, Mitglied des 1. und 2. Zentralrats der deutschen sozialistischen Republik, 1919–1924 Stadtverordneter in Kassel, 1919–1933 Mitglied des Preußischen Landtags, 1919 Unterstaatssekretär im Preußischen Kriegsministerium, 1919–1921 Reichskommissar und Leiter des Reichsabwicklungsamts, 1921–1922 Referent im Reichsarbeitsministerium, 1922–1924 Oberregierungsrat und Präsident des Preußischen Landespolizeiamts, 1924–1925 Referent im Preußischen Ministerium des Innern, 1925–1926 und November 1930-Juli 1932 Polizeipräsident in Berlin, 1926–1930 Preußischer Minister des Innern, verdient um die Demokratisierung der Verwaltung und Polizei, 1933 Emigration (Schweiz, Frankreich, Peru, 1937 USA); er starb vor der Rückkehr nach Deutschland in New York City. Schröder, Parlamentarier (wie Anm. 15), 477 f.
184 Kurt Melcher (1881–1970), aus Barop bei Dortmund, 1902 Dr. jur. (Leipzig), Referendar, 1907 Gerichtsassessor, 1909 Amtsrichter, 1912 Probejustitiar bei der Regierung in Düsseldorf, dort tätig bis 1919, 1913 Regierungsassessor, 1915 Regierungsrat, 1914–1918 Kriegsdienst, Rittmeister der Reserve, 1919–1932 Polizeipräsident von Essen, 1923–1925 ausgewiesen, 1931–1932 Mitglied der DVP, 1932–1933 Polizeipräsident von Berlin (Nachfolger Grzesinskis), 1933–1934 Oberpräsident der Provinz Sachsen, 1933–1945 Mitglied des Preußischen Staatsrats, 1934 a.D., 1934–1945 Treuhänder im öffentlichen Dienst. Der Preußische Staatsrat 1921–1933 (wie Anm. 166), 224.
185 Franz Bracht (1877–1933), geboren in Berlin, Sohn eines Sanitätsrats, Jurastudium, 1900–1903 Referendar im Kammergerichtsbezirk Berlin, 1905–1907 Gerichtsassessor in Köslin, Essen und Hamm, 1908 Mitarbeiter im Reichsversicherungsamt in Berlin, 1909 Staatsanwalt in Essen, 1911 Regierungsrat im Reichsversicherungsamt, 1916–1918 Dozent für Verwaltungsrecht an der Landwirtschaftlichen Hochschule in Berlin, 1918 Regierungsrat, Geheimer Regierungsrat und Vortragender Rat im Reichsamt des Innern, 1919 Ministerialdirektor im Preußischen Ministerium für Volkswohlfahrt, 1920–1923 kommissarische Aufgaben, 1923–1924 Staatsekretär in der Reichskanzlei, 1924–1932 Oberbürgermeister von Essen, Übernahme mehrerer Aufsichtsratsposten, 1930 Dr. ing. h.c., 1931–1932 Mitglied des Rheinischen Provinziallandtags, trat wie Papen aus dem Zentrum aus, im Juli 1932 Preußischer Minister des Innern, Stellvertreter des Reichskommissars Papen, Ende Oktober 1932 Reichsminister ohne Geschäftsbereich, Eingriffe in die Verwaltungs- und Personalstruktur Preußens im Sinne des »Preußenschlags« (»Bracht hat die Macht«), Dezember 1932-Januar 1933 Reichsinnenminister. Weiß, Lothar, Franz Bracht, in: Internetportal Rheinische Geschichte, abgerufen unter: http://www.rheinische-geschichte.lvr.de/Persoenlichkeiten/franz-bracht-/DE-2086/lido/57c58647ca4169.80214714 (24. Juli 2018).

sident[186] und mir die Ausübung der Amtsgeschäfte verboten wurde und in dem Herrn Dr. Melcher das Amt des Polizeipräsidenten und Polizeivizepräsidenten und dem Polizeioberst Poten[187] mein Amt übertragen wurde. Gegen diese Verfügung wurde sofort protestiert und darauf hingewiesen, dass Bracht nicht berechtigt sei, eine neue Stellenbesetzung vorzunehmen. Da Dr. Melcher seine Vollmacht nicht als ausreichend ansah, ging er zum Preussischen Innenministerium zurück, um den Vorgang nochmals juristisch zu prüfen. Es wurde verabredet, daß Dr. Melcher um 13 Uhr zu einer neuen Besprechung wieder zurückkommen sollte.

Kurz nach 13 Uhr kam [!] Dr. Melcher, Oberst Poten und ein Hauptmann der Reichswehr namens Berthold[188] und brachte [!] nun Briefe, die von Generalleutnant Rundstedt[189] unterschrieben waren und aus denen ersichtlich war, daß Rundstedt zum Inhaber der vollziehenden Gewalt für den Bereich von Groß-Berlin und der Provinz Brandenburg ernannt und ihm die gesamte Polizei unterstellt worden war. In der Zwischenzeit von 12 bis 13 Uhr hat Polizeipräsident Grzesinski telefonisch wiederholt versucht, den Innenminister Severing zum Einsatz und Gebrauch seiner Polizei und seiner Macht zu veranlassen. Alle Bitten von Grzesinski wurden von Innenminister Severing abgelehnt. Als der Innenminister Severing sich auf Bitten von Grzesinski bereiterklärte, mich anzuhören, blieb Severing, nachdem ich ihm meine Ansichten [mitteilte], jetzt noch die Zeit auszunutzen, bevor der Bela-

---

186 Bernhard Weiß (1880–1951), Sohn jüdischer Eltern in Berlin, Dr. jur., 1904 Eintritt in die bayerische Armee, 1908 Leutnant der Reserve, im 1. Weltkrieg Rittmeister, 1918 Stellvertretender Leiter der Kriminalpolizei in Berlin, 1927–1932 Polizeivizepräsident von Berlin, wegen systematischer Verfolgung von Rechtsbrüchen auch der NSDAP und Joseph Goebbels' Ziel von deren heftigen Angriffen, mit Grzesinski und Heimannsberg am 20. Juli 1932 verhaftet, danach aus dem Amt entfernt, 1933 verfolgt, ausgebürgert, Flucht nach Prag, 1934 nach London, Aufbau eines kleinen graphischen Unternehmens. Joachim Rott, »Ich gehe meinen Weg ungehindert geradeaus«. Dr. Bernhard Weiß (1880–1951). Polizeivizepräsident in Berlin. Leben und Wirken, Berlin 2010.
187 Georg Poten (1881–1965), aus Berlin, 1901–1919 Militärlaufbahn, 1919 Major, Eintritt in den Polizeidienst, 1925 Oberst der Polizei, Referent im Preußischen Innenministerium, 1932 Nachfolger Heimannsbergs als Kommandeur der Berliner Schutzpolizei, Generalmajor, 1933 Polizeiführer in Halle (Saale) , dann der Landesinspektion Südwest, 1936 Wechsel zur Wehrmacht, Inspekteur des Wehrersatzes in Koblenz, 1937 Generalleutnant, 1939 vorübergehend a.D., 1941 endgültig a.D.
188 Friedrich Berthold.
189 Gerd von Rundstedt (1875–1953), aus Aschersleben, 1891 Eintritt ins preußische Kadettenkorps, Generalstabsoffizier im 1. Weltkrieg, 1919 Übernahme in die Reichswehr, 1923 Oberst, 1925–1926 Regimentskommandeur in Münster, 1927 Generalmajor, 1929 Generalleutnant, 1932 General der Infanterie, Februar-Oktober 1932 Kommandeur der 3. Division der Reichswehr, als solcher zum Preußenschlag herangezogen, 1938 Generaloberst, 1939/40 Oberbefehlshaber im Polen- und Frankreichfeldzug, 1940 Generalfeldmarschall, 1941 Oberbefehlshaber im Osten, kurzzeitig von Hitler abberufen, 1942–1945 Oberbefehlshaber im Westen, 1945–1949 in britischer Haft. http://www.lexikon-der-wehrmacht.de/Personenregister/R/RundstedtGv-R.htm (24. Juli 2018).

gerungszustand erklärt wurde, bei seinem Entschluss, dass unter keinen Umständen Widerstand geleistet werden dürfe, weil er die Opfer, die aus diesem Widerstand entstehen können, nicht verantworten könne.

Innenminister Severing blieb bei seinem Entschluss, alles laufen zu lassen und die Aktion Papen nicht zu stören, obwohl damals Zeit genug war, die gesamte Polizei in Berlin, die 16 000 Mann stark[190] und gut bewaffnet war, einzusetzen. Dr. Melcher mit seinem Anhang ging wieder fort, kam aber gegen 15 Uhr mit mehreren Offizieren der Reichswehr wieder und nahm den Polizeipräsidenten Grzesinski, den Polizeivizepräsidenten Dr. Weiss und mich in Haft[191]. Das Polizeipräsidium war um diese Zeit von der Reichswehr vollständig umstellt.

Sie werden diese Angaben durch anliegende Anklageschrift vom 16. 8. 1932 bestätigt finden. Das Verfahren ist durch Beschluss der 5. Strafkammer des Landgerichts I Berlin im Oktober 1932 und auch später nach einer Beschwerde der Staatsanwaltschaft beim Kammergericht abgewiesen worden. Aus der beigefügten Abschrift der Anklageschrift können Sie den ganzen Vorgang eingehend ersehen[192].

Unsere Überlegungen gingen dahin, dass durch eine sofortige Besetzung der gesamten Telefonleitungen Berlins von ausserhalb keine Hilfe herbeigeholt werden konnte, die Polizei aber stark genug war, für Ruhe und Ordnung zu sorgen und auch im Notfalle die Auseinandersetzung mit dem Wachbat[ail]l[on] Berlin, die einzige militärische Organisation, die in Berlin stand, wenn es in Berlin wirklich

190 Nach LESSMANN, Schutzpolizei (wie Anm. 160), 366, nur 14 000; aber dem mit 9 Kompanien im Berliner Regierungsviertel liegenden Wachregiment und dem im Raum Berlin-Brandenburg stationierten 9. Infanterieregiment zahlenmäßig klar überlegen.
191 Nach den Tagebuchaufzeichnungen Grzesinskis erfolgte die Verhaftung erst um 17.30, während die Beamten des Polizeipräsidiums von den Fenstern und Türen aus den Vorgang beobachteten und »Freiheit«, »Hoch die Republik«, »Hoch unsere Chefs« riefen. Wahrscheinlich aus Angst vor Befreiungsversuchen durch die Polizei wurden die Inhaftierten in das Kameradschaftsheim der Reichswehr in Berlin-Moabit gebracht und schon am Abend wieder freigelassen. Tagebuchaufzeichnungen Grzesinskis, in: Ein Staatsstreich? Die Reichsexekution gegen Preußen (wie Anm. 26), 89, Dokument 17.
192 Am 18. Juni 1957 teilte Heimannsberg (»Ihr alter Partei- und Kampfgenosse«) dem ehemaligen Zentrumsabgeordneten Schwering, auch in Blick auf die geplante Besprechung, mit, »dass ich eine Anzahl Akten von unserem früheren Ministerialdirigenten und nachmaligen Staatssekretär Abegg geerbt habe, die sehr wahrscheinlich für eine geschichtliche Bearbeitung nützlich sein werden«. Siehe oben Anm. 1. Wilhelm Abegg soll am 4. Juni 1932 ohne Autorisierung Severings die KPD-Funktionäre Wilhelm Kasper und Ernst Torgler getroffen und sie »gedrängt haben, von Gewalttätigkeiten abzusehen und die Regierung wenigstens in ihrem Kampf gegen die NSDAP zu unterstützen.« Dies wurde ihm kurz darauf als »Hochverrat« ausgelegt. MORSEY, Papens »Sprung nach Preußen« (wie Anm. 159), 40.

zum Kampfe kam, erfolgreich aufzunehmen. Ich bin aber nach wie vor der Auffassung, dass es zu diesem Kampf gar nicht gekommen wäre, weil der Reichspräsident v. Hindenburg bei richtiger Orientierung niemals den Belagerungszustand verhängt hätte und auch sicherlich den Kampf zwischen Polizei und Armee vermeiden hätte wollen. Wäre damals von seiten des Innenministeriums oder der damaligen Regierung ein Abgeordneter oder ein im öffentlichen Dienst stehender Mann, nachdem alle Telefonverbindungen auch zum Reichspräsidenten abgeschnitten waren, zu ihm hingegangen, wäre der Vorgang sicherlich ohne Blutvergiessen erledigt worden. Denn es war bekannt, dass der Reichsbanner [!] und auch in den Fabriken die Arbeiter alle bereitstanden und auf das erlösende Wort von Minister Severing gewartet hatten. Die Heranziehung anderer Truppenteile aus Preussen wäre schon dadurch, dass wir Post- und Telefonverbindungen in der Hand hatten, unmöglich gewesen.

Interessant ist nämlich, dass die Reichswehr, bevor der Belagerungszustand noch nicht unterschrieben war, [!] also in der Zeit von vormittags 12 bis 13 Uhr, nichts unternommen hatte und auch nicht unternehmen konnte, was uns bei der Besetzung von Post und Telefon und selbst der Reichskanzlei hätte stören können.

Eine Heranziehung anderer Truppenteile wäre vor allen Dingen dann unmöglich gewesen, wenn die Preussische Regierung den Mut gehabt hätte, die Polizei einzusetzen und mit den Gewerkschaften einen Generalstreik angekündigt hätte. Anscheinend ist aber vom Innenminister Severing damals nach dieser Richtung hin nichts getan worden.

Soweit mir bekannt, wäre der preuss. Ministerpräsident Braun, der m[eines] W[issens] Ostpreusse war[193] und eine gute Verbindung mit dem Herrn Reichspräsidenten als Jäger hatte, der geeignete Mann gewesen, zumindesten zu versuchen, den Belagerungszustand und den damaligen Streit in irgendeiner Form zu legalisieren. Der preuss. Ministerpräsident Braun war aber seit der letzten Preussenwahl an seinem Amt nur noch am Rande interessiert[194]. Ausser Ministerpräsident Braun

---

193 Otto Braun (1872–1955) geboren in Königsberg (Ostpreußen), Sohn eines Schuhmachers und Eisenbahnarbeiters, nach Schriftsetzer- und Steindruckerlehre Aufstieg in der SP und SPD, 1911–1918 Kassierer und 1921 Sekretär des SP-Parteivorstands in Berlin, 1913–1933 Mitglied des preußischen Landtags, 1919 des Reichstags, 1918–1921 Minister für Landwirtschaft in Preußen, 1921–1932 Ministerpräsident in Preußen, 1933 Emigration (ohne Rückkehr) in die Schweiz, wo er in Lugano starb.
194 Der Rückgang der sozialdemokratischen Mandate in Preußen gab zu der tiefen Resignation, der Braun angesichts der großen, kurzfristig errungenen Wahlerfolge der NSDAP verfiel, einen gewissen Anlass. Der Stimmenanteil seiner in der Tradition verankerten Partei sank von 36,4 % (145 Mandate) 1919 auf 26,3 % 1921 und 21,2 % 1932 (der Anteil der Mandate ging aber 1928–1932 von 30,2 % auf 22,2 %

waren aber, wenn Minister Severing nicht selbst beim Reichspräsidenten vorspre-
chen wollte[195], genügend Herren da, die Einfluss genug hatten, um dem Reichspräsidenten die Lage vorzustellen, die entstehen musste, wenn die Polizei sich den
Anordnungen Papens nicht gefügt hätte.

Sollte aber ein Empfang der Preuss. Regierung gewünscht und von der Reichskanzlei abgelehnt worden sein, dann hätte die Reichskanzlei sicher um den Besuch
der Preuss. Regierung selbst gebeten, wenn Post, Bahn öffentliche Gebäude und
auch die Reichskanzlei von der Berliner Schutzpolizei besetzt und vollständig von
der Öffentlichkeit abgeschlossen worden wäre[n]. Ich habe damals die Auffassung
vertreten, Papen und sein Mithelfer in Haft zu nehmen. Hier hat die Preuss. Regierung, besonder[s] der Ministerpräsident und der Preuss. Innenminister, die über
eine wunderbare und verlässliche Polizei verfügten, es an Mut, Geschick und Ver-
antwortungsgefühl fehlen lassen. Sie hat nicht einmal den V e r s u c h gemacht,
sich in diesem Rechtskampf zu wehren und ihre Macht einzusetzen. Ich bin heute,
nach 25 Jahren, noch der Auffassung, dass Polizei, Generalstreik, demokratische
Parteien und öffentliche Meinung den Herrn Reichspräsidenten gezwungen hätten, den Belagerungszustand nicht zu verhängen, wenn er rechtzeitig über den sich
entwickelnden Kampf orientiert worden wäre. An dieser Auffassung muss ich heute noch besonders festhalten, weil ich glaube, den Herrn Reichspräsidenten, dem
ich oft Vortrag gehalten habe, so zu kennen, dass er den Belagerungszustand unter
Druck von Papen unterschrieben hat, weil man wahrscheinlich mit Absicht versucht hat, die Gegenseite, also die Preussische Regierung, nicht zu Wort kommen
zu lassen.

Warum die Preuss. Regierung damals m[eines] E[rachtens] so unverantwort-
lich gehandelt hat, kann ich nicht sagen[196]. Es sträubt sich bei mir aber das Gefühl

zurück). Wilhelm Heinz Schröder, Sozialdemokratische Parlamentarier in den deutschen Reichs-
und Landtagen 1867–1933, Düsseldorf 1995, 861.
195 Braun und Severing waren mit mehreren und – für die Weimarer Republik – langdauernden
Ministerämtern gut positioniert und jahrzehntelang preußische Landtags- und Reichstagsabgeordnete in Kaiserreich und Republik, was ihrer Intervention beim Reichspräsidenten zugutegekommen
wäre. Severing (1875–1952) war 1920–1921, 1921–1926 und 1930–1932 Preußischer Minister des Innern,
1928–1930 Reichsminister des Innern. Schröder, Parlamentarier (wie Anm. 15), 700 f.
196 Braun und Severing waren mit mehreren, für die Weimarer Republik langdauernden Ministerämtern ausgestattet, was ihrer Intervention beim Reichspräsidenten zugutegekommen wäre. Carl
Severing (1875–1952) war wie Braun jahrzehntelang preußischer Landtags- und Reichstagsabgeord-
neter in Kaiserreich und Republik, 1920–1921, 1921–1926 und 1930–1932 Preußischer Minister des Innern, 1928–1930 Reichsminister des Innern. Schröder, Parlamentarier (wie Anm. 15), 700 f.

anzunehmen, dass eigene Vorteile der Verantwortlichen zu diesem Verhalten geführt haben.

Ich kann mich des Eindruckes nicht verwehren[!], dass Minister Severing, den ich als Menschen sehr hoch schätze, damals versagt hat und dadurch Herrn v. Papen und dem Militär geholfen hat. Es ist ja auch eigenartig, daß die Untergebenen von Minister Severing bei dieser Affaire eingesperrt worden sind, während Herr Severing während der ganzen Papen-Regierung unbelästigt geblieben ist. Ich bin nach wie vor der Auffassung, dass der 20. Juli 1932 eine ganz andere Auswirkung gehabt hätte, wenn Männer der Regierung pflichtbewusst und bis zum letzten versucht hätten, mit dem Reichspräsidenten in ein Gespräch zu kommen. Mir ist auch, so wie ich die damalige Lage heute noch sehen kann und wenn ich an den Reichspräsidenten denke, ganz klar, dass der Reichspräsident niemals, wenn er bei der Preussen-Regierung auf Widerstand gestossen wäre, den Belagerungszustand verhängt hätte. Nur die Schwäche der führenden Leute und besonders die Schwäche des trotzdem von mir sehr verehrten Ministers Severing, ist schuld daran, dass die Entwicklung des 20. Juli so vor sich gehen konnte, wie es nachher der Fall gewesen ist. Ich darf zum Schluß noch hinzufügen, dass die Reichswehr in ganz Deutschland nur 100 000 Mann hatte. Während wir allein in Preussen 65 000 gut organisierte, gut ausgebildete und prachtvolle, frische Polizeioffiziere und Beamte hatten. Wenn das alles in Verbindung mit der Drohung eines Generalstreiks und des Widerstandes aller demokratischen Parteien dem Reichspräsidenten durch einen vertrauenswürdigen Mann – ich denke hier an den Preuss. Min. Präsidenten Braun – vorgetragen worden wäre, wäre sicherlich das Ergebnis ein ganz anderes gewesen.

2

Aussprache Fritz Schäffers mit Franz von Papen am 5. Februar 1933

ACSP, NL Müller, V 11, Nr. 1.
Masch. Abschr.

Staatsrat Schäffer betonte zu Beginn seiner Aussprache [...], dass er mit dem Vizekanzler als Vertreter der bayerischen Staatsregierung sprechen wolle.

Über den Hergang der Regierungsbildung erklärte Herr v. Papen, Hugenberg habe sich geweigert, eine parlamentarische Regierung zu bilden, es sei erst durch die bekannten Quertreibereien zu dem raschen Entschluss der Kabinettsbildung gekommen.

Zu dem namens der bayerischen Staatsregierung übergebenen Briefe[197] erklärte Herr v. Papen, man denke in Preussen daran, dass der Reichspräsident das Urteil des Staatsgerichtshofs als nicht vollziehbar erklärt und nicht vollstreckt, sondern die preussische Hoheitsregierung beseitigt und den Landtag durch das Dreimännerkollegium in der Besetzung Kerrl[198] – Adenauer[199] – v. Papen auflösen lässt[200]. Auf die Frage, ob der Staatsgerichtshof dann überhaupt aufgelöst werden soll, antwortete Herr v. Papen ausweichend.

Auf die Frage, ob etwas ähnliches auch für die übrigen Länder beabsichtigt sei, erklärte er, er und die ihm nahestehenden Mitglieder des Kabinetts würden jetzt nicht daran denken, etwas ähnliches in den Ländern zu machen. Allerdings werde in den nationalsozialistischen Kreisen der Gedanke debattiert, in den Ländern, in denen ein Sozialist Polizeiminister sei, mit einem Reichskommissar einzugreifen. Das gehe zunächst auf Hessen und ev[en]t[uel]l auf Sachsen. Auf die Frage, ob dabei der Fall ausgeschlossen wäre, dass irgend ein Land auf Grund des Wahlaus-

---

197 Es handelt sich offenbar um die im Ministerrat mehrmals diskutierte »Gleichgewichtsverschiebung« zwischen den Ländern, die infolge des Preußenputschs und der verwaltungsmäßigen Annäherung des größten Landes an das Reich eingetreten war. Vgl. die Sitzungen v. 29. Oktober und 14. Dezember 1932. Ministerrat, Held IV (wie Anm. 23), 154 f., 192 f.

198 Hanns Kerrl (1887–1941), aus Fallersleben, Leutnant im 1. Weltkrieg, danach mittlere Justizlaufbahn, Justizoberrentmeister in Peine, 1923 NSDAP, früher Kampfgefährte Hitlers, 1928 Mitglied des Preußischen Landtags, 1932 dessen Präsident, 1933 preußischer Justizminister, 1934 Reichsminister ohne Geschäftsbereich, 1935–1941 Reichsminister für die kirchlichen Angelegenheiten, um die Zusammenführung von Protestantismus und Nationalsozialismus bemüht.

199 Konrad Adenauer (1867–1976), geboren in Köln, nach Jurastudium 1903 Assessor, 1909–1917 Erster Beigeordneter der Stadt Köln (Zentrum), 1917–1933 Oberbürgermeister von Köln, 1921–1933 Präsident des Preußischen Staatsrats, 1944 kurz inhaftiert, 1945 wieder Oberbürgermeister von Köln und erneut entlassen, 1946 Vorsitzender der CDU in der britischen Zone, 1946–1950 Mitglied des Landtags von Nordrhein-Westfalen, 1948–1949 Präsident das Parlamentarischen Rats, 1949–1963 Bundeskanzler, 1949–1967 Mitglied des Bundestags, 1950–1966 Bundesvorsitzender der CDU, 1951–1955 Bundesaußenminister.

200 Papen beabsichtigte die Auflösung des Preußischen Landtags, die verfassungsmäßig ein Dreiergremium (der Preußische Ministerpräsident, der preußische Landtagspräsident und der Präsident des Preußischen Staatsrats) zu beschließen hatte. Papen ließ Braun durch eine Notverordnung des Reichspräsidenten ersetzen, die ihm als Reichskommissar in Preußen die Rechte des Preußischen Staatsministeriums (Brauns) übertrug. Adenauer schied darauf ostentativ aus dem Dreiergremium aus, weil es nach dem manipulierten Ausscheiden Brauns nicht mehr legitim zusammengesetzt sei.

gangs gezwungen sei, mit den Sozialisten eine Regierung zu bilden, antwortete Herr v. Papen ausweichend.

Staatsrat Schäffer erklärte hiezu, dass diese Erklärungen keineswegs beruhigend seien.

Im Laufe der weiteren Aussprache erklärte Staatsrat Schäffer, es sei für ihn eine Ehrenfrage, ob sie (die BVP und das Zentrum) zu den nationalen Parteien gerechnet würden oder nicht. Die Frage für die Zukunft hänge davon ab, ob sie den Ausschluss aus dem Begriff des nationalen Deutschland als dauernd betrachten müssten. Der Ausschluss sei dauernd, wenn der Reichspräsident mit ihnen zu verhandeln ablehne. Herr v. Papen erwiderte darauf, er habe den Auftrag des Reichspräsidenten so aufgefasst, dass er zunächst mit Hitler und Hugenberg verhandeln solle, danach erst mit den katholischen Parteien. Staatsrat Schäffer verlangte, mit dem Reichspräsidenten sprechen zu können, er – v. Papen – solle ihm sein Verlangen vortragen, es hänge davon deutsche Zukunft ab. Herr v. Papen sagte schliesslich zu, mit dem Reichspräsidenten hiewegen sprechen zu wollen.

3

Berlin, 24. Februar 1933

Franz Sperr an Heinrich Held

ACSP, NL Müller, V 11, Nr. 4.., Bayerische Gesandtschaft Nr. 475. Masch. Abschr.

Hochverehrter Herr Ministerpräsident!

Gestern und heute habe ich mit den Reichsminister[n] Gürtner, Freiherrn v. Neurath und Graf Schwerin von Krosigk[201] Rücksprache genommen. Ich ging dabei davon aus, dass das Endziel des Kanzlers das faschistische, das Dritte Reich bleiben werde. In Preussen sei die faschistische Alleinherrschaft zum Teil schon erreicht; dass sie ganz erstrebt werde, zeigen die Reden, Verfügungen und Taten

---

201 Johann Ludwig (Lutz) Graf Schwerin von Krosigk (1887–1977), aus mitteldeutschem Adel, nach Jurastudium 1909 Referendar, Reserveoffizier im 1. Weltkrieg, 1920 Assessor, Eintritt ins Reichsfinanzministerium, Regierungsrat, 1922 Oberregierungsrat, 1924 Ministerialrat, 1929 Ministerialdirektor, 1932–1945 Reichsfinanzminister (parteilos, aber Verleihung des goldenen Parteiabzeichens der NSDAP ehrenhalber), 1949 von US-Militärgericht zu hoher Haftstrafe verurteilt, 1951 vorzeitig entlassen, Übernahme eines evangelischen Kirchenamts in Koblenz; Autobiographie, Publikationen zur Industrie- und Wirtschaftsgeschichte.

des Ministers Göring (vgl. auch die Anlage[202]). Dazu kämen die Äusserungen Hitlers, Fricks und Görings, man werde, wie auch die Wahl ausfalle, nicht wieder von den erreichten Plätzen weichen. Die Befürchtung liege nahe, dass man über Preussen die Macht im Reiche an sich reissen wolle und weiterhin in den anderen Ländern. Die dauernden Drohungen Fricks, zuletzt in seiner gestrigen Hamburger Rede gingen in der gleichen Richtung und erhöhten die Beunruhigung aufs äusserste.

Es könne nach der Wahl sehr wohl eine Lage eintreten, in der der Reichspräsident, der erklärt habe, den Willen des Volkes achten zu wollen, mit Hilfe der Wehrmacht gegen die Nationalsozialisten werde vorgehen müssen. Noch halte ich die Wehrmacht für intakt, ob sie das auf die Dauer bleibe, wenn man die Dinge in Preussen so weiterlaufen lasse, sei fraglich. Unübersehbar könne die Entwicklung werden, wenn der Reichspräsident die Kraft zum Eingreifen nicht mehr finden würde.

Ich verwies weiterhin auf die tiefgehende Beunruhigung in den Ländern und bat, den Herrn Reichspräsidenten über die Vorgänge auf dem Laufenden zu halten, und den Moment eines etwa nötigen Einschreitens nicht aus dem Auge zu verlieren.

Von allen drei Ministern werden diese Sorgen geteilt. Man rechnet – besonders scharf Herr von Neurath – mit Versuchen eine faschistische Diktatur zu erreichen. Herr von Neurath hat, zusammen mit Herrn von Blomberg, mit dem Reichspräsi-

---

202 Von »Brutus« als authentisch übersandter Bericht (o.D.) über die »offizielle« zweistündige Rede Görings am 15. Februar 1933 auf der Konferenz der Ober- und Regierungspräsidenten. Göring forderte die Beamten auf, seine vielen mit dem Reichs- und Landesrecht in Widerspruch stehenden Anweisungen auf einem »neuen Weg« juristisch gangbar zu machen und »zum ›richtigen Austrag‹ zu bringen.« Er werde die seinen Weisungen folgenden Beamten »rücksichtslos decken« und Regressansprüche oder Strafen gegen sie unmöglich machen. Es gehe die Polizeibehörden nichts an, was in den »S.A. und SS-Häusern« geschehe und wenn dort »die Waffen bergehoch lägen.« »Jeder Beamte, der es künftig wagen würde, ein solches Haus zum Zwecke der Durchführung einer polizeilichen Massnahme zu betreten, würde rücksichtslos entfernt werden. Auch wenn von diesen Häusern etwaige Straftaten ausgingen, hätten die Polizeibeamten in Verfolg dieser Taten diese Häuser nicht zu durchsuchen. Die Vornahme von Ermittlungen sei allein Sache der für diese Organisationen verantwortlichen Führung. Ferner drohte Herr Reichsminister Goering, dass der Verrat irgendwelcher Dienstgeheimnisse oder Anordnungen oder Erlasse mit dem sofortigen Hinauswurf von Beamten und Angestellten beantwortet werden würde. Sollte sich bei einer Behörde nicht feststellen lassen, wer den Verrat begangen habe, so würde die gesamte Behörde aufgelöst, die Mitglieder dieser Behörde herausgeworfen oder versetzt werden. Endlich teilte der Reichskommissar Goering mit, dass künftig die S.S. und S.A. in dem besprochenen Umfang zur Durchführung polizeilicher Massnahmen als Notpolizei eingesetzt würde. Die entsprechenden Vorbereitungen seien bereits durch Erlasse an die in Frage kommenden Stellen geregelt.« Ebd.

denten schon gesprochen. Dieser habe sich sehr gut orientiert gezeigt und selbst die lebhaftesten Besorgnisse geäussert. Nach der Wahl, meinte Herr von Neurath, werde wohl etwas geschehen müssen, wenn nicht Hitler sich besinne und seine jetzigen Mitarbeiter entferne. Zur Zeit sei wohl kaum etwas zu tun möglich, es sei selbst aussichtslos, die nationalsozialistischen Minister zu einer grösseren Zurückhaltung in ihren Wahlreden zu bewegen, man solle auf ihre Drohungen auch in der Presse nicht zu stark reagieren. Herr von Neurath bedauerte den jetzigen Zustand besonders auch als Aussenminister, er bringe ihm schwere Rückschläge auf allen Gebieten der auswärtigen Politik[203].

Alle drei Herren kamen von selbst auf die Königsfrage. Besonders gut orientiert zeigte sich Herrn von Neurath, der, wie er mir sagte, gute Beziehungen zum Kronprinzen Rupprecht habe. Für Herrn von Neurath und Graf Schwerin nicht ganz so scharf für Herrn Gürtner möchte ich deren Stellung so formulieren: nicht das Ob steht in Frage, sondern nur das Wann und Wie. Nach Auffassung von Neurath's dränge die Entwicklung zum Königtum; entscheidend sei es, dass dabei die Einheit des Reiches erhalten werde. Man könne nicht genug vor einem verfrühten Losschlagen – auch in Preussen liefen ähnliche Bestrebungen – warnen.

Die Fürsten Oe[ttingen] und Baron Redwitz seien noch hier; ersterer wird heute vom Reichspräsidenten empfangen. Sie haben mir gestern Abend endlich zugegeben, dass ich hundertprozentig recht gehabt habe, als ich ihnen gesagt habe, die Sache sei hier weder psychologisch und politisch [!] vorbereitet; sie sei auch ohne äusseren Anlass nicht zu machen.

Herrn v. Krosigk habe ich noch wegen der Gerüchte über eine geplante Arbeitsdienstpflicht gefragt[204]. Die Frage ist an ihn noch nicht herangebracht worden; er steht ihr absolut ablehnend gegenüber und sieht hierin nur einen Versuch, die SA etc. unterzubringen. Er fürchte, dass nach den Wahlen diese Frage und die Frage der erweiterten Arbeitsbeschaffung an ihn herangebracht werde; er stehe dann vor einem entscheidenden Entschluss.

Dienstag 28. d[iese]s möchte ich mir gestatten, mich in München zu melden.

---

203 Selbst wenn Neurath dies auf die Außenwirkung der inneren Politik bezog, relativiert diese Äußerung die Forschungsmeinung, die Außenpolitik der Weimarer Republik habe zunächst Fortsetzung durch die Außenpolitik Hitlers gefunden.
204 Papens Notverordnung vom 14. Juni 1932 sah nur eine sehr beschränkte Ausdehnung des freiwilligen Arbeitsdienstes vor, um »den nötigen Lebensraum der freien Wirtschaft« nicht zu behindern, zuvor eine gewisse, vorübergehende, durch die Lage der öffentlichen Finanzen und des Kapitalmarkts sehr eingeschränkte Förderung der Arbeitsbeschaffung »als öffentliche Notstandsarbeiten« bzw. »im Wege des freiwilligen Arbeitsdienstes«. HORKENBACH, Deutsches Reich (wie Anm. 15), 188.

Mit der Versicherung meiner vorzüglichsten Hochachtung bin ich sehr verehrter Herr Ministerpräsident,

Euer Hochwohlgeboren
ganz ergebenster
gez. Sperr.

4

München, 7. März 1933

Franz von Gebsattel an Paul Reusch[205]

*RWWA, NL Reusch, 490101293/3, 208–216 (Sammlung L.E. Jones). Masch.
Original.*

Betrifft: Politische Lage.

Die politische Lage in Bayern stand in den letzten Wochen abgesehen von den Erregungen des Wahlkampfes ganz besonders im Zeichen der monarchischen Bewegung. Die Stimmung für die Monarchie ist im Lande ausserordentlich angewachsen und erstreckt sich durch alle Parteien von den Sozialdemokraten bis zu den Nationalsozialisten. Es mag wohl nicht zuletzt die verfehlte Politik, die die BVP seit dem Sturze Brünings trieb, zu diesem Verlangen nach einer monarchischen Spitze beigetragen haben, einem Verlangen, dem sich die Sehnsucht und die Ueberzeugung gesellt, dass nur die Monarchie in der Lage sein wird die Gegensätze zu überbrücken, dem Parteihader einen Riegel vorzuschieben und der egoistischen Parteiherrschaft ein Ende zu bereiten.

Ein Exposé, das die Billigung an massgebender Stelle gefunden hat, füge ich hier an.

Die Ereignisse kamen sehr lebhaft in Fluss und endeten mit einer Aussprache im Ministerrat.

Die grundsätzliche Auffassung der Vertreter des monarchischen Gedankens war, dass der Uebergang von der staatlichen Gewalt von der jetzigen parlamentarischen Regierung an den Kronprinzen völlig reibungslos erfolgen müsse, die der-

---

205 Gebsattel informierte aus seiner national-konservativen und zugleich bayerischen Sicht über die BVP und die allgemeine politische Stimmung.

zeitige Regierung müsse die gesamte Staatsgewalt durch Notverordnung und Proklamation des Gesamtministeriums demjenigen übergeben, der einzig in der Lage ist das Vertrauen des gesamten Volkes auf sich zu vereinigen und Bayern zum sicheren Hort des Reichsgedankens zu machen. Dieser Auffassung schlossen sich auch die massgebenden Herren der bayer. Regierung an.

In einem Punkt aber bestanden grundlegende Meinungsunterschiede. Die Regierung und damit die Spitzen der BVP wollten sich zu einem derartigen Schritt erst dann entschliessen, wenn »Uebergriffe des Reiches« oder überhaupt eine sogenannte »Krise« ihnen keinen anderen Ausweg mehr liessen. Die Vertreter des monarchischen Gedankens dagegen lehnten es ab, dass die Wiedererrichtung der Monarchie gewissermassen als Kampfmassnahme oder auch nur verbunden mit einer Spitze gegen das Reich in Erwägung gezogen wurde.

Nach vielfachen Verhandlungen befasste sich am 21. Febr. der Ministerrat mit der Uebergabe der staatlichen Gewalt an den Kronprinzen[206]. Die Entscheidung fiel dagegen aus, da der Ministerrat unbedingt eine »Krise« als Anlass für einen solchen Schritt abwarten wollte und sich daher von juristischen Bedenken des derzeitigen Leiters des Justizministeriums[207] umso lieber beeinflussen ließ.

Die BVP bemächtigte sich des Gedankens der Wiedererrichtung der Monarchie in ihrem Wahlfeldzug und verfälschte ihn dabei, indem namentlich Held und Schäffer immer wieder mit der Monarchie als letztem möglichen Kampfmittel gegen die Reichsregierung drohten. Sie zerrten damit den monarchischen Gedanken in das falsche Licht, als ob die Monarchie letzten Endes eine Rettungsaktion für die BVP und deren Machtstreben sei, was der Stimmung namentlich in Nordbayern Abbruch tat.

In der BVP selbst löste das Verhalten der Parteigrössen und der Regierung lebhafte Missstimmung aus. Die leitenden Herren haben von den verschiedensten Seiten aus der Partei sehr scharfe Worte zu hören bekommen.

Was die anderen Parteien anlangt, so stehen die Deutschnationalen in Bayern unbedingt auf monarchischem Boden. Sie bekämpften das Bestreben der BVP die Monarchie gewissermassen als Schutzschild für sich herausstellen zu wollen, übersahen aber in der Hitze des Wahlkampfes, dass solche berechtigte Abwehr sich nur

206 Eine solche Sitzung ist in Ministerrat, Held IV (wie Anm. 23), nicht überliefert.
207 Heinrich Spangenberger (1870–1942), aus Karlstadt (Unterfranken), Jurist, 1910 Eintritt ins Justizministerium, 1914 Oberregierungsrat, 1917 Ministerialrat, 1923 Ministerialdirektor, 1926 Präsident des Oberlandesgerichts Bamberg, 1932 Staatsrat im Justizministerium, Juni 1932-März 1933 Justizminister (DNVP), danach wieder Staatsrat, 1935 a.D.

gegen die BVP wenden und nicht dazu angetan sein durfte, den monarchischen Gedanken selbst zu treffen. Die Nationalsozialisten folgen in erster Linie den Weisungen Hitlers. Zahlreiche Versammlungen des Heimat & Königsbundes, in denen die Angehörigen der NSDAP das Gros der Teilnehmer stellten, und verschiedene andere Kundgebungen beweisen aber, dass sich zahlreiche Anhänger des bayerischen Königsgedankens in den Reihen der NSDAP befinden. Von den Sozialdemokraten ist sicher, dass sie keinen Finger gegen eine Wiedererrichtung der Monarchie gerührt hätten.

Sobald feststand, dass die Monarchie keinerlei Spitze gegen das Reich und die jetzige Reichsregierung beabsichtigte, dass an keinerlei Gewaltmassnahmen, sondern eine sozusagen legale Ueberleitung der Staatsgewalt gedacht wurde, standen Stahlhelm, bayerischer Heimatschutz, Kriegerbund, die christlichen Bauernvereine und andere Organisationen bedingungslos zur Verfügung.

Die Fühlungnahme mit Berlin (Papen – Seldte[208] – Gürtner[209] – Hindenburg) ergab ein im Allgemeinen günstiges Bild. Angesichts der Weigerung des Ministerrats aber, der den entscheidenden Schritt nur im Fall einer »Krise« wagen wollte, lehnte auch der Kronprinz weitere Schritte ab. So sehr er entschlossen ist, die ihm vorenthaltenen Rechte sich eines Tages wieder zu nehmen, so sehr lehnt es er aber auch ab sich von irgend einer Partei vorspannen zu lassen, lehnt es ab sich in Gegensätze zum Reich hineindrängen zu lassen und lehnt es ab Wirrnisse herbeizuführen, die vermieden werden können.

Im Zusammenhang mit der Frage der Wiedererrichtung des Königtums in Bayern sind auch verschiedene andere Gedanken laut geworden. So hat Kötter[210]

208 Franz Seldte (1882–1947), aus Magdeburg, nach kaufmännischer Lehre und Chemiestudium 1908 Übernahme der väterlichen Chemiefabrik, 1914 Kriegsfreiwilliger, Hauptmann, 1916 schwer verwundet, hochdekoriert, 1918 Gründer und Vorsitzender des Stahlhelm, Bund der Frontsoldaten, den er republikfeindlich ausrichtete und ins Bündnis mit der NS-Bewegung führte, Sympathisant des italienischen Faschismus, Anhänger eines autoritären Ständestaats, Ende 1930 bis Anfang 1933 politisch einflussreich, 1933 Spitzenkandidat der Kampffront Schwarz-Weiß-Rot, 1933–1945 Reichsarbeitsminister mit schwindender Bedeutung, Mitglied der NSDAP-Reichstagsfraktion. Rüdiger HACHTMANN, Seldte, Franz, in: Neue Deutsche Biographie 24 (2010), 215 f.; vgl. HORKENBACH, Deutsches Reich (wie Anm. 15), 48.
209 Dr. Franz Gürtner (1881–1941), aus Regensburg, Jurastudium bis 1908, Syndikus, 1909 Eintritt in den bayerischen Justizdienst (Staatsanwalt), 1914–1917 an der West- und Palästinafront, zuletzt Hauptmann der Reserve, 1922–1932 Bayerischer Staatsminister der Justiz als Vertreter der deutschnationalen Bayerischen Mittelpartei, 1932–1941 Reichsjustizminister; obwohl rechtsstaatlich gesinnt, musste er die Unrechtsmaßnahmen des NS-Regimes mittragen und kodifizieren, 1934–1935 auch geschäftsführender Preußischer Justizminister.
210 Dr. Rudolf Kötter (1893–1964), dem Stahlhelm nahe stehend, seit 1932 Hauptschriftleiter der 1834 gegründeten, 1928 mit einer Aufl. von 55 000 größten Nürnberger Tageszeitung »Fränkischer

die Frage der Staatspräsidentschaft des Kronprinzen aufgegriffen. Soweit er sich hiebei im Einverständnis mit dem Kronprinzen glaubt, stehe ich nach wie vor vor einem Rätsel und kann mir diese Auffassung nur aus einem Missverständnis erklären. Denn diese Frage ist seit vielen Jahren wiederholt zur Diskussion gestanden und jedesmal als unmöglich abgelehnt worden. Ich schrieb Kötter bereits am 2. Febr. in dieser Sache, eine Antwort bekam ich nicht, dagegen erschien der F[ränkische] K[urier] am 19. Febr. mit der aufsehenerregenden Ueberschrift auf der ersten Seite »Kronprinz Rupprecht Staatspräsident von Bayern?«. Weiter wurde erörtert, ob der Kronprinz nicht für Bayern Staatskommissar werden könnte, ein unmöglicher Gedanke, schon wenn man nur erwägt, dass ein Staatskommissar seinen Auftrag von der derzeitigen Regierung erhält und ihr untersteht.

Eines hat sich in diesen Wochen klar gezeigt. Der Wille im Volk ist klar. Das Denken aller irgend einer Partei verhafteten [!] ist dagegen in einer Weise verwirrt und unfähig ausserhalb des Parteirahmens einen klaren Gedanken klar festzuhalten und durchzudenken, dass es fast an Komik grenzt. Was soll man z.B. dazu sagen, wenn Schäffer gekränkt ist und sich missbilligend äussert, dass Fürst Oettingen[211], Baron Guttenberg[212], Baron Redwitz[213], ich und andere an der Versammlung teilnahmen, in der Herr v. Papen sprach? Soweit mir bekannt, sind alle Vorgenannten immer noch freie Männer und gehören nebenbei keiner Partei an. Was soll man sagen, wenn Herr Held mit Missfallen feststellt, dass Herr v. Papen bei

---

Kurier«. Das ursprünglich liberal orientierte Blatt wurde in der Weimarer Republik nationalistisch und seit der Übernahme durch die Gutehoffnunghütte in Oberhausen ein »Sprachrohr der Schwerindustrie«. Nach 1933 wurde es von dem neuen NS-Organ »Fränkische Tageszeitung« zurückgedrängt. Helmut BEER, Fränkischer Kurier, in: www.historisches-lexikon-bayerns.de/Lexikon/Fränkischer_Kurier (6. Juli 2018).

211 Eugen Fürst zu Öttingen-Wallerstein (1885–1969), nach Jurastudium 1909–1914 im Auswärtigen Dienst, 1914/15 Kriegsdienst, 1923–1930 Chef der Hof- und Vermögensverwaltung des Kronprinzen Rupprecht, 1940–1942 Inselkommandant von Guernsey, nach 1945 Vorsitzender des Verbands der bayerischen Grundbesitzer, Aufsichtsratsmitglied der Bayerischen Vereinsbank u.a., 1951–1952 Mitglied des Deutschen Bundestages (Bayernpartei).

212 Georg Enoch Freiherr von und zu Guttenberg (1893–1940), aus fränkischem Adelsgeschlecht, Weingutbesitzer, 1915–1918 in der Kammer der Reichsräte, Marineoffizier, 1927–1933 Leiter des Bayerischen Heimat- und Königsbundes, 1934 vorübergehend verhaftet, 1939 wieder im Dienst der Kriegsmarine, Tod nach schwerer Verwundung. Enoch war ein Bruder von Dr. Karl Ludwig von und zu Guttenberg (1902–1945), Mitglied des Widerstandskreises vom 20. Juli 1944.

213 Franz Freiherr von Redwitz (1888–1963), aus oberfränkischem Adelsgeschlecht, geboren in München, bayerische Militärlaufbahn, 1908 Fahnenjunker, 1910 Leutnant, im 1. Weltkrieg, 1918 Rittmeister, führend im bayerischen Heimatschutz tätig, 1923–1950 Hofmarschall des Kronprinzen Rupprecht, 1934 dessen Kabinettschef, 1935 kurz in Haft, Mitglied des Widerstandskreisen um Franz Sperr, 1940 zur Wehrmacht eingezogen (Major, Oberstleutnant), nach 1945 Mitgründer der (verbotenen) bayerischen Königspartei.

seinem Hiersein dem Kronprinzen und dem Kardinal[214] seinen Besuch machte und – schrecklich – sogar empfangen wurde? Bisher konnte man von der Rechten in Verkennung der Tatsachen hören, dass eine neu erstehende Monarchie eine Monarchie von Gnaden der BVP sein würde, heute spricht Herr Held bereits von einer Monarchie von Hitlers Gnaden. Heute regt sich die BVP bereits auf, weil angeblich Herr Buttmann (der Fraktionsführer der NSDAP im bayer. Landtag) beim Kronprinzen gefrühstückt habe.

Der Ausgang der Reichstagswahlen hat hier hinsichtlich des enormen Stimmenzuwachses der NSDAP überrascht. Ein Anwachsen der NSDAP war angesichts der Lage zu erwarten, mit einem derartigen Zustrom aus der Partei der Nichtwähler wurde aber nicht gerechnet.

Ausser diesem Anwachsen der NSDAP sind meines Erachtens zwei Tatsachen hervorzuheben.

Die BVP hat ihren Besitzstand gehalten, konnte aber keine Werbekraft unter den Neu- bezw. bisherigen Nichtwählern entfalten. Ich zweifle nicht daran, dass die BVP hier die Quittung für ihre Politik der letzten Monate erhielt, die sich in Reden, Protesten und Gequengel erschöpfte. Die Wählerschaft hat ein instinktives Gefühl dafür, was unfruchtbares juristisches Gezeter ist und was nach aktiver, vorwärtsweisender Politik aussieht.

Die zweite bemerkenswerte Tatsache ist, dass der schwarzweissrote Block nicht nur keinerlei Werbekraft ausüben konnte, sondern nicht einmal seinen Bestand halten konnte. Die aktiveren Elemente dieser Richtung sind wohl einem Naturgesetz folgend der radikaleren Parole der NSDAP zugeströmt. Was die ruhigeren Teile anlangt, so gilt hier sicher das, was ich seit Jahren vertrete. Wäre die heutige bayer. Deutschnationale Partei das geblieben, was sie ursprünglich war, nämlich bayer. Mittelpartei, die im bayer. Landtag bayerische Landespartei war und im Reichstag sich den Deutschnationalen zurechnete, so wäre m[eines] E[rachtens] der Einbruch in die bayer. Volkspartei unter den heutigen Verhältnissen gelungen, es hätten sich weiteste Kreise, die die Herrschaft der BVP und ihre Politik satt haben, in einer solchen Partei zusammengefunden.

Angesichts der Tatsache, dass der schwarzweissrote Block weder in Franken im Ganzen, noch im Besonderen in Nürnberg die Stimmenzahl der letzten Reichstagswahl erreichen konnte, kann ich an der Frage nicht vorbeigehen, ob die vom F[ränkischen] K[urier] verfolgte Politik die richtige war, richtig nicht im Ziel, son-

214 Michael von Faulhaber.

dern richtig in der Vertretung. Ohne der Statistik vorgreifen zu wollen, möchte ich meinen Eindruck dahin zusammenfassen, dass die Arbeitsweise des F[ränkischen K[uriers] nicht geeignet war alle national denkenden Kreise zusammenzufassen, sondern dass die Wirkung mehr die war die eigenen Anhänger der NSDAP in die Arme zu treiben, eine Arbeit, die man getrost den nat[ional] Soz[ialistischen] Blättern hätte überlassen können. Dank von der NSDAP hat der F[ränkische] K[urier] nicht geerntet und wird er nicht ernten. Der bayerische Staatsgedanke ist trotz allem in Franken stark verwurzelt, man lehnt sich, nicht nur in evangelischen Kreisen, gegen die bisherige BVP-Herrschaft auf, man betrachtet aber trotzdem die Entwickelung mit banger Sorge, die infolge der Uebermacht einer Partei starke unitaristische Tendenzen aufweist. Diese Sorge besteht trotz der Freude, dass endlich einmal in Deutschland ein einheitlicher nationaler Wille zum Durchbruch gekommen ist und dass man endlich einmal hoffen kann, dass eine Reichsregierung ungehindert durch parlamentarische Winkelzüge ihre Kräfte frei entfalten kann.

Ich begrüsse das Ergebnis der Wahlen vom 5. März, denn jetzt steht einem sachlichen Handeln nichtsmehr im Wege. Dem zermürbenden Stellungskrieg folgt nun die freie Feldschlacht! Behält die Vernunft die Oberhand und die sachliche Leistung, erschöpft sich die Erneuerung Deutschlands nicht im Erzwingen von Flaggenhissen und im Verprügeln Andersdenkender, bleiben die leitenden Männer auch im Ueberschwang des Sieges eingedenk der historischen Gegebenheiten und halten sie sich fern von theoretischen Gewaltexperimenten, dann kann die Wahl vom 5. März den Anfang der Gesundung bedeuten. Versagen die Männer, in deren Hand heute das deutsche Volk sein Schicksal legte, dann erhebt der Bolschewismus, gleichgültig mit welchem Vorzeichen, drohend sein Haupt. Die letzte Rettung ist dann die Krone, wenn es dann nicht auch dazu zu spät ist.

Die Folgerungen der letzten Reichstagswahl für Bayern liegen auf der Hand. Wenn auch die Correspondenz der bayer. Volkspartei in ihrem Schrecken über den Ausgang der Wahlen glaubt feststellen zu müssen, dass diese Wahlen keinerlei Einfluss auf die Regierungsbildung in Bayern haben können, so ist doch klar, dass es auch in Bayern in Bälde zu Neuwahlen wird kommen müssen. Ueber das Aussehen einer bayerischen Regierung im Falle von Neuwahlen kann kein Zweifel bestehen, wenn auch z. B. das Ergebnis der Wahlen vom Sonntag nicht so ganz ohne Weiteres auf ein zu erwartendes Ergebnis von bayer. Landtagswahlen übertragen werden kann. Bezeichnend hierfür ist z. B. eine Aussprache, die ich heute mit einem führenden Mann des bayer. Stahlhelm, dem Rechtsanwalt Dr. Holl[215], hatte. Dr. Holl gilt schon seit langem als Ministerkandidat der Rechten, er ist bayerisch und schwarz-weiss-rot bis in die Knochen. Heute sprach er mir von seinen schweren Gewissenszweifeln, ob er gegebenenfalls in der Lage sein würde in ein auf Grund von Neuwahlen zustande kommendes bayer. Kabinett einzutreten, da er eine Schwenkung in das unitaristische Fahrwasser unter keinen Umständen mitmachen könne.

Es genügt nicht, wenn die Reichsregierung glaubt das Spiel gewonnen zu haben, wenn in nächster Zeit auch in verschiedenen Ländern ihr gefügige Regierungen ans Ruder kommen. Sie wird sich entsch[l]iessen müssen an das Problem der Reichsreform heranzugehen. Tut sie es im föderalistischen Sinn, lässt sie dabei die Weiterentwickelung der Monarchie als der für Deutschland einzig möglichen Form die Türen offen, dann besteht grosse Hoffnung auf eine gedeihliche Entwikkelung; glaubt sie in Ueberschätzung des errungenen Sieges zur Unitarisierung und zur Diktatur, wenn auch in verschleierter Form, fortschreiten zu können, so besteht grosse Gefahr, dass der Pendel zurückschlägt.

Ueber Gedanken, die sich mir hinsichtlich der M[ünchner] N[euesten] N[achrichten] und einzelner Persönlichkeiten dort aufdrängen, bitte ich mündlich berichten zu dürfen.

Gebsattel

5

Berlin, 8. März 1933

Franz Sperr an Heinrich Held

ACSP, NL Müller, V 11, Nr. 9. Bayerische Gesandtschaft Nr. 589.
Masch. Abschr.,

215 Dr. Alfred Holl (1883–1966), Rechtsanwalt und Verteidiger im Hitler-Prozess, politischer Referent der Landesleitung des Bayerischen Stahlhelm, Bund der Frontsoldaten. Er erreichte bei Held am 22. bzw. 24. Juni 1932 nach Rücksprache mit dem Reichsinnenministerium nicht die erwünschte Befreiung vom Uniformverbot, weil der Stahlhelm, ursprünglich mehr eine Interessenorganisation, infolge seiner Entwicklung nun als politischer Verband eingestuft wurde. Ministerrat, Held IV (wie Anm. 23), 48*, 59.

Betrifft: Antrittsbesuche.

Am 7. d[iese]s M[ona]ts habe ich dem Herrn Vizekanzler, am 8. d[iese]s dem Herrn Reichspräsidenten und dem Herrn Reichskanzler meine Aufwartung gemacht.

Der Vizekanzler interessierte sich besonders für die Frage der Auflösungsmöglichkeit des Bayerischen Landtags. Auf meinen Hinweis, dass eine Regierungsneubildung – sei es mit oder ohne Neuwahlen – Zeit brauche, wenn sie auch noch so beschleunigt werde und auf meine Bitte darauf hinzuwirken, dass in dieser Zeit keinerlei Eingriffe vom Reiche erfolgten, meinte er, er werde sich hierfür einsetzen, ich solle aber hierüber auch mit dem Reichskanzler sprechen.

Zur Notverordnung vom 28. Februar äusserte Herr von Papen, er sei von Anfang ein Gegner des § 2 gewesen[216]. Bayern habe auf Grund des § 2 nichts zu befürchten. Gegen die Ausschaltung des Reichsgerichts bei Presseverboten sei er absolut.

In Preußen werde bald eine neue Regierung gebildet werden. Am 6. d[iese]s M[ona]ts habe er mit Prälat Kaas[217] verhandelt; die Reichsregierung brauche eine verfassungsmässige Mehrheit im Reichstag.

Der Herr Reichspräsident, der recht frisch war, begrüsste mich sehr herzlich. Er fing sofort damit an auszuführen, man solle doch in Bayern nunmehr alles Misstrauen beiseite lassen. Bayern habe keinen Grund zu irgendwelchen Besorgnissen. Der Reichspräsident ließ durchblicken, dass er es fast als kränkend empfinden müsse, wenn man seinen Worten immer wieder misstraue. Er meinte dann weiterhin, dass man in Bayern wohl die Konsequenzen aus der Reichstagswahl ziehen müsse und äusserte dabei »um Gotteswillen keine Neuwahlen mehr«. Ich habe wie bei dem Vizekanzler gebeten, von Eingriffen irgend welcher Art während der Verhandlungen an die Koalition abzusehen.

Im weiteren Verlauf kam der Reichspräsident auch auf die Königsfrage zu sprechen; er warnte sehr nachdrücklich vor übereilten Schritten und betonte auch zum Abschied die Notwendigkeit der Reichseinheit.

---

216 § 2 lautet: »Werden in einem Lande die zur Wiederherstellung der öffentlichen Sicherheit und Ordnung nötigen Maßnahmen nicht getroffen, so kann die Reichsregierung insoweit die Befugnisse der obersten Landesbehörde vorübergehend wahrnehmen.«
217 Ludwig Kaas (1881–1952), geboren in Trier, Studium am Priesterseminar in Trier, am Gregorianum in Rom und an der Universität Bonn, Dr. phil., Dr. theol., Dr. jur. can., Dr. theol. h.c., 1906 Priesterweihe, 1909 seelsorgliche Tätigkeit, 1910 Schulleiter, 1918–1924 Prof. für Kirchenrecht am Priesterseminar in Trier, 1919–1933 Mitglied der Nationalversammlung, dann des Reichstags, 1921–1933 des Preußischen Staatsrats, 1924 Domkapitular, Leiter der Trierer Zweigstelle des Instituts für Ausländisches Öffentliches Recht und Völkerrecht, 1933 Emigration nach Rom, 1935 Domherr an St. Peter, 1936 Leiter der Dombauhütte (1950 Entdeckung des Petrus-Grabs).

Der Reichskanzler machte mir längere Ausführungen über die Entwicklung und das Endziel seiner Bewegung. In 10 Jahren sei der Marxismus völlig erledigt. Gegen die Kommunisten werde er notfalls mit grösster Schonungslosigkeit vorgehen. Er achte und ehre das geschichtlich Gewordene, wolle den Ländern in kultureller und ähnlicher Beziehung alle Freiheit lassen, aber nach aussen müsse ein einheitlicher politischer Wille in Erscheinung treten. Es gehe daher auch nicht an, dass sich Minister in Wahlreden gegenseitig beschimpften. Auch in seiner Bewegung lasse er die grösste Freiheit, soweit nicht unerlässliche Punkte einheitlich geregelt werden müssten.

In dem Kampf gegen den Marxismus nehme er Alles auf, was tätig mitarbeiten wolle. Es gehe aber nicht an, dass Parteien in der Absicht Anschluss suchten, bremsend zu wirken. Wir ständen in einer gewaltigen Revolution, grösser wie die 1918, da sie etwas ganz Neues schaffen solle, die Entwicklung aller Geister zu einem Ziele. Was jetzt passiere, seien nur Vorpostengefechte. Sein Ziel sei, die Revolution in geordneten Bahnen zu halten.

Die Bayerische Volkspartei habe anscheinend die Zeitenwende nicht erkannt, sonst hätte sie ihr Programm nicht auch an die Sozialdemokratie gegeben. Er beabsichtige nicht irgend welche Reichsangriffe während der Koalitionsverhandlungen, der Druck von unten könne aber so stark werden, dass eine Eingreifen nötig werde (Hamburg) – vor dieser Lage stehen Baden, dessen Regierung keine Machtmittel mehr hinter sich habe, und wohl auch Württemberg[218].

Mit der Frage der Einschaltung des Reichsgerichts bei Presseverboten habe sich die Reichsregierung beschäftigt. Er sei zu allem zu haben, sobald die einheitliche politische Linie im Reich und Ländern sicher gestellt sei. Es sei aber unmöglich, solange dies nicht der Fall sei, das Reichsgericht über politische Fragen entscheiden zu lassen.

Der Gesandte
gez. Sperr

218 Mandatsverteilung nach den Landtagswahlen vom 24. April 1932: Bayern: BVP 45, NSDAP 44, SPD 10, Bayer. Bauern- und Mittelstandsbund 9, KPD 8, DNVP 3; Hamburg: NSDAP 51, SPD 49, KPD 26, Deutsche Staatspartei 8, Deutsche Volkspartei 5, Christlich-Sozialer Volksdienst 1; Württemberg: NSDAP 23, Zentrum 17, SPD 14, Bauern- und Weingärtnerbund 9, KPD 7, Deutsche Demokratische Partei 4, DNVP 3, Christlicher Volksdienst 3; Badischer Landtag nach der Zusammensetzung von 1929: Zentrum 34, SPD 18, Deutsche Volkspartei 7, Deutsche Demokratische Partei 6, NSDAP 6 (nach den Reichstagswahlen von 1933: 30), KPD 5, DNVP 3, Wirtschaftspartei (Mittelstand) 3.

München, 17. März 1933

Franz von Gebsattel an Paul Reusch

RWWA, NL Reusch, 490101293/3 (Sammlung L.E. Jones). Masch. Original.

Betrifft: L a g e i n B a y e r n .

In der Anlage übersende ich einen Ausschnitt aus der Münchner Zeitung[219] v. 17. d[iese]s, der sich mit der »Gärung in der Bayer. Volkspartei« befasst. Nach meinen Informationen ist das darin Gesagte unbedingt richtig. Diese Gärung ist, wie ich schon öfters berichtete, keineswegs etwas Neues; die Ereignisse der letzten Zeit haben aber dazu beigetragen, dass die Unzufriedenheit mit der Parteiführung stärker zum Ausdruck kommt und dass sich die Kräfte, die von den Parteigewaltigen bisher immer noch niedergehalten wurden, jetzt stärker durchsetzen können.

In den letzten Tagen wurde zum Führer der Reichstagsfraktion der BVP wieder Prälat Leicht gewählt. Auch diese Wahl hat innerhalb der Partei lebhafte Missbilligung gefunden, da viele der Ansicht sind, dass die Geistlichen an den exponierten Stellen der Partei verschwinden sollten. Prälat Wohlmuth hat sich bereit erklärt den Vorsitz in der Landtagsfraktion niederzulegen, hat sich aber den Zeitpunkt dafür vorbehalten, eine Einschränkung, mit dem [!] sich die Opponenten nicht zufrieden geben wollen.

Aus den Kommissaren sind unterdessen bis zur endgültigen Bildung einer neuen Regierung »kommissarische Minister« geworden. Leider scheint sich unter diesen einstweilen die radikalere Richtung durchzusetzen, während die Leute wie Oberbürgermeister Siebert und Dr. Buttmann zurückgedrängt werden.

Das Strassenbild ist wieder vollkommen normal, die Fahnen sind verschwunden und die Uniformierten fallen nur wenig auf. An der Lage der Inhaftierten hat

---

219 Gegründet 1892 als »Generalanzeiger der Kgl. Haupt- und Residenzstadt München«, 1898–1943 »Münchner Zeitung« mit 1933 Auflage von 100 000. Mittelständisch und national eingestellt, stand die Zeitung hinter den Ministerpräsidenten des Freistaats, zuletzt der Regierung Held. »Der Redakteur des Bayernteils, Ewald Beckmann (1881–1960), hatte insbesondere Sympathien für den deutschnationalen Koalitionspartner.« Paul HOSER, Münchener Zeitung, in: www.historisches-lexikon-bayerns.de/Lexikon/Münchener Zeitung (6.Juli.2018).

sich bisher nichts geändert. Vom Hause Knorr & Hirth[220] sind nach wie vor in Haft: Büchner[221], Aretin[222], Tschuppik[223] (Südd[eutsche] Sonntagspost) und Lorrant[224] (M[ünchner] I[llustrierte] Z[eitung]). Nach einer Notiz im Völkischen Beobachter von heute legt man Büchner und Aretin Hochverrat, Lorrant bolschewistische Umtriebe zur Last, von Tschuppik heisst es, dass die Untersuchung noch nicht so weit abgeschlossen sei, als dass der Grund zur Haft bekannt gegeben werden könnte.

Gebsattel

220 Der Statistiker, Journalist und Verleger Georg Hirth (1841–1916) gründete mit seinem Schwager Thomas Knorr (1851–1911) 1875 die Druckerei Knorr & Hirth. Er übernahm die »Münchner Neuesten Nachrichten« und machte sie zum führenden (liberalen) Blatt der Hauptstadt, das auch Konservativen wie E. v. Aretin offenstand.
221 Fritz Büchner (1895–1940).
222 Erwein von Aretin (1887–1952).
223 Walter Tschuppik (1889–1955), aus Leitmeritz (Böhmen), Journalist und Schriftsteller, nach viermonatiger Haft, die er im März 1933 antrat, emigrierte er in die Tschechoslowakei, die Schweiz und dann Großbritannien. Fritz Gerlich vertraute ihm bei einer Begegnung am 28. August 1933 im Zuchthaus Stadelheim als sein Testament an, nach seinem vorausgeahnten Tod, den das NS-Regime als Selbstmord ausgeben werde, die Wahrheit zu verbreiten, er sei ermordet worden, weil er vor Hitler »als einem satanischen Lügner und der Ausgeburt des Bösen« gewarnt habe. http://www.thereseneumann.net/brief_aus_dem_jenseits.htm (7. Juli 2018).
224 Stefan Lorant (1901–1997), Sohn jüdischer Eltern in Budapest, bis 1919 Studium in Ungarn; danach Filmregisseur und Fotojournalist in Deutschland, Leiter der »Münchner Illustrierten Presse«, März-September 1933 in Haft, darauf Emigration nach England, dort schrieb er den autobiographischen Rückblick: I was Hitler's prisoner, London 1935 (mehrere Auflagen und Übersetzungen), 1940 ausgewandert nach Massachusetts, wo er blieb; Autor populärer Bücher und Bildbände über US-Präsidenten, Beziehungen zur Familie Kennedy.

8.–20. März 1933

[Josef Müller], Niederschrift

ACSP, NL Müller, V 11. Masch. Abschr.

18. März 1933:

P. S.[225] teilt mir mit, dass Oberst Seiser[226] mit Herrn von Papen wegen der bayerischen Verhältnisse Rücksprache genommen hat. Er wollte auf Herrn von Papen im Sinne einer Revidierung der Verhältnisse schwarz-weiss-rot zur NSDAP. einwirken. Herr von Papen war sehr pikiert, vor allem war er auf Bayern schlecht zu sprechen, insbesondere auf die BVP. und hier wieder in erster Linie auf Schäffer wegen dessen Mainlinienpolitik und der Monarchistenpläne. Die bekannte Rede von der Verhaftung des Reichskommissars an der Grenze sowie auch die Rede Lex's über den angestammten Herzog habe die Stellungnahme Berlins in der bayerischen Frage wesentlich beeinflusst.

P.S. teilt mit weiter mit, dass nunmehr die S.A. auch die Forderung nach dem Rücktritt Hindenburgs und nach der Ausschaltung der Deutschnationalen in aller Schärfe gestellt habe. Der Führer dürfe durch keinerlei Einflüsse mehr gehemmt werden, seine Stellung muss eine cäsarische[227] werden. Die Ständekammer und deren Vollzugsausschuss könnten neben dem Führer nur beratende Funktion haben.

---

225 Müller verwendet im Folgenden weitere Decknamen. Josef Müller (1898–1979), geb. in Steinwiesen (Oberfranken), 1916–1919 Militärdienst (zuletzt Unteroffizier, 1922 Leutnant der Reserve), 1920 BVP-Mitglied, 1925 Dr. oec. publ. (München), 1927 Rechtsanwalt in München, 1939/40 Widerstandsaktionen über den Vatikan, die auf einen Verständigungsfrieden mit England nach dem Sturz Hitlers abzielten, 1943 verhaftet, 1945 Mitgründer der CSU, 1945–1949 deren Vorsitzender, 1947–1949 bayerischer Justizminister und stellvertretender Ministerpräsident, 1950–1952 wieder Justizminister. HETTLER, Josef Müller (wie Anm. 78).
226 Hans Ritter von Seißer (1874–1973), geboren in Würzburg, bayerische Militärlaufbahn, Besuch der Kriegsakademie, Generalstabsoffizier im 1. Weltkrieg, 1919–1930 Chef der Bayerischen Landespolizei (Abgang als Polizeioberst), beteiligt am Hitlerputsch in München sowie an dessen Niederschlagung, 1933 kurz im KZ Dachau, 1945 einige Monate von der US-Besatzungsmacht eingesetzter Polizeipräsident der Stadt München.
227 In der Vorlage handschriftlich verbessert aus: »zessarische«, was auf ein Diktat hindeutet.

Am Abend telefonierte ich mit Otto[228]. Er hat von Papen besucht und ist gut aufgenommen worden. Von Papen hielt eine Koalition in Bayern zwischen NS-DAP. und BVP. dringend notwendig. Es würde oben ein Kurswechsel erfolgen. Man müsste ein halbes Jahr abwarten. Einzelheiten konnten nicht besprochen werden wegen der schwierigen Decknamen-Unterhaltung.

Otto hält es für sehr notwendig, dass ich meine Beziehungen zu Frank II[229] rasch wieder aufnehme und pflege.

Von befreundeter Seite erfahre ich am gleichen Tage, dass die NSDAP. ein Protokoll über die von Franz August Schmidt[230] vor 8 Tagen einberufene Versammlung der Jungen, bei der weitgehendste Kritik an der Partei geübt wurde, besitzen würde. Deswegen sei auch die für Montag, den 20. März vorgesehene Versammlung abgesetzt worden.

Domprobst[231], den ich unterrichtete, erklärte mir am gleichen Tage, dass Franz August Schmidt in einem offiziellen Schreiben des Wirtschaftsbeirates sich als Staatssekretär des neu zu bildenden bayerischen Wirtschaftsministeriums in Vorschlag gebracht hat mit dem Bemerken, dass die Besetzung dieses Postens wichtiger sei als die anderen.

19. März 1933:

Ich rufe abends in der Wohnung Frank II an, seine Frau[232] bringt die Freude darüber zum Ausdruck, dass ich wieder etwas hören lassen würde. Ich gratuliere

228 MÜLLER, Konsequenz (wie Anm. 80), 48 f., nennt einen »Anwaltskollegen« Dr. Otto Frank. In München gab es noch einen Justizrat Hans Frank (Frank I) im Unterschied zu Dr. Hans Frank (Frank II). Ministerrat, Held IV (wie Anm. 23), 283.
229 Hans Frank (1900–1946), aus Karlsruhe, 1924 Dr. jur., 1923 Beitritt zur NSDAP, Rechtsanwalt in München und Rechtsbeistand Hitlers, 1930–1945 Mitglied des Reichstags (NSDAP), März/April 1933-Dezember 1934 bayerischer Justizminister, 1933 Gründer und Präsident der Akademie für Deutsches Recht, zahlreiche juristische Publikationen; er verwarf die Gewaltenteilung und lieferte die »Rechtsordnung« ohne Bindung an eine höhere Idee der Volksgemeinschaft aus, 1934 Reichsminister ohne Portefeuille, 1939–1945 Generalgouverneur von Polen, im Nürnberger Prozess zum Tod verurteilt.
230 Franz August Schmitt. Vgl. Winfried BECKER, Bayerische Volkspartei (BVP), 1918–1933, in: www.historisches-lexikon-bayerns.de/Lexikon/Bayerische_Volkspartei_(BVP),_1918–1933(12. Juli 2018).
231 Wahrscheinlich Anton Scharnagl (1877–1955), 1901 Priesterweihe, 1911 Prof. für Kirchenrecht, Bayerisches Staats- und Verwaltungsrecht an der Philosophisch-Theologischen Hochschule Freising, 1920–1933 Mitglied des Bayerischen Landtags (BVP), 1932/33 Vorsitzender des Ausschusses für den Staatshaushalt, 1930 Domdekan im Erzbistum München und Freising, Rechtsreferent im Ordinariat, 1943 Weihbischof, Domdekan.
232 Maria Brigitte geb. Herbst (1895–1959).

zögernd mit dem Bemerken, dass ich nur mit gemischten Gefühlen gratulieren würde[233]. Es wäre mir lieber gewesen, die Gratulation in anderer Situation ausssprechen zu können, worauf sie sagt, man könne es ja verstehen, aber die Verhältnisse würden sich doch vielleicht so ändern, dass die Gratulation uneingeschränkt erfolgen könnte. Im übrigen würde hoffentlich unsere Freundschaft nicht darunter leiden. Ihr Mann hätte jedenfalls mir in jeder Situation die Freundschaft halten wollen und hätte schon angeordnet gehabt, dass, wenn ja ein Anruf erfolgen sollte, dass mir eine Unannehmlichkeit zugestossen sei, entsprechende Schritte unternommen werden müssten. Ihr Mann hätte mich so wie so schon anrufen wollen.

Er kam dann an's Telefon und lud mich ein zu einer Besprechung am 20. 3. [19]33 vormittags 10 Uhr im Justizministerium mit dem Bemerken, dass wir dabei dringende Sachen zu besprechen hätten und schon eine Stunde brauchen würden.

20. März 1933: Besprechung im Justizministerium.

Ich wiederholte einleitend, dass es mir lieber gewesen wäre, ihm in einer anderen Situation Glückwünsche auszusprechen. Er fand das begreiflich und erklärte, er hoffe auch, dass unsere Freundschaft nicht darunter leiden werde. Er seinerseits wolle versprechen, dass er in jeder Situation alle Freundespflichten erfüllen wolle und auch erfüllt hätte. Er bekenne sich voll und ganz zur deutschen nationalen Revolution, aber er werde mit allen Mitteln darnach trachten, dass diese Revolution in einer der deutschen Kultur würdigen Weise durchgeführt werde, worauf ich bemerkte, es hätte aber die Revolutionsnacht vom 9. auf 10. März das Gegenteil bewiesen. Er erwiderte, er habe ja auch aus dieser seiner Auffassung heraus im Falle Stützel eingegriffen und trotz der furchtbaren Siedehitze die Entlassung bewerkstelligt. Es hätte äusserste Gefahr gedroht, mit Rücksicht darauf hätte er auch bei der Abgabe seiner Erklärung seinen Leuten entgegenkommen müssen, denn es sei nur sehr schwer möglich gewesen, sich gegenüber der Stimmung der Leute durchzusetzen. Er habe in der Nacht die völlige Zerstörung des Bayerischen Kuriers[234], die in gleicher Weise wie die [der] Münchener Post[235] beabsichtigt war, verhindert.

---

233 Frank war am 16. März 1933 kommissarischer Justizminister in Bayern geworden.
234 1865 gegründet; nach 1869/71 Sprachrohr der Bayerischen Patrioten- bzw. Zentrumspartei, 1918 der BVP, ohne in deren Besitz zu sein. Chefredakteur war von 1906–1933 Josef Osterhuber. 1920–1933 bewegte sich die Auflage zwischen 20 000 und 35 000. Das den Nationalsozialismus konsequent bekämpfende Blatt wurde am 10. Juni 1933 beschlagnahmt, Osterhuber kurz verhaftet; die Zeitung wurde 1934 stillgelegt. Paul HOSER, Bayerischer Kurier, in: www.historisches-lexikon-bayerns.de/Lexikon/Bayerischer_Kurier (12. Juli 2018).
235 Sozialdemokratische Parteizeitung, 1888 aus der liberal-demokratischen »Süddeutschen Post«

Meine Parteifreunde müssten halt doch berücksichtigen, dass sie lange Zeit die nationalsozialistische Bewegung verkannt hätten, sodass dann diese enormen Schwierigkeiten entstanden wären. Im übrigen sei es angenehm festzustellen, dass die bayerische Umwälzung nur von bayerischen Kräften getragen wurde und dass die in Betracht kommenden Persönlichkeiten Bayern gewesen seien. Es sei z.B. nicht leicht gewesen, durchzusetzen, dass von Epp kommissarischer Ministerpräsident geworden sei. Er würde sich mit v. Epp ausserordentlich gut verstehen, denn dieser sei doch auch ein beruhigender Faktor. Von Epp habe sich z.B. auch angenehm über den Ministerpräsidenten Dr. Held geäussert und darüber, dass er mit diesem sich ganz vernünftig vertragen hätte. Man müsse ja auch eine gewisse Wertschätzung Herrn Ministerpräsidenten Dr. Held entgegenbringen. Ich bemerkte, dass es dann umso erstaunlicher sei, wenn in nationalsozialistischen Kreisen von einem Hochverratsprozess gegen Dr. Held geschwätzt würde. Ich wollte ja nicht ihn zu einem Bruch irgendeines Geheimnisses veranlassen aber es wäre mir schon wissenswert, was wahr sei.

Er erklärte mir auf das Bestimmteste, dass nicht das Geringste daran wahr sei. Es würde ernsthaft niemand der in Betracht kommenden verantwortlichen Personen einen solchen Hochverratsprozess in Erwägung ziehen, man denke nicht daran und es sei ja Dummheit. Wenn er irgendetwas hören würde, würde er selbstverständlich sofort gegen solche Dinge entsprechende Schritte unternehmen. Im übrigen würde er in einem solchen Falle selbstverständlich mir in aller Offenheit berichten. Es sei sogar das Gegenteil der Fall.

Die Besprechungen zwischen ihm und mir finden mit Wissen und Willen des Führers statt, gerade weil der Führer Wert darauf lege, wie er das früher schon beabsichtigt hat, zu Held-Wohlmuth-Leicht die Fühlung aufrecht zu erhalten und versuchen will, eine ruhige Abwicklung der bayerischen Verhältnisse zu bewerkstelligen. Es sei der Wunsch des Führers, dass ich Dr. Held und Wohlmuth verschiedene Aufklärungen zugehen lassen würde über die Verhandlungen, die er mit Leicht zu führen gedenke. Der Führer werde Leicht, von dem man anerkenne, dass er sich sehr vernünftig zur nationalen Entwicklung eingestellt habe, zur Zustim-

hervorgegangen, 1896–1919 geleitet von dem im 1. Weltkrieg regierungsnahen Publizisten Adolf Müller, der 1919 deutscher Gesandter in Bern wurde. Ihm folgte als Chefredakteur bis 1933 der bayerische SPD-Vorsitzende Erhard Auer. Das Blatt hatte den Nationalsozialismus und die Deutschnationalen heftig bekämpft, es war schon 1923 zweimal verboten worden. 1933 betrug die Auflage 15 000. Am 9. März 1933 wurden die Redaktionsräume verwüstet und die Redakteure eine Woche lang in Haft genommen. Paul HOSER, Münchener Post, in: www.historisches-lexikon-bayerns.de/Lexikon/Münchener_Post (12. Juli 2018).

mung zum Ermächtigungsgesetz auffordern[236]. Er frug, ob ich nicht den Kreis Wohlmuth-Held im Sinne der Zustimmung beeinflussen könne. Ich erklärte, dass ich persönlich keinerlei Verantwortung trage und auch übernehmen könne im Sinne einer Einflussnahme; es sei eine höchst schwierige Gewissensfrage, in der sich die Verantwortlichen ihre Meinung bilden können und in der ein Unverantwortlicher sehr schwer mitwirken könne, worauf er frug, ob ich nicht persönlich mich bereit finden könnte, meine Meinung bei den Herren im Sinne der Zustimmung zum Ausdruck zu bringen, worauf ich nochmals erklärte, dass das natürlich sehr schwierig sei, denn es sei auch dann für mich eine grosse Gewissensfrage und ich sei eigentlich doch nicht so in der Materie bewandert, dass ich da etwas Bestimmtes sagen könnte. Was man über das Ermächtigungsgesetz höre, sei doch so, dass man eigentlich den Eindruck gewinnen müsste, es würde einem zugemutet, den Kopf auf die Dauer von vier Jahren unter ein Schafott zu legen, es werde einem höchstens gestattet, ab und zu den Kopf um Nahrung aufzunehmen, wegzunehmen, man muss ihn aber dann wieder auf's Neue hinlegen. Er hielt dann längere Ausführungen darüber, dass eben diese lange Frist notwendig sei, für die Durchführung der nationalen Reformen. Ich erklärte dann weiter, dass es ja auch unbillig und unrecht sei, jemandem eine Verantwortung von solchem Ausmasse, wie das bei der Zustimmung zum Ermächtigungsgesetz der Fall sei, zuzumuten, ohne dass er dann die Möglichkeit hätte, durch eine Beteiligung an der Regierung auch den entsprechenden Einfluss bei der Durchführung des Gesetzes geltend zu machen. Die Entscheidung der Frage liege im übrigen bei der Reichstagsfraktion, worauf er mich frug, ob ich nicht mit nach Berlin fahren könnte, was ich verneinte. Er erklärte, dass aber doch der Führer Wert darauf lege, auch den Kreis Wohlmuth-Held entsprechend in seiner Stellungnahme zu beeinflussen, die ja bei einem Ermächtigungsgesetz ev[en]t[uell] mit inbegriffen sei, dass der bayerische Landtag nicht

236 In Wirklichkeit wollte Hitler nicht mit der BVP, sondern nur mit Heinrich Brüning, der für Zentrum und BVP stehe, verhandeln. Leicht und die BVP-Reichstagsfraktion verhandelten dann auch nicht mit Hitler. Vor der Abstimmung übergab die BVP-Fraktion Brüning Vorschläge für die Verhandlungen, die aus Zeitnot nicht gedruckt wurden. Sie zielten ab »auf die Respektierung der bestehenden Verfassung, die ohne Zustimmung des ordnungsgemäß gewählten Reichstags nicht geändert werden dürfe, die Erhaltung des christlichen Charakters des Staates usw.« Leicht weigerte sich, als Fraktionsvorsitzender die Erklärung seiner Partei zu dem Gesetz abzugeben, obwohl Brüning versicherte, die einschränkenden Vorschläge des Zentrums seien von Hitler angenommen worden. Siehe das Zeugnis des früheren BVP-Abgeordneten Karl J. Trossmann v. 7. November 1946. Das »Ermächtigungsgesetz« vom 24. März 1933. Quellen zur Geschichte und Interpretation (wie Anm. 103), 148 f.

neu gewählt, sondern in der Zusammensetzung dem Wahlergebnis des 5. März 1933 angepasst würde.

Ich sagte, ich hielte das für ausserordentlich schwierig und kaum durchführbar. Aber auch da könne ich nur eine Meinung äussern als Privatperson. Im übrigen hielt ich das für ein kolossales Opfer, das unserer Partei zugemutet würde, die Landtagswahlen würden an und für sich schon ein anderes Ergebnis im Vergleich zu den Reichstagswahlen ergeben, erst recht aber nach den Saudummheiten, die die Nationalsozialisten in der Zwischenzeit, in der sie in Bayern schalten und walten würden, gemacht hätten.

Es war vereinbart, dass die Nationalsozialisten selbst einmal für sich allein in der bayerischen Regierung walten wollen, man könne ja die bayerische Regierung im Laufe des Sommers einmal vornehmen[237]. Bis dahin sei es ganz gut, wenn die BVP. nicht an der Regierung sei; vielleicht auch von deren Standpunkt aus, denn es sei doch ihr wahrscheinlich nicht angenehm, wenn seine Partei Auseinandersetzungen mit der Kirche herbeiführen müsse, mit beteiligt zu sein. Auf diese Auseinandersetzungen könne man aber doch nicht verzichten. Die Kirche, die er so ausserordentlich hoch schätze, werde sich doch sicherlich jetzt vernünftig zur nationalen Bewegung einstellen. Das sei schon anzunehmen, bei der glänzend geschulten Diplomatie der Kirche. Sie müsste eine Klärung herbeiführen, denn man könne nicht ewig den Kampf von Seiten der Kirche haben, wie er in Artikeln des Regensburger Anzeigers und anderer katholischer Zeitungen zum Ausdruck komme. Ich wies darauf hin, dass diese Auseinandersetzungen immer von der weltanschaulichen Basis aus erfolgt seien und erfolgen würden und dass unsere Weltanschauung so gefestigt sei, dass sie auch einem Kulturkampf ohne weiteres gewachsen sei. Er bemerkte dann, dass man halt in ihren Kreisen, dann wahrscheinlich, wenn die Kirche sich nicht umstelle, verschiedene Vereinbarungen (gemeint waren offenkundig die Konkordate) ändern bzw. sogar aufheben müsste. Es würde das von seinem Standpunkt aus sehr bedauern, denn ich wisse ja, dass er und seine Familie religiös eingestellt seien, er möchte hier übrigens einflechten, dass er mich um einen Freundschaftsgefallen bitten wolle.

Seine Frau habe bemerkt, dass in ihrem Wochenendhaus in Herrsching ein Herrgottswinkel fehle und wenn ich es nicht falsch auffasse, würde er mich darum bitten, ihm ein geweihtes Kruzifix nach Oberammergauer Art zu schenken. Sie

237 Äußerung Franks.

würden mich beide recht herzlich einladen, den Herrgottswinkel am Sonntag in Herrsching mit einzuweihen.

Er machte dann noch längere Ausführungen zu unserer Freundschaft, die ja gefühls- und verstandesmässig gut fundiert sei und die, da der Führer sie billige und wünsche, für unseren beiderseitigen Freundes-und Parteikreis nur dienlich sein könnte. Nebenher schaltete er ein, dass ich, wenn ich den Wunsch hätte, herausgestellt zu werden, das ohne weiteres haben könnte. Ich bemerkte, dass das ja Sache meiner Partei sei und dass ich Hassardeure [!], die Sonderaktionen pflegen würden, nicht schätzen würde, worauf er erklärte, dass ja heute eine ganze Reihe von Leuten unserer Partei doch offenkundig mit den eigenen Leuten unzufrieden seien und nach oben kommen wollten, es sei ihnen das sehr wohl bekannt und es seien ja auch verschiedene da, die bei ihnen die Fühlung suchten, er würde aber gerade darauf Wert legen, weil er sowohl wie der Führer mich sehr hoch schätzen würden, weil ich ihnen doch die Verbindung zum Held-Wohlmuth-Kreis in einer im beiderseitigen Interesse gelegenen Weise gestalten würde. Ich könne mir ein ausserordentliches Verdienst nicht nur um meine eigene Partei, sondern um die deutsche Nation erwerben.

Ich benütz[t]e die Gelegenheit ausdrücklich zu betonen, dass das Ansehen unserer Führung Held-Wohlmuth ungeschmälert sei, auch wenn der eine oder andere kleine Mann vielleicht die Gelegenheit wahrnehmen sollte, Sonderinteressen zu pflegen, es könne dann halt mit diesen Leuten so gehen, wie mit den Sonderaktionen, die Nationalsozialisten in der seinerzeitigen Donnerstag-Nacht unternommen hätten. Unsere Partei würde die Kraft haben, ohne weiteres diese Sonderaktionen zu unterbinden. Im übrigen sei die Stosskraft unserer Partei ja nach wie vor vorhanden und durch die Wahlen gar nicht beeinflusst worden, was er durch den Hinweis auf die Umstellung der Bauern in Niederbayern zu entkräften versuchte. Ich erklärte, dass da wohl kaum eine weltanschauliche Umstellung vorgenommen worden sei, sondern dass höchstens der eine oder andere hoffe, im Dritten Reich seien Schulden nicht bezahlen zu müssen, worauf er nochmals glaubte, mir dartun zu müssen dass die nationale Bewegung auch das Land erfasst habe.

Er kam dann darauf zu sprechen, dass Dr. Held verreist sei, dass ich aber doch mit Wohlmuth die aufgeworfenen Fragen besprechen könne, der ja wohl in seiner Taktik unterlegen sei, aber doch eine schätzenswerte Persönlichkeit sei, er habe immer vor dessen Kraft Hochachtung empfunden.

Gegen Abend wurde mir von einem nationalsozialistischen Funktionär, der als Mitglied der Ständekammer vorgesehen ist, allerdings unter Ehrenwort erklärt, dass ein Mitglied unserer Landtagsfraktion ihn um ½ 6 Uhr bereits telefonisch unterrichtet habe, dass unsere Reichstagsfraktion zum Ermächtigungsgesetz zustimme.

8

Bayerische Jugend hab acht!, in: Junge Front (Düsseldorf)[238]*, Nr. 14 v. 2. April 1933*

ACSP, NL Müller, V 11. Masch. Abschr.

Aus Bayern wird uns von sehr gut unterrichteter Seite geschrieben:

»Der Wahlausgang und insbesondere die Niederlage der Bayerischen Volkspartei, die fast von einem Versagen der Führung und der Führung der Bayernwacht sprechen läßt, haben zu einer starken Auseinandersetzung in der bayerischen Presse geführt. All-überall wird eine Erneuerung der Partei, insbesondere der Führung, eine Reorganisation angestrebt und gefördert. Auch im politischen Werkkreis der katholischen Jugend Münchens war man einer Meinung über das Versagen der politischen Vertretung der Katholiken Bayerns, vor allem über deren Führung, nicht zuletzt auch über die Politik der letzten Jahre. Wünsche der Jugend, die sich niemals darum drehten, irgendwelche Mandate zu erringen, sondern die stets eine grundsätzliche Besinnung, eine Besinnung auf die weltanschauliche Grundlage der Politik, auf die Herausstellung des christlichen Staats- und Welt-

238 Die Wochenzeitung »Junge Front/Michael«, erschienen ab 17. Juli 1932, wurde vom Katholischen Jungmännerverband Deutschlands (KJMV) geplant und gestaltet. In erster Linie für die katholische Jugend bestimmt, deren »Frontposten« aus dem KJMV und der Sturmschar sie ergänzend zum normalen Postbezug verteilten, wandte sie sich bewusst und bekennerhaft gegen »rein taktisches Verhalten, Attentismus, Mutlosigkeit und Zaghaftigkeit« des Katholizismus in der Vergangenheit. Sie stand dem Zentrum und der BVP nahe, wandte sich gegen Kommunismus und Nationalsozialismus, war aber weder ein Parteiblatt noch ein kirchliches Organ. Ihre Auflage steigerte sich von 30 000 zu Beginn auf 85 000 im Juni 1933, auf 120 000 bis zum Jahresende 1933, nach Verboten im März und August 1934 auf 230 000, bis zum endgültigen Verbot am 11. Januar 1936 auf 330 000. Die Durchschnittsauflage der 416 erfassten katholischen Zeitschriften betrug 1935 27 500, davon kamen acht über 200 000. Gotto, Junge Front (wie Anm. 119), 3–5, 225–227, 235. Verboten wurde die »Junge Front«, weil sie sich der Aufgabe entzog, »nach einer Periode langwährender völkischer Zerrissenheit die Volkwerdung im geistig-kulturellen Bereich« im Sinne der »nationalsozialistischen Weltanschauung« mit zu vollziehen. Der Präsident der Reichspressekammer an das Generalvikariat des Erzbistums Köln, Berlin 4. Februar 1936. Katholische Jugend in der NS-Zeit unter besonderer Berücksichtigung des katholischen Jungmännerverbandes. Daten und Dokumente, zusammengestellt v. Heinrich Roth, Düsseldorf 1959, 141.

bildes, erstrebten, wurden niemals gehört und niemals verstanden. Auch die Mahnung bedeutender Katholikenführer, die wiederholt darauf hingewiesen, daß ein neues Geschlecht im Kommen ist und daß all jene, die nicht frühzeitig diese Kommenden in die Führung einlassen, auf der Strecke bleiben werden, wurde nicht aufgenommen. Die Situation ist in Bayern, d.h. in der Bayerischen Volkspartei, ähnlich wie im Zentrum.

Interessant ist aber nun die Tatsache, daß heute im Zeichen des großen Aufstandes der Jugend und der »nationalen Revolution« sich innerhalb der Bayerischen Volkspartei Leute hervortun, die im Namen der mittleren und jüngeren Generation Einfluß in der Partei und ihrer Führung zu gewinnen versuchen, die keineswegs mit dem katholischen Jungvolk und den katholischen Jungwählern der Bayerischen Volkspartei in Verbindung stehen oder aus ihrem Lager hervorgegangen sind. Was bisher schon von der katholischen Jugend an der Bayerischen Volkspartei kritisiert wurde, nämlich, daß sich in der Partei Leute an die Führung und an die einflußreichen Stellen drängen, Leute, die selten im katholischen Lager irgendwie in Erscheinung getreten sind und sich dennoch als die Führer des politischen Katholizismus an die Front stellen, das will scheinbar auch jetzt wiederum Wirklichkeit werden. Was der Bayerischen Volkspartei not tut, ist eine wesentliche Aenderung ihrer Politik, ist eine Politik aus dem Grundsätzlichen, ist die Herausstellung des christlichen Staatsbildes. Die Leute aber, die jetzt im Namen der mittleren und jungen Generation sprechen und auf die – wie wir gut unterrichtet sind – die ganze Pressekampagne in Bayern zurückzuführen ist, stammen aus dem Lager, das bisher schon die G e f a h r   i n   d e r   B a y e r i s c h e n   V o l k s p a r t e i   d a r s t e l l t e. Vom W i r t s c h a f t s b e i r a t, der seinen Wert hat, der aber durch die Bedeutung des Wirtschaftlichen und all dessen, was für eine Partei damit zusammenhängt, u n g e h e u e r e n   u n d   ü b e r s p a n n t e n   E i n f l u ß auf die Partei bisher hatte, wurden die liberalen und kapitalistischen, die nur taktischen Verhaltungen, in die Politik der Bayerischen Volkspartei getragen. Von dem gleichen Kreis bzw. von dessen führenden Leuten, wenn auch jüngerer Auflage, soll nun die »Reorganisierung« der Partei und diese eigenartigerweise im Namen der Jugend durchgeführt werden. Als Führer dieser Bestrebungen werden genannt der bisherige Parteivorsitzende Fritz S c h ä f f e r, den man gerne von der Verantwortung für die Politik der letzten Jahre geschickt entbinden möchte, dann der Syndikus des Wirtschaftsbeirates, Franz August Schmitt, der Führer der Bayernwacht, Ritter von Lex und Graf Q u a d t   I s n y. Wir fragen, wer redet da im Namen der jungen Katholiken? Leute, die uns in der katholischen Bewegung niemals bekannt geworden sind, die irgendwann einmal in der Partei aufgetaucht sind, oder hineingeschoben wurden, beanspruchen aufs Neue wiederum die Führung des politischen Katholizismus in Bayern.

Die führende katholische Presse in Bayern u.a. der ›Bayerische Kurier‹, verlangt gerade jetzt von der katholischen Jugend einen Einsatz, der ›eine wesentliche Aenderung der Politik, eine Besinnung auf die weltanschauliche Grundlage der Politik innerhalb der Partei herbeiführen soll.‹ Dies ist aber nicht möglich, wenn nicht ein ganz starker Trennungsstrich zu der bisherigen liberalen Politik der Bayerischen Volkspartei gemacht wird. Die ganz anders geartete Politik aber ist nur möglich durch ganz andere Männer, die eine herrische leistungsstarke und selbstsichere und nicht eine nur oder überwiegend taktische Haltung innerhalb des Politischen repräsentieren und durch eine völlig neue Parteiführung. Die Bayerische Volkspartei soll entweder darauf verzichten, die politische Vertretung des Katholizismus Bayerns zu sein, und dann können die Herren, die bisher die Politik beeinflußt haben, weiter an der Führung bleiben, oder es muß eine ganz andere Einsatzmöglichkeit des katholischen Bayern und seiner Bewegungen innerhalb der Partei gewährleistet sein. Die bayerische katholische Jugend möge daher die neuen Bestrebungen innerhalb der Bayerischen Volkspartei genau beachten, möge sich die Sprecher besehen, die im Namen der jungen Generation heute reden wollen; möge sich auch Orientierung suchen an den ganz Alten, die früher noch die Zentrumsaera in Bayern erlebt haben und die Sinn für die Politik aus dem Grundsätzlichen, aus dem Glauben haben.«

Stimmen aus ganz Bayern und die verschiedensten Sitzungen der katholischen Jugendführer, bei denen Akademiker, Jungarbeiter, Jungmänner und Gesellen vertreten waren, haben mit schärfster Deutlichkeit zum Ausdruck gebracht, daß sie sich keineswegs damit einverstanden erklären können, daß gerade »der Wirtschaftsbeirat mehr als bisher in die Parteiführung eingeschaltet werden soll.« Gerade die Führerschicht der katholischen Jugend, die doch gewiß die Mehrzahl der Jungwähler für die katholischen Parteien hinter sich hat, fordert, wie man allseits feststellen könnte, einen grundsätzlichen Umbau der Partei, nachdem gerade in Bayern die politische Vertretung des Katholizismus starken Schaden gelitten hat. Dazu kommt die Frage, ob nicht auch wir uns von »ideologisch zerbrochenen Formen« heute lösen müssen. Es ist leider richtig, daß Konjunkturhyänen und sonstige Geschäftsmacher auch innerhalb der Jugend keine Möglichkeit unbenützt lassen, um ihr privates Süppchen zu kochen, ja daß sie davor auch nicht zurückschrecken in den katholischen Jugendverbänden selbst im

Namen einer privaten »nationalen Revolution« eine Kursänderung herbeizuführen. Umso erfreulicher ist es, daß die führenden Leute an den katholischen Grundsätzen unbeugsam festhalten, um so, fern von jeglicher Schwäche und auch fern
von einer sinnlosen und schädlichen Verewigung vergangener politischer Werte,
dem neuen Staat, der ein Volksstaat, wie der Herr Reichskanzler sagt, werden
soll, in sittlicher Pflichterfüllung zu dienen, wenn auch die Form des Dienstes eine
andere als bisher sein muß und sein wird. Dem neuen Aufbau Deutschlands wird
nicht eine schwächliche Haltung, sondern nur der kraftvolle Ausdruck letzter,
hochwertiger Ideen dienen. Eine Partei aber, die auch fernerhin im Namen der
Katholiken sprechen möchte, aber dabei bei allen Verhandlungen die »Interessen
der Wirtschaft« in den Vordergrund stellt und auch die Führer aus diesem Gesichtspunkt erwählt, wird die katholische Jungwählerschaft in weitester Distanz zu
sich finden.

»Der nordschwäbische Stinnes«

Kommerzienrat Dr. Emil Loeffellad (1879–1946) und die Enteignung der Maschinenfabrik Donauwörth

Von Elfie Rembold

Die nordschwäbische Kleinstadt Donauwörth war bis in das frühe 20. Jahrhundert von ihrem landwirtschaftlichen Umfeld und vom Katholizismus geprägt[1]. Anders als etwa ihre weiter südlich gelegene Nachbargemeinde Bäumenheim, die schon seit Mitte des 19. Jahrhunderts über die Leinenweberei den Sprung in die Industrialisierung vollzogen hatte, beginnt in Donauwörth das Kapitel von Industrialisierung und Moderne erst mit dem Ersten Weltkrieg. Sieht man einmal ab von dem katholischen Buchdrucker Ludwig Auer und seiner Bedeutung als Unternehmer und Förderer der Stadt[2], fehlten ihr Persönlichkeiten vom Typ des Bäumenheimers Oskar Mey[3], die ihr früh den Weg in die ökonomische Moderne gewiesen hätten. Eine dieser wenigen Persönlichkeiten war jedoch Emil Loeffellad. Er gründete Anfang der 1920er Jahre die Maschinenfabrik Donauwörth, die heute, nach einer wechselvollen Geschichte, als ein europäisches Konsortium unter dem Namen Airbus Helicopters firmiert.

Dieser Aufsatz betrachtet den Aufstieg und Fall des Unternehmers Emil Loeffellad im Spannungsfeld der industriellen Entwicklung der Stadt Donauwörth und der Wehrpolitik der Weimarer Republik. Loeffellad war nicht nur d e r Donauwörther Entrepreneur, sondern auch eine sehr schillernde Persönlichkeit, deren eigenwilliges Handeln ihn oft an die Grenze der Legalität brachte. Er musste sich vor Gericht rechtfertigen, war politisches Streitthema innerhalb der bayerischen Staatsregierung und nach 1933 stand seine Person selbst in den obersten Führungs-

---

1 Als Emil Loeffellad wegen Betrugs vor Gericht in Neuburg a.D. stand, titelte die »Neue Augsburger Zeitung«, Nr. 50 am 2. März 1931»Der nordschwäbische ›Stinnes‹ vor Gericht« und verwies damit auf die sozio-ökonomische Stellung dieses Unternehmers in der Region.
2 Festschrift Hundert Jahre Cassianeum. Verlag und Druckerei Ludwig Auer Donauwörth 1875–1975, hg. v. der Pädagogischen Stiftung Cassianeum Donauwörth, Donauwörth 1975.
3 Karl-Maria HAERTLE, Bäumenheim – Der innovative Alleinherrscher Dr. phil h.c. Oskar Mey, in: Marita KRAUSS (Hg.), Die bayerischen Kommerzienräte. Eine bayerische Wirtschaftselite von 1880 bis 1928, München 2016, 159–168; Wilhelm BERNERT, Vom Bauerndorf zur Industriegemeinde. Weblink: http://www.heimatfreunde-asbach-baeumenheim.de/vom-bauerndorf....html vom 04.05. 2017.

riegen der NSDAP in Berlin zur Diskussion. Die Nationalsozialisten entschieden die jahrelange Kontroverse um Loeffellad und seine Maschinenfabrik 1934 kurzer Hand durch seine Verhaftung und Enteignung.

Lehrjahre 1879–1920: Donauwörth – Stuttgart – Donauwörth

Emil Loeffellad wurde am 5. Dezember 1879 als Sohn des Gutsbesitzerehepaars Christian und Katharina Loeffellad auf dem Kreuzhof zu Berg geboren. Dort besuchte er die Volksschule und später das Progymnasium in Donauwörth. Nach seinem Abitur arbeitete er in einem Gemischtwarengeschäft in seiner Heimatstadt, bevor er als kaufmännischer Angestellter seine Karriere bei der Lokalbahn AG in Augsburg begann. Es hieß, dass man dort schnell seine besondere Begabung erkannte. Vermutlich war damit sein Interesse an technischen Dingen gemeint, sein Interesse an Maschinen und Konstruktionen. Jedenfalls wechselte er als 20-Jähriger in die Technische Abteilung einer Tabakwarenmaschinenfabrik nach Stuttgart. Neben seinen technischen Vorlieben besaß er zweifellos auch die Eigenschaft, Dinge anzupacken, Verantwortung zu übernehmen, aber und vor allem das Risiko nicht zu scheuen. Es dauerte nicht lange und Emil Loeffellad stieg zum Betriebsleiter in dieser Tabakwarenmaschinenfabrik auf. Etwa zehn Jahre später genügte ihm diese Position nicht mehr. Er machte sich selbstständig und gründete 1912 eine eigene Fabrik zur Herstellung von Tabak- und Spezialmaschinen für die Nadelfabrikation in Stuttgart[4].

Während sich Emil Loeffellad in Stuttgart also eine Karriere als erfolgreicher Unternehmer aufbaute, sah sich der Industriepionier und Kommerzienrat Johann Scheidemandel in dessen Heimatstadt mit erheblichen Schwierigkeiten um die Eröffnung seiner Trassmühle konfrontiert. Weder gab es politische Mehrheiten für die Finanzierung einer Eisenbahnlinie durch das Kesseltal nach Nördlingen, um von dort das Trassgestein nach Donauwörth zu transportieren, noch sprachen sich die wissenschaftlichen Gutachten für die Rentabilität des Trassabbaus im Ries aus[5]. Trotz dieser Widrigkeiten gelang es dem Kommerzienrat im Juli 1914, seine Trassmühle in Betrieb zu nehmen. Gleichwohl setzten die nur einen Monat später

4 BayHStA, LEA 2424, aus: Urteil der 3. Strafkammer des Landgerichts München I gegen Emil Loeffellad wegen Verbrechen gegen das Volksverratsgesetz u. a., 20. Mai 1941.
5 Helmut Herreiner, Eine Eisenbahn durch das Kesseltal?, in: Jahrbuch des Historischen Vereins Dillingen 104 (2003) 433–493. Trass-Gestein oder auch Suevit genannt entstand durch den Metereoriteneinschlag im Ries um Nördlingen. Trassmehl wurde dem Mörtel zugesetzt, um Gemäuer wasserdicht zu machen. Rudolf Rauter, Licht für Donauwörth, Selbstverlag o. J., 105–110.

erfolgte Gesamtmobilmachung für den Ersten Weltkrieg und der damit verbundene Arbeitskräfteabzug sowie der zusammenbrechende Markt für Trassmehl dem in Donauwörth aufblühenden Unternehmergeist ein jähes Ende. Hingegen ergriff Emil Loeffellad in Stuttgart die Gunst der Stunde. Er ließ sich aus gesundheitlichen Gründen vom Wehrdienst befreien und stieg stattdessen in das lukrative Geschäft der Rüstungsproduktion ein.

Der Tod des Kommerzienrats Scheidemandel im Mai 1916 und der Verkauf seiner Trassmühle an die Stadt Donauwörth eröffnete neue Perspektiven für die Rückkehr Loeffellads in seine Heimatstadt. Die Stadt Donauwörth suchte einen Unternehmer, der ihr den Anschluss an das Industriezeitalter versprechen konnte und Loeffellad suchte Platz für eine größere Fabrik. Seine bisherigen unternehmerischen Erfolge und sicherlich auch die Tatsache, dass er ein Hiesiger war, überzeugten den Donauwörther Magistrat, dass er der Richtige sei, der die nordschwäbische Kleinstadt wirtschaftlich voranbringen konnte. Diese Entscheidung sollte sich als folgenreich und quasi strukturprägend für die Stadt Donauwörth erweisen.

Der Kriegsgewinnler Loeffellad erwarb neben der Scheidemandelschen Trassmühle im September 1917 auch das Gut Schellenberg von der Stiftung Cassianeum[6]. Bereits ein Jahr nach Kriegsende wurden zwei Werkstätten auf dem Gut Schellenberg eingerichtet und im darauf folgenden Jahr, 1920, war der Umbau der Trassmühle in eine Maschinenfabrik fertiggestellt. Loeffellad zog von Stuttgart zurück nach Donauwörth und feilte dort an seinem Geschäftsmodell. Dabei hatte er weniger die private Nachfrage im Sinn. Vielmehr orientierte er sich an den Bedürfnissen des Staates in Bezug auf Verteidigung und Infrastruktur. Allerdings fehlten unmittelbar nach Kriegsende – die junge Republik befand sich vielmehr inmitten von Abrüstungsverhandlungen – die Aufträge für Loeffellads Maschinenfabrik und es war abzusehen, dass sich an diesem Zustand kurzfristig nichts ändern würde. Loeffellad nutzte die Gunst der Stunde, um sich aus den ihn einschränkenden Vertragsbedingungen zu lösen. Denn der Magistrat der Stadt hatte ihm die Trassmühle nur unter der Bedingung verkauft, dass er innerhalb von drei Jahren nach Kriegsende seine Maschinenfabrik in Betrieb nehme, andernfalls hätte er eine Konventionalstrafe in Höhe von 25 000 Mark zu zahlen[7]. Obwohl erst 1923 diese Frist abgelaufen wäre, stellte Loeffellad bereits im April 1920 einen An-

6 RAUTER, Licht für Donauwörth (wie Anm. 5), 198. Vgl. Alfred BÖSWALD, Die Stadt auf dem Berg, Donauwörth 2005, 30.
7 RAUTER, Licht für Donauwörth (wie Anm. 5), 198.

trag »ihn von der terminlichen Inbetriebnahmeverpflichtung zu entbinden«[8]. Der Stadtrat lehnte dies ab. Da sich die wirtschaftliche Lage in den Nachkriegswirren der frühen 1920er Jahre nicht verbessert hatte und für Loeffellad immer noch keine Aufträge für seine Maschinenfabrik in Sicht waren, wiederholte er ein Jahr später seinen Antrag, dem die Ratsherren dieses Mal auch zustimmten[9].

Hier zeigt sich ein Geschäftsgebahren Loeffellads, dessen er sich noch öfters bedienen sollte, um sich aus eingegangenen und für ihn nachteiligen vertraglichen Verpflichtungen zu lösen. Zusagen und Verträge hielt er entweder nur solange ein, solange sie ihm zum Vorteil waren oder er interpretierte sie sehr eigenwillig.

Kommerzienrat Dr. Emil Loeffellad – die gekauften Titel

Emil Loeffellad war ein Kriegsgewinnler, der sein Vermögen vorwiegend aus Heereslieferungen während des Ersten Weltkriegs erwirtschaftete. Vorausschauend investierte er sein Kapital noch vor Kriegsende in Immobilien, indem er den Gutshof auf dem Schellenberg und das Fabrikgebäude der alten Trassmühle in Donauwörth kaufte. Dadurch war er vor der Wertvernichtung durch die Wirtschaftskrise und Inflation, insbesondere der Hyperinflation von 1923 geschützt. An den Inflationsspekulationen der großen deutschen Unternehmer, wie Thyssen, Krupp, Quandt oder Stinnes, beteiligte sich ein Kleinunternehmer wie Loeffellad nicht. Als wohlhabender und regional bedeutender Unternehmer stieg er schnell in die Kreise der bayerischen Wirtschaftselite auf. Dennoch war er nur ein Emporkömmling, der weder einer traditionellen Unternehmerfamilie entstammte, noch dem bayerischen Adel angehörte. Ihm fehlte ein Titel, der ihn sozial privilegierte und seinen Verhandlungspartner formal ebenbürtig erscheinen ließ. Daher bemühte er sich, diese seit Anfang der 1920er Jahre zu erlangen.

Der Ehrendoktor

Es war eine Tradition und Relikt aus dem Kaiserreich, dass sich die Ehre einer Person in einem Titel widerspiegelte. Wer es standesunabhängig zu Reichtum gebrachte hatte, also weder Adel oder Regierungsbeamtentum angehörte noch einen akademischen Grad vorweisen konnte, strebte danach, diesen wenigstens ehren-

8 Ebd., 199.
9 Ebd., 200.

halber verliehen zu bekommen. Nach dem Ende des Ersten Weltkriegs verbot jedoch die nach Egalität strebende Weimarer Verfassung die staatliche Vergabe von Ehrentiteln. Davon unbeeinträchtigt blieben allerdings die Universitäten. Das Verbot der staatlichen Ehrentitel durchbrach der Freistaat Bayern bereits 1923[10].

Loeffellad nutzte die Zeit des Leerlaufs seiner Fabrik in den frühen 1920er Jahren, um eine dieser kulturellen Auszeichnungen zu erwerben. Voraussetzung zur Erlangung eines Ehrentitels waren persönliche Vernetzungen und Beziehungen in die Kreise der Beamten und Staatsdiener und/oder in die wissenschaftlichen Institutionen. Aus seiner Zeit in Stuttgart durften seine Bekanntschaften mit Politikern und Professoren der Tübinger Universität, insbesondere der juristischen Fakultät herrühren[11]. Als Vermittler könnte hier der Regierungsrat Gustav Beißwänger tätig gewesen sein, da dieser zum einen laut Rektor Wahl »viel dafür getan hat, den Gedanken, dass die Universität und Wissenschaft in Not sind, in unserem Lande zu verbreiten und Abhilfe zu schaffen« und sich zum anderen als aktiver Unterstützer Loeffellads erwiesen hat, als dieser später in Schwierigkeiten mit dem Reichswehrministerium geriet. Aus den Unterlagen des Universitätsarchivs geht hervor, dass Loeffellad 250 000 Mark an die Universitätsbibliothek und einen nicht weiter genannten Betrag für die Versorgung der Studierenden gespendet hatte[12]. Im Gegenzug mochte Beißwänger ihn für einen Ehrendoktor empfohlen haben. Maßstab für diese Ehrung waren nicht etwa wissenschaftliche Leistungen oder praktikable Erfindungen, sondern vielmehr materielle Zuwendungen. Es genügte, der Universität bzw. einer ihrer Fakultäten eine beträchtliche Summe Geldes zu spenden. Loeffellad folgte diesen Bedingungen und so wurde ihm am 23. Januar 1923 der Dr. h.c. der Juristischen Fakultät der Universität Tübingen verliehen.

---

10 »(…) am 19. November 1923 billigte der bayerische Ministerrat unter Vorsitz des Ministerpräsidenten Eugen Ritter von Knilling die Wiedereinführung der früheren Ehrentitel.« Karl-Maria Haertle, Die Politik, der Titel, die Spende. Bayerische Kommerzienräte 1880 bis 1928, in: Marita Krauss (Hg.), Kommerzienräte (wie Anm. 3), 49–62, hier 54. Christoph Gusy, Die Weimarer Reichsverfassung, Tübingen 1997, 289.
11 Johannes Michael Wischnath, Die Universität Tübingen und die Entziehung akademischer Grade im Dritten Reich, in: Urban Wiesing u.a. (Hg.), Die Universität Tübingen im Nationalsozialismus, Stuttgart 2010, 999–1054, hier 1009.
12 Den Ehrentitel verdankte er »seiner hochherzigen Förderung der für die wirtschaftliche Hilfe und das körperliche Wohl unserer Studierenden geschaffenen Einrichtungen«. Wischnath, Universität Tübingen (wie Anm. 11), 1010. Es ist anzunehmen, dass es sich hierbei um eine Spende an die zwei Jahre zuvor gegründete »Wirtschaftshilfe der Deutschen Studentenschaft e. V.«, dem späteren Deutschen Studentenwerk handelte. Solche Spenden waren üblich für die Verleihung der Ehrendoktorwürde. Siehe Rektoratsrede von Professor Dr. Adalbert Wahl, in: Eberhard Karls Universität Tübingen, Reden anläßlich der Rektoratsübergabe am 21. April 1922, Band 19, Tübingen 1922, 9.

Angesichts der einsetzenden Hyperinflation schien Loeffellad den Titel nicht nur günstig erstanden, sondern sein Geld auch lohnend investiert zu haben[13]. Denn im Gegenzug für eine letztlich geringe Summe wandelte er sich fortan zu »Dr. Emil Loeffellad« – ein Titel, der ihn mit »sozialem Kapital« bereicherte, welches in geschäftlichen Beziehungen seine Handlungsspielräume vergrößerte[14].

Im Januar 1923, just in dem Monat, als Franzosen und Belgier das Ruhrgebiet wegen ausbleibender Reparationszahlungen besetzten, erhielt Loeffellad seinen Ehrendoktor. Die durch die Ruhrbesetzung ausgelöste Angst vor erneuten Kriegshandlungen veranlasste das Kabinett, unter Reichskanzler Cuno den sogenannten Ruhrfonds aufzulegen[15]. Von diesen Geldern profitierte auch Loeffellad – wie unten noch zu zeigen sein wird – wobei ihm sein akademischer Titel sicherlich von Vorteil war.

Der Kommerzienrat

Inhaber allein eines akademischen Titels zu sein, genügte Loeffellad nicht; er strebte nach einer staatlichen Ehrung. Wie schon erwähnt führte die Bayerische Staatsregierung Ende 1923 den Titel des Kommerzienrats wieder als Ehrentitel ein.

Loeffellads Streben nach dem Titel des Kommerzienrats wurde vom damaligen Donauwörther Bürgermeister Michael Samer (1915–1929) wohlwollend begleitet. Er machte ihn darauf aufmerksam, dass er doch »der allgemeinen Jugendfürsorge

---

13 »Ab Januar 1923 wurde nur noch in Tausenden, seit August in Millionen und seit Oktober in Milliarden Mark gerechnet; im August 1923 entsprach 1 Million Papiermark und im Oktober 1,7 Goldpfennigen; im November wurden 1 Milliarde Papiermark 19 Goldpfennigen gleichgestellt.« Ursula Büttner, Weimar. Die überforderte Republik 1918–1933. Leistung und Versagen in Staat, Gesellschaft, Wirtschaft und Kultur, Stuttgart 2008, 170. Die Kosten für den US Dollar betrugen im Dezember 1922 noch 8000 Mark, während sie im April 1923 bereits um das 25-fache, auf 20 000 Mark gestiegen waren. Vgl. Petra Kuhnau, Masse und Macht in der Geschichte. Zur Konzeption anthropologischer Konstanten in Elias Canettis Werk »Masse und Macht«, Würzburg 1996, 176.
14 Marita Krauss, Ehre als »soziales Kapital« – der »Ehrbare Kaufmann« als Kommerzienrat, in: Dies., (Hg.), Die bayerischen Kommerzienräte (wie Anm. 3), 43–48.
15 »Im Januar 1923 teilten sowohl die Regierung wie der Reichspräsident die Einschätzung der Militärs, dass bestimmte Forderungen der Franzosen zu militärischem Widerstand zwingen könnten. Sie stellten der Reichswehr den sogenannten Ruhrfonds zur Verfügung, in welchen der Reichsbankpräsident die letzten Devisenreserven, etwa 100 Mio Goldmark, transferierte. Mit diesem Ruhrfonds sollte die Reichswehr Mobilmachungsmaßnahmen vorbereiten und die materielle Rüstungslage verbessern; der Fonds war die Anschubfinanzierung für eine systematische geheime Aufrüstung.« Rüdiger Bergien, Die bellizistische Republik. Wehrkonsens und »Wehrhaftmachung« in Deutschland 1918–1933, München 2012, 126.

eine größere Zuwendung machen« könnte[16]. Schließlich wurde er vom Direktor des katholischen Jugendfürsorgeverbandes der Diözese Augsburg als würdiger Kandidat für den Titel des Kommerzienrats bei der Bayerischen Staatsregierung empfohlen. Begründet wurde diese Nominierung damit, dass »Löffelad (..) gewillt (sei), dem Verband für ambulante Krankenpflege in Donauwörth zur Deckung der Kosten des von ihm erbauten Schwesternheims den Betrag von 15 000 M und später dem Jugendfürsorgeverband für seine neue Anstalt für schwachsinnige Kinder in Dürrlauingen einen Betrag von ungefähr 10 000 M zur Verfügung zu stellen«[17].

Aus den Unterlagen der Bayerischen Regierung geht hervor, dass zwei wesentliche Faktoren für den Verleih des Titels eines Kommerzienrats ausschlaggebend waren. Zum einen musste der Anwärter von herausgehobener sozialer Stellung sein[18]. Diese Eigenschaft erfüllte Emil Loeffellad als Guts- und Fabrikbesitzer, und – wie in dem Vorschlag für den Titel betont wurde – aus der Tatsache, dass er Häuser für seine Arbeiter und Angestellten baute[19]. Zum andern wurde Loeffellad dieser Titel letztlich nur auf der Grundlage eines bloßen Versprechens verliehen, und zwar den genannten Wohlfahrtseinrichtungen eine beträchtliche Geldsumme zu spenden. Das Wort eines Ehrenmannes, der fortan mit »Euer Hochwohlgeboren« angeredet wurde, genügte dem Staat, um ihm den Titel eines Kommerzienrats zu verleihen. Ein getätigtes Versprechens nicht einzuhalten, galt in den ehrwürdigen Kreisen des Kaiserreichs als nahezu unvorstellbar. Allerdings setzte der Begriff der Ehre nach dem Zweiten Weltkrieg Patina an, wie Marita Krauss hervorhebt: »Dass etliche der dann Ernannten diesem Ideal (des »Ehrbaren Kaufmanns«, E.R.) nicht wirklich entsprachen und vor allem während der Weimarer Republik die Spenden, die zur freien Verfügung der Regierung, der Regierungspräsidenten und der Bürgermeister überwiesen oder versprochen wurden, höher bewertet wurden als die Tugenden des »Ehrbaren Kaufmanns«, steht auf einem andern Blatt.«[20]

---

16 BayHStA, MHIG 1993, E. Löffelad [sic!] an den Regierungspräsidenten Graf von Spreti, Donauwörth, 31. XII 1925. Alle nachfolgenden Zitate entstammen, soweit nicht anders vermerkt, aus dieser Akte.
17 Präsidium der Regierung von Neuburg und Schwaben an das Staatsministerium für Handel, Industrie und Gewerbe, Augsburg, den 15. Januar 1926.
18 Präsidium der Regierung von Neuburg und Schwaben an das Staatsministerium für Handel, Industrie und Gewerbe. Betr.: Vorschläge für die Verleihung des Titels eines Geheimen Kommerzienrates und eines Kommerzienrates. Augsburg, den 16. Dezember 1925.
19 Ebd.
20 Ehre als »soziales Kapital« – der »Ehrbare Kaufmann« als Kommerzienrat, in: DIES. (Hg.), Die bayerischen Kommerzienräte (wie Anm. 3), 44.

Wie zweifelhaft bereits der Vorschlag war, ihn auf die Liste der zu ernennenden Kommerzienräte zu setzen, ergab eine Prüfung des Regierungspräsidenten von Schwaben und Neuburg, Graf Heinrich von Spreti. Darin vermerkte dieser, dass die »Erhebungen, ob die Voraussetzungen zu einer Titelverleihung voll gegeben sind, noch nicht abgeschlossen [seien], da heute mir gegenüber noch Bedenken geltend gemacht worden sind«[21]. Obwohl sich diese Bedenken auf das Steuerverhalten von Loeffellad bezogen, konnte von Spreti darüber hinweg sehen. Kurz nach den erhobenen Einwänden schrieb er folgendes: »Die Bedenken, die im letzten Augenblick aufgetreten sind, liegen auf steuerlichem Gebiet. Bei Löffelad hat vor einiger Zeit eine Steuerkontrolle stattgefunden mit dem Ergebnis, dass die nach der Reichsabgabenordnung zu führenden Bücher nicht in Ordnung befunden wurden. Nach meinen persönlichen Erkundigungen bei dem Referenten des Landesfinanzamts München und nach Rücksprache des Bezirksamtsvorstands von Donauwörth mit dem dortigen Finanzamtsvorsteher ist anzunehmen, dass das anhängige Verfahren nicht zu einer Bestrafung wegen Steuerhinterziehung, sondern nur zu einer Ordnungsstrafe wegen der Buchführung führen wird. Unter diesen Umständen glaube ich, dass Bedenken gegen eine Titelverleihung nicht bestehen dürften, auch der Bezirksamtsvorstand von Donauwörth hat nach Rücksprache keine Bedenken erhoben und ist der Ansicht, dass Löffelad eine völlig einwandfreie, ehrenwerte Persönlichkeit ist.«[22]

Von Tugenden eines »Ehrbaren Kaufmanns«, den Verantwortung gegenüber dem Gemeinwesen, sprich Staat und Gemeinde, auszeichnete, konnte bei Loeffellad schon Anfang der 1920er Jahre nicht die Rede sein. Dass er trotzdem für den Titel »Kommerzienrat« würdig befunden wurde, bestätigt die These von Marita Krauss, dass die Spenden an die Regierung bzw. Gemeinde höher bewertet wurden als eben diese Tugenden[23]. Tatsächlich feilschte Kommerzienrat Emil Loeffellad

21 Präsidium der Regierung von Schwaben und Neuburg an das Staatsministerium für Handel, Industrie und Gewerbe am 4.12.1925, Betreff: Vorschläge für die Verleihung des Titels des Geheimen Kommerzienrates. Zur Min. Entschl. v. 5.11.1925, No. 21374.
22 Präsidium der Regierung von Neuburg und Schwaben an das Staatsministerium für Handel, Industrie und Gewerbe. Betr.: Vorschläge für die Verleihung des Titels eines Geheimen Kommerzienrates und eines Kommerzienrates. Augsburg, den 16. Dezember 1925. Am 22. Dezember 1925 wurde ihm der Titel Kommerzienrat offiziell verliehen.
23 Bei einer Steuerprüfung wurde seine Buchführung beanstandet. Das Verfahren gegen ihn wurde letztlich gegen Bezahlung einer Ordnungsstrafe eingestellt. Bei der Überprüfung seines Leumunds beim Bezirksamt Donauwörth wurden ebenfalls keine Bedenken erhoben und dort war man »der Ansicht, dass Löffelad eine v ö l l i g e i n w a n d f r e i e , e h r e n w e r t e P e r s ö n l i c h k e i t s e i« (Hervorhebung E.R.!). Präsidium der Regierung von Schwaben und Neuburg an das Staatsministerium für Handel, Industrie und Gewerbe, Augsburg, den 16. Dezember 1925.

unmittelbar nach der Titelverleihung um die Höhe der Spende und um die zu Begünstigten. Stand ursprünglich ein Spendenbetrag von 25 000 Mark im Raume, so bot Loeffellad am 31.12.1925 dem Regierungspräsidenten folgende abgeschwächte Variante an: »Ich habe mich inzwischen auch gefragt, ob ich nicht, da die Verleihung des Kommerzienrats doch eine staatliche Angelegenheit ist, einfach der Staatsregierung einen entsprechenden Betrag zu beliebiger Verwendung zur Verfügung stellen sollte. Ich denke dabei zunächst an etwa 12 000 M; je nachdem wie mein Geschäft und die allgemeine Wirtschaftslage sich weiterentwickelt, würde ich später einen zweiten Betrag für irgend einen staatlichen oder kirchlichen Zweck zur Verfügung stellen, wobei natürlich der Zeitpunkt mir überlassen sein müsste.«[24]

Der Regierungspräsident schien dem nicht abgeneigt zu sein, erkundigte sich lediglich danach, ob eine solche Spende anonym bleiben solle oder ob er als Spender genannt werden wolle.[25]

Hier zeigt sich einmal mehr, wie sich die Bedeutung des Ehrentitels von der Kaiserzeit zur Weimarer Republik gewandelt hatte: nicht spezifische Tugenden zeichneten seine Träger aus, sondern die Höhe des gespendeten Geldbetrags für die Staatskasse[26]. Wie noch zu zeigen sein wird, fehlten Loeffellad gerade die besonderen bürgerlichen Tugenden. Allein sein Verweis darauf, dass es ihm überlassen sein müsse, wann er seine zweite Spendenrate tätigen würde, lässt erkennen, dass er von der noblen Geste des Understatements nicht viel zu halten schien. Von Beginn an stand die Verleihung des Kommerzienratstitels unter einem schlechten Stern. Wäre ein einwandfreier Leumund für die Verleihung des Kommerzienrattitels von oberster Priorität gewesen, hätte ein Emil Loeffellad nicht berücksichtigt werden dürfen. Da jedoch die Geldzuwendungen höherrangig bewertet wurden, kamen eben auch Personen in den Genuss dieses Titels, die später vor Gericht und schließlich auch mit Gefängnis bestraft wurden.

Die Titel waren für Loeffellad zweifellos und vorrangig ein Mittel zum Zweck. Er kaufte sich die Titel, einerseits zur sozialen Distinktion und andererseits, um an

24 Dr. jur. h.c. E. Loeffelad an Graf v. Spreti am 31.12.1925.
25 Der Präsident der Regierung von Schwaben und Neuburg an Seine Hochwohlgeboren Herrn Kommerzienrat Dr. Löffelad Donauwörth Gut Schellenberg, Augsburg, den 7. Januar 1926.
26 Die bayerische Beamtenschaft stellte sich den »idealen Wirtschaftsbürger« wie folgt vor: »seriös und gesellschaftlich arriviert, im gereiften Alter von 50 bis 60 Jahren, beruflich und persönlich solide, erfolgreich und sehr vermögend. Verlangt wurden überdies die bürgerlichen Tugenden: Ein Kommerzienrat sollte zuverlässig, ordentlich, ehrlich, fleißig und zielstrebig sein.« Marita KRAUSS, Bayerische Kommerzienräte (wie Anm. 3), 15.

Rüstungsaufträge zu gelangen. In den adeligen Militärkreisen waren Titel selbstverständlich und ein Emporkömmling wie Emil Loeffellad musste sich ihnen gleich machen, wollte er von selbigen anerkannt und mit Rüstungsaufträgen bedacht werden.

Der Pakt mit der »schwarzen Reichswehr«, 1924–1929

Seit 1920 hatte Loeffellad seine Maschinenfabrik fertiggestellt. Es fehlten aber die Aufträge. Die Ruhrkrise im Jahre 1923 wirkte letztlich wie ein Katalysator für die industrielle Rüstungsproduktion und damit für den Produktionsbeginn in der ersten Donauwörther Fabrik. Der von der Reichsregierung im Zuge der Ruhrkrise eingerichtete Ruhrfonds im Frühjahr 1923 sollte die Verteidigungsbereitschaft des Reiches fördern. Mit den bereit gestellten Geldern sollten Rüstungseinkäufe im Ausland getätigt und legale und illegale Waffenfabriken mit Maschinen im Inland ausgestattet werden[27]. Illegal waren diese Rüstungsaktivitäten insofern, als die Auflagen des Versailler Vertrags eine nur sehr beschränkte militärische Aufrüstung erlaubte. Wie Rüdiger Bergien überzeugend darlegt, gab es in der Weimarer Republik einen parteiübergreifenden Konsens für eine verteidigungsbereite starke Reichswehr. Man stimmte darin überein, dass einerseits die Manöver der »Schwarzen Reichswehr« an der deutschen Ostgrenze unterstützt werden sollten. Andererseits sollte das Heer soweit ausgerüstet sein, dass es die Republik gegen einen Übergriff aus Westen, wie er sich in der Ruhrbesetzung durch französische und belgische Truppen 1923 ereignete, verteidigen konnte. Loeffellads Maschinenfabrik war eine dieser illegalen Betriebe zur Aufrüstung der Reichswehr[28].

Im April 1924 kam es zu geheimen Verhandlungen zwischen Dr. Loeffellad und dem Heereswaffenamt (HWA). Zweierlei Gründe sprachen für die Auswahl des Donauwörther Standorts als illegale Rüstungsfabrik: Zum einen lag Donauwörth im Binnenland der Republik, besaß also einen zweifellos geostrategischen Vorteil gegenüber Fabriken im Ruhrgebiet, die von Frankreich eingenommen werden

---

27 Rüdiger Bergien, Die bellizistische Republik. Wehrkonsens und »Wehrhaftmachung« in Deutschland 1918–1933. München 2012, 126.
28 Ernst Willi Hansen, Reichswehr und Industrie. Rüstungswirtschaftliche Zusammenarbeit und wirtschaftliche Mobilmachungsvorbereitungen 1923–1932, Boppard am Rhein; 1978, 59 ff. Eine weitere die »Schwarze Reichswehr« ausstattende Fabrik war beispielsweise die Spinnerei Fürstenberg. Dagegen bestimmte der Versailler Vertrag die Simsonswerke in Thüringen zum alleinigen legalen Ausrüster der Reichswehr. Vgl. Ulrike Schulz, Simson. Vom unwahrscheinlichen Überleben eines Unternehmens 1856–1993, Göttingen 2013, 82.

konnten oder gegenüber solchen in Schlesien, welche zu nahe an der bedrohten Ostgrenze zu Polen lagen. Zum anderen bedurfte es eines Unternehmers, der keine Bedenken gegen die illegale Rüstungsproduktion hegte und bereit war, uneingeschränkt für und in enger Zusammenarbeit mit dem HWA gegen die Bestimmungen des Versailler Vertrags zu verstoßen. Dr. Emil Loeffellad erfüllte alle diese Bedingungen.

Am Ende der mündlichen Verhandlungen erhielt Loeffellad vom Reichswehrministerium (RWM) die Zusage über einen Betrag von vier Millionen Reichsmark zur Einrichtung seiner Fabrik, um die Aufträge des HWA ausführen zu können[29]. Da von diesem Betrag allein anderthalb Millionen in die maschinelle Ausstattung des Betriebs flossen, war das RWM auch anteilsmäßig an ihm beteiligt[30]. Mit der staatlich finanzierten Ausrüstung der Maschinenfabrik Donauwörth wurde der Grundstein für privat betriebene Rüstungsbetriebe gelegt, die sich in partiellem Staatsbesitz befanden. Die Nationalsozialisten sollten diese privat-staatliche Produktionspartnerschaft später über das Montansystem perfektionieren[31]. An der Maschinenfabrik Dr. Loeffellad wurde 1934 das Exempel statuiert.

Nur ein Jahr nachdem die Maschinenfabrik ihre Produktion aufgenommen hatte, entschied das HWA, »wegen Streitigkeiten zwischen einer Dienststelle des Waffenamts und einer nicht für Heereslieferungen zugelassenen privaten Lieferfirma« den gesamten Schriftverkehr der »Stahl- und Maschinen-Gesellschaft m.b.H.«, kurz: Stamag, zu übertragen. Ob es sich bei dieser »privaten Lieferfirma« um die Maschinenfabrik Loeffellad handelte, ist nicht bekannt. Unabhängig davon könnten die in die Öffentlichkeit gelangten Informationen infolge einer Steuerprüfung und der Beschwerde über nicht vorhandene Buchführung zum Ärgernis bei den Militärs im HWA beigetragen und aus ihrer Sicht die Geheimhaltung der illegalen Rüstungsproduktion gefährdet haben. Die mündlichen Verabredungen von 1924 wurden somit im April 1926 in ein schriftliches Vertragsverhältnis zwischen der Stamag und Dr. Loeffellad überführt[32]. Die Stamag war ein Privatunter-

29 Stadtarchiv Donauwörth, Mag. II. R11/F6/K5 »L«. Die Frage, wie diese Anschubfinanzierung zu interpretieren war (als Darlehn oder als »Judaslohn«), sollte sich wenige Jahre später zu einem zentralen Streitpunkt zwischen HWA und Loeffellad entwickeln.
30 BayHStA, MHIG 5216, Der Bayerische Stellv. Bevollmächtigte zum Reichsrat, Ministerialdirektor Sperr an das Staatsministerium des Äussern, Berlin, den 15. Oktober 1928.
31 Siehe unten. Vgl. Barbara HOPMANN, Von der MONTAN zur Industrieverwaltungsgesellschaft (IVG) 1916–1951, Stuttgart 1996 und Karl NUSS, Einige Aspekte der Zusammenarbeit von Heereswaffenamt und Rüstungskonzernen vor dem zweiten Weltkrieg. In: Zeitschrift für Militärgeschichte, Band 4, 433–443.
32 BayHStA, MHIG 5216, Vertrag zwischen Stamag und Loeffellad (Formular).

nehmen, dessen Inhaber Wolf G. Schleber zugleich mehrheitlicher Anteilseigner der Spinnerei Fürstenberg war, die ebenfalls zu den »schwarzen Fabriken« zählte[33]. Er bzw. die Stamag trat als Vertragspartner und Auftraggeber der geheimen Rüstungsproduktion auf, so dass das Reichswehrministerium nicht in Erscheinung treten musste[34]. Durch die finanziellen Einlagen in die Fabrik war die Stamag zwar am Unternehmen beteiligt, erwartete im Gegenzug keine Gewinnbeteiligung, jedoch Einsichtnahme in die Bücher und damit eine gewisse Kontrolle über den Betrieb[35]. Diese Konditionen sollten sich wenige Jahre später als Stolperstein in der sehr eigenwilligen Geschäftsführung von Dr. Loeffellad erweisen und schließlich zu seiner Enteignung führen.

Da die Rüstungsaufträge einerseits die Auslastung des Werks nicht gewährleisteten und andererseits geheim bleiben mussten, vermittelte das Reichswehrministerium Dr. Loeffellad auch zivile Aufträge von der Reichsbahn. Somit produzierte die Maschinenfabrik offiziell und zur Tarnung Pufferhülsen für die Bahn, aber inoffiziell und hauptsächlich Geschosshülsen für die Reichswehr[36]. Nach Aussagen des damaligen Betriebsingenieurs Josef Stegmüller wusste selbst die Belegschaft nichts von der Munitionsproduktion, da »die Arbeiter lediglich mit Halbfabrikaten in Berührung kamen und die Endprodukte nicht kannten. So verließen etwa die halbfertigen Artilleriegranaten als Autozylinder getarnt das Werk und wurden auf dem Gut des Dr. Loeffellad, auf dem rund 100 Mann beschäftigt waren, in einer Halle fertig gestellt, bevor sie auf Lastkraftwagen nach Ingolstadt transportiert wurden, wo die Reichswehr sie abnahm.«[37]

Die Maschinenfabrik nahm Anfang 1925 in Donauwörth ihre Produktion auf. Nur knapp drei Jahre später geriet sie in Zusammenhang mit der Lohmann-Affäre 1927 unter massiven politischen Druck und musste zu Beginn der Weltwirtschaftskrise, im Dezember 1929 ihre Tore schließen. Unabhängig von den äußeren Bedingungen der Weltwirtschaftskrise führten insbesondere interne Gründe zu den politischen Verwerfungen mit dem Heereswaffenamt. Dabei war die sehr eigenwillige Betriebsführung ihres Eigentümers der Stein des Anstoßes. Denn er

33 HOPMANN, Von der Montan zur Industrieverwaltungsgesellschaft, 28 (wie Anm. 31), Fn. 52.
34 Ebd., 8 und Ernst Willi HANSEN, Reichswehr und Industrie (wie Anm. 23), S. 60 und S. 118.
35 BayHStA, MHIG 5216, Vorvertrag zwischen Dr. Loeffellad und der Stamag 1926 (ohne Unterschrift). Vgl. Till LORENZEN, BMW als Flugzeugmotorenhersteller 1926–1940: staatliche Lenkungsmaßnahmen und unternehmerische Handlungsspielräume, München 2001, 68.
36 BayHStA, MHIG 5216, Der Bayerische Bevollmächtigte zum Reichsrat, Ministerialdirektor Sperr an das Staatsministerium des Äusseren, Berlin, den 15. Oktober 1928.
37 Zit. nach Willi HANSEN, Reichswehr und Industrie (wie Anm. 28), 60.

scherte sich wenig um die Einhaltung von Lieferfristen. Er lieferte der Reichsbahn mangelhafte Puffer oder besserte solche unerlaubterweise nach. Auch im Umgang mit seinen Arbeitern und Angestellten war er als herrischer und keinen Widerspruch duldender Chef gefürchtet[38]. Alles entscheidend war jedoch, dass die führenden Militärs im HWA das Vertrauen in ihn als zuverlässigen Partner in der geheimen Rüstungsproduktion verloren hatten[39]. Hinzu kam, dass im Zuge der Lohmann-Affäre die Kontrollinstanzen zur Finanzierung der »schwarzen Reichswehr« auf das Reichsfinanzministerium und den Rechnungshof ausgeweitet und damit eine genauere Überwachung der illegalen Rüstungsausgaben vorgenommen worden war, so dass eine ineffiziente Verwendung von Reichsmitteln in einer ohnehin komplizierten politischen Konstruktion selbst im engen Kreis der Eingeweihten zu unangenehmen Fragen geführt hätte[40].

Nach erneuten Lieferverzögerungen aus der Loeffelladschen Maschinenfabrik im September 1928 waren sich schließlich das HWA und der Reichswehrminister Groener einig, dass Loeffellad ein unkalkulierbares Risiko für die Vergabe illegaler Staatsausgaben darstellte. In ihrem Auftrag kündigte die Stamag am 16. Oktober 1928 den Liefervertrag mit Dr. Emil Loeffellad. Dieser lehnte die Kündigung entschieden ab und pochte auf Einhaltung des Vertrags. Fortan war die Kommunikation auf beiden Seiten nachhaltig gestört und alle weiteren Gespräche zur Lösung der Frage nach der künftigen Nutzung des Betriebs konnten nur noch indirekt, also über Vermittler geführt werden.

Vertragskündigung und Schließung der Fabrik 1929

Die sich anschließenden Verhandlungen und ihre Beteiligten geben Aufschluss über die vielschichtige Interessenkonstellation, die sich um den Erhalt der Maschinenfabrik bemühte. Zum einen waren maßgeblich das HWA und der Reichswehrminister an einer Lösung mit Dr. Loeffellad interessiert. Daneben bemühte sich

38 In der Berichterstattung über den Prozess gegen Emil Loeffellad schrieb die Neue Augsburger Zeitung am 2. März 1932 (Nr. 50): »der Besitzer dieses Werkes, Kommerzienrat h.c. Löffellad, ein von seinen Arbeitern und Angestellten gleich gefürchteter Mann ...«. Betitelt war dieser Bericht mit »Der nordschwäbische ›Stinnes‹ vor Gericht«.
39 BayHStA, MHIG 5216, Der Bayerische Stellvertretende Bevollmächtigte zum Reichsrat, Ministerialdirektor Sperr an das Staatsministerium des Äusseren, Berlin, den 15.10.1928.
40 Größte Sorge der an der Geheimfinanzierung der Rüstungsbetriebe beteiligten Politiker und Militärs des sogenannten Mitprüfungsausschusses war, dass der Reichstag und damit die Öffentlichkeit von dieser illegalen Finanzierung erfahren könnten.

aber auch die Bayerische Staatsregierung um den Standorterhalt und schließlich agierte ein Netzwerk aus persönlichen Beziehungen zu Reichs- und Landtagstagsabgeordneten, wie der Donauwörther Oberbürgermeister Samer und zwei Politiker aus den Südländern Baden und Württemberg als Unterstützer und Vermittler zwischen den Streitparteien. Der politische Hauptakteur, Minister Groener, legte auf Grund der schlechten und immer wieder in Verzug geratenen Warenlieferungen keinen Wert auf eine weitere Zusammenarbeit mit Dr. Loeffellad.

Seit der Institutionalisierung und Quasi-Legalisierung der Finanzierung der »Schwarzen Reichswehr« durch die Einsetzung des Mitprüfungsausschusses im April 1928 unterlagen die Sonderhaushaltsmittel für die Reichswehr nicht nur den strengen Anforderungen der Wirtschaftlichkeit, sondern letztendlich auch der Verantwortlichkeit des Reichswehrministers[41]. Deshalb konnte Groener keine Ausgaben mehr rechtfertigen, denen einerseits eine mangelhafte Produktion zugrunde lag und die andererseits einen Fabrikherrn finanzierten, der durch seinen impulsiven und herrischen Charakter das Potential einer zweiten Lohmann-Affäre in sich trug[42]. Folglich kündigte er Loeffellad die Zusammenarbeit auf, genau einen Tag vor der entscheidenden Kabinettssitzung am 18.10.1928, in welcher die Vertreter der Reichswehrführung das Kabinett über die Hintergründe der Lohmann-Affäre und den Geheimfonds der Reichswehr aufklärten[43].

Groeners Vorgehen im Fall Loeffellad glich der Quadratur des Kreises. Denn er versuchte die illegale Geheimrüstung, die zudem in einem halbstaatlichen Rüstungsbetrieb erfolgte, in legale Bahnen zu lenken. Im Fazit bedeutete seine Entscheidung die weitgehende Übernahme der Kontrolle des Reichswehrministeriums über die Maschinenfabrik Donauwörth. Eine Voraussetzung hierfür war die Rechtmäßigkeit der Vertragskündigung und der ordnungsgemäße Abschluss der Lieferbeziehungen. Da Groener die anschließenden Verhandlungen mit Dr. Loef-

---

41 Der Mitprüfungsausschuss setzte sich paritätisch zusammen »aus dem Staatssekretär des Reichsfinanzministeriums, dem Präsidenten des Rechnungshofs und dem Staatssekretär des jeweils in Betracht kommenden Ressorts, für das Heer aus dem Chef der Heeresleitung und für die Marine aus dem Chef der Marineleitung.« Michiyoshi Oshima, Die Bedeutung des Kabinettsbeschlusses vom 4. April 1933 für die autonome Haushaltsgebarung der Wehrmacht, in: FinanzArchiv/Public Finance Analysis. New Series, Band 38, H. 2 (1980), 197. Zu der Rentabilität der eingesetzten Sondermittel für die Reichswehr: 200.
42 Neben der Unpünktlichkeit der Lieferungen, bemängelte vor allem die Reichsbahn, »dass er, obwohl selbst nicht technisch gebildet, auch in technischen Dingen die Führung beanspruchte, sodass die Leistungen seines Werks längere Zeit nicht befriedigten.« BayHStA, MHIG 5216. Der Bayerische Ministerpräsident Held an Ministerialdirektor Sperr, 23.12.1928.
43 Oshima, Die Bedeutung (wie Anm. 41), 199.

fellad als nicht zielführend einschätzte, legte er ihm nahe, das im Vertrag vereinbarte Schiedsgericht anzurufen[44]. Kompromisse mit Dr. Loeffellad war er nicht mehr bereit einzugehen und orientierte sich stattdessen eher auf einen Nachfolger Loeffellads samt einer eventuellen Neuausrichtung der Produktion in der Maschinenfabrik.

Als zweiter Akteur trat das Bayerische Staatsministerium in Erscheinung. Es nahm eine Art Zwitterposition zwischen Reichsregierung und Dr. Loeffellad ein, wobei sein Interesse weniger der Unterstützung seines Besitzers galt als vielmehr dem Erhalt des Produktionsstandorts. Denn in Donauwörth befand sich das einzige Werk in ganz Bayern, welches die nötigen Kapazitäten besaß, um Geschosse für die »schwarze Reichswehr« zu produzieren und schwere Teile für die Reichsbahn zu liefern[45]. Bayern hatte, wie jedes andere Land im Reich auch, größtes Interesse, Staatsaufträge zu erhalten und damit die Beschäftigung einer großen Zahl an Arbeitern zu sichern[46]. Der Vorschlag, die Maschinenfabrik in die Obhut der Bayerischen Staatsregierung zu nehmen, wurde von Ministerialdirektor Sperr jedoch abgelehnt[47].

Schließlich konstituierte sich ein kleiner Unterstützerkreis um Emil Loeffellad, der als Vermittler zwischen den Streitparteien auftrat. Dieser bestand zum einen aus Michael Samer, der in seiner Funktion als Donauwörther Oberbürgermeister und Bayerischer Landtagsabgeordneter (Bayerische Volkspartei) als Mittelsmann zur Bayerischen Staatsregierung fungierte, zum anderen aus dem Stuttgarter Oberregierungsrat und Badischen Reichstagesabgeordneten Gustav Beißwänger

---

44 Nach dem Ersten Weltkrieg entwickelte sich die Schiedsgerichtsbarkeit als »wesentlicher Stabilisierungsfaktor« bei Streitigkeiten zwischen »wirtschaftlichen, Verbände(n), Kartelle(n) und sonstigen Vereinigungen«. Ordentliche Gerichte wurden immer seltener angerufen und die Schiedsklausel in (internationalen) Verträgen mit der damit verbundenen Unterwerfung unter das Schiedsgericht wurde zur Regel. Knut Wolfgang Nörr, Zwischen den Mühlensteinen. Eine Privatrechtsgeschichte der Weimarer Republik, Tübingen 1988, 233ff.

45 Bereits zu Beginn der Verhandlungen nahm Ministerialdirektor Sperr, der Bayerische Stellvertretende Bevollmächtigte zum Reichsrat, deutlich Stellung für die Maschinenfabrik und gegen Loeffellad: »(...) brachte ich General Ludwig gegenüber zum Ausdruck, dass an der Person Loeffler der Bayerischen Regierung kaum viel gelegen sein werde. Dagegen habe sie ein Interesse daran, dass eine derartige »schwarze« Geschossfabrik sich auch in Bayern befinde und dass die Stillegung des Werkes vermieden werde.« Ebd.

46 In einer Diskussion im Bayerischen Landtag am 18. Juni 1931 empörte sich der sozialdemokratische Abgeordnete Erhard Kupfer über die mangelnde Gewerbeaufsicht des Freistaates in der Maschinenfabrik Loeffellad und der Ausbeutung der Arbeiter durch den Fabrikbesitzer. Sie sei daher mitverantwortlich für den Entzug der Aufträge durch die Reichsbahn. Bayerischer Landtag, Verhandlungen 1919–1933, 123. Sitzung vom 18. Juni 1931, 941.

47 BayHStA, MHIG 5216, Sperr an Schenk am 4. März 1929.

und dem Landgerichtsdirektor und Württembergischen Reichsabgeordneten Alfred Hanemann. Loeffellads Netzwerke nach Stuttgart und in die Tübinger Universität zahlten sich jetzt aus: Als Mitbegründer der Deutschnationalen Volkspartei (DNVP) in Stuttgart und Mitglied von dessen regionalem Ableger, der »Bürgerpartei«, hatte der evangelische Theologe Beißwänger politische Beziehungen zu einflussreichen Abgeordneten im Reichstag, wie den Badischen Vertreter der DNVP, Alfred Hanemann[48]. Dr. Loeffellad war zwar kein Parteimitglied der DNVP (es gab keinen Ortsverein in Donauwörth), aber, in den Worten des späteren Donauwörther NSDAP-Ortsgruppenleiters und Bürgermeisters Wilhelm Schoeners, »ein eifriger Förderer des Stahlhelms«[49]. Der Stahlhelm war ein antirepublikanischer, rechtsnationaler Frontkämpferbund, der enge Beziehungen zu der DNVP und auch NSDAP pflegte[50]. Es ist anzunehmen, dass Dr. Loeffellad diesen weniger auf Grund seiner politischen Ansichten unterstützte, sondern vornehmlich wegen seiner exklusiven Beziehungen zur Reichswehr, deren Aufträge er für seine Maschinenfabrik brauchte. Dieses Geflecht aus regionalen, politischen und konfessionellen Identitäten erhellt die Verbindungen zwischen Beißwänger, Loeffellad und Hanemann, die sich dem damaligen bayerischen Ministerialdirektor Sperr noch verschlossen hatten[51].

Aufgrund der konträren und unversöhnlichen Positionen beider Parteien (Ausscheiden Loeffellads vs. Fortsetzung des Vertrags) zogen sich die Streitigkeiten von Oktober 1928 (Vertragskündigung) bis Dezember 1929 (Fabrikschließung) hin, ohne dass irgendwelche konkreten Ergebnisse erzielt werden konnten. Ende April 1929 erklärte Reichswehrminister Groener die Verhandlungen mit Dr. Loeffellad für beendet, der daraufhin notgedrungen das Schiedsgericht anrufen musste[52]. Der

---

48 Michael KISSENER, Richter der alten Schule. Alfred Hannemann, Eduard Mickel, Landgerichtspräsidenten und Vorsitzende des Sondergerichts Mannheim, in: Michael KISSENER/Joachim SCHOLTYSEK (Hg.), Die Führer der Provinz. NS-Biografien aus Baden und Württemberg, Konstanz 1997, 201–224.
49 Bundesarchiv Berlin-Lichterfelde (künftig: BArch), R 9361 II 6476843, Bl. 1184N Ortsgruppenleiter Schoner an die NSDAP Kreisleitung Donauwörth, 19. Juli 1938. NS-Parteiakten »Emil Löffellad«.
50 Ortsgruppenleiter Schöner bezeichnete Loeffellad 1938 auch als »großen Gegner der NSDAP«. Ebd.
51 BayHStA, MHIG 5216, Sperr an das Staatsministerium des Äusseren. Am 15. Oktober 1928 schrieb Sperr an Schenk, dass sich Hanemann »beim Reichswehrministerium schon wiederholt für die Fa. Loeffler in Donauwörth eingesetzt« hat. »Wie es dazu kam, war nicht festzustellen.«
52 Mit der Weigerung Loeffellads, eine weitergehende Betriebsprüfung als vertraglich vereinbart zuzulassen, war jeglicher Verhandlungsspielraum erschöpft. Loeffellad fürchtete, dass ihm durch eine intensive Betriebsprüfung seine Fabrik weggenommen werden könnte, während das RWM sich einen Überblick über den Warenbestand, Liquidität und Rentabilität der Maschinenfabrik Donau-

Ausbruch der Weltwirtschaftskrise im Oktober 1929 und das zudem von der Reichsbahn angestrengte Gerichtsverfahren gegen Dr. Emil Loeffellad wegen Betrugs verschoben die Einsetzung des Schiedsgerichts um weitere zwei Jahre, so dass dieses letztlich erst im November 1931 von Loeffellad angerufen werden konnte bzw. musste[53].

Vergleichsspruch des Schiedsgerichts und die »Lex Loeffelladenis«

Der Prozess der Entscheidungsfindung zwischen Anrufung des Schiedsgerichts und Enteignung Loeffellads kann in drei Phasen unterteilt werden, die quer zu der Machtübernahme der Nationalsozialisten liegen. Zunächst die Phase der Urteilsfindung des Schiedsgerichts zwischen November 1931 und Juni 1932. Spätestens ab September 1933 kommen die Machtorgane der NSDAP, vor allem die SA und die SS mit ins Spiel, und Ende Dezember 1933 führen die bis dato fruchtlosen Verhandlungen mit Eintritt Eugen Böhringers, des Geheimrats und Vorstandvorsitzenden der Maxhütte in Sulzbach-Rosenberg, in den Kreis der Akteure zu einer Lösung, die die Enteignung Dr. Loeffellads zur Folge hatte.

Der Vertrag zwischen Emil Loeffellad und der Stamag vom 1. Juni 1927 enthielt – wie damals üblich[54] – eine Schiedsgerichtsklausel[55]. Streitigkeiten zwischen den Unternehmen oder zwischen Unternehmen und dem Reich wurden dadurch den ordentlichen Gerichten entzogen und privatrechtlich über ein Schlichtungsverfahren einer Lösung zugeführt. Dr. Loeffellad schien nur geringes Vertrauen in ein derartiges Schiedsverfahren zu haben, weshalb er lange zögerte, selbiges überhaupt

wörth verschaffen wollte, um zu entscheiden, ob und gegebenenfalls wie in Donauwörth weiter produziert werden konnte.
53 BayHStA, MHIG 5216, Sperr an Schenk, 11. September 1929. Im Sommer 1929 musste Loeffellad mangels Aufträge seine Fabrik schließen. Statt jedoch das Schiedsgericht anzurufen, drohte er die Sache vor den Reichstag zu bringen. In Übereinstimmung mit dem Reichswehrministerium beurteilte der bayerische Ministerialdirektor Sperr die »Verwirklichung dieser Drohung« in seiner außenpolitischen Wirkung als »überhaupt ungünstig«.
54 NÖRR, Zwischen den Mühlensteinen (wie Anm. 44), 231.
55 Die Institution der Schiedsgerichte wurde zur Sicherstellung des Kriegsbedarfs während des Ersten Weltkriegs eingerichtet. Nach den veränderten Anforderungen in der Weimarer Republik wurden diese per Erlass des Reichswirtschaftsministers vom 20.5.1919 in Reichswirtschaftsgerichte umbenannt. Siehe Hans KLINGER, Reichswirtschaftsgericht und Kartellgericht, in: Staatsbürger und Staatsgewalt. Verwaltungsrecht und Verwaltungsgerichtsbarkeit in Geschichte und Gegenwart Band 1, hg. v. Helmut R. KÜLZ, Karlsruhe 1963, 103–116, hier 104. Da in den Quellen ausschließlich von Schiedsgericht die Rede ist, soll dieser Begriff hier beibehalten werden.

anzurufen[56]. Um dem Stillstand in den Verhandlungen und in der Produktion zu beheben, sah er sich aber gezwungen es Anfang November 1931 einzuschalten. Es war »überwiegend als Tatsacheninstanz tätig« und suchte die Ansprüche beider Seiten objektiv zu klären[57]. Gegenstand der Auseinandersetzung war zum einen generell die Frage nach der Gültigkeit des Vertrags, woraus sich eine Abnahmepflicht des HWA ergeben hätte, und zum anderen die unterschiedlichen finanziellen Forderungen der jeweiligen Vertragspartner. Um letztere festzustellen, beauftragte das Schiedsgericht umgehend die Deutsche Revisions- und Treuhand AG in Berlin und später die Schwäbische Treuhand AG in Stuttgart. Während die Berliner Treuhand ihre Prüfungen auf Grund des obstruktiven Verhaltens von Dr. Loeffellad nicht zu Ende führen konnte, erstellte die Schwäbische Treuhand einen Bericht, der von den Ergebnissen der Berliner Treuhand erheblich abwich. Bezifferten die Stuttgarter Loeffellads Schulden mit RM 13 578,91, errechnete die Berliner Treuhand einen Betrag von RM 240 397,42[58].

Das Zustandekommen der Beträge ist im Falle der Berliner Treuhandgesellschaft undurchsichtig. Zum einen vermerken die Rechnungsprüfer, dass sie auf Grund der nicht zur Verfügung gestellten Unterlagen in Donauwörth die Prüfung nicht zu Ende führen konnten und deshalb zur Ergänzung Unterlagen der Stamag benutzten. Dennoch wurde ihr unvollständiger Bericht vom 28. November 1931 kurz vor Erscheinen der Ergebnisse der Schwäbischen Treuhand am 1. Mai 1932 erneut revidiert, da die Stamag am 12. Mai 1931 veränderte Zahlen vorgelegt hatte[59]. Welche Zahlen nun den Tatsachen entsprechen, ist schwer nachvollziehbar. Fakt ist, dass die Berliner Treuhand den nachgereichten Zahlen der Stamag Glauben schenkte, wodurch sich ein zunächst errechnetes Guthaben Loeffellads von RM

56 Nach Nörr benachteiligte das Schiedsgerichtswesen die schwächere Partei, da »rechtsstaatliche Garantien wie Unparteilichkeit der Gerichte oder rechtliches Gehör (weg) fielen.« Außerdem waren seine Entscheidungen »stets endgültig und durch ein Rechtsmittel auch in den Fällen nicht anfechtbar, in denen das Gericht in erster und einziger Instanz entschieden hatte.« Siehe KLINGER, Reichswirtschaftsgericht (wie Anm. 55), 109.
57 Ebd., 229.
58 BayHStA, MHIG 5216. Der Grund seiner Obstruktion lag in seiner nicht zu Unrecht gehegten Befürchtung, dass eine gründliche Betriebsprüfung nicht nur die Forderungen und Verbindlichkeiten beider Seiten klären sollte, sondern dass es dem Reichswehrministerium in erster Linie um eine Wirtschaftlichkeitsprüfung seiner Fabrik ging, die letztlich auf einen Zwangsverkauf hinauslaufen sollte. Dr. Emil Loeffellad an Herrn Landgerichtsdirektor Dr. Hanemann M.d.R., Berlin 6.3.1929.
59 BArch, R 8135/4532, Bericht der Deutschen Revisions- und Treuhand-Aktiengesellschaft Berlin über eine in Sachen Dr. E. Loeffellad, Donauwörth, von uns vorgenommene Abstimmung, 15. Juni 1932, Bl. 1.

337 101,09 in eine Schuld von RM 240 397,42 wandelte[60]. Für das Schiedsgericht reduzierten die Schulden den Verkaufswert der Donauwörther Maschinenfabrik, den es in seinem Vergleichsvorschlag im Herbst 1933 auf RM 650 000 ansetzte und dem Reichswehrministerium nahelegte, die Fabrik für diese Summe abzulösen.

Neben der Klärung der finanziellen Streitigkeiten hatte das Schiedsgericht auch darüber zu entscheiden, ob der am 1. Juni 1927 geschlossene Vertrag zwischen der Stamag und Dr. Loeffellad zu Recht bestehe und damit die Reichswehr verpflichtet sei, nicht nur fertige auf dem Werksgelände lagernde Waren abzunehmen, sondern auch weiterhin Aufträge zu erteilen. Da das Schiedsgericht dies bejahte, befand sich das Reichswehrministerium in einer Konfliktlage, zumal General von Bockelberg und Oberst Leeb vom Heereswaffenamt unter keinen Umständen mehr mit Loeffellad zusammen arbeiten wollten, aber keinesfalls eine Austragung der Streitigkeit vor einem ordentlichen Gericht auf Grund der illegalen Waffenproduktion zulassen konnte.

Da Dr. Loeffellad dieses Kaufangebot erwartungsgemäß ablehnte, folgte das Reichswehrministerium einer Doppelstrategie: zum einen setzte es auf die Bayerische Staatsregierung als Mittler in den Verhandlungen über den Kauf der Maschinenfabrik und zum anderen löste es den bestehenden Vertrag schlichtweg auf. Möglich wurde dieser Schritt durch ein am 10. Oktober 1933 von Reichskanzler Hitler, dem Justizminister Dr. Gürtner und dem Finanzminister Graf Schwerin von Krosigk erlassenes »Gesetz über die schiedsgerichtliche Erledigung privatrechtlicher Streitigkeiten des Reiches und der Länder«. Dort hieß es in Paragraph 2: »Von derartigen Vereinbarungen kann jedoch das Reich, sofern nicht der Schiedsspruch bereits erlassen ist (…) zurücktreten; der Rücktritt ist nur bis zum 31. Januar 1934 zulässig.«[61] Vor dem Hintergrund dieses Gesetzes unterließ es das Schiedsgericht, am 11. November 1933 noch zusammen zu treten, und wenige Tage später erklärte das Reichswehrministerium seinen Rücktritt vom Vertrag[62]. Sowohl sein Inhalt als auch die zeitliche Koinzidenz des Gesetzes mit dem bevorstehenden Schiedsspruch in Sachen Loeffellad erlauben es von einer »Lex Loeffelladensis« zu sprechen. Um einen störrischen Donauwörther Kleinunternehmer in

60 Frank PEGA, Die Tätigkeit der Deutschen Revisions- und Treuhand AG, München 2010. Im Zusammenhang mit der Arisierung von Banken verweist der Autor »einseitige Parteinahme zugunsten der erwerbenden Bankinstitute«, 238. https://edoc.ub.uni-muenchen.de/11671/1/Pega_Frank.pdf (23.08.2017).
61 http://www.verfassungen.de/de/de33–45/privatstreit-reich-laender33.htm vom 17.08.2017.
62 BayHStA, MHIG 5216 Vorlage von Ministerialdirigent Schenk zu »Munitionsfabrik Loeffelad [sic!] in Donauwörth« am 17.11.1931.

die Schranken zu weisen, sahen sich Hitler und seine Minister genötigt, eigens ein Gesetz zu formulieren.

Am 21. November 1933 fand im Bayerischen Wirtschaftsministerium die letzte Verhandlungsrunde zwischen den Streitparteien statt. Es trafen sich Oberst Leeb und sein Mitarbeiter Hauptmann Matzki nebst einem juristischen Berater mit dem SA Gruppenführer und Leiter der Staatskanzlei General von Hörauf und dem Donauwörther Bürgermeister Dessauer. Anschließend verhandelte der General getrennt mit Kommerzienrat Dr. Loeffellad und dessen Begleiter, dem ehemaligen Donauwörther Oberbürgermeister Michael Samer[63]. Hier signalisierte Loeffellad scheinbar Kompromissbereitschaft, stellte aber kurz darauf über den Vertreter des RWM vor dem Schiedsgericht, Dr. Hanemann, unannehmbare Bedingungen an das RWM: entweder Verbleib in der Maschinenfabrik oder eine Ablösesumme in Höhe von ein bis zwei Million Mark. Daraufhin war der Gesprächsfaden mit dem RWM endgültig abgerissen[64]. Auch die Verhandlungen des Geheimrats Eugen Böhringer, dem Vorstandschef der Maxhütte in Sulzbach-Rosenberg, im Februar 1934 blieben ergebnislos. Sein Vorschlag, Loeffellad die Maschinenfabrik zu einem höheren Preis abzukaufen als das Schiedsgericht vorsah, implizierte jedoch zusätzliche Kosten, die als Subventionen von der Stadt Donauwörth und dem Freistaat Bayern hätten getragen werden müssen[65]. Die Kommune, der Freistaat und die Maxhütte hätten ein Konsortium bilden sollen, welches die Maschinenfabrik hätte übernehmen sollen. Da einerseits aber weder der Freistaat noch die Stadt Donauwörth bereit waren, in Vorleistung zu gehen, andererseits Dr. Loeffellad auch nicht von seinen hohen Forderungen abließ, musste eine andere Lösung gefunden werden. Denn das Reichswehrministerium verfolgte seit Dezember 1933 das Konstrukt eines bayerischen Produktionsrings. Dieser umfasste die Maxhütte in Sulzbach-Rosenberg als Eisen- und Stahllieferant, die Maschinenfabrik Donauwörth als verarbeitender Standort und die Geschütz- und Geschossgießerei in Ingolstadt als zentraler Abnehmer der Rohlieferungen. Insofern hatten sich die Militärs bereits Ende des Jahres 1933 unzweideutig für den Produktionsstandort Donauwörth entschieden und suchten nur noch nach einer schnellen Lösung für die Übernahme der Maschinenfabrik ohne ihren bisherigen Besitzer.

63 BayHStA, MHIG 5216, Schenk an Sperr, 21.11.1933.
64 BayHStA, MHIG 5216, General von Bockelberg an den Gesandten Sperr, 28.11.1933.
65 Die Stadt Donauwörth hätte Loeffellad die Gewerbesteuern erlassen müssen und der Freistaat hätte weitere Kosten als zinsloses Darlehn der Maxhütte (und damit dem Flickkonzern) zur Verfügung stellen sollen. BayHStA, MHIG 5216, Vermerk von Ministerialdirektor Schenk am 4.1.1934.

Netzwerke und Sympathisanten

Nach dem Scheitern der Verhandlungen zwischen Böhringer und Dr. Loeffellad im März 1934 schickte Berlin deutliche Aufforderungen nach München, bei einer Enteignung des Fabrikbesitzers aktiv Hilfe zu leisten. Den Forderungen des Ministerialdirektors im Reichswirtschaftsministerium Paul Josten, die Enteignung Dr. Loeffellads auf der Grundlage der »Verordnung zum Schutze von Volk und Staat« herbeizuführen, lehnte der Ministerialdirektor im bayerischen Wirtschaftsministerium Joseph Wilhelm Schenk mit dem Verweis ab, dass dieses »zur Abwehr kommunistischer staatsgefährdender Gewaltakte erlassen [wurde], so dass ihre Anwendbarkeit zweifelhaft ist«[66].

Hier liegt ein wesentlicher Unterschied zu dem ersten Enteignungsakt im nationalsozialistischen Deutschland, dem Vorgehen gegen den Flugzeugbauer Hugo Junkers in Dessau. Die anhaltinischen Nationalsozialisten nutzten eben diese Verordnung, um die engsten Vertrauten von Hugo Junkers zu inhaftieren und so Druck auf ihn auszuüben, seine Patentrechte abzutreten[67]. Die Gesetzestreue des bayerischen Ministerialbeamten verzögerte zwar das rabiate Vorgehen der SS gegen den unliebsamen Fabrikbesitzer in Donauwörth. Allerdings war Schenks Weigerung, das Volksverratsgesetz anzuwenden weniger seiner demokratischen Gesinnung geschuldet als vielmehr dem generell mangelnden Interesse der bayerischen Verwaltung, die Enteignung Loeffellads voranzutreiben. Diese Einsicht der unkooperativen Haltung Bayerns drängte sich schon dem damaligen Reichswehrminister Groener auf, als er bei Verhandlungen mit den bayerischen Vertretern in Berlin bemerkte, dass die »Bayerische Regierung (..) H. Loeffellad mehr (glaube) wie dem Reichswehrministerium«[68]. Unzweifelhaft divergierten die Interessen der bayerischen Verwaltung von jenen der Reichsregierung in Berlin. Neben den Bestrebungen, industrielle Arbeitsplätze in einer ländlichen bayerischen Region zu sichern, schienen die bayerischen Beamten die Rechtmäßigkeit der Vorwürfe der Regierenden in Berlin gegenüber dem Kommerzienrat Dr. Emil Loeffellad zu bezweifeln und teilten seine Befürchtungen der angestrebten Enteignung. Hinzu

66 BayHStA, MHIG 5216, Aufzeichnung von Schenk betreffend Maschinenfabrik Donauwörth (Dr. Löffelad) am 28.4.1934.
67 Lutz Budrass, Flugzeugindustrie und Luftrüstung in Deutschland, 1918–1945, Düsseldorf 1998, 325ff.
68 BayHStA, MHIG 5216, Aufzeichnung und Einschätzung der Berliner Besprechung vom 27.4.29. Referentenentwurf für ein Schreiben des Bayerischen Ministerpräsidenten an den Reichswehrminister.

kommt, dass das Landgericht Augsburg den Kommerzienrat im Revisionsverfahren am 10.07.1933 vom Vorwurf des Betrugs gegen die Reichsbahn freigesprochen hatte[69]. Es gab folglich keine nachweisbaren Fakten, dass Dr. Loeffellad die Reichsbahn, mithin auch die Reichswehr, betrogen hätte. Ferner konstatierte das Schiedsgericht 1932 die Rechtmäßigkeit des Vertrages zwischen Dr. Loeffellad und dem Reichswehrministerium und verurteilte damit implizit das Einstellen der Auftragsvergabe durch das Ministerium als unrechtmäßig. Somit verwundert es nicht, dass Lokalpolitiker und bayerische Landesbeamte, wie der Münchner Ministerialdirektor Schenk und der Donauwörther Oberbürgermeister Michael Samer (1915–1929), sich wiederholt für die Anliegen Loeffellads einsetzten. Erst mit dem Hervortreten nationalsozialistisch gesinnter und anderer ehrgeiziger Persönlichkeiten änderten sich die regional-nationalen Kräfteverhältnisse in der Auseinandersetzung um die Maschinenfabrik Donauwörth.

Als Friedrich Dessauer 1929 das Donauwörther Bürgermeisteramt von Michael Samer übernahm, verlor Loeffellad einen seiner treuesten Unterstützer in der Stadt. Dessauers oberstes Ziel war die Wiederinbetriebnahme der Fabrik, um in Donauwörth Arbeitsplätze zu schaffen. Er kooperierte nicht nur mit dem Reichswehrministerium, sondern ging auch aktiv gegen Dr. Loeffellad vor, indem er ihn mit Hilfe der politischen Polizei zwang, einen Vergleichsvorschlag anzunehmen, der vorsah, Aufträge in Höhe von jährlich 235 000 Mark auszuführen[70]. Während Dessauer vorrangig lokale wirtschaftspolitische Ziele verfolgte, die er mit Hilfe der zentralen Reichsregierung durchzusetzen versuchte, legte Ministerialdirektor Schenk vor allem Wert auf ein rechtsstaatliches Enteignungsverfahren, das im besten Falle mit Loeffellads Einverständnis zustande kommen sollte.

Wie schon bei den vorhergehenden Verhandlungen nutzte Loeffellad ein weitreichendes Netzwerk, um Unterstützung in seinem Disput mit dem Reichswehr-

---

69 Neue Augsburger Zeitung, 9.8.1933, in: Bayerisches Wirtschaftsarchiv, K 9.1 / 99. Das Land- und Schöffengericht Neuburg an der Donau befand Dr. Loeffellad am 27.2.1931 des Betruges überführt. Donauwörther Anzeigenblatt, 2.3.1931, Stadtarchiv Donauwörth.
70 BayHStA, MHIG 5216, Sperr an Schenk, Berlin 11.9.1929. Dr. Friedrich Dessauer (1881–1954) war Jurist und als Direktor der Strafanstalt Niederschönenfeld tätig, bevor er 1929 das Bürgermeisteramt in Donauwörth antrat. Seine Initiativen zur Wiederinbetriebnahme der Maschinenfabrik umfassten die Mobilisierung des Reichstagsabgeordneten für Bayern-Oberschwaben Martin Loibl und mehrfache Reisen in die Reichshauptstadt Berlin. Dieses Engagement wurde ihm Ende Dezember 1934 mit einem Sitz im Aufsichtsrat der wieder eröffneten Maschinenfabrik belohnt, den er aber schon im September 1936 wieder abgeben musste. Gründe hierfür sind in den Akten nicht zu finden. Allerdings ist anzunehmen, dass hierbei die Tatsache, dass Dessauer jüdischer Herkunft war, eine gewisse Rolle gespielt haben durfte.

ministerium zu erhalten. Nach dem Spruch des Schiedsgerichts sah sich Dr. Loeffellad in seinem Standpunkt bestätigt und suchte nach neuen Verbündeten im neuen Regime. In der Hoffnung im Streben der NSDAP nach der Hoheit in wehrpolitischen Fragen einen Verbündeten gegen das HWA zu finden, wandte er sich Ende September 1933 direkt an den bayerischen Reichsleiter General Franz Ritter von Epp. Dieser reichte sein Anliegen an den obersten Geschäftsführer des Wehrpolitischen Amtes der Partei, den SA-Gruppenführer Haselmeyer weiter, der ihm jedoch ein noch schlechteres Angebot unterbreitete als jenes, dem er bereits unter Einfluss der bayerisches Gestapo zwangsweise zugestimmt hatte. Allein die Tatsache, dass die SA sich seines Anliegens annahm, erhöhte den politischen Preis für das HWA, die Maschinenfabrik zu übernehmen.

Es zeigt sich, dass Loeffellad gut vernetzt war mit Personen, die dem alten und dem neuen Regime angehörten. Es gelang ihm zudem, Parteien und Personen gegeneinander auszuspielen und somit Zeit in den Verhandlungen zugewinnen. Vor allem aber kam ihm das föderale Denken der bayerischen Staatsregierung und bayerischer Verwaltungsbeamter entgegen, die den Bestrebungen des Berliner Reichswehrministeriums ebenso misstrauten wie Loeffellad selbst. Je mehr sich aber eine entschiedene Interessenkoalition aus Industrie und Militär zusammenfand, desto mehr glich Loeffellads Kampf dem David gegen Goliath.

Zwangsenteignung Dr. Emil Loeffellads

Die Enteignung des Donauwörther Unternehmers sollte nach dem Willen von Oberst Leeb und dem Reichswehrministerium ordnungsgemäß, das heißt auf gesetzlicher Grundlage erfolgen. Das gesetzliche Prozedere sah vor, dass erstens eine Gesellschaft, zu dessen Gunsten enteignet werden sollte, einen Antrag beim zuständigen Bezirksamt zu stellen hatte. Zweitens, dass der bayerische Gesamtministerrat diesem Enteignungsantrag zustimmt und drittens, dass bei Uneinigkeit über den Kaufpreis, dieser schließlich gerichtlich geklärt werden müsse[71]. Neben dem Reichswehrministerium trat ab Februar 1934 verstärkt die politische Polizei als Akteur im Ringen um die Maschinenfabrik auf.

Die Ereignisse, die letztlich zur Zwangsenteignung des Donauwörther Fabrikbesitzers führten, kulminierten im Frühjahr 1934 und bieten ein example par ex-

71 BayHStA, MHIG 5216, Aufzeichnung von Schenk betreffend Maschinenfabrik Donauwörth (Dr. Löffelad) am 28.4.1934.

cellence für die polykratische Herrschaft der Nationalsozialisten[72]. In Absprache mit dem Chef im HWA, General Leeb, und dem Vorstandsvorsitzenden der Max-hütte, Geheimrat Böhringer, erarbeitete Leebs Referent und Böhringers ehemaliger Rechnungsprüfer, Johann Martin (Max) Zeidelhack, ein juristisches Konstrukt, zu dessen Gunsten Loeffellad enteignet werden sollte[73]. Die Nationalsozialisten, wie Frei betont, mochten nicht »auf die formale Legalität der illegalen Aktionen verzichten« und suchten so auch im Verlauf dieser Vorbereitungen eine legale Grundlage[74]. Zwar lehnte Ministerialdirektor Schenk den Vorschlag seines Kollegen Josten aus dem Reichswirtschaftsministerium ab, die Enteignung entsprechend des Erlasses zum Schutz von Volk und Staat und damit von Berlin aus durchzuführen. Stattdessen schlug er vor, das »bayer(ische) Gesetz vom 1. August 1933 über die Enteignung zur Beschaffung von Arbeitsgelegenheit« dafür heranzuziehen. Als Schenk Zeidelhack »eingehend über das Verfahren unterrichte[te]«, schienen für jenen lediglich zwei Bedingungen relevant zu sein: zum einen die Notwendigkeit der Benennung einer Gesellschaft, zu deren Gunsten enteignet werden sollte und zum anderen eine Begründung des Reichswehrministeriums an das die Enteignung beantragende Bayerische Justizministerium. Inakzeptabel war für Zeidelhack und das Reichswehrministerium hingegen die Vorstellung, dass ein Gericht im Falle einer Uneinigkeit über die Höhe der Entschädigung zu entscheiden hätte[75]. Darüber hinaus blieb der juristische Weg dem HWA aus Gründen der Geheimhaltung, der Langwierigkeit des Verfahrens, vor allem aber wegen der damit verbundenen Anhörung Dr. Loeffellads verschlossen. Denn bereits eine Wo-

72 Hans-Ulrich THAMER, Verführung und Gewalt. Deutschland 1933–1945, Berlin 1994, 351–364.
73 Johann Martin, genannt »Max« Zeidelhack (geb. 18.10.1891 in Bayreuth; gest. 22.08.1955 in München) promovierte 1922 in Politische Wissenschaften und arbeitete anschließend als Buchhalter und Rechnungsprüfer bei der Bayerischen Vereinsbank, der Süddeutschen Treuhandgesellschaft AG und der Maxhütte in Sulzbach-Rosenberg. Am 1.1.1934 wechselte als Ministerialrat in das HWA unter Oberst Leeb, den er aus dem Ersten Weltkrieg kannte. Für ihn »wurde (…) »die Gruppe V beim Leiter des Beschaffungswesens (Wa B Stab V) (neu gebildet)«. Dabei oblag ihm die Aufgabe »der kaufmännische(n) Prüfung der Verträge mit den Rüstungsbetrieben und die Aufsicht über die staatlichen Rüstungswerke«. Siehe Karl NUSS, Einige Aspekte der Zusammenarbeit von Heereswaffenamt und Rüstungskonzernen vor dem zweiten Weltkrieg, in: Zeitschrift für Militärgeschichte 4 (1965), 433–443, hier 440. Zeidelhack war einer der frühen Anhänger der nationalsozialistischen Bewegung, der beim Marsch auf die Münchner Feldherrnhalle am 9.11.1923 beteiligt gewesen war und dafür mit dem Goldenen Parteiabzeichen geehrt wurde. Siehe auch HOPMANN, Von der MONTAN zur Industrieverwaltungsgesellschaft (wie Anm. 31), 42f. StAM, Handakten Dr. Zeidelhack, in: Spruchkammerakten, Karton 2030, SA der NSDAP. Der oberste SA-Führer, Stababteilung, Betr.: Ehrenzeichen v. 9.11.1923, München, 12. August 1935.
74 Norbert FREI, Der Führerstaat. Nationalsozialistische Herrschaft 1933 bis 1945, München 2001, 51.
75 BayHStA, MHIG 5216, Vormerkung betreffend Firma Löffelad, Donauwörth, 28.03.1934.

che vor der Besprechung Zeidelhacks mit Schenk hatte der Chef des HWA, General Liese, unmissverständlich erklärt, dass »diese(r) hauptsächlich für seine (des RWM, E.R.) Zwecke eingerichtete Betrieb – unter Ausschaltung von Loeffellad selbst – unverzüglich – für die Fertigung von Artillerie-Munition wiederherzurichten« sei. Um eine »Schädigung« der »Belange der Landesverteidigung zu verhindern, wäre Eile geboten. Liese drängte den Reichswirtschaftsminister Schmitt, dass der Betrieb in der Maschinenfabrik Donauwörth »durch rasches Eingreifen der zuständigen staatlichen Stellen (…) *auch gegen den Willen des eigennützigen Eigentümers* (m.H.)« unverzüglich wieder aufgenommen werden würde[76]. Liese befand sich in einem Dilemma, da seine Bestrebungen mit rechtsstaatlichen Mitteln allein nicht zu erreichen waren.

Erst das Einschreiten Wilhelm Kepplers, des persönlichen Beauftragten des Führers für Wirtschaftsfragen, befreite Liese aus dieser Notlage. Nachdem Zeidelhack den Enteignungsantrag an das Bayerische Justizministerium und die Bezirksverwaltung in Donauwörth fertiggestellt hatte, musste sichergestellt werden, dass die dafür vom HWA zu leistende Entschädigungssumme nicht auf dem Gerichtswege festgelegt werden würde. Das HWA war nicht bereit, mehr als die vom Schiedsgericht vorgeschlagenen 650 000 Mark für das Werk zu bezahlen. Folglich musste Dr. Loeffellad gezwungen werden, diese Summe zu akzeptieren. Vor diesem Hintergrund wandte sich Zeidelhack an Keppler. Dieser setzte sich mit dem Staatsminister Hermann Esser in München in Verbindung und erbat die Hilfe des Leiters der Münchner Polizeidirektion und der Politischen Polizei, Heinrich Himmler, um Druck auf Dr. Loeffellad auszuüben[77]. Am 6. Mai 1934 kam es unter dem Vorwand der Wirtschaftssabotage zu Hausdurchsuchungen bei Loeffellad und dessen Unterstützer, dem ehemaligen Donauwörther Oberbürgermeister Michael Samer in Füssen. Es fanden sich keine Beweise, die den Sabotagevorwurf erhärtet hätten. Dann wurde Dr. Emil Loeffellad in Schutzhaft genommen und wenige Tage später der Gestapo nach Berlin überstellt[78]. Dort konfrontierte ihn Zeidelhack am 16. Mai 1934 mit einem notariellen zu beurkundeten Vertrag, in dem er, unter Androhung von lebenslanger Haft, dem Verkauf seiner Maschinen-

76 BayHStA, MHIG 5216, Der Chef des Heereswaffenamts an den Ministerialrat Josten, Reichswirtschaftsministerium, 16. März 1934.
77 BayHStA, MHIG 5216, Vormerkung (Schenks) betreffend Maschinenbauanstalt Donauwörth (Dr. Löffelad) am 25. April 1934.
78 BayHStA, MHIG 5216, Auszug Staatsministerium des Innern Bayerische Politische Polizei, 19.5.1934.

fabrik an die »Verwertungsgesellschaft für Montanindustrie GmbH« in München zum Preis von 650 000 RM zustimmen musste[79].

Der Parteigenosse Zeidelhack spielte die zentrale Rolle in diesem (und anderen) Enteignungsverfahren im Nationalsozialismus. Er war der Konstrukteur des MONTAN-Schemas und unter seiner Regie wurde die Maschinenfabrik Donauwörth als erster heereseigener Betrieb zum »Stammwerk« der MONTAN-Werke, die privatwirtschaftlich geleitet und treuhänderisch verwaltet, im Auftrag des Reichs Rüstungsmaterial produzierten[80]. Er veranlasste auch die Zwangsenteignung Dr. Loeffellads mit Hilfe der SS und Gestapo. Als Belohnung für sein treues Engagement, einen jahrelangen Streit zwischen dem Reichswehrministerium und dem Donauwörther Unternehmer Loeffellad zugunsten der Militärs entschieden zu haben, erhielt er den Aufsichtsratsvorsitz der neu gegründeten Verwertungsgesellschaft für Montanindustrie GmbH (MONTAN) und wurde als Geschäftsführer der Gerap[81] auch finanziell an ihr beteiligt.

Nachdem die Enteignung vollzogen war, forderte Generalmajor Leeb nachträglich seine Legalisierung durch den bayerischen Gesamtministerrat[82]. Der hierfür notwendige Beschluss, der am 15. Mai noch vertagt worden war, wurde am 16. Juni 1934 nachgeholt. Wenngleich dieser nur eine Formalie schien, so hatte er doch weitreichende Konsequenzen für die Anfechtung des Kaufvertrags ex post. Da der Enteignungsvorgang rechtsstaatlichen Bedingungen genügte, fand sich der spätere Kläger in der Beweispflicht, dass dieser nicht freiwillig, sondern unter den

79 BayHStA, LEA 2424, Entschädigungsantrag Josefine Loeffellad an das Landgericht München 5.8.1952. Letztlich blieb ihm nur die Hälfte dieses Betrags, da er in einem weiteren Vertrag gezwungen wurde, 325 000 RM an das Deutsche Reich abzutreten.
80 Das Oberkommando des Heeres (OKH) schloss einen Mantelvertrag mit der Eisenwerk-Gesellschaft Maximilianshütte AG, in dem vereinbart wurde, dass diese ein Unternehmen gründet, um Rüstungsaufträge auszuführen. Damit trat das OKH nicht offen als Akteur in Erscheinung. Über die MONTAN wurde die Loeffelladsche Fabrik in das Eigentum des Reichs überführt. Zu diesem Zweck gründete die Maxhütte im April 1934 die Firma »Maschinenfabrik Donauwörth GmbH« (MD), die im Januar 1935 ins Handelsregister in Neuburg a.D eingetragen wurde. Diese wiederum pachtete von der MONTAN die vakante Anlage in Donauwörth. Barch, R 2301/5550 Bericht (Nr. 11553) der Deutschen Revisions- und Treuhand-Aktiengesellschaft Berlin, 16.6.1939. Siehe auch HOPMANN, Von der MONTAN zur Industrieverwaltungsgesellschaft (wie Anm. 31), 42ff. Johannes BÄHR/Axel DRECOLL/Bernhard GOTTO, Der Flick-Konzern im Dritten Reich, München 2008, 142–146.
81 Geräte- und Apparate-Handelsgesellschaft mbH in Berlin-Wilmersdorf war die Nachfolgerin der Stamag. Am 24.4.19934 wurde der Hauptanteil der Geschäftsanteile, die die Eisenwerk-Gesellschaft Maximilianshütte AG an der MONTAN hielt, an sie abgetreten. Zeidelhack wurde zum Geschäftsführer der Gerap ernannt.
82 BayHStA, MHIG 5216, Der Reichswehrminister, Heereswaffenamt, an das Bayerische Staatsministerium für Wirtschaft, 28.5.1934.

Bedingungen des Zwangs zustanden gekommen war. Als die Witwe Emil Loeffellads im Jahre 1953 Wiedergutmachung einklagte, sah sie sich nicht nur einem komplizierten juristischen Regelwerk aus Wiedergutmachung, Entschädigung und Rückerstattung gegenüber, sondern sie vermied es von vorneherein, das Eigentum an der Maschinenfabrik zurück zu fordern und beschränkte ihre Klage auf die ihrem Ehemann entgangenen 325 000 RM sowie Haftentschädigung[83].

Zusammenfassung

Dr. h.c. Emil Loeffellad war ein eigennütziger Unternehmer und bisweilen rücksichtsloser Arbeitgeber, der die bayerische Kleinstadt Donauwörth in das Industriezeitalter und in die Moderne führte. In seinem unentwegten Kampf, sein Vermögen zu mehren, scheute er keine gerichtliche Auseinandersetzung und glaubte an die Gestaltungskraft des Unternehmers, obwohl er die Auswirkungen des Gewaltregimes der Nationalsozialisten auf allen Ebenen zu spüren bekam. Sein aus dem Ersten Weltkrieg und in den 1920er Jahren angehäuftes Vermögen schmälerte sich erheblich nach seiner Enteignung durch die Nationalsozialisten 1934 und in den folgenden Jahren ihrer Herrschaft. So wurden 325 000 RM aus der Fabrikenteignung nicht bar ausbezahlt, sondern nur gegen Vorlage von Belegen bei der Gestapo. Er wurde vom Finanzgericht mit Steuerforderungen im sechsstelligen Bereich belangt, musste Gemeindeumlagesteuer an die Stadt Donauwörth entrichten, die er mit Abtretung von Grundstücken beglich und wurde 1940 erneut wegen Devisenvergehen auf der Grundlage des »Volksverratsgesetzes« verhaftet und zu drei Jahren Gefängnis verurteilt. Nachdem er im Herbst 1942 aus dem Gefängnis entlassen worden war, starb er dreieinhalb Jahre später mit 67 Jahren auf seinem Gutshof auf dem Schellenberg.

Der Referent im Heereswaffenamt und Böhringer-Vertraute, Max Zeidelhack, feilte an einer juristischen Form für eine Gesellschaft, die als Begünstigte die Donauwörther Fabrik übernehmen sollte und realisierte mit Hitlers Sonderbeauftragten für Wirtschaftsfragen Keppler schließlich das Modell der Montanbetriebe. Die Zwangsenteignung von Loeffellads Maschinenfabrik im Mai 1934 zugunsten der Heereswaffenamts und der Maxhütte über das Konstrukt der MONTAN stellte eine Art Blaupause dar für die noch bevorstehenden Enteignungen, insbesonde-

---

83 BayHStA, LEA 2424, Beschluß in der Entschädigungssache Loeffellad Josefine gegen den Freistaat Bayern 10.9.1953 (rechtskräftig 5.1.1954).

re der Arisierungen im nationalsozialistischen deutschen Reich. Von Donauwörth ausgehend schwoll die Zahl der Standorte mit Montanbetrieben im Verlauf des Dritten Reiches schließlich auf 119 an[84]. Erst 1943 mit Ernennung Albert Speers zum Rüstungsminister verlor Zeidelhack seinen Posten als Geschäftsführer der Montanbetriebe – ein Umstand, der es ihm nach 1945 ermöglichte, sich als Opfer des NS-Regimes zu stilisieren.

Dr. Loeffellads Verdienst lag zweifellos darin, mit der Errichtung der Maschinenfabrik die nordschwäbische Kleinstadt Donauwörth in eine Industriestadt verwandelt zu haben. Der Charakter der Fabrik als Rüstungsbetrieb ist geblieben und erklärt vielleicht die Zurückhaltung der Stadt, ihre Geschichte näher zu beleuchten. Gleichwohl hat die Stadt Donauwörth eine Straße nach Dr. Loeffellad benannt, die unweit seines ehemaligen Grundbesitzes auf dem Schellenberg verläuft. Von seinem dortigen Grundbesitz samt Villa auf dem Schellenberg ist indes nichts mehr geblieben. Seine Maschinenfabrik hingegen existiert fort als Airbus Helicopters Deutschland GmbH und produziert weiterhin vorrangig für das Militär. Mit ca. 6800 Beschäftigten ist sie der größte Arbeitgeber in der Region Nordschwaben. Allerdings erinnert weder ein Schild noch ein Denkmal an ihren eigenwilligen Gründer und die Geschichte seiner Fabrik an der Donau.

84 HOPMANN, Von der Montan zur Industrieverwaltungsgesellschaft (wie Anm. 31), 282 f., Anlage 10. »Die Montan verwaltete insgesamt Ende 1942 108 Anlagen auf dem metallverarbeitenden und chemischen Sektor. Hiervon waren 76 Anlagen chemischer Natur. 75 dieser chemischen Anlagen wurden von der I.G. und ihren Tochterfirmen betrieben und zwar im Wesentlichen 6 von der I.G. selbst, 6 von der DAG., 32 von der Verwertchemie, 9 von der Sprengchemie, 5 von Wolff & Co., 5 vom Lonalwerk, usw.« Aussage Max Zeidelhacks vor den Nürnberger Prozessen, 1947 Juli 31 Affidavit Max Zeidelhack, Document No. NI-9192 Office of Chief of Counsel for War Crimes. Abschrift in: Bundesarchiv Koblenz, AllProz 2, NI 9193.

Der Historiker Franz Schnabel (1887–1966)
Eine Würdigung

Von Peter Claus Hartmann

Als junger Student hat der Verfasser Anfang der 1960er Jahre mit großer Freude und viel Gewinn Vorlesungen von Franz Schnabel an der Ludwig-Maximilians-Universität München gehört. Man musste damals mindestens eine Stunde vor Beginn der Vorlesung im Auditorium Maximum mit seinen über 1000 Plätzen sein, um noch einen Sitzplatz zu ergattern. Wie ein Freund, Jurist und ein paar Jahre älter, erzählte, hätten auch viele Jurastudenten mit großer Begeisterung Schnabel gehört und seien dabei im Audimax eineinhalb Stunden lang gestanden. Schnabel war damals ohne Zweifel ein Magnet, wie es das vorher und nachher nie mehr bei einem Historiker der Universität München gegeben hat, an einer LMU, die damals noch etwa ein Drittel der heutigen Studierenden zählte.

Wer war nun dieser Historiker Schnabel, so wird man sich fragen, dieses außerordentliche Phänomen eines faszinierenden Hochschullehrers, eines ungewöhnlichen Magneten der LMU in den Jahren von 1947 bis 1962, der 1936 an der TU Karlsruhe von den Nationalsozialisten zwangsemeritiert worden war und erst 1947 im Alter von 60 Jahren zum ersten Mal einen Lehrstuhl an einer Universität erhielt, an der er seine hervorragenden Fähigkeiten als didaktisch und fachlich glänzender Hochschullehrer voll entfalten konnte?

Aber wer war außerdem der Geschichtsprofessor mit so herausragenden Leistungen als Forscher und Geschichtsschreiber? Sein Schüler, der spätere Frankfurter Ordinarius Friedrich Hermann Schubert, schreibt: »Im Gegensatz zu Meinekke und Ranke gehörte Schnabel zu dem kleinen Kreis großer Geschichtsschreiber, die gleichzeitig große akademische Lehrer waren«[1].

Zunächst sei ein kurzer Blick auf Schnabels Lebenslauf und seine seine erstaunliche, uns heute irritierende Berufskarriere geworfen, bevor näher auf die außergewöhnlichen Leistungen dieses Mannes als Geschichtsschreiber und Hoch-

---

* Zur Veröffentlichung ausgearbeiteter und mit Fußnoten versehener Vortrag, gehalten im Rahmen des »Spektrum der Wissenschaften« des Zentrums Seniorenstudium der LMU München.
1 Friedrich Hermann Schubert, Franz Schnabel und die Geschichtswissenschaft des 20. Jahrhunderts, in: Historische Zeitschrift 205 (1967), 323–357, hier 355.

schullehrer einzugehen sein wird. Sodann soll der in der Literatur bis dato im Allgemeinen weniger gestellten Frage nachgegangen werden, welche Gründe es geben konnte, dass ein habilitierter Historiker mit diesen Fähigkeiten auf einem Abstellgleis in Karlsruhe wirkte und trotz Bemühungen 25 Jahre lang, ja 27 Jahre lang, vergeblich auf die Berufung auf einen Lehrstuhl einer Universität warten musste.

Lebenslauf und Berufskarriere

Franz Schnabel wurde am 18. Dezember 1887 in Mannheim im Großherzogtum Baden als Sohn des evangelischen Kaufmanns Carl Schnabel geboren. Seine katholische Mutter Maria war Tochter des 1803 in Koblenz geborenen Franzosen Bernhard Guillemin. Koblenz war von 1798 bis 1814 als Hauptstadt des Departements Rhin et Moselle Teil der Französischen Republik und des napoleonischen Kaiserreiches. Die Großmutter mütterlicherseits war eine geborene Susanna Wolf. Die Familie Guillemin lebte in Frankenthal in der Pfalz, die damals zum Königreich Bayern gehörte. Schnabel war, und das ist vielleicht für seine Offenheit für die europäische und französische Geschichte von Bedeutung, eigentlich ein Viertelfranzose.

Nach der Volksschule besuchte er das humanistische Gymnasium in Mannheim, wo er 1906 das Abitur bestand. Für den gut katholisch erzogenen, geschichtsinteressierten, fast 19-jährigen Schnabel war es naheliegend, an der renommierten Universität Heidelberg, der badischen Nachbarstadt von Mannheim, Geschichte und Philologie zu studieren. Außerdem wechselte er für einige Semester an die damals besonders wichtige Universität Berlin, kehrte aber dann wieder nach Heidelberg zurück, um zu promovieren.

Im Jahr 1910 wurde er im Alter von 23 Jahren bei Prof. Dr. Hermann Oncken (1869–1945) an der Universität Heidelberg promoviert, und zwar mit einem für ihn schon typischen Thema: »Zusammenschluß des politischen Katholizismus in Deutschland im Jahre 1848«[2]. Von 1911 bis 1920 wirkte er, unterbrochen von drei Jahren Kriegsdienst, als Gymnasiallehrer (Geschichte, Französisch) in Mannheim und Karlsruhe. Ermutigt von Oncken, habilitierte sich Schnabel, allerdings nicht an der sehr angesehenen Universität Heidelberg, wo er vor zehn Jahren promoviert

2 Lothar GALL, Franz Schnabel, in: Neue Deutsche Biographie, Bd. 23, Berlin 2007, 273–274; Karl Egon LÖNNE, Franz Schnabel, in: Deutsche Historiker, Bd. 9, Göttingen 1982, 81–101; Franz SCHNABEL, Zur eigenen Lebensgeschichte, in: Mannheimer Hefte 1954, Heft 1, 8–10.

hatte, sondern an der kleinen geisteswissenschaftlichen Nebenfakultät der Technischen Hochschule in Karlsruhe, die notwendigerweise bei den Fachhistorikern der
Universitäten weniger angesehen war. An der Technischen Hochschule war man
sich bewusst, dass man tüchtige Historiker für eine Tätigkeit an der Hochschule
nur durch besondere Anreize gewinnen könne.

So wurde 1919 der vorherige allgemeine Lehrstuhl in zwei, einen für das Fach
Literatur und einen für Geschichte geteilt, den zunächst der Heidelberger Extra-
ordinarius Hermann Wätjen besetzte, der aber auf einen Ruf an eine andere Universität wartete und ihn im Juli 1922 annahm. Angesichts dieser Situation habilitierte man 1920 den Gymnasiallehrer Franz Schnabel und »stellte ihm eine Professur für das Fach Geschichte in Aussicht, sozusagen eine Hausberufung«[3].

Jetzt musste es schnell gehen. Schnabel baute seine unvollendeten bisherigen
Forschungen zur »Geschichte der badischen Landstände« unter einer neuen Fra-
gestellung zu einer relativ kurzen Habilitationsschrift mit dem Thema »Geschich-
te der Ministerialverantwortlichkeit in Baden« aus, die er 1920 einreichte. Am 24.
Juni 1920 hielt dann der vollbeschäftigte Gymnasiallehrer im großen Hörsaal im
Aulagebäude seine Probevorlesung mit dem spannenden Thema: «Die Ursachen
der Französischen Revolution« und schon im August genehmigte das badische
Kultusministerium die Habilitation Schnabels im Fach Geschichte[4].

Der neue Privatdozent bot sogleich Vorlesungen und Übungen zur badischen
und oberrheinischen Geschichte mit Berücksichtigung der Sozial-, Wirtschafts-
und Technikgeschichte an und erfüllte voll und ganz die Erwartungen. So bestand
Einigkeit darüber, nach der Wegberufung von Wätjen Franz Schnabel im Alter
von 34 Jahren am 1. Oktober 1922 zum ordentlichen Professor für Geschichte an
der Technischen Hochschule in Karlsruhe zu ernennen. Im Berufungsverfahren
wurde u.a. betont, dass Schnabel zu den »weitaus tüchtigsten der jungen Historiker« gehöre und den »gleichen offenen Blick für die katholischen und protestantischen Elemente unserer geistigen Gesamtkultur« besitze. Am 18. Januar 1923 hielt
Schnabel in der Aula seine Antrittsvorlesung, die gleichzeitig Festvortrag zur
Reichsgründungsfeier war, mit dem Thema: »Vom Sinn des geschichtlichen Studiums in der Gegenwart«.

3 Ulrike GRADMANN, Franz Schnabel als Professor an der Technischen Hochschule Karlsruhe und
die Geschichte des Schnabel-Lehrstuhls, in: Zur Aktualität von Franz Schnabel (Symposion), in:
Zeitschrift für die Geschichte des Oberrheins 151 (2003), 655–664, hier 658 f.
4 Ebd., 659; Thomas HERTFELDER, Franz Schnabel und die Geschichtswissenschaft. Geschichtsschreibung zwischen Historismus und Kulturkritik (1910–1945) (Schriftenreihe der Historischen
Kommission bei der Bayerischen Akademie der Wissenschaften 60), Göttingen 1998, 615–650.

Schnabel hielt in der Folgezeit bis zu seiner Zwangsemeritierung 1936 jedes Semester Lehrveranstaltungen, wobei er die Geschichte der Naturwissenschaften und Technik stark berücksichtigte. Er sah gleichzeitig seine Aufgabe darin, »den jungen Ingenieuren und Architekten zu zeigen, dass es Welten des Geistes gibt, insofern neben der Welt, in der die Kausalität herrscht, mit der es der Ingenieur in seinem Beruf zu tun hat, noch die andere Welt, in der die Freiheit und Würde des Menschen begründet ist und um die in der Geschichtswissenschaft gerungen wird«. Er sah den Historiker als politischen Erzieher[5]. In der Zeit der Weimarer Republik blieb Schnabel ein Außenseiter und wurde ausgegrenzt[6].

Hertfelder meint zwar in seiner Analyse, dass Schnabel zwischen 1933 und 1935 durch Kapitalismuskritik und Äußerungen gegen den Individualismus des Liberalismus und in der Betonung des »Gemeinnutzes« vor dem »Eigennutz« sowie der Volksgemeinschaft Affinitäten des Katholizismus zum Nationalsozialismus und die Möglichkeit eines »Brückenschlags« zum »Dritten Reich« gesehen habe, aber es bleibt doch die strikte Ablehnung des »Wertesystems« der Nationalsozialisten und die entschiedene Gegnerschaft Schnabels zum NS-Regime in seinen Veröffentlichungen. Wenn Hertfelder einige mündliche Äußerungen Schnabels als Anpassung und Opportunismus kritisch sieht, so sollte man diese Äußerungen m.E. mehr mit denen seiner Kollegen dieser Zeit vergleichen und alles mehr in den Zeithintergrund stellen, durch die jeder irgendwie geprägt wird[7].

Wenn auch die Lehrtätigkeit ohne Ausbildung von Fachhistorikern einen Historiker vom Schlage Schnabels sicherlich nicht voll ausfüllen konnte, so bot sie ihm doch die Möglichkeit und der Freiraum für weitere Forschungen und größere Veröffentlichungen, auf die später im Teil drei dieses Beitrags einzugehen sein wird. Das galt noch mehr für die Zeit nach seiner Zwangsemeritierung im Jahr 1936. Seit 1933 wurden seine Hörer, Gasthörer aus der Stadt und die wenigen Studenten, »die das Fach Geschichte in Verbindung mit anderen Lehrfächern belegt hatten«, zunehmend weniger. Im Sommersemester waren es nur noch 58 Hörer. Den Nationalsozialisten bot damals das am 21. Januar 1935 erlassene Gesetz »über die Entpflichtung und Versetzung von Hochschullehrern aus Anlass des Neuaufbaus des deutschen Hochschulwesens« die Gelegenheit, den unliebsamen, von den Nationalsozialisten als Gegner betrachteten Schnabel im Alter von 49 Jahren zu

---

5 GRADMANN, Schnabel (wie Anm. 3), 660 f.; Franz SCHNABEL, Zur eigenen Lebensgeschichte (wie Anm. 2), 10.
6 Vgl. HERTFELDER, Schnabel (wie Anm. 4), 615–650.
7 Ebd., 650–669.

zwangsemeritieren. Der europäische Universalismus des überzeugten Katholiken Schnabel, der sich der neuen Ideologie nicht anpasste und auch der NS-Partei nicht beitrat, war, so die damalige Kritik, nicht in das »Zeitalter des ›völkischen Erwachens‹« einzugliedern[8]. In einem späteren Schreiben des badischen Kultusministeriums vom 5. Mai 1944 wurde präzisiert, dass bei Schnabels Entpflichtung die Tatsache im Hintergrund stand, »daß Prof. Schnabel in seinen Schriften, insbesondere in der ausdrücklich gegen Heinrich Treitschkes klassische Darstellung gerichteten ›Deutsche Geschichte im XIX. Jahrhundert‹ als Vertreter eines politischen Katholizismus gilt«[9].

Nach dem zweiten Weltkrieg wurde der nicht kompromittierte Schnabel nicht nur von der amerikanischen Militärregierung rehabilitiert, sondern auch am 5. September 1945 zum nordbadischen Landesdirektor der Kultus- und Unterrichtsabteilung im Präsidium des Landesbezirks Baden ernannt, d.h. in seine Hände wurde die »Reorganisation des gesamten Bildungswesens gelegt«. Schnabels Aufgabe als eine Art Kultusminister war es, das Schulwesen Nordbadens sowie die Universität Heidelberg und die TH Karlsruhe wiederaufzubauen, »und dies im Spannungsfeld von Besatzungspolitik einerseits, von Interessen der Eltern, Erzieher wie der sich formierenden Landespolitik andererseits«. Mit dieser neuen Aufgabe betrat Schnabel »das überaus glatte Parkett der zivilen Nachkriegsadministration«.

Angela Borgstedt stellt die Frage, die aus den Quellen heraus nicht vollständig zu beantworten sei, warum der Universitätsprofessor Schnabel, dessen Zwangsemeritierung mit Wirkung vom 1. August 1945 aufgehoben war, es sich antat, sich dem Neuaufbau von Schule und Universität zu widmen, anstatt seine Lehrtätigkeit in Karlsruhe wieder aufzunehmen. Gründe waren jedenfalls patriotische Gesinnung und die Verpflichtung, am Aufbau eines neuen, demokratischen Deutschlands mitzuwirken. Dabei hatte Schnabel teilweise mit erheblichen Differenzen zu kämpfen, »weniger mit der Militärregierung als mit den universitären Kollegen in Heidelberg«. Schnabel hatte die Haltung der Professoren dieser Universität vor dem Krieg in deutlichen Worten kritisiert[10].

---

8 GRADMANN, Schnabel (wie Anm. 3), 662 f., 664.
9 HERTFELDER, Schnabel (wie Anm. 4), 676.
10 Angela BORGSTEDT, … eine Persönlichkeit, in deren Hände die verantwortungsvolle Aufgabe der Reorganisation des gesamten Bildungswesens gelegt ist … Franz Schnabel als nordbadischer Landesdirektor für Kultus und Unterricht 1945–1947, in: Zur Aktualität (wie Anm. 3), 665–671, hier 665, 666; Ulrike GRADMANN, 1945–1947 – Der »nordbadische Kultusminister«, in: Clemens REHM (Hg.), Franz Schnabel – eine andere Geschichte. Historiker, Demokrat, Pädagoge, Freiburg i. Br. u. a. 2002, 31–34.

Seine frühere Hochschule, die TH Karlsruhe, deren Existenz aus finanziellen Gründen neben der TH Stuttgart gefährdet war, konnte er retten. Noch während seiner vorübergehenden Verwaltungstätigkeit hätte eine Wiederaufnahme seiner Lehrtätigkeit für Ingenieure an der TH Karlsruhe nichts im Wege gestanden, aber Schnabel, ansässig in Heidelberg, wünschte sich endlich einen Lehrstuhl an einer Universität, an dem er sich voll entfalten konnte, und strebte einen Lehrstuhl in seiner nordbadischen Heimat, und zwar in Heidelberg, an. Aber dort widersetzten sich die Philosophische Fakultät und der Senat »auf heftigste« gegen eine Berufung von Schnabel. Die Heidelberger Professoren erklärten, ihnen gefalle der historiographische Ansatz Schnabels nicht, seine Methodik sei »unzeitgemäß und sein Forschungsschwerpunkt von den heute so entscheidend gewordenen Forschungen der angelsächsischen Welt zu weit entfernt«[11].

Solche Urteile, die man auch heutzutage über Forscher anderer politischer Richtungen, Schulen oder Forschungsansätze, lesen und hören kann, um diese von Forschungs- und Drittmitteln oder Berufungen auszuschließen, bieten nicht die wirklichen Gründe für die Ablehnung. Angela Borgstedt zitiert als von verschiedener Seite vorgebrachte Gründe »einen politisch begründeten Konflikt der Heidelberger Fakultät mit dem noch ganz im konservativ- humanistischen Bildungsideal verhafteten Landesdirektor« oder, so Schnabels Schüler, die Ablehnung sei eher »religiös bedingt«, d.h. wegen seiner katholischen Konfession gekommen, oder auch habe, wie andere meinen, Konkurrenzneid wegen der großen Lehrerfolge Schnabels hier eine Rolle gespielt.

Es bleibt jedoch sehr erstaunlich, dass sich Heidelberg nach all dem Vorangegangenen und der Zwangsemeritierung 1936 auch noch 1947 einem Ruf für Schnabel widersetzte. Aber dieser hatte damals auch andere Möglichkeiten, neben Marburg war vor allem München an ihm interessiert und er pflegte diese Beziehungen schon vorher durch Gastvorlesungen und Vorträge[12].

In München war damals der streng katholische Alois Hundhammer Kultusminister, ein Mann des Widerstands, der als junger BVP-Abgeordneter schon 1933, bald nach der Machtergreifung der Nationalsozialisten, zusammen mit einem Sohn des vormaligen Ministerpräsidenten Held ins KZ Dachau kam. Nach seiner Entlassung aus dem Konzentrationslager erhielt der doppelt promovierte Hundhammer Berufsverbot und musste seine große Familie mit einem Schuhgeschäft in

---

11 Borgstedt, Schnabel (wie Anm. 10), 668–670.
12 Ebd., 670 f.

der Sendlingerstraße durchbringen, das zu einer Nachrichtenbörse des katholischen Widerstands in München wurde[13]. Der Kultusminister führte nicht nur 1946 die von den Nationalsozialisten abgeschafften staatlichen Konfessionsschulen wieder ein, sondern betrieb auch an den Universitäten eine gezielte Berufungspolitik zugunsten von Hochschullehrern, die in der Nazizeit diskriminiert oder entlassen worden waren[14]. Dabei handelte es sich vor allem um jüdische, aber auch um linke und prononciert katholische Professoren.

1948 wurde u. a. der 62-jährige Romano Guardini, ein weiterer besonderer Magnet der damaligen LMU, berufen. Der Religionsphilosoph, katholische Priester und Universitätsprediger in St. Ludwig hatte eine ordentliche Professur in Berlin für Religionswissenschaften inne und wurde 1939 von den Nazis zwangspensioniert. Ähnliches galt für die Berufung des Chirurgen Prof. Max Lebsche, Philistersenior der katholischen bayerischen Studentenverbindung Rhaetia, der 1936 entlassen, später die Maria-Theresia-Klinik gründete, und viele andere, wie Hans Rheinfelder oder Aloys Wenzl[15].

In München kam man Schnabel damals, ähnlich wie Guardini, sehr entgegen. Man sicherte z. B. dem fast 60-jährigen zu, den Zeitpunkt seiner Emeritierung selbst bestimmen zu können, so dass dieser erst 1962, als er fast 75 Jahre alt war, aus dem aktiven Dienst ausschied. Am 25.2.1966 starb er in München. An der großen Universität München, bald die größte der Bundesrepublik, konnte Schnabel endlich seine vielfältigen außerordentlichen Fähigkeiten als Hochschullehrer voll entfalten, wovon noch die Rede sein wird[16].

Überlanges Warten auf den Großlehrstuhl – zu den Ursachen

Wo liegen also nun die mutmaßlichen Ursachen dafür, dass ein Historiker mit so herausragenden Fähigkeiten nach seiner Habilitation 1920 ganze 25 Jahre, ja 27 Jahre, vergeblich auf einen Ruf einer Universität warten musste und erst mit knapp 60 Jahren an eine solche berufen wurde.

---

13 Peter Claus HARTMANN, Münchens Weg in die Gegenwart, München 2008, 247 f.
14 Albert REBLE, Das Schulwesen, in: Max SPINDLER (Hg.), Handbuch der bayerischen Geschichte, Bd. IV/2, München 1975, 985 f.
15 Vgl. Helmut BÖHM, Von der Selbstverwaltung zum Führerprinzip. Die Universität München in den ersten Jahren des Dritten Reiches (1933–1936), Berlin 1993, 358 f.
16 Daniela BLANCK, Späte Anerkennung – Der Professor in München, in: REHM (Hg.), Schnabel (wie Anm. 10), 35–38.

Warum habilitierte sich Schnabel, so wird man weiter fragen, 1920 nicht in Heidelberg, einer der angesehensten damaligen Universitäten, wo er 1910 promoviert hatte? Warum blieb er Professor an der TH Karlsruhe, für einen Fachhistoriker ein Abstellgleis, um jungen Ingenieursstudenten ein Verständnis von Geschichte beizubringen? Warum erhielt er in der Zeit der Weimarer Republik dreizehn Jahre lang keinen Ruf an eine Universität, wo er Fachhistoriker ausbilden und ein weit größeres Publikum ansprechen hätte können? Warum wurde er 1936 zwangsemeritiert und sogar noch 1947 in Heidelberg abgelehnt?

Über die Gründe für die ersten 13 Jahre äußern sich die Autoren der vielen Artikel, abgesehen von Thomas Hertfelder, nicht. Ulrike Gradmann schreibt nur, »die Aktenlage in Karlsruhe lässt keine annähernd genaue Darstellung zu«[17]. Dass ein Historiker wie Schnabel in den 12 Jahren des Dritten Reiches keinen Ruf an eine Universität erhalten konnte, ist weniger erstaunlich. Seine Entlassung 1936 wurde offiziell, wie gesehen, mit Umbaumaßnahmen der Universitätsstruktur begründet, erfolgte aber aus politischen Gründen. Die Nichtberufung 1947 in Heidelberg wirft allerdings Erstaunen und tiefergehende Fragen auf.

Es ist anzunehmen, so möchte ich es als These formulieren, dass Schnabel sowohl als überzeugter Katholik als auch wegen seines historischen Grundansatzes damals so gut wie keine Chancen auf einen Lehrstuhl einer Universität hatte[18].

Franz Schnabel war persönlich ein frommer Katholik. Sein Schüler Prof. Dr. Hans Schmidt erzählte, Schnabel habe nicht nur am Sonntag, sondern auch an Werktagen regelmäßig die Hl. Messe besucht. Zeitzeugen berichten außerdem, er sei in München mit Talar bei der Fronleichnamsprozession mitgegangen. Außerdem war er, wie Prof. Laetitia Boehm erklärte, Mitglied der Görresgesellschaft. Aber Schnabel hat seinen Katholizismus nicht nach außen vor sich hergetragen. Seine Darstellungen waren sehr ausgeglichen und um das »sine ira et studio« bemüht. In seinen Vorlesungen merkte man nicht, dass er katholisch war. Sein Schüler Lothar Gall, ein liberaler Protestant, bezeichnet ihn als »liberal«. Das galt allerdings nicht im politischen Sinne. Als Katholik stand er vielmehr dem Zentrum nahe, obwohl er dessen Politik vielfach kritisch sah. So zeigt Michael Kißener aufgrund von Schnabels Nachruf auf Georg Kardinal Kopp (1914), der vor allem bei vielen Katholiken als zu nachgiebig beurteilt wurde, dass Schnabel ein sehr

17 GRADMANN, Schnabel (wie Anm. 3), 662.
18 Vgl. dazu auch SCHUBERT, Schnabel (wie Anm. 1), 324.

gemäßigtes, ausgewogenes Urteil gehabt habe, »frei von konfessioneller, aber auch
… nationalpolitischer Einseitigkeit«[19].

Trotzdem hatte es ein katholischer Neuhistoriker wie Schnabel schwer. Das lag
an der damaligen geisteswissenschaftlichen »Großwetterlage«. Nach der Reichs-
gründung 1871, als die Katholiken mit nur noch 35 % in Kleindeutschland in die
Minderheit geraten waren und vielfach benachteiligt wurden, brach nämlich der
Kulturkampf Bismarcks aus, der sich besonders gegen die katholische Kirche und
ihre treuen Anhänger richtete. Als dieser Kampf 1878 im Einvernehmen mit dem
neuen Papst Leo XIII. offiziell beendet wurde, führte man ihn aber an den Universitäten als akademischen Kulturkampf weiter, der systematisch gut katholische
Studenten und Professoren benachteiligte. Christoph Weber zeigt, dass in der
Monarchiezeit viele norddeutsche Universitäten fast exklusiv protestantisch waren,
ja manchmal, wie etwa Halle oder Königsberg, nach ihren Statuten bis 1918 die
Anstellung von Katholiken ausschlossen. Aber auch die Universitäten in mehr-
heitlich katholischen Regionen, wie die Universität München, waren von national-
liberalen protestantischen Professoren beherrscht[20].

Noch in der Zeit der Weimarer Republik hatten dann neben den Theologen nur
manchmal die medizinische Fakultät eine katholische Mehrheit. Weber analysiert
den Fall Spahn als charakteristisch für die Situation um 1901. Der Fall erhitzte
damals die Gemüter der liberalen Presse und der Professorenschaft und ereignete
sich an der Universität Straßburg, der Hauptstadt des zu 75 % katholischen Reichs-
landes Elsass-Lothringen, das von Berlin aus regiert wurde. In Straßburg dozier-
ten damals 75 Protestanten, neun Juden und nur sechs Katholiken, meist Mediziner.

Um eine Versöhnung mit den Untertanen im Reichsland anzubahnen, sollte
auf Wunsch Kaiser Wilhelms II. neben der existierenden evangelischen eine katholische theologische Fakultät und daran angebunden ein Parallellehrstuhl für
Neuere Geschichte eingerichtet werden. Als der Kaiser den jungen katholischen
konservativen Privatdozenten Martin Spahn ernannte, ging ein Sturm liberaler
und protestantischer Proteste in Presse und Professorenschaft los. Sie verneinten
nämlich, so Weber, die Frage, ob ein Katholik Professor für Neuere Geschichte

19 Michael Kissener, Schnabels Nachruf auf Georg Kardinal Kopp (1914), in: Zur Aktualität (wie
Anm. 3), 613–621, hier 614; vgl. Karl-Egon Lönne, Franz Schnabel, in: Hans-Ulrich Wehler (Hg.),
Deutsche Historiker, Bd. IX, Göttingen 1982 (wie Anm. 2), 81 u. 87.
20 Christoph Weber, Der »Fall Spahn« (1901). Ein Beitrag zur Wissenschafts- und Kulturdiskussi-
on im ausgehenden 19. Jahrhundert, Rom 1980, 1–6.

werden könne, da einem gläubigen Mitglied dieser Konfession nach ihrer Überzeugung die »Voraussetzungslosigkeit« der Wissenschaft fehle[21].

Wegen der päpstlichen Verurteilung von Zeitirrtümern durch den Syllabus von 1864 und der Verkündigung des Unfehlbarkeitsdogmas (wenn der Papst ex cathedra ein Dogma festlegt) von 1870 galten Katholiken in Deutschland vielfach als für die moderne Wissenschaft zu gebunden und deshalb als ungeeignet. Natürlich gab es, so wird man auch heute sagen, eine Standortgebundenheit der Katholiken, die aber trotz anderer offizieller Meinung damals auch den Protestanten nicht fremd war[22].

Das Beispiel zeigt, dass die wissenschaftliche »Großwetterlage« damals für katholische Neuhistoriker wie Schnabel recht ungünstig war. Das galt noch mehr, allerdings unter anderen Vorzeichen, im Dritten Reich. Ein Beispiel für die damalige Situation: Der 1946 in München erst im Alter von 52 Jahren als Landeshistoriker zum Zug gekommene Max Spindler erzählte dem Verfasser, er habe im Dritten Reich einen Lehrstuhl für Mittelalterliche Geschichte in Jena erhalten sollen, aber der Rektor habe ihm beim vorbereitenden Gespräch erklärt, er bekomme den Ruf nur, wenn er vorher aus der Kirche austrete. Er müsse es ja seiner Mutter nicht erzählen. Als der gut katholische Spindler ablehnte, blieb er in München Außerordentlicher Professor.

Neben Schnabels gut katholischer Weltanschauung war ohne Zweifel sein historischer Ansatz ein weiterer Grund für seine langjährige Chancenlosigkeit. Er hob sich nämlich stark von der herrschenden Richtung der damaligen Neuzeithistoriker ab, die im Allgemeinen eine nationale, nationalliberale und protestantische Grundeinstellung vertraten. Schnabel lieferte praktisch mit seiner Geschichte des 19. Jahrhunderts einen Gegenentwurf zu dem sehr populären Werk Heinrich von Treitschkes »Deutsche Geschichte im Neunzehnten Jahrhundert«, das 1923 bereits in 11. Auflage erschien war und wohl in jedem bürgerlichen Haushalt im Bücherregal stand[23].

Treitschke, Lehrstuhlinhaber an der Berliner Universität, war ein besonders markanter Vertreter der vorherrschenden preußisch-kleindeutsch-protestantisch

21 Ebd., 40, 69, 121 ff., 164 ff., 185 ff., 241 ff.; zur konfessionellen Kultur vgl. Gerhard SCHMIDTCHEN, Protestanten und Katholiken. Soziologische Analyse konfessioneller Kultur, Bern/München 1973.
22 Christoph WEBER, Kirchliche Politik zwischen Rom, Berlin und Trier 1870–1888. Die Beilegung des Kulturkampfes, Mainz 1970; Thomas NIPPERDEY, Deutsche Geschichte 1800–1866. Bürgerwelt und starker Staat, München 1983, 413 ff.
23 Heinrich von TREITSCHKE, Deutsche Geschichte im 19. Jahrhundert, 5 Teile, 11. Auflage, Leipzig 1923.

bestimmten damaligen deutschen Geschichtsschreibung. Für ihn wurde die Geschichte der deutschen Nation durch die unter preußischer Hegemonie nicht ohne Zwang herbeigeführte kleindeutsche Einheit vollendet. Das 1806 untergegangene Heilige Römische Reich mit seiner stark föderalistischen Struktur, seiner schwachen Zentrale und Militärmacht, das jedoch einen idealen Rahmen für eine außerordentliche kulturelle Blüte und Vielfalt bot[24], beurteilte Treitschke sehr negativ.

Er schreibt: »Aus dem Durcheinander verrotteter Reichsformen und unfertiger Territorien erhob sich der junge preußische Staat empor. Von ihm ging fortan das politische Leben Deutschlands aus … so hat die Monarchie der brandenburg-preußischen Marken der zerrissenen deutschen Nation wieder ein Vaterland geschaffen …«. Weiter unten heißt es: »Das Kaisertum der Habsburger war römisch, führte die Völker des romanischen Südeuropas ins Feld wider die deutschen Ketzer und ist fortan bis zu seinem ruhmlosen Untergange der Feind alles deutschen Wesens geblieben.« Schließlich urteilt Treitschke von seinem preußisch-protestantischen Standort aus: »In Deutschland wirkte der neue Katholizismus nur hemmend und verwüstend, sein geistiges Vermögen verhielt sich zu der Gedankenwelt der deutschen Protestanten wie die unfruchtbare Scholastik unseres ersten Jesuiten Canisius zu der schlichten Weisheit der Werke Luthers«. Treitschke betont weiter unten, die »neue Wissenschaft und Richtung, die wirksame Literatur der neuen Geschichte« sei »protestantisch von Grund aus und doch weltlich frei und mild« gewesen[25].

Der vom bürgerhumanistischen Liberalismus geprägte badische Katholik Schnabel verkörperte einen ganz anderen Standort. Rolf-Ulrich Kunze schreibt dazu: »Franz Schnabel war eine Ausnahmeerscheinung unter den deutschen Historikern und hat das humanistische Postulat umgesetzt als demokratischer Staatsbürger durch ein engagiertes Plädoyer für die Republik von Weimar und als Fachhistoriker durch seine universalistisch-humanistische Historiographie, der es um die Betonung der partizipatorischen und humanen Traditionen deutscher Geschichte ging. Schnabels Humanismus war politisch, er bekannte sich ausdrücklich zur Demokratie als Staats- und Lebensform«[26].

---

24 Peter Claus HARTMANN, Kulturgeschichte des Heiligen Römischen Reiches 1648 bis 1806, Wien u. a. ²2011, 71–81.
25 TREITSCHKE, Deutsche Geschichte (wie Anm. 23), Bd. I, 7, 4, 8, 6.
26 Rolf-Ulrich KUNZE, Bildung durch humane Wissenschaft, Franz Schnabel über ›Humanismus‹ und deutsche Geschichte, in: Zur Aktualität (wie Anm. 3), 673–684, hier 684.

Auch Peter Steinbach betont den von der Mehrheit abweichenden Ansatz Schnabels in der Weimarer Republik, wenn er schreibt: »Als sich bereits viele Historiker-Kollegen längst von der Weimarer Civitas abgewandt hatten und die Zukunft Deutschlands modisch in der Überwindung der parlamentarischen und bundesstaatlichen Demokratie sahen, verteidigte er mutig die Grundlagen der Republik von Weimar. Er bekannte sich mithin geradezu unangepasst und völlig unbeeindruckt von den Zeitstimmungen und -strömungen in der Stunde des Untergangs ebenso wie 1923 zur Republik und ihrer Verfassung«[27]. Selbst 1947 stieß Schnabel noch in Heidelberg mit seinem historischen Ansatz und seiner Methodik auf Ablehnung[28].

Im Dritten Reich passten selbstverständlich Schnabels Eintreten für die parlamentarische Demokratie, seine Sympathie für das katholische Zentrum und sein europäischer Universalismus nicht zur Ideologie des Regimes[29].

Schnabels historiografisches Schaffen

Franz Schnabel war ohne Zweifel ein großer Geschichtsschreiber und -forscher. Seine wissenschaftlich fruchtbarste Zeit waren die Zwanziger- und frühen Dreißiger Jahre, als er in der Technischen Hochschule Karlsruhe tätig war. Vor der Analyse seines Hauptwerks sei auf einige seiner vielseitigen anderen Veröffentlichungen, mit Artikeln, Beiträgen, Rezensionen, mehr als 600 Titel, darunter »48 Monographien und Sammelwerke«[30], eingegangen. Neben der zitierten Dissertation und Habilitationsschrift hat er eine Reihe Artikel und Schriften zur badischen und pfälzischen Geschichte, wie »Die kulturelle Bedeutung der Carl-Theodor-Zeit«[31] oder »Die Stellung der rheinischen Pfalz in der deutschen Geschichte«[32] oder »Sigismund von Reitzenstein. Der Begründer des badischen Staates«[33] veröffentlicht. Dazu kamen diverse andere Schriften, wie sein schon 1914 erschienener Beitrag »Georg Kopps Bedeutung für den Politischen Katholizismus

---

27 Peter STEINBACH, Ergriffen vom Leben und doch vom Leben nicht bestochen … Die Politisierung der Nation auf der Grundlage historischer Bildung bei Franz Schnabel, in: Zur Aktualität (wie Anm. 3), 685–703, hier 691.
28 BORGSTEDT, Schnabel (wie Anm. 10), 670.
29 Vgl. Anm. 4.
30 HERTFELDER, Schnabel (wie Anm. 4), 16, 755–790.
31 In: Mannheimer Geschichte 25 (1924), Sp. 236–253.
32 In: ebd., 35 (1934), Sp. 61–100.
33 Heidelberg 1927.

in Deutschland«, wo er sich sehr ausgewogen und ausgleichend äußert[34], oder seine kurze Biographie des bedeutenden preußischen Reformpolitikers »Karl Freiherr vom und zum Stein«[35]. Ferner sind seine späteren Schriften über den »Buchhandel und der geistige Aufstieg der abendländischen Völker« (1951) oder der 1958 erschienene Artikel im Sammelband: »Die Historische Kommission bei der Bayerischen Akademie der Wissenschaften 1858–1958« erwähnenswert[36].

Schnabel hat als Historiker für Ingenieure an der Technischen Hochschule Karlsruhe sich in verschiedenen veröffentlichten Vorträgen und im dritten Band seiner deutschen Geschichte auch in starkem Maße technikgeschichtlichen Aspekten zugewendet, worüber noch zu sprechen ist[37].

Zu diesen Bereichen seiner Veröffentlichungen kamen noch diverse andere, wie seine Schrift »Vom Sinn des geschichtlichen Studiums in der Gegenwart«[38] oder seine Quellensammlung »Deutschlands geschichtliche Quellen und Darstellungen in der Neuzeit, Teil 1: Das Zeitalter der Reformation 1500–1550, Stuttgart 1931. Ein Bestseller war außerdem sein 1923 erschienener »Abriß der Geschichte der neuesten Zeit (1789–1919)«[39]. Zunächst als Schulbuch für die Oberstufe konzipiert, erschien die Schrift in der Folgezeit als selbständiger Band 3 in der Reihe »Grundriß der Geschichte« mit dem Titel: »Bürgerlicher Liberalismus und nationale Bewegung« in zahlreichen Auflagen[40].

Sein Hauptwerk war jedoch seine mehrbändige »Deutsche Geschichte im neunzehnten Jahrhundert«, die im katholischen Herder-Verlag in Freiburg im Breisgau ab 1929 erschien. Seit Treitschkes deutscher Geschichte des 19. Jahrhunderts, die damals immer noch sehr hoch im Kurs stand, handelte es sich um die erste entsprechende Gesamtdarstellung, aber mit ganz anderem Ansatz. Während für Treitschke die politische Geschichte, einschließlich der Kriege, vor allem der Analyse wert ist, so verbindet Schnabel in einer großartigen Zusammenschau die geistesgeschichtliche Forschung mit der politischen Geschichte und bringt dabei das Prinzipielle in seiner lebendigen Darstellung zur Geltung. Das gilt besonders

---

34 In: Die Grenzboten. Zeitschrift für Politik, Literatur und Kunst 73 (1914), 260–273; vgl. dazu: KISSENER, Schnabels Nachruf auf Georg Kardinal Kopp (1914) (wie Anm. 20), 613–621.
35 Leipzig und Berlin 1931.
36 Die Idee und die Erscheinung, in: Die Historische Kommission, 1958, 7–69.
37 Vgl. Rolf-Jürgen GLEITSMANN/Günther OETZEL, Franz Schnabel, die Technik und die Geschichtswissenschaft, in: Zur Aktualität (wie Anm. 3), 635–653.
38 Karlsruhe 1923.
39 Leipzig 1923, schon 1931 in 10. Aufl.
40 Später nach dem 2. Weltkrieg erschienen viele Auflagen bei Klett in Stuttgart.

für den ersten Band, wo er die Grundlagen Deutschlands »im Zusammenhang der europäischen Geschichte in einem weiten Bogen, ausgehend von Antike, Christentum und Germanentum über das Mittelalter, die frühe Neuzeit, die Französische Revolution, das Empire und »die Grundlegung eines neuen Geistes durch Neuhumanismus und Romantik« schildert und die Musikentwicklung (mit Haydn, Mozart, Beethoven) berücksichtigt[41].

Während Treitschke in seinem Ausblick auf die Vorgeschichte des 19. Jahrhunderts sich darauf beschränkt, zu erörtern, »was den nationalstaatlichen Zusammenschluss Deutschlands im Mittelalter und in der frühen Neuzeit verhinderte« und alles auf das Nachholen der Einigung unter preußischer Führung konzentrierte, »geht Schnabel von der europäischen Völkerfamilie aus, von einem Universalismus, der die deutsche Geschichte in die gesamte europäische hineinstellt, einschließlich der geistesgeschichtlichen Entwicklung«. »Schnabel gelangte also«, so betont Schubert, »zu einer sehr weiten und durchaus neuartigen Art, Nationalgeschichte zu schreiben«[42]. Er setzt sich hier eine »Geschichtsschreibung großen Stils« zum Ziel.

Um ein Bild von Schnabels Geschichtsschreibung zu vermitteln, sei hier als Kostprobe aus dem 1. Band seiner Deutschen Geschichte zitiert: »Als in solcher Weise die im Mittelmeergebiet beheimatete christlich-römische Kultur mit den durch Mitteleuropa wogenden Germanen zusammenstieß, da wurden in dieser weltgeschichtlichen Auseinandersetzung die drei Grundelemente des heutigen Europas – Antike, Christentum und Germanentum – zusammengeführt, und aus ihrer Mischung und gegenseitigen Durchdringung erwuchs die Einheit der abendländischen Welt ... alle Zweige dieser Völkerfamilie waren doch durch Abstammung, durch Glauben und Schicksal zusammengehalten, und sie alle hatten in Papsttum und Kaisertum die gemeinsamen Lenker der Welt gefunden«[43].

Der zweite Band des großen Werkes mit dem Titel »Monarchie und Volkssouveränität« erschien im Sommer 1933. Während sich damals viele Historiker in der immer totalitärer werdenden Diktatur mehr und mehr der neuen Ideologie anpassten und Passagen ihrer Werke umformulierten, änderte Schnabel keine Zeile. In seinem Vorwort spiegelte sich, so Lothar Gall, »die unendliche Distanz zum neuen

41 Franz SCHNABEL, Deutsche Geschichte im neunzehnten Jahrhundert, Erster Band, Neuauflage Freiburg i. Br. 1964; vgl. SCHUBERT, Schnabel (wie Anm. 1), 339; HERTFELDER, Schnabel (wie Anm. 4), 464–478.
42 SCHUBERT, Schnabel (wie Anm. 1), 339–341, Zitat 341; LÖNNE, Schnabel (wie Anm. 2), 88.
43 SCHNABEL, Deutsche Geschichte (wie Anm. 41), 19.

Regime wider«. Er schrieb dort u. a. – und dies war für die neuen Machthaber gut zu verstehen: »Die echten Werte der Vergangenheit können vorübergehend verdunkelt, niemals vernichtet werden«. Schnabel analysiert in dem 2. Band, in die geistesgeschichtlichen Zusammenhänge gestellt, das Ringen zwischen den konservativen Kräften in Deutschland mit den liberalen nach 1815. Dabei arbeitet er die liberale Rechtsstaatsidee heraus[44].

Im Jahr 1934 erschien dann der dritte Band, der sich den Erfahrungswissenschaften und der Technik widmete, und dies entgegen der Forderung Treitschkes, der betonte, für den Historiker seien Staatsmänner und Feldherren »die historischen Helden«[45]. Dabei beschreibt Schnabel Naturwissenschaft und Technik vor allem kultur- und geistesgeschichtlich, als Errungenschaften der Menschheit und Technik, als Schrittmacher für Rechtsstaat und Demokratie[46] und hat dabei »Bahnbrechendes« geleistet[47].

Der vierte Band behandelt dann ausführlich die religiösen Kräfte, zunächst die katholische Kirche in Deutschland bis 1848 und dann die protestantischen Kirchen. Hier werden neben den religiösen, die geistesgeschichtlichen, sozialen und kulturellen Aspekte mit viel Kompetenz in einer Zusammenschau präsentiert und zusammengefügt. Zur Verdeutlichung ein paar Zeilen aus dem vierten Band, Abschnitt »München und Berlin«: »... nicht nur auf dem Gebiete der Wissenschaft und Kunst und nicht nur als konstitutioneller Staat, sondern auch als katholische Macht sollte Bayern mit seiner Hauptstadt ein Gegenlager werden gegen Berlin, gegen Preußen, gegen Norddeutschland und Protestantismus. Wenn in der Blütezeit der politischen Romantik die Kaiserstadt Wien durch Hofbauer und Schlegel das Kulturzentrum des katholischen Deutschland gewesen war, so ging jetzt die Führung an Bayern über«[48].

1941 wurde dann der fünfte Band fertig, der dem »Erwachen des deutschen Volkstums« gewidmet sein sollte und sich der Ausbildung des deutschen Nationalbewusstseins und den sich vorbereitenden Nationalkonflikten in Mitteleuropa zuwandte[49]. Er wurde, schon im Umbruch befindlich, von der nationalsozialistischen

---

44 Lothar GALL, Franz Schnabel (1887–1966), Nachruf, in: Zeitschrift für die Geschichte des Oberrheins 116 (1968), 427–439, hier 435; GALL, Schnabel (wie Anm. 2), 273.
45 Heinrich von TREITSCHKE, Politik. Vorlesungen gehalten an der Universität zu Berlin, Bd. 1, Leipzig 1897, 63 f.
46 GLEITSMANN/OETZEL, Franz Schnabel (wie Anm. 37), 635–653, bes. 653.
47 LÖNNE, Schnabel (wie Anm. 2), 92.
48 Franz SCHNABEL, Die katholische Kirche in Deutschland, 186 f.
49 HERTFELDER, Schnabel (wie Anm. 4), 690 f.

Zensur kassiert, während 1938 die ersten vier Bände mit einem Verkaufsverbot belegt worden waren[50].

Allgemein ist zu sagen, dass Schnabel »auf neuartige Weise so unterschiedliche Bereiche wie die Geschichte der Wissenschaften und Technik, der Kunst und Literatur, der religiösen Strömungen und des nationalen Gedankens« verknüpfte. Er war überzeugt, »dass der liberale Gedanke und die bürgerliche Kultur in Geistes- und Lebenswelt nun auch in Mitteleuropa zum Siege gelangen würden und trat für Liberalismus und Demokratie ein.

Die Rezensionen der Deutschen Geschichte Schnabels durch die damaligen Fachkollegen Wilhelm Mommsen, Gerhard Masur und Otto Graf Stolberg-Werningerode in der HZ und anderen Fachorganen waren recht negativ. Man sah zu wenig Deutsches und zu viel europäischen Kontext. »Im Zeitalter des ›völkischen Erwachens‹«, so schreibt Hertfelder, »war Schnabels europäischer Universalismus … unzeitgemäß«[51]. Das weitaus positivste Echo kam aus der angelsächsischen Welt. Schnabels Hauptwerk wurde nämlich während des Krieges von der ersten amerikanischen und wichtigsten britischen historischen Zeitschrift sehr positiv besprochen. Der Präsident der britischen Akademie, der herausragende Historiker J.H. Clapham, bezeichnete es 1944 bei einer Versammlung der Akademie als ein ermutigendes Werk und als Repräsentant eines Wiederauflebens »of honest German scholarship«[52] und in der »American Historical Review« ist von »best humanistic tradition of the old Germany« die Rede[53].

Schnabels Münchener Jahre an der LMU

Abschließend sei auf die Hochschullehrertätigkeit Schnabels nach der Berufung auf den Großlehrstuhl für Neuere Geschichte der Münchener Ludwig-Maximilians-Universität eingegangen werden; hier faszinierte und begeisterte er, wie anfangs erwähnt, eine ungewöhnlich große Zahl von Studierenden aller Fakultäten und konnte wahre Triumphe als fachlich und didaktisch hervorragender Hochschullehrer feiern. Dennoch gilt es doch auch die die problematischeren Seiten seiner Münchener Tätigkeit zu erwähnen. Bei Franz Schnabel, der 25 Jahre lang als

---

50 Clemens REHM/Daniela BLANCK/Simone DAHRINGER-BOY, Der V. Band der deutschen Geschichte, in: REHM (Hg.), Schnabel (wie Anm. 10), 43.
51 HERTFELDER, Schnabel (wie Anm. 4), 642,643.
52 Franz SCHNABEL, Deutsche Geschichte (wie Anm. 41), Vorwort der dritten Auflage, VIIf.
53 GALL, Schnabel (1968) (wie Anm. 44), 436.

»Einzelkämpfer« auf einem Abstellgleis bzw. nach seiner Zwangsemeritierung als Privatgelehrter gearbeitet und gewirkt hatte, war offensichtlich der Sensus für das Delegieren von Arbeiten und das Leiten eines wissenschaftlichen Teams verkümmert. Er machte alles selbst und kam sogar auf einem Lehrstuhl mit all den ungeheueren Belastungen und Aufgaben ohne Assistenten aus. Es wäre jedoch entscheidend wichtig gewesen, viele Funktionen an Mitarbeiter zu delegieren, etwa bei der praktischen Organisation des Studienbetriebs in der Neueren Geschichte, den Lehrveranstaltungen für die Studienanfänger, beim Korrigieren der vielen Arbeiten, beim Ausbau der Abteilung Neuzeit in der Seminarbibliothek, einschließlich der Anschaffungsvorschläge, usw. In all diesen Bereichen gab es in der 15-jährigen Amtszeit Schnabels spürbare Defizite.

Die naheliegende Schaffung eines Parallellehrstuhls zur Neueren Geschichte, der sich vor allem um diese Bereiche kümmern und die Defizite hätte ausgleichen können, wurde nicht verwirklicht, u. a. weil Schnabel »zeitlebens große Bedenken dagegen hatte, die einzelnen Fächer der Philosophischen Fakultät durch Parallellehrstühle ›einzuengen‹«. Hier spielte eine Rolle, meint Schubert, dass Schnabel »der Auffassung früherer Zeiten und hier unter anderem einer aristokratisch-humanistischen Bildungskonzeption eng verbunden« blieb, die noch nicht mit den immer mehr zunehmenden Studentenmassen rechnete.

Außerdem wäre es für Schnabel als alleiniger Vertreter eines Massenfaches nötig gewesen, sich auch für die Fortführung seiner fundamentalen Geschichte des 19. Jahrhunderts intensiv zuarbeiten zu lassen und viele Funktionen, etwa das Bibliographieren und Beschaffen von Büchern aus den Bibliotheken, an Mitarbeiter zu delegieren.

Da er dies nicht tat, kam er nicht mehr dazu, sein großes Werk fortzusetzen und neben Vorträgen und kleineren Artikeln noch Monographien zu veröffentlichen. So blieb sein Werk als Geschichtsschreiber unvollendet, der von den Nationalsozialisten gestoppte fünfte Band erschien nicht mehr[54]. Es bleibt interessant, dass nach der Emeritierung von Schnabel sein Lehrstuhl geteilt wurde und dass jeder der neuen Lehrstuhlinhaber, Fritz Wagner und Walter Bußmann, jeweils vier Assistenten- und Akademische-Räte-Stellen bekam. Die Zahl der Mitarbeiter des Lehrstuhls wurde somit verzehnfacht. Schnabel erledigte das allein. Kein Wunder, dass es dabei Defizite gab.

---

54 Vgl. Schubert, Schnabel (wie Anm. 1), 355; Gall, Schnabel (1968) (wie Anm. 44), 436 f.

Dafür widmete sich Schnabel mit ganzer Kraft und Hingabe der Lehre, der Betreuung seiner Studierenden und dem Einwirken auf eine große historisch interessierte Öffentlichkeit durch Vorträge in Festsälen und im Rundfunk. Er bildete viele Studenten, Doktoranden und Habilitanden aus, so u.a. die späteren Professoren Erich Angermann, Heinrich Lutz, Lothar Gall, Hermann F. Schubert, Eberhard Weis und Hans Schmidt, die dabei einen großen und bleibenden Gewinn für ihr Studium und ihren Beruf mitnahmen.

Hermann Friedrich Schubert, später sehr erfolgreicher Universitätsprofessor und Autor wichtiger Werke, gehörte zu den ersten Schülern Schnabels. Er betont, dass dessen Vorlesungen zu den stärksten Erlebnissen seines Studiums gehört hätten, und berichtet von der ersten Vorlesung Schnabels im Frühjahr 1947 in München mit dem Thema »Staat und Recht in der deutschen Geschichte«. Schubert schreibt: »Plötzlich eröffneten sich uns Studenten hier Perspektiven, die einen uns bisher verschlossenen Bezug zwischen Gegenwart und Vergangenheit herstellten«, und er fährt fort: »Indem Schnabel ein historisch-politisches Grundproblem vom Mittelalter bis zur Gegenwart verfolgte, sahen wir mit überraschten Blicken, wie unmittelbar die Universalität der abendländischen Geschichte auch die Situation der späteren Neuzeit bestimmt. Gleichzeitig wurden uns die Augen dafür geöffnet, worin der eigentliche Bildungswert der Geschichte und der wahre Sinn historischen Denkens liegen. Was Schnabel in dem sogenannten Kolleg vortrug, konnten wir in keinem Buch finden«.

Allgemein betonte Schubert bei seiner Beurteilung der Vorlesungen Schnabels: »Auch seine späteren Vorlesungen brachten immer wieder unter gleichzeitiger sorgfältiger Beachtung der methodischen Probleme eine Zusammenschau großer Grundfragen, wie sie in dieser Art die wissenschaftliche Literatur nicht zu bieten vermag«[55].

Auch der spätere Juraprofessor und Bundesverfassungsrichter Böckenförde war ein begeisterter Schüler von Schnabel und bezeichnet diesen als einen »akademischen Lehrer, der den Schulmann in sich und seinen pädagogischen Eros nie verborgen hat. Der Hörer wurde nicht überfrachtet, aber ihm wurden Schlüssel in die Hand gegeben, die Details und Detailkenntnisse, die er sich zu verschaffen hatte,

---

[55] Schubert, Schnabel (wie Anm. 1), 355; siehe auch Tanja Kasischke/Harald Menzel, Der Lehrer, in: Rehm (Hg.), Schnabel (wie Anm. 10), 23–26.

in einem übergreifenden, sei es geistigen, sei es politischen Zusammenhang hineinzustellen, sie von daher zu begreifen und zuzuordnen«[56].

Nach dem 2. Weltkrieg erhielt Schnabel endlich die vielen Ehrungen, die dieser bedeutende Historiker verdiente: zwei Ehrendoktorwürden, drei Akademiemitgliedschaften, darunter seit 1948 die der Bayerischen Akademie der Wissenschaften, die Ehrenmitgliedschaft der britischen sowie der amerikanischen »Historical Association«, die Präsidentschaft der Historischen Kommission bei der Bayerischen Akademie der Wissenschaften (1951–1959), das Große Bundesverdienstkreuz (1958), den Bayerischen Verdienstorden (1961) und anderes[57].

Sein Schüler Friedrich Hermann Schubert stellt die große Liberalität und Hilfsbereitschaft seinen Schülern gegenüber heraus[58] und sein Kollege Karl Bosl spricht in seinem Nachruf von dessen lauterem, gütigen Charakter und mutigem Geist, »dem Wahrheit, Menschenwürde, Schönheit Leitbild waren«. Er schreibt: »der Geist und das Werk« Schnabels würden strahlend weiterleben, und betont: »Im Werk dieses überlegenen, gelehrten Deuters der Moderne war das nationalstaatliche Denken des zuerst bürgerlich liberalen und dann konservativen 19. Jahrhunderts und sein einseitiges Spiegelbild in Treitschke überwunden worden«[59].

56 Ernst-Wolfgang Böckenförde, Erinnerungen an Franz Schnabel, in: Franz Schnabel. Zu Leben und Werk (1887–1966), hg. v. der Historischen Kommission bei der Bayerischen Akademie der Wissenschaften, München 1988, 15–24, hier 16.
57 Gall, Schnabel (wie Anm. 2), 274.
58 Schubert, Schnabel (wie Anm. 1), 357.
59 Karl Bosl, Franz Schnabel, in: Jahrbuch der Bayerischen Akademie der Wissenschaften 1966, 188–193; vgl. auch Eberhard Weis, Leben und Persönlichkeit Franz Schnabels, in: Franz Schnabel. Zu Leben und Werk (wie Anm. 56).

Nachruf

Rudolf Schieffer (1947–2018)

Rudolf Schieffer, der am 31. Januar 1947 in Mainz als Sohn des Mediävisten Theodor Schieffer (1910–1992) geboren wurde, studierte Geschichte und Latein überwiegend in Bonn. Eugen Ewig (1913–2006) gewann ihn trotz anfänglicher Interessen an Themen der Spätantike für das Mittelalter. Die Dissertation über die Entstehung von Domkapiteln in Deutschland (Bonn 1976) ist nach wie vor ein unverzichtbares Standardwerk, das die komplexe Entwicklung von den frühmittelalterlichen Klerikergemeinschaften zu hochmittelalterlichen Institutionen schlüssig nachzeichnet. Der fulminanten Dissertation war eine Reihe von Studien zur Reichs- und Kirchengeschichte des 11. Jahrhunderts vorausgegangen, die bereits den Experten für Probleme des Investiturstreits erkennen ließen. 1975 holte Horst Fuhrmann (1926–2011) als Präsident der Monumenta Germaniae Historica (MGH) Rudolf Schieffer als Mitarbeiter nach München und betraute ihn mit der Fortführung der Edition der Briefe des Erzbischofs Hinkmar von Reims. Dadurch wurde Schieffer immer mehr zu einem Experten der Karolingerzeit, die er in einem mehrfach aufgelegten Taschenbuch über die Karolinger (Stuttgart 1992, zuletzt 5. Aufl. 2014) und dem entsprechenden Band von Gebhardts Handbuch der deutschen Geschichte (Stuttgart 2005) souverän darstellte.

Unter der Ägide Horst Fuhrmanns habilitierte sich Schieffer 1979 an der Universität Regensburg mit einer Arbeit über »Die Entstehung des päpstlichen Investiturverbots für den deutschen König« (Stuttgart 1982). Das 11. Jahrhundert als Zeitalter von Kirchenreform und Investiturstreit wurde zu seinem zweiten großen Arbeitsschwerpunkt. Als Überblickswerke legte er ein Taschenbuch über »Papst Gregor VII. Kirchenreform und Investiturstreit« (München 2019) vor und stellte die früh- und hochmittelalterliche Geschichte Europas unter dem Titel »Christianisierung und Reichsbildungen: Europa 700 – 1200« (München 2013) dar.

Von 1980 bis 1994 hatte Schieffer den Lehrstuhl für mittelalterliche Geschichte seines Lehrers Eugen Ewig an der Universität Bonn inne. 1983 wurde er ordentliches Mitglied der Zentraldirektion der MGH und folgte 1994 dem Ruf als Präsident dieser Einrichtung, die mit einem Mittelalterlehrstuhl an der Ludwig-Maximilians-Universität München verbunden war. Die Leitung des Münchner

Instituts, das mit diversen externen Akademieprojekten verbunden war, die Begleitung der zahlreichen laufenden Editionsvorhaben und Schriftenreihen sowie die Herausgabe des Deutschen Archivs für Erforschung des Mittelalters boten schon ein reichliches Arbeitsprogramm, doch verstand sich Schieffer nicht nur als Leiter einer Forschungseinrichtung, sondern überhaupt als Vertreter einer quellenfundierten deutschen Mittelalterforschung, die er auf Tagungen und bei vielen anderen Anlässen präsentierte.

Rudolf Schieffer gehörte noch zu jenen Mittelalterhistorikern, die im engen Verbund mit der Landesgeschichtsforschung arbeiteten und diese Disziplin kennengelernt hatten, als sie noch von Fachkollegen geprägt wurde, die gleichermaßen selbstverständlich Mittelalter- wie Landeshistoriker waren. Das Institut für geschichtliche Landeskunde der Rheinlande in Bonn verkörperte diese Verbindung in nachdrücklicher Weise und prägte Schieffers Blick auf die Landesgeschichte. Nicht zufällig waren die vom Bonner Institut herausgegebenen Rheinischen Vierteljahrsblätter eines seiner bevorzugten Publikationsorgane. Die Gesellschaft für rheinische Geschichtskunde wählte ihn schon 1981 zu ihrem Mitglied.

Mit dem Wechsel nach München 1994 gerieten auch Themen der bayerischen Landesgeschichte in sein Interessenfeld, boten sich doch von der Integration Bayerns in das Karolingerreich bis zum Wirken Alberts des Großen als zeitweiliger Bischof von Regensburg Anknüpfungspunkte für eigene Arbeiten. Neben manchen Einzelbeiträgen kann hier auf seine Darstellung über Altbayern, Franken und Schwaben von 1046 bis 1215 (»Die Bischöfe zwischen König und Papst«) im ersten Band des Handbuchs der bayerischen Kirchengeschichte (St. Ottilien 1998) verwiesen werden. Sein letzter Beitrag zur bayerischen Landesgeschichte behandelte das Verhältnis der Päpste zu den bayerischen Herzögen im Früh- und Hochmittelalter (ZBLG 2017, Heft 1). Die Verbindungen von Bayern und dem Reich dokumentiert das großangelegte Repertorium der deutschen Königspfalzen, das nach der Schließung des Max-Planck-Instituts für Geschichte in Göttingen 2007 neu organisiert werden musste und zu dessen Mitherausgebern Schieffer gehörte. In Zusammenarbeit mit der Kommission für bayerische Landesgeschichte, deren Mitglied Schieffer seit 1998 war, ist für Bayern 2016 der erste Teilband über Bayerisch Schwaben erschienen, und ein weiterer Teilband (nur Regensburg) ist 2019 herausgekommen.

Schieffers landesgeschichtliche Interessen wurden stets durch Probleme der allgemeinen Geschichte bestimmt, seien es nun die Kaiser und Könige in ihrer Reise- und Beurkundungstätigkeit, die Päpste als Förderer geistlicher Institutionen oder eben Bischöfe und Domkapitel in ihren Verbindungen zu Königtum und Papsttum. Zahlreiche Institutionen, Kommissionen und Akademien wählten Rudolf Schieffer zu ihrem Mitglied, von denen hier nur der Konstanzer Arbeitskreis für mittelalterliche Geschichte, die Görres-Gesellschaft zur Förderung der Wissenschaft, die Deutsche Kommission zur Bearbeitung der Regesta Imperii bei der Akademie der Wissenschaften und der Literatur zu Mainz und die Nordrhein-Westfälische Akademie der Wissenschaften und der Künste genannt seien.

Nach seiner Pensionierung als Präsident der MGH 2012 zog Rudolf Schieffer wieder nach Bonn und widmete sich vor allem der Edition des zweiten Teils der Hinkmar-Briefe aus den Jahren 868 bis 872, der noch kurz vor seinem Tod erschienen ist. Seine Nachfolge bei den MGH blieb sechs lange Jahre offen, die mit mühsamen Strukturdiskussionen, Satzungsänderungen, Verhandlungen mit dem Freistaat Bayern als Geldgeber der MGH und nicht zuletzt mit der Suche nach einem geeigneten Nachfolger vergingen. Im März 2018 konnte dann Martina Hartmann zur Präsidentin gewählt werden.

Das umfangreiche wissenschaftliche Oeuvre Rudolf Schieffers, das bis zuletzt tiefdringende Einzelstudien wie große Synthesen umfasste, war nicht nur das Ergebnis von Talent und darstellerischer Begabung, sondern einer eisernen Arbeitsdisziplin, die auch deshalb notwendig war, weil Schieffer nicht nur als Autor, sondern auch als Vortragender viel angefragt, sein fachlicher Rat und seine gutachterliche Expertise nicht minder von vielen Seiten erbeten wurde. Daran sollte sich bis zu seinem plötzlichen Tod am 14. September in Bonn nur wenig ändern. Dem Requiem und der Beisetzung im Familiengrab auf dem Burgfriedhof in Bonn-Bad Godesberg wohnte am 27. September eine große Trauergemeinde bei. Wer ihn kannte, wird ihn als stets freundlichen und verbindlichen, immer konzentrierten, im Urteil unbestechlichen Kollegen in Erinnerung behalten. Rudolf Schieffer gehörte zu den bedeutendsten deutschen Mittelalterhistorikern des 20. Jahrhunderts, dessen unermüdliches Eintreten für eine quellenorientierte und reflektierte Mittelalterforschung als sein Vermächtnis weiterwirken wird.

Enno Bünz

BERICHTE

Kommission für bayerische Landesgeschichte mit Institut für Volkskunde

Jahresbericht 2018

Die 91. Jahressitzung der Kommission für bayerische Landesgeschichte fand am 4./5. Oktober 2018 im Sitzungssaal 1 der Bayerischen Akademie der Wissenschaften in München statt. Im gut besuchten öffentlichen Abendvortrag sprach Prof. Dr. Marco Bellabarba (Universität Trient) über das Thema »Das Ende der Illusionen. Das Trentino, Tirol und ihre Beziehungen zu Bayern nach dem Ersten Weltkrieg«. Bei den turnusmäßig anstehenden Vorstandswahlen wurden Prof. Dr. Ferdinand Kramer als 1. Vorsitzender und Prof. Dr. Dieter J. Weiß als 2. Vorsitzender in ihren Ämtern bestätigt. Die neue fünfjährige Amtszeit beginnt am 1.1.2019. Weiterhin wählte die Versammlung Frau Prof. Dr. Christine Lebeau (Universität Sorbonne, Paris) zum neuen außerordentlichen Mitglied. Der Vorsitzender erinnerte an den am 14. September 2018 im Alter von 73 Jahren überraschend verstorbenen Altpräsidenten der MGH, Prof. Dr. Rudolf Schieffer, der sich als Mitglied der Kommission (seit 1998) insbesondere um die Bayern-Bände des Pfalzenrepertoriums bleibende Verdienste erworben hat. Die Kommission zählte zum Jahresende 2018 23 ordentliche verpflichtete, 29 ordentliche entpflichtete, 12 außerordentliche Mitglieder und ein Mitglied ex officio (zusammen 65). Als hauptamtliche Mitarbeiter waren am Ende des Berichtsjahres folgende Wissenschaftler bei der Kommission beschäftigt: Prof. Dr. Rainald Becker, Dr. Stephan Deutinger, Prof. Dr. Ludwig Holzfurtner, Dr. Thomas Horling (wissenschaftlicher Sekretär), Dr. Wolfgang Janka, Dr. Claudia Schwaab und in Augsburg Dr. Anke Sczesny. Im Sekretariat arbeiteten Kristin Babernits, die zum 1. Mai 2018 die nach dem altersbedingten Ausscheiden von Katharina Goerke frei gewordene Stelle angetreten hat, Evelyn Liebert-Balder und Gisela Klepaczko. Die Kommission verfügt damit über sechs Stellen für Wissenschaftler und 1,93 Stellen im Sekretariat. Beim Institut für Volkskunde sind die beiden wissenschaftlichen Mitarbeiterinnen Dr. Gabriele Wolf und Dr. Gertraud Zull beschäftigt, im Sekretariat arbeiten dort Judith Fleisch und Brigitte Wawoczny. Projektstellen besitzen momentan Dr. Nikola Becker für die Ministerratsprotokolle (Kabinett Knilling) und Dr. Irmtraut Heitmeier für das Historische Lexikon Bayerns: Frühmittelalter. Um die Digitalisierungsprojekte voranzutreiben wurde Jochen Gaab M.A. als Forschungsdatenkurator zum 15.10.2018 angestellt.

Finanziert aus »Bavarikon«-Mitteln haben am 1.12.2018 Wolfgang Janka und Alois Dicklberger mit dem Projekt »Schwäbische Ortsnamen«, das auch eine Internet-publikation zum Ziel hat, begonnen. Beim Institut für Volkskunde läuft das von Dr. Andreas Kühne und Hermann Wellner M. A. bearbeitete Digitalisierungsprojekt »Die volkskundliche Rundfrage von 1908« zum Jahresende 2018 aus. Die Finanzierung erfolgte ebenfalls aus »Bavarikon«-Mitteln. Die vom Ministerium finanzierte Stelle von Dr. Helmut Groschwitz für die Beratungsstelle des Immateriellen Kulturerbes in Bayern wurde bis 28.02.2019 verlängert.

Im Mai 2018 lag der Evaluierungsbericht vor, der die Qualität der Kommissionsarbeit ebenso bestätigte wie die Planungen für künftige Vorhaben. Editionen, Zeitschriften, Langzeit- und digitale Projekte wurden gleichermaßen positiv gewürdigt. Zusammenfassend heißt es: »die Arbeit der KBL überzeugt im vollen Umfang«, »die Arbeit erscheint unbedingt förderungswürdig«, eine Aufstockung der Mittel sei notwendig und die Umstrukturierung der Abteilungen solle angegangen werden. Die vom Minister angekündigte Erhöhung der Mittel um 200 000 Euro kam im Jahr 2018 erstmals zum Tragen. Der Betrag setzt sich zusammen aus 150 000 Euro vom Ministerium und (einmalig) 50 000 Euro aus dem Akademiehaushalt.

Aus Anlass des Jubiläums »100 Jahre Freistaat Bayern« veranstaltete die Kommission am 21./22. Februar 2018 eine Tagung, die große Resonanz in den Medien fand. Im gut besuchten Plenarsaal der Akademie referierten 18 Wissenschaftler über »Orte der Demokratie in Bayern«. Die Vorträge kommen in der ZBLG zum Druck.

Beim Historischen Atlas von Bayern hat Emma Mages in der Reihe Altbayern den baldigen Abschluss des Manuskripts für Riedenburg angekündigt. Stefan Huber übernimmt die Bearbeitung des Landgerichtes Tölz von Christof Paulus. Die anderen altbayerischen Bände München (Lorenz Maier) und Eschenbach-Auerbach (Konrad Ackermann) sind in Arbeit. Für Burglengenfeld-Schwandorf und Amberg II werden weiter neue Bearbeiter gesucht. Johannes Haslauer überarbeitet für die Reihe II das Manuskript seiner Dissertation über die Grafschaft Werdenfels. In der Abteilung Franken erschien der Band Dinkelsbühl von Teresa Neumeyer. Thomas Horling arbeitet an der Fertigstellung des ursprünglich von Erwin Riedenauer erarbeiteten, dann von Manfred Jehle überarbeiteten Manuskripts Gerolzhofen. Aus diesem Grund und wegen der beruflichen Tätigkeit als wissenschaftlicher Sekretär der Kommission erzielte Thomas Horling bei Ochsenfurt nur geringe Fortschritte. Die Überarbeitung von Naila durch Mathias Körner steht noch aus. Die Bearbeitung fortgesetzt haben Manfred Jehle (Feuchtwangen), Heinrich Wagner (Königshofen), Monika Riemer (Würzburg Land), Marc Holländer (Coburg), Thomas J. Hagen (Ebermannstadt), Markus Naser (Rothenburg) und Dietmar Schmidt (Uffenheim). Wolfgang Wüst hat Scheinfeld und Jens Riesner Rehau übernommen. Gesucht wird ein Bearbeiter für Hof. Das von Wolfgang Wüst und Thomas Horling organisierte jährliche Treffen der Atlas-Bearbeiter fand am 9. November 2018 im Staatsarchiv Nürnberg statt und war von 24 Teilnehmern besucht. In Kooperation mit dem Institut für fränkische Geschichte in Thurnau wurde mit der Digitalisierung der oberfränkischen Atlas-Bände begonnen. Hierfür gibt eine Hilfskraft die Angaben der Statistiken am Ende des Alten Reiches in eine Datenbank ein. In Schwaben steht der Abschluss der Dissertationen von Regina Hindelang (Dillingen) und Katharina Bayr, geb. Streif (Kaufbeuren) bevor. Anke Sczesny überarbeitet Illertissen neben ihrer Tätigkeit in der Geschäftsstelle der SFA. In der Reihe Innviertel, die vom Oberösterreichischen Landesarchiv Linz koordiniert wird, hat Gerhard Schwentner nun auch die Bearbeitung des südlichen Innviertels übernommen.

Beim Historischen Ortsnamenbuch erschien in der Abteilung Altbayern der Band Pfarrkirchen von Josef Egginger, der am 3. Dezember 2018 in Kirchdorf a. Inn der Öffentlichkeit vorgestellt werden konnte. Sarah Rathgeb und Andrea Weber bearbeiten die Bände Aichach bzw. Wolfstein mit Unterstützung von Stipendien der Kommission. Aus einer Reihe weiterer in Bearbeitung befindlicher Bände scheint in den nächsten Jahren am ehesten bei Altötting (Josef Egginger), Kelheim (Johann Auer – Sabina Buchner) und Landshut (Johann Schober) ein Abschluss möglich. Die im Auftrag des Verbands für Orts- und Flurnamenforschung durchgeführte Erhebung der Mundartaufnahmen wurden von der Kommission in diesem Jahr finanziell unterstützt für die Landkreise Bad Tölz und Vilsbiburg. In der Abteilung Franken wird aktiv gearbeitet an den Bänden Forchheim (Dieter George), Höchstadt/Aisch (Antonius Reith), Nürnberg (Dorothea Fastnacht) und Würzburg (Thomas Heiler). In der Abteilung Schwaben, wo von 17 geplanten Bänden bereits 13 erschienen sind, arbeitet Wolfgang Janka an der Druckvorbereitung von Augsburg (Hans-Peter Eckart), anschließend wird Nördlingen (Bernd Eigenmann) folgen.

Von der »Zeitschrift für bayerische Landesgeschichte« erschienen im Jahr 2018 unter der Schriftleitung von Ferdinand Kramer und der Geschäftsführung und Redaktion von Claudia Schwaab drei Hefte: 79/3, 80/3 (Themenschwerpunkt »Ton und Film als Quellen zur bayerischen Geschichte« sowie 81/1 (Themenschwerpunkt »Orte der Demokratie in Bayern«).

In der »Schriftenreihe zur bayerischen Landesgeschichte« konnten vier Dissertationen vorgelegt werden (Bd. 168: Maria Bäuml, Kulturpolitik gegen die Krise der Demokratie. Das bayerische Staatsministerium für Unterricht und Kultus 1926–1933; Bd. 169: Daniel Rittenauer, Das Amt des Bayerischen Ministerpräsidenten in der NS-Zeit; Bd. 170: Thomas Jehle, Die auswärtige Kulturpolitik des Freistaats Bayern 1945–1978; Bd. 171: Alexander Wegmaier, »Europäer sein und Bayern bleiben«. Die Idee Europa und die bayerische Europapolitik 1945–1979). Für den Druck vorbereitet werden momentan die Arbeiten von Dominik Kaufner (Wirtschaftliche, memoriale und personelle Verflechtungen der Abtei St. Emmeram in Regensburg 975–1326), Rudolf Himpsl (Die Außenwirtschaftspolitik des Freistaats Bayern 1957–1982) und Raphael Gerhardt (Agrarmodernisierung und europäische Integration. Das bayerische Landwirtschaftsministerium 1945–1975).

In Druckvorbereitung befinden sich unter den »Studien zur bayerischen Verfassungs- und Sozialgeschichte« die Dissertation von Thomas Bregler über die oberdeutschen Reichsstädte auf dem Rastatter Friedenskongreß (1797–1799) und die Arbeit von Sarah Hadry über die Pfalz-neuburgische Landesaufnahme um 1600. Für die Reihe »Materialien zur bayerischen Landesgeschichte« übersetzt und kommentiert Claus Scharf (Mainz) die Arbeit von Georgij Aleksandrovitsch Nersesov über die russische Politik auf dem Teschener Friedenskongress.

Die »Dokumente zur Geschichte von Staat und Gesellschaft in Bayern« konnten nur bei dem Band Franken 1268 bis 1805 von Dieter Weiß gewisse Fortschritte verzeichnen. Für die »Quellen und Erörterungen zur bayerischen Geschichte« hingegen sind mehrere positive Entwicklungen zu vermelden. Mit Christian Petrzik, Die Urbare des Klosters Herrenchiemsee und Carolin Proschek, Das Traditionsbuch des Augustinerchorherrenstifts Au am Inn haben junge Bearbeiter gewichtige Editionsvorhaben übernommen. Die Jenenser Dissertation von Katja Putzer über das Urbarbuch des niederbayerischen Adeligen Erhard Rainer zu Schambach von 1376 wird von der Autorin momentan für den Druck überarbeitet. Bei den übrigen im Arbeitsprogramm dieser Reihe schon seit längerem gelisteten Untersuchungen über das Urkundenwesen der Bischöfe von Regensburg, über die Urkunden des Stiftes Polling bis 1350, über die Urkunden und das Urbar des Stiftes Moosburg sowie über die Urkunden des Prämonstratenserstifts Windberg konnten, meist wegen vorrangiger anderweitiger Verpflichtungen der Bearbeiter, nur geringe Fortschritte erzielt werden. Bei den »Regesten zur bayerischen Geschichte« standen für Gabriele Schlütter-Schindler die Übernahme des Bogener Erbes und der Vertrag mit dem Kölner Erzbischof Konrad von Hochstaden während der Regierungszeit Herzog Ottos II. im Mittelpunkt. Stefan Freund und Erwin Frauenknecht arbeiten weiter an den »Regesten der Bischöfe von Regensburg«, Ludwig Holzfurtner an den Regesten der welfischen und babenbergischen Herzöge, Thomas Frenz (Passau) an den Papsturkunden in bayerischen Archiven aus den Jahren 1198 bis 1304. Für die Reihe »Bayerische Rechtsquellen« wurden der von Ulrich-Dieter Oppitz erstellte Handschriftenkatalog und die Untersuchungen zur Textentwicklung beim Rechtsbuch Kaiser Ludwigs des Bayern von 1346 kommissionsintern positiv begutachtet. Thomas Paringer (Quellen zur Geschichte der Landstände im Herzogtum Bayern im 14. Jahrhundert) und Joachim Wild (Edition der bayerischen Landtafeln des 15. Jahrhunderts) haben ihre Recherchen fortgesetzt, ein Abschluss ist jedoch noch nicht absehbar. Beim Repertorium der deutschen Königspfalzen wird der Band »Regensburg«, bearbeitet von Peter Schmid, für den Druck vorbereitet. Die Kommission finanziert die an der Universität Würzburg angesiedelte Stelle von Katharina Kemmer, die die Artikel lektoriert.

In der Reihe »Quellen zur Neueren Geschichte Bayerns« erschien in der Unterabteilung »Die diplomatische Korrespondenz Kurbayerns zum Westfälischen Frieden« der Band 3: Dezember 1645 bis April 1646, bearbeitet von Gabriele Greindl, Günter Hebert und Gerhard Immler. Der Band wurde am 13. November 2018 im Rahmen einer Gemeinschaftsveranstaltung mit der Historischen Kommission in Anwesenheit von Reinhard Kardinal Marx der Öffentlichkeit vorgestellt. Ebenfalls erschienen ist die von Ferdinand Kramer und Ernst Schütz herausgegebene Korrespondenz der Salzburger Vertreter in München mit Fürsterzbischof Hieronymus von Colloredo (1777/1778). Ferdinand Kramer ediert zudem die Berichte der diplomatischen Vertreter des Kaiserhofs aus München nach Wien 1777–1179 (Gesandtschaft Lehrbach), bei denen Hilfskräfte die Transkription und die Kommentierung fortgesetzt haben. In der Unterabteilung »Staatstheoretische Schriften« hat Maria Hildebrand die Transkription des »Mundus Christiano Bavaro Politicus« einem Korrekturdurchgang unterzogen. Der Teil II der Korrespondenz Ludwigs I. mit Johann Martin von Wagner (1816–1825), bearbeitet von Johanna Selch und Mathias Hofter, soll 2020 abgeschlossen werden. In der Reihe »Bayerische Gelehrtenkorrespondenzen« schritt die Überarbeitung des Manuskripts von Band III des Briefwechsels von P. Matthäus Rader SJ (1612–1618) durch Veronika Lukas voran, ohne dass ein Abschluss unmittelbar bevorsteht.

Bei den Ministerratsprotokollen des Freistaats Bayern 1919–1945 konnte Wolfgang Ehberger den Band II/2 (1. Sept. 1919 bis 14. März 1920) weitgehend abschließen. Die Editionen der Kabinette Knilling (Nikola Becker) und Lerchenfeld (Kristin Bohms) kamen gut voran. Für die NS-Zeit hat Daniel Rittenauer sein Manuskript überarbeitet. Die Bearbeitung des Kabinetts Kahr durch Matthias Bischel und Ferdinand Kramer schritt weiter voran, gleiches gilt für das Kabinett Held I (Anna Lehner). Um die optimale Erschließung der Sitzungsmitschriften sicherzustellen, nehmen die Bearbeiter an einem Seminar zur Gabelsberger-Stenographie teil.

Die Bayerischen Vorgeschichtsblätter werden von der Kommission für bayerische Landesgeschichte in Zusammenarbeit mit der Archäologischen Staatssammlung und dem Landesamt für Denkmalpflege herausgegeben. Unter der Schriftleitung von Rupert Gebhard und der Geschäftsführung von Bernward Ziegaus (Archäologische Staatssammlung) erschienen zehn Aufsätze und größere Fundberichte sowie sieben Buchbesprechungen. Für den von Hermann Dannheimer herausgegebenen Band über Herrenchiemsee liegen nunmehr 28 Beiträge vor, sechs Beiträge stehen noch aus.

Das Institut für Volkskunde konnte das Bayerische Jahrbuch für Volkskunde mit neun Beiträgen und 105 Rezensionen vorlegen. Ein ausführlicher Bericht über die Aktivitäten des Instituts für Volkskunde ist im Bayerischen Jahrbuch für Volkskunde 2018 auf S. 11 ff abgedruckt.

Die Schwäbische Forschungsstelle Augsburg der Kommission (SFA) wird ehrenamtlich geleitet von Gerhard Hetzer, unterstützt von der wissenschaftlichen Mitarbeiterin Anke Sczesny. Diese bereitet gegenwärtig das Manuskript zum Atlas Illertissen für den Druck vor. In Vorbereitung für die Drucklegung sind auch das Oettingische Urbar und Teilungslibell von 1370, bearbeitet von Elisabeth Grünewald und Reinhard Seitz, das Urbar des Hochstifts Augsburg von 1316 (bearbeitet von Thaddäus Steiner †) und die Berichte der schwäbischen Regierungspräsidenten aus den Jahren 1924–1927/1928, bearbeitet von Karl Filser. Die Arbeiten an der 6. Lieferung des Historischen Atlas von Bayerisch-Schwaben wurden fortgesetzt.

Die Internetaktivitäten ruhen auf mehreren Säulen, die vor allem in Kooperation mit der Bayerischen Staatsbibliothek (Bavarikon) vorangetrieben werden. Die Kommission hofft weiterhin auf die Einrichtung des von der Staatsregierung 2014 angekündigten Instituts für Digitale Welt, Medien und kulturelles Erbe (www.bayern.de/bericht-aus-der-kabinettssitzung-215/?seite=1579). Im Rezensionsportal der Kommission werden neben jenen der ZBLG nun auch die Besprechungen des

Jahrbuchs für Volkskunde und der Bayerischen Vorgeschichtsblätter online publiziert. Für ausgewählte Aufsätze und für die Zusammenfassung ausgewählter Publikationen ist vorgesehen, diese ins Englische zu übersetzen und sie auf der Homepage der Kommission online zu publizieren.

Die Kommission ist weiterhin Mitglied im »Kompetenzverbund Historische Wissenschaften München«, der den Austausch unter den geschichtswissenschaftlichen Einrichtungen am Standort München fördern soll. Dies geschah unter anderem durch einen gemeinsamen Stand auf dem Historikertag 2018 in Münster. Der Vorsitzende nimmt an der Direktorenrunde teil, in der Arbeitsgruppe Öffentlichkeitsarbeit ist die Kommission durch Herrn Horling, in der Arbeitsgruppe Digitalisierung durch Herrn Deutinger vertreten.

Der von Rainald Becker organisierte »Tag der jungen Landesgeschichte« fand parallel zur Jahressitzung statt. An ihm nahmen mehr als 25 Nachwuchshistoriker aus Deutschland, Österreich und der Schweiz teil. Ziel der Veranstaltung war es, die Kommission und ihre Projekte der jüngeren Forschergeneration vorzustellen.

Zum Jahresabschluss fand am 18. Dezember 2018 im Sitzungssaal 1 der Akademie die Gesamtpräsentation der Kommissionsveröffentlichungen statt, an der knapp hundert Personen teilnahmen.

Ferdinand Kramer

Gesellschaft für fränkische Geschichte

Bericht über die 108. Hauptversammlung der Gesellschaft für fränkische Geschichte am 14. und 15. September 2018 in Bronnbach

Bei schönstem Spätsommerwetter versammelten sich die Mitglieder des Gesamtausschusses der Gesellschaft am frühen Nachmittag im Kloster Bronnbach, um über die Zuwahl neuer Mitglieder, den Haushalt und das Arbeitsprogramm zu beraten.

Später wurden alle bereits angereisten Mitglieder an der Klosterpforte zunächst durch den Ersten Landesbeamten, Herrn Dr. Ulrich Derpa begrüßt. Danach schloss sich eine Führung durch Archiv und Kloster an, die von Frau Dr. Monika Schaupp und Herrn Dr. Jörg Paczkowski kenntnisreich vorgenommen wurde. Am frühen Abend bereitete Herr Bürgermeister Wolfgang Stein der Gesellschaft für fränkische Geschichte einen auch kulinarisch ausgezeichneten Empfang und sprach ein kurzes Grußwort.

Um 19 Uhr folgte im Josephsaal von Kloster Bronnbach die Geschlossene Jahreshauptversammlung der Stifter, Patrone und Wahlmitglieder.

Im Anschluss an die Begrüßung durch den Ersten Vorsitzenden Heinrich Frhr. von Pölnitz gedachte die Jahreshauptversammlung zunächst der verstorbenen Mitglieder der Gesellschaft. In seinem Jahresbericht informierte der Erste Vorsitzende über die weitere Mitgliederentwicklung. Außerdem erinnerte er an die Frühjahrstagung vom 1. Mai 2018 in Lichtenau. Die Gesellschaft war dort Gast des Vorstands des Nürnberger Staatsarchivs, Herrn Prof. Dr. Peter Fleischmann.

Über viele Jahre hat sich der WiKomm-Verlag unter der Führung von Frau Strauß-Morawitzky und ihres Mannes, Herrn Morawitzky, weit über das rein geschäftliche Maß um Herstellung, Druck und Vertrieb unserer Publikationen sowie vieles andere im Zusammenhang mit der Gesellschaft für fränkische Geschichte gekümmert. Zuletzt haben sich die beiden gemeinsam mit Schatzmeister Dr. Max Horster um die notwendige Reduzierung unserer Bücherbestände in Lichtenau gekümmert. Für das alles gebührt den Strauß-Morawitzkys unser aller großer Dank. Leider haben sie zum Jahresende 2018 die Geschäftsbeziehungen zur Gesellschaft für fränkische Geschichte fristgerecht gekündigt, da sie den WiKomm-Verlag aus Altersgründen liquidieren werden. Das bedeutet, dass die Gesellschaft für fränkische Geschichte sich einen neuen Verlagspartner suchen muss.

Die nächste Jahreshauptversammlung findet am 13. und 14. September 2019 in Würzburg statt. Aus Gründen der 500. Wiederkehr der Wahl des Fürstbischofs Konrad von Thüngen im Jahr 1519 wird auf Vorschlag von Herrn Prof. Weiß die Jahrestagung mit einer wissenschaftlichen Tagung auf der Festung am 12. September 2019 verbunden werden (Arbeitstitel: »Renaissancen in Franken«). An der Tagung bzw. am Rahmenprogramm wird sich auch das Museum für Franken beteiligen.

Der Schatzmeister Dr. Max Horster erläuterte den Jahresabschluss der Gesellschaft für fränkische Geschichte 2017. Danach hat die Gesellschaft in diesem Jahr vier Publikationen veröffentlicht. Dafür waren Rückstellungen aufgelöst sowie weitere Rückstellungen für die im Arbeitsprogramm der Gesellschaft für 2018/19 fest gelegten Projekte vorgenommen worden. Trotz bescheidener Zinserträge ist auch das Vermögen des Thüngen-Fonds weiter angewachsen.

In seinem Ausblick auf das Budget 2018 legte der Schatzmeister Wert darauf, dass für künftige Publikationsvorhaben Druckaufträge erst dann erteil werden, wenn die Finanzierung gesichert ist. Bausteine dieser Finanzierung sind Mitgliedsbeiträge und Spenden, Buchverkäufe und Kapitalerträge. Da diese quasi nicht mehr existent sind, hat der stellvertretende Schatzmeister Ludwig Weinschrod eine Anlagerichtlinie entworfen, die dem Gesamtausschuss im Februar 2019 zur Entscheidung vorgelegt wird. Die vierte Säule der Finanzierung der Gesellschaft bilden die Zuschüsse der öffentlichen Hand.

Außerdem wird die Publikation eines aktualisierten Adressverzeichnisses noch in 2018 angestrebt.

Der Schatzmeister dankte abschließend SKH Herzog Franz von Bayern, Herrn Prof. Dr. Karl Borchardt, Herrn Dr. Roland Horster und Herrn Dr. Gerhard und Frau Brigitte Seibold für deren großzügige Spenden. Weitere Spenden resultieren aus Exkursionsbeiträgen von Mitgliedern bei kurzfristiger Absage. Ein Dank gilt auch den Bezirken bzw. deren Stiftungen für die großzügige Unterstützung im laufenden Jahr.

Herr Hans Stengel informierte darüber, dass die Rechnungsprüfung am 16.02.2018 durch die Herren Hans Stengel und Dr. Hans-Dieter Kutter in Castell erfolgt ist. In Übereinstimmung mit Herrn Dr. Kutter attestiert Herr Stengel der Gesellschaft für fränkische Geschichte eine ordnungsgemäße Führung der Geschäfte.

Der wissenschaftliche Leiter, Herr Dr. Erich Schneider, berichtete über den Sachstand bei den Publikationen der Gesellschaft.

Bei der von den Herren Prof. Dr. Karl Borchardt, Jesko Graf zu Dohna M.A. und Johannes Schellakowsky M.A. vorgenommenen Edition der Papius-Chronik im Archiv der Fürsten Castell wird mit einem druckreifen Manuskript noch im November 2018 gerechnet.

Der vom wissenschaftlichen Leiter betreute Band XXV der Fränkischen Lebensbilder lag pünktlich zur Jahreshauptversammlung vor.

Herr Dr. Arno Störkel konnte den Band »Friederike Louise. Preußische Prinzessin und Ansbacher Markgräfin (1714–1784)« vorlegen.

Heft 14/2019 der Altfränkischen Bilder 2019 konnte vom wissenschaftlichen Leiter in der Druckvorstufe vorgestellt werden.

Die von Herrn Kuno Emin Mieskes aus Würzburg 2015 an der Universität Würzburg angenommene kunsthistorische Dissertation »Studien zu den Palaisbauten der Greiffenclau-Zeit in Würzburg (1699–1719)« ist vom Gesamtausschuss zum Druck durch die GfG angenommen worden.

Am Ende seiner Ausführungen teilte Herr Schneider mit, dass er sich wie geplant nach 22 Jahren als wissenschaftlicher Leiter nicht mehr zur Wahl stellen wird. Er bedankte sich bei allen Wegbegleitern für die stets vertrauensvolle und für ihn angenehme Zusammenarbeit. Der Erste Vorsitzende Baron Pölnitz bedankte sich bei Herrn Schneider und überreichte ihm ein ihm gewidmetes Exemplar von Band XXV der Fränkischen Lebensbilder.

Auf Antrag von Herrn Hans Stengel wurden die Mitglieder des Vorstandes namentlich und bei Enthaltung der Betroffenen jeweils einstimmig entlastet.

Folgende neue Wahlmitglieder wurden durch die Jahreshauptversammlung in die Gesellschaft für fränkische Geschichte aufgenommen: Dr. phil. Antonia Landois, Katrin Schwarz M.A., Dr. Robert Meier, Markus Mergenthaler M.A., Prof. Dr. phil. Rainer Leng, Prof. Dr. phil. Dirk Niefanger.

Außerdem informierte der Erste Vorsitzende die Jahreshauptversammlung über die Aufnahme folgender Patrone in die Gesellschaft: Daniela Amend (München), Dr. Hendrik Baumbach (Gießen), Karl Otto von Deuster (Burgpreppach), Thomas Krause (Crailsheim), I.H. Ursula Freifrau von und zu Egloffstein-Coenen, Dr. Lars-Geritt Lüßmann (Frankfurt/M.), S.D. Felix Fürst zu Hohenlohe-Waldenburg (Waldenburg), Cecil Freiherr von Reitzenstein (Issigau), Astrid Schneck M.A. (Bamberg), Sabrina Stahl (Rothenfels), Dr. Arno Störkel (Würzburg).

Turnusgemäß wählte die Jahreshauptversammlung für die Periode 2018-2024 folgende Herren in den Vorstand:

Vorsitzender	Heinrich Freiherr von Pölnitz
Vorsitzender	Paul Freiherr von und zu Franckenstein
Wissenschaftl. Leiter	Prof. Dr. Dieter J. Weiß
stv. Wiss. Leiter	Dr. Erich Schneider
Schatzmeister	Dr. Max Horster
stv. Schatzmeister	Ludwig Weinschrod

In den Gesamtausschuss wurden gewählt: Prof. Dr. Enno Bünz, Prof. Dr. Karl Borchardt, Dr. Michael Diefenbacher, Jesko Graf zu Dohna, Prof. Dr. Günter Dippold, Prof. Dr. Helmut Flachenecker, Prof. Dr. Peter Fleischmann, Dr. Norbert Jung, Dr. Andrea Kluxen, Dr. Margit Ksoll-Marcon, Prof. Dr. Johannes Merz, Dr. Klaus Rupprecht, Prof. Dr. Klaus Reder, Prof. Dr. Georg Seiderer. Da Herr Hans Stengel darum gebeten hatte, von der Aufgabe des Rechnungsprüfers entbunden zu werden, wurden für das Rechnungsjahr 2018/2019 von der Jahreshauptversammlung folgende Rechnungsprüfer benannt: Jesko Graf zu Dohna (neu), Dr. Hans-Dieter Kutter. Der Erste Vorsitzende bedankte sich bei Herrn Stengel sehr herzlich für seine langjährigen Verdienste.

P. Dr. Franziskus Büll OSB, Archivar des Benediktinerklosters Münsterschwarzach, ist seit Jahrzehnten verdientes wissenschaftliches Wahlmitglied der Gesellschaft für fränkische Geschichte. Sein Rat war über viele Wahlperioden hinweg im Gesamtausschuss gesucht und geschätzt. P. Franziskus hat Kärrnerarbeit zur Frühgeschichte von Münsterschwarzach und zur Geschichte des Steigerwaldes geleistet. Ohne seine Beharrlichkeit hätte es die Restaurierung der Kapelle im Nordheimer Klosterhof nicht gegeben und wäre auch die Publikation dazu nicht erschienen. Angesichts seiner Verdienste wurde P. Dr. Franziskus Büll OSB von der Jahreshauptversammlung einstimmig zum Ehrenmitglied ernannt.

Der Erste Vorsitzende lud nach einer kurzen Pause zum Vortrag von Frau Dr. Sabine Krämer-Neubert (Unterfränkisches Dialektinstitut) zum Thema »Franken oder was? Tauberfranken aus Sicht der Dialektforschung« ein.

Nach dem sehr informativen Vortrag rund um den »Äppel-Äquator« fanden sich noch zahlreiche Mitglieder beim geselligen Ausklang in der Vinothek von Kloster Bronnbach zusammen.

Der zweite Tag der Hauptversammlung, der vom Schatzmeister Dr. Maximilian Horster mit Unterstützung von Dr. Jörg Paczkowski und Dr. Monika Schaupp perfekt vorbereitet worden war, begann in Wertheim mit einer Fahrt durch das Taubertal. Im Doppeldeckerbus erläuterte Dr. Paczkowski die historischen und kulturgeographischen Besonderheiten der Landschaft. Bei der ersten Station bot Hans-Georg von Mallinckrodt eine eindrucksvolle Führung durch die unter seiner Leitung restaurierte Gamburg. Als herausragende Besonderheiten im stauferzeitlichen Palas dürfen die teilweise erhaltenen romanische Fensterarkaden, die Plastik einer Baumeisterfigur und die Fresken aus der Erbauungszeit gelten. Diese zeigen Szenen vom Dritten Kreuzzug, etwa den Einzug Kaiser Friedrichs I. Barbarossa in Adrianopel sowie den Übergang des Heeres über den Hellespont. Goswin von Mallinckrodt hat in den Altfränkischen Bildern 2018 darüber berichtet. Zum Abschluss bot der Burgherr einen Einblick in den rekonstruierten Barockteil des im Übrigen englischen Landschaftsparks, der sich um die Burganlage erstreckt. Etwas weiter tauberaufwärts empfing die Teilnehmer Prof. Dr. Rainer Leng in der Kirche von Niklashausen zu einem Vortrag über den Pfeifferhannes, den er weniger in die Vorgeschichte des Bauernkriegs als der Reformation eingeordnet wissen wollte.

Das Mittagessen wurde in der Distelhäuser Brauerei bei Tauberbischofsheim eingenommen. Hier referierte Prof. Dr. Volker Rödel über »Umpfenbach – letzte gefürstete Grafschaft des Alten Reiches und (beinahe) erste Ortsherrschaft eines Juden«. Dieser ursprünglich ritterschaftliche Besitz im Osten von Miltenberg wurde 1805 von Ferdinand Reichsgraf zu Trauttmansdorff-Weinsberg erworben, um auf das reichsunmittelbare Kleinterritorium seinen Reichsfürstenstand zu begründen. Noch 1805 war also dieser österreichische Diplomat so vom Wert der Reichsunmittelbarkeit und damit der Fortexistenz der Hl. Römischen Reiches überzeugt, dass er bereit war, dafür sehr viel Geld auszugeben. Der spätere Kauf des Gutes Umpfenbach durch Marcus Feibel Neumüller aus Wertheim scheiterte an Intrigen, der Besitz wurde 1813 vom löwensteinischen Kammerpräsidenten und 1813 vom Fürsten zu Löwenstein-Wertheim-Freudenberg erworben.

Im Anschluss führte Dr. Paczkowski durch die nach Plänen von Balthasar Neumann errichtete Pfarrkirche St. Vitus in Dittigheim, das zum Hochstift Würzburg gehörte. Die über einer engen Mainschleife mit einer alten Flussüberfahrt gelegene Pfarrkirche St. Jakob in Urphar stellte Priv.-Doz. Dr. Frank Kleinehagenbrock vor. Besonders eindrucksvoll sind hier die wohl aus dem ausgehenden 13. Jahrhundert stammenden Fresken des Meisters von Urphar in der Apsis des Chorturmes, der Apostelzyklus von um 1340 und die aus dem Mittelalter stammenden Kirchenbänke. Ausführlich wurden die kunsthistorischen und reformationsgeschichtlichen Besonderheiten erläutert.

Die Exkursion durch das Taubertal fand ihren Abschluss mit einem Empfang im Schlösschen im Hofgarten in Wertheim. Dr. Paczkowski erläuterte hier den wesentlich von ihm betriebenen Aufbau dieses kleinen, aber feinen Museums mit Sammlungen und Sonderausstellungen von internationaler Bedeutung inmitten einer großen Parkanlage über dem Mainufer.

Mit der Wahl Tauberfrankens als Tagungs- und Exkursionsort knüpfte die Gesellschaft an ihre Aufgabenstellung an, die Geschichte aller Regionen des ehemaligen Fränkischen Reichskreises und nicht nur im heutigen Bayern zu betreuen. Der Erste Vorsitzende Baron Pölnitz dankte abschließend allen Führern und Referenten, welche die Tagung ermöglicht hatten.

Erich Schneider und Dieter J. Weiß

Schwäbische Forschungsgemeinschaft

Bericht über die Jahressitzung am 24. März 2018 in Augsburg

Die Versammlung der Schwäbischen Forschungsgemeinschaft (SFG) fand im Sitzungssaal »Donau« des Bezirks Schwaben statt.

Der 1. Vorsitzende Dr. Gerhard Hetzer begrüßte die in der letzten Sitzung vom 11. November 2017 neu zugewählten Mitglieder Günther Grünsteudel, Dr. Gerhard Immler, Prof. Dr. Günther Kronenbitter und Dr. Barbara Rajkay. Anschließend stellte er fest, dass die Umfrage nach der Verlegung des Sitzungstermins auf das Frühjahr regen Anklang gefunden und sich die große Mehrheit der Mitglieder für die Verlegung ausgesprochen habe. In Zukunft würde der Sitzungstermin im Frühjahr stattfinden.

Er berichtete ferner, dass zum 1. Januar 2018 Tobias Ranker M.A. als wissenschaftliche Hilfskraft eingestellt wurde. Hauptaufgabe dieser Stelle, die mit einem hälftigen Zuschuss vom Bezirk finanziert wird, ist die Unterstützung der wissenschaftlichen Mitarbeiterin bei Redaktionsarbeiten, daneben die permanente Pflege der Homepage der SFG sowie die Erfassung und Neuverzeichnung des SFG-eigenen Bibliotheksbestandes.

Der 1. Vorsitzende verwies auf das Positionspapier »Zukunftsperspektiven«, in dem neben den weiterhin hohen Qualitätsanforderungen an die Veröffentlichungen durch entsprechende Gutachtertätigkeiten auch die Straffung der Publikationsreihen vorgeschlagen worden war. Zu letzterem wurde der Vorstand zur Vorlage eines Diskussionspapiers mit praktikablen Lösungen beauftragt.

Anschließend wies der Vorsitzende auf eine Neuerscheinung hin, die kurz vor Weihnachten 2017 veröffentlicht werden konnte, und zwar den 19. Band der *Lebensbilder aus dem Bayerischen Schwaben* in Reihe 3, hg. von Günther Grünsteudel/

Wilfried Sponsel, 543 S., Deiningen 2017. Er wies auf die am 28. April 2018 in der Bundesstube des Rathauses in Nördlingen stattfindende Buchpräsentation hin, zu der den Mitgliedern eine Einladung vorlag.

Die anwesenden Mitglieder berieten anschließend über den Arbeitsstand und die Vorhaben in den verschiedenen Publikationsreihen:

In der Reihe 1 *Studien zur Geschichte des bayerischen Schwaben* ist die Arbeit von Anna-Maria Grillmaier, Ochsenimporte nach Augsburg und Schwaben im 15. und 16. Jahrhundert. Importumfang, Organisation und Infrastruktur, Diss. Augsburg 2014, im Druck und kann im Sommer 2018 veröffentlicht werden. Eine Präsentation des Werkes ist bereits mit dem Stadtarchiv Augsburg für den 19. September 2018 anberaumt. In Bearbeitung ist die Arbeit von Holger Fedyna, Neresheim – Struktur und Funktionen einer landesherrlichen Kleinstadt, Diss. Augsburg 2016.

Zur Neuaufnahme vorgeschlagen wurden folgende Dissertationen: Felix Bellaire, *...eine harte Gemeinschaft, die immer wieder harte Proben ablegen muss.* Augsburg 1939–1945. Zum Wandel einer städtischen Gesellschaft im Zweiten Weltkrieg, Diss. 2015, und Ariane Schmaltzried, Bauwütige Nachbarn. Die Entstehung einer barocken Sakrallandschaft im deutschen Südwesten zwischen Donau und Iller, Diss. 2018. Die Mitglieder stimmten einer möglichen Aufnahme der beiden Bände in Reihe 1 zu, vorbehaltlich einer positiven SFG-internen Begutachtung.

Für Reihe 2 *Urkunden und Regesten* berichtete Prof. Krüger, dass der erste Band der Urkunden des Augsburger Domstiftsarchivs weit fortgeschritten und ein Abschluss noch vor dem Ende der bis Dezember 2018 bewilligten DFG-Förderung zu erwarten sei.

Ferner teilte er zu den Urkunden der Stadt Nördlingen mit, dass das Typoskript der ca. 4000 Regesten (15. – 18. Jh.) im Stadtarchiv Nördlingen vollständig in eine Textdatei übertragen worden und die Veröffentlichung nun in vier Teilbänden geplant sei.

Für Reihe 2b *Regesten der Bischöfe und des Domkapitels von Augsburg* wies Prof. Krüger auf die bisher erstellten Regesten hin, die online unter »RIplus« abrufbar seien. Nach weiterer Komplettierung der Datenbankeingaben und redaktioneller Prüfung könne voraussichtlich im Sommer 2018 eine Auswahl vom 12. bis zum 15. Jahrhundert für die Internetnutzung freigeschaltet werden.

Zu Reihe 3 *Lebensbilder aus dem Bayerischen Schwaben* berichtete Dr. Sponsel, dass die Herausgabe des Bandes 20 in Bearbeitung sei. Beantragt wurde die Aufnahme Günther Grünsteudels als Mitredaktor dieser Reihe. Die Mitglieder stimmten einhellig zu.

Für die Reihen 5a *Urbare* und 5b *Rechtsquellen* beantragte der Vorsitzende, Dr. Immler als Nachfolger des verstorbenen Thaddäus Steiner als Redaktor zu benennen. Die Mitglieder stimmten dem Antrag zu; Dr. Immler nahm die Aufgabe an. In Reihe 5a sind Band 3, Elisabeth Grünenwald, Teil-Urbar der Grafschaft Oettingen (ca. 1370). Edition, und Band 4, Thaddäus Steiner (Bearb.), Das Urbar des Hochstifts Augsburg von 1316, in Überarbeitung.

In Reihe 10 *Quellen zur historischen Volks- und Landeskunde* wurde die Transkription des Babenhauser Zunftbuches (1491–1722) vorläufig abgeschlossen; auch das Anschlussprojekt Zunftbuch Kirchheim a. d. Mindel (1660–1779) soll in absehbarer Zeit fertiggestellt werden.

Für Reihe 12 *Amtliche Berichte aus dem bayerischen Schwaben* wird die Arbeit an den Jahrgängen 1924–1927/1928 der Berichte des schwäbischen Regierungspräsidenten im laufenden Jahr 2018 weitgehend zu Ende geführt.

Gerhard Hetzer

Schwäbische Forschungsstelle Augsburg der Kommission für bayerische Landesgeschichte

Bericht über die Jahressitzung am 24. März 2018 in Augsburg
Der Leiter der Schwäbischen Forschungsstelle Dr. Gerhard Hetzer berichtete über den Arbeitsstand der laufenden und geplanten Projekte:

Für den *Historischen Atlas von Bayerisch-Schwaben*, 2. Auflage, 6. Lieferung, gingen die Arbeiten gut voran. Für die dafür vorgesehenen zehn Themenbereiche vom hohen Mittelalter über die jüdische Geschichte bis zur historischen Kartographie lägen bereits zwei Drittel der Kartenentwürfe vor. Als Publikationstermin ist 2019 anvisiert.

Der Bearbeitungsstand zum *Historischen Atlas von Bayern (HAB), Teil Schwaben*, war wie folgt: Sonthofen (Helmut Mayer) hat sich erneut verzögert, Dillingen (Regina Hindelang) kann demnächst als Dissertation eingereicht werden. Zu Kaufbeuren (Katharina Bayr) liegt ein Arbeitsbericht vor. Die Überarbeitung des Bandes Illertissen (Anke Sczesny) ist im Gange und mit intensiven und aufwendigen Archivarbeiten in Augsburg, Dillingen und München verbunden.

Prof. König berichtete im Hinblick auf das *Historische Ortsnamenbuch von Bayern, Regierungsbezirk Schwaben*, dass im Berichtszeitraum keine weiteren Bände erschienen seien. Der Band Augsburg (Hans-Peter Eckart) sei fertig und die Druckvorbereitung im Gange. Der Band Nördlingen (Bernd Eigenmann) sei vom Verfasser bei der Kommission abgegeben worden. Nach langwierigen Verhandlungen habe der Bearbeiter die formalen und inhaltlichen Standards der Kommission bei der Überarbeitung akzeptiert. Die Redaktion des Bandes durch Wolfgang Janka wird 2018 beginnen.

Gerhard Hetzer

Mitteilungen des Verbandes bayerischer Geschichtsvereine

Von Manfred Treml

1. Sitzungen und Versammlungen

Vorstandssitzungen
7. Juli 2016 in München; 8. November 2016 in Nürnberg (mit Beirat); 14. März 2017 in München;
30. Juni 2017 in Dillingen (mit Beirat); 1. August 2018 in München; 15. Oktober 2018 in Würzburg (mit Beirat)

Mitgliederversammlungen
Mitgliederversammlung am 8. November 2016 in Nürnberg (Germanisches National-museum)
Rückblick auf das Jahr 2016 im Bericht des 1. Vorsitzenden Dr. Manfred Treml
Gedenken an die verstorbenen Mitglieder Sieghart Schwedler (gest. 16. Januar 2016) und Hans Roth (gest. 16. August 2016).
Am 12. September 2015 Ehrung des Ehrenmitglieds Hans Roth im Rahmen einer großen Festveranstaltung mit der Aventin-Medaille und der Ehrenmitgliedschaft durch den 1. Vorsitzenden.
Am 2. Dezember 2015 Teilnahme des 1. Vorsitzenden Treml am Bayerischen Verfassungstag (Bayerische Einigung) als Mitveranstalter.
Verleihung der Ehrennadeln an Prof. Dr. Lutz Dieter Behrendt, Deggendorf, an Landrat a. D. Dr. Georg Karl, Deggendorf, und an Georg Wimmer, Surberg.
Am 18. März 2016 Fortbildungsveranstaltung mit Prof. Dr. Helmut Flachenecker an der Universität in Würzburg mit dem Thema die »Spätmittelalterliche Territorialisierung und Frühneuzeitliche Staatlichkeit«.
Am 12. September 2016 in Metten Informationsveranstaltung zum Donauprojekt. Der Versuch des Bayerischen Heimattags, Zustimmung bei der Bevölkerung zu gewinnen, wird auch weiterhin vom Verband bayerischer Geschichtsvereine unterstützt werden.
Vorstandsmitglied Dr. Michael Stephan wird zukünftig beim Wettbewerb »Erinnerungszeichen« organisatorisch und als Jurymitglied beteiligt sein.

Der Verein für Stadtteilkultur im Münchner Nordosten ist neues Mitglied im Verband bayerischer Geschichtsvereine.

Berufung in den Beirat

Neu berufen in den Beirat wurden Dr. Ernst Schütz, Geschichtsverein für den Landkreis Deggendorf e.V., und PD Dr. Christoph Paulus, München und Erlangen.

Planungen 2016/2017

Bayerischer Heimattag 2017 in Dillingen (30.06./01.07. 2017), Organisation vor Ort durch Beiratsmitglied Schinhammer (Hist. Verein Dillingen). Am 30. Juni 2017 finden in Dillingen Vorstandssitzung und Mitgliederversammlung mit Neuwahlen statt.

11. Tag der bayerischen Landesgeschichte 2017 in Coburg in Verbindung mit der Landesausstellung »Ritter, Bauern, Lutheraner« (16.05.2017), Mitwirkende unter anderem Prof. Dr. Gert Melville und Prof. Dr. Günter Dippold.

Fortbildungsveranstaltung in Erlangen am 19. September 2017 (Prof. Dr. Wolfgang Wüst): »Konsum und Umwelt im Fokus der Landes-, Orts- und Heimatgeschichte«.

Aventinus-Medaille 2017.

Projekt »Migration« (Stephan), Workshop im Stadtarchiv München, Vernetzung der Projekte mit Kommission für bayerische Landesgeschichte (Prof. Dr. Ferdinand Kramer), Historischem Verein Wasserburg, Historischem Verein Deggendorf.

Mitgliederversammlung am 30. Juni 2017 in Dillingen (Schloss)

Bericht des 1. Vorsitzenden Prof. Dr. Manfred Treml:

11. Tag der bayerischen Landesgeschichte am 16./17. Mai 2017 in Coburg zur Landesausstellung »Ritter, Bauern, Lutheraner«. Prof. Treml informiert über den Verlauf der in Zusammenarbeit mit dem Museumspädagogischen Zentrum und dem Haus der Bayerischen Geschichte sowie mit Unterstützung des Bayerischen Staatsministeriums für Unterricht und Kultus abgehaltenen Fortbildungsveranstaltung.

Bayerischer Heimattag in Dillingen. Prof. Treml erläutert den Ablauf der im Verbund mit dem Bayerischen Landesverein für Heimatpflege e.V. und dem Bund Naturschutz in Bayern e.V. organisierten Tagung.

Neue Mitglieder: Heimatbund Marktl e.V., Museums- und Geschichtsverein Schnaittach e.V.,

Müller Medien GmbH & Co. KG als Fördermitglied
Geschichtsunterricht am Gymnasium
Prof. Treml sieht eine große Chance, das Schulfach Geschichte im neuen G9 in einer neuen Stundentafel wieder zu stärken. Diese Chance drohe indes vergeben zu werden, da die Verantwortlichen drauf und dran seien, Kompetenzdidaktik an Stelle konkreter Geschichtsvermittlung zu setzen. Es bestehe die Gefahr des Verlustes der Landesgeschichte. Eine Petition gegen diese Entwicklung sei am Laufen. Er selbst beabsichtige, in dieser Sache an Kultusminister Dr. Ludwig Spaenle zu schreiben.
Mitteilungsblatt
Prof. Treml kommt auf den jüngsten Band der »Mitteilungen« des Verbandes zu sprechen und referiert in diesem Zusammenhang speziell über dessen Inhalt, Kosten und Bewerbung durch Rezensionen.
Bericht des Schatzmeisters
Dr. Michael Stephan informiert über den Finanzstatus des Verbandes, über den ministeriellen Zuschuss 2017, über das Unternehmen Müller Medien GmbH & Co. KG des Verlegers Gunther Oschmann als Fördermitglied und über die Verwendung des Restes der von dieser Seite zum Tag der bayerischen Landesgeschichte 2016 gegebenen Spende. Der aktuelle Mitgliederstand liege bei 212 Vereinen. Die durch die jüngste Nummer der »Mitteilungen« entstandenen Mehrausgaben seien durch das vorhandene finanzielle Polster aufgefangen worden.
Ehrenmitgliedschaft
Auf Antrag von Prof. Treml wird Peter Staniczek durch Abstimmung der Anwesenden die Ehrenmitgliedschaft des Verbandes verliehen.
Wahlen von Vorstand und Beirat
Vorstand: 1. Vorsitzender: Prof. Dr. Manfred Treml, Rosenheim; 2. Vorsitzender: Gerhard Tausche, Landshut; 1. Schriftführer: Dr. Ernst Schütz, Deggendorf; 2. Schriftführer: Bernhard Schäfer M.A., Ebersberg; Schatzmeister: Dr. Michael Stephan, München; weiteres Vorstandsmitglied: Dr. Markus Naser, Würzburg
Beirat: Dr. Reinhard Bauer, München; Dr. Martin Dallmeier, Regensburg; Mag. Heide-Maria Krauthauf, Murnau; PD Dr. Christoph Paulus, Augsburg; Dieter M. Schinhammer, Dillingen; Dr. Marina Scheinost, Bamberg; Dr. Erich Schneider, Würzburg; Peter Staniczek, Vohenstrauß; Prof. Dr. Wolfgang Wüst, Erlangen.; Rechnungsprüfer: Kurt Lange, Augsburg.

Planungen 2017/18

Bericht über den Stand der Vorbereitungen zu der auf den 19.09.2017 in Erlangen anberaumten Fortbildungsveranstaltung zum Thema »Konsum im Fokus der Landes-, Orts- und Heimatgeschichte«, die im Zusammenwirken mit Prof. Dr. Wolfgang Wüst im Historischen Stucksaal des Egloffstein'schen Palais werde und zu der noch speziell an die Mitgliedsvereine eine E-Mail versandt werde.

Vorstellung des für 2018/19 vom Verband zusammen mit der Bayerischen Landeszentrale für politische Bildungsarbeit und der Bayerischen Einigung e.V. geplante Projekt »Die Ständeversammlung von 1819 und ihre Abgeordneten – 200 Jahre Verfassung in Bayern«.

Informationen zum Tag der bayerischen Landesgeschichte 2018, der im Zusammenhang mit der Eröffnung des Museums für bayerische Geschichte in Regensburg abgehalten werden solle und zwar zum Thema »Parlamentarismus in Bayern im 19. Jahrhundert« sowie zum Bayerischen Heimattag 2019 in Niederbayern – vorgeschlagen wurde als Veranstaltungsort Landshut.

Verschiedenes – Vorschläge, Anregungen und Informationen des Vorsitzenden Prof. Treml

Anregung, dass der Verband auf seiner Homepage und durch einen Newsletter aktueller sein sollte. Auch eine Erweiterung des Netzwerkes sei wünschenswert. Geboten scheine ferner eine Neugestaltung des Layouts des Internetauftritts. Bereichern ließe sich das Angebot im Netz durch weitere Texte, durch E-Mail-Adressen von Mitgliedern und Interessenten, durch einen Facebook-Account. Hr. Prof. Treml verweist an dieser Stelle auf den Gemeinschaftsblog zur bayerischen Landesgeschichte: http://histbav.hypotheses.org/.

Vorschlag, das Projekt »Migration« wegen des Projekts »Die Ständeversammlung von 1819 und ihre Abgeordneten – 200 Jahre Verfassung in Bayern« zurückzustellen.

Dr. Michael Stephan wird den Verband bei der »Topothek« vertreten.

Bitte an Dr. Ernst Schütz, den Verband künftig beim Wettbewerb »Erinnerungszeichen« zu vertreten. Eine Vorstellung der Ergebnisse des Wettbewerbs auf der Homepage sei denkbar.

Bericht über erste Versuche in Rosenheim in Sachen »Bürgerradio«. Die Historischen Vereine könnten hier als Zulieferer eine wichtige Rolle übernehmen.

Information zum Projekt »Geschichte des Lokalfunks in Bayern« und verweist dabei auf seinen diesbezüglichen Aufsatz in den jüngsten »Mitteilungen«.
Dr. Bauer appelliert an die Versammelten, den Verband für Orts- und Flurnamenforschung in Bayern e.V. in seiner Arbeit zu unterstützen.

2. Veranstaltungen

Tage der bayerischen Landesgeschichte
10. Tag der bayerischen Landesgeschichte am 8. November 2016 in Nürnberg
Die Veranstaltung fand im Germanischen Nationalmuseum statt und widmete sich einerseits der bayerisch-böhmischen Landesausstellung »Karl IV. *700 (1316–2016)« des Hauses der Bayerischen Geschichte, andererseits dem Schülerwettbewerb »Bayern – Böhmen« und in drei wissenschaftlichen Vorträgen einer kritischen Würdigung der Herrscherpersönlichkeit Karls IV. Das folgende Programm wurde angeboten, wobei Dr. Martin Bauch wegen Erkrankung seinen Vortrag absagen musste. Leider war eine Dokumentation der Beiträge in diesem Mitteilungsblatt nicht möglich, weil keiner der beteiligten Referenten ein Manuskript ablieferte.

10:00–10:15 Uhr: Begrüßung (Prof. Dr. Manfred Treml, Verband bayerischer Geschichtsvereine / Prof. Dr. Julia Lehner, Kulturreferentin der Stadt Nürnburg)

10:15–10:30 Uhr: Einführung (Dr. Wolfgang Jahn, Haus der Bayerischen Geschichte)

10:30–13:00 Uhr: Ausstellungsführungen

13:30–17:30 Uhr: Vorträge

13:30–13:45 Uhr: Begrüßung / Grußwort (Prof. Dr. Manfred Treml / MinDir Walter Gremm, Bayerisches Staatsministerium für Bildung und Kultus, Wissenschaft und Kunst)

13:45–15:15 Uhr: Teil 1 (Moderation: Dr. Michael Stephan, Stadtarchiv München)

13:45–14:30 Uhr: »Der Schülerwettbewerb ›Die Deutschen und ihre östlichen Nachbarn – Wir in Europa‹« (Landesbeauftragte StDin Susanne Stewens, Landshut)

14:30–15:15 Uhr: »Fromm und verschlagen. Die Wahrnehmung der Frömmigkeit Karls IV. durch Zeitgenossen und Nachwelt« (Dr. Martin Bauch, Deutsches Historisches Institut Rom)

15:45–17:15 Uhr: Teil 2 (Moderation: Gerhard Tausche, Stadtarchiv Landshut)

15:45–16:30 Uhr: »Die ‚Goldenen Bullen‘ Karls IV.« (Prof. Dr. Peter Fleischmann, Staatsarchiv Nürnberg)
16:30–17:15 Uhr: »Karl IV. und die Juden« (Prof. Dr. Eva Haverkamp, Ludwig-Maximilians-Universität München)
17:15–17:30 Uhr: Abschlussdiskussion (Prof. Dr. Manfred Treml)

11. Tag der bayerischen Landesgeschichte am 16./17. Mai 2017 in Coburg
Im Blickpunkt der Zusammenkunft stand das Thema der großen Landesausstellung des Hauses der Bayerischen Geschichte auf der Veste Coburg zum Reformationsjahr, »Ritter, Bauern, Lutheraner«. Die Veranstaltung fand erstmals an zwei Tagen statt. Am ersten Tag wurde der gewohnte Ablauf mit Ausstellungsführungen und Vorträgen angeboten und am zweiten Tag für alle diejenigen, die wegen der langen Anfahrt an den Führungen nicht teilnehmen konnten, eine weitere Möglichkeit für eine Führung in der Ausstellung und alternativ das Angebot einer Stadtführung in Coburg.

Dieses neue Format (mit Übernachtung) wurde sehr gut angenommen, wie die Teilnehmerzahlen und viele positive Rückmeldungen erkennen ließen. Das Programmangebot widmete sich sowohl der Ausstellung des Hauses der Bayerischen Geschichte als auch mit vier wissenschaftlichen Vorträgen der von der Reformation geprägten Lebenswelt der Menschen im frühen 16. Jahrhundert. Leider war eine Dokumentation der Beiträge in diesem Mitteilungsblatt nur teilweise möglich, weil nur zwei Vortragende ihr Manuskript zur Verfügung stellten.

Dienstag, 16. Mai 2017
10:30–10:45 Uhr: Begrüßung und Einführung (Dr. Peter Wolf, Haus der Bayerischen Geschichte)
10:45–13:00 Uhr: Ausstellungsführungen
13:30–14:00 Uhr: Grußworte
14:00–15:30 Uhr: Teil 1 (Moderation: Dr. Michael Stephan, München)
14:00-14:45 Uhr: »Reformation als Fragestellung und Problem« (Prof. Dr. Gert Melville, Dresden)
14:45–15:30 Uhr: »Die Täuferbewegung und der ‚gemeine Mann‘ im Grenzgebiet Bayern-Schwaben« (Dr. Barbara Kink, Augsburg)
16:00–17:30 Uhr: Teil 2: (Moderation: Dr. Markus Naser, Würzburg)
16:00–16:45 Uhr: »Frankens Adelswelt im 16. Jahrhundert« (Prof. Dr. Günter Dippold, Ansbach)

16:45–17:30 Uhr: »Bilder aus der Reformationszeit« (Dr. Britta Kägler, München)
18:00 Uhr: Empfang der Stadt Coburg
Mittwoch, 17. Mai 2017
9:15 Uhr: Führungsangebote durch die Stadt und die Ausstellung

39. Bayerischer Heimattag am 30. Juni / 1. Juli 2017 in Dillingen
»Stadt – Land – Fluss« – so lautete das Thema dieses Heimattages, der mit circa 150 Teilnehmern gut besucht war und dank der intensiven Unterstützung durch den Vorsitzenden des Historischen Vereins Dillingen, Dieter Schinhammer, optimal vorbereitet und organisiert war.

Nach den nachmittäglichen Führungen führten am Abend drei Impulsreferate in die Geschichte der Stadt, die schwäbische Landschaft und am Beispiel eines schulischen Projektes in die Bedeutung der Donau nicht nur für die Region, sondern für Europa, ein.

Drei Vorträge widmeten sich am Folgetag dem Generalthema »Stadt – Land – Fluss«:

Prof. Dr. Ferdinand Kramer referierte zum Thema »Leben am Wasser – Aspekte einer Kulturgeschichte Bayerns«. Er zeigte an zahlreichen Beispielen, wie vielfältig Familien-, Orts- und Landschaftsnamen mit dem Arbeiten und Leben am Wasser zusammenhängen und wie bedeutend Gewässer jahrhundertelang bei Grenzziehungen, in der Siedlungs-, Architektur- und Technikgeschichte, für Infrastruktur, Wirtschaft, Verkehr und Transport, aber auch als Reinigungsmittel, Nahrungs- und Rohstoffquelle waren.

Dr. Christine Margraf, Expertin für Arten- und Biotopschutz im BUND Naturschutz in Bayern hatte das Thema »Flüsse in Stadt und Land – Lebensadern im Spannungsfeld zwischen Renaturierung und intensiver Nutzung« gewählt und vermittelte die zentrale Botschaft, dass man nicht gegen, sondern mit dem Fluss leben müsse.

Zunächst stellte sie die Vielfalt an Lebensräumen und Arten in den Flusslandschaften vor und ging auch auf die besondere Tier- und Pflanzenwelt der Auen sowie auf die Leistungen der Ökosysteme Fluss und Aue ein. In einem zweiten Schritt zeigte sie auf, wie Begradigungen, Verbauungen und Aufstauungen oftmals den Lauf der Donau keineswegs sinnvoll korrigierten, sondern vielmehr dazu führten, dass die Flusslandschaften schrumpften und die Vielfalt an Tieren und Pflanzen abnahm. Im dritten und letzten Teil wies sie darauf hin, dass inzwischen vielen Menschen in Stadt und Land klar geworden sei, dass es so nicht weitergehen könne und präsentierte einige Projekte, mit denen an diversen Orten entlang der Donau bereits erfolgreich versucht wird, die Fehler der Vergangenheit zu beseitigen und die Flusslandschaft wieder besser in Wert zu setzen.

Zum Thema »Schöne Aussichten: von schreienden Landschaften, schweigenden Steinen und dunklen Strömen« sprach schließlich die Augsburger Kulturjournalistin Angela Bachmair. Sie berichtete ausführlich und kritisch vom Bauen in Stadt und Land und beschrieb, wie sich das Land aufgrund wirtschaftlicher Interessen zunehmend enttraditionalisiert und wie dabei die Grenzen zwischen Stadt und Land allmählich verschwinden.

Abgerundet wurde der Heimattag von zwei Exkursionen am Samstagnachmittag, die alternativ zum Römerkastell und römischen Tempel in Faimingen, ins Franziskanerinnen-Kloster Maria Medingen und ins Wittislinger Ried, zum jüdischen Friedhof in Buttenwiesen und der Synagoge in Binswangen, zum Gelände der Schlacht von Höchstädt 1704 und ins Donauried führten.

Fortbildung »Konsum und Umwelt« am 19. September 2017 in Erlangen
10:00-10:20 Uhr: Begrüßung und Einführung »Konsumgeschichte des Mittelalters und der Neuzeit als landes- und regionalhistorisches Forschungs- und Interessensfeld« (Prof. Dr. phil. Manfred Treml / Prof. Dr. phil. Wolfgang Wüst)
10:20-11:00 Uhr: »Konsum- und Lebensstil – Luxuskäufe in süddeutschen Reichsstädten der Frühneuzeit« (Prof. Dr. phil. Wolfgang Wüst)
11:00-11:40 Uhr: »Oberfrankens Braustätten und Bierkonsum im Fadenkreuz frühneuzeitlicher Wirtschafts- und Fiskalpolitik« (Dr. phil. Thomas Hagen)
13:00-13:40 Uhr: »Handel und Konsum von Wein- und Bier« (Marina Heller M.A.)
13:40-14:20 Uhr: »Exportschlager Tabak – Kultur und Konsum im 17. und 18. Jahrhundert am Beispiel von Nürnberg« (Prof. Dr. phil. Peter Fleischmann)
14:40-15:20 Uhr: »Quelle-Versandkataloge als Quellen zum modernen Massenkonsum« (Susanne Bohn M.A.)
Die an der Universität Erlangen von Beiratsmitglied Prof. Dr. Wolfgang Wüst im Namen des Verbands angebotene Fortbildungsveranstaltung »Konsum und Umwelt im Fokus der Landes-, Orts- und Heimatgeschichte« wurde mit nur sechs Teilnehmern so schlecht angenommen, dass der Verband künftig auf Angebote dieser Art verzichten wird. Dies ist umso bedauerlicher als sowohl die Thematik als

auch die wissenschaftliche Qualität für die Vereine ein hohes Anregungspotential enthalten hätte.

Verfassungstag am 1. Dezember 2017 in München
Der Verfassungstag 2017 der Bayerischen Einigung, an dem der Verband wiederum als Partner beteiligt war, stand unter dem Generalthema »Verfassungspatriotismus – Vernunft und Leidenschaft«.

Peter Küspert, der Präsident des Bayerischen Verfassungsgerichtshofs, überbrachte die Grußworte des höchsten Verfassungsorgans und schloss daran eine kurze Bestandsaufnahme zur Bayerischen Verfassung heute an.

Präsident Florian Besold betonte in seiner Rede, dass es 1967 die Bayerische Einigung gewesen sei, die die Verfassungsfeiern begründet und damit ein tieferes Bewusstsein für die Bedeutung der Bayerischen Verfassung ermöglicht habe.

In seiner Ansprache thematisierte anschließend Innenminister Joachim Herrmann die Herausforderungen, denen sich ein moderner Verfassungspatriotismus stellen müsse, auch vor dem Hintergrund von Globalisierung und weltweitem Terrorismus.

Den Verfassungspreis »Jugend für Bayern« 2017 vergaben die Bayerische Staatsregierung und die Bayerische Volksstiftung gemeinsam an den Bayerischen Jugendring.

Veranstaltung »Die Topothek als Chance für die Lokal- und Regionalgeschichte in Bayern« am 17. Februar 2017 im Hauptstaatsarchiv in München (Michael Stephan)
Die Idee der »Topothek« ist vor einigen Jahren in Österreich entstanden. Zielsetzung der Topothek ist es, privates historisches Material und Wissen über einen Ort unter der Mitarbeit der Bevölkerung für die Allgemeinheit sichtbar zu machen und es auch für die Wissenschaft als vorgelagerte Feldforschung zu erschließen. Die einzelnen Topotheken werden entweder von Privatpersonen, Vereinen oder Gemeinden realisiert. Dabei pflegen sogenannte Topothekarinnen und Topothekare das Material, das ihnen von der lokalen Bevölkerung zur Verfügung gestellt wird, in das Online-Portal ein. Ferner besteht die Möglichkeit für die Besucher, auch selbst Material hochzuladen und zu verschlagworten.

Mit Anfang 2017 sind insgesamt mehr als 110 Einzel-Topotheken online, wobei der Schwerpunkt an teilnehmenden Gemeinden in Niederösterreich liegt. Die Plattformen werden aber auch in anderen Ländern Europas, wie Deutschland,

Finnland, Spanien oder Estland genutzt. In Bayern sind bisher nur drei Gemeinden beteiligt: Frasdorf, Hauzenberg und Metten.

Um das Projekt auch in Bayern noch bekannter zu machen, lud die Generaldirektion der Staatlichen Archive Bayerns in Kooperation mit dem Verband bayerischer Geschichtsvereine, dem Bayerischen Landesverein für Heimatpflege und dem Bayerischen Landesverein für Familienkunde am 17. Februar 2017 ins Bayerische Hauptstaatsarchiv in München ein.

In den Grußworten gingen die Verbandsvertreter auf die Chancen und Möglichkeiten ein, die sich für ihre Mitglieder ergäben, so auch Dr. Michael Stephan, der als Vorstandsmitglied beim Verband bayerischer Geschichtsvereine den ersten 1. Vorsitzenden Prof. Dr. Manfred Treml vertrat. Er betonte das Kooperationsangebot der Topothek für örtliche Geschichtsvereine oder auch kleine (nicht fachlich betreute) Gemeindearchive, wobei er (er ist ja als Leiter des Stadtarchivs München auch 1. Vorsitzender des Arbeitskreises Stadtarchive beim Bayerischen Städtetag) eindringlich darauf hinwies, dass die Sammlung von privatem Schriftgut keine freiwillige Aufgabe der Kommunen sei, sondern eigentlich archivische Pflichtaufgabe.

Bei der Tagung sprachen Mag. Alexander Schatek, der Gründer und spiritus rector der Topothek, und Dr. Thomas Aigner, der Direktor des Diözesanarchivs St. Pölten und Präsident von ICARUS (International Centre for Archival Research), in dessen archivisches Netzwerk die Topothek fest eingebunden ist. Vorgestellt wurden bei der Tagung zwei der bayerischen Topotheken-Vorreiter: Metten und Hauzenberg. Im zweiten, praktischen Teil der Veranstaltung führte Alexander Schatek in die Funktion und Umsetzung einer Topothek ein.

Im Publikum waren viele Vertreter der insgesamt 213 Geschichtsvereine, die im Verband bayerischer Geschichtsvereine organisiert sind, aber auch viele Bürgermeister, von denen einige von der Idee der Topothek sehr angetan waren. Es braucht natürlich auch bei dieser guten Idee engagierte Bürgerinnen und Bürger vor Ort, die sie konkret umsetzen.

3. Projekte

Welterbe Donau

In der Präsidiumssitzung des Bayerischen Heimattages vom 27. Oktober 2017 wurde beschlossen, das Konzeptpapier für die Welterbebewerbung einer nochmaligen Überarbeitung zu unterziehen, um die gegenseitige Durchdringung und Verzahnung von Natur und Kultur sowie die übergeordneten kulturgeschichtlichen Zusammenhänge und Kontinuitäten als Wesensmerkmale der Region stärker herauszuarbeiten. Mit dieser Aufgabe wurden der Landschaftsplaner Hansjörg Haslach und der Geograph Dr. Martin Trappe von der Universität Eichstätt betraut. In einer Besprechung am 21. Dezember 2017 wurden mit ihnen eine inhaltliche Abstimmung und ein Zeitrahmen des Projekts vereinbart. Wie Herr Scherf berichtete, haben die Auftragnehmer die ihnen zugewiesenen Arbeiten mittlerweile aufgenommen. Das weitere Vorgehen soll am 12. April 2018 um 13 Uhr im Landesverein besprochen werden.

Im Februar 2018 wurde bei der UNESCO in Paris die Eintragung des sogenannten Donau-Limes in die Welterbeliste beantragt. Diese internationale Initiative wird vom Bayerischen Heimattag grundsätzlich befürwortet. Das eigene Welterbeprojekt soll aber dennoch weiterverfolgt werden, da es andere inhaltliche und räumliche Schwerpunkte setzt. Herr Prof. Treml wird in einem Schreiben an Prof. Sebastian Sommer vom Bayerischen Landesamt für Denkmalpflege darum bitten, Einblick in die circa 2.300 Seiten starken Antragsunterlagen zum Donau-Limes nehmen zu dürfen. Zudem wird er den Historiker Prof. Martin Knoll, der sich eingehend mit der Kulturgeschichte von Flüssen beschäftigt hat, anfragen, ob er sich in beratender Funktion in das Welterbeprojekt »Niederbayerische Donau« einbringen wolle.

Wettbewerb »Erinnerungszeichen«
An dem vom Bayerischen Staatsministerium für Unterricht und Kultus betreuten Wettbewerb ist der Verband durch das Vorstandsmitglied Dr. Ernst Schütz im Beirat und in der Jury vertreten. Das Thema im Jahr 2017/18 lautete: »Bayern um 1500 – Zeit für Neues? Lebenswelten – Glaubenswandel – Umbruchszeiten«. Insgesamt beteiligten sich 840 Schülerinnen und Schülern aus unterschiedlichen Schularten und Jahrgangsstufen. Die Siegerbeiträge von 43 Schülerteams beziehungsweise Einzelbeiträgern wurden am 3. Juli 2018 im Senatssaal des Maximilianeums ausgezeichnet.

Sowohl unter den 1. Preisträgern als auch unter den Sonderpreisträgern waren einige besonders bemerkenswerte Arbeiten, die sich schwerpunktmäßig mit der Reformation und ihren Folgen befasst und Nachforschungen bei historischen Vereinen, Museen oder Archiven angestellt haben. Auffallend war die methodische und mediale Vielfalt der Herangehensweisen, von der klassischen Seminararbeit und vom handwerklich geschickt verfertigten Stickbild bis hin zur filmischen Darstellung und zur App.

Projekt »Die Ständeversammlung von 1819 und ihre Abgeordneten«
Das in Zusammenarbeit mit der Landeszentrale für politische Bildungsarbeit und dem Haus der Bayerischen Geschichte initiierte Projekt »Die Ständeversammlung von 1819 und ihre Abgeordneten – 200 Jahre Verfassung in Bayern« ist angelaufen. Es haben sich bislang zwölf Schulen zur Teilnahme angemeldet, für die Einführungsveranstaltung am 20. November 2017 in der Landeszentrale für politische Bildungsarbeit haben sich 16 Teilnehmer angemeldet. Es wäre noch ausreichend Platz für zusätzliche Anmeldungen. Es besteht zwar Übereinstimmung in der Ansicht, dass die Quellenfindung für die Darstellung der einzelnen Abgeordneten problematisch sein könne und in gewissen Fällen nicht weit über die gedruckten Landtagsverhandlungen hinausreichen werde; dennoch lohne sich die Auseinandersetzung mit der Thematik, weshalb nochmals Werbung für eine Teilnahme gemacht werden solle. Es sei eben auch im Interesse aller Veranstalter, aus möglichst allen Regierungsbezirken Teilnehmer zu gewinnen.

Körber-Stiftung: Bayern-Wegweiser zum Geschichtswettbewerb des Bundespräsidenten 2018/19 zum Thema »So geht's nicht weiter. Krise, Umbruch, Aufbruch«
Im letzten Schreiben des Verbandes an die bayerischen Geschichtsvereine wurde auf den Wettbewerbsstart am 1. September 2018 aufmerksam gemacht und darauf hingewiesen, dass die Körber-Stiftung einerseits mit Informationsmaterialien an die Vereine herantreten werde, und andererseits aber auch dafür werben wolle, dass sich Tutoren / Teilnehmer direkt an die Geschichtsvereine vor Ort wenden sollten. Zu diesem Zweck wird unter anderem die Homepage des Verbandes Bayerischer Geschichtsvereine mit dem »Bayern-Wegweiser« der Körber-Stiftung verlinkt.
Diese Zusammenarbeit soll künftig regelmäßig stattfinden und die Einbindung der Vereine als Ansprechpartner und Ratgeber erleichtern.
    (Kontaktadresse: Christine Strotmann, Telefon 040 80 81 92-155, E-Mail strotmann@koerber-stiftung.de)

4. Ehrungen

Peter Staniczek, Verleihung der Aventin-Medaille am 1. Juli 2017 in Dillingen

Johannes Molitor, Verleihung der Aventin-Medaille am 17. Mai 2018 in Niederalteich
Dieter Schinhammer, Verleihung der Ehrennadel am 1. Juli 2017 in Dillingen
Dr. Michael Elsen, Verleihung der Ehrennadel am 2. März 2018 in Stein an der Traun
Johann Hupfer, Verleihung der Ehrennadel am 19. April 2018 in Grafing

5. Verschiedenes

Geschichtsunterricht am Gymnasium

Der Verbandsvorsitzende äußerte in der Mitgliederversammlung vom 30. Juni 2017, dass eine große Chance bestehe, das Schulfach Geschichte im neuen G9 in einer neuen Stundentafel wieder zu stärken. Diese Chance drohe indes vergeben zu werden, da die Verantwortlichen drauf und dran seien, Kompetenzdidaktik an Stelle konkreter Geschichtsvermittlung zu setzen. Es bestehe die Gefahr des Verlustes der Landesgeschichte. Eine Petition gegen diese Entwicklung sei am Laufen. Er selbst beabsichtige, in dieser Sache an Kultusminister Dr. Ludwig Spaenle zu schreiben. Dies erfolgte dann am 25. Juli 2017.

Minister Spaenle ließ dem Verbandsvorsitzenden daraufhin unterm 30. August 2017 eine schriftliche Antwort auf sein Schreiben, betreffend den Stellenwert des Geschichtsunterrichts im neuen bayerischen Gymnasium, zukommen. Darin wurde die Wichtigkeit des Engagements des Verbands betont und den Bedenken Tremls im Grunde Rechnung getragen.

Dennoch (und obwohl das Fach Geschichte in der neuen Stundentafel eigentlich gut bedient wird) muss man es als bedenklich werten, dass dieses Fach mehr als eine Funktion der politischen Bildungsarbeit betrachtet wird denn als Fach mit Eigenwert. Der Verband wird die weitere Entwicklung deshalb kritisch verfolgen.

Verbandsarchiv

Am 3. August 2018 informierte das Bayerische Hauptstaatsarchiv den Vorsitzenden über die Bearbeitung des Archivbestandes des Verbandes und die Herstellung eines Findbuchs:

Bayerisches Hauptstaatsarchiv: Verband bayerischer Geschichtsvereine e.V.
Bearbeiterin: Sandra Karmann, München 2018

1. Verbandsgeschichte:

Anstelle einer eigens verfassten summarischen Verbandsgeschichte sei darauf verwiesen, dass der Verband Bayerischer Geschichtsvereine im Jahr 2006 die Festschrift zu seinem 100-jährigen Verbandsbestehen im Internet veröffentlicht hat: http://www.verband-bayerischer-geschichtsvereine.de/09_chronik/Chronik1a.pdf

Die Festschrift enthält eine ausführliche Chronik mit der Nennung der Gründerväter und des Vorstandes seit 1906.

2. Verbandszweck:

1. Der Verband verfolgt ausschließlich und unmittelbar gemeinnützige Zwecke im Sinne des Abschnitts »Steuerbegünstigte Zwecke« der Abgabenordnung.

2. Er dient dem Zusammenschluss der Geschichtsvereine in Bayern, einschließlich der Vereine für Volkskunde und Heimatpflege sowie der landesgeschichtlichen Institutionen, der Förderung der bayerischen Geschichte, Landes- und Volkskunde in Wissenschaft und Volksbildung.

3. Bei der Verwirklichung des Verbandszweckes arbeitet der Verband eng mit der Kommission für bayerische Landesgeschichte bei der Bayerischen Akademie der Wissenschaften zusammen.

4. Der Verband widmet sich diesen Aufgaben insbesondere durch regelmäßige Informationsveranstaltungen (Tagungen, Seminare, Exkursionen), Veröffentlichungen (Mitteilungen des Verbandes; Arbeitshilfen) und Beratung der ihm angeschlossenen Vereine.

3. Bestandsgeschichte und Bestandsgehalt:

Die Registratur des Verbandes wurde vermutlich bei dem jeweiligen Vorsitzenden oder einem Vorstandsmitglied geführt. Darum verläuft insbesondere die Korrespondenz ineinander und war trotz größter Mühe nicht vollständig zu strukturieren.

Im Jahre 2009 wurde das Verbandsschriftgut in fünf Umzugskartons an das Bayerische Hauptstaatsarchiv abgegeben und nach begonnener Verzeichnung und längerer Unterbrechung schließlich im Jahr 2018 fertig bearbeitet.

Der Bestand enthält zum großen Teil Vorgangsakten zu den jährlichen Mitgliederversammlungen, sowie fachliche Korrespondenz, Vortragsmanuskripte, Drucksachen und Presseartikel. Er spiegelt die Bemühungen, einzelne Interessensgruppen zu bündeln, um Denkmäler und Kulturgut zu schützen. Interessant ist die Entwicklung des Verbandes durch die geschichtlichen Ereignisse wie den 1. Weltkrieg, die Vereinnahmung durch die Dachverbände der NSDAP, den 2. Weltkrieg und die Bemühungen des Wiederaufbaus und der Neustrukturierung nach 1945.

Eine archivische Besonderheit enthält die Bestellnummer 82. Darin befinden sich auf Metallblätter der Firma PRINTO geschriebene Manuskripte, welche kurzzeitig Anfang der fünfziger Jahre durch ein spezielles Hochdruckverfahren produziert wurden.

Schrifttum

I. Allgemeines und Sammelwerke

Hermann Joseph Hiery (Hg.), Lexikon zur Überseegeschichte, *Stuttgart 2015, Franz Steiner, 922 Seiten.*

Nach wie vor ist Lexikonreife ein untrüglicher Indikator für das wissenschaftliche Prestige eines Themas. Die gedruckte Enzyklopädie darf immer noch als Qualitätskriterium ersten Ranges gelten, selbst in Zeiten, die wie die unsere ihr Heil in digitalen, lediglich virtuell existierenden Wissensapparaten suchen.

Auch im Fall des vorliegenden Kompendiums wurde der klassische Weg der buchförmigen Lexikographie beschritten. Das von dem Neuzeithistoriker Hermann Joseph Hiery unter Mitwirkung zahlreicher Experten erarbeitete »Lexikon zur Überseegeschichte« präsentiert sich als Bestandsaufnahme der Globalgeschichte, eines Sektors, der zuletzt immer stärker an Bedeutung gewonnen hat und zu den Kernbeständen des Fachs zählt. Der enzyklopädische Radius ist weit gezogen: Beschrieben werden Phänomene aus der Geschichte im engeren Sinn ebenso wie aus der Kunst- und Religionsgeschichte, aber auch Sachverhalte aus den etablierten »Überseedisziplinen« wie der Sinologie, Afrikanistik und Amerikanistik, selbstverständlich aus der Ethnologie und Geographie in all ihren disziplinären Schattierungen.

Der hermeneutische Standpunkt des voluminösen Bands wird bereits an seinem Titel deutlich. Er bezieht sich auf eine überseegeschichtliche Position, die jedoch keinesfalls mit einem eurozentrischen Blickwinkel verwechselt werden möchte. Vielmehr geht es dem Lexikon darum, die außereuropäischen Kontakt-, Beziehungs- und Verflechtungsräume der »Alten Welt« darzustellen – nicht im Sinn einer vertikalen Entwicklungsgeschichte (wie hat Europa die Welt erschlossen und geprägt?), sondern, gleichsam horizontal gedacht, im Rahmen einer erfahrungs- und wahrnehmungsgeschichtlichen Perspektive. Die Frage lautet also, auf welche Weise die außereuropäische Wirklichkeit für den europäischen Kosmos wirksam geworden, wie sie überhaupt in die europäische Wahrnehmung eingedrungen ist. Somit erscheinen die überseeischen Räume nicht nur als Objekte europäischer Anverwandlung; sie treten auch als eigenständige Akteure im transkontinentalen Verflechtungsspiel hervor. Dem »nicht-europäischen« Eigensinn solcher Entwicklungen versucht das Lexikon systematisch Rechnung zu tragen, wie sich beispielsweise an den Artikeln zur arabischen Expansion nach Südostasien (S. 49 f.) oder zu den muslimischen Sklavenjägern in der Levante zeigt (S. 746–748).

Aus diesen kategorialen Vorentscheidungen ergeben sich weitreichende Folgen für das lexikalische Arrangement. Zum einen konzentriert sich das Buch auf Ereignisse, Institutionen und Personen, die den überseeischen Transfer vorantrieben. Unverkennbar stützt sich die Stichwortauswahl auf das Konzept der kulturellen Vermittlungsagenturen (*cultural broker*). In den Blick gerückt sind Wissenschaftler, Missionsgesellschaften, Handelskompagnien und Bankhäuser, ferner die juristischen, gesellschaftlichen und technologischen Infrastrukturen des Austauschs. Daneben kommen Zusammenhänge zur Sprache, die man nicht sofort mit dem Thema in Verbindung bringt: Krankheiten und Pandemien, rituelle Phänomene wie Bräuche und Gewohnheiten, mediale Resonanzräume (Buchdruck), Vorstellungen (»Allegorien der Erdteile«, S. 22 f.) und sogar spezifische Redewendungen (Emanuel Geibels »Am deutschen Wesen soll die Welt genesen«, S. 27). Bei aller kulturgeschichtlichen Grundintonation bleibt die Auswahl flexibel genug, um Gegenstände aus der Geographie zu berücksichtigen. Neben Länder- und Stadtartikeln klassischen Zuschnitts bietet das Lexikon Informationen über die klimatologischen Verhältnisse und dergleichen mehr. Weithin ausgeschlossen wurden hingegen die Biographien von Entdeckern und Erforschern. Man mag diese Entscheidung für bedauerlich halten, muss allerdings bedenken, dass mit der fünfbändigen »Enzyklopädie der Entdecker und Erforscher« von Dietmar Henze bereits ein magistrales Nachschlagewerk einschlägigen Zuschnitts vorliegt.

Die zweite Besonderheit manifestiert sich im epochenübergreifenden Zugriff. Allgemein wird die Globalisierung mit der (früh-)neuzeitlichen Expansion in Verbindung gebracht. Häufig geht damit eine regionale Verengung auf den atlantischen Raum und das westeuropäische *Empire-*

building einher. Hiery und seine Mitstreiter schlagen hier eine ganz andere, man könnte sagen: integrative Sichtweise vor. Diese setzt bereits mit der Antike an; zudem rückt sie das Mittelalter in den Fokus. So gelingt eine Synthese, die den Globalisierungsexzeptionalismus unserer Gegenwart aus historischer Tiefendimension relativiert. Für die bayerische Landesgeschichte ist bedeutsam, dass auch das überseeische *backcountry* Beachtung findet: Enzyklopädisch ist der Anteil Süddeutschlands am globalen Geschehen noch nie aufgeschlüsselt worden. Bei Hiery jedoch wird man fündig, etwa in den Artikeln zur (frühneuzeitlichen) »Überseeszene« in Augsburg (S. 67 f.) und Nürnberg (S. 600 f.).

Der Band ist als gelungenes Exemplar seiner Gattung anzusprechen. Die graphische Aufmachung ist gediegen, die Sprache nüchtern und abgeklärt. Von der anklägerischen Diktion postkolonialer Diskurse hält sich das Lexikon auf wohltuende Weise fern. Souverän eingebunden ist die (internationale) Forschung; jeder Artikel verfügt über Literaturangaben, die präzise auf das Wesentliche abzielen. Somit erweist sich das Lexikon als maßgebliches Referenzwerk; für das überseegeschichtliche Forschungsfeld ist ein Standard erreicht, der auf lange Zeit Gültigkeit beanspruchen kann.

München   Rainald Becker

Haus der Bayerischen Geschichte (Hg.), Wald, Gebirg und Königstraum. Mythos Bayern (*Katalog zur Bayerischen Landesausstellung 2018 = Veröffentlichungen zur bayerischen Geschichte und Kultur 67*),

Regensburg 2018, Friedrich Pustet, 342 Seiten, zahlreiche Abbildungen.

Die bayerische Landesausstellung des Jahres 2018, veranstaltet vom Haus der Bayerischen Geschichte, fand in der Benediktinerabtei Ettal statt. Dieses Kloster gehört nicht zu den ältesten, aber wegen seiner großartigen Lage in der Gebirgslandschaft zu den bekanntesten Orten der *Bavaria Benedictina*. Ettal: Das Kloster wurde im Jahre 1330 vom Wittelsbacher Kaiser Ludwig IV. (1282–1347) gegründet und mit reichem Forstbesitz ausgestattet. In unmittelbarer Nachbarschaft von Ettal, im Graswangtal, liegt Linderhof, das Schloss des sog. Märchenkönigs Ludwig II. (1845–1886). Für den Mythos Bayern und die damit verknüpften Themen Wald, Gebirge und Königstraum hätte es kaum einen geeigneteren Ort geben können. Der Preis, den die Veranstalter dafür bezahlen mussten, bestand in den beengten Ausstellungsräumen der Klostergebäude, die der Präsentation selbst spürbare Zwänge auferlegten und schmerzliche Kompromisse abnötigten. Der in Ausstattung und Inhalt solide und in allgemein verständlicher Sprache gehaltene Katalog enthält einen knappen, eher populärwissenschaftlichen Aufsatzteil und anschließend die Beschreibung der 175 Exponate. Der Besucher ist dafür dankbar, dass er mit dieser eher geringen Zahl von Ausstellungsstücken nicht, wie so oft in Ausstellungen, in seiner Aufnahmefähigkeit und Konzentration überfordert wird.

Die wissenschaftlichen Beiträge geben in der Regel eine kurze Zusammenfassung des Forschungsstandes; neue wissenschaftliche Erkenntnisse darf man kaum erwarten. *Günther Biermayer, Lothar Schilling, Christian Malzer* und *Klaus Putkall* bearbeiten das Thema Wald und Waldnutzung in Bayern, wobei, wie in der gesamten Ausstellung, der Schwerpunkt deutlich auf Oberbayern und der Alpenregion liegt. Erfreulicher Weise wird in diesem Zusammenhang mit dem Vorurteil aufgeräumt, dass die bäuerliche Waldnutzung der nachhaltigen Entwicklung des Waldes höchst abträglich gewesen sei und erst die auf hoheitliche Rechte und auf forstwissenschaftliche Erkenntnisse gegründete Waldbewirtschaftung dringend nötige Abhilfe geschaffen habe. Mit der Entwicklung der bayerischen Landschaftsmalerei seit dem Ende des 18. Jahrhunderts und ihrer weltweiten Vermarktung im späten 19. Jahrhundert beschäftigen sich die Beiträge von *Andreas Strobl* und *Christine Rettinger/Doris Kettner*, die sich in diesem Zusammenhang auch auf Kundenkarteien des damaligen Kunsthandels stützen konnten. *Sybe Wartena* und *Thomas Schindler* versuchen den Nachweis, wie die Regenten aus dem Hause Wittelsbach zwischen den Königen Max I. und Ludwig III. das »bayerische Nationalgefühl« bewusst förderten und stärkten; ganz überzeugend ist diese These nicht, und man gewinnt den Eindruck, dass die aus Lederhose, Jägerhut und rührenden Anekdoten beruhende Volkstümlichkeit und das »Bayerntum« der Wittelsbacher letztlich auch ein Mythos sind. Den Anfängen und Vermarktungsstrategien des Bayern-Tourismus spürt *Franziska Lobenhofer-Hirschbold* nach, *Michael Petzet* seinem großen Lebensthema, den Bauten

Ludwigs II., *Marita Krauss* möchte von diesem König, der in der Bergeinsamkeit eine private Gegenwelt zu den Industriestädten und den sozialen Problemen des ausgehenden 19. Jahrhunderts suchte, eine direkte Linie zu Autoren wie Ludwig Ganghofer und Carl Muth und der Zeitschrift »Hochland« ziehen, wo in der Verklärung des bayerischen Dorflebens die Fiktion von heilen Welten entstand. *Manuel Trummer* verfolgt diesen Mythos weiter im Medium des Heimatfilms der Nachkriegszeit und vieler Fernsehsendungen und -serien wie dem »Komödienstadel« oder dem »Königlich bayerischen Amtsgerichts«. Leider blieb die Chance ungenutzt, auch das Faible des Nationalsozialismus für den Alpenraum zu würdigen; immerhin war der Tegernsee ein Schauplatz des sog. Röhmputsches von 1934. Der Obersalzberg, Hitler in der Lederhose und der Mythos der »Alpenfestung« hätten durchaus in den Zusammenhang der Ausstellung gepasst – mindestens als Randbemerkung. Lohnend wäre es auch gewesen, der Frage nachzugehen, ob nicht der im 19. Jahrhundert wurzelnde Bayernmythos mit Trachtenhut und Maßkrug ein Auslaufmodell ist? Ob nicht an seine Stelle ein neuer Mythos tritt, der nur mehr wenig mit Lederhosen, aber viel mit Laptops, Musterknaben, schnellen Autos und Weltfußball zu tun hat?

Dass das gewählte, in gewisser Weise schillernde Thema, zu einer Exponaten-Auswahl in der Art eines Panoptikums führen musste, war unausweichlich: Der vom bayerischen Kurfürsten im heutigen Englischen Garten erlegte kapitale Zwanzigender aus der Barockzeit, ein mächtiger Einbaum aus dem Jahr 900 v. Chr., die »Domgeigen«, gefertigt aus 600 Jahre altem Fichtenholz, übriggeblieben vom Dachtragwerk der Münchener Frauenkirche, das die Bomben des Zweiten Weltkriegs zerstört hatten, eine Holzbadewanne im Rokokostil, die angeblich König Max II. benutzt hatte, eine Motorsäge, wunderschöne Landschaftsbilder, kostbare Porzellanmalerei, skurrile Maßkrüge und massenhaft Ansichtspostkarten aus der Frühzeit des Tourismus und des Flachlandtirolertums. Ein Panoptikum kann, wenn es gut gemacht ist, sehr unterhaltsam sein und ganz ungewohnte Perspektiven eröffnen: Das ist der Reiz der Ettaler Ausstellung gewesen und der Reiz des Katalogs geblieben.

Passau   Egon Johannes Greipl

Silke Marburg/Sophia von Kuenheim (Hg.), Projektionsflächen von Adel *(Historische Zeitschrift, Beihefte, Neue Folge 69), Berlin 2016, de Gruyter, 230 Seiten.*

Adelsgeschichte als moderne Kulturgeschichte begriffen, führt in der historischen Forschung schon seit mehreren Jahrzehnten kein Mauerblümchen-Dasein mehr. Insbesondere Aspekte der Adligkeit der Frühen Neuzeit und der Umbruchsphase unter dem Blickwinkel der vielfältigen Transformationsprozesse im ausgehenden 18. und im Lauf des 19. Jahrhunderts fanden verstärkt Beachtung. Diese Feststellung gilt nur eingeschränkt für die Geschichte des modernen Adels im 20. Jahrhundert. Trotz der immer noch großen Aufmerksamkeit, die Adelsfamilien in der Boulevardpresse zuteil wird, sind Studien zur Selbstwahrnehmung und Lebensbedingungen zum aktuellen Adel eher rar. Diese Lücke will der von Silke Marburg und Sophia von Kuenheim herausgegebene Tagungsband nun ausloten und teilweise schließen. In drei großen thematischen Blöcken geht es beim 1. Marburger Kolloquium zur Adelsgeschichte des 20. Jahrhunderts um verschiedene Aspekte der Projektionsflächen von Adligkeit: Ernährung und Wohnen im ersten, sprachliche Äußerungen des Adels in Literatur und neuen Medien im zweiten und schließlich in einem etwas disparaten dritten Block um adlige Netzwerke, Migration, Sozialengagement, adlige Wiedereinrichter und Adelsarchive in Schwerin.

Im Eingangsessay »Vom Olymp in die Diaspora« umreißt *Silke Marburg* (Dresden) das Themenfeld und stellt zunächst die berechtigte Frage, ob es denn in den Jahren 1918, 1945 oder überhaupt ein »Ende des Adels« gegeben habe. Auch wenn sich die These über den Niedergang in der Adelsforschung lange Zeit gehalten hat, so ist nach integrativen Mechanismen zu fragen, die den Adel als soziale, heterogene Formation auch heute noch einen können. Welche Integrations- und Bindekräfte werden in einer pluralistischen Gesellschaft wirksam und welche Objekte und Praktiken eignen sich als »Projektionsflächen von Adel« – so lautet die Leitfrage des Tagungsbandes.

Der erste Beitrag von *Josef Matzerath* (Dresden) beschäftigt sich mit Ernährung als Distinktionsmechanismus und Möglichkeit zur Inszenierung der Adligkeit – ein Thema, das seit Norbert Elias bereits

viel Beachtung gefunden hat. Matzerath charakterisiert die Rittergutküche mit dem Prädikat »gutbürgerlich«. Um die These einer symbolischen Aufladung zu verifizieren, zieht Matzerath Egodokumente von Adligen heran. Das Ergebnis ist facettenreich wie der Adel insgesamt. Ob sich Wohnkultur als Projektionsfläche von Adligkeit eignet, überprüft *Daniel Menning* (Tübingen) am Beispiel des südwestdeutschen Adels 1850–1945, konkreter an den Kondominaten ehemaliger reichsritterlicher Familien in Baden und Württemberg. Er bewertet die Bindung des Adels an ihre Schlösser als »Ausdruck von Volks- und Heimatverbundenheit« und Stilisierung im Zeichen einer Ende des 19. Jahrhunderts einsetzenden Agrarromantik. Hier klafften Realität und Anspruch auseinander, denn in vielen Fällen hielten die konkreten Wohnverhältnisse nicht unbedingt dem standesgemäßen Anspruch stand.

Den zweiten großen Komplex eröffnet *Miloslawa Vorzyskowsky-Szewczyck* (Danzig) mit der Analyse zweier Schlossgeschichten des baltischen Schriftstellers Eduard von Keyserling (1855–1918), dessen fiktionale Texte über die versinkende Adelswelt vor Ausbruch des Ersten Weltkriegs sich vor allem an bürgerliche Adressaten richteten. Keyserling gelingt es mit distanziert-kritischem Blick, Habitus, Lebensentwürfe und letztendlich auch die Dekadenz einer elitären und privilegierten Gesellschaftsschicht an der Schwelle zur Moderne darzustellen. Hier schließt die Analyse von *Jochen Strobel* (Marburg-Osnabrück) an, der sich der adligen Familie »als Phantasma und Schreckbild«

nähert. Adlige Zuschreibungen werden anhand des literarischen Oeuvres von Marion Gräfin Dönhoff (1909–2002), Elisabeth von Plessen (geb. 1944) und Christine Gräfin von Brühl (geb. 1962) untersucht, wobei die Familie als Gravitationszentrum adliger Existenz sowohl in positiver als auch in negativer Hinsicht deutlich wird. Adlige Gruppenkommunikation in den neuen Medien untersucht *Philipp von Samson-Himmelstjerna* (Utrecht) mit dem Ergebnis, dass das Internet für den Adel eine wichtige Kommunikationsplattform darstellt. Aus seiner Analyse geht hervor, dass die Sprache der adligen User stark variantenreich ist, vor allem aber, dass das Internet eine adäquate Möglichkeit für die Darstellung der eigenen Adelsqualität bietet.

Der dritte Teil widmet sich unterschiedlichen Aspekten moderner Adligkeit. Der Frage, ob adlige Netzwerke Ende des 19. Jahrhunderts und im Ersten Weltkrieg noch als Voraussetzung einer Armeekarriere dienen, geht *Daniel Kuhn* (Schwäbisch-Gmünd) nach. Insbesondere der Professionalisierungsdruck im Militär verursachte eine wesentlich stärkere Fokussierung auf eine fundierte Ausbildung und Kompetenz als auf die adlige Herkunft. Zum adligen Selbstverständnis gehört »charity« und soziales Engagement auch heute noch. *Monika Kubrova* (Halle/Saale) zeigt anhand autobiografischer Erzählungen adliger Frauen um die Jahrhundertwende, dass Sozialengagement kontextabhängig als Projektionsfläche adliger Frauen dienen konnte. Einen zeitlichen Sprung macht *Alexander von Plato* (Hagen) mit dem Themenkomplex Flucht

und Vertreibung von Adligen aus den Gebieten östlich der Oder und Neiße sowie aus der sowjetischen Besatzungszone. Mit der Methode des Zeitzeugeninterviews werden die dem Verlust folgenden »Strategien der Distinktion« nachgezeichnet. Der Vernetzung dieser Adligen dienten die nach dem Zweiten Weltkrieg entstehenden Adelsvereine. *Sophia von Kuehnheim* (Berlin/Dresden) nimmt hier den Faden auf und untersucht die Bedingungen für adlige »Wiedereinrichter«, also von Adligen, die nach dem Ende der DDR ihren ehemaligen Familienbesitz in Sachsen, Thüringen, Sachsen-Anhalt, Mecklenburg-Vorpommern oder Brandenburg wieder in Besitz nahmen. Den Sammelband schließt ein Bericht von *Kathleen Jandausch* (Schwerin) ab, die Adelsarchive im Landeshauptarchiv Schwerin vorstellt.

Der Band zeichnet sich durch eine erfreuliche Vielfalt an Themen und methodischen Zugängen aus. Es bleibt zu hoffen, dass die Gespräche um die spannenden Fragen nach adligen Projektionsflächen und adligem Dasein in einer pluralisierten Gesellschaft im 20. und 21. Jahrhundert fortgesetzt werden.

Fürstenfeldbruck   Barbara Kink

II. Quellen und Hilfsmittel

Roman Deutinger (Hg.), Lex Baioariorum. Das Recht der Bayern *(Editio Bavarica 3, hg. von Klaus Wolf), Regensburg 2017, Friedrich Pustet, 168 Seiten.*

Dieses Buch ist nicht nur für den Landeshistoriker eine Freude: Eine herausragende Quelle und ein wichtiges Thema der bayerischen Geschichte des Mittelalters, das immer aktuell bleiben wird, die *Lex Baioariorum* (LB) liegt in einer neuen Edition und Übersetzung vor. Wenn der Autor meint, zünftige Fachleute sollten dieses Buch gleich zur Seite legen, ist dies zwar eine hübsche *captatio benevolentiae,* mehr aber nicht. Freilich werden Forscher, die sich an den Finessen der Überlieferungsgeschichte des Textes abarbeiten, die älteren Editionen der LB (MGH u. a.) benutzen müssen. Für den akademischen Alltag und für eine quellenbezogene Vermittlung der Geschichte des Mittelalters an den Schulen (soweit sie überhaupt noch stattfindet) ist Deutingers Ausgabe genau richtig. Er schreibt einen frischen und zupackenden Stil, behandelt in der Einleitung knapp, aber erschöpfend den Aufbau und den Inhalt der LB, streift dabei auch den eher zweifelhaften Wert dieser normativen Quelle hinsichtlich einer Beschreibung der tatsächlichen Verhältnisse im mittelalterlichen Bayern, erörtert die Vorlagen, Entstehung und die Überlieferung. Grundlage der Edition Deutingers sind die Handschriften der Gruppe B, die der »Urfassung« der LB wohl am nächsten kommen. Im Anschluss an den Text und die jeweils auf der gegenüberliegenden Seite gebotene, treffende und moderne Übersetzung findet sich eine Zusammenstellung der Lesarten der dieser Edition zugrundeliegenden Handschrift Clm 19415, die im Freisinger Skriptorium zur Zeit des Bischofs Hitto (811–835) geschrieben wurde, zwar nur die zweitälteste, jedoch die bessere Überlieferung. Eingehende Erläuterungen zu den

einzelnen Kapiteln und ein Sachregister bzw. Stichwortverzeichnis schließen den Band. Eine Auswahlbiographie findet sich auf S. 39–41.

Passau   Egon Johannes Greipl

Roman Deutinger/Christof Paulus, Das Reich zu Gast in Landshut. Die erzählenden Texte zur Fürstenhochzeit des Jahres 1475, *Ostfildern, Thorbecke, 2017, 270 Seiten, 8 Seiten farbige Abbildungen, eine Karte.*

Die Landshuter Hochzeit von 1475 zwischen Herzog Georg dem Reichen von Bayern-Landshut und der polnischen Königstochter Hedwig ist sicherlich eines der spektakulärsten gesellschaftlichen Ereignisse des Spätmittelalters. Der Bekanntheitsgrad dieses Fests ist dem Umstand geschuldet, dass es seit 1903 jetzt alle vier Jahre in Landshut mit rund 2500 Mitwirkenden mit zahlreichen Veranstaltungen nachgespielt wird und Landshut vier Wochen lang augenscheinlich wieder ins »Mittelalter eintaucht«. Den Veranstaltern und einzelnen Akteuren war immer schon eine gute und genaue Kenntnis über die historischen Sachverhalte ein wichtiges Thema, um größtmögliche Authentizität zu erreichen. Die Forschung hat sich ebenfalls mit diesem Fest beschäftigt, liegen doch zahlreiche zeitgenössische Quellen vor, die akribisch die Ereignisse im November 1475 beschreiben. Roman Deutinger und Christoph Paulus haben nun eine Edition bisher unbekannter Quellen vorgelegt und gleichzeitig die bekannten Texte aktualisiert. Ihre Intention ist es, alle Texte nach heute gültigen Kriterien der Edition zu präsentieren und die nun bekannten zehn Berichte gemeinsam der Forschung zugänglich zu machen. Die Publikation beinhaltet die schon seit längerem bekannten Quellen wie den umfangreichen Bericht von Hans Seibolt sowie die von Veit Arnpeck, Johannes Aventinus, Jan Długosz, Matthias von Kemnath, Hans Oringen wie auch den Auszug aus den Nürnberger Jahrbüchern. Hinzu kommen die in den letzten Jahren gefundenen Textpassagen des Katzenelnbogener Kanzleischreibers Johann Gensbein, des Elsässer Ritters Hans von Hungerstein und des aus Rostock stammenden Universitätslehrers Johannes Weise. In ihrer Gesamtheit bieten sie alle einen genauen Einblick in die Vorgänge der Hochzeit. Vor allem die Neufunde bieten weitere Perspektiven.

Besonders hervorzuheben ist, dass die schon bekannten Quellen überarbeitet, die darin enthaltenen Lesefehler behoben wurden und diese Texte nun erstmals eine Kommentierung erfahren haben.

Die Edition beginnt mit einer Einführung zu den Quellen und beleuchtet kurz die historische Einordnung der Landshuter Hochzeit, die stadt- und landesgeschichtlichen Perspektiven sowie Überlegungen über ein »Modell Landshut« für dynastische Hochzeiten. Anschließend wird auf die Dimension der Fürstenhochzeit eingegangen. Dass diese Einführung nur kurz auf die Geschichte eingeht, versteht sich von selbst, aber das sehr gute Literaturverzeichnis bietet einen guten Ausgangspunkt für die vertiefte Beschäftigung.

Den einzelnen Quellen ist ebenfalls eine Einführung vorangestellt, in der deren

jeweiliger Autor und die Entstehungsumstände der Texte beschrieben werden. Ebenso werden frühere Edition und entsprechende Literaturhinweise genannt. Die Übersetzung der lateinischen Texte erfolgt im Zweispaltendruck, was sich positiv auf die Lesbarkeit auswirkt. Abweichende Lesarten und der textkritische Apparat folgen am Ende jedes Beitrags.

Ein umfangreiches Orts- und Personenregister sowie jeweils eine Aufnahme einer Originalseite aus jeder Quelle runden die Edition ab. Bemerkenswert ist vor allem das Namensregister mit rund 2000 namentlich erfassten Teilnehmern.

Sehr hilfreich ist ferner die tabellarische Übersicht, die die Herausgeber zusammengestellt haben, in der die Quellen nach Vorbereitungen (Organisation, Brautfahrt, Eintreffen in Landshut), den zwei Tagen der Feier (untergliedert nach Einzelereignissen) sowie übergreifenden Aspekten (Kleidung, Turniere, Geschenke, Logistik/ Verpflegung und Teilnehmerlisten) sortiert sind, verbunden mit den Hinweisen, welcher Autor die genannten Aspekte beschreibt.

Beigelegt ist auch eine Karte, die auf die wichtigsten Stätten der Hochzeitsfeierlichkeiten in Landshut verweist und auf einem kleinen Ausschnitt die Reiseroute Hedwigs von Krakau nach Landshut zeigt.

Treffend schreiben die Autoren, dass die Quellen in ihrer Summe ein vielfältiges und anschauliches Bild von einem politischen Großereignis an der Wende vom Spätmittelalter zur Neuzeit bieten. Sie berichten von der publikumswirksamen Zurschaustellung von Macht und Rang, aber auch von den gewaltigen logistischen Herausforderungen. Die Edition ist eine gelungene Zusammenstellung der einzelnen Quellen und macht diese in der Gesamtschau miteinander vergleichbar. Es bleibt zu hoffen, dass sich die Forschung mit solchen dynastischen Hochzeiten mehr beschäftigt. Für die Akteure der Landshuter Hochzeit ist sie allemal eine Grundlage, die Aufführung noch mehr dem historischen Fest anzupassen.

Landshut   GERHARD TAUSCHE

III. Allgemeine Geschichte und Landesgeschichte

MARCUS JUNKELMANN, Maximilian I. von Bayern. Der eiserne Kurfürst *(kleine bayerische biografien)* Regensburg 2017, Friedrich Pustet, 191 Seiten, zahlreiche Abbildungen.

Es war wohl kaum zu vermeiden, dass der Pustet-Verlag im Hinblick auf den bevorstehenden Jahrestag des Beginns des Dreißigjährigen Krieges für seinen in der Reihe der »Kleinen bayerischen Biographien« geplanten Band über Kurfürst Maximilian I. an den Militärhistoriker Marcus Junkelmann als Autor gedacht hat. Er hat eine gute Wahl getroffen, denn Junkelmann geht mit großem Sachverstand, der sich keineswegs auf die militär- und kriegsgeschichtlichen Aspekte beschränkt, an seine Aufgabe heran. Er will den sicher bedeutendsten bayerischen Herrscher der frühen Neuzeit nicht den »großen« (S. 8) nennen, was er selbst zunächst nicht begründet, sondern erst ganz am Ende des Buches von namhaften Historikern, deren

Würdigungen er zitiert (S. 176 ff.), begründen lässt. Diese Neigung, sich im Urteil selbst zurückzunehmen, sondern dies dem Leser zu überlassen, ihm aber sozusagen zur Orientierung Stellungnahmen von Zeitgenossen wie späteren Biographen anzubieten, zieht sich durch das ganze Buch. Sie bedeutet nicht, dass der Autor seinem Thema sozusagen teilnahmslos gegenüberstünde: Maximilian stattdessen den »eisernen Kurfürsten« zu nennen, ist Junkelmanns eigene Erfindung und als solche wohl begründet: Sie nimmt Bezug auf die Gewohnheit des Wittelsbachers, sich in der Regel im Harnisch abbilden zu lassen, und ist zugleich Metapher für dessen hervorstechende Charaktereigenschaften: »Härte und Strenge«, »Ernst, Pflichtgefühl, Arbeitseifer, Wille, Autorität.« (S. 8).

In der Tat zeichnet Junkelmann ein lebendiges Charakterbild des ersten bayerischen Kurfürsten und er tut dies auf eine für einen Biographen unorthodoxe, aber für den Leser – wobei vor allem an den geschichtsinteressierten Laien gedacht ist – attraktive Weise: Anstelle einer chronologisch ausgerichteten fortlaufenden Lebenserzählung greift der Autor nacheinander verschiedene Bereiche der Aktivität seines Helden auf: Person und Familie, Religiosität, Kunst und Wissenschaft, innere Verwaltung, Finanzpolitik füllen in fünf Kapiteln mehr als die Hälfte des Buches, ehe zu einer dann notwendigerweise stärker am Gang der Ereignisse ausgerichteten Darstellung der auswärtigen, der Kriegs- und Friedenspolitik Maximilians übergegangen wird. Aber auch hier wird durch eingestreute Exkurse über Mitkämpfer und Gegenspieler die strenge Chronologie immer wieder durchbrochen. Strukturelle Grundlagen des Handelns Maximilians werden so verdeutlicht. Dass sich gelegentlich Wiederholungen ergeben, ist der Preis, der akzeptiert werden muss. Wer darüber in Verwirrung zu geraten droht, dem kann durch die ausführliche Zeittafel geholfen werden. Die zahlreichen, im Hinblick auf ihren Quellenwert geschickt ausgewählten Illustrationen sind stets sinnvoll platziert. Durch das meist kleine Format wird, dem Charakters Maximilians angemessen, in disziplinierter Weise die Gefahr vermieden, dass die Bilder den Text erschlagen. So haben Autor und Verlag ein in jeder Hinsicht wohl gelungenes Buch entstehen lassen, das zwar keine neuen Forschungsergebnisse ausbreitet – was auch nicht intendiert war –, aber dem Geschichtsinteressierten viel Information bei kurzweiliger Lektüre bietet und dem Experten Denkanstöße geben und den Blick auf neue Perspektiven öffnen kann.

München   Gerhard Immler

Hans Medick, Der Dreißigjährige Krieg. Zeugnisse vom Leben mit Gewalt, *Göttingen 2018, Wallstein, 448 Seiten.*

Es ist eine ungewöhnliche Gesamtdarstellung des Dreißigjährigen Krieges, die Hans Medick 2018 vorgelegt hat. Er strebt einen historiographischen Perspektivwechsel an, weg von der Makroebene der Kriegsparteien und ihrer politischen und militärischen Entscheidungsträger, hin zu einer Mikrogeschichte des Krieges. Der Krieg und die mit ihm einhergehende Gewalt prägten laut Medick den Alltag

auch und gerade jenseits der Schlachtfelder. Diese These vom »Krieg »im Hause«« (S. 12) entwickelt der Autor in einer »episodischen dokumentarischen Mikrogeschichte« (S. 14) vom Kriegsbeginn 1618 bis zum Nürnberger Exekutionstag 1649/1650.

Bereits die Wahl des Endpunktes der Darstellung ist bemerkenswert, enden doch die meisten Übersichtsdarstellungen zum Dreißigjährigen Krieg mit der Unterzeichnung der Friedensverträge in Münster am 24. Oktober 1648. Die Phase nach Abschlusses des Friedens, dessen Durchsetzung sowie der Prozess des Übergangs vom Krieg zum Frieden, wird in der Regel nicht mehr thematisiert. Wie der Abschlussband der Kaiserlichen Korrespondenzen im Editionsprojekt Acta Pacis Westphalicae, der den Zeitraum vom September 1648 bis zur Ratifikation der Friedensverträge im Februar 1649 umfasst, oder die im November 2018 in Osnabrück abgehaltene Tagung Wendepunkte, die am Beispiel des Dreißigjährigen Krieges, des Ersten Weltkrieges und der Balkankriege der 1990er Jahre in diachroner Perspektive nach Übergängen von Frieden zu Krieg und Konflikten zu Frieden fragte, unterstreicht auch Medicks Studie, wie zögerlich die Nachricht vom Frieden 1648 aufgenommen wurde und wie sehr »Angst [vor Gewalt, D.G.] und Unsicherheit« den Alltag in den folgenden Jahren weiterhin prägten (S. 344). Dem in der Forschung wenig beachteten Nürnberger Exekutionstag, der die Abdankung der Armeen und damit letztlich den Abbau von Gewalt(potentialen) regelte, kam laut Medick in seiner Funktion als »Konfliktverarbeitung« zentrale Bedeutung bei der Implementierung des Friedens zu (S. 394).

Ins Zentrum seiner Studie stellt Medick die Frage nach alltäglicher Gewalterfahrung und -wahrnehmung. Dabei reduziert er Gewalt nicht nur auf physisch-militärische Konflikte, sondern bezieht auch Formen sozialer Gewalt ein. Als Analysekategorien wählt der Autor gängige Forschungszugänge wie die Frage nach der religiös-konfessionellen Dimension des Krieges oder die Bedeutung der Medien für die Verbreitung von Wahrnehmungsmustern von Gewalt, ebenso wie klassische militärhistorische Aspekte wie etwa Einquartierungen und Belagerung. Auf diese Weise gelingt es ihm einerseits zu zeigen, wie vielfältig und umfassend Gewalt erfahren und wahrgenommen wurde. Andererseits erweitert der Autor die Forschung zum Dreißigjährigen Krieg um eine konsequent kulturhistorische Perspektive, die aus seiner umfassenden und jahrzehntelangen Beschäftigung mit Selbstzeugnissen resultiert.

Mag dieser Zugriff für die Frage nach Gewalt funktionieren, so stößt Medicks Ansatz in den letzten beiden Kapiteln, die sich mit der Suche und Durchsetzung des Friedens befassen, klar an seine Grenzen, weil hier der Zugang über Selbstzeugnisse jenseits der an den Verhandlungen Beteiligten fehlt.

Für die Ergebnispräsentation wählt Medick eine Doppelstruktur: Jedes Kapitel besteht aus analytischer Darstellung und Quellenlesebuch. Die beiden Ebenen, Analyse und Quellenauszüge, funktionieren auch weitgehend unabhängig von-einander, was eine besondere Stärke des Buches ausmacht.

Alles in allem ist Hans Medick eine in zeitlichem Zuschnitt, Darstellungsform und Perspektive ebenso ungewöhnliche wie überzeugende Gesamtdarstellung des Dreißigjährigen Krieges gelungen.

Bonn   Dorothée Goetze

Alexandra Stöckl, Der Principalkommissar [sic]. Formen und Bedeutung sozio-politischer Repräsentation im Hause Thurn und Taxis *(Thurn und Taxis Studien, Neue Folge 10), Regensburg 2018, Friedrich Pustet, 280 Seiten.*

Es gibt bekanntermaßen Themen in der Geschichtswissenschaft, die es schwer haben: Trotz ihrer unumstrittenen Bedeutung finden sie einfach keine oder kaum Bearbeiter, die sich ihrer ernsthaft annehmen wollten. Auch in der Reichstagsforschung finden sich solche Desiderate. Wenngleich die Auseinandersetzung mit diesem zugegebenermaßen komplexen Reichsorgan in jüngerer Zeit deutlich an Fahrt gewonnen und zum Teil bereits grundlegende Erkenntnisse hervorgebracht hat, wird man hier auf verlässliche Nachschlagewerke (wie etwa ein umfassendes Gesandtenlexikon) noch eine ganze Weile warten dürfen – insbesondere solange man feststellen muss, dass sogar die kaiserliche Prinzipalkommission zu jenen historiographischen Stiefmütterchen gehört, die einer kontextualisierenden Aufarbeitung harren. Zumindest diesen letzteren »Zustand« (im gleich doppelten Wortsinn) zu beenden, darin besteht der lobenswerte Anspruch vorliegender Studie, welche mit Unterstützung der Franz-Marie-Christinen-Stiftung des Fürstlichen Hauses Thurn und Taxis als Dissertation bei Albrecht Luttenberger in Regensburg entstanden ist.

Die Verfasserin beginnt ihre Ausführungen mit der klar formulierten These, dass sich die Aufgaben des Prinzipalkommissars als kaiserlicher Repräsentant vornehmlich auf den Bereich der Repräsentation selbst beschränkten und eine Einmischung in das politische Tagesgeschäft nicht gewünscht gewesen sei. Daraus ergebe sich auch der Grund für die bisher »mangelhafte Bearbeitung dieses Amtes innerhalb der Forschungslandschaft«, welche mit dem »vormodernen Rechtsverständnis« (zum Teil sogar bis spät in das 20. Jahrhundert hinein) eben nicht viel anzufangen wusste, wonach »gerade dem Sektor der Repräsentation [...] einige der soziopolitisch signifikantesten Obliegenheiten zuzuordnen« seien (S. 4). Vor dem Hintergrund einer seither deutlich veränderten Bewertung und Erforschung symbolischer Kommunikation im Sinne einer »notwendige[n] Klammer zwischen Reich, Kaiser und Territorialfürsten« (S. 13) will Stöckl ihre kulturalistisch ausgerichtete Fragestellung somit einerseits »auf die Formen, also die konkreten Elemente des Amtsprofils«, sowie andererseits auf die daraus resultierende, über rein rechtliche oder machtpolitische Erwägungen hinausreichende »Bedeutung des Amtes« für die Zeitgenossen hin ausrichten (S. 15).

Die Verfasserin untersucht hierfür zuerst die strukturellen und sozio-politischen Ursachen, die zur Etablierung dieses Amtes geführt hatten, namentlich die ein-

setzende Perpetuierung des »Immerwährenden« Reichstages sowie die augenfällige Nutzung der Repräsentation als konstitutive Ausdruckstechnik kaiserlicher Macht. Gefolgt werden diese Betrachtungen von einer Darstellung der institutionellen und organisatorischen Gegebenheiten innerhalb des Reichstagsgefüges. Für Stöckl zählt hierzu vor allem die juristische Stellung des Prinzipalkommissars, der zwar ebenso wie die beiden weiteren Vertreter des Kaisers (in dessen jeweiliger Rolle als Erzherzog von Österreich und als König von Böhmen) als Gesandter klassifiziert und folglich nur am Reichstag selbst mit seiner eigentlichen Funktion versehen war, anders als jene aber zwingend dem Reichsfürstenstand zu entstammen hatte – und dies aus gutem Grunde: Zum einen konnte damit die notwendige Präzedenz über die kurfürstlichen Gesandten des Reiches behauptet werden, zum anderen war die Aufgabe der kaiserlichen Repräsentation mit enormen Kosten verbunden, welche in aller Regel durch das daran geknüpfte Salär nicht gedeckt werden konnten. Wenn nun seit 1743 mit dem Hause Thurn und Taxis ausgerechnet der jeweilige Leiter der gewinnträchtigen kaiserlichen Reichspost das Amt des Prinzipalkommissars versah, so zeigt sich hier ein gewisser Pragmatismus, der die Repräsentation in ein geradezu modernes Kosten-Nutzen-Verhältnis einbettet und die anfangs zitierte These der Autorin unterstreicht. Die darüber hinaus zur Geschäftsführung nötige Fachexpertise konnte indes einem besoldeten Konkommissar überlassen werden, dessen Stand und Geburt von ebenso untergeordneter

Bedeutung waren wie die der von einem Kanzleidirektor geleiteten Kommissionskanzlei.

Zu den aufschlussreichsten Passagen der vorliegenden Studie zählt das 4. Kapitel, in welchem eine – wiederum pragmatisch zu begründende – Engführung auf die Prinzipalkommissare aus dem Hause Thurn und Taxis vorgenommen wird. Besonders die Art und Weise, auf welche Fürst Alexander Ferdinand von Thurn und Taxis gleich zweimal in dieses Amt gelangt (nämlich einmal als Anhänger des wittelsbachischen Kaisers Karl VII. am nach Frankfurt am Main verlegten Reichstag, sowie ein zweites Mal 1748 im Dienste des Hauses Habsburg-Lothringen am Reichstag zu Regensburg), zeugt von einer durchaus flexiblen Qualität dieses Postens: Einerseits wird dadurch das an sich »Unpolitische« des Amtes unterstrichen, andererseits aber eben auch klargestellt, dass eine Repräsentation des Reichsoberhauptes ohne ein persönliches Vertrauensverhältnis nicht denkbar war; seit der Instruktion Kaiser Franz‹ I. für den (einige Jahre später mit einer eigenen Virilstimme im Reichsfürstenkollegium versehenen) Alexander Ferdinand bildet ein enges Einvernehmen des Prinzipalkommissars mit den jeweiligen Gesandten Österreichs (mit Vorsitz im Reichsfürstenkollegium) und Böhmens nämlich einen dezidierten Teil der Jobbeschreibung. Der Umzug des Fürstenhauses von Frankfurt nach Regensburg sollte wohl ebenso der Stärkung dieser Bindung dienen.

Insofern erlangte das Amt mit dem Jahr 1748 tatsächlich eine neue Qualität, welche sich auch an seiner seither faktischen Erblichkeit ablesen lässt. Das 5. Kapitel zum Amtsprofil des Prinzipalkommissars bietet folglich nur Beispiele aus der Zeit der Amtsinhaber aus oben genanntem Hause. Es beleuchtet alle repräsentativen Aufgaben derselben, wie etwa die Gestaltung von Huldigungsfeiern, Festlichkeiten anlässlich des Namens- oder Geburtstages des Kaisers, sowie das Legitimationsverfahren neuer Gesandter und die Entgegennahme von Glückwünschen »nomine Imperii«. Die Bekanntgabe kaiserlicher Trauerordnungen, die Übermittlung von Reichsgutachten an den Kaiser sowie umgekehrt die Übermittlung kaiserlicher Dekrete an den Reichstag subsummiert Stöckl unter dem Oberbegriff der »Kommunikationsfunktion«. In der Summe stellt sie fest, das Prinzipalkommissariat habe durch eben jene Funktionen »einen nachhaltigen Beitrag zur Stabilisierung des Heiligen Römischen Reichs« geleistet (S. 263), indem es das tatsächliche Subordinationsverhältnis innerhalb desselben zeremoniell abgebildet und öffentlichkeitswirksam verinnerlicht habe.

Die Autorin führt in ihrer Arbeit einen Perspektivwechsel herbei, der mit einer anachronistischen Sicht vergangener Forschergenerationen aufräumt und »dem« Prinzipalkommissar zu einem völlig neuen (bzw. ursprünglicheren) Image verhilft. Gerade deshalb ist es jedoch schade, dass sie mit der Auflösung des Reiches auch ans Ende ihrer Darstellung gelangt, obwohl doch der letzte Prinzipalkommissar, Fürst Karl Alexander von Thurn und Taxis, noch über 20 Jahre lang aus Wien eine Rente für diese Tätigkeit erhielt (S. 79–85) und der sogenannte Bundestag des 1815 gegründeten Deutschen Bundes (schon rein begrifflich eine Art institutioneller Nachfolger des Reichstages) seinen Sitz ausgerechnet im Palais Thurn und Taxis zu Frankfurt am Main bezog. Auch die (wenngleich in ihrer Bedeutung deutlich reduzierte) Thurn-und-Taxis-Post innerhalb des Deutschen Bundes erlosch letztlich erst mit der preußischen Annexion Frankfurts am Main im Jahre 1866. Wenn es also eine Fürstenfamilie auf dem Boden des ehemaligen Reiches gab, die für eine modifizierte »Kontinuität« gewisser Funktionen über 1806 hinaus exemplarisch herangezogen werden kann, dann ist dies das Haus Thurn und Taxis.

Nichtsdestotrotz ist Stöckl zu ihrer Dissertation zu gratulieren, die die Reichstagsforschung um ein erfreuliches Stück weitergebracht hat. Gesteigert würde diese Freude wohl nur noch durch die Anlage eines Registers.

Offenberg   Ernst Schütz

Peter Wolf/Eva Maria Brockhoff/ Fabian Fiederer/Alexander Franz/ Constantin Groth (Hg.), Ritter, Bauern, Lutheraner *(Katalog zur Bayerischen Landesausstellung 2017 = Veröffentlichungen zur bayerischen Geschichte und Kultur 66, hg. vom Haus der Bayerischen Geschichte), Darmstadt 2017, Theiss, 392 Seiten, zahlreiche Abbildungen.*

Das Reformationsjubiläum 2017 löste eine kaum zu bewältigende Flut von Veranstaltungen und Publikationen aus; die Bedeutung der Reformation, speziell der Persönlichkeit Luthers für die Chri-

stenheit im 21. Jahrhundert blieb dennoch unklar, ja umstritten, und entsprechend unbefriedigend, und beinahe schal war der Nachgeschmack des über viele Jahre und mit immensem Aufwand vorbereiteten, von einem landesbischöflich moderierten Podiumsgespräch der Pfarrerstochter und Bundeskanzlerin Angela Merkel mit dem nordamerikanischen Ex-Präsidenten Barack Obama in Berlin schließlich seltsam gekrönten Jubiläumsjahres.

Es sah fast so aus, als sollten sich die Jubiläumsveranstaltungen, ganz in kleindeutscher Tradition, ursprünglich vor allem auf zwei Schauplätze konzentrieren: Berlin und Wittenberg. Der Initiative des Ev.-Luth. Landesbischofs von Bayern, Heinrich Bedford-Strohm ist es zu danken, dass auch Bayern (selbstverständlich seinem zu Beginn des 19. Jahrhunderts definierten heutigen Territorium!) als ebenfalls bedeutender Schauplatz der Konfessionalisierung und der Glaubenskämpfe eine entsprechende öffentliche Würdigung und Beachtung erfuhr. Aus der Initiative des bayerischen Landesbischofs wurde dann die viel beachtete Landesausstellung des Jahres 2017 im ursprünglich sächsischen Coburg, bayerisch/oberfränkisch erst seit der Volksabstimmung von 1920. Diese Region im Herzen Deutschlands gehört zu den »Urlandschaften« der Reformation. Auf der dortigen Veste wartete der in Reichsacht befindliche Luther über sechs Monate die Ergebnisse des Augsburger Reichstags von 1530 ab, in Coburg schrieb und predigte er. Die authentische Aura der beiden Schauplätze der Coburger Ausstellung, der Veste und der Morizkirche, kam der Ausstellung ebenso zugute wie die Zusammenarbeit mit den herausragenden Coburger Kunstsammlungen.

Ziel der Veranstalter war es, ein »Zeitpanorama am Originalschauplatz« zu bieten. Dass dies in beinahe perfekter Weise gelungen ist, zeigt der Katalog, der nicht auf die – keineswegs unproblematische und widerspruchsfreie – Figur des Protagonisten Luther fixiert ist, sondern die Geschichte der Reformation in allen ihren Dimensionen, Fortschritten, Widersprüchen und Abwegen nachzeichnet. Die Fülle der für die Ausstellung zusammengetragenen spektakulären Sachzeugen der Kunst und des Kunsthandwerks, der Politik- Wissenschafts- und Technikgeschichte zeigt eindrücklich, wie sehr die Zeit der Reformation von Engagement, Innovation und Gärung auf fast allen Gebieten geprägt ist.

Der Ausstellungskatalog greift auch in seinem Aufsatzteil das Motiv des Zeitpanoramas auf. Die über ein Dutzend Beiträge sind eingespannt zwischen dem Auftakt von *Anselm Schubert* über »Eine Frage der Freiheit. Das dialektische Erbe der Reformation« und einem entsprechend nachdenklichen Ausklang des Bamberger Theologen und Ethikers *Thomas Laubach* (verh. *Weißer*) über die »Erschöpfte Freiheit« unseres 21. Jahrhunderts. Für diesen, dem Freiheitsbegriff gewidmeten Rahmen ist man ganz besonders dankbar angesichts der vielen ebenso angestrengten wie ahistorischen Versuche, in Luthers »Freiheit eines Christenmenschen« eine Vorstufe des Freiheitsbegriffs der Aufklärung oder gar des Freiheitsbegriffs in den heutigen demokratischen Verfassungen erblicken zu wollen. Nicht ebenso grundsätzlich, aber ebenso lesenswert sind die Beiträge zur Stadt der Zeit um 1500 als Lebensform und als Nährboden der Reformation (*Eberhard Isenmann*), zum Wandel der Frömmigkeitspraxis (*Hartmut Kühne*) und der liturgischen Praxis (*Andrea Thurnwald*), zu sozialhistorischen Aspekten der Druckgraphik (*Birgit Ulrike Münch*) oder zu der im Rahmen der reformatorischen Glaubenslehren sich negativ entwickelnden Auftragslage der Künstler (*Andreas Tacke*). Den höchst unterschiedlichen regionalen Ausprägungen der Reformation widmen sich *Rainer Axmann* (Pflege Coburg), *Dieter J. Weiß* (Herzogtum Bayern), *Günther Dippold* (Hochstift Bamberg) und *J. Laschinger* (Oberpfalz). *Karl Möseneder* beschäftigt sich mit dem für Humanismus und Reformation in Passau aufschlussreichen, auf Fürstbischof Urban von Trenbach zurückgehenden Inschriftenprogramm im fürstbischöflichen Schloss Obernzell. *Silvia Pfister* analysiert das Verhältnis zwischen Konfession und Endzeiterwartung; *Klaus Weschenfelder* schließlich untersucht kritisch die kontinuierlich gepflegte Luthermemoria auf der Veste Coburg.

Passau Egon Johannes Greipl

Katrin Hammerstein, Gemeinsame Vergangenheit – getrennte Erinnerung? Der Nationalsozialismus in Gedächtnisdiskursen und Identitätskonstruktionen von Bundesrepublik Deutschland, DDR und Österreich (*Diktaturen und ihre Überwindung im 20. und 21. Jahrhundert 11*), *Göttingen 2017, Wallstein, 592 Seiten.*

Über den Umgang mit der nationalsozialistischen Vergangenheit und die öffentliche Erinnerung an sie in der Bundesrepublik Deutschland gibt es bereits zahlreiche Studien. Hammerstein geht nun erstmals darüber hinaus und richtet auch den Blick auf die entsprechenden Entwicklungen in der Deutschen Demokratischen und in der Republik Österreich. 1988 stellte der Soziologe Mario Rainer Lepsius die These auf, in der Bundesrepublik sei die Erinnerung an die NS-Herrschaft durch Internalisierung, in Österreich durch Externalisierung und in der DDR durch Universalisierung geprägt. Dies ist so zu verstehen, dass man sich in der Bundesrepublik als Nachfolgestaat des Deutschen Reichs und damit in der Mitverantwortung für die Vergangenheit sah, während man sich in Österreich als besetztes Land und damit als reines Opfer empfand, das keinerlei Verantwortung trug. Die DDR stellte das nationalsozialistische System als Erscheinung des Faschismus dar, der wiederum ein Produkt des Kapitalismus gewesen sei. Da sie sich im Lager der Gegner des Kapitalismus befand und damit Stellung im universalen Kampf zwischen diesem und dem Sozialismus bezogen hatte, hatte sie nach der Selbstauffassung ihrer Repräsentanten nichts mit der Vergangenheit zu tun. Die Auseinandersetzung mit der These von Lepsius steht im Zentrum der Studie.

Da der Faschismus aus der Diktatur des Finanzkapitals geboren sei, das auch die Bundesrepublik beherrsche, war sie für die DDR nur eine neue Variante des alten Systems. In ihrem eigenen Herrschaftsbereich gebe es dagegen weder Nationalismus noch Militarismus, die den neuen sozialistisch orientierten Deutschen fremd sei. Dementsprechend gab es auch nur den von Antifaschisten geleisteten Widerstand, von anderen Opfern war mit Absicht nicht die Rede.

In Österreich wurde der Nationalsozialismus wahrheitswidrig als rein deutsche Angelegenheit hingestellt. Der erste Bundeskanzler des Landes, Leopold Figl, behauptete gar, man habe ihn von Anfang an bekämpft. Die Juden stellte man als reine Opfer der Deutschen hin, Österreich habe ihnen nie etwas angetan. Den Mythos von Österreich als Opfer verbreitete sogar noch Wolfgang Schüssel, Bundeskanzler von 2000–2007.

In der Bundesrepublik räumte man zwar die Mitverantwortung für die Verbrechen des Nationalsozialismus ein und erkannte die Pflicht zu einer Form von Wiedergutmachung an. Konrad Adenauer verkündete aber, die Mehrheit der Deutschen sei gegen den Nationalsozialismus gewesen – eine Linie, die auch der erste Bundespräsident Theodor Heuß vertrat. So konnte sich bis zu einem gewissen Grad auch der Großteil der Deutschen als Opfer sehen. Dass dies so nicht zutraf, zeigte sich schon darin, dass der Kult um den Widerstand des 20. Juli 1944 von oben her etabliert wurde; sehr viele Deutsche erblickten dagegen in den Attentätern immer noch Verräter. Die bundesdeutsche Linie reichte allerdings nicht für einen eigenen bequemen Gründungsmythos, demzufolge man mit der Zeit vor 1945 nichts zu tun hatte.

Alle drei Länder waren bald gegen eine zu rigoros betriebene Entnazifizierung, weil sie die Masse der kleinen Parteigenossen in die neue Gesellschaft integrieren wollten.

Nach und nach erkannte man in der BRD auch den Widerstand von linker Seite an, in der DDR bezog man andererseits Teile der Leute des 20. Juli, darunter Stauffenberg, ein.

Seit dem Auschwitz-Prozess befasste man sich in Westdeutschland auch stärker mit den Tätern. Bundespräsident Heinemann sprach von der Mitverantwortung an den Verbrechen, Bruno Kreisky wollte dagegen in Österreich keinerlei Debatte über den Nationalsozialismus, weil dies sein zeitweises Regieren mit den Freiheitlichen hätte gefährden können, bei denen vielfach noch Sympathien für die braune Vergangenheit vorhanden waren. Immerhin räumte Kreiskys Nachfolger Sinowatz schließlich eine gewisse Mitverantwortung ein.

Die 1979 in der BRD und in Österreich gesendete amerikanische Serie »Holocaust« trug dazu bei, in beiden Ländern eine breitere Öffentlichkeit für die Verbrechen an den Juden zu sensibilisieren. In der DDR wurden nach langem Ignorieren schließlich auch die Juden als Opfergruppe gesehen, allerdings nur unter ferner liefen. Österreich hielt trotz allem grundlegend an seinem Opfermythos fest. 1983 hatten dort Politiker sogar die Chuzpe zu überlegen, ob man nicht Wiedergutmachungsforderungen an die Bunderepublik stellen könne.

Während jedes Land ursprünglich den Mythos des anderen verwarf, wurden seit den achtziger Jahren eine begrenzte Annäherung des Geschichtsbildes und ein gewisses Eingeständnis von Mitverantwortung sichtbar. 1985 bewirkte die Rede des Bundespräsidenten Richard von Weizsäkker einen Umschwung, da er den Tag der deutschen Kapitulation als Tag der Befreiung sah, während er vorher lange Zeit noch als Tag der Niederlage empfunden worden war. Die Debatte um die nationalsozialistische Vergangenheit des österreichischen Bundespräsidenten Kurt Waldheim erschütterte auch das Monopol der dortigen Opferthese.

Bei allen drei Ländern war man seit der zweiten Hälfte der achtziger Jahre zur Kooperation mit einem der anderen bei Ausstellungen zur Geschichte der nationalsozialistischen Vergangenheit bereit. Auch gemeinsame Kolloquien kamen vor. Die DDR gab aber ihre Grundauffassungen bis zu ihrem Untergang nie auf; Österreich wollte seinen Opferstatus ebenfalls nie ganz preisgeben. Österreich und die BRD tauschten sich aber immerhin gegenseitig über die Frage einer möglichen Entschädigung von Zwangsarbeitern aus.

Hammerstein kommt zu dem Ergebnis, die These von Lepsius sei zu starr und schematisch, was sie nicht zuletzt mit dem Aufweichen des österreichischen Opfermythos und der rigorosen Antifaschismus-Konstruktion in der DDR begründet. Jeder Staat habe den anderen beobachtet, was gewisse Rückwirkungen und eine, wenn auch begrenzte, Konvergenz ausgelöst habe.

Als Quellen dienen Hammerstein vor allem Reden von Politikern, wofür sie Parlamentsprotokolle, Pressekorrespondenzen, Pressausschnittsammlungen und Zeitungen eingesehen hat; Material fand sie auch in Publikationen der Bundeszentrale für politische Bildungsarbeit, der entsprechenden Landeszentralen und in Themenheften des österreichischen Bundespressedienstes. Auf unveröffentlichte Archivquellen hat sie wegen der oft noch hinderlichen Sperrfristen verzichtet. Des Öfteren wirken die ausgewählten Zitate etwas zufällig und beliebig, oft kennt die Autorin die Hintergründe der zitierten Personen nicht. So weiß sie zwar, dass der bei ihr auf S. 321 mit einer scheinbar originellen Formulierung zu Worte kommende Lothar Höbelt, zeitweise FPÖ-Berater war, offenbar aber nicht, dass er mit Vorliebe in rechtsextremen Kreisen auch in der BRD auftritt und gern in entsprechenden Organen publiziert, wobei er immer wieder die Verbrechen des Nationalsozialismus zu relativieren und zu verharmlosen sucht.

Um klares Deutsch ist die Autorin leider nicht bemüht. Ein abstoßendes Beispiel ist der Satz: »Denn eine komparative und überdies transnational perspektivierte Analyse der Diktaturüberwindungsprozesse verschiedener, aber in der Erfahrungsdimension direkt miteinander verbundener postdiktatorischer bzw. postnationalsozialistischer Staaten bietet ein Sample, das aufgrund des gleichen Ausgangspunkts besonderen Aufschluss über Varianz und mögliche (Pfad-)Abhängigkeiten von Umgangsweisen mit belasteter Vergangenheit, Geschichtspolitik und Erinnerungskultur, aber durch den erweiterten, die Staatsgrenzen transzendierenden Blickwinkel auch über Interdependenzen und Verflechtungen von Gedächtnisdiskursen geben kann.« (S. 11).

Die zentrale Debatte um die Wehrmachtsausstellung kommt bei ihr überhaupt nicht vor. Ihr hauptsächliches Ziel, im Einzelnen die Wechselwirkungen der jeweiligen Erinnerungsformen der drei Länder aufeinander aufzuzeigen, hat sie nicht wirklich gründlich und überzeugend erreicht; die entsprechenden Entwicklungen sind meist nur oberflächlich angerissen. Die Arbeit bietet zwar eine brauchbare Übersicht, in die Tiefe geht sie aber nicht.

München   Paul Hoser

Karin Schneider-Ferber, Isabeau de Bavière. Frankreichs Königin aus dem Hause Wittelsbach *(Kleine bayerische Biografien), Regensburg 2018, Friedrich Pustet 2018, 143 Seiten mit Abbildungen.*

Der Verfasserin ist es gewiss gelungen, ihre Protagonistin auf der Bühne, die sie als Königin von Frankreich zu bespielen hatte, dem Leser nahe zu bringen. Isabeau war mit offenbar jugendlicher Gutwilligkeit und Bereitschaft bemüht, den höfischen Anforderungen und königlichen Aufgaben nachzukommen. Sie hatte einen glücklichen Einstand, ihr junger Ehemann war von ihr begeistert und die Liebe beruhte auf Gegenseitigkeit – welche Besonderheit in einer Welt der vorgegebenen gesellschaftlichen Einbindung und der durch den Hundertjährigen Krieg bestimmten großen Politik. Über die Beschreibung der Atmosphäre im sinnenfrohen Paris, der kostbaren Interieurs, rauschenden Feste und ausgefallenen Moden versteht es die Verfasserin, ein lebhaftes Bild vom höfischen Leben des jungen Königspaares zu zeichnen. Der Ausbruch der Geisteskrankheit bei Karl VI. zerstörte 1392 die gewohnte Welt der jungen Frau und stellte sie vor ernste Probleme. Die Schübe der schizophrenen Erkrankung beschränkten die Handlungsfähigkeit des Königs auf kurze symptomfreie Phasen. Letztere können allerdings weder als Genesung (S. 72, 75, 83, 86) aufgefasst noch bezeichnet werden. Die bereits während der Minderjährigkeit Karls von seinen Verwandten ausgelebten Rivalitäten fanden ihre Fortsetzung in dem Vormundschaftsrat, den der König seiner Frau zur Seite stellte. Isabeau war von ihm mit weit-, aber wohl nicht ausreichenden Vollmachten versehen worden, denn die Verfasserin sieht für die Königin keinen Spielraum, selbständige politische Entscheidungen zu treffen (S. 56) und den von Karl eingeschlagenen Kurs einer Konsolidierung der Verhältnisse im Königreich fortzusetzen. Halt und Orientierung, dabei stets um Ausgleich bemüht, suchte sie zunächst an Philipp II. von Burgund, dem Onkel ihres Mannes, der bis zu seinem Tod 1404 den Vormundschaftsrat beherrschte und damit den Löwenanteil der Fiskaleinnahmen der Krone für sich nutzen konnte. Isabeau schloss sich nach dem Tod des Burgunderherzogs ihrem Schwager Ludwig von Orléans an und stützte sich zudem auf ihren Bruder, Herzog Ludwig VII. von Bayern-Ingolstadt. Nach der burgundischen Dominanz bestimmte nun Orléans die Politik im Königreich. Im komplizierten Geflecht ihrer verschiedenen Interessen gefangen, brach der Konflikt zwischen Ludwig von Orléans und dem nicht mit der Autorität und dem Machtvolumen seines Vaters Philipp ausgestatteten

Johann Ohnefurcht offen aus. 1407 ließ Johann Ohnefurcht seinen Vetter ermorden. Die folgenden Jahre spalteten die Gesellschaft, auf vordergründige Versöhnungen zwischen Burgund und Orléans folgten Übergriffe und Gewalttaten. Orléans suchte Genugtuung für den Mord an Ludwig und fand in Bernhard von Armagnac, dem Schwiegervater Karls von Orléans, den Mann, der dem Burgunderherzog Paroli bieten konnte. Das Königspaar wurde von beiden Parteien für ihre jeweiligen Zwecke instrumentalisiert. Es dürfte insbesondere der Vertrag von Troyes gewesen sein, durch den das Königspaar 1420 den Dauphin Karl (VII.) zugunsten des mit der Tochter Katharina verheirateten englischen Königs Heinrich V. von der Erbfolge ausschloss, der Isabeau die Schelte und Verachtung der Nachwelt eingebracht hat.

Die inzwischen von der Forschung erarbeiteten und zusammengetragenen Erkenntnisse über den Hof der Königin und ihr Personal sowie über ihre Finanzen und ihr Itinerar (die Studien detailliert vorgestellt von Theodor Straub, Isabeau de Bavière, Legende und Wirklichkeit, in: ZBLG 44, 1981, S. 141 f.) haben zu dem heute gültigen Bild Isabeaus beigetragen und sie vom Vorwurf der putzsüchtigen Verräterin befreit. Zu Recht weist die Verfasserin abschließend darauf hin, dass die einer französischen Königin in den Augen der Zeitgenossen obliegenden Pflichten von der bayerischen Elisabeth durchaus erfüllt worden sind: Sie sicherte den Fortbestand der Familie durch die Geburten von zwölf Kindern, von denen vier sehr jung starben, wirkte als Wohltäterin für Arme und Bedrängte, bedachte Kirchen und Klöster mit kostbaren Ausstattungen, zeigte Sinn für die Kunst, förderte indirekt das hochentwickelte Handwerk und verstand sich auf eine glänzende Repräsentation – unverzichtbares Talent einer jeden Königin, besonders in schwieriger Zeit.

Wie alle Bearbeitungen historischer Themen bedürfen auch biographische Vorhaben der Sichtung des zur Verfügung stehenden Quellenmaterials und sind abhängig von dessen Qualität und Eigenart. Die Chronisten haben im Spätmittelalter die spröde Zurückhaltung ihrer schreibenden Zunftgenossen des Früh- und Hochmittelalters abgelegt und geben sich wesentlich auskunftsfreudiger. Da von Isabeau keine Selbstzeugnisse vorliegen, sind es die Beobachtungen und Wahrnehmungen der in erster Linie zeitgenössischen Chronisten (etwa Froissart, Juvénal des Ursins, Monstrelet, Chronique du Religieux de Saint-Denis, Journal d‹un Bourgeois de Paris), an denen der Text entlanggeführt wird. Dem Leser, zumal dem »nicht speziell vorgebildet(en)« Leser – so das eingangs formulierte Anliegen der Reihe – nutzt die gelegentliche Nennung der Quellen wenig, wenn ihm nicht die häufiger erwähnten Autoren im Vorfeld zumindest knapp vorgestellt werden (Herkunft, Ausbildung, Verbindungen, politische Position). Die im letzten, mit Epilog überschriebenen Kapitel (S. 132–134) sehr allgemein gehaltenen Aussagen zu einigen erzählenden Quellen kommen zu spät. Das Verständnis des Lesers für das vor ihm ausgebreitete Lebensbild ließe sich vertiefen, wenn ihm zuvor vermittelt wird, auf welche Art von

Überlieferungen und Erkenntnissen sich die Darstellung vornehmlich stützt. Ähnlich verhält es sich mit den Mitgliedern der als »Schlangengrube« (S. 26, 65) charakterisierten französischen Königsfamilie, in welche Isabeau einheiratete. Nicht ohne Grund hatte sich Karl VI. der aus seinen Oheimen bestehenden Vormundschaftsregierung 1388 energisch entledigt. Mit diesen Verwandten bzw. deren Nachkommen hatte es nun Isabeau ab 1392 zu tun. Eine kurze und übersichtliche Vorstellung der handelnden Personen sowie der sich aus ihren Motiven ergebenden innerfamiliären Konfliktherde würde es dem Leser erleichtern, die Isabeau umgebende Personenvielfalt zu erfassen, zumal ihm kein Personenverzeichnis bei der Einordnung der den Pariser Hof frequentierenden Damen und Herren hilft.

Es mag eine Geschmacksfrage sein, etwa die Oheime Karls als » ›big four‹ « (S. 53), einen Versöhnungsakt als »Show-Veranstaltung« (S. 76), eine Heiratsabrede als »Deal« (S. 86), die umstrittene Papstwahl von 1378 als » ›hotspot‹ der europäischen Politik« (S. 22) zu bezeichnen oder von »Sicherheitszone(n)« (S. 105 f.) zu sprechen – mit dem »Persilschein« (S. 75) dürfte die Grenze flotter Sprachfloskeln jedoch überschritten sein. Die Verfasserin macht in ihrem Text die bestehende Distanz zwischen dem heutigen Leser und den Spielregeln der spätmittelalterlichen höfischen Gesellschaft ja durchaus deutlich und wirbt um das Verständnis für ihre Protagonistin im Rahmen der zeitgebundenen Bedingungen ihrer Lebenswelt. Mit dem Einsatz der erwähnten und ähnlichen

Begriffen erweist sie ihrem Anliegen einen eher zweifelhaften Dienst.

Frankfurt a. M.   GABRIELE SCHLÜTTER-SCHINDLER

MARITA PANZER, Barbara Blomberg. Bürgerstochter, Kaisergeliebte und Heldenmutter *(kleine bayerische biografien)*, Regensburg 2017, Pustet, 149 Seiten, zahlreiche Abbildungen.

Gute Lesbarkeit und wissenschaftlicher Anspruch einer Untersuchung müssen kein Widerspruch sein. Das beweist die unlängst erschienene Biographie über die Regensburger Handwerkstochter Barbara Blomberg. Die Frühneuzeithistorikerin Marita A. Panzer zeichnet seit vielen Jahren die Lebenswege ungewöhnlicher Frauen nach. Ihr Forschungsinteresse beschränkt sich hier nicht nur auf die Geschichte gekrönter weiblicher Häupter, sondern bezieht mit emanzipatorischem Impetus auch Frauenschicksale unterschiedlicher sozialer Herkunft in Literatur, Politik, Wissenschaft und Gesellschaft mit ein.

Fußend auf ihrer bereits 1995 erschienenen – jedoch vergriffenen – Monographie über Barbara Blomberg, versucht die Autorin zunächst die historische Persönlichkeit von den vielfältigen, sie umlagernden mythischen und legendenhaften Schichten zu befreien. Die bisher überwiegend männliche Sichtweise auf die Regensburgerin – von Victor von Kraus, Hugo Graf von Walderdorff, Paul Herre bis über den belletristischen Zugang Carl Zuckmayers – soll durch das Heranziehen neuerer wissenschaftlicher Erkenntnisse korrigiert werden. Trotz des Untertitels »Bürgerstochter, Kaisergeliebte, Heldenmutter« liegt der Fokus, der in der älteren Literatur sehr oft auf den berühmten Sohn der Regensburger Bürgerstochter, Don Juan d'Austria, gelenkt wurde, nun ganz auf dem Leben der Barbara Blomberg. Panzer resümiert hier jeweils die ältere Forschungsliteratur und reichert sie mit neueren Erkenntnissen unter Heranziehung archivalischer Materialien an. So beginnt bereits der ungewöhnliche Lebensweg der Regensburgerin mit vielen Fragezeichen, was das Geburtsjahr und die soziale Herkunft betrifft. Schwang bei der älteren und bei der belletristischen Literatur immer der Vorwurf des leichtfertigen und kurtisanenhaften Verhaltens der Handwerkerstochter mit an, so versucht Panzer, die verschiedenen Möglichkeiten des Zusammentreffens der ungleichen Persönlichkeiten während des Regensburger Reichstags 1546 auszuloten. Die Lebensstationen der Barbara Blomberg von ihrer Geburt als Regensburger Bürgerstochter, ihrer folgenreichen Affäre mit Karl V. und ihrem Leben als »lediger Mutter« werden plastisch geschildert. Zeittypisch wurde die Regensburgerin mit einem Mann aus dem unmittelbaren kaiserlichen Umfeld, Hieronymus Kegel, verheiratet und zog mit »Kind und Kegel« nach Brüssel. Ausführlich wird noch die letzte Lebensphase als Witwe historisch erzählt. Eine Zeittafel, Genealogien und ein Quellen- und Literaturverzeichnis beschließen das schmale Bändchen. Die erschienene Studie verzichtet hierbei bewusst auf einen Anmerkungsapparat (über den die 1995 erschienene Studie verfügt), besitzt jedoch ein umfangreiches Verzeichnis der herangezogenen Quellen und der Sekundärliteratur im Anhang.

Gefällig illustriert und mit vielen erklärenden Einschüben über historische Sachverhalte der Zeit Barbara Blombergs (wie z.B. Frauenerwerbsarbeit, Wohnen, Sexualität und Moral, Spanien in der 2. Hälfte des 16. Jahrhunderts u.v.m.) wird der im Vorwort genannte Anspruch, dass historisch seriöse Arbeit für Laien verständlich aufbereitet wird, in vollem Umfang eingelöst.

Fürstenfeldbruck   Barbara Kink

Benjamin Hasselhorn/Marc von Knorring (Hg.), Vom Olymp zum Boulevard: die europäischen Monarchien von 1815 bis heute – Verlierer der Geschichte? *(Prinz-Albert-Forschungen, Neue Folge Bd. 1), Berlin 2018, Duncker & Humblot, 297 Seiten.*

Der vorliegende Band ging aus einer Tagung hervor, die 2015 an der Universität Passau stattfand. Allerdings sind nicht alle im Programm angekündigten Vorträge nachzulesen. Die Beiträge u.a. von Dieter Langewiesche (zum »Funktionswandel« der Monarchie seit dem späten 18. Jahrhundert), von Martin Kirsch (zur »Erneuerung der europäischen Monarchien«), von Martin Kohlrausch (zur »Neudefinition der wilhelminischen Monarchie«) sowie von Monika Wienfort (zu »Monarchie und Aristokratie in Großbritannien«) hätte man in diesem Band gerne gelesen. Um die Lücken zu schließen, wurden drei Beiträge neu aufgenommen: von *Matthias Stickler* (die Habsburger im »Spannungsfeld von Konstitutionalismus und Nationalismus«), *Jes Fabricius Møller* (»Die Domestizierung der Monarchien im 19. Jahrhundert«) und *Georg Eckert* (»Legitimationsstiftung durch Skandale: die eigenartige Popularität der britischen Monarchie in der Moderne«).

Gegliedert ist der Band in drei Teile. Zuerst geht es um »Phasen der Monarchiegeschichte«, präziser ausgedrückt um Phasen der Entwicklung der monarchischen Herrschaft seit 1815. Der zweite Teil ist überschrieben mit »Europäische Herrscherhäuser« und thematisiert, neben den Skizzen von Stickler und Eckert, die »letzten Hohenzollern« (*Eberhard Straub*), »Herrschaftsbegründung und Herrschaftsausübung im späten Zarenreich« (*Frank-Lothar Kroll*) sowie das »Wittelsbacher Königtum« (*Dieter J. Weiß*). Zuletzt werden »Begründungsstrategien monarchischer Herrschaft« vorgestellt, mit Blick auf das »Problem der ›Volksmonarchie‹ in Deutschland« (*Hans-Christof Kraus*), auf die »Nationalisierung der Monarchie« (Volker Sellin) und auf »religiöse […] Herrschaftsbezüge« (*Franz-Reiner Erkens*).

Sowohl die Tagung von 2015 als auch der vorliegende Band belegen – wie diverse andere Veröffentlichungen – das vor einiger Zeit neu erwachte Interesse der Historiker an der monarchischen Herrschaft nach 1789. Einige der hier zum Druck gebrachten Aufsätze beweisen, wie wichtig es ist, dass sich die Geschichtswissenschaft dieser Thematik annimmt, etwa der Beitrag von *Marc von Knorring* (»Nur Moderatoren und Medienstars? Europäische Herrscherfamilien seit dem Zweiten Weltkrieg«). Knorring unternimmt den Versuch, diejenigen Monarchien, die bis heute in Europa existieren, in Gruppen einzuteilen bezüglich der diesen Monarchen jeweils noch verbliebenen politischen Rechte. Hier ergibt sich rasch als zusätzlicher Befund, welch starken Einfluss in diesem Zusammenhang – und jenseits aller Verfassungsartikel – die unterschiedlichen Herrscherpersönlichkeiten und ihr Wille, sich einzumischen bzw. sich aus der politischen Verantwortung zurückzuziehen, hatten und haben. Informativ ist zudem der Beitrag von *Benjamin Hasselhorn*, wobei der Titel (»Das Monarchiesterben 1914–1945: ein Siegeszug der Demokratie?«) im Grunde zu kurz gefasst ist, denn eigentlich geht es um die Frage, ob sich nach dem Ende der monarchischen Herrschaft in Rußland, in Deutschland, in der Habsburger Monarchie, aber auch in Rumänien und Bulgarien, quasi automatisch parlamentarisch-demokratische verfasste Republiken etablieren konnten. Überhaupt fällt in diesem Band auf, dass mitunter zu wenig trennscharf mit einschlägigen Begriffen umgegangen wird. Auch im Beitrag von Møller ist einige Male von »Demokratie« die Rede, obwohl eigentlich »Republik« gemeint sein dürfte.

Aus dem Blickwinkel der Landesgeschichte ist anzumerken, dass bei der Thematisierung der deutschen Verhältnisse und wenn dann noch von Nationalisierung als Taktik, die monarchische Herrschaft zu stabilisieren, die Rede ist, ein Problem gänzlich außer Acht gelassen wird: Die Herrscher von Württemberg, Sachsen, Bayern, der hessischen und der thüringischen Staaten usw. standen ja noch vor

einer viel größeren Herausforderung. Sie konnten einerseits gerade nicht auf eine nur deutsche Nationalisierung setzen, denn das hätte ihre einzelstaatliche Herrschaft ad absurdum geführt. Andererseits mussten sie vermeiden, aufgrund einer rein nationalsächsischen oder nationalbayerischen Ausrichtung ihrer Staaten jene Untertanen zu düpieren, die sich – obwohl sie zuerst einmal Staatsbürger Württembergs, Sachsens, Bayerns waren – selbst vor allem als Deutsche definierten.

Der einzige landesgeschichtliche Beitrag des Bandes von Dieter J. Weiß vergibt die Chance, genau auf dieses Defizit hinzuweisen und die Problematik am bayerischen Beispiel aufzuzeigen. Außerdem geht es in dieser Skizze nicht – wie der Titel verspricht – um die »Entwicklung des Legitimitätsprinzips« bei den bayerischen Königen. Weiß zählt vielmehr deren politische Lieblingsthemen auf, mit deren Hilfe – zumindest bis 1871 – weit eher die innerbayerische Integrationsproblematik entschärft, denn das Überleben der Monarchie als Staatsform gesichert werden sollte. Zudem erstaunt, dass das für Bayern schon häufig thematisierte und für die monarchische Herrschaft in Bayern geradezu existentielle Bedeutung erlangende Kräftedreieck zwischen dem Monarchen, dem bis 1918 von ihm ernannten und gleichzeitig (eigentlich) von ihm abhängigen Ministerium und zuletzt der Volksvertretung hier nicht angesprochen wird. Der Umstand, dass es dem Ministerium vor allem während der Regierungszeit Ludwigs II. und während der Regentschaft des Prinzen Luitpold gelang, im Widerspruch zum Inhalt der bayerischen Verfassung die eigene Macht auf Kosten derjenigen des Monarchen erheblich zu steigern, hat die Realität monarchischer Herrschaft in Bayern bis 1918 mit Sicherheit stärker beeinflusst als die hier konstatierte große »Popularität« Ludwigs II. nach dessen Tod (S. 174) bzw. der hervorgehobene unermüdliche Fleiß des Prinzregenten, die »Monarchie und das Königreich Bayern« bei »zeremoniellen Hoffesten«, »beim Oktoberfest«, bei »militärischen Anlässen« zu repräsentieren (S. 168).

München   KATHARINA WEIGAND

IV. Recht, Verfassung, Verwaltung

MARCUS M. PAYK, **Frieden durch Recht? Der Aufstieg des modernen Völkerrechts und der Friedensschluss nach dem Ersten Weltkrieg** *(Studien zur Internationalen Geschichte 42), Berlin/Boston 2018, de Gruyter, VIII, 739 Seiten*

1. Das Fragezeichen im Titel ist eine Herausforderung. Seit Jahrtausenden fassen Menschen Recht fraglos als Friedensordnung auf. Herrschaft garantiert ihren Zugehörigen Frieden durch Wehrbereitschaft nach außen und Pflege des Rechts als Instrument gesellschaftlicher Integration. Beispiele geben das Alte Testament mit Psalm 45.4–8 (9. Jh. v. Chr.), Jesaja 9.1–6 (8. Jh. v. Chr.), Chlodwigs Vorrede zur Lex Salica (um 510 n. Chr.), Justinians Vorrede zu seinem mit Gesetzeskraft ausgestatteten juristischen Anfängerlehrbuch *Institutiones* (533 n. Chr.). Recht ermöglicht den Menschen Leben in Frieden gemäß den Vorreden zum Schwabenspiegel (um 1275) und zu unzähligen Stadt- und Landrechten des Mittelalters und der frühen Neuzeit. Payk nimmt hierauf nicht Bezug. Vielmehr findet er in einer zeitlich weitgehend abgeschlossenen Perspektive vor, in und nach dem Ersten Weltkrieg eine eigentümliche Entwicklung im Umgang der Staaten miteinander, der auf Regelbildung und Einfordern von Regeleinhaltung gründet. Das Fragezeichen mag für Abweichungen zwischen Wunsch und Wirklichkeit stehen.

2. Payks Abhandlung lag im Jahre 2016 der Philosophischen Fakultät der Humboldt-Universität zu Berlin als Habilitationsschrift vor. Für seine Forschungen genoss Payk Förderung durch die Volkswagen-Stiftung. Betreuer der Studie war Martin Sabrow, die weiteren Gutachten erstatteten Gabriele Metzler (Berlin) und Andreas Wirsching (München und Berlin).

3. Das Buch spürt den rechtlichen Argumentationsmechanismen nach, welche die innen- und außenpolitischen Auseinandersetzungen aller Seiten und die diplomatische Formung der Friedensverträge der Siegermächte mit den unterlegenen Mächten (Deutschland, Österreich, Ungarn, Bulgarien, Osmanisches Reich) aus den Jahren 1919 und 1920 beherrschten. Payk schöpft tief aus unübersehbaren Beständen gedruckter und ungedruckter Quellen und dringt ebenso tief in zeitgenössische wie jüngere Literatur ein. Dabei fällt freilich eine bemerkenswerte Distanz auf: Die endgültigen Inhalte der Verträge gelangen wenig zur Sprache. Payk macht die verbindliche Quelle der Friedensver-

träge nicht namhaft. Deren Verkündung in den nationalen Gesetzblättern verschweigt das Quellenverzeichnis (S. 674 f.); dort findet man beispielsweise zum Friedensvertrag mit dem Deutschen Reich nicht das Gesetz über den Friedenschluss zwischen Deutschland und den alliierten und assoziierten Mächten vom 16. Juli 1919, Reichs-Gesetzblatt 1919, S. 687.

4. Payk setzt mit der Beobachtung an, dass die Friedensverträge von 1919 und 1920 in ihrer rechtlichen Detailfülle eine weltgeschichtliche Neuheit darstellen (S. 1 ff.). Freilich würdigt er einzelne Bestimmungen nur kursorisch. Payk zeichnet die Gesamtlinie nach. Einzelheiten haben dort nur exemplarische Funktion (zum Beispiel, wenn Payk die Verhandlung mit der deutschen Delegation vom 7. Mai 1919 in Versailles schildert (S. 394 bis 406).

5. Die Arbeit hat eine scharf gezeichnete Disposition. Einsichtig legt Payk nach der Einführung eine Chronologie zugrunde. Der Zeitlauf reicht von der völkerrechtlichen Entwicklung am Ende des 19. und zu Beginn des 20. Jahrhunderts (Kap. I) über den Ersten Weltkrieg (Kap. II), die Anstrengungen zu seiner Beendigung (Kap. III) sowie die Aushandlung der Verträge (Kap. IV) und ihre Gestaltung (Kap. V) zu den Wirkungen der Verträge (Kap. VI) und einem Resümee. Die Sprache des Buches ist anschaulich, der Duktus klar.

6. Das erste Kapitel überschreibt Payk als Fortschrittserzählung des Völkerrechts. Payk beugt sich hier scheinbar einer Mode der Geschichtsschreibung, welche alles und jedes in sogenannte Narrative fassen möchte, worin die Grenzen zwischen Wissenschaft und Schöngeisterei verschwimmen. In der Sache verweist Payk richtig auf die Friedenskonferenzen im Haag von 1899 bis 1907 mit den dort geschaffenen Ordnungen – zu denen man fragen kann, ob der Erste Weltkrieg Beweis ihres Versagens oder seine Beendigung durch ausführliche Verträge Beweis ihrer Bewährung lieferte (zutreffend ist wohl beides). Payk spricht von Verrechtlichung der Welt im 19. Jahrhundert (S. 29). Damit bezeichnet er die Suche nach einer Weltrechtsordnung für das Verhältnis der Staaten zueinander, das heißt eine Fortentwicklung des modernen Völkerrechts im 19. Jahrhundert. Man könnte auch sagen, dass die Staaten nun erkennbar als Rechtspersonen handeln, die als solche (und nicht mehr nur in ihren Repräsentanten als natürlichen Personen) wie Individuen Frieden wünschen. Diese Vollendung einer Jahrtausende langen, zähen Entwicklung der sogenannten moralischen Person ist in der Tat eine Leistung des 19. Jahrhunderts.

Hingegen ist die detailreiche Niederlegung von Rechten und Pflichten in den Friedensverträgen nach dem Ersten Weltkrieg nicht ganz so weit alleinstehend, wie Payk angibt (S. 2: «eigentümlich isolierte, geradezu erratische Stellung"). Dies zeigt ein Blick etwa auf die Friedensverträge des Jahres 1648 von Münster und Osnabrück. Und überhaupt ist die Erklärung von Herrschaft durch Recht eine Idee, die das gesamte Alte Reich durchzog, dessen Legitimität sich aus der Vorstellung einer Kontinuation des römischen Rechts als des »Kaiserrechts« (*ius caesareum*) zum Beweis für Kontuinität des Imperiums speiste. Deswegen erscheint Payks Befundkoppelung problematisch, dass die Berufung der Staaten auf Recht überhaupt im 19. Jahrhundert erwachsen sei und das Recht identitätsstiftende Kraft im 19. Jahrhundert gewonnen habe (S. 29). Die von Payk angeführten Merkpunkte Vertragsfreiheit, Privatautonomie, Gleichheit und Verfassungsurkunde sind im 19. Jahrhundert in der Tat wichtige neu betonte Gestaltungselemente zahlreicher Rechtsordnungen auf der Welt; es ist aber nicht erst mit ihnen das Recht an sich als Lebensordnung gefunden.

Zutreffend ist Payks Feststellung, dass Kodifikationen des 19. Jahrhunderts die Partikularrechte verdrängen und nationale Identität stiften (S. 29). Beispiele geben Code civil (Frankreich 1804), Codice civile (Italien 1865), Codigo civil (Spanien 1889), Bürgerliches Gesetzbuch (Deutschland 1896). Unpassend ist indes die Bezeichnung der verdrängten Partikularrechte als dehnbare »Arrangements« aus Sitte, Moral, Tradition und Konvention ohne juristische Fassung (S. 29). Allemal beizupflichten aber ist Payks Feststellung, dass die nationalen Rechtsvereinheitlichungen die Idee beflügeln, auch international könnte Recht geschaffen werden (S. 29 f.). Erfolgsbeispiele liefern die internationalen Verträge des 19. Jahrhunderts über Mobilität (Binnenschiffverkehr, Eisenbahnverkehr, Postverkehr).

7. In Kapitel II analysiert Payk den Ersten Weltkrieg (mit Anleihe bei Rudolf von Ihering?) als »Kampf um das Recht« (S. 79 ff.). Payk will eine Singularität in der Nutzung juristischer Argumentationen

aller Beteiligter darstellen. Das zwingt ihn, die Erkenntnis nur beiläufig zuzulassen, dass Krieg immer schon zu legitimieren gesucht wurde (S. 82). So bleibt die Dogmatik vom sogenannten *iustum bellum* nur angedeutet. Den Rahmen des Buches müsste sprengen, wollte man mit Beispielen in Erinnerung rufen, dass Kriege immer (auch) schon mit Anführen wirklicher oder angemaßter Rechte (etwa Erbfolge betreffend) geführt wurden. Plausibel rückt Payk als augenfälligsten Rechtsbruch im Ersten Weltkrieg den Einmarsch der deutschen Truppen ins neutrale Belgien in den Blick (S. 82); markant spricht Payk den Vorfall als Urszene aller Rechtlosigkeit im Weltkrieg an (S. 496). Damit schafft Payk den Rahmen für seine ausführlichen Würdigungen der Waffenstillstandsbemühungen (Kap. III), des Gangs der Vertragsverhandlungen (Kap. IV) und der inhaltlichen Gestaltung (Kap. V), letzterer wohlgemerkt nur in ihren Grundlinien nachspürend.

8. Das den Wirkungen gewidmete sechste Kapitel schildert die politischen Diskussionen während des Krieges um ein Recht jedes Staates zu jederzeitiger Kriegseröffnung. Dieses *ius ad bellum* (im Unterschied zur Achtung der Regeln für das Verhalten im Krieg: *ius in bello*; S. 498) war am Anfang des 20. Jahrhunderts weithin unterstellt (S. 498, 502). Mit Beginn des Ersten Weltkrieges geriet es jedoch in Zweifel. Daraus erwuchs, von Payk zu Recht hervorgehoben, die Forderung nach Bestrafung des für den Kriegsbeginn verantwortlichen deutschen Kaisers (S. 498 f.). Diesem Verlangen übergeordnet war die Idee, die internationale Ordnung als eine

Herrschaft des Rechts (und nicht als willkürliche Macht des Siegers, als Herrschaft kraft militärischer Überlegenheit; S. 495) wiederherzustellen. Payk weist nach, wie die Welt über die Friedensverträge hinausreichende rechtsförmige Folgerungen gewann: Prinzipien von Strafverfolgung (S. 498) und Reparation (S. 520), Schaffung des Völkerbundes (S. 543) samt Organisation kollektiver Sicherheit (S. 561) und internationaler Gerichtsbarkeit (S. 577).

9. In »Bilanz und Ausblick« gibt Payk eine in ihrer Konsequenz überzeugende Zusammenfassung seiner Befunde: Der Erste Weltkrieg trieb die Entwicklung des Völkerrechts voran. Realitätsgerecht stellt Payk jedoch auch einhundert Jahre später eine weiterhin staatenzentrierte Weltrechtsordnung fest. Für in absehbarer Zeit nicht leistbar sieht Payk die von Hans Kelsen prognostizierte Entwicklung eines Weltstaates aus der Weltrechtsordnung (S. 655, 665).

Augsburg   CHRISTOPH BECKER

JOSEF PAUSER/MARTIN P. SCHENNACH (Hg.) unter Mitarbeit von VERENA SCHUMACHER, Die Tiroler Landesordnungen von 1526, 1532 und 1573. Historische Einführung und Edition *(Fontes Rerum Austriacarum. Österreichische Geschichtsquellen, Dritte Abteilung: Fontes Iuris. Geschichtsquellen zum österreichischen Recht 26), Wien/ Köln/Weimar 2018, Böhlau, 796 Seiten.*

1. In den europäischen Bibliotheken und Archiven lagert ein unermesslicher Schatz gedruckter und ungedruckter partikularer Normtexte des Mittelalters und der frühen Neuzeit. Hieraus machen Pauser (Leiter der Bibliothek des Verfassungsgerichtshofes Wien), Schennach (Universitätsprofessor in Innsbruck) und Schumacher (Mitarbeiterin der Universität Innsbruck) nun die Tiroler Landesordnung in den Fassungen von 1526, 1532 und 1573 neu zugänglich. Ihrer Ausgabe fügen sie sinnvoll als eng benachbarte Gesetze die Tiroler Malefizordnung von 1499 (sie ging im zweiten Buch der Landesordnung 1526 auf) und die das Landrecht 1573 ergänzende Tiroler Policeyordnung von 1573 bei. Die Edition ist in der Schriftenreihe der Österreichischen Akademie der Wissenschaften (Philosophisch-historische Klasse – Kommission für Rechtsgeschichte Österreichs) prominent platziert. Sie wurde durch Land Tirol und Autonome Provinz Bozen Südtirol/ Provincia Autonoma di Bolzano Alto Adige unterstützt.

2. Die Gesetze der Grafschaft Tirol neu herauszugeben war ein lange offenes Desiderat. Das Tiroler Landrecht nimmt in der österreichischen Rechtsgeschichte eine besondere Stellung ein, weil in anderen österreichischen Landschaften gleich umfassende Landesordnungen nicht entstanden. Die drei Tiroler Landesordnungen stehen in Stil und Inhalten aus Prozeßrecht, Strafrecht, öffentlichem Recht und Privatrecht im Einklang mit anderen Rechtsreformationen des Reichs, der Territorien und der Städte. Wie allerorten reklamieren ihre Vorreden Abhilfe gegen Missstände, gute Policey, Frieden, Bewahren vor unnötigen Kosten und Schäden, gemeinen Nutzen und Wohlfahrt (S. 143–145, 239 f., 408 f.). Diesen Beispielen folgt auch die Vorrede zur Policeyordnung 1573 (S. 635–637). We-

sentlich wortkarger hatte sich hingegen die Vorrede zur Malefizordnung 1499 gegeben, wo freilich ebenfalls eine Verbesserung der Rechtspflege zugesagt ist (S. 111). Man darf angesichts der Standardmäßigkeit im Duktus der Tiroler Gesetze (nicht nur in der Vorrede, sondern auch im ganzen Textverlauf) unterstellen, dass den Redaktoren der Tiroler Gesetze reichlich Anschauungsmaterial in Druckausgaben von auswärtigen Ordnungen oder Reichsgesetzen zur Verfügung stand.

3. Grundlage der Edition sind die alten Drucke, welche die Herausgeber sorgfältigst samt Nachweisung in heutigen Bibliotheksbeständen dokumentieren (S. 39–108). Eine Einführung in Entstehung, Bedeutung und Entwicklung der Landesordnungen (S. 11–37) hilft dem Leser bei Einordnung und Verständnis. Wichtig sind Angaben zum räumlichen Geltungsbereich, der die bis zum Beginn des 16. Jahrhunderts zu Bayern gehörigen Gebiete Kufstein, Kitzbühel und Rattenberg ebenso ausnahm wie die italienischsprachigen südlichen Landesteile (S. 22). Die Textdurchdringung erleichtern ein umfänglicher Index (S. 685–760), ein Glossar (S. 761–779) und Konkordanzlisten (S. 781–796). Leider verzichteten die Herausgeber auf die originalen Artikelübersichten (S. 108) und ersetzten sie auch nicht durch selbsterstellte Verzeichnisse, welche systematische Analysen und Vergleiche (innerhalb der Tiroler Gesetze und darüber hinaus) erleichtern könnten. Dessen ungeachtet gebührt den Herausgebern für ihr Werk wärmster Dank.

Augsburg   CHRISTOPH BECKER

ARND KOCH/HERBERT VEH (Hg.): Vor 70 Jahren – Stunde Null für die Justiz? Die Augsburger Justiz und das NS-Unrecht *(Augsburger Rechtsstudien 84), Baden-Baden 2017, Nomos, 205 Seiten.*

Die Frage, ob für Deutschland nach dem Ende des Krieges und dem Zusammenbruch des NS-Regimes von einer »Stunde Null« gesprochen werden kann oder ob Kontinuitäten in Staat und Gesellschaft überwogen, ist kontrovers diskutiert worden. Die Geschichtswissenschaft geht heute mehr von verschiedenen Ebenen eines Übergangs als von einem radikalen Schnitt im Jahr 1945 aus. Dieses Urteil beruht nicht zuletzt auf einer in den letzten Jahren intensivierten biographischen und regionalhistorischen Forschung, in deren Rahmen auch der von Arnd Koch und Herbert Veh herausgegebene Sammelband über den Umgang der Augsburger Justiz mit dem NS-Unrecht die Frage nach Kontinuität oder Neubeginn stellt. In sechs Beiträgen, die auf einer im Jahr 2015 an historischen Orten der Augsburger Nachkriegsjustiz gehaltenen Vortragsreihe beruhen, werden Strukturen, Protagonisten und einzelne Verfahren beleuchtet und dabei in einen überregionalen Kontext eingeordnet.

Der Straf- und Völkerrechtler *Christoph Safferling* diskutiert in seinem eröffnenden Aufsatz den Umgang mit nationalsozialistischem Unrecht durch die Nachkriegsjustiz von den Nürnberger Prozessen und Nachfolgeprozessen über Verfahren und Entnazifizierungsprogramme in den einzelnen Besatzungszonen, rein reaktive Einzelfallüberprüfungen nach entsprechenden Vorwürfen in Ministerien und Gerichten,

Amnestien in den fünfziger und Verjährungsdebatten in den sechziger Jahren, die in der Aufhebung der Verjährung bei Mord und Völkermord mündeten, bis hin zur Einrichtung der Zentralen Rechtsschutzstelle zur Betreuung Deutscher, die im Ausland wegen Kriegsverbrechen strafrechtlich belangt werden sollten, sowie der Zentralstelle in Ludwigsburg zur Ermittlung nationalsozialistischer Gewaltverbrechen im Jahr 1958. Anhand einiger Strafverfahren gegen NS-Täter zeigt er exemplarisch auf, dass die Rechtsprechung in der Bundesrepublik durch Konstrukte wie die Gehilfenjudikatur »eher auf Exkulpation denn auf Bestrafung« abzielte (S. 35). Auch bei der Verfolgung von Justizunrecht zieht Safferling eine größtenteils negative Bilanz: Juristen, so der Autor, »konnten sich demnach hinter dem Richterprivileg verstecken und wurden […] für die Mitwirkung am Massenmord von Juden, Sinti und Roma, Homosexuellen und anderen Minderheiten nicht zur Rechenschaft gezogen« (S. 36).

Die Zeithistorikerin *Edith Raim* stellt in ihrem Beitrag den Prozess der Wiedereröffnung der Gerichte in Bayern in den Jahren 1945 bis 1949 dar. Die Alliierten standen vor der schwierigen »Aufgabe, ein funktionierendes Justizwesen aufzubauen, zu dem auch die Bevölkerung wieder Vertrauen haben konnte« (S. 44). Dabei war der Stillstand in der Rechtspflege nur kurz: Nach der Schließung aller Gerichte bei Kriegsende durch die Alliierten begannen bereits im Frühjahr und Sommer 1945 die regulären deutschen Gerichte wieder mit ihrer Arbeit – in Bayern Ende Mai 1945

zuerst das Amtsgericht Bamberg. Raim geht auf die nicht unumstrittene Reaktivierung der Schöffen- und Geschworenengerichte ein und stellt dar, wie etwa in Augsburg rund 30 Prozent der Schöffen mit teils wenig plausiblen Begründungen versuchten, sich dieser Tätigkeit zu entziehen, weil sie politische Konsequenzen bei einer solch heiklen Aufgabe befürchteten. Die durch die Kriegsschäden desolaten materiellen Bedingungen des Wiederaufbaus der Justiz wurden vom Personalmangel noch übertroffen. Die auf Grundlage der strengen Entnazifizierungspolitik betriebene Suche nach unbelastetem Personal führte dazu, dass die amerikanische Militärregierung zunächst teils auf unqualifizierte Kräfte zurückgriff wie etwa einen Referendar, den man in Landshut zum Landgerichtspräsidenten ernannte, oder einen vorbestraften Lehrer, der Amtsrichter in Kronach wurde. Später wurden die Entnazifizierungsstandards gesenkt. Am Ende ihrer Besatzungszeit bilanzierten die Amerikaner, dass 82 Prozent der in Bayern wiederbeschäftigten Richter und 85 Prozent der Staatsanwälte NSDAP-Mitglieder gewesen seien. Dennoch differenziert Raim das Urteil, das Justizwesen nach 1945 sei lediglich restaurativ und von Nationalsozialisten geprägt gewesen: In allen drei westlichen Besatzungszonen wurden aus dem Exil zurückgekehrte Emigranten bei der Wiederbesetzung der Gerichte herangezogen, darunter Camille Sachs in Nürnberg, Max Silberstein in Mannheim und Felix Lesser in Hanau. Der Neubeginn, so Raim, sei »kein vollständiger Bruch mit der Vergangenheit, aber eben auch kein Kontinuum des Dritten Reichs«

gewesen (S. 65); die beiden gegensätzlichen Ziele einer gründlichen Entnazifizierung und eines schnellstmöglichen Wiederaufbaus hätten einander ausgeschlossen. Auf deutscher und amerikanischer Seite habe man sich trotz aller Kritik gemeinsam für einen pragmatischen Wiederaufbau mit belasteten Justizangehörigen entschlossen, an dem erst seit den sechziger Jahren massiv und zunehmend Anstoß genommen worden sei.

Dieses pragmatische Vorgehen präzisiert der ehemalige Präsident des Landgerichts Augsburg, *Herbert Veh,* in seinem Beitrag für die Augsburger Gerichte. Er zeigt auf, wie die amerikanische Militärregierung nach ihrer anfänglich strikten Weigerung, NSDAP-Mitglieder wieder zu beschäftigen, später aus Personalmangel auf Juristen zurückgriff, die zumindest »innerlich aber kein Nazi« (S. 71) gewesen seien. Dafür differenzierte man nach dem späten Eintrittsdatum in die Partei ab 1937. Veh zeigt die Probleme bei der Personalauswahl anhand der Biographien der ersten Nachkriegsrichter am Amts- und Landgericht Augsburg auf, die die gesamte Bandbreite von Mitläufern und NS-Anhängern bis hin zu vom Regime beiseite gedrängten und verfolgten Juristen abdeckten.

Die Aufsätze des Zeithistorikers *Andreas Eichmüller* und des Juristen und Rechtshistorikers *Arnd Koch* beleuchten zwei wichtige Augsburger Nachkriegsprozesse. Die als »Hexe von Buchenwald« bekannt gewordene Ilse Koch, Ehefrau des Lagerkommandanten Karl Otto Koch, wurde unter großem öffentlichem Interesse im Januar 1951 vom Landgericht Augsburg

wegen Anstiftung zum Mord, versuchten Mordes und Anstiftung zu schwerer Körperverletzung zu einer lebenslangen Zuchthausstrafe verurteilt. Interessant war dieser Prozess zum einen, weil NS-Prozesse gegen Frauen in der Bundesrepublik die Ausnahme darstellten; Koch war die einzige Frau, gegen die in diesem Zusammenhang eine lebenslange Haftstrafe verhängt wurde. Die mit sexuellen Komponenten und Übertreibungen angereicherte Presseberichterstattung verdeutlicht aber ebenso wie die Urteilsbegründung selbst das zeitgenössische Frauenbild, das von geschlechtstypischen »Regungen des Mitleids und Mitgefühls« (S. 120) ausging. Koch wurden mithin nicht nur grausame Verbrechen, sondern auch die Abweichung von der Norm weiblichen Verhaltens angelastet. Zeittypisch war im Prozess zudem die Auffassung, dass NS-Verbrechen von einigen Wenigen begangen wurden, während die Mehrheit nichts wusste. Die auch im Falle Kochs erfolgte Dämonisierung der Täterinnen und Täter entlastete damit die Gesamtgesellschaft. Untypisch waren hingegen die für Prozesse der vierziger und fünfziger Jahre die ungewöhnliche Tiefe und Breite der Ermittlungen, die bereits auf spätere Verfahren hinwiesen.

Der von *Arnd Koch* dargestellte »Huppenkothen-Prozess« zog, anders jener gegen Koch, das öffentliche Interesse nicht wegen der Person des Angeklagten, sondern wegen der Prominenz der Opfer auf sich, hatte Walther Huppenkothen im April 1945 doch als Ankläger des Reichssicherheitshauptamtes die Todesstrafen gegen die Widerstandskämpfer Hans von

Dohnanyi, Hans Oster, Dietrich Bonhoeffer und Wilhelm Canaris im Konzentrationslager Flossenbürg gefordert. Huppenkothen wurde vom Landgericht Augsburg 1955 wegen Beihilfe zum Mord zu einer Freiheitsstrafe von sechs Jahren verurteilt. Die Relevanz dieses Urteils lag auch in seinem Nachspiel, da es zeigte, dass in der Mitte der fünfziger Jahre NS-Unrecht von bundesdeutschen Gerichten unterschiedlich bewertet wurde: Mit seinem Revisionsurteil von 1956 brachte der unter anderem mit dem ehemaligen Richter am Sondergericht Ernst Mantel und dem ehemaligen Untersuchungsrichter am Volksgerichtshof Ludwig Martin besetzte urteilende Senat des Bundesgerichtshofs im Einklang mit der weithin erhobenen Schlussstrichforderung die »strafrechtliche Verfolgung von NS-Richtern zum Erliegen« (S. 156). Richter konnten in Abkehr von der bis dahin angewandten Radbruchschen Formel, nach der positives Recht nicht anzuwenden sei, wenn es in unerträglichem Maß der Gerechtigkeit widerspreche, nunmehr lediglich dann zur Rechenschaft gezogen werden, wenn sie mit ihrem Urteil geltendes NS-Recht gebrochen hatten – ein Nachweis, der kaum zu führen war. Linientreue NS-Richter waren damit gegenüber Denunzianten oder standgerichtlichen Laienrichtern privilegiert. Das Augsburger Urteil gegen Huppenkothen, so Koch, hatte demgegenüber für eine Rechtsauslegung gestanden, die die Verfolgung von NS-Unrecht in gewissem Umfang erlaubt hätte.

Im letzten Beitrag zeichnet der Augsburger Historiker *Hubert Seliger* die schillernde Biographie des Augsburger Rechtsanwalts und Widerstandskämpfers Franz Reisert nach, der einerseits Kontakte zu den Verschworenen des 20. Juli 1944 knüpfte und nach dem gescheiterten Attentat nur durch geschicktes Agieren vor dem Volksgerichtshof dem Todesurteil durch dessen Präsidenten Roland Freisler entging, und andererseits nach dem Krieg NS-Täter vor Gericht verteidigte. Seine ehemaligen Mitstreiter im Widerstand begegneten dem mit Unverständnis und zogen sich von Reisert zurück, der sich tief enttäuscht zeigte, dass gerade sie die Verpflichtung des Rechtsanwalts nicht verstünden, »eine Verteidigung ohne Rücksicht auf die politische Einstellung des Angeklagten« zu übernehmen, wenn für diesen die Gefahr bestehe, »das Opfer eines Fehlurteils zu werden« (S. 198).

Die sechs durchweg quellen- und literaturgesättigten Beiträge machen das Spannungsfeld der Nachkriegsjustiz sichtbar: Dem Wunsch nach einem radikalen Bruch mit dem NS-Staat, der Ahndung seiner Verbrechen und einem Neubeginn mit unbelastetem Personal standen die Notwendigkeit eines schnellen Wiederaufbaus der Rechtspflege, der Pragmatismus personeller Kontinuität sowie auch das Verlangen nach dem Abschluss mit der Vergangenheit gegenüber. Der Band vermag es dabei stets, die Augsburger Verhältnisse an die zeitgenössischen gesellschaftlichen und juristischen Gegebenheiten und Diskurse in Bayern und der Bundesrepublik rückzubinden und Übereinstimmungen ebenso wie Abweichungen sichtbar zu machen. Er veranschaulicht damit, wie lokal- und regionalhistorische Studien den differenzierten Blick auf die Nachkriegs- und die Justizgeschichte und die in den letzten Jahren verstärkte Forschung zur Auseinandersetzung von Institutionen und Behörden mit der NS-Vergangenheit und ihren personellen Kontinuitäten nach 1945 schärfen. Sie können aufzeigen, dass holzschnittartige Kategorisierungen – sei dies die pauschale Renazifizierung der Justiz oder die eindeutige Verortung von Personen in bestimmten Opfer- oder Tätergruppen – den Verhältnissen nicht gerecht werden. Sie tragen so entscheidend zur Tiefenschärfe der Geschichte bei, deren Grundfarben nach dem bekannten Diktum Thomas Nipperdeys nicht »Schwarz und Weiß« sind, sondern »grau, in unendlichen Schattierungen.«

Würzburg   Verena von Wiczlinski

V. Religion und Kirche

Gabriele Uelsberg/Lothar Altringer/Georg Mölich/Norbert Nussbaum/Harald Wolter von dem Knesebeck (Hg.), Die Zisterzienser. Das Europa der Klöster, LVR-LandesMuseum Bonn 2017, *Konrad Theiss, 367 Seiten, zahlr. Abbildungen*

Bereits 1980 hat sich der Landschaftsverband Rheinland (LVR) in der Ausstellung, »Die Zisterzienser – Ordensleben zwischen Ideal und Wirklichkeit« mit dem benediktinischen Reformorden der Zisterzienser befasst. Im damals erschienenen schlichten, aber umfangreichen Ausstellungskatalog (707 Seiten) wussten die drei Herausgeber, Kaspar Elm, Peter Joerißen und Hermann Josef Roth, dass eine »Ausstellung, die der Geschichte und dem Wirken eines einzigen Ordens gewidmet ist, der Rechtfertigung bedarf, wenn sie weder ein Jubiläum noch ein besonderes kirchliches oder politisches Ereignis zum Anlaß hat und sich nicht als bloße Touristenattraktion abtun lassen will«.

Im Grußwort des hier zu besprechenden Buches zur LVR-Ausstellung in Bonn schreibt *Milena Karabaic*, dass es »nach mehr als 35 Jahren an der Zeit war, das Thema erneut aufzugreifen«. Im Gegensatz zu 1980 beschränkt sich die »neue« Ausstellung und das dazu erschienene Schrifttum auf die Hochzeit des Ordens im hohen und späten Mittelalter und beabsichtigte dabei die zwischenzeitlich umfangreichen Forschungsleistungen zu berücksichtigen. Der sachliche Hintergrund und Anlass des Ausstellungs- und Buchprojekts bleiben allerdings unerwähnt.

Anders als das Aachener Projekt in 1980 betonte die »neue« Bonner Zisterzienserausstellung 2017/18 »die europäische Perspektive des Ordens«, allerdings nicht im geographischen, sondern politischen Verständnis des Wortes »Europa«, so dass es zu dem seltsamen Ausstellungs-, zugleich Buchtitel kam: »Das Europa der Klöster«. Dass die Zisterzienser ein abendländischer und europaweit engagierter Reformorden waren, ist allgemein bekannt und unbestritten. Dass die Weißen Mönche und Nonnen in ihren Kommunitäten hingegen Vorläufer der Idee eines geeinten Europas gewesen sind, ist Unsinn. Dennoch zieht sich diese Wunschvorstellung der Ausstellungsmacher durch die Veröffentlichung.

Wer sich in einem neuen Ausstellungs- und Buchprojekt mit den Zisterziensern des hohen und späten Mittelalters beschäftigt, dabei mit Recht auf die Reformideale der Anfangsjahrzehnte des Ordens zum Ende des 11. und im 12. Jh. aufmerksam macht – und was sich in den Worten »Einfachheit in Allem« zusammenfassen lässt – der sollte seine Besucher und Leser nicht mit schönsten Farbdarstellungen, aufwendig in Szene gesetzten Exponaten, Hochglanzfotos und Skizzen konfrontieren. Insbesondere als Leser wundert man sich über das hier zu besprechende prächtige und bunte Buch. So etwas erwartet man bei einem Renaissance- oder Barockthema, nicht jedoch beim Orden des Bernhard von Clairvaux, der Farbe, Bildnisse und Skulpturen aus den für die Öffentlichkeit nicht zugänglichen Zisterzienserkirchen verbannte. *Harald Wolter von dem Knesebeck*, einer der Herausgeber, schreibt in einem der insgesamt neun Essays selbst, das »strengste Innerlichkeit und Abgrenzung von der Welt für Bernhard als Mittel der Selbstheilung der Mönche und als Weg zu Gott galten« (S. 101). Terryl N. Kinder hat mit ihrem 1997 bzw. 2002 in drei Sprachen erschienenen Buch, »Die Welt der Zisterzienser«, ein gelungenes Gesamtkunstwerk über die mittelalterliche Welt der Mönche und Nonnen des Zisterzienserordens vorgelegt, dass in seiner schlichten Großartigkeit Maßstäbe aufzeigt. Wie kann man sich dem mittelalterlichen Reformorden der »Weißen Mönche« nähern? Wohl eher auf dem Weg der eleganten Schlichtheit,

anstatt, wie das der LVR mit seinem Bonner Projekt unternommen hat, mittels Farben, aufwendigem Styling und Design.

Im zu besprechenden Buch finden sich neun Aufsätze, in denen Ordensaspekte einleitend vorgestellt werden. In einer gewissen Kontinuität zu früheren generalisierenden Werken über den Zisterzienserorden werden in diesem Band keine aktuellen Forschungsfelder geöffnet, stattdessen traditionelle Themenüberschriften behandelt. *G. Mölich* stellt Dynamik, Expansion und Europa im hohen Mittelalter vor, *G. Melville* analysiert die Anfänge der Zisterzienser, *M. Thome* beschäftigt sich mit Architektur und Raumkonzepten des Ordens, und *Jens Rüffer* zeigt Aspekte des monastischen Alltags auf. *S. Seeberg* spürt der zisterziensischen Liturgie und deren Dinglichkeit nach, *N. Palmer* arbeitet in den mittelalterlichen Handschriften die Zisterzienser als Vorreiter der Schriftlichkeit heraus, *H.W. von dem Knesebeck* fragt nach dem Bild- und Kunstverständnis der Zisterzienser, *E. Jamroziak* geht den Netzwerken der Klöster in einem Beitrag, »Cistercians and the world«, nach und *C. Hillen* widmet sich dem zisterziensischen Wirtschaften. Jeder einzelne Aufsatz ist lese- und empfehlenswert, bringt jedoch wenig wirklich neue Ergebnisse.

Vier kurze Beiträge folgen, überschrieben mit, »aus der aktuellen Forschung«. Diese berichten über laufende oder kürzlich abgeschlossene Restaurierungs- oder Grabungsprojekte, die im weiteren Aufgabenumfeld des LVR realisiert wurden. Dabei informieren *U. Bergmann, K. Liebetrau* und *D. Oltrogge* über die Marienstatter

Tafeln und deren historischem Kontext, *S. Lepsky* über die Klausur des Klosters Altenberg bei Köln, *R. Karrenbrock* über die Abteikirche des ersten Zisterzienserklosters auf deutschem Boden, Kamp am Niederrhein, und deren in Resten erhaltene mittelalterliche Ausstattung sowie *R. Bergmann* über Grabungsprojekte von vier ehemaligen Grangien (landwirtschaftliche Großbetriebe) des Klosters Hardehausen.

Die Beschreibung und bildliche Darstellung der Ausstellungsobjekte finden sich auf den Seiten 175–298 in Katalogform. Jene Zisterzen, aus denen Gegenständliches gezeigt wurde, werden mit der geographischen Lage in Kurzporträts auf den Seiten 302–327 vorgestellt. Dabei sind ehemalige Klöster des Rheinlands und Nordwestdeutschlands mit Objekten in Besonderheit vertreten. Ob gewollt oder zufällig, die Ausstellungsmacher nehmen dadurch die beiden Entwicklungsstränge, in denen der Zisterzienserorden im Mittelalter ins deutschsprachige Gebiet expandierte, auf. Der Main bildete damals die Trennungslinie. Der nördliche Strang ging vom 1122 gegründeten Kamp aus und zog sich nach Osten. Der südliche Ast begann mit dem fränkischen Ebrach (1127) im Steigerwald. Aus dem südlichen Gebiet wurden in Ausstellung und Katalog lediglich das schwäbische Kaisheim (1133) und das Salzachkloster Raitenhaslach (1143) berücksichtigt. Sechs französische und zwei belgische Ordenshäuser, ein Schweizer, zwei italienische, zwei österreichische bzw. ungarische, zwei polnische, ein dänisches sowie finnisches Kloster fanden zudem Aufnahme in Ausstellung und Buch. Das

Literaturverzeichnis, die Übersicht der Leihgeber und der notwendige Bildnachweis schließen das opulente Werk ab.

Gefördert wurden Ausstellungsprojekt, das vorangegangene Kolloquium sowie die Druckfassung des Buches durch die NRW-Stiftung, Ernst von Siemens Kulturstiftung, Renate König Stiftung sowie die Fritz-Thyssen-Stiftung für Wissenschaftsförderung. Die Wilhelm-Dorow-Gesellschaft als Förderverein leistete weitere finanzielle Unterstützung.

München   Klaus Wollenberg

Franziskus Büll (Hg.), Magna Gratulatio – 1200 Jahre benediktinische Mönchsgemeinschaft von Münsterschwarzach 816–2016 *(Münsterschwarzacher Studien 55) Münsterschwarzach 2016, Vier-Türme-Verlag, 492 Seiten, Abbildungen in Farbe und SW, Register*

In der renommierten Buchreihe der Münsterschwarzacher Studien, in der zuletzt die Arbeiten von Elmar Hochholzer zum benediktinischen Mönchtum des 12. bis 17. Jahrhunderts (Bd. 48), von Erwin Muth über den Klosterchronisten Burkhard Bausch (Bd. 50), Patrick Melber über die Abteikirche und ihren Architekten Albert Boßlet (Bd. 53) und von Franz Höndgen über die Antiphonen des Münsterschwarzacher Stundengebets (Bd. 54) erschienen sind, legte nun Pater Franziskus Büll OSB den fast 500 Seiten starken, gut 700 Gramm schweren Jubiläumsband vor, der 22 fachlich ausgereifte Beiträge aus der Feder von 17 Autoren enthält.

Das Jahr 2016 stand ganz im Zeichen des Jubiläums zum 1200-jährigen Bestehen der Abtei in Münsterschwarzach. Das Datum bezieht sich auf die Stiftungsurkunde von 816 des Grafen Megingaud und seiner Gemahlin Imma. Die Mönchsgemeinschaft hatte zunächst ihr Kloster im (mittelfränkischen) Megingaudshausen am Laimbach, ehe sie 877 ins (unterfränkische) Münsterschwarzach wechselte, wo zuvor Nonnen ein karolingisches Kloster geführt hatten. So war es selbstverständlich, dass auch das Frauenkloster in das Jubiläum einbezogen wurde. Der bereits 2004 (!) verstorbene *Franz Staab* (Königin Fastrada, die dritte Gattin Karls des Großen, S. 15–21) und *Franziskus Büll* (Das Frauenkloster Münsterscharzach, S. 23–42) beschäftigten sich mit dem Nonnenkloster, das in der älteren Forschung marginalisiert wurde. Gleichzeitig wurde mit dem ergänzten Wiederabdruck dieses Beitrags aus der Feder des Herausgebers auf einen bereits 2014 erschienenen Beitrag im zweiten Band (Die benediktinischen Männer- und Nonnenklöster in Bayern) der Germania Benedictina verwiesen. Dieses neue gesamtbayerische Standard- und Referenzwerk zur Kloster- und Benediktinergeschichte kann übrigens an mehreren Stellen als Vorstudie zur »*Magna Gratulatio*« von 2016 angesprochen werden.

Carsten Woll (»Gold erblasst vor ihren Haaren«. Theodrada: Vom Königshof über den Ehestand zum Klosterleben, S. 43–94) schließt seinen Beitrag mit einem englischsprachigen Abstract, das man sich durchgängig bei allen Beiträgen gewünscht hätte. Es sind vor allem diese inhaltlich pointierten Abstracts, die zur überregionalen bzw. internationalen Rezeption unserer deutsch-

sprachigen landes- oder ortshistorischen Forschung beitragen. Für den konkreten Band sind sie auch deshalb unverzichtbar, da der Magna Gratulatio keine thesenhafte Schlusszusammenfassung zuteilwurde. Die Bedeutung des Beitrags von Carsten Woll liegt neben dem differenzierten Lebensbild der um 785 geborenen Gründerin des Frauenklosters – der vertiefte Blick auf die Lebensbeschreibung des Kaiserbiographen Einhard hat sich hier zweifelsohne gelohnt – auch in der Einbeziehung ihrer Nachfolgerinnen. Unter der letzten Äbtissin Bertha war der Niedergang des Frauenklosters schließlich nicht mehr abzuwenden; die Abtei war zur »Prekarienmasse« (S. 93) geworden.

Ortwin Feustel (Die Datierung einer frühmittelalterlichen Kirche anhand der Richtung des Kirchenschiffs, S. 95–112) geht den Gründen nach, warum das Münsterschwarzacher Kirchenschiff der Ost-West-Ausrichtung (Ostung) folgte. Feustel stellt seine Ergebnisse in einen komparatistisch erschlossenen europäischen Gesamtzusammenhang, u. a. durch eine Analyse von 45 Kirchen im Raum Wiener Neustadt. Feustel belegt die Sonnenaufgangstheorie. Die Ost-Ausrichtung nach dem tatsächlichen Sonnenaufgangspunkt am Namenstag des Titularheiligen spielte nicht nur in Münsterschwarzach eine Rolle, sondern ist für unzählige andere Gemeinde- oder Klosterkirchen nachgewiesen.

Bandherausgeber *Franziskus Büll* (S. 113–143) beschäftigt sich in seinem zweiten Beitrag mit der Gründung der Benediktinerabtei Megingaudshausen von 816 und ihrem ersten Abt Benedikt. Auch dieser Beitrag ist eine Zweitveröffentlichung aus dem Bayernband der Germania Benedictina, rundet aber das inhaltliche Tableau sehr gut ab. Gemäß dem Gliederungsschema der Germania Benedictina wird dabei nicht nur ein historisch politischer Überblick gegeben, sondern es werden auch die frühen wirtschaftlichen, rechtlichen, sozialen und kulturellen (Bibliotheksgeschichte) Verhältnisse im Lichte der Quellen analysiert. *Franziskus Büll* und *Justus Finkel* (Benedikt von Aniane und die Beschlüsse des Aachener Konzils im Jahre 816, S. 145–159) beschäftigen sich in einem leider sehr kurz geratenen Beitrag mit den Auswirkungen der »Renovatio imperii Francorum« unter Ludwig dem Frommen auf das abendländische Mönchtum. »Wo befand sich die Walter-Egbert-Basilika von Münsterschwarzach?«; dieser Frage geht *Franziskus Büll* (S. 161–189) in einem weiteren Beitrag nach. Jetzt bekommt der Leser endlich auch Bilder zu sehen – die Bebilderung ist insgesamt für einen Jubiläumsband sparsam ausgefallen –, die für die Lokalisierung unverzichtbar sind. Die Interpretationen stützen sich mitunter auf die frühromanischen Kirchenfundamente, die 1938 beim Bau der neuen Abteikirche Albert Boßlets freigelegt wurden.

Erwin Muth (Das Sandsteinrelief in Großbirkach und die Frühgeschichte der Abtei Münsterschwarzach, S. 191–207) ist der erste Beitrag, der sich auch mit dem Klosterterritorium und den zugehörigen Pfarreien beschäftigt. Die Übersichtskarte (S. 201) nimmt auch den ortsunkundigen Leser an die Hand, um die reiche Ausstattung der Pfarreikirche an einem Schnitt-

punkt alter Fernstraßen zwischen Würzburg und Bamberg zu erklären. Der siebte Beitrag (Münsterscharzach, Ort außergewöhnlicher Heilungen, S. 209–212) aus der Feder des Herausgebers fokussiert Wallfahrtsgelübde, Gnadenbilder und Bittprozessionen im Klosterland. *Susanne Nitschel* (Die Wallfahrtskirche Maria de Rosario in Dimbach, S. 217–232) setzt die etwas disparate Mischung –Themenkapitel hätten hier Abhilfe geschaffen – der Festschrift fort. Es geht um den Kirchenbau in einem Ort, der vom 13. Jahrhundert bis zur Säkularisation zum Kloster steuerte. *Erwin Muth* (Erbhuldigung und Landeshuldigung in der Abtei, S. 233–251) trägt bei, die von der neueren Geschichtsforschung herausgestellte Bedeutung zeremonieller und symbolischer Riten für die Klostergeschichte nutzbar zu machen. Bei der Erbhuldigung des Jahres 1718 wurden einfach unter freiem Himmel als Kulisse drei Stühle aufgestellt, »auf denen in der Mitte Abt Januarius, rechts P. Amandus Samhaber und links P. Heinrich Gradler Platz nahmen.« (S. 245). Der renommierte Kunsthistoriker *Erich Schneider* (Der barocke Neubau des Klosters Münsterscharzach, 1696–1725, S. 253–274) interpretiert erneut die verschiedenen Bauphasen, den Anteil der Bauplaner und –meister (Valentino Pezzani, Joseph Greissing) in der klösterlichen Baupolitik des 17. und 18. Jahrhunderts. Warum beinahe in jedem der Einzelbeiträge der Festschrift auch »Münsterschwarzach« genannt werden musste bleibt dem Leser hier und des Öfteren allerdings verschlossen. »Szenen aus der Frühgeschichte der wiedererrichteten Abtei«, S. 275–295) inszeniert *Johannes*

Mahr für die Zeit der Patres Plazidus Vogel und Basilius Konrad. Problem war hierbei, dass es nur von ganz wenigen Mönchen der alten Abtei genaue Klostereintritts- und Lebensdaten gibt. So weicht der Autor auf das Mönchtum des 20. Jahrhunderts aus, das sich u.a. in den Missionsgebieten Koreas und Deutsch-Ostafrikas engagierte. Die Missionstätigkeit von Pater Xaver Hasler (1882–1952) stellt *Lambert Dörr* vor. Der bärtige Mönch aus Münsterschwarzach (Bild, S. 298) christianisierte und missionierte im Auftrag der Benediktiner im südwestlichen Tansania, das in zeitgenössischen Karten als »Ungoni« eingetragen war.

Elmar Hochholzer stellt eine der zentralen Quellen zur Klostergeschichte vor, den Nachlass Pater Kassius Hallingers (1911–1991). Der 1911 in Gernsheim als Josef Hallinger geborene Metzgerssohn zählte nach seinem Klostereintritt zu den bedeutendsten Schriftgelehrten Münsterschwarzachs, der aufgrund seiner vielen Reisen und Engagements an der Ordenshochschule San Anselmo in Rom sehr präsent war. Hallinger fertigte u.a. für die Klostergeschichte wichtige Abschriften und Bilder aus dem Würzburger Ordinariatsarchiv, deren Originale 1945 verbrannt sind. Sein Nachlass ergänzt so manchen Archivverlust des Zweiten Weltkriegs. *Friedrich-Christoph von Saldern* (Als verwundeter deutscher Soldat im Neurolgischen Lazarett Münsterscharzach, S. 385–387) schrieb eine Miszelle zum Jahr 1945, als im Kloster ein Lazarett für schwerst verletzte deutsche Soldaten eingerichtet war.

Den Jubiläumsband schließen dann die theologisch orientierten Beiträge von *Placidus Berger* (Die Rezeption der Liturgiereform des 2. Vatikanischen Konzils, S. 389–462) und von Erfolgsautor *Anselm Grün* (Unser Missionsauftrag heute, S. 463–470). Pater Anselm Grün zeigt dabei am Ende des Bandes auf, wie wichtig es für ein lebendiges Kloster ist, die Zeichen der Zeit richtig umzusetzen. So profitierte Münsterschwarzach im 19. und beginnenden 20. Jahrhundert von der Missionsbegeisterung, in Afrika und Asien Heiden zum christlichen Glauben zu bekehren. Heute stellt sich der Missionsauftrag dagegen in einer weitgehend säkularisierten Welt gänzlich anders dar. Es geht um nichts weniger als die Verkündung des Evangeliums und der christlichen Botschaft in der ganzen Welt. Möge die mit einem Orts- und Personenregister gut ausgestattete »*Magna Gratulatio*« auch überall dort gelesen werden, wo die christliche Botschaft noch eine Münsterschwarzacher Handschrift trägt.

Erlangen   Wolfgang Wüst

Tobias Appl/Manfred Knedlik (Hg.), Oberpfälzer Klosterlandschaft. Die Klöster, Stifte und Kollegien der Oberen Pfalz *(Beiträge zur Geschichte und Kultur der Oberpfalz, hg. von der Kultur- und Heimatpflege des Bezirks Oberpfalz 2), Regensburg 2016, Friedrich Pustet, 327 Seiten, zahlr. Abbildungen.*

Es war mir eine rechte Freude, als ich dieses so schön ausgestattete, reich und aussagekräftig bebilderte Buch in der Hand hielt. In den 1970er Jahren habe ich fast alle der nun in dem vorliegenden Buch behandelten Klöster besucht, und ich wunderte mich, warum dieser geschichtlich und kunstgeschichtlich, konfessionsgeschichtlich und wirtschaftsgeschichtlich, nicht zuletzt kulturlandschaftlich so überreiche Raum einen so vergessenen Eindruck machte. Das hat sich allmählich geändert.

Das höchst verdienstvolle, vom Bezirksheimatpfleger der Oberpfalz, Tobias Appl, und dem Bibliothekar des traditionsreichen Historischen Vereins in Regensburg, Manfred Knedlik, herausgegebene Werk zieht eine Art Bilanz der Forschungslage. Der betrachtete Raum ist die Oberpfalz, wie sie bis zu den territorialen Umbrüchen der napoleonischen Zeit bestand. Deshalb ist das klösterreiche Regensburg nicht berücksichtigt, und deshalb fehlt auch die kleine Benediktinerabtei Frauenzell, obgleich sie zum heutigen Regierungsbezirk gehören, ebenso wie die Benediktinerabtei Plankstetten, die aber einst im Hochstift Eichstätt lag. Auch sieht die Oberpfalz von 1500 territorial anders aus als jene um 1770. Zwei Karten (S. 12 f.) stellen dies gut dar. Im Band werden alle auf den Karten abgebildeten Klöster, Stifte und Kollegien behandelt, jedoch nicht in einer handbuchartigen Darstellung; Prinzip ist, die einzelnen Häuser jeweils unterschiedliche Aspekte Klostergeschichte repräsentieren zu lassen. Aus diesem Grund seien die einzelnen Beiträge im Rahmen dieser Rezension genannt: Der Amberger Archivar *Erwin Stoiber* berichtet über den im Staatsarchiv Amberg bewahrten reichen Schatz von Quellen, die hinabreichen bis zu den mittelalterlichen Gründungsurkunden einzelner Klöster. Angesichts dieses Bestandes ist es verwunderlich, dass die Forschungslage zu den Klöstern der Oberpfalz

immer noch nicht besonders gut ist. *Klaus Unterburger* beschäftigt sich mit Richtungskämpfen innerhalb des Benediktinerkonvents von Weißenohe am Vorabend der Säkularisation, *Bernhard Lübbers* mit der Benediktinerabtei Kastl im 14. Jahrhundert, *Katja Putzer* mit der Bibliothek des Benediktinerklosters Reichenbach, *Martin Ott* mit der wissenschaftlich bedeutenden Persönlichkeit von Anselm Desing von Ensdorf. *Thomas Appl* schildert die Wiedererneuerung der Benediktinerabtei Michelfeld im 15. Jahrhundert. *Dominikus Kaufner* berichtet über die heute vergessene, seit dem Mittelalter zum Benediktinerstift St. Emmeram in Regenburg gehörige Propstei Böhmischbruck, *Christian Kaufner* über das älteste Kopialbuch der Zisterzienserabtei Waldsassen, *Manuela Daschner* über die mittelalterlichen Besitzungen der Zisterzienserabtei Walderbach. *Stephan Benz* arbeitet am Beispiel des Zisterzienserinnenklosters Seligenporten die Funktion eines Gedenk- und Gedächtnisortes heraus. *Bernhard Fuchs* geht dem Schicksal der Prämonstratenserabtei Speinshart in der Reformationszeit auf den Grund; *Fritz Präger* behandelt das mittelalterliche Heilig-Geist-Spital in Neumarkt. *Georg Schrott* thematisiert den Wissenschaftsbetrieb in den vormodernen Klöstern der Oberpfalz, und der Prämonstratenser *Ulrich Leinsle* befasst sich mit den Disputationen im Rahmen der klösterlichen Studien.

Die bisher genannten Beiträge beschäftigen sich alle mit Häusern, die bereits im Mittelalter bestanden und bilden den ersten Abschnitt des Bandes. Im zweiten Abschnitt geht es um die spätmittelalterli-

chen Neugründungen der Bettelorden und
der Birgitten: Dominikanerinnenklöster
Schwarzhofen (*Stefan Benz*), Engelthal
(*Matthias Binder*), Augustinereremiten-
konvent Schönthal (*Alois Schmid*), Fran-
ziskanerkloster Amberg (*Christine Grieb*),
Franziskanerkloster Möninger Berg (*Frank
Präger*), Birgittenkloster Gnadenberg
(*Sandra Frauenknecht*).

Der dritte Abschnitt widmet sich den
Niederlassungen der Reformorden in der
frühen Neuzeit. Für Amberg beschreibt
Karl Hausberger die einst so reiche Klosterlandschaft und *Johann Gruber* widmet
sich der Franziskaner-Wallfahrt auf dem
Mariahilfberg, *Lorenz Zellner* dem Fran-
ziskanerkonvent in Freystadt. *Manfred
Knedlick* untersucht die Franziskanerbi-
bliothek in Kemnath, *Klaus Unterburger* die
seelsorgerische Tätigkeit der Franziskaner
von Neunburg v. W. im Zeichen von Gegenreformation und katholischer Reform.
Josef Bauer fokussiert den gleichen Aspekt
im Fall der Franziskaner von Pfreimd.
Die Paulaner von Amberg sind das Thema
von *Johannes Laschinger*, die Kapuziner in
Neumarkt behandelt *Franz Präger*. *Johannes Kirchinger* schließlich analysiert den
Konflikt zwischen Kapuzinern und Protestanten in Sulzbürg und Pyrbaum in den
Jahrzehnten vor der Säkularisation.

Im 19. Jahrhundert wurden einige der
in der Säkularisation untergegangenen
Klöster wieder besiedelt; sie befinden sich
heute wegen Nachwuchsmangel wieder in
einer kritischen Situation. Die erfreulichen
Ausnahmen Waldsassen und Speinshart
bestätigen die Regel.

Passau   EGON JOHANNES GREIPL

VOLKER WAPPMANN, Regensburger
Pfarrerbuch. Die evangelischen Geist-
lichen der Reichsstadt 1542 bis 1810
(*Arbeiten zur Kirchengeschichte Bayerns,
Fortsetzung von »Einzelarbeiten aus der Kir-
chengeschichte Bayerns« Bd. 1–83, Bd. 96*),
*Neustadt/Aisch 2017, Schmidt, 335 S. zahlr.
Abbildungen*

Mit dem vorliegenden Pfarrerbuch der
Freien Reichsstadt Regensburg für die Zeit
von 1542, der Einführung der Reformation,
bis zum Übergang Regensburgs an das Königreich Bayern im Jahr 1810 soll eine Lük-
ke in der Erforschung der Pfarrerschaft der
heutigen bayerischen evangelischen Landeskirche geschlossen werden. Das vorliegende Werk kann auf eine annähernd acht-
zigjährige Genese zurückblicken, in der
mehrere Personen mit unterschiedlichen
Konzeptionen zum Teil nebeneinander und
zum Teil auch in Konkurrenz zueinander
gearbeitet haben. Der Aufbau des vorliegenden Werkes folgt im Wesentlichen der
Konzeption des ehemaligen Regensburger
Religionslehrers und Pfarrers Karl Graß,
der in den 70er Jahren des 20. Jahrhunderts
an einem eigenen Pfarrerbuch Regensburgs
gearbeitet hat. Dementsprechend werden
Biographie und Bibliographie der jeweiligen Pfarrer mit dem Ziel zusammengeführt, eine Einführung in Leben und Werk
der einzelnen Amtsinhaber zu bieten.

In einer knapp gehaltenen historischen
Einleitung (S. 43–55) wird die Situation der
evangelischen Kirche in Regensburg von
1542 bis 1810 in Grundzügen dargestellt,
wobei eigenartiger Weise auf die »eher
verhaltene Gestalt« des Regensburger
Protestantismus neben Bischof und Fürst –

wieso Fürst? – abgehoben wird. Eigentlich könnte man in einem Regensburger Pfarrerbuch eher eine Hervorhebung der Rolle des Protestantismus in Regensburg als eine Klage über eine Vernachlässigung der protestantischen Phase in der Stadtgeschichtsforschung gegenüber der katholischen Seite erwarten. Vielleicht hätte zur Betonung der Bedeutung des Protestantismus in Regensburg und der Hervorhebung der Rolle der evangelischen Kirche Regensburgs im Protestantismus insgesamt das Kapitel über das evangelische Regensburg in der vom Rezensenten herausgegebenen Geschichte der Stadt Regensburg (S. 845–862) durchaus dienlich sein können, auch wenn es der Autor (S. 43) gegenüber der ausgiebigen Darstellung von Bischöfen, Reichsstiften, Klöstern und Kommenden als zu knapp empfindet. Hilfreich für eine positivere Sicht der Verhältnisse hätte vielleicht auch ein Blick in »Spindler, Handbuch der bayerischen Geschichte, Bd. III/3« oder in »Die Territorien des Reichs im Zeitalter der Reformation und Konfessionalisierung, Bd. 6: Nachträge« sein können. Warum ein gewisses Defizit in der Erforschung der evangelischen Kirchengeschichte Regensburgs zweifellos besteht und beklagt wird, kann hier nicht geklärt, sondern lediglich festgehalten werden. Das vorliegende Buch könnte jedenfalls einen Anstoß für weitere Untersuchungen geben und zum Abbau dieses Defizits anregen.

Den personenbezogenen Hauptteil der Arbeit eröffnet das Verzeichnis der geistlichen Mitglieder – warum nur diese? – des 1545 vom Rat der Stadt als Gerichtsinstanz für Ehe- und Familienrechtsfragen ein-

gerichteten Konsistoriums. Dabei werden 23 Superintendenten, 30 Senioren und 38 Consenioren mit ihren Amtsjahren und ihrer Herkunft bis zum Übergang der Stadt an Bayern aufgeführt. Weitere Angaben zu den aufgelisteten Personen finden sich bei den jeweiligen Biogrammen. Den Hauptteil der Arbeit stellen die 160 in alphabetischer Reihenfolge angeordneten Biogramme der Regensburger Pfarrer von 1542 bis 1810 (S. 61–222) dar. Der Aufbau der einzelnen Artikel erfolgt schematisch: Kurzen biographischen Angaben schließen sich genealogische Hinweise an, die die familiäre und soziale Einbindung der einzelnen Pfarrer sichtbar werden lassen. Angaben von historischen Quellen und von Sekundärliteratur sollen Hinweise für weitere Untersuchungen geben. Verzeichnisse von vorhandenen Porträts der jeweiligen Pfarrer lassen Rückschlüsse auf ihren Bekanntheitsgrad und ihre Bedeutung zu. Ein Werkeverzeichnis soll die theologische Verortung der jeweiligen Pfarrer offenlegen. Je nach Bedeutung und Bekanntheitsgrad der einzelnen Pfarrer fallen die Einträge naturgemäß höchst unterschiedlich hinsichtlich ihres Umfangs aus. Besonders ausführlich sind mit gutem Grund beispielsweise die Beiträge zu Nikolaus Gallus, Erasmus Gruber, Thomas Hopfer, Salomon Lentz, Zacharias Praetorius, Bartholomäus Rosinus, Jakob Christian Schäf(f)er, Martin Schalling(ius), Georg Serpilius, Johann Heinrich Ursinus, Wolfgang Waldner und Philipp Ehrenreich Wider gestaltet. Personen- und Ortsregister dienen zur Erschließung der Biogramme.

Abgeschlossen wird das Werk (S. 307–335) durch die Wiedergabe von 57 Porträts der evangelischen Geistlichen, die Eingang in das »Liber Memoriae« (EKAR 56) gefunden haben. Nicht wiedergegeben, aber dankenswerterweise quellenmäßig nachgewiesen (S. 37–40) sind 63 Porträt-Stiche aus EKAR 56 und EKAR 57.

Zum vorliegenden Buch haben Friedrich Käppel, Karl Graß, Günter Schlichting und Georg Kuhr umfangreiche Vorarbeiten geleistet, indem sie die einschlägigen Quellenbestände der Bayerischen Staatsbibliothek München, des Landeskirchlichen Archivs Nürnberg, des Evangelischen Kirchenarchivs Regensburg mit der Nikolaus-Gallus-Bibliothek, des Stadtarchivs Regensburg und des Archivs und der Bibliothek des Historischen Vereins für Oberpfalz und Regensburg sowie der Staatlichen Bibliothek Regensburg ausgewertet haben. Volker Wappmann hat auf der Grundlage dieser Vorarbeiten ein Nachschlagewerk vorgelegt, das für die evangelische Kirche der Reichsstadt Regensburg von grundlegender Bedeutung ist und auch dem selbst erhobenen Anspruch gerecht wird, eine Forschungslücke in der Geschichte der heutigen bayerischen Landeskirche zu schließen.

Sinzing   PETER SCHMID

Hingeht die Zeit, herkommt der Todt. 500 Jahre Johannis- und Rochusfriedhof. Katalog zur gleichnamigen Ausstellung des Stadtarchivs Nürnberg vom 25. Oktober 2018 bis zum 8. März 2019 *(Ausstellungskataloge des Stadtarchivs Nürnberg 26, hg. v. Michael Diefenbacher und Antonia Landois), Nürnberg 2018, Verlagsdruckerei Schmidt, 173 Seiten, zahlreiche Abbildungen.*

Die schon wegen ihrer einzigartigen Gestaltung mit Liegesteinen aus Sandstein und Bronzeepitaphien berühmten Nürnberger Friedhöfe St. Johannis und St. Rochus dürfen mit der dreibändigen Edition ihrer Inschriften bis zum Jahr 1650 durch Peter Zahn als außergewöhnlich gut erforscht gelten. Trotzdem gelingt es den Autoren des vorliegenden Katalogs, durch aktuelle Forschungsergebnisse und andere Fragestellungen sowie die Berücksichtigung der Entwicklungen bis in die Gegenwart neue Erkenntnisse zu gewinnen. Vor 500 Jahren – im Jahr 1518 – ordnete Kaiser Maximilian die Verlagerung der Nürnberger Begräbnisstätten vor die Stadtmauern an, einen weiteren Anlaß zur Ausstellung bildete die Aufnahme der Epitaphienkultur dieser Friedhöfe in das Bayerische Landesverzeichnis des immateriellen Kulturerbes.

Antonia Landois erarbeitet einen Überblick der Geschichte der Friedhöfe, die sich um Siechkobel vor der Stadt entwickelten. Mit *Helge Weingärtner* untersucht sie die Ausbildung ihrer historischen Topographie. Dieser behandelt die rechtlichen Fragen um die Belegung der Grabstätten, *Ulrike Swoboda* stellt die verschiedenen Grabformen, darunter die Sonderform der Gesellengräber des Handwerks vor. *Landois* untersucht die Organisation des Begräbniswesens der Reichsstadt und das Personal des Grabstättenamts. Die Epitaphienkunst auf den Friedhöfen würdigt *Claudia Maué*. Auch Kriminalfälle wie der immer wieder vorkommende Epitaphiendiebstahl und ein Mordfall werden vorgestellt.

Der ebenfalls mit instruktiven Abbildungen versehene Katalogteil umfasst 56

Nummern. Die Ausstellung zeigt Pläne, Mandate, ausgewählte Dokumente wie Grabbriefe, Angaben zu den Kosten der Beisetzungen in verschiedenen Klassen, Entwürfe für Grabdenkmäler und Epitaphien und Beispiele herausragender Epitaphien. Insgesamt entsteht eine wertvolle Dokumentation zur Entwicklung der Friedhöfe, zur Sozialgeschichte über den Nachweis der Belegungen der Grabstätten wie zu ihrer künstlerischen Gestaltung. Der Band sollte auch dazu anregen, die vorhandenen Epitaphien zu bewahren und die künstlerische Auseinandersetzung mit dieser Kunstform in der spezifischen Nürnberger Tradition fortzusetzen.

München   DIETER J. WEISS

CHRISTINE EGGER, Transnationale Biographien. Die Missionsbenediktiner von St. Ottilien in Tanganjika 1922–1965, *Köln 2016, Böhlau, 396 Seiten, 19 Abbildungen*

In diesem Buch geht es um die Afrikamission (ehem. Deutsch-Ostafrika, heute Tanganjika/Tansania) der vor allem bayerischen Benediktiner, ihre Motive und Methoden, den Zusammenhang mit der Kolonialpolitik des wilhelminischen Reiches und das weitere Schicksal dieser Mission nach dem Ersten Weltkrieg bis zu ihrem Ende in den 1960er Jahren. Zunächst erläutert die Autorin ihre Fragestellung, ihren methodischen Ansatz und den Forschungsstand. Dann geht sie ausführlich ein auf den imperialistischen Griff Europas nach dem rohstoffreichen Afrika und die parallelen kolonialen Missionen. Im dritten Kapitel schildert sie die von dem Schweizer Benediktiner P. Andreas Amrhein,

einer letztlich tragischen Figur ausgehende Gründung des Klosters St. Ottilien am Ammersee, das sich zur Erzabtei und weltweiten Zentrale der Missionsbenediktiner entwickeln sollte. Im Hauptteil behandelt Egger den eigentlichen Untersuchungszeitraum 1922–1965. Dabei wählt sie eine biographische Methode und versucht, aus den Personalakten, aus der reichen Literatur und aus zahlreichen Interviews mit Zeitzeugen die allgemeinen Merkmale, sozusagen den Prototyp des benediktinischen Afrikamissionars in der ersten Hälfte des 20. Jahrhunderts, herauszuarbeiten. Hierzu wertet sie die Unterlagen zu jenen knapp vierhundert Ordensangehörigen aus der Schweiz, Deutschland und den USA aus, die zwischen 1922 und 1965 in Tanganjika wirkten. Kriterien sind nationale, regionale Herkunft, familiärer und sozialer Hintergrund, Bildung und Ausbildung, Militärdienst, Motive zum Klostereintritt und Klosterlaufbahn, Tätigkeit in der Mission, Umstände der Beendigung der Missionstätigkeit.

Diesem allgemeinen Befund sind dann sechs konkrete Biographien gegenübergestellt, die jeweils einen bestimmten Typus des benediktinischen Ostafrikamissionars repräsentieren: Bruder Nikolaus Fuchs (Landwirt), der Schweizer Missionar P. Eduard Wildhaber, der Niederbayer P. Severin Hofbauer (Lehrer), der Unterfranke Bruder Simeon Rummel (Handwerker), der US-Amerikaner P. Dr. Benedict Kominiak (Seelsorger) und schließlich, als einer der ersten Einheimischen unter den Missionsbenediktinern, Bruder Bonaventura Malibiche. Erfreulich ist, dass nicht nur die hoch professionelle, effiziente Öffentlichkeitsarbeit und Werbung um Unterstützung für die Mission – Zeitschriften, Vortragstätigkeit und mediale Präsenz in Rundfunk und Fernsehen – zur Sprache kommen, sondern auch die monumentalen Klosteranlagen und die kunstgeschichtlich bemerkenswerten Klosterkirchen gewürdigt werden: St. Ottilien (Herz Jesu, neugotisch, 1897/99 von Hans Schurr), Schweiklberg (Hl. Dreifaltigkeit, Jugendstil, 1909/25 von Michael Kurz), Münsterschwarzach (Christ-Erlöser, neuromanisch, 1935/38 von Michael Boßlet) und natürlich die Kirchen im Missionsgebiet, vor allem die Abteikirchen von Peramiho und Ndana, die in den 1940er Jahren in deutlicher Anlehnung an Münsterschwarzach entstanden sind. Sachzeugnisse der Missionstätigkeit präsentiert das Spezialmuseum in St. Ottilien, das übrigens in letzter Zeit modernen museologischen Anforderungen angepasst wurde.

Reichen Tribut zollt die Autorin den aktuellen Modebegriffen der Geschichtswissenschaft, den »Narrativen«, den »Netzwerken«, »Akteuren« und »Räumen« aller Art, den »kollektiven Biographien« und der »Transnationalität«. Offenbar ist ihr entgangen, dass Transnationalität ein Phänomen aller historischer Epochen ist, wie in unüberschaubarer Menge die Biographien von Handwerkern, Künstlern, Wissenschaftlern und Kriegern zeigen. Im Übermaß huldigt Christine Egger leider der Ideologie des Genderismus, der die Sprache schindet und, angewandt bei der Darstellung vergangener Verhältnisse, geradezu grotesk wirkt. Eine kleine Kostprobe: »Missionarinnen und Missionare gehören zu den Protagonistinnen und Protagonisten in der langen Geschichte der Transnationalisierung und Globalisierung« (S. 14). Die Autorin hat die Überlieferung in den Archiven der Erzabtei St. Ottilien, der Abteien Schweiklberg und Münsterschwarzach, vor allem auch in den afrikanischen Abteien Peramiho und Ndana, das Bundesarchiv und das Politische Archiv der Auswärtigen Amtes ausgewertet. Lohnend wäre es sicher gewesen, auch das Vatikanische Archiv (Bestand Nuntiatur München, einschlägig für die Zeit bis nach dem Ersten Weltkrieg) und vor allem das Archiv der Propagandakongregation in Rom zu konsultieren.

Trotz dieser Vorbehalte ist diese fleißige Arbeit das Standardwerk zur Geschichte der Afrikamission der Benediktiner geworden. Übrigens: Das Buch erscheint zu einer Zeit, in der in manch bayerischer Pfarrei schwarze Priester am Altar stehen, die aus dem ehemaligen Missionsgebiet stammen und sich fragen, ob in der Gesellschaft der Bundesrepublik Deutschland das Christentum überhaupt noch eine Heimat hat.

Passau   EGON JOHANNES GREIPL

VI. Kunst, Kultur, Bildung

LUDGER GRENZMANN/BURKHARD HASEBRINK/FRANZ REXROTH (Hg.), Geschichtsentwürfe und Identitätsbildung am Übergang zur Neuzeit, Bd. 1: Paradigmen personaler Identität (*Abhandlungen der Akademie der Wissenschaften zu Göt-*

tingen NF 41/1), Berlin 2016, de Gruyter GmbH, 336 Seiten.

Der Renaissancehumanismus war der Geburtshelfer der Neuzeit. Auf dem europäischen Kontinent beförderte er mit einem kräftigen Entwicklungsschub die Entstehung der Nationen. Eines der wirkungsvollsten Hilfsmittel dabei war die Historiographie. Herfried Münkler (Nationenbildung, 1998) hat diesen Vorgang für Italien und Deutschland in Grundzügen deutlich gemacht. Er konnte zeigen, wie hier Strömungen der Geistes- und Kulturgeschichte politisch wirksam wurden. Der in dieser Akzentuierung neue Ansatz der jüngsten Humanismusforschung wurde von der Göttinger Akademie der Wissenschaften zum Hauptthema einer Serie von Fachtagungen gemacht, die den Vergangenheitsentwürfen von Individuen, sozialen Gruppen und Großverbänden gewidmet waren. Leitfrage war der Beitrag »ganz unterschiedlicher literarischer Formen der Auseinandersetzung mit der Vergangenheit zur Konstruktion, Bewahrung und Modifikation personaler und gruppenbezogener Identitäten« (S. V). Damit wurde die Bedeutung des Humanismus mit der Entwicklung historischer Denkmodelle und zeittypischer Repräsentationsformen für die Praxis der Identitätsbildung angesprochen.

Der anzuzeigende Sammelband bietet die erste Hälfte der im Rahmen dieses Akademievorhabens erarbeiteten Beiträge zu dieser breit angelegten Gesamtthematik. Sie sind aus den Tagungen der Jahre 2010 und 2011 erwachsen. Eine erste Gruppe war den »gattungs- und medienhistorischen Voraussetzungen für die Repräsentation des Vergangenen« gewidmet. Die zweite Staffel ging der Frage der »Bedeutung der Geschichtsentwürfe für die Konstitution personaler Identitäten« nach. Die elf Beiträge sind von entscheidenden Fachvertretern abgefasst. Durchwegs sind die Redebeiträge zu profunden Untersuchungen ausgearbeitet. Sie bringen die entscheidenden Kernprobleme zur substanziellen Behandlung: die Frage nach dem Entstehen der Vorstellung vom Mittelalter (*Markus Völkel*), des allmählichen Abrückens von der Heilsgeschichte (*Matthias Pohlig*), dem Medienwandel durch den aufkommenden Buchdruck (*Adolf Schirrmeister*), dem Einsatz des Bildes (*Henrike Manuwald*) und der Verbindung zur Kunst überhaupt (*Thomas Noll*). Diesen Grundfragen der Weltsicht und medialen Vermittlung stellt die zweite Hälfte des Bandes an Einzelpersonen gebundene konkrete Vergangenheitsbilder gegenüber. Mit Recht werden die Heroen Alexander der Große (*Hartmut Bleumer*) und Achilles (*Almut Schneider*) als historische Lieblingsfiguren der aufsteigenden Biographik hervorgehoben. Ein Korrelat ist die aufkommende Autobiographik (*Karl Enenkel*). Aber auch außerhalb dieser zeittypischen Gattungen werden Selbstzeugnisse in schriftlicher Form und sozialer Praxis (*Gebriele Jancke*) vielfach fassbar. *Berndt Hamm* macht das Spannungsfeld des personale Identität anstrebenden Einzelmenschen angesichts der nach wie vor geglaubten dominierenden Gegenwart Gottes im »iudicium particulare« deutlich. Ein vergleichbares Grundproblem im Verhältnis von Individuum und Gesellschaft begründete der aufkommende Virtuosenkult, den *Jürgen Heidrick* am Beispiel des Salzburger Organisten Paul Hofhaimer aufzeigt. Diese elf Beiträge sind thematisch treffend platziert und werfen sicher in jedem Fall erhellende Schlaglichter auf die Gesamtthematik. Sie stellen einen weiterführenden Beitrag zur aktuellen, an Intensität zurückgehenden Humanismusforschung in Deutschland dar. Dankenswerterweise verleiht ihr eine Akademie neue Impulse. Mit dem gewählten bildungssozialgeschichtlichen Schwerpunkt hat sie einen dem Rang der Institution angemessenen Zugang gewählt, den der bereits im Vorwort angeschlagene anspruchsvollvolle Sprachduktus weiter unterstreicht.

Dieser Teilband bietet die erste Hälfte der geplanten Tagungsveröffentlichung; der zweite Teilband mit der Betrachtung der einschlägigen Sozialobjekte soll rasch folgen. Er wird den Blick ausgehend von Klöstern und Städten in sich öffnenden Kreisen bis auf »die sozialen Großaggregate« der Nationen und Konfessionen weiten. Besonderes Interesse verdient sicher die Frage nach den Nationen, die sich bereits in den Veröffentlichungen der zurückliegenden Jahre immer mehr als ein Kernproblem herauskristallisiert hat. Die für die Thematik gewiss nicht unwichtigen bayerischen Historiographen sahen sich hier jedenfalls vor Schwierigkeiten gestellt. Sie sahen sich zur Unterscheidung einer »großen Nation der Deutschen« und einer »kleinen Nation der Bayern« veranlasst. Wird die komparatistische Betrachtung parallele Deutungsmuster zu Tage bringen?

Man darf den Fortsetzungsband mit Spannung erwarten.

Obergoßzell   Alois Schmid

Regina Dauser/Peter Fassl/Lothar Schilling (Hg.), Wissenszirkulation auf dem Land vor der Industrialisierung *(Documenta Augustana 26), Augsburg 2016, Wißner, 260 Seiten.*

Der hier anzuzeigende Sammelband zeigt eindrücklich, welch anregende Erkenntnisse durch eine Disziplinen übergreifende Zusammenarbeit gewonnen werden können. In diesem Fall bündeln die Herausgeber Regina Dauser, Peter Fassl und Lothar Schilling Aufsätze von Historikern, Ethnologen, Sprachwissenschaftlern und Biologen, die im deutschsprachigen Raum an Universitäten, in Archiven, Museen oder der Ortsheimatpflege tätig sind. Sie alle bewegt die Frage nach Entstehung und Verbreitung von Wissensbeständen in ländlichen Räumen in der Frühen Neuzeit, für die vor einigen Jahren unter anderem Katharina Masel mit einer Studie über »Volksaufklärung und Kalender« wichtige Grundlagen geschaffen hat. Dieser Frage war dann eine Tagung der Schwabenakademie Irsee im September 2013, als deren Veranstalter der Lehrstuhl für Geschichte der Frühen Neuzeit der Universität Augsburg und der Bezirk Schwaben verantwortlich zeichneten, gewidmet. 16 der 23 Beiträge dieser Tagung finden sich in diesem Band wieder, eingerahmt von einer überaus hilfreichen Einleitung des Herausgeber-Trios sowie einem Schlusskommentar. Gerne hätte der interessierte Leser dabei auch Tagungsbeiträge der weiteren Referenten im Sammelband gefunden, wie die Überlegungen von Annerose Menninger zu »Konsuminnovationen auf dem Land« oder von Eva Brugger zur »Wissensgeschichte der Wallfahrtspraxis im 18. Jahrhundert«. (Siehe hierzu den Tagungsbericht: Wissenszirkulation auf dem Land vor der Industrialisierung, 26.09.2013 – 28.09.2013 Irsee, in: H-Soz-Kult, 11.01.2014, <www.hsozkult.de/conferencereport/id/tagungsberichte–5180> (zuletzt aufgerufen im September 2017).

Mit dem vorliegenden Band ergänzen die Herausgeber der Reihe Documenta Augustana die Forschungen in einer recht dynamischen geschichtswissenschaftlichen Teildisziplin, der historischen Wissensgeschichte. Bereichernd ist dabei neben dem erwähnten interdisziplinären Ansatz auch der Fokus auf die nicht-urbanen Räume – die Autoren vermeiden dabei durchgängig den doch eher unscharfen Begriff des »ländlichen Raums« und ersetzen ihn durch die Formulierung »auf dem Land«. Zeitlich geht es um die Entwicklung vor der Industrialisierung, konkret um die »Sattelzeit« (S. 10) von 1750 bis 1850. Ohne in der Einleitung die Verwendung des auf Michel Foucault zurückgehenden Begriffs der »Wissenszirkulation« eigens zu reflektieren, klären die Augsburger Historiker ihr Verständnis von Wissen, gerade im Unterschied zur Information, und machen deutlich, dass für sie die beteiligten Akteure ein wesentlicher Schlüssel zur Erschließung ihrer Forschungsfragen sind, insbesondere »wer zu welchem Zeitpunkt über welches Wissen verfügte, wie Wissen weitergegeben wurde, ob dabei ein Austausch oder

aber einseitiger Transfer erfolgte und inwiefern Letzteres den Erfolg von Neuerungsbestrebungen beeinflusste.« (S. 10) Generell soll untersucht werden, welche Faktoren auf Prozesse des Austauschs und der Weitergabe von Wissen retardierend oder katalysatorisch wirkten. Im Unterschied zur Tagungsstruktur wurden die 16 Beiträge lediglich danach kategorisiert, ob sie »explorative Zugänge zu Bayerisch-Schwaben« bieten oder über diesen Raum hinausgehend andere regionale Bezugspunkte aus dem deutschen Sprachraum aufgreifen, die mit der Formulierung »Regionale Studien zu Akteuren und Feldern der Wissenszirkulation« zusammengefasst werden.

Die 10 Beiträge unterscheiden sich in Ansatz und Umfang erheblich, was auch damit zusammenhängt, dass einige erste Einblicke in laufende Forschungsprojekte bieten, während andere ein Fazit mehrjähriger Untersuchungen darstellen. Den Anfang macht mit *Gunter Mahlerwein* ein ausgewiesener Experte für Agrargeschichte; er beschäftigt sich mit Agrarintensivierung und Wissenszirkulation, indem er vergleichende Beobachtungen an rheinhessischen, nordbadischen und schwäbischen Beispielen anstellt, und benennt Akteure und Medien des »agrarischen Modernisierungsprogramms« (S. 17) – spannend ist besonders sein Hinweis auf die hohe Innovationskraft, die Zuwanderungsprozesse auslöste, etwa die Einführung von Tabak in der badischen Rheinpfalz durch Religionsflüchtlinge aus Frankreich und den Niederlanden. *Niels Grüne* untersucht im Anschluss »Wissenstransfer und politische Teilhabe: Agrarische Wissensbezüge als Partizipationsressource im 18. und 19. Jahrhundert«. Sein theoretisch fundiert eingebetteter Beitrag zeichnet für den unteren Neckarraum bzw. die badische Pfalz Kommunikationsprozesse in ihrem Wandel über etwa ein Jahrhundert nach, stets darauf bedacht, lokale und regionale Wissensprozesse mit der jeweiligen politischen Entwicklung auf überregionaler Ebene zu kontextualisieren. Ihm geht es, ebenso wie Mitherausgeberin *Regina Dauser* im folgenden Beitrag »‹Experten-Kulturen›. Wissenszirkulation und Tabakanbau am Beispiel der Kurpfalz« um die Frage, welche Kommunikationswege nachvollzogen werden können; beide betonen, dass das »top-down-Modell« der Informationsweitergabe nicht genügt, um »komplexe Kommunikations- bzw. Implementationsprozesse« (S. 37) zu erklären. Dauser scheut sich dabei nicht, auch die Herausforderungen bei der Erforschung dieser Transformationsprozesse zu benennen, die sich im Besonderen durch die Quellenlage ergeben. Ein ähnliches Bild ergibt sich beim Lesen des Aufsatzes von *Sylvia Butenschön* »Strategien, Akteure und Effekte staatlicher Obstbauförderung im Königreich Hannover«. Als Maßnahme zur Landesentwicklung investierte die Regierung des Kurfürstentums bzw. des späteren Königreichs Hannover in Baumschulen, um Wissensbestände über den Obstbau in der Breite zu vermitteln. Nachvollziehen lässt sich im Spiegel der Quellen dabei jedoch in erster Linie ein Wissenstransfer »in eine Richtung, vom Zentrum in die Peripherie« (S. 49). Die Autorin, die mit dieser Ab-

handlung Zwischenergebnisse des an der TU Berlin beheimateten Forschungsprojekts »Obst auf dem Land« vorstellt, äußert die Hoffnung, dass bis zum Abschluss des Projekts im Jahr 2015 »eine umfassendere Einschätzung möglich« würde – ob dies der Fall war, erfährt der Leser leider nicht; hier wäre eine Aktualisierung von Seiten der Herausgeber hilfreich gewesen. Anschaulich und eine beeindruckend heterogene Quellenbasis nutzend, stellt der Leiter des Gärtner- und Häckermuseums Bamberg, *Hubertus Habel*, in seinem Beitrag die dortige Entwicklung des Gemüsebaus vor; schon der Titel des Aufsatzes »‹Schdadsinäri›, Knoblauch, ›Mussäron›. Handel, Migration und Innovationen der Bamberger Gemüsekultur« macht neugierig, was sich hinter diesen historischen Gemüsesorten wohl verbergen könnte. Darüber hinaus erfährt der Leser etwas über die Einbindung Bambergs in überregionale Netzwerke und die beteiligten Akteure, über die Zirkulation des Gärtnerwissens und spezifische Blockaden sowie wiederum über die Problematik der erhaltenen Quellen. Ein aktuelles Thema behandelt *Stefan Dornheim* in seiner Abhandlung »Wissenschaft versus Tradition? Die Physikalisch-oeconomische Bienengesellschaft der Oberlausitz und die Anfänge agrarischer Volksaufklärung in Sachsen«, nämlich das Bienenwesen und die Förderung von Imkereiwissen auf dem Land; konkret stellt der Mitarbeiter des Lehrstuhls für Sächsische Landesgeschichte an der TU Dresden den Pfarrer Adam Gottlob Schirach dar, der in seinen Publikationen seine Aktivitäten der Wissensverbreitung dokumentiert und reflektiert.

Über das Fallbeispiel hinaus bieten sich hier allgemeinere Einblicke in Träger und Medien der Volksaufklärungsbewegung. Umfassend und auf breiter theoretischer Grundlage aufbauend, nimmt *Johann Kirchinger* Franziskus Töpsl in den Blick, der als Propst des Stifts der Augustiner-Chorherren im oberbayerischen Polling dazu beitrug, dass sich dieser Ort zu einem der Zentren der katholischen Aufklärung im deutschen Sprachraum entwickelte. Im Besonderen interessiert sich der Wirtschaftshistoriker Kirchinger dafür, wie sich die Diskrepanz erklären lässt, dass trotz der dynamischen theoretischen Wissensentwicklung der Gutsbetrieb des Stifts in der Praxis der »Vorstellung eines statischen Wissensbestandes« (S. 125) folgte. Besonders wichtig erscheint im Rahmen dieser Auseinandersetzung die Bedeutung der religiös begründeten Wissensbestände, etwa die Deutung der klimatischen Verhältnisse oder die Anbindung des landwirtschaftlichen Arbeitskalenders an den Ablauf des Kirchenjahres. Einen vielversprechenden Fokus auf die Quellen wählt *Jana Sprenger*, indem sie untersucht, welches Wissen über Bedrohungen landwirtschaftlicher Belange zirkulierte, konkret wie mit tierischen und pflanzlichen Schädlingen umgegangen wurde. Die Quellen gewähren für Sprengers Untersuchungsgebiet und -zeitraum, das vorindustrielle Brandenburg, Einblick in die Produzenten dieser Schädlingsdiskurse, zu denen die preußische Regierung ebenso zählte wie von Schädlingsbefall betroffene Bauern. Dass im Bereich der Schädlingsbekämpfung eine Zirkulation von Wissen stattfand, belegen etwa

staatliche Erlasse, die auf Erfahrungen von Landwirten zurückgreifend, entsprechende Hinweise veröffentlichten. Mit der »Vermittlung herrschaftlicher Weisungen zum Schutz und zur Bewirtschaftung des Waldes in der Frühen Neuzeit am Beispiel der Reichsstadt Nürnberg« beschäftigt sich *Daniel Burger*. Er wertet als Hauptquellenbestand etwa 100 Waldmandate, also öffentlich verkündete Anordnungen oder Verbote, aus, die die Stadt als einer der größten Waldbesitzer im Reich zwischen 1530 und 1800 für ihre beiden Waldämter Lorenzi und Sebaldi erließ. Nicht nur in diesem Beitrag scheint die essentielle Rolle der Pfarrer bei der Verbreitung der Inhalte dieser Erlasse auf; ohne die Kleriker sind Kommunikationsprozesse und Wissenszirkulation auf dem Land schlicht nicht vorstellbar, auch wenn Burger den Wissensbegriff in seinen Ausführungen nicht explizit nutzt. *Lothar Schilling* beschließt mit seiner Analyse des Churbaierischen (Münchner) Intelligenzblatts diesen ersten Teil des Sammelbands und geht der Frage nach, ob es sich bei diesem Periodikum tatsächlich um ein »Medium der Wissenszirkulation auf dem Land« handelt. Nicht nur der Herkunft – Schilling nimmt den in Traunstein geborenen Franz Seraph Kohlbrenner in den Blick, der das Blatt von 1766 bis 1783 herausgab und maßgeblich prägte – und dem Forschungsschwerpunkt der Rezensentin (überregionale und internationale Verflechtungen) geschuldet, konnte dieser Beitrag in besonderer Weise überzeugen. Der Inhaber des Augsburger Lehrstuhls für Neuere Geschichte legt das in der Einleitung des Sammelbands angelegte Fragenmuster sorgfältig über die Auswertung dieses publizistischen Mediums der ökonomischen Aufklärung. Kritisch hinterfragt er die Rezeptionsgeschichte sowie die beteiligten Akteure, anschaulich verdeutlicht er Inhalte dieser Publikation und zurückhaltend, aber doch anregend zeigt er Ansätze des Vergleichs und Transfers mit anderen Regionen des Reiches und Europas auf.

Reinhold Lenskis gestaltet den Auftakt des zweiten Teils des Sammelbands, der »explorative Zugänge zu Bayerisch-Schwaben« sucht, indem er »die landwirtschaftlichen Modernisierungsversuche im hochstiftischen Pflegamt Bobingen am Ende des 18. Jahrhunderts« analysiert. Überwiegend auf Basis von Quellenbeständen aus der Überlieferung des Hochstifts Augsburg im Staatsarchiv Augsburg geht er dem Aushandlungsprozess nach, den agrarreformatorische Ansätze der Aufklärungszeit wie die Aufteilung der Allmende oder die Einführung der Stallfütterung auf lokaler Ebene bei den Landwirten in den untersuchten Gemeinden auslösten. Nicht nur in diesem Beitrag scheint als Resümee auf, dass sich Veränderungen stets als »Ergebnis eines Zusammenspiels des neuen Wissens mit althergebrachten Erfahrungen, praktischen Verfahren und traditionellen Werten« (S. 192) erklären lassen. *Corinna Malek* begibt sich in ihrem Beitrag auf die mühsame Suche nach Spuren der »Moorkultur vor 1800« und gibt Einblicke in »Wissen und Praxis an altbayerischen und schwäbischen Beispielen« – mühsam vor allem deswegen, weil in Bayern und Schwaben zwar bereits seit Beginn des 18. Jahrhunderts praktische Maßnahmen

ergriffen wurden, um aus Mooren durch Melioration landwirtschaftlich nutzbare Flächen zu gewinnen, jedoch erst in der 2. Hälfte des Jahrhunderts allmählich eine begleitende theoretische Diskussion in den Quellen greifbar wird. Mit dem katholischen Priester Christoph von Zwerger stellt *Wolfgang Ott* einen der »Pfarrer im Dienste der Bauernaufklärung« vor, wie sie bereits in mehreren der vorangegangenen Beiträge erwähnt wurden. Der promovierte Theologe wirkte von 1779 bis 1830 in dem nahe Ulm gelegenen Dorf Illerberg; dank seines breiten wissenschaftlichen Interesses – er trug im Laufe der Jahrzehnte eine umfassende Bibliothek zusammen – verfügte er über ein umfassendes aufklärerisches Wissen, das er in der eigenen Pfarrökonomie dem Praxistest unterzog, das ihn aber auch zum Bau einer neuen Schule bewegte: Erfolge und Misserfolge seiner Mittlerrolle hielt er zwischen 1796 und 1828 schriftlich in Notizen bzw. Tagebüchern fest. Ebenfalls als Reformer wirkte Fürst Kraft Ernst zu Oettingen‑Wallerstein, dessen »landwirtschaftliche Modernisierungsmaßnahmen im Fürstentum Oettingen‑Wallerstein im ausgehenden 18. Jahrhundert« *Hartmut Steger* am Beispiel des Kleeanbaus knapp anreißt – als Experten hatte der katholische Fürst übrigens wiederum einen Kleriker, den evangelischen Pfarrer Johann Friedrich Mayer, zu Rate gezogen, der ein umfassendes schriftliches Gutachten erstellte, das wiederum Steger als Hauptquelle diente. Im vorletzten Beitrag stellen die Sprachwissenschaftler *Simon Pickl* und *Simon Pröll* in Kurzform ihre beiden abgeschlossenen Dissertationsprojekte vor, in denen beide mit Hilfe geostatistischer Methoden sprachliche Daten des 14-bändigen Sprachatlasses von Bayerisch-Schwaben auswerteten. Sie erkennen »die Dialekte Bayerisch-Schwabens als Spiegel historischer Kommunikationsräume«, veranschaulichen dialektale Gemeinsamkeiten, Übergänge und Grenzen mit einer Vielzahl von Karten und Statistiken und deuten abschließend die Relevanz ihrer Forschungen für die geschichtswissenschaftliche Auseinandersetzung mit der Wissenszirkulation im bayerisch-schwäbischen Raum an. Den Abschluss des Hauptteils bildet die Auseinandersetzung des Mitherausgebers *Peter Fassl* mit den »bayerischen Physikatsberichten (1858/1861) als Quelle der Agrargeschichte am Beispiel von Bayerisch-Schwaben«. Der schwäbische Bezirksheimatpfleger erkennt diesen medizinischen Topographien – erhalten sind für das Untersuchungsgebiet 42 – eine hohe Bedeutung als historische Quelle zu, da sie einem festen Schema folgend vielfältige topgraphische und ethnographische Daten umfassen, beispielsweise Beschreibungen der klimatischen Bedingungen, der Wohn- und Esskultur, aber auch der landwirtschaftlichen Verhältnisse. In kommentierender Form halten diese Physikatsberichte den beobachtbaren Wandel des agrarischen Wissens fest und versuchen ihn zu erklären, sodass eine Wissensgeschichte des ländlichen Raums nicht auf diese wertvolle Überlieferung verzichten sollte. Ein strukturierender und analytischer Schlusskommentar von *Marcus Popplow* zur »Wissenszirkulation auf dem Land vor der Industrialisierung«, der sich eng

an der Tagung von 2013 orientiert, rundet den Sammelband ab. Es wird deutlich, dass dieses dynamische Forschungsfeld viele Perspektiven für zukünftige Forschungen bietet, zumal intensiver nach den Motiven der Akteure bzw. nach den »Impulsen von Modernisierungsprozessen« (S. 259) gefragt und auch die aktuelle Dimension der Thematik angesichts der Diskussionen zur Zukunft ländlicher Räume nicht außer Acht gelassen werden sollte.

Zusammenfassend ist dem Band eine breite Leserschaft zu wünschen, denn durch die Interdisziplinarität der Beiträger sowie der heterogenen Quellenbestände, die sie nutzten, gibt er Anstoß zu vielfältigen Anschlussforschungen und stellt eine gute Grundlage dar für Transfer- und Vergleichsstudien für andere Akteure und Räume.

München   Claudia Schemmer

Angelika Dreyer, Die Fresken von Joseph Mages (1729–1769). Zwischen barocker Frömmigkeit und katholischer Aufklärung. *Regensburg 2017, Schnell & Steiner, 312 Seiten, 32 s/w Abbildungen, 52. farbige Illustrationen.*

»Zwischen barocker Frömmigkeit und katholischer Aufklärung« – bereits im Untertitel ihrer publizierten Promotionsschrift stellt Angelika Dreyer den Anspruch ihrer Arbeit heraus. Die »thematische Heterogenität« (S. 12) der Werke des bisher kaum erforschten Freskanten Joseph Mages steht im Mittelpunkt ihrer Ausführungen. Dessen niedriges Bildungsniveau sieht die Autorin als Chance, in seinen Kunstwerken die Intention der Auftraggeber »umso ungetrübter und unveränderter« (S. 12) rekonstruieren zu können. Entsprechend prominent finden sich die Auftraggeber von Mages in der Arbeit beleuchtet. Die Gliederung der Darstellung seines künstlerischen Wirkens richtet sich demnach nicht nach chronologischen oder räumlichen Kriterien, sondern nach den Auftraggebern der Werke des Freskanten: Die Benediktinerabteien St. Ulrich und Afra in Augsburg und Ebersmünster in Lothringen, die Stiftskirche in Bad Säckingen, das Augsburger Kanonikerstift St. Moritz mit der dazugehörenden Pfarrkirche Dillishausen, verschiedene Augsburger Patrizierhäuser, das Zisterzienserinnenkloster Oberschönenfeld und der Doppelkonvent der Birgitten in Altomünster. Dreyer stellt ihre Arbeit damit bewusst in eine stärker werdende Strömung innerhalb der kunsthistorischen Forschungen zum 18. Jahrhundert, die den Zusammenhang zwischen ideengeschichtlichen Entwicklungen und Reformen in ihrer materiellen Ausformung nicht nur auf dem Papier, sondern im vorliegenden Fall im gemalten Fresko zu rekonstruieren versuchen.

Ihre Arbeit beginnt Dreyer mit einer biographischen Skizze von Joseph Mages, in der sie versucht, besonders die Rolle der Ausbildung quellenmäßig zu fassen. Denn die Jugend- und Lehrjahre des 1729 geborenen Mages in Tirol liegen ebenso im Ungewissen wie ein eventueller Besuch der Kunstakademie in Wien, den der Künstler selbst in Umlauf brachte. Dreyer dagegen plädiert dafür, diese Behauptung als »autobiographische Korrektur seines Lebensweges« (S. 22) zu betrachten. Stattdessen geht sie davon aus, Mages habe seine Schulung vor allem durch den Tiroler Priester und Baudirektor Franz de Paula Penz erhalten. Um das Jahr 1750 dann ging Mages nach Augsburg, wo er die Tochter seines Lehrmeisters Johann Georg Rothbletz ehelichte und so selbst die Meistergerechtigkeit erhielt. Bis zu seinem Tod im Jahr 1769 blieb der Freskant in der Reichsstadt am Lech, von wo aus er gemeinsam mit seinen Beschäftigten seine künstlerische Produktivität entfaltete. Mit Blick auf die biographische Skizze ist sicherlich das Bemühen der Autorin positiv zu würdigen, möglichst auch alle sozialgeschichtlichen Quellen heranzuziehen – ein Anspruch, der die Arbeit durchzieht.

Den Hauptteil der vorliegenden Arbeitet leitet Dreyer mit der Diskussion des Begriffs der »katholischen Aufklärung« ein, in der sie der von Sebastian Merkle zu Beginn des 20. Jahrhunderts aufgestellten Definition folgt. Kircheninterne Reformprogramme besonders mit Blick auf die Reduzierung barocker Frömmigkeitsformen und die damit verbundene Suche nach einer neuen Christozentrik auch in der Kunst bilden den inhaltlichen Schwerpunkt der kunsthistorischen Verwendung des Analysekonzeptes.

Für das Freskenprogramm verschiedener zum reichsunmittelbaren Benediktinerkloster St. Ulrich gehörender Pfarrkirchen, etwa in Dasing und Häder und der Schlosskirche in Hardt, zeichnete Abt Joseph Maria von Langemantel verantwortlich. Während die Autorin in den Dasinger Fresken die »Regeln der katholischen Rhetorik des süddeutschen

Barock« (S. 65) erkennen will, könne man die Pfarrkirche von Dillishausen dagegen »ohne Bedenken der Kategorie der katholischen Aufklärung zuordnen« (S. 65). Diese ließ der Augsburger Stiftsdekan von St. Moritz, Giovanni Battista Bassi, renovieren. Der gebürtige Bologneser war mit dem in Italien aufgewachsenen Augsburger Fürstbischof Joseph Landgraf von Hessen-Darmstadt nach Deutschland gekommen. Zusammen mit dem Pollinger Augustinerchorherren Eusebius Amort stand er hinter den kirchlichen Reformplänen der Diözese. Zu Recht betont Dreyer deshalb die Rolle des italienischen Theologen Giovanni Ludovico Muratori für die kirchlichen Reformpläne in Augsburg, da dessen Schriften auch nördlich der Alpen eine breite Rezeption erfuhren. Fraglich bleibt gerade deshalb allerdings, wie die Autorin dazu kommt, einen künstlichen Gegensatz zwischen einer »streckenweise überaus konservativ-moralischen Ausrichtung« (S. 189) des Augsburger Bischofs und den Anliegen der katholischen Aufklärung zu konstruieren. Gerade die Aufklärung mit ihrem pädagogischen Impetus beinhaltete ja notwendigerweise das Mühen um die moralisch-sittliche Vervollkommnung des Menschen.

An vielen Stellen gelingt es der Autorin in hervorragender Weise, ihre kunsthistorischen Analysen mit einer sozialhistorischen sowie auch mit einer ideengeschichtlichen Einbettung zu verbinden. So bettet sie die Finanzierung und Ausführung der bildlichen Ausstattung des im Kurfürstentum Bayern liegenden Klosters Altomünster in die staatskirchenrechtlichen Debatten um die Amortisation ein, welche die bayerischen Konvente nicht nur unter materiellen Druck setzten (S. 247–251). Dabei geht sie in weiten Teilen sehr differenziert vor, ohne einer monokausalen Begründungsstrategie zu verfallen. Schwierigkeiten zeigen sich allerdings bei der etwas zu akzentuiert herausgestellten sogenannten katholischen Aufklärung. Fraglich scheint nämlich, ob es der starken Betonung dieser Analysekategorie für die gesamte Arbeit bedurft hätte, da die Autorin etwa bei der Rekonstruktion der Fresken von Ebersmünster ungeachtet ihrer historisch methodisch zielführenden Analysen völlig ohne Verweis darauf auskommt. Auch bei der Interpretation der Werke in den Augsburger Bürgerhäusern spielt das Analyseinstrument keine Rolle.

Die Autorin bleibt zusammenfassend nicht bei einer katalogartigen Erfassung oder einer chronologisch-additiven Vorstellung des Oeuvres von Joseph Mages stehen – freilich leistet sie auch dies – sondern versucht, darüber hinaus die sozialhistorischen Entstehungsbedingungen ebenso wie die theologischen Vorstellungen der Auftraggeber zu rekonstruieren, die sich in den Fresken widerspiegeln. Diese werden dem Leser durch qualitativ hochwertige Abbildungen vor Augen gestellt. Manchmal wirken die Rekonstruktionsversuche etwas zu stark schematisch, nichtsdestotrotz stellt die vorliegende Veröffentlichung für das hochaktuelle Forschungsgebiet der visuellen Umsetzung von Reformideen der katholischen Aufklärung im süddeutschen Raum sicherlich einen wichtigen Beitrag dar. Die disziplinenübergreifende Analyse des Phänomens Aufklärung, auch in seiner katholisch-konfessionellen Ausformung, verlangt weitere derartige Studien, wie sie Dreyer vorlegt.

München   MARKUS CHRISTOPHER MÜLLER

JULIAN TRAUT, Ein Leben für die Kultur – Reinhard Raffalt (1923–1976) zwischen Bayern, Deutschland und Italien, *Regensburg 2018, Friedrich Pustet, 302 Seiten.*

»Wer war also dieser Mann, der in den Jahrzehnten nach dem Zweiten Weltkrieg in Deutschland, Bayern und auch Italien einen so klingenden Namen hatte, heute jedoch fast vergessen ist?« Diese Frage stellt Julian Traut seiner Dissertation voran. Es geht in erster Linie um das Leben, das Schaffen und die Wirkung von Reinhard Raffalt, den aus Passau stammenden Deutschrömer, Musiker und Musikwissenschaftler, erfolgreichen Autor, Hörfunk- und Fernsehjournalisten, zeitweisen Kulturbotschafter der Bundesrepublik Deutschland und des Freistaats Bayern auf drei Kontinenten. Warum Raffalt, der vor 50 Jahren noch eine Person des öffentlichen Lebens in der alten Bundesrepublik war, heute vergessen ist: Dieser Teil der Frage führt tief hinein in die Ursachen für die Kultur-, Identitäts- und Kontinuitätsbrüche im westdeutschen Bürgertum, die um 1960 einsetzten und an Intensität die Brüche von 1918, 1933 und 1945 weit übertreffen sollten. Nicht nur deshalb ist Trauts Arbeit mehr als eine Biographie. Sie sie ist auch ein wesentlicher Beitrag zur Geschichte und den kulturellen Ambitionen des Bayerischen Rundfunks, zur Geschichte des kulturellen Elements in der bundesdeutschen Außenpolitik und nicht zuletzt ein Beitrag zur Entwicklung des Föderalismus in der Bundesrepublik.

Traut gliedert seine Darstellung in vier Abschnitte: Im Abschnitt A behandelt er den Stand der Forschung und – etwas umständlich – die Fragen der Methodik, sowie die Quellenlage und die Fragestellung, im Teil C sind die Ergebnisse knapp zusammengefasst. Der höchst wertvolle Anhang D enthält neben dem Quellen-und Literaturverzeichnis vor allem ein Verzeichnis der von Raffalt für den BR geschaffenen Hörfunk- und Fernsehsendungen, eine Publikationsliste, und eine Edition von Raffalt-Texten, die einen Schlüssel zum Kultur- und Weltverständnis ihres Autors darstellen.

Die einleitende, eher knappe biographische Skizze untersucht Fragen nach Raffalts Sozialisation in der Jugend und nach seinem Weltbild. Hier kommen auch seine Mitgliedschaft in der HJ und der NSDAP, sein Wehrdienst, seine musikalischen Aktivitäten und seine frühe journalistische Tätigkeit zur Sprache. Mit dem BR-Journalisten Alois Fink, dem Kulturdiplomaten Dieter Sattler, dem Politiker Franz Josef Strauß, dem Vatikanprälaten Bruno Wüstenberg und der Industriellengattin Gabriele Henkel möchte Traut zentrale Knotenpunkte im Netzwerk Raffalts identifizieren. Hier hätte man weiter ausgreifen und beispielsweise auch den einflussreichen Verleger Hans Kapfinger oder den »Medienmogul« Leo Kirch nennen können.

Gründlich fällt die Analyse des publizistischen Schaffens aus, zutreffend ist auch die Schlussfolgerung, dass Raffalts Werk, insbesondere auch die erfolgreichen Rom-Bücher damals voll dem Zeitgeist und den Erwartungen des Bildungsbürgertums entsprachen. Nur der Sprachkurs »Eine Reise nach Neapel…e parlare italiano« (16. Auflage, 2006) ist noch im Handel. Raffalts seinerzeit bemerkenswert erfolgreiches Konklave-Theaterstück »Der Nachfolger« (1962) und der Flop »Das Gold von Bayern« (1966), eine rustikale Komödie, werden heute nicht mehr aufgeführt.

Lohnend wäre es gewesen, der Frage nachzugehen, warum Raffalts Rom praktisch nur aus der Stadt innerhalb der aurelianischen Mauern bestand und die Geschichte dieser Stadt am Ende des 18. Jahrhunderts aufhört. Ihm, der jahrelang im Palazzo del Grillo unmittelbar an den Kaiserforen lebte, konnte es eigentlich nicht entgangen sein, wie gewaltig das späte 19. Jahrhundert und, in größter Kontinuität, die faschistische Epoche in den 1920er und 1930er Jahren in die historische Textur der Stadt eingegriffen hatten, um einen »Mythos Rom« mit den Mitteln des Städtebaus hervorzubringen, wie der Regensburger Historiker Franz J. Bauer schon 2009 gezeigt hat.

Der eingeengte Blick Raffalts zeigt sich auch in seinen Arbeiten über Bayern, seiner geliebten Heimat, der er Zeit seines Lebens die Treue hielt. Das Schwelgen in den Bildern der Vergangenheit und das Ausblenden der Gegenwart führten dazu, dass die ARD den für den Eröffnungstag der Olympischen Spiele in München (22. August 1972) geplanten Raffalt- Film »Variationen über Bayern« nicht sendete und ihn durch einen Beitrag des ebenfalls aus Passau stammenden Carl Amery ersetzte.

Das Wort »Verdrängung« kommt bei Traut nicht vor. Dennoch könnte man die Verdrängung unübersehbarer, bedrohlich erscheinender moderner Entwicklungen als ein wesentliches Motiv und zugleich Erfolgsrezept im Werk Raffalts sehen. Zutreffend ist Trauts Beobachtung, dass Raffalt sich mit »Wohin steuert der Vatikan«, einem Bestseller des Jahres 1973, erstmals im großen Stil mit den zeitgenössischen Entwicklungen in der Kirche und der vatikanischen Politik auseinandersetzte. Diese Abrechnung mit dem Zweiten Vatikanischen Konzil und der Ostpolitik Papst Pauls VI. war aber für den Autor – drei Jahre vor seinem Tod – zugleich der Anfang vom Ende seines publizistischen Erfolgs.

Traut nennt Raffalt einen »Barockmenschen« (was immer das ist), »Eklektiker und Tausendsassa«. Die Kehrseite der hier angesprochenen Vielseitigkeit und Individualität war, dass Raffalt sich schwer tat mit Terminen, mit Verwaltungsabläufen, mit Hierarchien, mit finanzieller Disziplin. Das ging gut, solange er Förderer wie Dieter Sattler im Bonner Außenministerium, Walter Keim im Bayerischen Kulturministerium oder den Fernsehdirektor Helmut Oeller beim BR hatte. Raffalt war erfolgreich tätig als Gründungsdirektor der Deutschen Bibliothek in Rom, als Sonderbeauftragter des Auswärtigen Amtes für die deutschen Kulturinstitute in Asien und Afrika, und höchst erfolgreich war er als Reisejournalist, Korrespondent in Rom und Filmemacher beim BR. Er schuf 200

Hörfunk- und 33 Fernsehbeiträge, als Sprecher war er – für viele Hörer faszinierend – mit seiner Stimme in ganz Bayern präsent.

Andererseits dauerte Raffalts Tätigkeit als dramaturgischer Berater am Staatsschauspiel in München nur acht Monate, und als Angestellter der Hanns-Seidel-Stiftung, wo er die Auslandsabteilung aufbauen und als Kontaktmann in Rom fungieren sollte, kündigte er nach 15 Monaten und einem heftigen Krach mit Otto von Habsburg: »Herr Dr. Raffalt (ist) nicht gewillt, trotz eines Spitzengehaltes Weisungen auszuführen oder auch nur zu arbeiten«. Als im Jahre 1963 das erste BR-Auslandsstudio in Rom den Betrieb aufnahm, hatte Raffalt zwar intensiv die Vorbereitungen begleitet, den Posten aber dann doch verschmäht.

Gewiss war das Streben nach beruflicher Unabhängigkeit ein wesentlicher Charakterzug Raffalts; daraus folgten aber ein beständiger Zwang zur Produktion und ein Raubbau an seiner Gesundheit. Maßlose Projekte kennzeichnen Raffalts letzte Jahre: Mit Leo Kirch (Taurus-Film) schloss er 1974 einen 650 000 DM – Honorarvertrag über eine 26-teilige Fernsehreihe über die Renaissance in Europa; um die gleiche Zeit wollte er sich – zwei Jahre vor seinem Tod – in der Nähe von Tivoli einen Landsitz bauen und dazu ein Benediktinerkloster gründen.

Julian Traut hat die vorhandenen Quellen in größtem Umfang ausgeschöpft. Hierzu zählt insbesondere der 12 Regalmeter umfassende persönliche Nachlass von Reinhard Raffalt, den seine Witwe Nina Raffalt 1989 der Universität Passau anvertraut hat. Ohne diesen persönlichen Nachlass hätte die Biographie zwar nicht geschrieben werden können, aber gerade deshalb war es besonders wichtig, die Gegenüberlieferungen heranzuziehen, vor allem das Historische Archiv des Bayerischen Rundfunks und andere BR-Aktenbestände, das Politische Archiv des Auswärtigen Amtes, das Archiv des Instituts für Zeitgeschichte und das Archiv für Christlich-Soziale Politik in München, in Rom die Archive der deutschen Nationalkirche Santa Maria dell' Anima, des Deutschen Historischen Instituts, des Collegium Germanicum et Hungaricum und des Campo Santo Teutonico. Mit Rücksicht auf die zu Recht oft diskutierte Problematik bediente sich Traut auch der Oral History und führte Gespräche mit der Witwe Nina Raffalt, seiner Sekretärin Gerda Hörl, Jugendfreunden und Bekannten aus der römischen Zeit. Offenbar bestand leider keine Möglichkeit mehr, ehemalige Kollegen aus dem BR wie Walter Flemmer und Helmut Dotterweich oder den damaligen bayerischen Staatsminister für Unterricht und Kultus, Prof. Hans Maier, für ein Gespräch zu gewinnen.

Julian Traut hat die bisher fehlende wissenschaftliche Biographie von Reinhard Raffalt vorgelegt, dieses ebenso eigenwilligen wie schöpferischen und einflussreichen bayerischen Römers. Raffalts Rom prägte das populäre Italienbild der Deutschen nach 1945. Raffalts Rombild gehört der Vergangenheit an wie Raffalts Stammrestaurant Angelino ai Fori an der Via die Fori Imperiali: Dort, wo elegante Kellner einst hausgemachte Pasta, edle Fische aus dem Mittelmeer und Wachteln aus der Campagna auftrugen, stehen heute Amerikaner, Asiaten und tätowierte Deutsche in kurzen Hosen Schlange für ein überteuertes Stück Fabrikpizza, um dieses drüben auf dem Forum Romanum lauwarm zu verschlingen. Mit seinem biographischen Ansatz hat Traut zugleich einen Beitrag zur Erforschung der Kulturpolitik / Kulturaußenpolitik in München und Bonn in den Jahren 1950–1975 sowie zur Geschichte des Bayerischen Rundfunks geleistet. In Verbindung mit den Arbeiten von Ulrike Stoll (Kulturpolitik als Beruf. Dieter Sattler (1906–1968) in München, Bonn und Rom, 2005), Georg Karl Maximilian Schulz (Die Stimme Bayerns. Der Bayerische Rundfunk zwischen Tradition und Moderne, 2018) und Thomas Jehle (Die auswärtige Kulturpolitik des Freistaates Bayern von 1945 bis 1978, 2018) betritt Trauts sorgfältige Untersuchung landesgeschichtliches Neuland und ist vor allem auch aus diesem Grund von hohem Wert.

Passau   EGON JOHANNES GREIPL

GEORG KARL MAXIMILIAN SCHULZ, Die Stimme Bayerns. Der Bayerische Rundfunk zwischen Tradition und Moderne, *Regensburg 2018, Friedrich Pustet, 216 Seiten, zahlr. Abbildungen.*

Seit Jahren konzentrieren sich das Institut für Bayerische Geschichte, Ferdinand Kramer und sein Schülerkreis, auf die Erforschung der Geschichte Bayerns in der Nachkriegszeit. Zu dieser Zeit besaß der Rundfunk eine im Vergleich zu heute gewaltige Bedeutung. Er hatte ein Monopol für die Verbreitung von Meldungen und Meinungen über den Äther, er war ein Mittel der Beeinflussung der Massen. Hätte es den Rundfunk schon 1918 gegeben, wäre die Revolution vermutlich anders verlaufen. In Bayern startete der Rundfunk im Jahre 1922 (»Deutsche Stunde in Bayern GmbH«, seit 1932 »Bayerische Rundfunk GmbH«). Über den »Reichssender München« (seit 1934) erreichte die NS-Propaganda praktisch jedes kleinste Dorf. Nicht verwunderlich ist es daher, dass die Alliierten in der letzten Phase des Weltkrieges darauf achteten, alle Sender im Reich möglichst funktionsfähig in die Hand zu bekommen und für ihre Zwecke zu nutzen. Ab 1945 betrieben die Amerikaner den ehemaligen Reichssender München als »Radio München2. Schulz untersucht die Rundfunkpolitik der Besatzungsmacht, die Übergabe des Senders in bayerische Hände schon Anfang 1949 und die Entwicklung des »Bayerischen Rundfunks«, wie er jetzt hieß, bis in die frühen 1950er Jahre.

In der Untersuchung wird deutlich, wie sich der Rundfunk von einem Instrument der *reeducation* zu einer Institution wandelt, die unter erheblichem Einfluss der bayerischen Nachkriegspolitik, personifiziert in Alois Hundhammer (CSU), vor allem im kulturellen Bereich der Förderung der Identität Bayerns dienen, ein konservatives Bayernbild formen und auf diese Weise den Freistaat in Distanz zur NS-Vergangenheit bringen sollte. Diesem Zweck diente eine auch entschlossene Personalpolitik, die vor allem geborene Bayern förderte und u. a. den in CSU-Kreisen bestens vernetzten Alois Johannes Lippl, der schon im Juli 1945 ein Grundsatzpapier zu einem künftigen Sender ausgearbeitet hatte, in entscheidende Positionen brachte.

Bedauerlicherweise widmet sich Schulz zu sehr einer detaillierten Darstellung der politischen Entwicklung in Bayern und verliert dabei das Thema Rundfunk stellenweise aus dem Blick. Es ist zu wenig, wenn nur die eher knappen Biographien von Schlüsselfiguren vorgestellt werden, wie Rudolf Scholtz (Gründungsintendant), Walter von Cube (Chefkommentator), Clemens Münster und Alois Fink (Kulturabteilung), Rudolf Didczuhn (Unterhaltung) und Eugen Jochum (Leiter des Rundfunkorchesters). Hingegen wäre es nötig gewesen, die Organisation des Bayerischen Rundfunks in der Form eines interpretierten Organigramms bis in die unteren Ebenen darzustellen, mehr die dort tätigen Personen in den Blick zu nehmen und dabei auch den Komplex der freien Mitarbeiter zu berücksichtigen. Gerne würde man etwas erfahren über den Etat des Rundfunks und die Schwerpunkte der Finanzierung. Diese Aspekte kommen aber nicht vor. Dankbar wiederum ist man für den Abschnitt 10 mit seinen detaillierten Informationen zur Rezeption der Sendungen des Bayerischen Rundfunks bei der Hörerschaft. Nebenbei: Bei der Optimierung der sprachlichen Form hätte hie und da das Lektorat etwas herzhafter zupacken können.

Passau   Egon Johannes Greipl

Oswald Georg Bauer, Die Geschichte der Bayreuther Festspiele, Bd. 1 1850–1950, Bd. II 1951–2000, *Berlin und* *München 2015, Deutscher Kunstverlag, 1292* *Seiten, 1111 Abbildungen.*

Stattliche 150 Jahre Festspielgeschichte, freilich mit wirtschaftlich und kriegsbedingten Unterbrechungen, werden in den zwei Bänden dokumentiert. Der Autor ist dafür in besonderer Weise qualifiziert, weil er als langjähriger wissenschaftlich-künstlerischer Mitarbeiter von Wolfgang Wagner die Bayreuther Festspiele aus eigener Anschauung sehr gut kennt, dabei aber nicht der Gefahr erliegt, seinen persönlichen Standpunkt zu vertreten, sondern stets als um Objektivität bemühter Chronist schreibt. Dabei kann er sich neben der Forschungsliteratur auf die umfangreichen Presse-, Korrespondenz- und Bildarchive der Festspiele stützen.

Der Band setzt ein mit Richard Wagners ersten Festspielplänen und ihren theoretischen Grundlagen in den Jahren 1850 (in einem Brief an Ernst Benedikt Kietz vom 14. September 1850) bis 1864. Sein Ideal bildeten dabei die Theaterfeste der griechischen Antike. Für die konkrete Verwirklichung der Festspiele wurde dann Wagners Begegnung mit König Ludwig II. von Bayern entscheidend, der das Projekt zunächst in München verwirklichen wollte. Erst nach dem Scheitern dieses Planes fand Wagner schließlich Bayreuth als geeigneten Ort und widmete sich dem Problem der Finanzierung.

Nach langem und kompliziertem Vorlauf konnten die ersten Festspiele im August 1876 mit der Aufführung des Rings des Nibelungen beginnen, das Festspielhaus als Prototyp eines nach funktionalen Gesichtspunkten errichteten Theaterbaus war gerade rechtzeitig fertig geworden. Bauer schildert den Vorlauf mit den Generalproben sowie die eigentlichen Aufführungen, wobei die einzelnen Szenen und Akte der Opern jeweils dokumentiert werden. Die Inszenierungen werden detailliert nachgezeichnet und durch die Wiedergabe der Bühnenbildentwürfe anschaulich gemacht. Auch die Künstler, Sänger, Dirigenten und das Orchester, die Bühnen- und Kostümbildner werden gewürdigt. Die Rezeption der Aufführungen durch Publikum und Kritik wird ebenfalls vorgestellt. Diese Vorgehensweise und die Dokumentation jeder Szene jeden Aktes für jede Neuinszenierung durchzieht als Prinzip das gesamte Werk.

Trotz des künstlerischen Erfolges konnten auf Grund finanzieller Probleme in den folgenden Jahren keine Festspiele abgehalten werden, es liefen aber bereits die Vorbereitungen für eine Aufführung des »Bühnenweihfestspiels« Parsifal. Am 26. Juli 1882 konnte die Premiere stattfinden. Bühnenbildentwürfe und Fotoaufnahmen dokumentieren die Aufführung.

Am 13. Februar 1883 verstarb Richard Wagner in Venedig, womit die Zukunft der Festspiele zumindest in Frage gestellt wurde. Damit kam die große Stunde seiner Witwe Cosima Wagner, die die Leitung übernahm und das Repertoire behutsam um weitere Wagner-Opern erweiterte, sich aber um die Bewahrung des künstlerischen Vermächtnisses nach ihrem Verständnis bemühte. Zunehmend flossen dabei, etwa bei der Lohengrin-Aufführung 1894, deutschnationale Vorstellungen in die Inszenierungen ein, welche Cosima als un-veränderlich festsetzte. Bauer behandelt die politischen Bezüge der jeweiligen Inszenierungen wie der Kontakte von Cosima und den übrigen Familienangehörigen zu meist deutschnational geprägten Publizisten und Schriftstellern. Selbstverständlich wird auch Cosimas Bemühen um die Verlängerung der Schutzfrist für die exklusive Aufführung von Parsifal in Bayreuth, das freilich erfolglos blieb, vorgestellt. Die zunehmende Einbindung ihres Schwiegersohns Houston Stewart Chamberlain führte zum Aufbau einer förmlichen Wahnfried-Ideologie. Ab 1907 rückte der Sohn Siegfried Wagner in die Festspielleitung ein, während gleichzeitig der Einfluss Chamberlains und die ideologische Aufladung der Festspiele wuchsen.

Nach dem Ersten Weltkrieg und der drückenden Not der unmittelbaren Nachkriegszeit fanden erst 1924 wieder Festspiele statt, bereits im Vorjahr war der anlässlich eines »Deutschen Tages« in Bayreuth weilende Adolf Hitler in Wahnfried empfangen worden. Erstmals war bei der Premiere der Meistersinger zum Abschluss das zwei Jahre zuvor zur Nationalhymne erklärte Deutschlandlied gesungen worden. Die Verbindung zwischen Hitler und der Familie Wagner sollte noch enger werden. Bauer zeichnet sorgfältig nicht nur die weitere Geschichte der Festspiele, sondern auch die politischen Verstrickungen nach. Im Jahr 1930 starben Cosima Wagner und ihr Sohn Siegfried, die Festspielleitung ging an dessen Witwe Winifred über. Der stürmisch gefeierte Arturo Toscanini war in diesem Jahr der erste nicht-deutsche Dirigent in Bayreuth, neben den 1931

Wilhelm Furtwängler als herausragender Dirigent trat.

Die neue Leiterin Winifred Wagner modernisierte die Festspiele, suchte aber die Nähe zu den Nationalsozialisten. Wegen der veränderten politischen Verhältnisse und der einsetzenden Verfolgung der jüdischen Bürger in Deutschland sagte Toscanini 1933 seine Mitwirkung ab. Wirtschaftliche Unterstützung erhielt Bayreuth durch den nunmehrigen Reichskanzler Hitler, der Fortbestand der Festspiele war zunächst materiell gesichert, er besuchte den ersten Festspielzyklus. Bayreuth war – mit den Worten von Thomas Mann – zu Hitlers Hoftheater geworden. Trotzdem bildete die Finanzierung der Festspiele auch in den folgenden Jahren eine Herausforderung, ab 1938 sollten die Festspiele jährlich ohne die bis dahin übliche Pause alle drei Jahre stattfinden. Auch während des 1939 ausgebrochenen Weltkrieges wurden auf Wunsch Hitlers in den Jahren 1940 bis 1944 Kriegsfestspiele durchgeführt. Die Organisation der Besucher übernahm die NS-Organisation »Kraft durch Freude«. Gleichzeitig wurden Winifreds Söhne Wieland und Wolfgang Wagner in die Arbeit für die Festspiele eingebunden. Noch 1944 fanden zwölf Aufführungen der Meistersinger, zwei unter dem Dirigat Wilhelm Furtwänglers, statt. Das alles endete dann im April 1945 mit der Bombardierung Bayreuths, der Wahnfried zum Opfer fiel, und dem völligen Zusammenbruch. Während der amerikanischen Besatzung diente das unzerstörte Festspielhaus für Unterhaltungsmusik, Shows, Gottesdienste und als Flüchtlingslager. Bauer zeichnet das persönliche Schicksal der Familienangehörigen wie ihre tiefen Verstrickungen in das nationalsozialistische System nach. Der erste Teilband endet mit dem Weg nach Neubayreuth und der Gründung der neuen »Gesellschaft der Freunde von Bayreuth«.

Der zweite Teilband umfasst die Geschichte von Neubayreuth 1950 bis 2000 unter der Leitung von Wieland und Wolfgang Wagner. Politische Debatten sollten vermieden werden, die Brüder Wagner ließen Karten mit der Aufschrift »Hier gilt's der Kunst« aushängen. Zur Eröffnung dirigierte Furtwängler Beethovens 9. Symphonie. Auf dem Spielplan standen Wieland Wagners Parsifal-Inszenierung, mit deren neuem Stil er einen Traditionsbruch kreierte, sowie der ebenfalls von ihm inszenierte Ring des Nibelungen und die Meistersinger. Die Festspiele konnten fortan jährlich stattfinden, ab 1953 mit Unterstützung von Bund, Land, Bezirk und Stadt wie der Gesellschaft der Freunde von Bayreuth veranstaltet werden. Bauer behandelt neben den Inszenierungen, ihrer künstlerischen Bedeutung und Rezeption auch die baulichen Veränderungen auf dem Grünen Hügel. 1960 inszenierte Wolfgang Wagner, der sich bislang besonders um die wirtschaftlichen Belange gekümmert hatte, erstmals den Ring.

Der Tod von Wieland Wagner 1966 bedeutete einen Einschnitt für Neubayreuth. Wolfgang Wagner übernahm die Leitung alleinverantwortlich, wobei es zu heftigen innerfamiliären Auseinandersetzungen kam, die immer bereitwillig von der Presse aufgegriffen wurden. Die Festspiele 1967 wurden mit einer Neuinszenierung des

Lohengrin von Wolfgang Wagner eröffnet, Wielands Ring, Parsifal und Tannhäuser standen weiterhin auf dem Programm. In den folgenden Jahren engagierte Wolfgang Wagner verstärkt externe Regisseure, bei den Dirigenten und Sängern setzte er auf Kontinuität. Bauer zeichnet die Diskussionen in der Presse und in der Öffentlichkeit um die Inszenierungen und die Verbindungen zur sich ändernden Gesellschaft nach. Immer heftiger wurden die Auseinandersetzungen beim unmittelbaren Festspielpublikum wie in der Presse.

Im Jahr 1976 wurde das 100-jährige Jubiläum der Festspiele mit einem Festakt begangen, zur Aufführung gelangte in diesem Jahr die Ring-Inszenierung des Opern-Neulings Patrice Chéreau unter dem Dirigat von Pierre Boulez. Chéreau schuf eine völlig neue Sicht des Rings, die zunächst heftige Proteste und erbitterten Widerstand, nach mehreren Aufführungsjahren (zuletzt 1980) aber schier ungeteilte Zustimmung und Begeisterung hervorrief. Bauer dokumentiert die Einzelheiten dieses »Jahrhundertrings« und ihre Rezeption am ausführlichsten von allen Inszenierungen. Er interpretiert sie als das Ende der Wieland-Ära. In den folgenden Jahren der Werkstatt Bayreuth dominierten externe Regisseure, aber auch Wolfgang Wagner inszenierte regelmäßig. Der zum Zeitzeugen gewordene Verfasser stellt detailliert alle weiteren Neuinszenierungen vor.

Bauer beendet seine ausführliche und reich illustrierte Dokumentation mit den Festspielen des Jahres 1999, das er als ein Jahr des Abschieds von vielen Künstlern sieht. Wolfgang Wagner, allmählich zermürbt von den öffentlichen Angriffen, beging seinen 80. Geburtstag. Die Festspiele der Jahre 2000 bis 2015 würdigt Bauer mit einem knappen, aber kenntnisreichen Überblick und zeichnet die wesentlichen Entwicklungen und Neuerungen einschließlich der Querelen um die Leitung nach. Hier kommt erstmals in diesem Band deutlich die sehr kluge persönliche Sicht des Autors auf die aktuellen Entwicklungen zum Durchbruch, insbesondere kritisiert er das Fehlen einer klaren künstlerischen Entwicklungslinie.

Oswald Georg Bauer hat ein in jeder Hinsicht nur als monumental zu bezeichnendes Werk geschaffen, wie man es heutzutage eigentlich nur von einer Forschergruppe erwarten würde. Ist schon die Dokumentation jeder Inszenierung einschließlich der Wiedergabe der Bühnenbilder und von Szenenfotos unter Würdigung der künstlerischen Besonderheiten wie der Rezeption eine große Leistung, so bindet der Verfasser auch die politischen, weltanschaulichen und gesellschaftlichen Entwicklungslinien und ihre Verbindungen von und nach Bayreuth in seine Arbeit ein. Sehr lesenswert sind seine oft knappen Würdigungen von Inszenierungen, aber auch Personen. Durch die detaillierte Gliederung können die Bände als Nachschlagewerk benutzt werden. Die im weltweiten Vergleich einzigartige Geschichte der Bayreuther Wagner-Festspiele hat nun eine einzigartige Darstellung erfahren.

München   DIETER J. WEISS

THOMAS BETZWIESER (Hg.), Opernkonzeptionen zwischen Berlin und Bayreuth.

Das musikalische Theater der Markgräfin Wilhelmine *(Thurnauer Schriften zum Musiktheater 31), Würzburg 2016, Königshausen und Neumann, 226 Seiten.*

Die 1709 geborene und 1758 verstorbene Markgräfin Wilhelmine von Bayreuth, Schwester Friedrichs des Großen, wurde in den Jahren 2008 und 2009 nicht zuletzt deshalb von der Musikwissenschaft gefeiert, da sie als große Liebhaberin der Künste auch eigene Werke schuf. Der Umfang ihres musikalischen Oeuvres ist jedoch ungewiss, zumal ausgerechnet im Jubiläumsjahr 2008 Sabine Henze-Döhring nachweisen konnte, dass ein bis dahin der Markgräfin zugeschriebenes Cembalokonzert gar nicht aus deren Feder stammt. Aufgrund der nun neu aufgeworfenen Fragen zu Werk und Wirken der musikliebenden Markgräfin wurde am 2. Oktober 2009 im Kunstmuseum Bayreuth ein Symposium zu diesem Thema abgehalten, dessen ausgearbeitete Vorträge verschiedener Autoren nun im vorliegenden Band erschienen sind.

Wie ihr Bruder Friedrich II. beschäftigte sich Wilhelmine viel mit dem Musiktheater und betätigte sich auch selbst als Librettistin. *Oswald Georg Bauer* schildert sie als Erfinderin von »Ideen-Dramen« im Sinne der Aufklärung, in denen allegorische Figuren (Gut und Böse, Tugend und Laster etc.) im Kampf um die menschliche Seele aufeinandertreffen. Wilhelmine war sich der Wirkung von menschlichen Emotionen im Theater sehr bewusst und versuchte diese in ihren Bühnenwerken gezielt einzusetzen, gefasst in der freieren Form der »Festa teatrale«, gestützt auf die herausragenden Ideen des Bühnenbildners

Carlo Galli Bibiena, der ihre Vorstellungen in Bilder umsetzte. Während in Wilhelmines Fassung von »Deucalione e Pirra« der Kampf der Geschlechter in die »Utopie einer Menschheit, vereint in Glück und in Liebe« (S. 21) mündet, geht es in »L'Huomo« um die Auseinandersetzung zwischen Laster und Tugend in der menschlichen Seele, deren Spiegel die unverbildete Natur ist. Die detaillierte Betrachtung dieser Dramen führt Bauer zu dem Schluss, dass es sich bei Wilhelmines Arbeiten als Librettistin um den Typus des »allegorische[n] Ideendrama[s] aus dem Geist der Aufklärung und dessen ethischem Appell« (38) handelt.

Wolfgang Hirschmann beschäftigt sich dagegen mit der einzigen überlieferten Opernpartitur der Markgräfin, »Argenore«, entstanden im Jahre 1740 zum Geburtstag ihres Ehemannes Markgraf Friedrich. Das Libretto irritiert durch den überwältigend negativen Verlauf der Ereignisse, denn es wird ein Monarch gezeigt, »wie er nicht sein soll« (S. 41). Es handelt sich um ein von Anfang an ausweglosesInzestdrama, in dem sich Tochter (mit dem Bruder liiert) und Vater selbst töten. Die Musik zu einer derart düsteren Tragödie zu komponieren, war kein einfaches Unterfangen, weder für Wilhelmine noch für den sie unterstützenden Hofkapellmeister Johann Pfeiffer. Letzterer orientierte sich offenbar an Leonardo Vincis »Didone abbandonata« von 1726. Hirschmann wehrt sich gegen allzu leicht erhobene Vorwürfe gegen die Qualität der Musik und betont abschließend die Bedeutung auch der von Dilettanten gemachten Musik.

Fragen zur Ausführung eben dieser Musik versucht *Saskia Maria Woyke* in ihrem Aufsatz zu beantworten, dem sie aufwändig recherchierte Daten sowie aussagekräftige Beispiele zugrunde legt. Es geht dabei um die Qualität der Sängerinnen und Sänger, die an der Bayreuther Hofoper unter Wilhelmine gewirkt haben. Virtuosen allerersten Ranges konnte Bayreuth sich auf die Dauer nicht leisten, und Stargäste wie die Sängerin Faustina Bordoni, Ehefrau von Johann Adolf Hasse, haben wohl nur am Hof musiziert, nicht im Theater. Eine genaue Untersuchung der drei wichtigsten Sänger(innen) in Wilhelmines »L'Huomo« 1754 führt Woyke zu dem Schluss, dass trotz nicht unerheblicher Altersunterschiede und verschiedener Karriereverläufe alle drei (Maria Giustina Turcotti, Teresa Imer Pompeati sowie Stefano Leonardi) eher gegen Ende ihrer aktiven Laufbahnen in Bayreuth auftraten. Jedoch waren sie alle – im Gegensatz zum rein italienisch geschulten sängerischen Personal der 13 Jahre vorher aufgeführten Oper »L‹Argenore« – auch schon in Deutschland aufgetreten und hatten sehr unterschiedliche stimmliche Persönlichkeiten entwickelt, wie es den Opernproduktionen der Zeit (in Deutschland wie in Italien) förderlich war.

Dass es durch die geschwisterlichen Bande der Regierenden sowie das gemeinsame Interesse für das Musiktheater zu Wechselwirkungen zwischen den Höfen in Berlin und Bayreuth kam, zeigt *Steffen Voss* in seinem Aufsatz. So arbeitete im Jahr 1750 die Markgräfin Voltaires Tragödie »Sémiramis« in ein Opernlibretto um, in-

dem sie eine Fassung in französischer Prosa erstellte, die der Hofoperninspektor Angelo Maria Cori dann in Verse setzte. Auch wenn die Vorlage Voltaires aufgrund großer Szenen und dramatischer Wendungen grundsätzlich gut für ein Libretto geeignet schien, nahm Wilhelmine geschickt einige Veränderungen vor, um eine geeignete Grundlage für ein »Dramma per musica« zu schaffen (Straffung auf drei Akte, Streichung bzw. Ergänzung von Szenen/Figuren, Gelegenheiten für Arien schaffend). Dieses Textbuch Wilhelmines, das in Bayreuth in der Vertonung eines bisher nicht ermittelten italienischen Komponisten zum Geburtstag Friedrichs II. 1753 aufgeführt wurde, bildet auch die Grundlage einer von Carl Heinrich Graun in Berlin vertonten Oper »Semiramide«. Abgesehen von kleinen geschmacksbedingten Abweichungen (z.B. in Bayreuth ein Deus ex machina »Il Sole«, dagegen in Berlin eine »Stimme aus dem Himmel«), weisen beide Libretti dieselbe Gliederung auf. Das Berliner Libretto, entstanden 1754, wurde allerdings vom Hofdichter Friedrichs II., Gianpietro Tagliazucchi, neu versifiziert.

In großer Ausführlichkeit bespricht *Rashid Pegah* in seinem Beitrag zwei Vorlagen zu Libretti, die sich beide im Autograph erhalten haben: »Silla« von Friedrich II. sowie »Amaltea« von seiner Schwester Wilhelmine. Dem König wie auch der Markgräfin werden jeweils bis zu neun Librettovorlagen zugeschrieben, beide verfassten ihre Texte auf Französisch und ließen sie dann erst von ihren Hofdichtern in italienische Verse übertragen. Dabei schrieb Wilhelmine im Gegensatz zu ihrem Bruder alle Texte selbst, während sich Friedrich II. gelegentlich mit Inhaltsangaben genügte, die sein Hofdichter Giampietro Tagliazucchi dann ausführen musste. Letzterer griff auch sonst in die Gestaltung des Textes ein; dagegen wurde Wilhelmines Arbeit vor allem durch sie selbst immer neuen Veränderungen und Korrekturen unterzogen. Beide Libretti entwickelten sich in mehreren Stadien, was nicht nur an verschiedenen handschriftlichen Entwürfen, sondern auch an Unterschieden in den gedruckten Textbüchern (französisch, italienisch-deutsch) sichtbar wird.

Um den Begriff der Moral kreist der Artikel von *Ruth Müller-Lindenberg*, die im Anhang auch eine Schrift Wilhelmines mit dem Titel »De la Morale« aus dem Geheimen Staatsarchiv Preußischer Kulturbesitz Berlin veröffentlicht. Außerdem sucht Müller-Lindenberg in Briefzitaten der Markgräfin nach deren Äußerungen zu »Moral« bzw. »Vernunft« und in der Bayreuther Bibliothek Wilhelmines nach Werken von Philosophen, die ihr Denken geprägt haben mögen. Es bleibt jedoch bei der Feststellung, dass Wilhelmine sich zwar insbesondere auch in ihren Textvorlagen für das Musiktheater mit dem ewigen Konflikt zwischen Vernunft und Leidenschaft beschäftigt hat, dabei jedoch offenbar zu keiner geschlossenen Erkenntnis gekommen ist.

Im Zusammenhang mit der Vertonung der von der Markgräfin gefertigten Vorlagen stellt *Christine Siegert* die Frage nach dem Pasticcio-Problem. Das Pasticcio ist für Siegert ein »aus heterogenem, idealiter indes gleichrangigem musikalischem und gegebenenfalls textlichem Material zusammengestellte[r], in sich abgeschlossene[r] ästhetische[r] Gegenstand, der üblicherweise unmittelbar zum Zweck der Aufführung hergestellt wurde« (S. 163). Die Frage, ob nun beispielsweise Wilhelmines »L'Huomo« ein Pasticcio sei, wird klar mit »Nein« beantwortet, da Andrea Bernasconi als Hauptkomponist zu gelten hat, auch wenn verschiedene Arien u.a. von Wilhelmine in das Werk eingefügt wurden. Am Ende betont die Autorin, dass Pasticci, die zu höfischen Anlässen ebenso wie zur Opernwelt des 18. und frühen 19. Jahrhunderts dazu gehörten, in ihrer Masse noch zu erforschen bleiben.

Mit der Musik zu »L'Huomo« beschäftigt sich *Sabine Henze-Döhring* in ihrem Beitrag. Das von Wilhelmine verfasste Libretto wurde vom renommierten Münchner Vize-Hofkapellmeister Andrea Bernasconi vertont und anlässlich eines Besuchs von Friedrich II. in Bayreuth aufwändig auf die Bühne gebracht. Dabei bestach die »Festa teatrale« durch den dramatisch dargestellten Kampf von Gut und Böse. Die verschiedenen Elemente des Werkes (Chor, Ballett, Arie/Cavatine) folgten dabei einem synästhetisch ausgerichteten Konzept, das auf eine Steigerung und Zuspitzung des Konflikts bis zum Ende ausgerichtet war. Diese dramaturgische Zuspitzung wurde von Bernasconis Musik unterstützt, der zum Teil extreme Klangfarben einsetzte. Möglicherweise im Hinblick auf Friedrichs II. Vorliebe für die Musik Johann Adolf Hasses wurden aber auch Arien dieses Komponisten in die Aufführung eingefügt; und Wilhelmine selbst scheute sich offenbar nicht, eine eher schlichte, aber originelle Cavatine beizusteuern.

Abschließend befasst sich auch der Herausgeber *Thomas Betzwieser* mit »L'Huomo«, allerdings im Hinblick auf die mögliche Inszenierung der Aufführung. Dabei betont er vor allem die Rolle des Chores bzw. des Balletts in diesem Werk und resümiert, dass »signifikante Teile der dramatischen Handlung der pantomimischen Aktion überantwortet werden« (S. 213). In der »ungemein avancierte[n] Verwendung« (S. 196) von Chor und Ballett in diesem Werk sieht Betzwieser eine deutliche Parallele zu Louis de Cahusacs »Zoroastre« von 1749, einem Werk, das Wilhelmine bekannt war. Nach der französischen Tradition der »choeur dansés« sind hier Chor und Ballett konstitutive Elemente der Oper, sind also für die Handlung von Bedeutung und nicht nur schmückendes Beiwerk. Wie die konkrete Umsetzung dieses außergewöhnlichen Konzepts in Wilhelmines Musiktheater aber ausgesehen haben mag, bleibt allein der Spekulation überlassen.

In der Zusammenschau der verschiedenen Beiträge wird deutlich, dass die Forschung zu diesem Thema sich noch nah an den Quellen abspielt und einer Einordnung in einen größeren Rahmen harrt. Die sich aus der Arbeit am historischen Material immer neu ergebenden Fragen bieten dabei viele lohnenswerte Anknüpfungspunkte für weitere Wissenschaftler.

Purfing   Angelika Tasler

VII. Wirtschaft und Gesellschaft

Marian Füssel/Philip Knäble/Nina Elsemann (Hg.), Wissen und Wirtschaft. Expertenkulturen und Märkte vom 13. bis 18. Jahrhundert, *Göttingen 2017, Vandenhoeck & Ruprecht, 418 Seiten.*

Man solle die Ökonomie nicht allein den Ökonomen überlassen, diese Forderung wählt Philip Knäble als Ausgangspunkt für den zu besprechenden Sammelband. Selbst unter führenden Ökonomen werde die alleinige Deutungshoheit ihrer Disziplin mittlerweile angezweifelt und eine Öffnung zu den Geschichtswissenschaften gefordert. Ganz in diesem Sinne soll der vorliegende Band Dialogbereitschaft mit den Wirtschaftswissenschaften zeigen und das Potenzial einer kulturwissenschaftlich orientierten Wirtschaftsgeschichte ausloten. Die 15 enthaltenen Beiträge sind aus der Ringvorlesung »Wissensmärkte in der Vormoderne« und der Tagung »Experten des Ökonomischen – Ökonomie der Experten« des Göttinger Graduiertenkollegs 1507 »Expertenkulturen des 12. bis 18. Jahrhunderts« hervorgegangen. Als Experte wird dabei ein sozialer Rollentypus verstanden, der mit dem Versprechen von adäquatem Wissen in Kommunikationsakten auftritt. Wie Knäble betont, soll aber nicht geprüft werden, ob die Experten dieses Wissen wirklich besaßen. Angeregt durch die blühende und in weitere Bereiche der Geschichtswissenschaften ausgreifende Forschung um rituelle Praktiken und Semantiken, soll untersucht werden, wie sie sich auf Wissensmärkten als Experten des Ökonomischen etablierten und inszenierten. Die beitragenden Autoren präsentieren auf dieser Basis vielfältige Fallstudien zu Themen, die vom 13. bis ins 18. Jahrhundert reichen und im Band in drei Teilbereiche gegliedert sind.

Der erste Teil »Vertrauen und Risiko« beginnt mit *Tim Neus* Beitrag zur Absetzung des englischen Schatzmeisters Sidney Godolphin im Jahr 1710. Vor dem theoretischen Hintergrund des Antagonismus von Systemvertrauen und Expertenkritik betrachtet er die Strategie der Tories, Godolphin in Verruf zu bringen, in dem sie die Qualität des puplic credit von einem funktionierenden System und nicht von einem einzelnen sie garantierenden Experten herleiteten. *Benjamin Scheller* untersucht Praktiken der Risikoeinschätzung vor dem Hintergrund der spätmittelalterlichen Seeversicherungen. Er kommt zu dem Schluss, dass sich die Akteure zu möglichen Risikofaktoren informierten und dieses Wissen »protostatistisch« Basis für die Berechnung von Versicherungsprämien war. Mit dem Begriff des Risikos beschäftigt sich auch *Eva Brugger* in ihrem Beitrag über Projektmacher. Projekte bargen immer das Risiko des Scheiterns und ihre Akteure schwankten in der Außenwahrnehmung nicht selten zwischen Experte und Betrüger. Brugger argumentiert, dass eben diese Unsicherheit, die auch immer Profit versprach, es erlaubte, aus den Unternehmungen Kapital zu schlagen. *Harold Cook* vergleicht die frühneuzeitlichen Münz- und Wissensmärkte und kommt zu dem Schluss, dass auf beiden Praktiken des Prüfens und Messens verwendet wurden, um den Wert des Angebotenen zu garantieren

und von persönlichen Vertrauenssystemen zu lösen. *Philip Knäble* betrachtet Scholastiker als Träger ökonomischen Wissens. Aus Schriften von Kaufleuten geht hervor, dass sich Händler aktiv an die Theologen wendeten, wenn sie Bedenken zur Vereinbarkeit ihrer Geschäfte mit ihrer Religion hatten. Auch für ihre Predigten, die sich an Händler richteten, mussten die Scholastiker die Praktiken der Kaufleute kennen.

Heinrich Langs Beitrag zum Wissensstandard bei Kaufmannsbankiers des 16. Jahrhunderts leitet den zweiten Teil »Produktion und Transfer« ein. Schon in der Ausbildung erlernten die Kaufmannsbankiers durch Kommunikation mit anderen Kaufleuten und aus Kaufmannshandbüchern Fachsprache und Praktiken bei Auslandsaufenthalten. *Tanja Skambarks* untersucht die theologische Diskussion zu Zinsen auf Anleihen bei den Monti di Pietà. Gezielt wurden Gutachten bei Theologen der europäischen Universitäten eingeholt und öffentlich kommuniziert, die für eine Aufhebung des Zinsverbots argumentierten. *Kolja Lichy* geht der Frage nach, ob die Wirtschaftsverwaltung eine eigene Fachabteilung in der Habsburgermonarchie des 18. Jahrhunderts war und ihren Akteuren ein besonderer Expertenstatus zugesprochen wurde. Am Beispiel des Kommerzienrats Karl von Zinzendorf zeigt er, dass sich die Verwaltung erst zur eigenen Facheinheit entwickelte und Zinzendorf sein ökonomisches Wissen erst »on the job« erlernte. *Marian Füssel* betrachtet den Markt für Militärexpertise im Südasien der Frühen Neuzeit und kommt zu dem Schluss, dass Europäer keine besondere Expertise vorweisen mussten, um dort als Militärexperten beschäftigt zu werden. Sie wurden vor allem nach ihrer Herkunft ausgewählt. Abschließend widerspricht *Rainald Becker* der Meinung, dass man im Süddeutschland des 17. und 18. Jahrhunderts nicht an Amerika interessiert gewesen sei. Auf Basis von Jesuitenschriften aus Dillingen und Druckorten für Amerikaliteratur spricht er von einer barocken Überseekonjunktur, die selbst die süddeutsche Provinz erfasst habe.

Im dritten Teil »Angebot und Nachfrage« betrachtet *Gion Wallmeyer* den mittelalterlichen Hof als Markt für Expertise. Anhand von Kanzleischriftgut vollzieht er nach, dass es Experten für kreuzzugsspezifisches Wissen gab, die an mehreren Höfen bezahlt wurden. Die Anwendung des Marktbegriffs auf diese Thematik scheint ihm aber nur mit Einschränkungen möglich, da einige Traktate von Experten auf Befehl entstanden waren. *Colin Arnaud* sucht nach den Anfängen des bis heute andauernden Drucks zur Lohnarbeit und der gesellschaftlichen Ächtung von Bettlern. Er beschreibt eine ideologische Umkehrung in der Bewertung von Arbeit. Demnach setzte sich die Vorstellung durch, dass nicht der Arbeiter das Volk ernährt, sondern der Arbeitgeber, indem er Arbeit für die Armen schafft. *Mark Häberlein* beschäftigt sich mit dem frühneuzeitlichen Markt für Fremdsprachen und seinen Akteuren, den Sprachlehrern. Obwohl ein dynamischer Markt mit neuen Lehrmaterialien und hoher Nachfrage entstand, blieb die Gruppe der Sprachlehrer äußerst heterogen und genoss weiterhin nur ge-

ringes Ansehen. *Ian McLean* beschreibt den wachsenden Buchmarkt vor und nach dem 30-jährigen Krieg und argumentiert, dass vor allem Sammler, die Bücher nur aus Prestigegründen kauften, und nicht die Gelehrten für dieses Wachstum verantwortlich waren. *Miriam Müller* beschließt den Sammelband mit einem Beitrag zu wissenschaftlichen Sammlungen von Professoren des 18. Jahrhunderts. Diese für den Unterricht gedachten Sammlungen konnten sich positiv auf das soziale Kapital des Professors auswirken. Doch auch eine negative Auswirkung war möglich, da ausufernde Sammelleidenschaft von den Zeitgenossen schnell als Ausdruck von Exzentrik und Maßlosigkeit aufgefasst werden konnte.

Der Sammelband bietet mit seinen 15 Aufsätzen hoch interessante und klar strukturierte Beiträge, die das Thema Experten und Wissensmärkte aus vielseitigen Blickwinkeln über ein breites historisches Spektrum hinweg untersuchen. Dabei überwiegt die kulturgeschichtliche Perspektive, was vor allem den von *Philip Knäble* in der Einleitung angekündigten Schulterschluss mit den Wirtschaftswissenschaften und der Wirtschaftsgeschichte vermissen lässt. Wissen und Märkte wäre vielleicht ein passenderer Titel gewesen. Auch die Aufteilung auf drei Unterkapitel ist nicht abschließend schlüssig, da die Beiträge auch innerhalb der Kapitel sehr heterogen sind. Einige kleine redaktionelle Fehler stören die insgesamt gute Präsentation. So wird der beitragende Rainald Becker im Vorwort als Reinhardt Bekker bezeichnet. Außerdem wirkt Harold

Cooks Beitrag deutlich unstrukturierter als die anderen Beiträge, weil die sonst sehr gelungene Untergliederung fehlt. Grundsätzlich kann man Philip Knäble aber nur zustimmen: Der Ansatz, Kulturgeschichte mit Wirtschaftsgeschichte zu verbinden, ist wirklich spannend und erscheint auch für weitere Arbeiten als äußerst gewinnbringend.

München   Franz Emanuel Huber

Hans-Wolfgang Bergerhausen, Protestantisches Leben in Würzburg während des 16. Jahrhunderts. Eine Annäherung *(Sonderveröffentlichung des Stadtarchivs Würzburg 10), Neustadt/Aisch 2017, Ph. C. W. Schmidt, 106 Seiten und 16 Tafeln.*

Das Buch ist als Begleitband zu einer Ausstellung des Stadtarchivs Würzburg im Rahmen des Gedenkens an die Reformation vor 500 Jahren entstanden. Sein Verfasser lehrt als außerplanmäßiger Professor am Lehrstuhl für Neuere Geschichte der Julius-Maximilians-Universität.

Ein einführender Aufsatz geht zunächst auf die Quellensituation ein und beschreibt präzise die methodischen Probleme, die sich aus dem Umstand ergeben, dass vor allem die Sicht der herrschaftlichen Verwaltungsorgane (Stadtrat, bischöfliche Institutionen) auf die lokale Oberschicht Eingang in die schriftliche Überlieferung gefunden hat. Dagegen haben sich aus der Perspektive der nie zu einer organisatorischen Einheit zusammengewachsenen Bewegung protestantisch gesinnter Würzburger nur vereinzelt schriftliche Zeugnisse erhalten. Zudem muss oft die Frage offen bleiben, inwieweit und in welcher Form abweichen-

des Verhalten von offiziell geltenden religiösen Normen als eindeutig protestantisch oder gar lutherisch einzuordnen ist.

Dann widmet sich Bergerhausen in einem weiteren Abschnitt seines Aufsatzes der frühen Phase der reformatorischen Bewegung in Würzburg. Er weist zunächst auf die interessante und für kirchliche Reformen offene Persönlichkeit des Bischofs Lorenz von Bibra (gest. 1519) hin. Der empfing Luther höchstwahrscheinlich persönlich, als dieser sich im April 1518 auf der Durchreise zur Heidelberger Disputation in der Stadt aufhielt. Reformatorisches Gedankengut ist in der Stadt fassbar seit Beginn der 1520er Jahre und zwar durch die Neubesetzung der Dompredigerstelle. Diese wichtige Personalie an Bischofskirchen wurde in der Regel mit hochgelehrten Theologen besetzt, die sich in dieser frühen Phase der Reformation (auch andernorts) bald nach ihrer Berufung gelegentlich als Multiplikatoren von Luthers Gedankengut entpuppten. So war es auch in Würzburg: Zunächst erwog das Domkapitel 1517 eine Berufung des Wittenberger Theologen Andreas Bodenstein aus Karlstadt auf die Würzburger Domprädikatur, 1520 schließlich konnte man Paul Speratus für die Position gewinnen, der dann »als erster in Würzburg reformatorisch« (S. 22) predigte. Der räumte 1521 die Stelle, woraufhin man Johannes Graumann (Poliander) berief, dessen reformatorische Gesinnung bald ebenfalls offenbar wurde. Nach dessen Weggang 1525 predigte bald auch der folgende Kandidat, Johann Haner, evangelisch, so dass letztlich ausgerechnet »die Domprädikatur zum Einfallstor des Protestantismus in Würzburg« (S. 24) wurde. Bis zur Mitte der 1520er Jahre zeigten sich weitere Aspekte evangelischen Lebens in der Stadt: Einige (auch führende) Kleriker standen reformatorischem Gedankengut nahe, was sich etwa an Heiraten oder in ihrer Predigttätigkeit zeigte, Würzburger Studenten sind in Wittenberg nachweisbar, der Stadtrat erließ eine neue Almosenordnung nach dem Vorbild der reformatorisch geprägten Kitzinger Ordnung. Dass die breite Bevölkerungsmehrheit von all diesen Regungen ebenfalls erfasst war, ist allerdings unwahrscheinlich. Noch während des Bauernkrieges trug der Unmut der Würzburger einen eigenwilligen Zug, der kaum auf einen starken Einfluss genuin reformatorischen Gedankengutes schließen lässt. Die Präsenz der Bauern in Würzburg blieb ein kurzes Intermezzo; die Folgen bekamen die Würzburger jedoch durch eine harsche antireformatorische Politik Bischof Konrads von Thüngen zu spüren. Doch auch in der Folgezeit gab es in der Stadt reformatorische Regungen.

Ein nächster Abschnitt des einführenden Aufsatzes geht den Spuren des Würzburger Protestantismus in der zweiten Hälfte des 16. Jahrhunderts nach. Zu den typischen Phänomenen zählte das Auslaufen von protestantisch gesinnten Einwohnern Würzburgs zum Gottesdienst in die umliegenden Dörfer, die außerhalb des Hochstiftsgebietes lagen und schon evangelisch waren. Diese Form des religiösen Ungehorsams fiel ab 1583 besonders ins Gewicht, als Fürstbischof Julius Echter begann, eine strikte Gegenreformation durchzuführen. Das Auslaufen ist für Würzburg

und andere hochstiftische Orte wissenschaftlich aufbereitet (Hanna Brommer, 2014) und lässt sich für einen etwa zehnjährigen Zeitraum bis Mitte der 1580er-Jahre belegen. Ab der Mitte der 1580er-Jahre kam es in der Residenzstadt zu einschneidenden Maßnahmen gegen den Protestantismus, der zeitweilig auch auf das Würzburger Schulwesen und den lokalen Buchhandel Einfluss gewonnen hatte. Bergerhausen kann auch exemplarisch einige prominente Mitglieder der Stadtgesellschaft benennen, insbesondere evangelische Ratsherren, die führend an Ausbau und Finanzierung des Pleicher Friedhofs zu einem repräsentativen Bestattungsort der Würzburger Protestanten beteiligt waren. Gerade dieses bürgerschaftliche Bauprojekt lief dem fürstlichen Herrschaftsstreben Echters und seinen katholischen Konfessionalisierungsbestrebungen strikt zuwider. Zwischen 1584 und 1587 erhöhte der Bischof die Repressalien (Zwang zur Konversion oder zur Emigration) gegen die Protestanten in seiner Residenzstadt. Der sozialen Verteilung und dem zahlenmäßigen Umfang der Würzburger Protestanten gelten weitere kleine Kapitel des einführenden Aufsatzes, der mit Anmerkungen sowie einem reichhaltigen Quellen- und Literaturverzeichnis abgerundet wird.

Der zweite Teil der Publikation besteht aus 16 doppelseitigen Tafeln. Nach einer chronologischen Übersichtstabelle werden weitere einschlägige Themen, die im einführenden Aufsatz bereits kursorisch gestreift wurden, nun prägnant zusammengefasst und anhand einer guten Bildauswahl visualisiert. Die Liste dieser

Themen umfasst wichtige Aspekte wie: Ablasshandel und -kritik im Würzburger Domkapitel, Luther in Würzburg, Gesinnung des Bischofs Lorenz von Bibra, reformatorische Predigt in Würzburg, Bauernkrieg, Würzburger Studenten in Wittenberg, lutherischer Schulunterricht und Buchbesitz in der Stadt, protestantischer Friedhof in Würzburg, Entlassung von protestantischen Ratsherren durch Julius Echter, Resistenz der evangelischen Würzburger usw. Die stadtgeschichtliche Bedeutung der Einzelthemen wird besonders deutlich durch die beachtliche Zahl von abgebildeten Archivalien und Bildern aus dem Besitz Würzburger Institutionen.

Der Band erweist sich insgesamt als ein gut lesbares und sehr anschaulich illustriertes Kompendium zur Geschichte des frühneuzeitlichen Protestantismus in Würzburg.

Ehingen (Mfr.) Andreas Gössner

Henning Türk, Ludwig Andreas Jordan und das Pfälzer Weinbürgertum. Bürgerliche Lebenswelt und liberale Politik im 19. Jahrhundert *(Bürgertum Neue Folge, Studien zur Zivilgesellschaft 12) Göttingen 2016, Vandenhoeck und Ruprecht, 424 Seiten.*

Die beiden Begriffe »bürgerliche Lebenswelt« und »liberale Politik«, die der Autor des hier anzeigenden Werkes als Untertitel gewählt hat, bezeichnen zwei für die politische Entwicklung Deutschlands im 19. Jahrhundert zentrale Phänomene. Sie bilden dementsprechend schon seit Längerem den Gegenstand einer intensiven Forschungstätigkeit, die sich in einer Fülle einschlägiger Publikationen niedergeschlagen hat. Einige davon haben große Beachtung gefunden und bestimmen so das Bild, das wir uns heute von diesem Zeitalter machen. Türk, der die Konturen dieses Bildes in seiner rund zwanzig Seiten umfassenden Einleitung nachzeichnet, ist jedoch zu der Überzeugung gelangt, dass dieses noch keineswegs vollständig ist. Eine der Ursachen dafür sieht er darin, dass »die Forschungen über die mentalen, räumlichen und wirtschaftlichen Grundlagen bürgerlich-liberalen Engagements bisher überwiegend getrennt durchgeführt« worden seien (S. 17). Das habe zur Folge, dass für die gesamte Entwicklung wichtige Zusammenhänge bisher noch nicht oder nicht hinreichend klar erkannt und damit auch nicht entsprechend aufgezeigt worden seien. Und eben diese Forschungslücke möchte er mit seiner Habilitationsschrift – denn um diese handelt es bei dem vorliegenden Band – schließen helfen: »Diese Stränge sollen im Folgenden zusammengeführt werden, um auf dieser Basis den soziokulturellen Zusammenhang von Bürgertum und Liberalismus genauer auszuleuchten« (ebd.). Als ein weiteres Defizit der bisherigen Forschung betrachtet Türk deren Fokussierung auf einige wenige Segmente des Bürgertums. Denn dadurch seien die Haltung und das Agieren großer Teile dieser sehr komplexen Bevölkerungsschicht unbeachtet geblieben. Insbesondere »die Rolle der bürgerlich geprägten ländlichen Eliten in den politischen, wirtschaftlichen und sozialen Umgestaltungsprozessen des 19. Jahrhunderts« (S. 18) sei von der bisherigen Forschung kaum zur Kenntnis genommen worden.

Aber nicht nur diese Forschungslücke möchte Türk mit seiner Untersuchung schließen helfen, sein Anspruch reicht noch sehr viel weiter, will er doch nicht weniger als »die Liberalismusforschung vom Kopf auf die Füße stellen« (S. 19) Denn diese habe sich bisher vor allem mit dem »Liberalismus als politische Idee in ihren Veränderungen und Ausdifferenzierungen oder als Begriffs- beziehungsweise Parteiengeschichte« beschäftigt, während sein Interesse der Basis dieser politischen Bewegung gelte, den »engagierten Bürgern vor Ort, deren Protagonisten versuchten, in den lokalen, regionalen und überregionalen politischen Arenen ihre Sichtweisen und Interessen durchzusetzen. Von ihnen ausgehend ist der Liberalismus zu denken. (…) Es geht also hier weniger um die Ideen des Liberalismus als um seine Praxis, um einen ›Liberalismus der Tat‹.« (ebd.)

Dass Türk als konkretes Objekt seiner Forschungen das Pfälzer Weinbürgertum auswählte, ist vor allem dem Umstand geschuldet, dass er in Form des Familienarchivs Bassermann-Jordan im Landesarchiv Speyer auf eine Quelle gestoßen war, die ihm tiefe Einblicke in das Denken und Handeln einer Gruppe von Personen eröffnete, die einen konstitutiven Teil dieses speziellen ländlich-bürgerlichen Milieus bildeten. Basierend auf einer starken wirtschaftlichen Stellung, die sie vor allem der Anwendung innovativer Methoden beim Anbau, der Produktion und der Vermarktung von Wein verdankten, haben sie über Jahrzehnte hinweg die wirtschaftliche, gesellschaftliche und politische Entwicklung des linksrheinischen Regierungsbezirks

Bayerns – seit 1838 offiziell als »Pfalz« bezeichnet – mitgeprägt. Entsprechend seiner umfassenden Zielsetzung beschränkt sich der Autor aber nicht auf die Auswertung der im Familienarchiv überlieferten Quellen. Er ergänzt diese durch die Briefe, die sein Protagonist an politische Kollegen und Freunde richtete, und zu denen auch einige prominente Persönlichkeiten zählten, durch Quellen staatlicher Provenienz (vor allem solche aus dem Bestand der Regierung der Pfalz und der bayerischen Staatsregierung), aus dem Deidesheimer Stadtarchiv sowie dem Archiv der Industrie- und Handelskammer der Pfalz in Ludwigshafen. Eine weitere Grundlage bildete die Auswertung zentraler publizistischer Quellen, insbesondere des von Jordan mit herausgegebenen Wochenblattes für die Pfalz.

Diese breite Fundierung verleiht dem Werk seinen ganz eigenen Charakter. Zum einen lässt es vor dem inneren Auge des Lesers ein höchst plastisches Bild des Protagonisten und seiner Umgebung entstehen und setzt diesen, wie vom Autor beabsichtig, instand zu erkennen, »wie das Pfälzer Weinbürgertum als Teil der bürgerlich-liberalen Bewegung die Durchsetzung erweiterter politischer Partizipationsrechte, einer Marktwirtschaft mit kapitalistischer Wirtschaftsweise, der Industrialisierung und des Nationalstaatsgedankens wahrnahm.« (S. 30) Zum anderen aber liefert es einen höchst informativen Beitrag zum Verständnis der besonderen Rolle, welche die Pfalz gerade in diesem Zeitraum – der im Kern von der Konstituierung des modernen Bayern bis zu dessen Eingliederung in das Kaisereich reicht – im bayerischen Staatsverband gespielt hat. Obwohl diese selbstverständlich bereits Gegenstand einer Reihe von einschlägigen Untersuchungen war, besteht in dieser Hinsicht auf Seiten der bayerischen landesgeschichtlichen Forschung jedoch noch immer ein erheblicher Nachholbedarf. Auch und gerade solche Leser, die sich besonders für die bayerische Geschichte des 19.und 20.Jahrhundert interessieren und darin vielleicht auch schon gut bewandert sind, werden deshalb dieses Buch mit großem Interesse und beträchtlichem Erkenntnisgewinn studieren.

Würzburg   DIRK GÖTSCHMANN

ALFRED WOLFSTEINER, Johann Nepomuk von Ringseis. Arzt und Vertrauter Ludwigs I. *(kleine bayerische biographien), Regensburg 2016, Pustet, 152 Seiten, 24 Abbildungen.*

Johann Nepomuk von Ringseis gehörte als Arzt, Professor, Gelehrter, Abgeordneter und Ministerialbeamter zu jenen »Multifunktionsträgern«, die im Königreich Bayern über Jahrzehnte hinweg gestaltende Figuren in politischen, wissenschaftlichen und moralischen Fragen gewesen sind. Zudem gehörte Ringseis zum Kreis der engeren Vertrauten König Ludwigs I., er begleitete den Monarchen beispielsweise auf mehrere Italienreisen, behandelte ihn medizinisch und gab ihm auch in moralischen Fragen immer wieder, auch ungefragt, Ratschläge. Lediglich während der Lola-Montez-Affäre verlor er den direkten und vertraulichen Kontakt zum Monarchen. Polarisierend und streitbar setzte Ringseis Akzente auf den unterschiedlichsten Feldern und suchte Einfluss zu nehmen. Es ist für Arbeiten zu Ludwig I. vor allem in kirchlichen, aber auch in künstlerischen Fragen daher lohnenswert, danach zu fragen, ob sich nicht auch Johann Nepomuk von Ringseis dazu geäußert hat. Die Biographie von Alfred Wolfsteiner greift vor allem diese Perspektive auf und erzählt den Lebensweg des aus Schwarzhofen in der Oberpfalz stammenden Arztes in der besonderen Sichtweise seiner Beziehung zu König Ludwig I. von Bayern.

Behandeln die ersten vier einführenden Kapitel Kindheit und Jugend (1785–1805), das Studium der Medizin in Landshut, die Tätigkeiten in Wien, Jachenau, Vohenstrauß, Berlin und schließlich als Militärarzt in Frankreich (1805–1816), so zeigt sich ab Kapitel 5, dass die Lebensgeschichte ihren entscheidenden Impuls durch die Bekanntschaft mit Kronprinz Ludwig von Bayern und der ersten gemeinsamen Italienreise 1817/1818 erhielt. Neue Themen wurden nun interessant: die Niederlassung in München, die enge Bindung an das Königshaus, die öffentlichen Tätigkeiten an der Universität, in der Ständekammer und in der bayerischen Akademie der Wissenschaften (1818–1855). Erst wieder in den späten Jahren zwischen 1855 und 1880 kam es zu ruhigen Phasen; das 10. Kapitel zeichnet diese letzten Lebensstationen in kurzen Strichen nach. Johann Nepomuk Ringseis wurde 95 Jahre alt; noch in der Zeit des Ancien Regime geboren, starb er, als sich die bayerische Monarchie während der Regierungszeit König Ludwigs II. politisch schwach zeigte und gleichzeitig theatralisch übersteigert gerierte. Somit war er

Augenzeuge der großen europäischen Krisenzeit der Koalitionskriege zu Beginn des Jahrhunderts, der elementaren Reformen in der Zeit von Montgelas sowie der Regierungszeiten Ludwigs I., Maximilians II. und weithin auch Ludwigs II.

Ringseis dachte in erster Linie altbayerisch: so wenig er die Besetzungspolitik Maximilians von Montgelas mit Nichtaltbayern goutierte, so kritisch setzte er sich in den 1850er Jahren mit der Berufungspolitik unter König Maximilian II. auseinander. Mit mehr als deutlichen Worten wurde er zu einem der Protagonisten im Nordlichterstreit gegen die norddeutschen Professoren. Als Sprachrohr der »Ultramontanen« ging er ebenfalls immer wieder gerne in den Konflikt, in früher Zeit mit Joseph von Hormayr, später mit Jakob Philipp Fallmerayer – polemisch suchte er in keiner Weise nach einem Ausgleich.

Mit dem Buch von Alfred Wolfsteiner ist eine Biographie entstanden, die den Leser kenntnisreich an die Persönlichkeit Johann Nepomuk von Ringseis‹ heranführt und zeigt, wie sehr es sich lohnt, sich für die Zeit der ersten Hälfte des 19. Jahrhunderts, aber auch darüber hinaus mit »Multifunktionsträgern« zu beschäftigen. Sie beeinflussten vielfältig das Staatsleben ebenso, wie sie die gesellschaftliche und politische Atmosphäre mitformten. Sicherlich wäre es gut gewesen, auf die quellenkritischen Probleme der gedruckten Erinnerungen des Johann Nepomuk von Ringseis einzugehen, die nicht zuletzt aus ihrer besonderen Überlieferungsgeschichte heraus erwachsen. Spürbar wird aus der Biographie zudem die deutliche Sympathie des Autors mit dem Gegenstand seiner Forschungen – das schadet dem Gesamteindruck des Buches aber in keiner Weise.

Passau   Hannelore Putz

Elmar Kerner, Der »weiße Rabe« Johannes Grandinger (1869–1941). Leben und Wirken eines liberalkatholischen Pfarrers und bayerischen Landtagsabgeordneten *(Studien zur Bamberger Bistumsgeschichte 8), Petersberg 2018, Michael Imhof, 383 Seiten, zahlr. Abbildungen*

In der Endphase der Prinzregentenzeit erschütterte der Fall des klerikalen Landtagsabgeordneten Johannes Grandinger den politischen Katholizismus in Bayern, da dieser sich nicht, wie es zu erwarten gewesen wäre, zum Zentrum bekannte, sondern als Kandidat der Liberalen in den Landtag eingezogen war. Die Biographie Grandingers liegt nun als geschichtswissenschaftliche Dissertation, gefertigt an der Otto-Friedrich-Universität Bamberg, vor. Dabei stützt sich der Autor Elmar Kerner auf eine ausgesprochen breite Basis archivalischer und publizistischer Quellen. Berücksichtigt wurden etwa die einschlägigen Akten des Hauptstaatsarchivs München (Außen-, Innen-, Arbeits- und Kultusministerium), der oberfränkischen Archive (Staatsarchiv Bamberg, Stadtarchiv Bamberg, Archiv des Erzbistums Bamberg) und das Archiv der Münchner Nuntiatur im Vatikanischen Geheimarchiv in Rom. Darüber hinaus wurden die Stenographischen Berichte über die Verhandlungen der beiden Kammern des bayerischen Landtages, die geringe Zahl von Grandingers Veröffentlichungen und eine äußerst große

Zahl an Zeitungs- und Zeitschriftenpublikationen ausgewertet.

Die Biographie ist chronologisch angelegt. Zunächst wird Grandingers Kindheit als Sohn eines Eisenbahnbeamten in der Arbeiterstadt Nürnberg dargestellt, dann sein Weg ins Priestertum und seine ersten seelsorglichen und publizistischen Erfahrungen als Bamberger Kaplan und Gründer des »St. Heinrichsblattes«. Es schließt sich die Schilderung des seelsorglichen Wirkens auf seiner ersten selbstständigen Stelle als Pfarrer in Nordhalben im Frankenwald an. Breiten Raum nimmt hierbei Grandingers sozialpolitisches Wirken als führende Figur des »Arbeiter-Beschäftigungs-Komitees« und als Gründer der Spitzenklöppelschule ein. Den Schwerpunkt der Studie bildet die anschließende Schilderung von Grandingers umstrittener Tätigkeit als Landtagsabgeordneter zwischen 1907 und 1911. Insbesondere geht Kerner auf die heftigen publizistischen Auseinandersetzungen, die sich an seiner Person zwischen liberalen und katholischen Blättern entzündeten, ein. Zum Schluss beschäftigt sich Kerner noch knapp mit dem restlichen Leben Grandingers als Pfarrer im oberfränkischen Buttenheim, wo er zusätzlich als Heimatforscher tätig war und mit den Nationalsozialisten aneinandergeriet, und als Ruhestandsgeistlicher (»Kommorant«) in Bamberg. Der Band, der durch ein Orts- und Personenregister erschlossen wird, weist eine hohe haptische Qualität auf. Die zahlreichen Abbildungen, unter denen vor allem die vielen Karikaturen, die Grandinger zum Gegenstand haben, hervorstechen,

sind von hoher Qualität und bereichern den Band wesentlich.

Für Kerner steht außer Frage, dass es sich bei Grandinger um einen »liberal-katholischen Pfarrer« (S. 296) handelte. Immerhin wurde Grandingers Landtagskandidatur von den liberalen Honoratioren seines nordoberfränkischen Wahlkreises unterstützt und er schloss sich der liberalen Landtagsfraktion nur auf Druck des erzbischöflichen Ordinariates nicht förmlich an. Außerdem vertrat er die liberale Kernforderung der Trennung von Politik und Kirche. Grandingers wirtschafts- und sozialpolitische Ansichten waren indes nicht liberal, sondern fügten sich in den Rahmen des damaligen Sozialkatholizismus. Spuren von theologischem Liberalismus finden sich ebenfalls nicht, da sich Grandinger wohl nicht zuletzt aus politischer Klugheit weder im Landtag noch in der Presse an kirchenpolitischen oder theologischen Debatten beteiligte. Kerner selbst zeigt schließlich Unbehagen an seinen Bemühungen um Grandingers Verortung im weltanschaulichen Liberalismus, wenn er schreibt, dass er »kein doktrinärer Liberaler« gewesen sei (S. 360).

Wenn auch die Gründe für Grandingers Auftreten als Kandidat der Liberalen angesichts eines fehlenden Nachlasses letztlich nicht geklärt werden können, so darf doch Grandingers politisches Wirken nicht von weltanschaulicher Zuneigung zum Liberalismus her verstanden werden, sondern von pragmatischer Distanzierung vom Zentrum, möglicherweise biographisch, durch persönliche Verletzungen, bedingt (S. 66 bis 92). Die Selbstcharakterisierung Grandingers als »Heimatkandidat«, worunter er einen im Wahlkreis wohnenden und sich für die Interessen des Wahlkreises einsetzenden Abgeordneten verstand (S. 158 bis 163), ist der bessere Schlüssel zum Verständnis des Politikers Grandinger. Politik sollte sich für Grandinger nicht an abstrakten (katholischen, liberalen, sozialistischen) Weltanschauungen orientieren, sondern an konkreten Problemen. Grandingers »deutliche öffentliche Distanzierung vom politischen Katholizismus« (S. 357) wurzelt offenbar eher in seiner Selbstsicht als »Heimatkandidat« als in weltanschaulichem Liberalismus. Dadurch machte sich Grandinger selbst zum Teil einer um Geltung kämpfenden kommunalistischen Tradition, die sich über die weltanschaulichen Lager erstreckt und vom städtischen Gemeindeliberalismus Südwestdeutschlands bis hin zum rustikal-konservativen Bayerischen Bauernbund reichte und in den freien Wählervereinigungen bis in die Gegenwart weiterlebt.

Als »Heimatkandidat« entsprach Grandinger einem Abgeordnetentyp, der sich erst durchsetzen musste, um im 21. Jahrhundert die Regel zu sein. Eine Analyse dieser Selbstbezeichnung hätte es verhindert, Grandinger als liberalen Einzelgänger darzustellen. Es hätte aber Kerner auch vor der biographischen Falle bewahrt, die in der Überbewertung heroischer Taten von Einzelmenschen besteht. Die Biographie hätte dadurch eine über die heimatkundlich interessante Darstellung eines Einzelschicksals hinausgehende strukturelle Bedeutung bekommen. Die Konzentration Kerners auf den vermeintlichen Liberalismus Grandingers und die darauf gründende recht erfolglose Suche nach liberalen Mitstreitern im engeren Sinne aber verhindert jede alternative strukturelle Einordnung Grandingers. Eine solche hätte auch in der erstmals von Karl Möckl ausformulierten Beobachtung bestanden, dass der Kulturkampf durch eine Koalition aus höherem Klerus und staatlicher Bürokratie und eine dadurch bedingte größere Distanz zwischen niederem und hohem Klerus beendet wurde. Denn Grandingers politische Devianz lässt sich auch vor diesem Hintergrund verstehen.

Regensburg   JOHANN KIRCHINGER

MARKUS BÖRNER/ANJA JUNGFER/JAKOB STÜRMANN (Hg.), Judentum und Arbeiterbewegung. Das Ringen um Emanzipation in der ersten Hälfte des 20. Jahrhunderts, *Berlin/Boston 2018, De Gruyter Oldenbourg, 380 Seiten.*

Dieser von Kollegiaten und Kollegiatinnen des Ludwig-Rosenberg-Kollegs am Moses-Mendelssohn-Institut Potsdam herausgegebene Band bereichert unser Wissen zu dem häufig emotional aufgeladenen Themengebiet Judentum und Arbeiterbewegung um eine Reihe bisher wenig bekannter Aspekte.

Die beiden Stichworte Juden und Linke haben in ihrer Verbindung lange Zeit vor allem die Antisemiten auf den Plan gerufen, gehörte es doch zu deren Repertoire, auf die prominenten Personen jüdischer Herkunft hinzuweisen, die sowohl die sozialistische wie auch die kommunistische Bewegung über lange Jahrzehnte hinweg prägten. Bereits seit langem hat sich allerdings auch die wissenschaftliche Forschung der daraus erwachsenden Fragen angenommen. Einer der führenden Forscher auf diesem Gebiet ist der New Yorker Politologe *Jack Jacobs*, der eine abwägende und die Forschungsresultate der letzten Jahre aufgreifende Einführung für diesen Sammelband verfasst hat. Er beginnt ihn mit einem Verweis auf die 1911 geschriebenen Worte des Soziologen Robert Michels, der auf »spezifische Eigenschaften des Judentums« verwiesen hatte, die seines Erachtens nach »den Juden zum geborenen Massenführer, Organisator und Agitator« machten. Dazu zählten ein »die Massen mitreißender Fanatismus, der felsenfeste suggestiv wirkende Glaube an sich selbst – das Prophetentum in ihm -. ... und ein noch stärkerer Ehrgeiz, Drang zur Schaustellung eigener Leistungen sowie, in allererster Linie, seine schier unbegrenzte Adaptabilität.«

Dieser, seinerseits auf antijüdischen oder zumindest grob verallgemeinernden Stereotypen beruhenden Auffassung stellt Jacobs die Aneignung des Wahlverwandtschaftskonzepts Max Webers durch Michael Löwy gegenüber, mit dessen Hilfe er das Verhältnis zwischen jüdischem Messianismus einerseits und revolutionären Anschauungen andererseits untersucht. Selbstverständlich lassen sich viele andere Faktoren finden, wie etwa die hohe Bildungsrate von Juden in der Arbeiterbewegung, ihre Rolle als unterdrückte Minderheit und ihr rascher Wandel von einer verfolgten Minderheit zu einer in die Mitte der Gesellschaft strebenden, aber doch nicht voll akzeptierten Gruppe.

Wie auch andere Beiträger stellt sich Jacobs gegen die häufig anzutreffende Prämisse, dass – von Marx angefangen – der Sozialismus auch massive judenfeindliche Elemente enthalten habe. Diese, so Jacobs, seien zwar bei einzelnen Sozialisten gewiss anzutreffen gewesen, doch hätten sie sich niemals den Weg in den Mainstream der Linken verschafft.

Ähnlich argumentiert *Ralf Hoffrogge* in seiner Analyse der »Ostjudendebatte« im Preußischen Landtag 1922. Hoffrogge untersucht die Aussagen aller Debattenredner und kommt zu der Erkenntnis, dass nur die beiden Vertreter der Linken – Werner Scholem von der KPD und Oskar Cohn von der SPD (ehemals USPD) – entschieden gegen die antisemitischen Vorstöße der DNVP Stellung genommen hätten. Dabei ist natürlich schon bemerkenswert, dass es sich in beiden Fällen um Personen mit einer durchaus bewussten jüdischen Identität handelte. Es ist etwas bedauerlich, dass Hoffrogge diese Diskussion nicht in den größeren Kontext der Situation der Ostjuden in der Weimarer Republik stellt. Die tatsächlich drohende Gefahr wird besser verständlich, wenn man sie vor dem Hintergrund der 1920 erstmals versuchten (und 1923 wiederholten) Ausweisung von Ostjuden aus Bayern betrachtet.

Überhaupt fehlt Bayern völlig in diesem Band. Dies ist angesichts der zahlreichen möglichen Themen zur leitgebenden Frage zwar nachvollziehbar, aber doch ein wenig bedauerlich. Denn gerade in Bayern haben Politiker jüdischer Herkunft (von Eisner bis Leviné, von Mühsam bis Toller und Landauer) im Revolutionsjahr 1918/19 eine ganz entscheidende Rolle gespielt. Nach ihnen wie auch nach Béla Kun und seinen jüdischen Mitstreitern in Ungarn sucht man freilich vergeblich in diesem Band.

Dennoch erfährt man viel Neues: *Jakob Stürmann* etwa bereichert unser Wissen über den Jüdischen Arbeiterbund um dessen russische Auslandsvertretung im Berlin der Weimarer Republik. Hier agierte seit 1922 die in der Sowjetunion verbotene Organisation im Exil. Einen Beitrag zu einer ganz anderen Auslandsvertretung liefert der New Yorker Jiddisch-Forscher *Gennady Estraikh*, indem er den Berliner Korrespondenten der populärsten jiddischen Zeitung in New York, dem *Forverts*, in den Mittelpunkt seines Beitrags rückt. Die Geschichte der Weimarer Republik wird aus seiner Perspektive in ein ganz besonderes Licht gerückt. *Shmuel Vardi* ruft in seinem Beitrag zu den jüdischen Arbeiterinnen im britischen Mandatsgebiet Palästina Ada Fischmann Maimon in Erinnerung, die in der sozialistisch-zionistischen Bewegung eine wichtige Rolle für die Frauenemanzipation spielte. Weitere Beiträge beschäftigen sich mit bekannteren jüdischen Intellektuellen wie Georg Lukacs und Walter Benjamin, Hannah Arendt und Leo Löwenthal, Ernst Fraenkel und Egon Erwin Kisch.

Jan Gerbers Aufsatz zeigt anhand des Dichters Leon Fürnberg einfühlsam die Konflikte eines Kommunisten, der für die Deutschen als Jude und für die Tschechen als Deutscher galt. Sein oftmals zitiertes Lied von der Partei (»Die Partei hat immer recht«) ist nur eines von zahlreichen tragischen Kapiteln einer komplexen Biographie, die das Verhältnis von Juden und Kommunisten in Mittel- und Osteuropa während der ersten Hälfte des 20. Jahrhunderts beleuchtet.

München   MICHAEL BRENNER

VIII. Landesteile und einzelne Orte

WOLFGANG WÜST (Hg.), Der Dreißigjährige Krieg in Schwaben und seinen historischen Nachbarregionen: 1618 – 1648 – 2018 *(Zeitschrift des Historischen Vereins für Schwaben, 111/Verein für Augsburger Bistumsgeschichte e.V., Sonderreihe, 10), Augsburg 2018, XXVI + 374 Seiten, zahlreiche Abbildungen.*

Zum Dreißigjährigen Krieg und dem Westfälischen Frieden besteht eine reiche Erinnerungskultur, die ihren Niederschlag in Friedens- und Jubiläumsfeiern, Schlachten- und Friedensbildern, ebenso wie in Denkmälern und Museen findet. Auch der Sammelband »Der Dreißigjährige Krieg in Schwaben und seinen historischen Nachbarregionen« ist letztlich Teil dieser von Herausgeber *Wolfgang Wüst* im ersten Teil der Einführung (S. XI–XVIII) beschriebenen Erinnerungskultur.

Im zweiten Teil der Einführung zeichnen *Lisa Bauereisen, Carola Fey, Christoph Gunkel* und *Marina Heller* den Verlauf der Tagung nach, die der vorliegenden Veröffentlichung vorausging, und geben damit einen inhaltlichen Ausblick auf die 18 in diesem Band versammelten Beiträge.

Dem Herausgeber gelingt es, mit dieser Publikation Makro- und Mikrogeschichte geschickt zu verknüpfen, indem er der Neubetrachtung bekannter Themen wie etwa der Frage nach den Kriegsursachen, die *Axel Gotthard* vor dem Hintergrund der Literatur zur 400. Wiederkehr des Kriegsausbruchs mit einer Aktualisierung seiner Einschätzung, dass der Dreißigjährige Krieg bis Anfang der 1630er Jahre ein Konfessionskrieg gewesen sei, beantwortet, eine Vielzahl von Studien zur Seite stellt, die das Bild vom Dreißigjährigen Krieg (nicht nur in der Region) erweitern und komplettieren. So wird aus der Zusammenschau der Beiträge deutlich, dass Schwaben zwar nur wenige Jahre, Anfang der 1630er Jahre bis zur Schlacht von Nördlingen und erneut ab 1646, von direkten Kriegshandlungen betroffen war, dass aber der Krieg von Anfang an in der Region präsent war durch Nachrichten, Truppendurchzüge, marodierende Armeeangehörige, Migration, Teuerungen, Lebensmittelknappheit und Krankheiten.

Der Sammelband nimmt Kriegsalltag und -erfahrung multiperspektivisch in den Blick. Dabei decken die Einzelbeiträge einen breiten zeitlichen Rahmen ab von der zunehmenden Kriegserwartung und Eskalation bestehender Konflikte zu Beginn des 17. Jahrhunderts, etwa in Donauwörth (*Thomas J. Hagen*), bis hin zum Nürnberger Exekutionstag 1649/1650, der durch die dort erzielte Einigung über die Abführung der Armeen aus dem Reich für viele Regionen, so auch Schwaben, das eigentliche Kriegsende markiert. *Christoph Gunkel* konzentriert sich in seinem Beitrag nicht nur auf die Beratungen und deren Ergebnisse in Nürnberg, sondern richtet den Blick auch auf den Verhandlungsort und das Leben der Diplomaten dort. Auf diese Weise eröffnet er eine bislang weitgehend vernachlässigte kulturgeschichtliche Perspektive auf den Nürnberger Exekutionstag. Der »einheimischen Künstlerschaft« (S. 270) fiel eine zentrale Rolle bei der Gestaltung der die Beratungen begleitenden Feierlichkeiten zu. Dieser Befund deutet ebenso auf den Aspekt der Vergemeinschaftung unter den anwesenden Diplomaten, die sich häufig von den Verhandlungen zum Westfälischen Frieden kannten, wie auf die in der frühneuzeitlichen Friedensforschung bislang wenig beachteten Wechselwirkungen zwischen Stadt- und Kongressgesellschaft hin.

Außer durch diesen weiten zeitlichen Zuschnitt zeichnet sich der vorliegende Band auch durch seine methodische Breite aus. Neben ereignisgeschichtlichen Darstellungen etwa zum Dreißigjährigen Krieg im Bistum Augsburg (*Thomas Groll*) oder zur Schlacht bei Nördlingen (*Wilfried Sponsel*) stehen wirtschafts- und sozialgeschichtliche Studien wie die von *Luisa Hammerich* zum Kriegsalltag in Dinkelsbühl auf der Basis von städtischen Rechnungsbüchern oder *Wolfgang Mährle* zur Entwicklung des Hochschulbesuchs protestantischer Studierender aus den ostschwäbischen Reichsstädten Augsburg, Nördlingen, Memmingen und Lindau während des Krieges, die »im Wesentlichen, wenngleich nicht bei allen Städten im Detail, dem Reichstrend« entsprach (S. 319). Zwei Drittel des untersuchten Personenkreises studierte in Tübingen oder Straßburg, was sich wohl durch die geographische Nähe zu den Heimatorten erklären lässt. Die Beiträge von *Christof Paulus* und *Frank Kleinehagenbrock*, die am Beispiel der Grafen von Schwarzenberg und Hohelohe die Strategien mindermächtiger Reichsstände während des Dreißigjährigen Krieges nachzeichnen, lassen sich hinwiederum am ehesten einer Kulturgeschichte des Politischen zuordnen. *Paulus* zeigt das Bemühen der Grafen von Schwarzenberg, deren Territorien »nahezu über die gesamte Zeit vom Großen Krieg heimgesucht wurde[n]« (S. 95), um die Aufrechterhaltung der kommunikativen, konfessionellen und administrativen Ordnung als Grundlage ihrer Herrschaft. So wurde selbst im Krieg nicht auf Visitationen verzichtet, um die eigenen Herrschaftsansprüche geltend zu machen. Für das Haus Hohenlohe kommt Kleinehagenbrock zur Erkenntnis, dass die Grafen »unterschiedliche dynastische und politische Optionen« anwandten (S. 244). Er spricht sogar von einer »Strategie der Optionen« (S. 244).

Abschließend weitet *Rainald Becker* den Fokus des Bandes mit einer kontrastiven Studie zur Bewertung des Westfälischen Friedens in süddeutschen Tabellenhistorien des 18. Jahrhunderts katholischer und evangelischer Provenienz. In der benediktinischen Interpretation der Abtei Ettal wird Krieg vor allem als Konflikt zwischen namentlich bekannten Akteuren dargestellt, der allerdings der bestehenden Ordnung nichts anhaben kann; eine Darstellung des Krieges, die aktuelle Überlegungen bezüglich der im Gegensatz zum Krieg mangelnden Möglichkeit, Friedensverhandlungen zu personalisieren, und

der daraus resultierenden Schwierigkeiten bei der breiten öffentlichen Vermittlung historischer Friedensfindung ergänzt, wie sie jüngst etwa Christoph Kampmann geäußert hat. Becker verweist auch auf die »psychologische Entlastungsfunktion« einer solch reduzierten Darstellung wie der Ettaler, die die »Singularität von Krieg und Frieden« durch das Betonen tradierte und kontinuierliche Ordnungsvorstellungen relativiert (S. 337). Anders die evangelische Interpretation, die sich einer »Verlustperspektive« nicht entziehen kann, allerdings ohne »Überdramatisierung« (S. 346).

Der vorliegende Sammelband bietet mehr als den obligatorischen regionalgeschichtlichen Beitrag zu einem Jubiläum. Er erweitert die aktuelle Forschung durch einen auf mikrohistorischen Studien basierenden chronologisch, perspektivisch und methodisch breit angelegten Überblick über das Erleben und die Auswirkungen des Dreißigjährigen Krieges auf Schwaben und seine Nachbarregionen, ohne sich dabei in lokalen Details zu verlieren.

Bonn   DOROTHÉE GOETZE

MAXIMILIAN WACKER, Die Revolution von 1918/19 in der Oberpfalz. Eine regionalgeschichtliche Studie in Abhängigkeit von den Vorgängen in München und den strukturellen Ausgangsbedingungen des Regierungsbezirkes, *Regensburg 2018, Friedrich Pustet, 648 Seiten, Abbildungen.*

Die Erforschung der Novemberrevolution in Bayern schreibt eine Geschichte städtischer Ereignisse. Im Fokus stehen die Vorgänge in München und den anderen städtischen Zentren. Die Pionierstudie von Martin Müller-Aenis aus dem Jahr 1986 zu den revolutionären Ereignissen in Schwaben und Mittelfranken hat die Notwendigkeit eines Blickes in die geographische Breite für eine umfassende Kenntnis der Novemberrevolution deutlich aufgezeigt, aber bisher keine monographische Nachfolge gefunden. Erst pünktlich zum Gedenkjahr 2018 ist nun Maximilian Wackers geschichtswissenschaftliche Dissertation über die revolutionären Ereignisse in der Oberpfalz erschienen.

Wackers Ausführungen stützen sich auf umfangreiche Quellenrecherchen in staatlichen, kommunalen und kirchlichen Archiven. Neben den Beständen der Münchner Zentralbehörden liegt der Schwerpunkt auf Archivgut oberpfälzischer Bezirksämter und Kommunen. Umfassend wurden daneben die einschlägigen Lokalzeitungen durchgesehen. So gelingt es Wacker, den weitgehenden Verlust des Räteschriftgutes auszugleichen. Umso bedauerlicher ist es, dass Wacker offenbar weder die online verfügbaren Protokolle des Oberpfälzer Christlichen Bauernvereins noch das in einer Privatedition vorliegende und in öffentlichen Bibliotheken vorhandene Tagebuch des von Wacker immer wieder genannten Bauernvereinssekretärs Gregor Klier, der die Errichtung der überwiegend vom Bauernverein organisierten Bauernräte durchzuführen hatte, kennt.

In der Einleitung zeigt Wacker die soziale und ökonomische Struktur sowie die politischen Kräfteverhältnisse in der Oberpfalz auf, stellt die sozialen und ökonomischen Folgen des Ersten Weltkrieges als Bedingung für die Revolution heraus und die revolutionären Ereignisse in München als Rahmenhandlung vor. Nach 167 Seiten beginnt dann der Hauptteil. Dieser zerfällt in zwei Teile. Ein narrativer Teil behandelt die revolutionären Vorgänge in den städtischen Zentren Regensburg, Schwandorf, Amberg, Sulzbach und Rosenberg, Neumarkt und Weiden, in der ländlichen Industrieregion »Maxhüttengebiet« sowie in den ländlichen Bezirken Cham, Roding, Eschenbach und Tirschenreuth. In einem zweiten analytischen Teil behandelt Wacker die Modalitäten der Gründung von Räten, ihre Verbreitung und Hierarchisierung, ihre soziale und politische Zusammensetzung, die Beteiligung des Bürgertums, die Wirtschafts- und Sicherheitspolitik der Räte, Umfang und Grenzen ihres Gestaltungsanspruchs, ihre Zusammenarbeit mit den staatlichen und kommunalen Verwaltungen, Radikalisierungstendenzen und die Kommunikation zwischen den zentralen und den lokalen Räten.

Grundannahme von Wacker ist, dass sich die Revolution allein mit dem Ersten Weltkrieg erklären lasse. Er nennt zwar die auf Karl Bosl zurückgehende These, wonach die Entstehung der Revolution in Bayern in längerfristige sozioökonomische Strukturen, in eine weit zurückreichende Delegitimierung des politischen Systems, eingebettet und nicht alleine aus dem Krieg zu erklären sei, lehnt sie aber ausdrücklich ab. Deshalb muss ihm auch die Stellung der Landbevölkerung zur Revolution letztlich ein Rätsel bleiben. In der Oberpfalz könne zwar »von einem grundsätzlich hohen Vertrauen der konservativ-katholischen Landbevölkerung in die staatlichen Verwaltungsorgane und die übrigen Säulen des konstitutionellen Systems« ausgegangen werden. Trotzdem, so stellt Wacker überrascht fest, »begegnete diese den nächsten Repräsentanten des Staates mit einer teilweise fanatischen Ablehnung und opponierten (!) teils auch gegen ihre Seelsorger« (S. 109). Als alleinige Erklärung dafür, dass die »vormals königstreue Bauernschaft« (S. 606), wie Wacker die ländliche Bevölkerung ohne Beleg bezeichnet, nun plötzlich nicht mehr so königstreu war, nennt Wacker die Kriegsmüdigkeit. Diese ist in der Lage, die Revolution zu erklären, nicht aber deren Reibungslosigkeit insbesondere in der ländlichen Bevölkerung. Wackers Arbeit ist deshalb ein Beispiel dafür, wie die von der agrar- und sozialgeschichtlichen Konfliktforschung immer wieder aufs Neue widerlegte, aber zählebige, da offenbar einem soziokulturellen Wunschbild entsprechende Annahme vom »naiven Monarchismus« der Bauern (Wolfgang Jacobeit) zur naiven Annahme vom Monarchismus der Bauern werden kann. Ohne die strukturell bedingte kommunalistische Obrigkeitsfeindlichkeit der Bauern, wie sie seit Jahrzehnten vor allem vom Bayerischen Bauernbund zum Ausdruck gebracht wurde, aber auch im katholisch-konservativen Bayerischen Christlichen Bauernverein vorhanden war, kann das Verhalten der bäuerlichen Bevölkerung in der Revolution nicht verstanden werden. Hier macht sich Wackers fehlende Kenntnis neuerer Untersuchungen zum Stellenwert von Landwirtschaft und ländlicher Bevölkerung in der Revolutionszeit empfindlich bemerkbar. Dies hätte ihn im Übrigen wohl auch bewahrt, die »den linken Flügel des BBBs anführenden Gandorfer-Brüder« (S. 134) zu nennen, denn von ihnen war nur einer (Karl) Bauernbündler, der andere (Ludwig) Mitglied der USPD.

Dabei steht Wackers Ablehnung strukturgeschichtlicher Analysen in einem auffallenden Gegensatz zur Betonung sozioökonomischer Faktoren für den Verlauf der Revolution in der Oberpfalz. Denn er weist überzeugend, auf breiter Quellenbasis und sich vor allem gegen Müller-Aenis richtend nach, dass sich die Räte in der Oberpfalz mit der Parlamentarisierung des politischen Systems zufrieden gaben und sich auf die Bewältigung drängender wirtschaftlicher Probleme konzentrierten. Die Sorge um die öffentliche Ordnung, die Lebensmittelversorgung und die Beschaffung von Wohnraum stand im Zentrum ihrer Arbeit. Deshalb war die Zusammenarbeit zwischen den Räten und den Behörden überwiegend konstruktiv und vertrauensvoll. Dabei begnügten sie sich mit der Kontrolle der Verwaltung. Die Übernahme der Verwaltung durch die Räte wurde kaum gefordert. Deshalb habe es in der Oberpfalz anders als in München keinen Umsturz der politischen und militärischen Gewalten gegeben. Dabei habe das weitgehende Fehlen der revolutionären Parteien USPD und Bauernbund sowie die hohe quantitative Bedeutung der organisierten christlichen Arbeiterschaft wesentlich zum gemäßigten Verlauf der Revolution in der Oberpfalz beigetragen.

In den wirtschaftlichen Prioritäten der oberpfälzischen Räte sieht Wacker dann auch den Grund für die mangelhaft funktionierende Kommunikation zwischen ihnen und den zentralen Räteorganen in München, die den Schwerpunkt auf politische Reformen legten. Damit übereinstimmend führt Wacker die Zunahme der Räteaktivitäten in der Oberpfalz auch nicht auf die nach dem Eisnermord einsetzende Radikalisierung zurück, sondern auf die Zunahme wirtschaftlicher und sicherheitspolitischer Probleme. Dabei widerlegt er Michael Seligmanns These, wonach in Bayern im Frühjahr 1919 eine allgemeine Rätebewegung existiert habe (Aufstand der Räte. Die erste bayerische Räterepublik vom 7. April 1919, Grafenau 1989). Unter den Räten der Oberpfalz habe es kaum Forderungen nach einer Räteregierung gegeben. Der Anschluss vieler Räte an die Münchner Räterepublik habe seinen Grund in Desinformation.

Dabei gehört es zu den wichtigsten Ergebnissen von Wackers Arbeit, dass er die zentrale Rolle der staatlichen und kommunalen Behörden während der Revolutionsmonate herausarbeitet. Da sich die Revolution in Bayern von der Zentrale in die Provinz auszubreiten hatte, sei es den kommunalen und staatlichen Behörden gelungen, die Bildung der Räte und ihre Arbeit angesichts einer überraschten und überforderten Sozialdemokratie zu beeinflussen. Die lokalen und regionalen Behörden behielten das Heft stets in der Hand. Deshalb waren es auch nicht revolutionäre Massen, die die Revolution in der Oberpfalz prägten, sondern neben

Beamten Partei- und Gewerkschaftsfunktionäre, wobei die Arbeiter selbst eher am Funktionieren der Gewerkschaften, denn der Räte interessiert gewesen seien. Da sich die Repräsentanten des Bürgertums in den Verwaltungen ihrerseits sofort auf den Boden der Tatsachen stellten, ergab die Revolution in der Oberpfalz mehr das Bild eines »fließenden Übergangs«, denn eines »scharfen Bruchs« (S. 470). Tatsächlich ergriffen die Verwaltungen die Gelegenheit, die sich ihnen durch die Räte bildete und gewährten ihnen ihrerseits Teilhabe an der Verwaltung bzw. instrumentalisierten sie, um ihnen unpopuläre und schwierige Aufgaben bei der Lebensmittelbeschaffung zu übertragen. Hierzu gehört auch die Beteiligung von Arbeitern an den Einwohnerwehren, was von der Forschung zur Geschichte der Einwohnerwehren bisher nicht berücksichtigt wurde und was nach Wacker eine Alternative zum späteren reaktionären Einschlag der Einwohnerwehren aufzeigte.

Insgesamt bedeutete die Revolution für die Oberpfalz nach Wacker einen sozialen und politischen Modernisierungsschub – ein wichtiges Ergebnis, das aber im deutlichen Gegensatz zur Ablehnung des Bosl'schen Strukturalismus durch Wacker steht. Die antistrukturalistischen Bekenntnisse erweisen sich nun als Lippenbekenntnisse. Hier zeigt sich, dass Wackers Entgegenstellung von langfristig wirkenden politischen und kurzfristig wirkenden wirtschaftlichen Faktoren, methodisch ohnehin nicht abgesichert, nicht funktioniert. Nicht nur, dass die Revolution insgesamt eine Verjüngung der politischen Kultur bedeutete. Insgesamt habe die Revolution eine Aufwertung des proletarischen Selbstbewusstseins, die flächendeckende Ausbreitung der freien Gewerkschaften und die dauerhafte Verankerung der Sozialdemokratie gebracht. Im politischen Katholizismus habe sich die Honoratiorenpartei des Zentrums zur Mitgliederpartei der Bayerischen Volkspartei entwickelt. Dies habe zusammen mit den Verfassungsänderungen zu einer verstärkten Konkurrenz der Parteien geführt, weshalb ihre Aktivitäten zunahmen. Dabei führt Wacker diese steigende Aktivität der Parteien nicht zuletzt und sicherlich zu Recht auf die in der Verwaltung des Mangels gründenden wachsenden Anforderungen an die Politik zurück.

Leider wird die Benutzbarkeit der Arbeit durch zwei Faktoren beeinträchtigt. Einmal lässt das Fehlen eines Registers die Fülle vor allem an lokalgeschichtlichen Fakten, die sich in den Fußnoten verbergen, nahezu unauffindbar werden. Für eine Arbeit, die wie diejenige Wackers nicht zuletzt auch von heimatgeschichtlichem Interesse ist, ist das kein leichtes Manko. Ein weiterer Schwachpunkt der Arbeit besteht in ihrer unausgereiften Sprache. Ungebührende umgangssprachliche Elemente und verschraubte Substantivierungen führen bisweilen zu unverständlichen und schiefen bis falschen Termen. Wenn er die Edition der Ministerratsprotokolle von Franz Josef Bauer (Kabinett Eisner) sowie Wolfgang Ehberger und Johannes Merz (Kabinett Hoffmann I) als »unkritisch« (S. 49) bezeichnet, ist nicht klar, ob er damit eine Eigenschaft von Editionen oder der Editoren meint. Sprachlich zu unachtsam geht

Wacker vor, wenn er behauptet, Eisner »fegte […] die Staatsregierung gewaltsam hinweg« (S. 97). Dass der Vorteil des Verwaltungsschriftguts als Quelle darin liege, dass es ein »hohes Maß an Objektivität« besitze (S. 44), ist schlichtweg falsch. Gemeint ist wohl eher der sachlich-nüchterne bürokratische Stil, der Objektivität hervorragend vorzutäuschen in der Lage ist.

Die angeführten Mängel beeinträchtigen den Wert der Studie, aber sie stellen ihn nicht grundsätzlich in Frage. Die Studie erweitert die Kenntnis über die revolutionären Ereignisse in Bayern erheblich, vor allem was die Rolle staatlicher und kommunaler Behörden und die Interpretation der Arbeiter-, Soldaten- und Bauernräte als wirtschaftspolitische Interessenvertretungen durch ihre jeweilige Klientel betrifft. Wackers Ergebnisse lassen sich deshalb leicht in langfristig wirksame politische und wirtschaftliche Strukturen der bayerischen Geschichte integrieren.

Regensburg   Johann Kirchinger

Stephan Albrecht/Martin Höppl (Hg.), München. Stadtbaugeschichte vom Mittelalter bis zur Gegenwart, *Petersberg 2016, Michael Imhof, 319 Seiten, 276 Abbildungen.*

Die Herausgeber *Stephan Albrecht* und *Martin Höppl* unternehmen den ambitionierten Versuch, einen an einzelnen Punkten vertieften Überblick über die städtebauliche Entwicklung Münchens von der Stadtgründung bis heute vorzulegen. In chronologischer Anordnung schließen sich einem allgemeinen Überblick die Kapitel zum Mittelalter und der frühen Neuzeit,

zur Epoche der Aufklärung, zu den Platzanlagen des Klassizismus und Historismus,
zu den Prachtstraßen des 19. Jahrhunderts,
zum Städtebau der Jahrhundertwende
und der Moderne, zum Zweiten Weltkrieg und der Nachkriegsmoderne und
schließlich zur Epoche der Postmoderne
sowie der städtebaulichen Gegenwart an.
Im Mittelalter tritt die Residenzfunktion
in den Vordergrund (*Stephan Albrecht*); für
die Frühneuzeit würdigt *Kathrin Müller*
die eindrucksvolle bauliche Präsenz der
Wittelsbacher Wilhelm V. und Maximilian
I., die sich vor allem im Bau der Residenz
und des den Maßstab der mittelalterlichen Stadt sprengenden Jesuitenkollegs
ausdrückt. Für die Epoche der Aufklärung
und den damit verbundenen sozialen und
mentalen Wandel stehen der Englische
Garten (*Anna Maria Zinsmeister*) und die
Maxvorstadt (*Luba Karabajakova*). Stadt-
bildprägend wurde aber vor allem das 19.
Jahrhundert mit seinen ehrgeizig geplanten
und konsequent verwirklichten monumentalen Straßen- und Platzanlagen, wie dem
Max-Joseph-Platz (*Martin Höppl*), dem
Königsplatz (*Eduard Wätjen*), der Ludwig-
straße (*Anna Maria Pfäfflin*) und der Ma-
ximilianstraße. Leider hat die während der
NS-Zeit in ihrer ursprünglichen Konzeption stark veränderte Prinzregentenstraße
keine eigene Würdigung erfahren. Konsequent ist es, dass für die Zeit des ausgehenden 19. Jahrhunderts und die Jahre nach
dem Ersten Weltkrieg die städtebaulichen
Herausforderungen des enormen Bevölke-
rungswachstums und die entsprechenden
Lösungsversuche stehen: der ganzheitliche
Ansatz der Staffelbauordnung des großen

Theodor Fischer von 1904 (*Valerie Borchert*),
der Siedlungsbau von Klein- und Kleinst-
wohnungen in den 1920er Jahren (*Angelika
Dreyer*) und die spärlich vorhandenen
Spuren des Neuen Bauens in München.
Schmerzlich vermisst man eine wirkliche
Auseinandersetzung mit den städtebaulichen Konzepten der NS-Zeit für die
»Hauptstadt der Bewegung«: An die
Zwanziger Jahre schließt sich unmittelbar
das Kapitel über den Wieder- und Neuaufbau nach dem Zweiten Weltkrieg an. Mit
den zwei Beiträgen über den Königsplatz
nach 1945 (*Ulrike Grambitter*) und allgemeinen Ausführungen zum Wiederaufbau
(*Carla Mayerhofer*) Münchens bleiben die
Jahre zwischen 1945 und 1965 eher unterbe-
lichtet. Die Darstellung der über das Jahr
1945 hinweg reichenden personellen und
konzeptionellen Kontinuitäten (Karl Mei-
tinger!) und Diskontinuitäten im Münchener Städtebau und deren kritische Würdigung wären zweifelsohne verdienstvoll
gewesen. Für die Epoche der Postmoderne
stehen die Aufsätze über den Olympiapark
(*Sonja Brandl*) und über die Entwicklung
zwischen der aus heutiger Sicht problematischen sog. Entlastungsstadt Perlach und
der Messestadt Riem (*Steffen Krämer*). Wohin könnte und wohin sollte der Städtebau
der bayerischen Landeshauptstadt vor dem
Hintergrund eines ungebremsten Wachs-
tums, des drohenden Verkehrskollapses, der
begrenzten Ressource Bauland und den ab-
sehbaren demographischen Entwicklungen
steuern? Um Antworten oder wenigstens
Hinweise auf solche Fragen zu finden, blät-
tert man in diesem Buch vergeblich.

Passau   Egon Johannes Greipl

Willibald Karl/Karin Pohl, Amis in Giesing. München 1945–1992, *München 2013, Volk, 226 Seiten, zahlreiche Abbildungen*

Mit dem seit 1989 einsetzenden Zerfall des sozialistischen Systems, dem Fall der Berliner Mauer und der damit einhergehenden Erosion und Selbstauflösung des Warschauer Pakts zum 1. Juli 1991 war innerhalb kürzester Zeit auch das dichte Netz alliierter Truppenstandorte diesseits des sogenannten »Eisernen Vorhangs« überflüssig geworden.

Ein halbes Jahrhundert lang prägten die Einrichtungen der US-Army den Münchner Lebensalltag. Schon bald nach Kriegsende wurde die vormalige Reichszeugmeisterei an der Tegernseer Landstraße im Stadtteil Giesing als Sitz der US-Militärregierung bestimmt. Fast über Nacht verschwanden dann im Jahr 1992 die amerikanischen Soldaten aus München und aus Giesing. Am 30. April 1992, genau 47 Jahre nach der Befreiung Münchens, wurden sie am Marienplatz mit militärischen Ehren verabschiedet. »Nach ein paar Wochen waren Kasernen und Wohnungen leer, Einrichtungen wegverlegt oder aufgelöst, Belege, Dokumente, »Offizielles« in tausende Kartons, Kisten und Container verpackt und das Eigentum der US-Army zurück transportiert in die USA, Spuren verwischt, Beziehungen gekappt ... In Giesing verblieben unterschiedliche Immobilien, entleerte Hülsen einer fast zwei Generationen andauernden Präsenz der US-Army« (S. 10). Diesem »American Way of Life«, seinen noch erhaltenen Befunden in Stein und Erin-

nerungen, ist das vorliegende Buchprojekt gewidmet.

Willibald Karl beschäftigt sich seit vielen Jahren als Dozent an der Münchner Volkshochschule mit Stadtteilgeschichte. Er hat viele Geschichtsinitiativen in München bei ihrer Arbeit begleitet und Veröffentlichungen durch eigene Beiträge unterstützt. Bei dem vorliegenden Band schöpfen er und seine Mitautorin aus dem vielfältigen Repertoire quellenorientierter Geschichtsarbeit. Sie haben zeitgenössische Literatur ausgewertet, in Archiven geforscht, Fotoalben durchforstet und vor allem deutsche und amerikanische Zeitzeugen befragt: deutsche Zivilangestellte in amerikanischen Einrichtungen, deutsch-amerikanische Paare und Familien und auch ehemalige »brown babies«, deren Leben oftmals in ungeraden Bahnen verlief (S. 13).

Gegliedert ist das Kompendium in acht Kapitel (Chapter 1–8). Der erste Teil (S. 15–30) beschreibt die letzten Kriegstage, den Einmarsch der US-Truppen am 30. April 1945 und die ersten Monate danach. Ausführlich zitiert ist Victor Klemperer (1881–1960), der im Mai 1945 als Flüchtling mit seiner Ehefrau für einige Tage im Giesinger Martinsspital untergekommen war und in seinem Tagebuch plastisch die Not und die Atmosphäre in der zerstörten Stadt beschreibt (S. 18–21). Schon Mitte Mai 1945 wird klar, dass die Amerikaner in Giesing mit bedeutender Stärke stationiert bleiben würden. Der große Gebäudekomplex der nicht zerstörten ehemaligen Reichszeugmeisterei nahm den Kommandostab des Standortes München und das

Hauptquartier der Militärregierung für Bayern auf. In Chapter 2 schildert Karin Pohl (S. 31–54) die bauliche Entwicklung und Nutzung des ab 1935 von den Nationalsozialisten bebauten Areals an der Tegernseer Landstraße bis hin zum Verlassen des Geländes durch die amerikanischen Truppen im Jahr 1992. Ihr Verdienst ist es, dass 20 Jahre nach Schließung der Kaserne erstmals der Versuch unternommen wurde, nicht nur die auf dem Gelände befindlichen militärischen Einrichtungen zu benennen und zu lokalisieren, sondern auch die Freizeiteinrichtungen für die amerikanischen Soldaten. Unter anderem gab es in der seit 1948 nach dem gefallenen amerikanischen Soldaten Francis X. McGraw benannten Anlage zahlreiche Clubs und Bars, seit 1948 einen großen Supermarkt (Post Exchange, PX) und seit September 1950 über dem Supermarkt auch ein Theater. Im Innern der Gebäude erinnern heute allerdings nur noch wenige Spuren an die Nutzung durch die Amerikaner, die das Gelände »besenrein« übergaben und Erinnerungsstücke mitnahmen oder entsorgten (S. 44). Ein eigenes Unterkapitel ist dem in der Kaserne befindlichen Campus der »University of Maryland« (1950–1992) gewidmet (S. 46–54).

Als Anfang 1946 das US-Kriegsministerium beschloss, dass stationierte Soldaten ihre Angehörigen nachziehen lassen dürfen, war dies der Start einer großangelegten Wohnraum-Beschlagnahmeaktion der US-Behörden im Stadtteil Harlaching und anderen Stadtteilen (Chapter 3: Von der Beschlagnahme Harlachings bis zu den ersten US Housing Areas, S. 55–100). Begründet wurde dies für Harlaching damit, dass sich die Gebäude »mit amerikanischem Standard vergleichen ließen« (S. 62). Bis Ende November 1946 mussten 4979 Personen aus Harlaching aus- bzw. umquartiert werden. »Da man diese wiederum zu 80 % in Wohnungen von Nationalsozialisten einwies, führte allein diese Aktion zum Zwangsumzug von rund 12 000 Menschen« (S. 65) und zu einer dramatischen Zuspitzung der Wohnraumversorgung in der Stadt und – zwangsläufig – zu heftigen antiamerikanischen Aufwallungen seitens der Bevölkerung. Dass die amerikanischen Familien ihrerseits die Zeit in Harlaching rückblickend als angenehm, komfortabel und »Heimat stiftend« erlebten, belegen die zahlreich befragten Zeitzeugen aus Harlachings »Little America«, das mit Verkaufsläden, Freizeiteinrichtungen, Kinos und Schulen ausgestattet war. Dass das ganze Areal eingezäunt und mit Kontrollstellen versehen war, spielte in den Erinnerungen dabei keine Rolle.

In ähnlicher Weise empfanden die Bewohner der größten Münchner Housing Area, der 1954 bis 1957 errichteten amerikanischen Siedlung am Perlacher Forst, ihre Zeit in der Siedlung (Chapter 4, S. 101–128). Viele der befragten Zeitzeugen bezeichneten die Siedlung ihrer Kindheit und Jugend gar als »home town« (S. 122).

Nach dem Abzug der Amerikaner 1991 hat zunächst die Bundesvermögensverwaltung, danach die neu gegründete Bundesanstalt für Immobilienaufgaben (BIMA), das gesamte Areal übernommen und teilweise an private Eigentümer verkauft, was den Charakter der Siedlung veränderte.

Die Straßen wurden verengt und 2007/08 Gehwege gebaut. Im Schulzentrum sind heute Münchner Schulen mit Tagesheim untergebracht. In das große Hospital zog des Bundespatentgericht, die Operationssäle wurden in eine große Bibliothek umgewandelt, aus dem Kinosaal wurde ein Unterrichtssaal (S. 107).

In Chapter 5 erzählen deutsche Zeitzeugen von ihren ersten – und manchmal auch – jahrzehntelangen Kontakten mit dem »American Way of Life« (S. 129–162). Am Anfang standen oftmals Wohltaten, wie die von Soldaten zugesteckten Süßigkeiten und Weihnachtsbescherungen, aber auch die Faszination, die amerikanische Militärfahrzeuge auf deutsche Jungen ausübten; überhaupt beeindruckte »die Lässigkeit« der GIs. Eine wichtige Rolle für die Jugend spielte der Soldatensender »American Forces Network« (AFN), der nicht nur Jazz und Swing in die deutschen Wohnstuben brachte, sondern auch Manchen den Erwerb der englischen Sprache ermöglichte. In amerikanischen Clubs starteten Musiker wie Max Greger oder Hugo Strasser ihre großen Karrieren (S. 148–152).

Entstanden ist ein lebendiges und facettenreiches Lesebuch zur Münchner Stadtgeschichte, das weit über die Stadtviertelgrenzen hinaus ein Stück deutscher Nachkriegsgeschichte widerspiegelt, wenn auch die problematischen Seiten der deutsch-amerikanischen Beziehungsgeschichte eher weniger thematisiert werden – wie etwa die schwierigen Lebenssituationen der Familien, die durch die Wohnungsbeschlagnahmeaktionen der Amerikaner von einem Tag auf den anderen ihre Häuser und Wohnungen verlassen mussten und jahrelang um die Rückkehr kämpften.

Bemerkenswert ist jedenfalls, dass nicht nur die ehemaligen Familienangehörigen der GIs während ihres oftmals kurzen Aufenthaltes ein Heimatgefühl für die Stadt entwickelten und dies teilweise, wie die Absolventen der University of Maryland, bis heute pflegen, sondern dass auch bei den nachrückenden Bewohnern in der ehemaligen »Housing Area« am Perlacher Forst ein eigenes Viertelbewusstsein entstanden ist. Vor allem Pläne über die Nachverdichtung der Siedlung und Erweiterung des Gewerbeanteils stoßen immer wieder auf heftige Proteste der Bürger. So kämpfte im Frühjahr 2014 eine Bürgerinitiative erfolgreich für den Erhalt des im ehemaligen »Family Theater« der Siedlung am Perlacher Forst untergebrachten »Cincinnati-Kinos«. Letztlich wurde das Gebäude 2015 sogar in die Liste der geschützten Baudenkmäler aufgenommen (https://www.tz.de/muenchen/stadt/obergiesing-fasangarten-; Zugriff: 3.01.2018). ort68446/cincinnati-kino-jetzt-gesetzlich-vor-abriss-geschuetzt-tz-3574362.html) – vielleicht auch mit ein Verdienst der Autoren dieses Buches.

Taufkirchen   Anton Löffelmeier

Gisela Naomi Blume, Uehlfeld. Jüdisches Leben und Häuserchronik (*Freie Schriftenfolge der Gesellschaft für Familienforschung in Franken 25*), *Nürnberg 2017, Gesellschaft für Familienforschung in Franken e.V., 844 Seiten, zahlreiche Abbildungen.*

Die Geschichte des fränkischen Landjudentums gehört immer noch zu den Forschungsdesideraten der Landesgeschichte. Zahlreiche Kleinherrschaften und eine hohe territoriale Diversität bildeten in den drei heutigen fränkischen Regierungsbezirken die Ausgangsbasis für vielfältige und heterogene Lebensverhältnisse der jüdischen Minderheit in der Vormoderne. Dabei war es auch und gerade in Franken der ländlich-kleinstädtische Raum, der unter dem Rechtsinstitut des Judenschutzes Refugien eröffnete, die spezifische Wohnverhältnisse, Erwerbsweisen und Ausprägungen jüdischen Gemeindelebens außerhalb der größeren urbanen Zentren hervorbrachten. Durch den Übergang des Judenregals an die verschiedenen territorialen Herrschaftsträger in den fränkischen Regionen vervielfachten sich hier auch die Lebenschancen, deren Rahmenbedingungen durch die herrschaftliche Judenpolitik auf lokaler Ebene gestaltet wurden. Daher bedarf die Erforschung jüdischen Lebens in dieser Region insbesondere lokaler Fallstudien.

Die umfangreichen lokalhistorischen Rekonstruktionen von Gisela Naomi Blume zur Gemeinde Uehlfeld im heutigen Landkreis Neustadt an der Aisch liefern dazu einen weiteren wichtigen Baustein. Ausgangspunkt bildet eine sehr sorgfältige, nach den aktuellen Methoden durchgeführte Dokumentation des jüdischen Friedhofes, dessen über 300 Grabsteine beschrieben, fotografiert, kartographisch erfasst und übersetzt wurden. Für weitere historische und familienkundliche Forschungen besonders wertvoll ist die prosopographische Erschließung der dort bestatteten Gemeindemitglieder durch umfangreiche archivalische Recherchen. Die vorgelegten Biographien gewähren eindrucksvolle Einblicke in den Lebensalltag und stellen zugleich diesen Gedächtnisort in einen umfassenden historischen Kontext. Das erhobene personengeschichtliche Material wird zudem in mehreren Familien-Stammtafeln vorbildlich aufbereitet. Hilfreich für den Leser sind die zahlreichen, sehr fundierten Erläuterungen zur jüdischen Begräbniskultur. Der zweite große Teil des Buches umfasst eine Häuserchronik, die mit gleicher Akribie und umfangreicher Quellenarbeit durchgeführt wurde. Die gewählte Vorgehensweise, den jüdischen und den christlichen Hausbesitz gemeinsam zu beschreiben, verdeutlicht einerseits die räumliche Verbundenheit der beiden Religionsgruppen, zeigt aber andererseits auch die Zerstörungen im Nationalsozialismus auf, indem der arisierte Hausbesitz rekonstruiert wird. Diese Hauschronik zeichnet sich nicht zuletzt durch die vielen Beigaben an historischen Kartenskizzen, Fotografien und Lageplänen einzelner Häuser aus dem 19. Jahrhundert aus. Dabei lässt sich eine Fülle an interessanten lokalgeschichtlichen Entdeckungen machen, wie die detaillierte farbige Visualisierung eines Nachbarschaftsstreites um einen zugeschütteten Brunnen und einen Wäschetrocknungsplatz zwischen Christen, Juden und der Gemeinde (S. 761). Auf diese Weise ist eine Ortsgeschichte entstanden, die der gemeinsamen jüdisch-christlichen Geschichte Uehlfelds gerecht wird.

Eingeleitet wird der Band durch einen historischen Überblick zur Geschichte der jüdischen Gemeinde und des Friedhofs. Dieser umspannt den Bogen von der urkundlichen Erstnennung jüdischer Einwohner im 16. Jahrhundert bis zu den Diffamierungen und der Auslöschung jüdischen Lebens im Nationalsozialismus. Wie in anderen Orten Mittelfrankens, das zu den Hochburgen der Nationalsozialisten gehörte, bildete sich bereits 1923 eine Ortsgruppe der NSDAP, deren Mitglieder 1938 die Synagoge zerstörten. Bis 1939 war die jüdische Gemeinschaft endgültig aufgelöst, die sich bereits durch die Auswanderungen nach Übersee und den Zuzug in die Städte am Ende des 19. Jahrhunderts erheblich reduziert hatte. Wie vielfältig jüdisches Gemeindeleben zuvor im Ort war, dokumentieren die ebenfalls aus den archivalischen Quellen erhobenen Befunde zu den Synagogenordnungen des 19. Jahrhunderts sowie zu den beiden markgräflichen Schutzbriefen aus den Jahren 1709 und 1763. Dabei haben sich allerdings einige allzu pauschale Interpretationen eingeschlichen: So kann man mit Blick auf die zahlreichen Restriktionen, denen die frühneuzeitlichen Schutzjuden unterworfen waren, sowie den Antisemitismus des 19. Jahrhunderts kaum von einer »normalen Nachbarschaft« (S. 6) der beiden Religionsgruppen vor Ort sprechen, und ob die Unterbrechung der Siedlungsnachweise ab 1632 bis 1676 mit der vermuteten Vertreibung zu erklären ist oder nicht doch den Zerstörungen im Dreißigjährigen Krieg geschuldet war, bliebe weiter zu untersuchen. Diese wenigen Kritikpunkte sollen allerdings nicht die hier erbrachten Leistungen schmälern, sondern vielmehr dazu anregen, die lokalen Einzelstudien in eine umfassendere, vergleichende

Perspektive zu stellen. Zum Schluss ist aber auch der Gemeinde von Uehlfeld zu gratulieren, die mit dieser Ortsgeschichte einen vorbildlichen Beitrag zur lokalen Erinnerungs- und Gedächtniskultur geleistet hat.

Eichstätt-Ingolstadt Sabine Ullmann

Johannes Sander/Wolfgang Weiss (Hg.), Der Würzburger Dom im Mittelalter. Geschichte und Gestalt (*Quellen und Forschungen zur Geschichte des Bistums und Hochstifts Würzburg. Sonderveröffentlichung*), *Würzburg 2017, Echter, 286 Seiten, zahlreiche Abbildungen.*

Seit 2014 befasst sich an der Professur für Fränkische Kirchengeschichte der Universität Würzburg ein Projekt mit der Erforschung der Baugeschichte des Kilians-Domes. Im Bemühen um eine Auseinandersetzung mit dieser Kirche, die deren »wissenschaftliche Wahrnehmung und Würdigung […] ihrem Rang und ihrer Bedeutung« gemäß spiegelt, fand 2016 eine wissenschaftliche Tagung statt. Deren Referate wurden nun in einem stattlichen Band zusammengefasst, der dem Würzburger Bischof Dr. Friedhelm Hofmann sowohl zur Feier seines 25jährigen Bischofsjubiläums als auch aus Anlass seiner Emeritierung 2017 gewidmet worden ist.

Die Publikation ist in vier Hauptkapitel gegliedert. Die ersten beiden Aufsätze sind unter der Überschrift »Der mittelalterliche Dom als Zentrum des weltlichen und geistlichen Lebens« zusammengefasst. *Enno Bünz* untersucht in seinem Beitrag den »Würzburger Dom als Kirche des Bischofs, des Domkapitels und der Bürgerschaft im Hoch- und Spätmittelalter«. Darin legt er dar, dass das, was wir heute als Gesamtkunstwerk wahrnehmen, im Mittelalter vor allem als ein Konglomerat sorgfältig definierter rechtlicher Verhältnisse der in diesem Dom handelnden Parteien gegolten hat. *Jürgen Bärsch* untersucht den »Kiliansdom als Stätte des Gottesdienstes«. Er skizziert zahlreiche Akzente mittelalterlicher Domliturgie«, die »ein ungemein vielfältiges gottesdienstliches Leben […] sichtbar« werden lassen.

Das zweite Kapitel widmet sich dem »Würzburger Dom der Romanik«. *Johannes Sander* arbeitet »offene Fragen« der »mittelalterlichen Baugeschichte« heraus. In seinen Antworten zeigt er Probleme der Interpretation der archäologischen Überlieferung, der dürftigen schriftlichen Quellenlage zur Baugeschichte und der »unorthodoxen […] Schmucklosigkeit« der Architektur auf. *Hauke Horn* beschäftigt sich mit der Bauplastik des salischen Doms. Den kurz nach Bischof Brunos Tod 1045 mit der Krypta geweihten Bau zeichnet eine Monumentalität aus, die eine besondere Nähe zum Kaiserhaus andeuten sollte. In diesem Kontext ist »die eigenwillige Bauplastik« zu verstehen, »die sich als Adaption frühmittelalterlicher Vorbilder aus dem alten Dom erklären lässt.« *Katinka Häret-Krug* stellt »Überlegungen zu einer stilkritischen Einordnung […] im 12. und 13. Jahrhundert« an. Die vergleichende Analyse des Bauschmuckes bringt sie zu der Erkenntnis, dass ein großer Teil der aufgehenden Mauern in die erste Hälfte des 12. Jahrhunderts datiert werden muss. Die »Rezeption antiker Vorbilder in der Salierzeit« ist das Thema von *Matthias Müller*. Er formuliert die These, dass das Konzept des heutigen Kilians-Domes sich aus frühchristlichen Basiliken herleiten lässt und der Bruno-Bau als »aktualisierende Neuschöpfung der unter Burkard begründeten fränkischen Märtyrerbasilika« zu verstehen ist.

Mit »Kunsthistorische Einordnungen« ist das dritte Hauptkapitel überschrieben. Darin spürt zunächst *Jens Reiche* »italienischen Einflüssen in der nordalpinen Architektur des 11. Jahrhunderts« nach. Ungeachtet mancher Beispiele für den »Transfer von Formentwürfen« muss man sich mit dem Autor am Ende fragen, wie dieser »in einer Zeit begrenzter Mobilität« vorstellbar ist und welche Medien zur Verfügung standen. Mit dem frühen Hildesheimer Dom stellt *Karl Bernhard Kruse* eine Kathedralkirche vor, die im Zweiten Weltkrieg ein ähnliches Schicksal wie der Würzburger erlitten hat. Trotz manch angedeuteter Übereinstimmungen scheitert eine weitergehende vergleichende Feinanalyse an der auch von Kruse beklagten unzureichenden archäologischen Erforschung des fränkischen Doms. *Matthias Untermann* stellt ihn in den Kontext deutscher Kathedralarchitektur des 11. und 12. Jahrhunderts. Obwohl Würzburg mit der folgenden »Erneuerung der Ostteile […] ganz im hochrangigen Baukontext« seiner Zeit steht, münden seine Überlegungen in die Frage, warum »es hier im 14. Jahrhundert nicht zu einem hochgotischen Gesamtneubau« kam?

Das vierte Kapitel verfolgt die »Entwicklungen von der Gotik bis zur Echterzeit«. *Stefan Bürger* untersucht »die spätgotische Baukunst des Domkreuzgangs im architekturhistorischen Kontext«. Er arbeitet das offenbar bewusst konservative Formenrepertoire heraus, für das er ein Gremium innerhalb des Domkapitels mutmaßt, das »hoheitlich die Gestaltung der Räume überwachte«. Im letzten Essay stellt *Markus Josef Maier* das bühlersche Dombild im Martin von Wagner Museum in den Mittelpunkt. Seine sorgfältig argumentierenden Betrachtungen münden in die Aufforderung »Siste viator et vide«, der Maier ein erfrischend klares Wort auf Deutsch folgen lässt.

In unterschiedlichem Maß ist keines der in dieser Publikation angesprochenen Themen hinreichend erforscht. Der Würzburger Dom bleibt ein »weißer Fleck« in der wissenschaftlichen Landkarte. Der Tagungsband kann aus verschiedensten Gründen keine abschließenden Statements liefern. Gleichwohl zeigt er einige der Themen auf, die es künftig vertiefend zu bearbeiten gilt. Nicht nur deshalb ist diese Veröffentlichung wichtig.

Schwebheim   Erich Schneider

IX. Nachbarländer

Philipp Tolloi (Hg.), Archive in Südtirol. Geschichte und Perspektiven – Archivi in Provincia di Bolzano. Storia e prospettive *(Veröffentlichungen des Südtiroler Landesarchivs – Pubblicazioni dell'Archivio provinciale di Bolzano 45), Innsbruck 2018, Universitätsverlag Wagner, 540 Seiten, zahlreiche Abbildungen in Farbe und Schwarz-Weiß.*

Da das heute als Südtirol oder Autonome Provinz Bozen bekannte politische Gebilde erst nach dem Ende des 1. Weltkrieges entstanden ist, erwächst erst seit 100 Jahren Schriftgut bei den in Bozen neu eingerichteten zentralen Behörden. Allerdings verlangte das Königreich Italien nach der Angliederung des neu gewonnenen Gebietes die Auslieferung umfangreicher und wesentlich älterer Archivalien, die am Beginn des 19. Jahrhunderts vor allem im Zuge der Säkularisation der bis dahin selbstständigen geistlichen Fürstentümer Trient und Brixen nach Wien und Innsbruck gelangt waren. Ebenfalls nach 1919 an Italien extradiert wurden die historischen Urkunden und Akten, die bei den mittleren Behörden, insbesondere bei Gerichten und Bezirkshauptmannschaften im Bereich südlich des Brenners im Laufe der Jahrhunderte entstanden waren. Alle diese Bestände gelangten zunächst in die Obhut des italienischen Staates.

Die neue Obrigkeit zeigte freilich ein halbes Jahrhundert lang wenig Interesse an den übernommenen Materialien, nicht zuletzt wohl auch deshalb, weil in ihnen nur in einem sehr beschränkten Maße Zeugnisse für historische Ansprüche Italiens auf die neu erworbenen Gebiete zu finden waren. Dies änderte sich erst schrittweise mit dem Ausbau der Autonomie in Südtirol seit etwa 1960/70. Die nun zunehmend mit umfangreichen Kompetenzen und Mitteln ausgestattete Landesregierung in Bozen sorgte für die notwendigen Ressourcen zur Errichtung sowie die räumliche und personelle Ausgestaltung eines Landesarchivs, in welche wichtige Teile der Bestände der mittleren und unteren Behörden übertragen wurden. Dazu kamen im Laufe der folgenden Jahrzehnte weitere Archivalien sehr verschiedener Provenienz. Unter diesen günstigen Voraussetzungen entwickelte sich das Südtiroler Landesarchiv in Bozen zu einer höchst fruchtbaren, im bildungs- und forschungspolitischen Leben des Landes bestens verankerten Institution. Zumeist in engstem Kontakt mit externen Fachleuten und mit Nachbareinrichtungen im Norden und Süden veranstaltet man regelmäßig einschlägige Tagungen, deren Ergebnisse auch in einer eigenen Reihe publiziert werden.

In dem hier zu würdigenden Band vermitteln 19 Autorinnen und Autoren einmal einen Überblick über die Geschichte der erwähnten Archive und ihre Bestände. Dabei stammen die Ausführungen auch von Zeitzeugen, die direkt mit dem Geschehen befasst waren, und es werden auch Einblicke in die Bedeutung des Archivwesens im politischen Emanzipationsprozess der autonomen Provinz geboten. Zudem finden sich Beiträge über weitere Parallelinstitutionen, wie etwa über das Diözesanarchiv in Brixen und die Stadtarchive von Bozen und Brixen. Vorgestellt werden aber auch neu geschaffene Bereiche, wie Aufbewahrung und Erschließung von Fotografien und modernen Medien. Besondere Akzente setzen die Ausführungen über die Beziehungen des Tiroler Landesarchivs in Innsbruck und der entsprechenden Institutionen im Trentino zum Südtiroler Archivwesen. Weiters wird die bereits seit 50 Jahren beim Staatsarchiv Bozen bestehende Archivschule eingehender behandelt. Schließlich kommen auch eine Benutzerin und ein Benutzer der Archive zu Wort. Die eine bietet sehr allgemeine Erörterungen über Wesen und Bedeutung von Archiven, der andere schildert sehr lebendig seine Erfahrungen beim Aufspüren entsprechender Quellen zur lokalen Geschichte in diversen Institutionen.

Die Publikation vermittelt einmal einen Eindruck von der heute sehr lebendigen Archivlandschaft in Südtirol. Zum anderen bestätigt damit das Südtiroler Landesarchiv nachdrücklich seine Position als ein äußerst aktives regionalgeschichtliches Forschungszentrum an einem historischen Schnittpunkt zwischen Nord und Süd.

Innsbruck   Josef Riedmann

Magdalena Pernold, Traumstrasse oder Transithölle? Eine Diskursgeschichte der Brennerautobahn in Tirol und Südtirol (1950–1980) *(Histoire 92), Bielefeld 2016, Transcript Verlag, 2016, 369 Seiten.*

Große Infrastrukturprojekte erhalten nicht selten eine symbolische Aufladung. In Bayern war dies etwa während der 1960er- bzw. 1970er-Jahre der Fall, als der Rhein-Main-Donau-Kanal rhetorisch zum »Europa-Kanal« erhöht wurde. Dies sollte dessen völkerverbindenden Charakter über den Eisernen Vorhang hinweg betonen und somit seine Fertigstellung forcieren. Geradezu beispielhaft lässt sich eine solche symbolische Aufladung anhand der Brennerautobahn beobachten. Am stärksten verdeutlicht dies die Benennung des Streckenteils zwischen Patsch und Schönberg als »Europabrücke«, wie er seit dem Spatenstich am 25. April 1959 bezeichnet wurde. Dies sollte den Beitrag zur Verbindung der Völker beiderseits der Alpen betonen. Mit Blick auf die gesamte Brennerautobahn erfolgte eine »Umcodierung des negativ besetzten Topos ,Brenner‹ von der politischen Konfliktzone und symbolisch aufgeladenen Demarkationslinie hin zu einem Sinnbild der Versöhnung«, zu einem »Friedens- und Fortschrittssymbol« (167), wie Magdalena Pernold in ihrer Diskursgeschichte zu dieser wichtigen Verkehrsverbindung für den Zeitraum von 1950 bis 1980 anführt. Der Publikation liegt ihre am Institut für Bayerische Geschichte der LMU begonnene und an der Universität Innsbruck abgeschlossene Dissertation zugrunde.

Bei ihrer diskursanalytischen Untersuchung nimmt Pernold eine dezidiert landes- und regionalgeschichtliche Perspektive ein. Im Mittelpunkt des Interesses stehen nicht die Entscheidungsträger auf der für Verkehrsfragen dieser Größenordnung eigentlich maßgeblichen nationalstaatlichen Ebene, sondern die Akteure in Tirol und Südtirol. Auf diese Weise kann die Autorin eindrücklich zeigen, wie unter anderem die Trienter und Bozener Handelskammer gegen Ende der 1950er Jahre die Debatte über den Ausbau der Brennerroute vorantrieben, als die italienische Regierung andere Projekte, vor allem im Süden Italiens, bevorzugte.

Bereits der Titel des Buches verweist auf den erheblichen Wandel, dem die Debatten während des Untersuchungszeitraums unterlagen. In einer »Phase der Etablierung des Brennerautobahndiskurses« (von der ersten Hälfte der 1950er Jahre bis 1959) setzten sich die Autobahnbefürworter

erst allmählich durch. Die »Position einer möglichst raschen, gegenüber den anderen nationalen Autobahnprojekten prioritären Verwirklichung der Brennerautobahn aufgrund des starken Verkehrsaufkommens auf der Brennerstraße« (308) wurde allgemeiner Konsens.

Aus bayerischer Sicht interessieren hier besonders Wortmeldungen aus dem Freistaat zur Trassenführung sowie Forderungen nach einem beschleunigten Ausbau. Diese sind in erster Linie vor dem Hintergrund der Randlage Bayerns zu sehen. Die Landespolitik befürchtete, dass die Gründung der EWG und des Gemeinsamen Marktes die ohnehin markt- und revierferne Position des Landes weiter zu verschlechtern drohte. Zudem war München mit seiner Großmarkthalle als wichtigem Umschlagplatz für Wein, Obst und Gemüse aus Italien stark am Brennerausbau interessiert. Aus diesen Gründen sprach sich das Wirtschaftsministerium in München gegen eine während der 1950er Jahre diskutierte Tunnellösung für den Straßenverkehr aus, da es eine solche für zu aufwendig und unverhältnismäßig teuer im Vergleich zur Trassenführung über den Brenner erachtete. Darüber hinaus betonte die Industrie- und Handelskammer für München und Oberbayern die Notwendigkeit eines beschleunigten Ausbaus der Schienen- und Straßenverbindungen, da sie – wie auch die Politik und Wirtschaft in Tirol und Südtirol – eine Verkehrsablenkung nach Westen befürchtete, nachdem in der Schweiz alpenüberquerende Strecken bereits fertiggestellt bzw. baureif projektiert worden waren. Auf die IHK-Initiative hin setze sich der bayerische Wirtschaftsminister Otto Schedl bereits kurz nach seinem Amtsantritt 1957 beim Bundesverkehrsministerium für eine Verbesserung der Brennerpassstraße ein. Noch in den darauffolgenden Jahren zeugte die Teilnahme hoher Vertreter des Münchner Wirtschaftsministeriums an Brennerkonferenzen sowie an den Eröffnungsfeiern fertiggestellter Teilstücke vom großen bayerischen Interesse an dieser Verbindung.

Der allgemeine Konsens zum Brennerausbau ließ in einer zweiten »Phase der Stabilität des Brennerautobahndiskurses« (1959–1974/75) bestimmte Denk- und Handlungsmöglichkeiten als zwingend erscheinen. Die wenigen Personen, die sich außerhalb dieser Diskursgrenzen stellten, mussten mit Anfeindungen der Brennerautobahnakteure rechnen. Der eingangs angeführte europäische Topos stellte dabei nur einen von insgesamt fünf maßgeblichen Themensträngen in den Diskussionen dar. Als weitere behandelt die Autorin: die »Gefahr der Umfahrung« Tirols und Südtirols durch einen zügigeren Ausbau der Verkehrswege in der Schweiz (II); die Autobahn als »Tiroler Projekt«, das die Verbindung zwischen Nord- und Südtirol stärken sollte (III); Trassenstreitigkeiten als Ausdruck kleinräumiger Interessen (IV); sowie die Brennerautobahn als »Traumstraße der Alpen«, die als »Wunderwerk« und »technisches Glanzstück des Straßenbaus« galt (V).

Erst in einer dritten Phase änderte sich mit einem allmählichen Paradigmenwechsel seit der Mitte der 1970er Jahre die kollektive Wahrnehmung der Autobahn.

Nachdem während der 1960er und noch zu Beginn der 1970er der Ausbau des Straßennetzes und die Erschließung des Landes als Voraussetzung für ökonomische Prosperität gegolten hatten, wurde das Wort »Transit« nun zunehmend negativ konnotiert und entwickelte sich in Tirol gar zu einem Reizwort. Die Bevölkerung entlang der Brennerautobahn sah sich nun mit den sozialen und ökologischen Auswirkungen des Verkehrs konfrontiert. Die Schadstoff- und Lärmbelästigung führte zu gesundheitlichen Schäden und zu touristischen Einbußen, so dass sich in den Anrainergemeinden Widerstand regte. Pernold geht in diesem Zusammenhang vor allem auf den weiteren Ausbau der Hauptmautstelle in Schönberg ein, das schon zuvor den Beinamen »Lärmdorf« erhalten hatte.

Breit verortet die Autorin die Debatten über die Brennerautobahn und die konkreten Bauvorhaben sowohl in der Tiroler und Südtiroler bzw. österreichischen und italienischen Nachkriegsgeschichte als auch in der allgemeinen Entwicklung der europäischen Verkehrswege. Jedoch fällt es dem Leser angesichts einer an manchen Stellen stark deskriptiven Reihung von Wortbeiträgen aus Tageszeitungen und anderen Publikationen schwer, die entsprechenden Urheber über den zitierten Einzelbeitrag hinaus zu verorten. Anmerkungen gerade auch zu deren Raumvorstellungen, ihren *mental maps*, wären hier hilfreich – insbesondere da die Autorin dezidiert an den *Spatial Turn* anknüpft und im Allgemeinen die diskursive Verbindung von Raum und Verkehr nachvollziehbar macht. Darüber hinaus bietet die Studie gerade auch für

Arbeiten zur bayerischen Nachkriegsgeschichte gute Vergleichsmöglichkeiten. Schließlich verdeutlicht sie, wie im Zuge eines wirtschaftlichen Aufholprozesses zuvor agrarisch geprägter Gebiete die Kritik an zunächst für zwingend erforderlich gehaltenen Infrastrukturprojekten wächst und das Primat der wirtschaftlichen Prosperität mit wachsendem Wohlstand kritisch hinterfragt wird.

München   RUDOLF HIMPSL

STEFAN LECHNER, **Die Absiedlung der Schwachen in das »Dritte Reich«. Alte, kranke, pflegedürftige und behinderte Südtiroler 1939–1945** *(Veröffentlichungen des Südtiroler Landesarchivs – Pubblicazioni dell'Archivio provinciale di Bolzano 40), Innsbruck 2016, Universitätsverlag Wagner, 512 Seiten, zahlr. Abbildungen und Tabellen.*

Die von der deutschen und der italienischen Obrigkeit ausgehandelte so genannte Option der deutschen und ladinischen Bevölkerung in Südtirol für einen Verbleib in ihrer Heimat oder die Auswanderung in das Deutsche Reich bildete bei aller Dramatik für die Betroffenen eine Randerscheinung im Zeitalter des Nationalsozialismus und Faschismus. Die vom Verfasser als »Schwache« subsummierten Gruppen der Bevölkerung betraf in diesem Zusammenhang wiederum nur eine numerisch kleine Zahl. Ihr Schicksal, soweit dies noch möglich ist, genauer nachgezeichnet zu haben, ist das große Verdienst von Stefan Lechner.

Gegen die Absiedlung dieser sehr heterogenen »Randgruppe« gab es verständlicherweise keinerlei Widerstand von Seiten der italienischen Obrigkeit, und nur äußerst selten kam es zu Komplikationen hinsichtlich eines abzulösenden Besitzes. Angestrebt wurde die Unterbringung der alten, kranken, geistig und oft auch körperlich behinderten Menschen im benachbarten süddeutschen Raum. Über Zwischenstationen in Nordtirol, vor allem in der Heil- und Pflegeanstalt Hall, wurden die aus dem Süden Angekommenen auf verschiedene Heime und Krankenhäuser hauptsächlich im heutigen Baden-Württemberg sowie in Bayern aufgeteilt. Der Gau Tirol-Vorarlberg wollte möglichst nur gesunde Volksgenossen in seinem Bereich aufnehmen. In Bayern bildete die Diakonissenanstalt Neuendettelsau in Franken mit mehreren Zweigstellen ein Zentrum für die Unterbringung der Neuankömmlinge, wo man zeitweilig über 300 alte und gebrechliche Südtiroler beherbergte. Über 100 «Umsiedler« im fortgeschrittenen Alter fanden im Hotel Wittelsbach in Oberammergau, das zum »Rückwandererheim«, erklärt wurde, eine neue Bleibe. Eine ähnliche Zahl von Südtirolern wurde in die Assoziationsanstalt Schönbrunn bei Dachau eingewiesen, nachdem dort durch den Abtransport und die Ermordung der bisherigen, geistig behinderten Bewohner Plätze frei geworden waren. Daneben dienten auch diverse Klöster und Anstalten als Unterkunft für die neuen Volksgenossen. Pflegebedürftige brachte man in verschiedenen Krankenhäusern (Siechenheimen) unter. Auffällig ist ein häufiger, von der Obrigkeit verfügter Wechsel der Aufenthaltsorte. Die sich in dieser Situation zwangsläufig ergebenden zahlreichen Schwierigkeiten, angefangen von der allein durch die Kriegszeit erschwerten Betreuung in einer völlig fremden Umgebung bis hin zur ungewohnten Verpflegung, werden von Lechner an Hand einer Unzahl von schriftlichen und mündlichen Quellen detailreich und umfassend nachgezeichnet.

Bemerkenswert ist die Erkenntnis Lechners, dass Südtiroler von der durch das NS-Regime angeordneten systematischen Ermordung der Geisteskranken offenbar ausgenommen waren. Man fürchtete anscheinend negative Auswirkungen auf den Fortgang der Auswanderung von Südtirolern, falls derartige Maßnahmen südlich des Brenners bekannt würden.

Eine bedrückende, aber notwendige Publikation, deren Autor für seinen Forschergeist, aber auch für seine Sensibilität Respekt verdient.

Innsbruck   Josef Riedmann

Susanne Netzer, »Von schönen und necessairen Künsten.« Glasproduktion und Glasveredelung in Preußen zwischen 1786 und 1851 (*Veröffentlichungen aus den Archiven Preußischer Kulturbesitz, Quellen 72*), Berlin 2017, Duncker und Humblot, 358 Seiten.

Das umfassende Werk von Susanne Netzer, bis 2014 Oberkustodin am Berliner Kunstgewerbemuseum Preußischer Kulturbesitz, zeigt am Beispiel Preußens eine gesamteuropäische, in zaleichen Ländern ähnlich verlaufende Entwicklung um 1800 auf.

Sie wirft einen sehr ausführlichen und detailreich recherchierten Blick auf die preußische Glasherstellung als eine Facette der Entwicklung und Veränderung von Handwerk und Manufaktur zum mechanisierten und rationalisierten Arbeitsprozess in einem Industriebetrieb.

Schon in der Einleitung wird einem Laien der Zusammenhang verständlich bewusst gemacht, wie ökonomische Grundvoraussetzungen die Glasherstellung und –Veredelung beeinflussten, stärkten oder eben in einzelnen Fällen zum Scheitern brachten. Parallelen lassen sich zu allen Glasregionen in Europa finden. Susanne Netzer schildert die politischen Veränderungen in Preußen, die einen Bogen spannen von der Manufaktur für die höfische Kultur zur industriellen Produktion für den bürgerlichen Bedarf. Sie arbeitet sehr strukturiert die jeweiligen Eigenheiten im ökonomisch-administrativen Bereich hervor. Der Wandel von höfischer Luxus-Produktion in den explizit preußischen Glashüttengütern zur industriellen Selbstdarstellung konkurrierender Produzenten, frei arbeitender Handwerker und Raffineriebetriebe wird in Netzers Einführung sehr klar anschaulich gemacht und erleichtert das Verständnis für die Gegebenheiten, sich stetig wandelnden neuen Bedingungen und erforderlichen radikalen Veränderungen. Der Übergang in der Ofenbefeuerung vom Holz zur Steinkohle wird besonders thematisiert, da dieser Wandel für alle Produktionsbetriebe eine tiefgreifende Veränderung bedeutete. Früher oder später mussten sich die Glasproduktionsbetriebe mit diesem Thema auseinandersetzen und sehr wohl zahlreiche Hürden überwinden, beispielsweise die damit verbundenen technologischen Schwierigkeiten bei der Glasschmelze, und die zwangsläufig höheren Betriebskosten für eine höhere Produktivität.

Netzers umfassende Einführung in sozio-ökonomische Bedingungen, Veränderungen durch königliche Privilegien im Merkantilismus, Dekrete und unternehmerische Visionen macht den dann folgenden genauen Blick auf die einzelnen Hüttenstandorte umso spannender, zumal deren Zahl sich zunehmend reduzierte. Mit dem fundierten Hintergrundwissen der allgemeinen gesellschaftlichen Entwicklungen und der geschichtlichen Details zu Themen wie Einfuhrzölle, strenge Regeln beim Verkauf der Waren, Zwischenhandel in Berlin und Potsdam usw. wird der Prozess verständlich und nachvollziehbar gemacht.

Der Gewerbeförderung in Preußen ist ein besonders ausführliches Kapitel gewidmet.

Die Autorin macht deutlich, dass die Bedingungen in Preußen wesentlich länger durch Militär und Beamtentum gehemmt waren und das Land generell im Rückstand war, weil andere europäische Länder wie England oder Frankreich eine deutlich fortschrittlichere Auffassung von einem bürgerlichen Industriestaat hatten und dementsprechend aufblühten. Die Errichtung von nationalen Gewerbevereinen förderte diese Vorrangstellung in anderen europäischen Staaten nämlich schon seit dem Ende des 18. Jahrhunderts. Durch radikale Gewerbereformen und die Umstrukturierung zentraler Behörden und Institutionen kamen Fortschritt und Wohlstand langsam auch nach Preußen, was dann ab 1815 im Deutschen Bund auch eine liberalere Wirtschaftspolitik möglich machte.

Susanne Netzer präsentiert eine akribisch recherchierte Dokumentation aller preußischen Glashüttenstandorte und illustriert detailgenau an jedem einzelnen Beispiel, wie wirtschaftliche Faktoren, Handel, Familienschicksale und die immer größer werdende Bedeutung einer Zusammenarbeit von Gewerbetreibenden und Naturwissenschaftlern, im Fall Glas natürlich auch von Chemikern, zusammenspielen. Wettbewerbe, Preise und Prämien förderten sowohl die Informationsbeschaffung und als auch den Technologietransfer. Die Autorin strukturiert diese wesentlichen Faktoren und kommt zu dem Schluss, dass in Preußen erst um die Mitte des 19. Jahrhunderts eine sogenannte Luxusglasindustrie entstehen konnte, aber diese im Vergleich zu den europäischen Konkurrenten immer in Abhängigkeit vom königlichen Hof blieb.

Zitat aus Netzers Fazit: »Der bürgerliche Käuferkreis wuchs zwar, aber es fehlte ihm in dieser Epoche konjunkturellen Aufschwungs häufig noch das Geld, sowohl zum Erwerb von Luxus wie zur Investition in Unternehmen«.

Allein diese Erkenntnis der Autorin macht das Buch in allen Kapiteln lesenswert und lehrreich, und in der umfangreichen Dokumentation historischer Quellen uneingeschränkt wertvoll für die Aufarbeitung eines spannenden Kapitels preußischer Industriegeschichte.

Frauenau   KARIN RÜHL

Bei der Schriftleitung eingegangene Veröffentlichungen

ABSMEIER Christine/ASCHE Matthias/FATA Márta (Hg.), Religiös motivierte Migrationen zwischen dem östlichen Europa und dem deutschen Südwesten vom 16. bis zum 19. Jahrhundert (Veröffentlichungen der Kommission für geschichtliche Landeskunde in Baden-Württemberg, Reihe B, Forschungen, 219. Band), Stuttgart 2018, Kohlhammer, XIV+334 S., zahlr. Abb.

AFFOLTER Andreas, Verhandeln mit Republiken. Die französisch-eidgenössischen Beziehungen im frühen 18. Jahrhundert (Externa. Geschichte der Außenbeziehungen in neuen Perspektiven 11), Köln 2017, Böhlau, 455 S.

ANDERMANN Kurt/MAIER Franz, Die Urkunden des Freiherrlich von Gemmingen'schen Archivs von Burg Hornberg über dem Neckar. Regesten 1283 bis 1845 (Heimatverein Kraichgau e.V. Sonderveröffentlichung Nr. 38), Heidelberg 2018, regionalkultur, 559 S.

ARNKE Volker, »Vom Frieden« im Dreißigjährigen Krieg. Nicolaus Schaffshausens »De Pace« und der positive Frieden in der Politiktheorie (bibliothek altes Reich 25), Berlin 2018, De Gruyter Oldenbourg, IX, 298 S., zahlr. Abb.

ARNSBERG Gad, …über die Notwendigkeit einer deutschen Republik. Die württembergische Militär- und Zivilverschwörung 1831 – 1833 (Veröffentlichungen der Kommission für geschichtliche Landeskunde in Baden-Württemberg, Reihe B: Forschungen 211), Stuttgart 2017, W. Kohlhammer, LXIII+447 S., zahlr. Abb.

BANKEN Ralf, Hitlers Steuerstaat. Die Steuerpolitik im Dritten Reich (Das Reichsfinanzministerium im Nationalsozialismus 2), Berlin 2018, De Gruyter Oldenbourg, 668 S., zahlr. Abb.

BAUMANN Annette (Hg.), Visitationen am Reichskammergericht. Speyer als politischer und juristischer Aktionsraum des Reiches (1529-1588) (bibliothek altes Reich, Band 24), Berlin 2018, de Gruyter, IX+264 S., 6+26 Abb.

BAUMANN Reinhard/ HOSER Paul (Hg.), Krieg in der Region (Beiträge zur Geschichte Ostschwabens und der benachbarten Regionen 12), Konstanz 2018, UVK Verlagsgesellschaft, 408 S., zahlr. Abb.

BAUMGART Winfried, Ein preußischer Gesandter in München. Georg Freiherr von Werthern 1867-1888 (Deutsche Geschichtsquellen des 19. und 20. Jahrhunderts 74), Berlin 2018, Duncker & Humblot, 531 S.

BERGER Günter, Wilhelmine von Bayreuth. Leben heißt eine Rolle spielen, Regensburg 2018, Friedrich Pustet, 240 S., zahlr. Abb.

BERNDT Rainer (Hg.), Der Papst und das Buch im Spätmittelalter (1350-1500). Bildungsvoraussetzung, Handschriftenherstellung, Bibliotheksgebrauch (Erudiri Sapientia. Studien zum Mittelalter und zu seiner Rezeptionsgeschichte, Band XIII), Münster 2018, Aschendorff, 661 S., 31 Tafeln

BICKHOFF Nicole/ Mährle Woflgang/MERK Eberhard, Romantiker auf dem Lichtenstein. Lebenswelten Herzog Wilhelms von Urach (1810-1869). Begleitbuch zur Ausstellung des Landesarchivs Baden-Württemberg, Hauptstaatsarchiv Stuttgart, Stuttgart 2018, W. Kohlhammer, 276 S., zahlr. Abb.

BILMAYER-FRANK Stefanie, Illustri ac generoso Domino. Gedruckte Musikalienwidmungen an die Familie Fugger im 16. und frühen 17. Jahrhundert (Veröffentlichungen der Schwäbischen Forschungsgemeinschaft Reihe 4 Band 37, Studien zur Fuggergeschichte Band 46), Augsburg 2016, Wißner, 349 S.

BIRKE Roman/SACHSE Carola (Hg.), Menschenrechte und Geschlecht im 20. Jahrhundert. Historische Studien (Diktaturen und ihre Überwindung im 20. und 21. Jahrhundert 12), Göttingen 2018, Wallstein, 271 S.

BLUME Gisela Naomi, Uehlfeld. Jüdisches Leben und Häuserchronik (Freie Schriftenfolge der Gesellschaft für Familienforschung in Franken 25), Nürnberg 2017, Ges. f. Familienforschung in Franken e.V., 844 S., zahlr. Abb.

BÖRNER Markus/JUNGFER Anja/STÜRMANN Jakob (Hg.), Judentum und Arbeiterbewegung. Das Ringen um Emanzipation in der Ersten Hälfte des 20. Jahrhunderts (Europäisch-jüdische Studien Beiträge 30), Berlin 2018, De Gruyter, XIV+397 S.

BRAUNE Andreas/HESSELBARTH Mario/MÜLLER Stefan (Hg.), Die USPD zwischen Sozialdemokratie und Kommunismus 1917–1922. Neue Wege zu Frieden, Demokratie und Sozialismus? (Weimarer Schriften zur Republik 3), Stuttgart 2018, Franz Steiner, XXXII, 262 S., zahlr. Abb.

BREIER Thomas, »Eine moderne Grossstadt«. Ludwigshafen am Rhein. Stadtplanung und Städtebau zwischen 1939 und 2017 (Veröffentlichungen des Stadtarchivs Ludwigshafen am Rhein 45), Ludwigshafen 2018, Stadtverwaltung Ludwigshafen am Rhein, 235 S., zahlr. Abb.

BULACH Doris, Regesten Kaiser Ludwigs des Bayern (1314-1347). Die Urkunden aus den Archiven und Bibliotheken Berlins, Brandenburgs, Mecklenburg-Vorpommerns, Sachsens, Sachsen-Anhalts und Thüringens (Regesta Imperii – VII: Die Regesten Kaiser Ludwigs des Bayern (1314-1347) 11), Köln 2018, Böhlau, XLIII + 418 S.

BURKHARDT Johannes, Der Krieg der Kriege. Eine neue Geschichte des Dreißigjährigen Krieges, Stuttgart 2018, Klett-Cotta, 296 S., zahlr. Abb.

CEPL-KAUFMANN Gertrude/GRANDE Jasmin/ROSAR Ulrich (Hg.), Die Bonner Republik 1945–1963 – Die Gründungsphase und die Adenauer-Ära. Geschichte – Forschung –

Diskurs (Histoire 131), Bielefeld 2018, transcript Verlag, 408 S., zahlr. Abb.

DENZEL Markus A. (Hg.), Europäische Messegeschichte. 9.–19. Jahrhundert, Köln 2018, Böhlau, 434 S., zahlreiche Abb.

DEPPISCH Sven, Täter auf der Schulbank. Die Offiziersausbildung der Ordnungspolizei und der Holocaust (Veröffentlichungen des Bayerischen Polizeimuseums 2), Baden-Baden 2017, Tectum, 676 S., zahlr. Abb.

DEUTINGER Stephan/DEUTINGER Roman (Hg.), Die Abtei Niederaltaich. Geschichte, Kultur und Spiritualität von der Gründung bis zur Säkularisation (Studien und Mitteilungen zur Geschichte des Benediktinerordens und seiner Zweige 53), St. Ottilien 2018, EOS, XV + 592 S., zahlr. Abb.

DIEFENBACHER Michael (Hg.), Die Süßheims. Unternehmer, Politiker, Wissenschaftler, Sammler (Quellen und Forschungen zur Geschichte und Kultur der Stadt Nürnberg 39), Nürnberg 2018, Stadtarchiv Nürnberg, IX, 426 S., zahlr. Abb.

DIETL Albert/HUBER Alfons, 800 Jahre Stadt Straubing. Ein Kosmos der Geschichte und Kunst, Sonderband 6/1 und 6/2, Straubing 2018, Historischer Verein Straubing, 819 S., zahlr. Abb.

DIETZ Karlheinz/FISCHER Thomas, Regensburg zur Römerzeit. Von Roms nördlichster Garnison an der Donau zur ersten bairischen Hauptstadt (Archäologie in Bayern), Regensburg 2018, Friedrich Pustet, 288 S., zahlr. Abb.

DIKOVICH Albert/WIERZOCK Alexander (Hg.), Von der Revolution zum Neuen Menschen. Das politische Imaginäre in Mitteleuropa 1918/19: Philosophie, Humanwissenschaften und Literatur (Weimarer Schriften zur Republik 5), Stuttgart 2018, Franz Steiner, 347 S.

DROSSBACH Gisela/WOLF Klaus (Hg.), Reformen vor der Reformation. Sankt Ulrich und Afra und der monastisch-urbane Umkreis im 15. Jahrhundert (Studia Augustana 18), Berlin 2018, Walter de Gruyter, VII, 391 S.

DROST Ludger/HAUCK, Johannes, Abtei Niederaltaich. Benediktinisch – Bayerisch – By-
zantinisch, Regensburg 2018, Friedrich Pustet,
195 S., zahlr. Abb.

ERTLMEIER Johann, Ein Missionar, sein Qua-
drant und der Kaiser im Reich des Drachen.
Anton Gogeisl (1701–1771) Jesuit aus Siegenburg, Siegenburg 2018, Gogeisl-Verlag GbR,
359 S., zahlr. Abb.

»… an allen alten Traditionen festhalten«.
Lebenswelt und Selbstverständnis des Hoch-
adels am Beispiel des Fürstenhauses Thurn
und Taxis in der Zeit von Fürst Albert I.
(1888–1952), bearb. von Fabian FIEDERER
(Thurn und Taxis Studien – Neue Folge), Regensburg 2017, Friedrich Pustet, XIII+440 S.,
zahlr. Abb.

FISCHL Thomas, Mitgefühl Mitleid und
Barmherzigkeit. Ansätze von Empathie im
12. Jahrhundert (Geschichtswissenschaften
42), München 2017, Herbert Utz, 272 S.

FOERSTER Anne, Die Witwe des Königs. Zu
Vorstellung, Anspruch und Performanz im
englischen und deutschen Hochmittelalter
(Mittelalter-Forschungen 57), Ostfildern 2018,
Thorbecke, 356 S.

FREI Norbert (Hg.), Wie bürgerlich war der
Nationalsozialismus? (Jena Center. Geschichte des 20. Jahrhunderts. Vorträge und Kolloquien 22), Göttingen 2018, Wallstein, 439 S.

FRIED Johannes/FELTEN, Franz J./HAUBRICHS
Wolfgang (Hg.), Karl der Große. Wissenschaft und Kunst als Herausforderung. Beiträge des Kolloquiums vom 26. Februar 2014
in der Akademie der Wissenschaften und der
Literatur, Mainz (Abhandlungen der Geistes-
und sozialwissenschaftlichen Klasse, Akademie der Wissenschaften und der Literatur,
Einzelveröffentlichung 2018), Stuttgart 2018,
Franz Steiner, 156 S., zahlr. Abb.

FUCHS Stefan (Hg.), Herrschaftswissen und
Raumerfassung im 16. Jahrhundert. Karten-
gebrauch im Dienste des Nürnberger Stadt-
staates (Medienwandel – Medienwechsel –
Medienwissen 35), Zürich 2018, Chronos, 312
S., zahlr. Abb.

GILGERT Thomas, Aus patriotischem Eifer der
Gemeinde für das allgemeine Beste. Herrschaft und Widerstand, Gemeinde und Staat
im deutschen Südwesten im ausgehenden
18. Jahrhundert (Oberschwaben, Forschungen
zu Landschaft, Geschichte und Kultur 1),
Stuttgart 2018, W. Kohlhammer, 360 S.

GNEISS Markus, Das Wiener Handwerksord-
nungsbuch (1364-1555) (Quelleneditionen des
Instituts für Österreichische Geschichtsforschung 16), Köln 2017, Böhlau, 670 S.

GRENZMANN Ludger/HASEBRINK, Burkhard/
REXROTH, Frank (Hg.), Geschichtsentwürfe
und Identitätsbildung am Übergang zur Neuzeit. Band 1: Paradigmen personaler Identität
(Abhandlungen der Akademie der Wissen
schaften zu Göttingen, Neue Folge Band
41/1), Berlin 2016, de Gruyter, VIII+336 S.

GÜNTER Wolfgang, Reform und Reformation.
Geschichte der deutschen Reformkongrega-
tion der Augustinereremiten (1432–1539) (Reformationsgeschichtliche Studien und Texte
168), Münster 2018, Aschendorff, 605 S.

HAAG Norbert, Dynastie, Region, Konfession.
Die Hochstifte des Heiligen Römischen
Reiches Deutscher Nation zwischen Dynasti-
sierung und Konfessionalisierung (1448–1648).
Drei Teilbände (Reformationsgeschichtli-
che Studien und Texte 166), Münster 2018,
Aschendorff, 2240 S.

HÄBERLEIN Mark/PRUSSAT Margrit (Hg.),
Eine Wissenschaft im Umbruch. Andreas
Röschlaub (1768–1835) und die deutsche Me-
dizin um 1800 (Bamberger Historische Stud-
ien 18), Bamberg 2018, University of Bamberg
Press, 264 S.

HASSELHORN Benjamin/KNORRING Marc
von (Hg.), Vom Olymp zum Boulevard. Die
europäischen Monarchien von 1815 bis heute – Verlierer der Geschichte (Prinz-Albert-
Forschungen Neue Folge 1), Berlin 2018,
Duncker&Humblot, 297 S.

HAUS DER BAYERISCHEN GESCHICHTE (Hg.), Wald, Gebirg und Königstraum. Mythos Bayern. Katalog zur Bayerischen Landesausstellung 2018 (Veröffentlichungen zur Bayerischen Geschichte und Kultur 67), Regensburg 2018, Friedrich Pustet, 342 S., zahlr. Abb.

HEID Stefan/HUMMEL Karl-Josef (Hg.), Päpstlichkeit und Patriotismus. Der Campo Santo Teutonico: Ort der Deutschen in Rom zwischen Risorgimento und Erstem Weltkrieg (1870-1918) (Römische Quartalschrift für Christliche Altertumskunde und Kirchengeschichte 65), Freiburg 2018, Herder Verlag, 816 S., zahlr. Abb.

HEISIG Hartmut, 400 Jahre Leihhaus Nürnberg 1618–2018, Nürnberg 2018, Sandberg, 148 S., zahlreiche Abb.

HELMRATH Johannes/KOCHER Ursula/SIEBER Andrea (Hg.), Maximilians Welt. Kaiser Maximilian I. im Spannungsfeld zwischen Innovation und Tradition (Berliner Mittelalter- und Frühneuzeitforschung 22), Göttingen 2018, V & R unipress, 300 S., zahlr. Abb.

HERZOG Markwart/SCHMID Alois (Hg.), Katholische Aufklärung im Benediktinerreichsstift Irsee (Irseer Schriften, Studien zur Wirtschafts-, Kultur- und Mentalitätsgeschichte 13), Konstanz 2018, UVK Verlagsges., 423 S., zahlr. Abb.

HILLE Martin, Revolutionen und Weltkriege. Bayern 1914 bis 1945, Köln 2018, Böhlau, 282 S., zahlr. Abb.

HILLERICH Sonja, Deutsche Auslandskorrespondenten im 19. Jahrhundert. die Entstehung einer transnationalen journalistischen Berufskultur (Pariser Historische Studien 110), Berlin 2018, De Gruyter, 410 S.

HIMMELSTEIN Klaus (Hg.), Jüdische Lebenswelten in Regensburg. Eine gebrochene Geschichte, Regensburg 2018, Friedrich Pustet, 422 S., zahlreiche Abb.

HODAPP Julia, Habsburgerinnen und Konfessionalisierung im späten 16. Jahrhundert (Reformationsgeschichtliche Studien und Texte 169), Münster 2018, Aschendorff, IX, 482 S.

Dokumente zur Geschichte des deutschen Reiches und seiner Verfassung 1361, bearb. von Ulrike HOHENSEE/Mathias LAWO/Michael LINDNER/Olaf B. RADER (Monumenta Germaniae Historica Constitutiones et acta publica imperatorum et regum 13/2), Wiesbaden 2017, Harrassowitz, 415–952 S.

HOHOFF Ulrich, Voralpenland und bayerische Alpen in Erzählungen und Romanen. Bibliographie der Jahre 1850-1920 (Editio Bavarica 6), Regensburg 2018, Friedrich Pustet Verlag, 376 S.

HUBER Gerald, Konradin der letzte Staufer. Spiele der Macht (kleine bayerische biografien), Regensburg 2018, Pustet, 149 S., zahlr. Abb.

HÜBINGER Gangolf (Hg.), Ernst Troeltsch. Spectator-Briefe und Berliner Briefe (1919–1922), Berlin 2018, de Gruyter, XX+719 S.

IRLINGER Mathias, Die Versorgung der »Hauptstadt der Bewegung«. Infrastrukturen und Stadtgesellschaft im nationalsozialistischen München (München im Nationalsozialismus. Kommunalverwaltung und Stadtgesellschaft 5), Göttingen 2018, Wallstein Verlag, 432 S., zahlr. Abb.

JUNKELMANN Marcus, Max Emanuel. Der »Blaue König« (kleine bayerische biografien), Regensburg 2018, Friedrich Pustet, 192 S., zahlr. Abb.

Akten der Reichskanzlei. Regierung Hitler 1933–1945. Die Regierung Hitler Band IX: 1942, bearb. von Peter KELLER/Hauke MARAHRENS, Berlin 2018, de Gruyter, LXXXIII+1139 S.

KELLERMANN Katharina, Heroinen der Technik zwischen 1918 und 1945. Selbstinszenierung – Funktionalisierung – Einschreibung ins deutsche kulturelle Gedächtnis (Bamberger Studien zu Literatur, Kultur und Medien 19), Bamberg 2017, University of Bamberg Press, 360 S.

KERNER Elmar, Der »weiße Rabe« Johannes Grandinger (1869-1941). Leben und Wirken eines liberalkatholischen Pfarrers und bayerischen Landtagsabgeordneten (Studien zur Bamberg Bistumsgeschichte 8), Petersberg 2018, Michael Imhof, 383 S., zahlr. Abb.

KIESSLING Rolf/MÜLLER, Gernot Michael (Hg.), Konrad Peutinger. Ein Universalgelehrter zwischen Spätmittelalter und Früher Neuzeit: Bestandsaufnahme und Perspektiven (Colloquia Augustana 35), Berlin 2018, De Gruyter, VIII, 240 S., zahlr. Abb.

KNAPE Joachim, Werkeverzeichnis zu den Rhetorikdrucken Deutschlands 1450-1700 (Tübinger Schriften zur Renaissanceforschung und Kulturwissenschaft 59), Wiesbaden 2017, Harrassowitz, XXXV+542 S.

Die Urkunden Friedrichs II. 1222-1226. Texte, bearb. von Walter KOCH (Monumenta Germaniae Historica Die Urkunden der deutschen Könige und Kaiser 14/5), Hannover 2017, Harrassowitz, LXXXVIII+667 S., zahlr. Abb.

Die Urkunden Friedrichs II. 1222-1226. Register, bearb. von Walter KOCH (Monumenta Germaniae Historica Die Urkunden der deutschen Könige und Kaiser 14/5), Hannover 2017, Harrassowitz, 669-1084 S., zahlr. Abb., 32 Tafeln

KOHNLE Armin/RUDERSDORF Manfred (Hg.), Die Reformation. Fürsten – Höfe – Räume (Quellen und Forschungen zur sächsischen Geschichte 42), Stuttgart 2017, Franz Steiner, XII + 497 S., zahlr. Abb.

KRIMM Konrad/SYRÉ Ludger (Hg.), Herrschaftswissen. Bibliotheks- und Archivbauten im Alten Reich (Oberrheinische Studien 37), Ostfildern 2018, Thorbecke, 272 S., zahlr. Abb.

KURTENACKER Sabine, Der Einfluss politischer Erfahrungen auf den Verfassungskonvent von Herrenchiemsee. Entwicklung und Bedeutung der Staats- und Verfassungsvorstellungen von Carlo Schmid, Hermann Brill, Anton Pfeiffer und Adolf Süsterhenn (Geschichtswissenschaften), München 2017, Herbert Utz, 386 S., zahlr. Abb.

LAUSSER Helmut, Pfarrer, Bürgermeister, Künstler. Quellen zur Lebensgeschichte aus-gewählter Kaufbeurer Persönlichkeiten des späten Mittelalters 3 Bände (10.1, 10.2, 10.3) (Kompendium der Quellen zur Geschichte Kaufbeurens im Mittelalter 10), Thalhofen 2018, Bauer Verlag, 1084 S.

LOCHER Wolfgang, Max von Pettenkofer. Pionier der wissenschaftlichen Hygiene (kleine bayerische biografien), Regensburg 2018, Friedrich Pustet, 159 S., zahlr. Abb.

LOOSE Rainer, Die Centralstelle des Württembergischen landwirtschaftlichen Vereins. Die Erneuerung von Landwirtschaft und Gewerben unter König Wilhelm I. von Württemberg (1817–1848) (Veröffentlichungen der Kommission für geschichtliche Landeskunde in Baden-Württemberg, Reihe B: Forschungen 221), Stuttgart 2018, Kohlhammer Verlag, XLV + 529 S., zahlr. Abb.

LÜBBERS Bernhard (Hg.), Krieg, Pest, Schwedennot. Der Dreißigjährige Krieg in Regensburg. Begleitband einer Ausstellungsreihe zur Geschichte des Dreißigjährigen Krieges in Regensburg (Staatliche Bibliothek Regensburg 16), Regensburg 2018, Morsbach Verlag, 152 S., zahlr. Abb.

LUTTENBERGER Albrecht/NEERFELD Christiane, Deutsche Reichstagsakten. Der Reichstag zu Regensburg 1541. Vier Teilbände (Jüngere Reihe XI: Deutsche Reichstagsakten unter Kaiser Karl V. 1234/1-4), Berlin 2018, De Gruyter Oldenbourg Verlag, XII, 3777 S.

MACHTAN Lothar, Der Endzeitkanzler. Prinz Max von Baden und der Untergang des Kaiserreichs, Darmstadt 2017, wbg Theiss Verlag, 686 S., zahlr. Abb.

MACKENSEN Karsten, Musik und die Ordnung der Dinge im ausgehenden Mittelalter und in der Frühen Neuzeit (Musica poetica Musik der Frühen Neuzeit 1), Frankfurt 2017, Peter Lang GmbH, 353 S.

MÄHRLE Wolfgang/BICKHOFF Nicole (Hg.), Armee im Untergang. Württemberg und der Feldzug Napoleons gegen Russland 1812, Stuttgart 2018, W. Kohlhammer, 276 S., zahlr. Abb.

MATHEUS Michael (Hg.), Reformation in der Region. Personen und Erinnerungsorte (Mainzer Vorträge 21), Stuttgart 2018, Franz Steiner, 212 S., zahlr. Abb.

MEDICK Hans, Der Dreißigjährige Krieg. Zeugnisse vom Leben mit Gewalt, Göttingen 2018, Wallstein, 448 S., zahlr. Abb.

MIARD-DELACROIX Hélène/THIEMEYER Guido (Hg.), Der Rhein / Le Rhin. Eine politische Landschaft zwischen Deutschland und Frankreich 1815 bis heute / Un espace partagé entre la France et l (Schriftenreihe des Deutsch-Französischen Historikerkomitees 14), Stuttgart 2018, Franz Steiner, 260 S.

MICHALSKI Markus, Dr. Balthasar Mansfeld (1440-1503). Ein Arzt in München an der Wende vom Mittelalter zur Neuzeit (Miscellanea Bavarica Monacensia 188), München 2017, Herbert Utz, 437 S., zahlr. Abb.

MOCHTY-WELTIN Christina, Adel und Verfassung im hoch- und spätmittelalterlichen Reich. Die Vorträge der Tagung im Gedenken an Maximilian Weltin, 23. und 24. Februar 2017, Hörsaal des Instituts für Österreichische Geschichtsforschung, Universität Wien (NÖLA – Mitteilungen aus dem NÖ Landesarchiv 18), St. Pölten 2018, NÖ Landesarchiv, 291 S., zahlr. Abb.

MÖLLER Horst/SCHARF Claus/DUDAREW Wassili/LAWRINOWITSCH Maja (Hg.), Deutschland-Russland. Stationen gemeinsamer Geschichte – Orte der Erinnerung (Das Achtzehnte Jahrhundert 1), Berlin 2018, De Gruyter, 410 S., zahlr. Abb.

MÜLLER Jürgen (Hg.), Deutscher Bund und innere Nationsbildung im Vormärz (1815–1848) (Schriftenreihe der Historischen Kommission bei der Bayerischen Akademie der Wissenschaften 101), Göttingen 2018, Vandenhoeck & Ruprecht, 236 S.

NÄTHER Birgit, Die Normativität des Praktischen: Strukturen und Prozesse vormoderner Verwaltungsarbeit. Das Beispiel der landesherrlichen Visitation in Bayern (Verhandeln Verfahren Entscheiden – Historische Perspektiven 4), Münster, Aschendorff 2018, 215 S., zahlreiche Abb.

NASS Klaus (Hg.), Codex Udalrici (Monumenta Germaniae Historica Die Briefe der Deutschen Kaiserzeit 10/1 und 2), Wiesbaden 2017, Harrassowitz, CXXVI+747 S.

NEUGEBAUER Wolfgang, Preußische Geschichte als gesellschaftliche Veranstaltung. Historiographie vom Mittelalter bis zum Jahr 2000, Paderborn 2018, Ferdinand Schöningh, 696 S.

NEUHAUS Helmut (Hg.), Die Brautbriefe Karl Hegels an Susanna Maria von Tucher. Aus der Verlobungszeit des Rostocker Geschichtsprofessors und der Nürnberger Patriziertochter 1849/50 (Beihefte zum Archiv für Kulturgeschichte 87), Köln 2018, Böhlau, 256 S., zahlr. Abb.

PAUSER Josef/SCHENNACH Martin P. (Hg.), Die Tiroler Landesordnungen von 1526, 1532 und 1573. Historische Einführung und Edition (Fontes Rerum Austriacarum. Österreichische Geschichtsquellen. 3. Abteilung: Fontes Iuris 26), Wien 2018, Böhlau, 796 S., zahlr. Abb.

PAYK Marcus M. (Hg.), Frieden durch Recht? Der Aufstieg des modernen Völkerrechts und der Friedensschluss nach dem ersten Weltkrieg (Studien zur internationalen Geschichte 42), Berlin 2018, De Gruyter Oldenbourg, VIII + 739 S., zahlr. Abb.

PENZHOLZ German, Beliebt und gefürchtet. Die bayerischen Landräte im Dritten Reich (Historische Grundlagen der Moderne, Autoritäre Regime und Diktaturen 8), Baden-Baden 2016, Nomos Verlag, 740 S.

PETERS Gunthild, Zwei Gulden vom Fuder. Mathematik der Fassmessung und praktisches Visierwissen im 15. Jahrhundert (Boethius 69), Stuttgart 2018, Franz Steiner, 344 S., zahlr. Abb.

PFEIFER Gustav/ANDERMANN Kurt (Hg.), Burgkapellen. Formen – Funktionen – Fragen (Veröffentlichungen des Südtiroler Landesarchivs 42), Bozen 2018, Universitätsverlag Wagner, 376 S., zahlr. Abb.

PITZ Christoph, Das Würzburger Jahrtausend. Die Zeit des Mittelalters in Geschichte und Geschichten, Würzburg 2018, Echter, 352 S., zahlr. Abb.

RADER Henning/VOIGT Vanessa-Maria (Hg.), Ehem. jüdischer Besitz. Erwerbungen des Münchner Stadtmuseums im Nationalsozialismus, München 2018, Hirmer, 271 S., zahlr. Abb.

RATSCHILLER Linda/WETJEN Karolin (Hg.), Verflochtene Mission. Perspektiven auf eine neue Missionsgeschichte, Köln 2018, Böhlau, 248 S., zahlr. Abb.

REBITSCH Robert (Hg.), 1618 – Der Beginn des Dreissigjährigen Krieges, Wien 2017, böhlau, 229 S.

RIEDL-VALDER Christine, Caféhäuser in München. Geschichte(n) aus drei Jahrhunderten (Kleine Münchner Geschichten), Regensburg 2018, Friedrich Pustet Verlag, 160 S., zahlr. Abb.

RÖCKELEIN Hedwig (Hg.), 100 Jahre Germania Sacra. Kirchengeschichte schreiben vom 16. bis zum 21. Jahrhundert (Studien zur Germania Sacra. Neue Folge 8), Berlin 2018, DE GRUYTER AKADEMIE FORSCHUNG, VIII, 266 S., zahlr. Abb.

ROHRSCHNEIDER Michael/TISCHER Anuschka (Hg.), Dynamik durch Gewalt? Der Dreißigjährige Krieg (1618–1648) als Faktor der Wandlungsprozesse des 17. Jahrhunderts (Schriftenreihe zur Neueren Geschichte 38 (NF 1)), Münster 2018, Aschendorff, VII+342 S.

ROTHER Joachim, Das Martyrium im Templerorden. Eine Studie zur historisch-theologischen Relevanz des Opfertodes im geistlichen Ritterorden der Templer (Bamberger Historische Studien 16), Bamberg 2017, University of Bamberg Press, 642 S., 9 Abb.

RUTZ Andreas, Die Beschreibung des Raums. Territoriale Grenzziehungen im Heiligen Römischen Reich (Norm und Struktur Studien zum sozialen Wandel in Mittelalter und Früher Neuzeit 47), Köln 2018, Böhlau Verlag, 583 S., zahlr. Abb.

SCHÄFFER-HUBER Gisa (Hg.), Wenzel Hollar, Seine Zeichnungen – sein Leben. Eine gefahrvolle Reise im Dreißigjährigen Krieg, geschildert in der Chronik von William Crowne, Regensburg 2018, Friedrich Pustet, 144 S., zahlreiche Abb.

SCHAUERTE Thomas, Dürer als Zeitzeuge der Reformation. Neuer Geist und neuer Glaube (Schriftenreihe der Museen der Stadt Nürnberg 14), Petersberg 2017, Michael Imhof, 216 S., zahlr. Abb.

SCHERRER Alexandra, Das Französische Generalkonsulat in München 1945-1980. Organisation Netzwerke Berichterstattung (Miscellanea Bavarica Monacensia 187), München 2018, Herbert Utz, 452 S., zahlr. Abb.

SCHIERSNER Dietmar/RÖCKELEIN Hedwig (Hg.), Weltliche Herrschaft in geistlicher Hand. Die Germania Sacra im 17. und 18. Jahrhundert (Studien zur Germania Sacra 6), Berlin 2018, De Gruyter, XI+510 S., zahlr. Abb.

SCHLECHTER Armin/KEMPER Joachim/RASCHE Anja (Hg.), Von der mittelalterlichen »Kuhstadt Speyer« bis zur Dom-Restaurierung 1957/61 (Beiträge zur Geschichte der Stadt Speyer und ihrer Umgebung, Band 1), Ubstadt-Weiher 2018, regionalkultur, 240 S., zahlr. Abb.

SCHMIDT Sebastian, Abbild I Selbstbild. Das Porträt in Nürnberg um 1500 (Gratia: Tübinger Schriften zur Renaissanceforschung und Kulturwissenschaften 62), Wiesbaden 2018, Harrassowitz, X+584 S., zahlr. Abb.

SCHMÖLZ-HÄBERLEIN Michaela (Hg.), Jüdisches Leben in der Region. Herrschaft, Wirtschaft und Gesellschaft im Süden des Alten Reiches (Stadt und Region in der Vormoderne 7, zugleich: Judentum – Christentum – Islam Interreligiöse Studien Band XVI), Baden-Baden 2018, Ergon, 377 S.

SCHNEIDER-FERBER Karin, Isabeau de Bavière. Frankreichs Königin aus dem Hause Wittelsbach (kleine bayerische biografien), Regensburg 2018, Pustet, 143 S., zahlr. Abb.

SCHNETTGER Matthias/DINGEL Irene/
PAULMANN Johannes (Hg.), Theatrum Belli
– Theatrum Pacis. Konflikte und Konfliktre-
gelungen im frühneuzeitlichen Europa (Ver-
öffentlichungen des Instituts für Europäische
Geschichte Mainz, Abt. Abendländische
Religionsgeschichte – Abt. für Universalge-
schichte 124), Göttingen 2018, Vandenhoeck
& Ruprecht, 320 S., zahlr. Abb.

SCHUBERT Markus, Politischer Katholizismus
in Passau von 1864 bis 1964. Eine historische
Langzeit- und Strukturanalyse (Veröffentlichungen des Instituts für Kulturraumfor-
schung Ostbaierns und der Nachbarregionen
der Universität Passau 72), Passau, Klinger,
511 S.

SCHULZ Georg Karl Maximilian, Die Stimme
Bayerns. Der Bayerische Rundfunk zwischen
Tradition und Moderne, Regensburg 2018,
Friedrich Pustet, 216 S., zahlr. Abb.

SCHULZE Fabian, Die Reichskreise im Drei-
ßigjährigen Krieg. Kriegsfinanzierung und
Bündnispolitik im Heiligen Römischen
Reich deutscher Nation (Bibliothek Altes
Reich 23), Berlin 2018, De Gruyter, X+619 S.

SCHWALB Michael, Max Reger. Der Konservative Modernist (kleine bayerische biografien),
Regensburg 2018, Pustet, 143 S., zahlr. Abb.

SIMON Matthias, Nürnbergisches Pfarrerbuch.
Die evangelisch-lutherische Geistlichkeit der
Reichsstadt Nürnberg und ihres Gebietes
1524-1806 (Einzelarbeiten aus der Kirchengeschichte Bayerns 41), Nürnberg 2018, Verein
für bayerische Kirchengeschichte, XXII, 387 S.

SPATENEDER Peter, Schule am Judenstein. Ge-
schichte und Gegenwart in der Regensburger
Westnerwacht, Regensburg 2018, Friedrich
Pustet, 208 S., zahlr. Abb.

STEIGER Johann Anselm (Hg.), Reformation
und Medien. Zu den intermedialen Wirkungen der Reformation (Reformation heute 4),
Leipzig 2018, Evangelische Verlagsanstalt
GmbH, 332 S., zahlr. Abb.

STEININGER Christine, Die Inschriften der
Stadt Ingolstadt (99. Band, Münchner Reihe

18. Band), Wiesbaden 2017, Ludwig Reichert,
592 S., 52 Tafeln

STRETZ Torben, Juden in Franken zwischen
Mittelalter und Früher Neuzeit. Die Graf-
schaften Castell und Wertheim im regionalen
Kontext (Forschungen zur Geschichte der
Juden. Abteilung A: Abhandlungen 26),
Wiesbaden 2017, Harrassowitz, X+606 S.,
zahlr. Abb.

THALER Manfred Josef, Die Domkapitel der
Reichskirche vom Wiener Konkordat bis zur
Säkularisation (1448-1803). Grundzüge ihrer
Verfassung im Vergleich (Rechtshistorische
Reihe 468), Frankfurt 2017, Peter Lang, 618 S.

TOLLOI Philipp (Hg.), Archive in Südtirol /
Archivi in Provincia di Bolzano. Geschichte
und Perspektiven / Storia e prospettive (Veröffentlichungen des Südtiroler Landesarchivs
45), Innsbruck 2018, Universitätsverlag Wagner, 540 S., zahlr. Abb.

TRINKL Stefan, Als der Pfarrer auch noch
Landwirt war. Facetten und Anekdoten von
Priester-Persönlichkeiten aus der Erzdiözese
Salzburg, Salzburg 2018, Edition Tandem,
126 S.

VAN GORP Angelo/WIEN Ulrich (Hg.),
Weisheit und Wissenstransfer. Beiträge zur
Bildungsgeschichte der Pfalz (Forschungen
zur Pfälzischen Landesgeschichte 1), Ubstadt-
Weiher 2018, verlag regionalkultur, XXI, 336
S., zahlr. Abb.

VERGNON Bastian, Die sudetendeutschen Sozialdemokraten und die bayerische SPD 1945
bis 1978, Frankfurt 2017, Peter Lang, 508 S.,
zahlr. Abb.

WACKER Maximilian, Die Revolution von
1918/19 in der Oberpfalz. Eine regionalge-
schichtliche Studie in Abhängigkeit von den
Vorgängen in München und den strukturellen
Ausgangsbedingungen des Regierungsbezirks
(Bayerische Geschichte), Regensburg 2018,
Verlag Friedrich Pustet, 648 S.

WALLNÖFER Adelina, Die politische Repräsentation des gemeinen Mannes in Tirol. Die
Gerichte und ihre Vertreter auf den Landta-

gen vor 1500 (Veröffentlichungen des Südtiroler Landesarchivs 41), Bozen 2017, Wagner,
550 S., zahlr. Abb.

WEISS Wolfgang (Hg.), Landesherrschaft und
Konfession. Fürstbischof Julius Echter von
Mespelbrunn (reg. 1573–1617) und seine Zeit
(Quellen und Forschungen zur Geschichte
des Bistums und Hochstifts Würzburg 76),
Würzburg 2018, Echter, 390 S., zahlr. Abb.

WIESE Bernd, Geschichte der Geographie in
der Frühen Neuzeit. Werke aus Bibliotheken
von Jesuitenkollegien und Universitäten im
Alten Reich (Geschichte: Forschung und
Wissenschaft 56), Münster 2018, LIT Verlag,
269 S., zahlr. Abb.

WINDSHEIMER Bernd (Hg.), wbg 1918-2018.
100 Jahre Bauen und Leben in Nürnberg,
Nürnberg 2018, Sandberg, 207 S., zahlreiche
Abb.

WOLF Klaus, Bayerische Literaturgeschichte.
Von Tassilo bis Gerhard Polt, München 2018,
Beck, 368 S., 20 Abb., 3 Karten

WOLFRAM Herwig, Das Römerreich und seine
Germanen. Eine Erzählung von Herkunft
und Ankunft, Köln 2018, Böhlau, 474 S., zahlreiche Abb.

WOLFSTEINER Alfred, »Der stärkste Mann des
Katholizismus in Deutschland«. Pater Augustin Rösch und sein Kampf gegen den Nationalsozialismus, Regensburg 2018, Friedrich
Pustet, 120 S., zahlr. Abb.

WÜST Wolfgang (Hg.), Patrizier – Wege zur
städtischen Oligarchie und zum Landadel.
Süddeutschland im Städtevergleich, Referate
der internationalen und interdisziplinären
Tagung, Egloffstein'sches Palais zu Erlangen,
7.-8. Oktober 2016, Berlin 2018, Peter Lang,
315 S., zahlr. Abb.

WUNDERLE Elisabeth, Die deutschen Handschriften der Bayerischen Staatsbibliothek
München. Die mittelalterlichen Handschriften aus Cgm 5255–7000 einschließlich
der althochdeutschen Fragmente Cgm 5248
(Catalogus codicum manu scriptorum Bib-
liothecae Monacensis, Tomus V Editio Altera
9), Wiesbaden 2018, Harrassowitz Verlag,
XXXII+808 S.

ZIMMERMANN Volker, Die Heidelberger Arz-
neibücher Ysack Leujs. Beiträge jüdischer
Ärzte zur Heilkunde des Mittelalters,
Stuttgart 2018, Franz Steiner, 223 S.

ZOTZ Thomas, Die Zähringer. Dynastie und
Herrschaft, Stuttgart 2018, W. Kohlhammer,
296 S., zahlr. Abb.

Zeitschrift für bayerische Landesgeschichte
2018, Band 81

Zeitschrift für bayerische Landesgeschichte

2018, Band 81

Herausgegeben von der Kommission
für bayerische Landesgeschichte
bei der Bayerischen Akademie der Wissenschaften
in Verbindung mit der
Gesellschaft für fränkische Geschichte und
der Schwäbischen Forschungsgemeinschaft

C. H. Beck

Schriftleitung: Univ.-Prof. Dr. Ferdinand Kramer, München
Geschäftsführung und Redaktion: Dr. Claudia Schwaab
Kommission für bayerische Landesgeschichte
80539 München, Alfons-Goppel-Str. 11, Tel. 089-23031-1174/1333 (Fax)
E-Mail: zblg@kbl.badw.de
Verlag: C.H. Beck, 80801 München, Wilhelmstr. 9
Satz: Dr. Anton Thanner, Weihungszell
Gestaltungskonzept: Gorbach Büro für Gestaltung und Realisierung, Utting
Druck: Memminger MedienCentrum, Memmingen
ISSN 00442364

Die Zeitschrift für bayerische Landesgeschichte erscheint in Jahresbänden zu je 3 Heften.
Sie ist in Einzelheften oder im Abonnement über den Buchhandel zu beziehen.
Im Abonnementpreis sind 20 Prozent Nachlaß enthalten.

Manuskripte sind in druckfertigem Zustand an die Geschäftsstelle der Schriftleitung zu senden. Beiträge aus dem Gebiet der fränkischen Geschichte werden von der fränkischen Redaktionsabteilung (Prof. Dr. Dieter J. Weiß/Gesellschaft für fränkische Geschichte), aus dem Gebiet der schwäbischen Geschichte von der schwäbischen Redaktionsabteilung (Dr. Gerhard Hetzer/Schwäbische Forschungsgemeinschaft) verantwortet.

INHALTSVERZEICHNIS

Aufsätze

Nachrufe

Dokumentation

Schrifttum

Autoren der Aufsätze

Becker Rainald, Prof. Dr., München
Becker Winfried, Prof. Dr., Passau
Benini Marco, Prof. Dr., Ingolstadt
Bergerhausen Hans-Wolfgang, Prof. Dr., Kleinrinderfeld
Deutinger Stephan, Dr., München
Freitag Sabine, Prof. Dr., Bamberg
Fleischmann Peter, Dr., Nürnberg
Götschmann Dirk, Prof. Dr., Würzburg
Grau Bernhard, Dr., München
Greipl Egon Johannes, Prof. Dr., Passau
Häberlein Marc, Prof. Dr., Bamberg
Hartmann Peter Claus, Prof. Dr., München
Immler Gerhard, Dr., München
Kirchinger Johann, Dr., Regensburg
Kissener Michael, Prof. Dr., Mainz
Kramer Ferdinand, Prof. Dr., München
Krauss Marita, Prof. Dr., Augsburg
Lehning Norbert, Dr., Burghausen
Löffler Bernhard, Prof. Dr., Regensburg
Merz Johannes, Dr., München
Münch Ursula, Prof. Dr., Tutzing
Murr Karl Borromäus, Dr., München
Nadler Markus, Dr., München
Ott Martin, Prof. Dr., Bayreuth
Putz Hannelore, Prof. Dr., Passau
Rembold Elfie, Dr., Berlin
Schmölz-Häberlein Michaela, Dr., Bamberg
Schreiner Eva-Maria, Dr., Regensburg
Seiderer Georg, Prof. Dr., Erlangen
Signori Gabriela, Prof. Dr., Konstanz
Treml Manfred, Prof. Dr., Rosenheim
Ullmann Sabine, Prof. Dr., Eichstätt-Ingolstadt

Weiss Dieter, Prof. Dr., München
Wüst Wolfgang, Prof. Dr., Erlangen

Mitarbeiter des Besprechungsteils